단언컨대 이 책은 가장 쉽고 명쾌한 표현과 논리로 쓰인 최고의 복음서 입문서다. 복음서 이해를 위해 반드시 알아야 할 요소들(제2성전기 유대 역사, 정경론, 공관복음 문제, 복음서의 장르 등)을 포괄하는 거대한 프로젝트를 이처럼 선명하고 간결하게 서술할 수 있다는 사실에 감탄할 수밖에 없다! 복음서는 기본적으로 예수님의 생애에 대한 기술이다. 이런 전제 아래 저자는 네 복음서의 거의 모든 사건들과 어록들을 종합해 하나님의 아들 예수의 생애를 믿음을 담아 소개한다. 특히 이 책은 도표와 지도를 사용해 사건과 말씀을 시각화하기 때문에 독자는 팔레스타인의 지도를 예수 그리스도의 사건들로 채워나가는 흥미를 누릴 수 있다. 이 책을 기쁘게 추천한다.
강대훈 | 개신대학원대학교 신약학 교수

슬기로운 '복음서' 읽기에 긴요한 여러 정보와 네 복음서의 내용을 꼼꼼히 소개하여 독자의 시선을 단번에 사로잡는 이 책은 세상의 구원자이신 예수 그리스도와의 만남이 얼마나 소중한지를 일깨워준다. 특히 성경의 주제가 예수 그리스도라는 점을 일목요연하게 밝혀냄으로써 기독교의 핵심 가치를 곱씹게 하는 저자의 관점은 구약과의 연결 지점을 짚어주는 데서 효용성이 극대화된다. 성경을 공부하는 이들은 물론 기독교의 경계를 넘어 일반 독자까지 포용하는 친화적인 글 솜씨와 성경 학자에 견줄 만한 저자의 뛰어난 통찰력은 이 책의 백미로 꼽을 수 있어, 복음서에 관심 있는 모든 독자에게 정중히 추천하고 싶다.
윤철원 | 서울신학대학교 신학대학원 신약학 교수

변호사이자 칼럼리스트인 데이비드 림보는 뿌리 깊은 신앙의 성장을 돕고자 '착한 책'을 출간하는 데 열정을 쏟는 작가다. 『슬기로운 구약읽기』에 이어 『슬기로운 신약읽기』 역시 독자(성도) 친화적인 역작이 아닐 수 없다. 신약의 처음 네 권인 복음서가 보도해주는 예수를 연대기적으로 추적하면서 이 땅에 인간으로 태어나신 그분이 온 인류의 구세주 하나님의 아들이심을 보여준다. 성경을 면밀히 관찰할 뿐 아니라 권위 있는 학자들의 문헌도 잘 소화하여 제공함으로써 복음서 및 나사렛 예수에 대한 이해의 문을 활짝 열어준다. 복음서의 배경과 더불어 틈틈이 제공되는 다양한 도표와 지도는 신학생과 목회자에게 유용한 자료다. 나사렛 예수를 진지하게 알고 싶은 독자라면 신앙 여부와 관계없이 '복음서와 함께 이 책을 펼치라!' 꼭 제안하고 싶다.
허 주 | 아세아연합신학대학교 교수, 한국복음주의신약학회 부회장

데이비드 림보의 이번 책은 앞서 베스트셀러가 된 『슬기로운 구약읽기』의 꼭 필요한 후속편이다. 『슬기로운 구약읽기』가 구약의 그리스도를 드러낸다면, 이 책은 복음서의 예수님에게 집중한다. 그분의 온전한 신성과 인성을 보여준다. 매우 전략적으로 기술하면서도 기탄없이 솔직하다. 네 권의 복음서에서 드러나는 예수님의 네 가지 초상을 조심스럽게 일관성 있는 흐름으로 엮어내면서도 전문적 학술 용어로 독자의 시선을 흩

뜨리지 않는다. 그 결과 복음서들이 스스로 말하게 한다. 누군가가 주장하는 예수님의 모습이 과연 맞는지 의심스럽거나 네 권의 복음서가 보여주는 예수님의 모습이 상충하는 것 같아 약간은 당황스럽다면, 혹은 예수님에 대해 잘 모른다면 이 책 『슬기로운 신약읽기: 복음서』가 적격이다.
마이클 하이저 | 로고스바이블 소프트웨어 상임학자, 『보이지 않는 세계』 저자

'예수님이 누구신가'에 대한 질문은 무엇보다 중요하다. 이 책에서 데이비드 림보 박사는 복음서 전승의 신뢰성을 변호하고, 더 중요하게는 독자들이 복음서를 통해 예수님을 직접 만나도록 초청한다. 아주 읽기 쉽고 철저한 검증을 거쳤으며 많은 통찰을 담은 책이다. 영원토록 가장 영향력 있는 분, 바로 인간의 몸을 입으신 하나님을 만나고 싶다면 이 책이 유용한 안내서가 되어 줄 것이다."
션 맥도웰 | 바이올라대학교 탈봇신학교 변증학 교수

이 책을 읽고 있노라면, 사복음서가 묘사하는 하나님의 아들이 생생한 모습으로 우리에게 다가온다. 이 책은 예수님이 그리스도이심을 예수님 자신의 말씀과 행적을 통해 증명해 가는 과정을 밟는다. 독자들은 책을 덮은 후엔, 전에 없는 기대감으로 복음서를 읽으며 깊이 들여다보고 싶은 뜨거움을 경험하게 될 것이다.
리 스트로벨 | 기독교 변증가, 목사, 『예수는 역사다』 저자

오래 전 나사렛이라는 작은 동네에 살았던 한 목수가 어떻게 세상에서 가장 영향력 있는 인물이 될 수 있었는가? 예수란 인물은 누구이며 그분은 오늘 우리의 삶에 어떤 영향을 미치는가? 데이비드 림보는 마치 시선을 빨아들이는 여행 가이드처럼, 나사렛 예수의 독보적이고도 희생적인 삶 속으로 안내하여 우리의 삶이 구주 되신 그분과 연결되도록 이끌어준다. 삶에서 가장 중요한 주제를 이보다 잘 다룬 책은 없을 것이다.
프랭크 튜렉 | www.CrossExamined.org 설립자 겸 대표

데이비드 림보가 다시 한번 큰일을 해냈다. 성경이 말하는 진짜 예수님을 제대로 정리해 놓은 이 책은 그리스도인들의 필독서가 되어야 한다. 믿음이 있는 사람이 읽으면 믿음이 깊어질 것이고, 믿음이 없는 사람이 읽으면 읽고 나서 마음이 움직일 것이다.
션 해너티 | 〈션 해너티 쇼〉와 폭스뉴스 채널의 〈해너티〉 진행자

슬기로운 신약읽기: 복음서

슬기로운 신약읽기: 복음서

데이비드 림보 지음 | 이선숙 옮김

좋은씨앗

예수님 자신의 말씀과 행적으로 증명해 가는 참되신 예수 그리스도

스티븐, 앤, 맨리, 그리고 메리 림보

그리스도인의 삶이 어떤 것인지

또한 가족 사랑이 어떤 것인지 몸소 보여주신

나의 삼촌들과 고모들께

차례

2부. 하나님의 방문

들어가는 글

지난번 『슬기로운 구약읽기』에서 구약의 각 책들이 어떻게 예수 그리스도를 가리키는지 자세히 설명했다. 그 책에 담긴 주장이 분명 어떤 이들에게는 충격이었겠지만 결코 나의 창작물이 아니다. 원서 제목 〈The Emmaus Code〉는 부활하신 예수님이 예루살렘 인근의 엠마오로 향하던 두 제자에게 나타나신 사건을 가리킨다. 혼란스러운 마음으로 엠마오로 향하던 두 제자에게 나타나신 예수님은 그들이 무슨 대화를 나누고 있는지 물으신다. "눈이 가리어져서 그인 줄 알아보지 못[한]" 제자들은 예수님에게 최근 예루살렘에서 일어난 일들을 혼자만 알지 못하느냐고 되묻는다. 예수님이 "무슨 일"이냐고 다시 물으시자, 그들은 자신들이 이스라엘의 구원자가 되기를 바랐던 위대한 선지자를 종교 지도자들이 십자가에 못 박았고 무덤에 장사했다고 말해준다. 사흘째 되던 날, 무덤이 빈 채로 발견되었고, 그곳에서 여인들 몇이 천사를 보았는데 그분이 살아 계시다는 소식을 전했다는 것이다.

제자들은 이 말을 전하면서 자신들의 눈이 겹겹으로 가리어져 있음을 여실히 드러낸다. 제자들은 바로 앞에 계신 예수님을 알아보지 못할 뿐 아니라 예수님이 구약에서 약속한 메시아이신 것도 깨닫지 못하고 있다. 예수님은 "모세와 모든 선지자의 글로 시작하여 모든 성경"이 어떻게 자신을 가리키는지 보여주신다(눅 24:27). 그러고나서 함께 식사를 하는 동안 제자들의 눈이 "밝아져" 마침내 그분이심을 알아본다(눅 24:31). 예수님은 나타나실 때와 마찬가지로 홀연히 사라지시고, 제자들은 서로에게 이렇게 말한다. "길에서 우리에게 말씀하시고 우리에게 성경을 풀어 주실 때에 우리 속에서 마음이 뜨겁지 아니하더냐"(눅 24:32).

하나님의 감동하심을 입은 이 성경의 이야기를 통해 우리는 구약 전체가 예수 그리스도를 예표하고 있을 뿐 아니라 구약과 신약이 예수 그리스도를 중심에 놓고 서로 이어지는 하나의 연대기임을 알게 된다. 예수님은 구약에서 그림자로 미리 나타나시고 모형으로 제시되시며 많은 예언들 가운데 계신다. 신약에서는 이땅에 오셔서 하나님의 구원 계획을 완성하신다. 신약은 예수님을 육신을 입으신 하나님으로 계시한다. 즉 인간이 되셔서 구약의 예언들을 성취하시고, 선지자, 제사장 그리고 왕으로서 구약의 직분을 완벽히 수행하시며, 영단번에 once-and-for-all 완전한 희생 제물이 되어, 인류를 위한 하나님의 구원 계획의 정점이 되신다.

이 책은 『슬기로운 구약읽기』의 후속편이다. 『슬기로운 구약읽기』가 구약 입문서이자 구약의 각 책에 그리스도가 충만히 드러나 있음을 보여주는 책이라면, 이 책은 복음서 입문서로서 마태복음, 마가복음, 누가복음 그리고 요한복음을 그리스도 중심으로 살펴보고자 한다. 그리스도가 완전한 인간이자 완전한 하나님이시라는 이중의 본질을 강조하고, 그분이 행하신 가르침과 표적들을 살펴보며, 그분이 약속에 따른 구원자이자 오랫동안 고대하던 왕으로서 우리를 하나님 나라로 이끄시는 분임을 기억하고자 한다.

구약을 그리스도 중심으로 살펴보는 작업은 많은 사람에게 낯선 일일 수 있겠지만, 신약 특히 복음서는 온통 그리스도에 관한 내용이라고 이미 모든 사람이 믿고 있다. 그렇지 않은가? 그렇더라도 더 깊이 들여다보아야 한다. 그리스도가 어떤 분이며 우리를 위해 무슨 일을 하셨는지 볼 수 있는 안목을 길러야 한다. 신약은 단순히 예수님의 도덕적 가르침을 모아놓은 교본이나 이상적인 윤리 교과서가 아니다. 더 부드럽고 친절한 메시지와 카리스마로 그리스-로마 신들을 제치고 무대 중앙에 올라선 어느 신화적 존재에 대한 고대 이야기 모음집도 아니다.

신약성경은 하나님의 아들에 대한 (하나님의 감동하심을 입은) 이야기다. 그분은 인간이 되어 인간 역사에 직접 개입하시기 위해 스스로를 낮추시고, 인간이 경험하는 모든 모욕을 당하시며, 우리와 함께 사시고 우리를 가르치시며, 죄 없는 삶을 사셨다. 그분은 고난을 받고 죽었다가 부활하셨으며, 그것을 통해 사탄과 죄와 죽음을 이기시고, 자기를 믿는 모든 자에게 구원의 문을 열어주셨다. 그레엄 골즈워디는 이렇게 선언한다. "성육신하신 하나님, 나사렛 예수야말로 신약의 중심 메시지다. 그분은 우리가 스스로의 힘으로는 할 수 없던 일, 즉 잃어버린 바 된 우리를 하나님께 되돌리는 일을 우리를 대신해 행하셨다 … 예수 그리스도가 구원을 가져다 주시려고 우리에게 오셨다는 이 중심 메시지를 빼놓고는 신약의 어떤 책도 설명이 안 된다."[1]

마크 데버는 이렇게 말한다. "신약과 관련해 우리가 제일 먼저 물어야 하는 질문은 '구약에서 하나님이 약속하신 구원자가 실제로 오셨는가'이다. 신약은 구약의 이 질문에 큰 소리로 '그렇다'고 답한다. 예수님은 그저 평범한 인간 구원자가 아니다. 육신을 입은 하나님이시다. 아버지를 완벽하게 보여주는 유일한 독생자이시기에 하나님의 백성은 그분을 알아볼 것이며 자기들의 죄에서 건짐을 받을 것이다. 신약은 정확히 그리스도에게 초점을 맞춘다. 그분이 신약의 중심이시며 신약이 전하는 메시지의 중심이시다."[2]

그러므로 우리는 (구약을 읽을 때와 마찬가지로) 경외감을 가지고 신약성경을 읽어야 한다. 눈으로만이 아니라, 예수 그리스도에게 마음을 기울이고 신약을 탐독해야 한다. 존 파이퍼는 이렇게 확언한다. "예수 그리스도는 우리가 맛보고 알아가야 하는 가장 소중한 대상이시다. 이것은 영원이 걸린 사안이다. 그래서 예수 그리스도를 알아가는 것은 그저 머리에 달린 눈이 아니라 마음의 눈으로 보고 알아가는 걸 의미한다."[3] 복음서의 기쁜 소식을 읽고 연구하고 묵상할 때, 우리는 그 안에 계시는 구원자를 기뻐하고 그분이 우리에게 주시는 소망으로 인해 감사할 수 있어야 한다. 사도 바울이 에베소서에서 고백한 내용처럼 말이다.

> 내가 기도할 때에 기억하며 너희로 말미암아 감사하기를 그치지 아니하고 우리 주 예수 그리스도의 하나님, 영광의 아버지께서 지혜와 계시의 영을 너희에게 주사 하나님을 알게 하시고 너희 마음의 눈을 밝히사 그의 부르심의 소망이 무엇이며 성도 안에서 그 기업의 영광의 풍성함이 무엇이며 그의 힘의 위력으로 역사하심을 따라 믿는 우리에

게 베푸신 능력의 지극히 크심이 어떠한 것을 너희로 알게 하시기를 구하노라(엡 1:16-19).

그리스도인이 그리스도에게 초점을 맞추는 것은 당연해 보일 수 있다. 그러나 현대 문화에서 어떤 이들은 너무 예수님께 붙들려 살 필요가 없다고 생각한다. 그들은 (예수님의 가르침이라고 잘못 생각하는) 보다 무난하고 너무 부담스럽지 않게 요구하는 메시지면 족하다고 여긴다. 그들은 기독교가 충성스런 신도에게 건강과 부와 이런저런 일시적 보상을 약속하는 기분 좋은 종교이기만 하면 된다는 거짓말에 속고 있다. 존 맥아더는 이런 견해는 결코 성경적이지 않다며 단호히 거부한다. "한 마디로, 기독교가 우리에게 주는 것은 예수 그리스도시다 … 그분은 성경, 특히 신약 전체를 아우르는 핵심 주제다. 그러므로 예수님을 소유하지 않았다면 아무것도 얻지 못한 것이다. 예수님을 소유했다면 모든 것을 얻은 것이다."[4] 기독교는 그리스도를 아는 것에 관한 종교다. 그리고 신약성경은 복음서를 필두로 그분이 누구신지를 보여준다.

* * *

앞서 출판된 두 책에서 나는 변증론적 서술 방식을 취했다. 『슬기로운 구약읽기』에서는 구약성경 전체가 그리스도를 예표하고 예언하고 약속하고 있으며, 예수님은 구약이 약속한 신인God-man이심을 보여주고자 했다. 『법정에서 만난 예수』에서는 회의론자였다가 그리스도를 믿게 된 나의 경험을 나누고 나머지 부분에서는 기독교 신앙을 옹호하는 변증에 힘썼다. 두 권의 책 모두 먼저 전제를 내건 다음 그 전제를 뒷받침하는 증거를 대는 방식으로 서술했다. 그러면서 주로 권위 있는 변증가와 신학자의 연구와 통찰에 의존했다.

이 책은 다르다.

이 책 『슬기로운 신약읽기: 복음서』는 이전의 책들처럼 변증적이지 않다. 이전 책에서는 (가능한 모든 방면에서) 성경과 그리스도의 권위에 도전하는 자유주의 성경학자들의 오류를 밝히는 데 주력했다. 그들은 성경이 하나님의 감동으로 되었다는 점과 성경이 무오하다는 점에 이의를 제기한다. 이사야서와 같은 몇몇 성경은 많은 저자들에 의해 편집된 것이라 주장하며 성경의 저작자와 연대에 의문을 제기한다.

더 나아가 그들은 구약이 하나님의 영감으로 쓰인 책이 아니라 사람이 창작한 것이고, 역사적 기술이기보다 우화적 표현이며, 구약의 하나님은 신약의 하나님과 성품이 다르고, 예수님은 그저 인간으로서 실제로 십자가에 못 박히신 것이 아니며 부활도 신화라고 생각한다. 예수님이 자신을 메시아라고 주장하거나 믿지 않았다고도 주장한다. 또한 예수님과 사도 바울이 제시한 기독교관은 서로 충돌하고, 복음서가 처음에는 여러 버전이 있었으며, 네 권의 복음서가 정경으로 채택된 것은 진성성이나 신뢰성에 따른 것이 아닌 다른 이유가 있었다고 주장한다.

요약하면, 성경의 진실성 문제에서 기독교 핵심 교리의 적절성 문제에 이르기까지 기독교의 거의 모든 측면에 일일이 도전하는 비평가들이 존재한다.

이런 비평들이 오랜 세월에 걸쳐 피해를 입혀 왔다. 한 해가 멀다하고 작가들이 여기저기서 나타나, 예수님이 하나님이 아니라고 한다든지 예수님은 사실 존재하지도 않은 인물이라고 하는 등 자신의 '새로운' 주장을 쏟아낸다. 기독교 신학자라 자처하는 사람들의 비평에 더해 세속 회의론자들도 공격에 가세하고 있다. 대학들과 지성인 엘리트들은 종종 기독교를 신화로 치부하기도 하고 그리스도인을 미신적이고 과학을 부정하며 무지한 멍청이로 간주한다. 이런 공격은 이미 교회와 신학교에 깊숙이 침투하여, 복음의 메시지를 희석시키고 성경의 신뢰성을 떨어뜨리고 있다. 그리스도인이라면 이런 흐름을 우려해야 한다. 복음이 힘을 잃는 것처럼 보일수록 그리스도께로 돌아오는 자들의 수가 줄어들 것이기 때문이다. 감사한 것은 기독교 변증가들과 보수 신학자들이 기독교 가르침의 신뢰성과 예수 그리스도의 영광을 지키기 위해 열심히 싸우고 있다는 점이다.

이런 문제에 대해서는 『법정에서 만난 예수』에서 많이 다루었는데, 성경은 진실로 영감 있는 하나님의 말씀이며 역사적 정확성을 갖춘 사실에 기반한 것임을 신뢰해도 좋다는 것을 보여주고자 했다. 몇몇 친구들은 이 책도 이런 식으로 (복음서를 겨냥한 주요 공격들을 소개하고 그 공격들을 무효화시킴으로써 복음서를 설명하는 식으로) 접근하라고 제안했다.

내 생각은 조금 다르다.

이번에도 그간 역사적으로 성경의 권위에 도전하는 다양한 비판들을 소개하기는 하겠지만, 그것은 주요 관심사가 아니다. 나의 우선 목표는 복음서가 말하는 진짜 예수님을 소개하는 것이고, 그것을 실행하는 가장 좋은 방법은 복음서에 직접 몰입하도록 돕는 것이다. 나는 당연히 복음서가 하나님의 영으로 쓰인 하나님의 말씀이며 복음서는 예수 그리스도를 참 인간이자 하나님의 아들로 드러내고 있음을 강력히 주장한다. 그러나 그것을 증명하거나 그에 반하는 주장들이 잘못임을 증명하기 위해 조직신학적 논쟁을 벌이지는 않으려고 한다.

그것보다는 복음서가 스스로 말하도록 하려고 한다. 늘 주장하듯, 성경은 자기 변증적이다. 성경에 깊이 몰입하면 저절로 성경이 하나님의 말씀임을 알게 된다는 것이다. 더 바라기는 그 결과로 예수 그리스도를 구원자요 주님으로 받아들이게 되는 것이다. 성경도 이에 대해 확증한다.

> 믿음은 들음에서 나며 들음은 그리스도의 말씀으로 말미암았느니라 (롬 10:17).

> 또 어려서부터 성경을 알았나니 성경은 능히 너로 하여금 그리스도 예수 안에 있는 믿음으로 말미암아 구원에 이르는 지혜가 있게 하느니라 (딤후 3:15).

나는 신자가 된 이후로 복음서를 포함해 성경에 강렬하게 매료되어 왔다. 성경은 날마다 삶을 변화시킨다. 성경은 믿는 자에게는 믿음을 더해 주고, 의심하는 자들은 그리스도인으로 변화시킨다. 하지만 이전에 나도 회의론자였기에 많은 사람이 복음서 읽는 것을 두려워한다는 것을 알고 있다. 혼자서 복음서를 읽고 그 뜻을 다 이해한다는 것이 엄두가 나지 않는 일이다. 노력한다 해도 금세 좌절하고 만다. 등장하는 사건이 너무 많고, 메시지가 주는 약간은 애매해 보이는 의미를 판독하는 것도 쉽지 않으며, 복음서마다 이야기의 세부사항들이 달라 그것을 이해하는 것도 힘들기 때문이다.

이 책을 통해 복음서를 새롭게 접하는 이들이 복음서에 좀 더 친숙해지고 직접 읽는 그 말씀 덕분에 영적 성장의 삶이 시작되기 바란다. 성경을 연구하며 배운 것들을 나누고 싶기도 하거니와 복음서(뿐 아니라 모든 성경)을 읽는 독자의 마음에도 감사의 불꽃이 피어나도록 돕고 싶은 마음이다. 성경은 결코 실망시키지 않는다.

정리하면, 그간 성경 연구를 통해 배운 것을 나누고 독자들도 성경을 더 알고 싶어졌으면 좋겠다. 복음서를 읽는 데 이 책이 도움이 되었으면 한다. 이 목표를 위해, 처음 몇 장에 걸쳐 신구약 중간기의 이스라엘 역사에 대해 윤곽을 잡아보려고 한다. 그리스도가 인간 역사 속으로 들어오실 당시 문화적 종교적 분위기가 어땠는지 살펴볼 계획이다. 또한 신약을 간단하게 개관한 다음 복음서에 대해 (전체적으로, 개별적으로) 더 깊이 소개하려고 한다.

성경 자체가 최고의 변증서라고 믿기에, 책 나머지 부분에서는 (5장에서 12장까지) 사복음서 각각의 내용을 종합하고 나름대로 통일된 설명을 하는 데 주력하는 방식으로 복음서의 이야기를 들려주려고 한다. 이런 구성을 통해 예수 그리스도의 (삶을 변화시키는 능력이 있는) 복음 이야기가 독자에게 좀 더 실제적으로 다가갈 수 있기를 바란다. 복음서를 직접 읽는 것이 자신 없어 용기를 내지 못하는 이에게도 도움이 되었으면 한다. 하지만 오해는 없었으면 좋겠다. 나의 목표는 독자가 자신감을 안고 복음서 읽기에 첫 발을 내딛게 하는 데 있을 뿐이다. 이 책으로 말미암아 직접 복음서를 읽는 것은 독자의 몫이다. 일단 (복음서에 대해 말하는 책이 아니라) 복음서에 발을 디디면 분명 하나님과 교감을 나누게 될 것이다.

복음서는 인간이 만들어 낸 최고로 멋진 인간을 그린 환상적인 소설을 읽는 것과는 다르다. 복음서는 소설이 아니며 예수 그리스도는 인간의 마음에서 그려진 존재가 아니다. 그분이 우리를 마음에 그리셨다. 어떤 소설 작가도 그런 인물을 만들어내지 못한다. 예수 그리스도의 완전하심과 장엄하심은 인간 지성이 담아낼 수 없고 인간의 상상력이 그려낼 수 없다. 진지하게 복음서를 읽는 것은 살아 계신 하나님의 아들과 대면하는 것이다. 그분은 하나님 영광의 광채시고 그 본체의 형상이시다(히 1:3). 어떤 인간도 그분처럼 행할 수 없고 그분처럼 권위 있게 말할 수 없으며, 그분처럼 체휼할 수 없고 그분처럼 섬길 수 없으며, 그분처럼 가르칠 수 없고 그분처럼 지혜로울 수 없으며, 그분처럼 죄 없이 살 수 없고 그분처럼 희생할 수 없다. 그분처럼 매순간 하나님이심을 드러내시되 육신을 입으신 메시아임을 스스로 입증할 수 있는 사람도 없다.

예전에는 서신서가 신학적으로 풍성하다는 이유로 복음서보다 좋았다. 지금은 복음서를 읽는 게 가장 중요하다는 것을 안다. 복음서는 예수님이 직접 말씀하시고 행하신 내용을 그대로 증언하기 때문이다. 우리는 복음서를 통해 예수님을 직접 경험한다. 하나님의 영에 감동되고 인도함을 받은 복음서 기자들이 그분의 말씀과 행적을 정확하게 기록해 놓았기 때문이다. 복음서에 몰입하게 되면 예수님이 책에서 뛰어나와 우리에게 살아 역사하심을 느낀다. 그러나 복음서를 직접 읽는 대신 다른 사람들이 복음서에 대해 쓴 책을 읽는다면 때로는 그들이 설명하는 복음서 사이에 서로 불일치하는 (이런 것들 모두 충분히 설명될 수 있다) 점들로 인해 복음서에 가까이 다가가기 어려워진다. 가장 위대한 사랑의 행위의 일환으로 우리 가운데 내려오신 하나님에 관한 놀라운 이야기를 현실감 있게 접하기도 어려워진다.

슬프게도 무신론자, 불가지론자, 냉소주의자, 그리고 회의론자들은 교만이 그들의 마음을 어둡게 하고 시선을 가리는 한 복음서를 읽으며 기대되는 경험을 하지 못할 것이다. 하지만 그들이 기도하며 하나님께서 하나님을 드러내 주시기를 간구한다면 그분을 발견하게 될 것이다. 그분이 그들을 위해 그곳에 계시고 늘 계셨음을 알게 될 것이다. 우리 역시 마찬가지다. 난해한 본문을 어떻게든 자신에게 납득시켜 보겠다고 애쓰며 헛된 시도를 하기보다 곧바로 복음서에 뛰어드는 편이 낫다. 마태복음, 마가복음, 누가복음, 그리고 요한복음에서 직접 나타나시는 진짜 예수님을 만나라.

복음서를 정리하면서 많은 사건과 대화들을 풀어 썼지만, 다른 것, 특히 예수님이 직접 하시는 말씀은 그대로 실었다. 모든 말씀이 하나님의 영감으로 된 것이라는 확신이 있기에 성경의 메시지를 우리가 어설프게 고쳐서는 안 된다고 강력하게 믿는다. 이 한 권의 책에 복음서의 방대한 분량을 다 연결시키려 하다 보니 어떤 부분은 요약하고 압축할 수밖에 없었지만 그래도 최대한 원문에 충실하려고 노력했다. 바라기는 이 책을 쓰면서 내게 유익했던 것들이 독자에게도 유익이 되었으면 한다.

사건이나 개념이 반복되어 기술된 곳도 있을 것이다. 그렇게 된 이유는 복음서 안에서 그 사건이나 개념이 반복되어 나오기 때문이다. 예수님은 반복해 말하는 것이 배움에 도움이 된다고 생각하신 것 같다. 그래서 기억하고 이해하기 좋도록 주제를 반복하시는 경우가 종종 있다. 이런 반복이 또한 그분의 가르침의 놀라운 일관성을 두드러지게 한다.

마지막으로 이 책을 통해 독자의 성경 이해가 풍성해지고, 복음서와 하나님의 말씀을 진지하게 읽고 묵상하는 삶이 시작되기를 바란다.

* * *

네 권의 복음서에 대한 이 책의 설명을 통해, 각각의 복음서가 서로를 어떻게 보완해 주는지 보게 될 것이다. 또한 메시아 곧 하나님의 아들이 오시리라는 구약의 약속과 예언을 성취하시고 하나님의 구원 계획을 완성하시는 이가 예수님이심을 어떻게 저마다의 고유한 방식으로 알려주는지 보게 될 것이다. 사복음서가 성경 메시지의 연속성과 통일성을 알려주기 위해 구약의 말씀들을 어떻게 엮어 짜놓고 있는지 보게 될 것이다. 무엇보다 예수 그리스도에게 우리의 시선을 고정하게 될 것이다. 그분은 알파와 오메가요, 우리의 구원자, 우리의 왕이시다. 대중문화가 만들어 낸 (우리와 비슷해 보이도록 만들어진) 허구의 예수가 아니라 진짜 예수님을 발견하게 될 것이다.

몇몇 교회들은 교회에 다니지 않는 사람들이 보다 호감을 가질 만한 방식으로 예배를 드려야 한다고 주장한다. 그러나 그리스도를 바르게 알리고자 한다면, 말씀의 내용을 희석하거나 해석하기 곤란한 성경구절을 생략해 버리거나 예수님을 진짜 그대로가 아닌 다른 존재로 변형해 제시해서는 안 된다. 거짓 복음을 가르치거나 (문화적으로는 어떨지 몰라도) 진짜가 아닌 예수님을 가르치는 교회에 다니는 것보다 차라리 그 교회를 건너뛰는 게 낫다. 예수님은 창조주시고 우리는 피조물이다. 우리가 그분을 다시 만들 수 없지만 그분은 우리를 재창조하실 것이다.

사람들이 만들어낸 많은 거짓 메시아들과 자칭 예수들 중 어느 누구도 우리를 구원하거나 새로운 피조물로 변화시킬 능력이 없다.[5] 이는 예수님만이 행하실 수 있는 특권이며, 우리가 예수님을 따르고 순종할 때만 일어나는 일이다. 성경이 말하는 바에 정직하게 다가갈 때 우리는 진짜 예수님을 만나게 될 것이고 가짜를 식별해 내는 능력을 키우게 될 것이다. 그러므로 성경을 읽으려 할 때, 그 안에서 그리스도를 발견하고자 애쓸 뿐 아니라 영감으로 된 말씀이 그분에 관해 말하는 바를 기꺼이 받겠다는 마음으로 나아가야 한다. 인간의 편의를 위한다는 핑계로 성경 말씀의 일점일획이라도 함부로 바꾸어서는 안 된다(계 22:18; 신 4:2; 잠 30:5-6). 바울은 이렇게 선포한다. "모든 성경은 하나님의 감동으로 된 것으로 교훈과 책망과 바르게 함과 의로 교육하기에 유익하니 이는 하나님의 사람으로 온전하게 하며 모든 선한 일을 행할 능력을 갖추게 하려 함이라"(딤후 3:16-17). 성경의 목적은 우리를 좀 더 편하게 하는 데 있지 않고, 우리가 구세주로부터 얼마나 합당하지 못한 모습으로 멀어져 있는지 보여주는 데 있다. 그래서 우리로 하여금 "그리스도 예수 안에 있는 믿음으로 말미암아 구원에 이르는 지혜가 있게"(딤후 3:15) 하려는 것이다.

이제 구약 시대가 끝나고 신약 시대가 시작하기까지 (신구약 중간기로 알려져 있는) 400년의 시간을 살펴보고 그리스도가 성육신하여 태어나신 이스라엘 땅과 그 주변의 더 넓은 세계를 둘러보는 것으로 여행을 시작해 보자. 또한 신약성경의 역사적 신뢰성, 문학적 가치, 구성, 장르들을 훑으면서 신약 전체를 개관해 보려고 한다. 그렇게 배경 지식이 어느 정도 쌓이고 나면 직접 복음서로 들어가, 자신이 인류의 구원자이심을 역사 속 수많은 사람에게 확신시키기 위해 예수님이 계시하신 말씀과 행적을 살펴보기로 하자.

세상에서 가장 위대한 이야기의 배경

01 – 04

1
간과된 시대 – 구약과 신약 중간기

신구약 중간기는 매우 중요한 시대다. 하나님이 그 아들을 구주이자 구원자로 보내시려고 세상을 준비시키던 때이기 때문이다(갈 4:4 참조). 외부 자료를 참고하여 그 시대의 종교적, 정치적, 사회적, 그리고 세속적 환경이 어땠는지 공부해 보라. 그러면 구약시대와 신약시대를 이해할 뿐 아니라 그 두 시대가 어떻게 연결되는지도 알게 될 것이다. 어빙 L. 젠센 [1]

그리스도 탄생 이전 이스라엘의 수백 년 역사 및 유대인에 대한 연구는 결코 무의미하거나 지루한 작업이 아니다. 이런 작업은 우리의 성경 연구에서 단순한 구색 맞추기 이상의 유익이 있다. 신약성경의 역사적, 종교적, 문화적 배경을 잘 알아두면 예수님이 태어나신 세상을 이해하는 데 도움이 되고, 복음서의 맥락과 배경을 이해하는 데도 도움이 되며, 초대 교회 성장 과정을 이해하는 데도 도움이 된다. 또한 복음서의 내용을 온전히 이해하고 복음서간 연결된 사건들을 파악하며 예수님의 가르침을 제대로 이해하는 데도 도움이 된다. 헤롯 대왕이 왜 그렇게 무자비한 행동을 일삼았는지, 본디오 빌라도는 왜 머뭇거렸는지, 사도 바울이 왜 로마 법정에 서기 원했는지에 대한 이유들을 알게 된다.[2] 신구약 중간기에 일어난 역사적 사건들은 (하나님의 섭리를 따라) 기독교가 태동하고 성장하는 기반이 되었다. (구약과 신약을 이어주는 경첩과 같은)[3] 이 격동기는 여러 제국에 의해 반복적으로 정복당하던 땅에서 살아가는 유대인에게 지대한 영향을 미쳤다.

신구약 중간기는 대략 400년에 걸쳐 있으며 구약성경이 끝나는 (다시 말해 구약의 마지막 책 말라기가 쓰인 대략적인 시기인) 주전 400년부터 약 주후 4년 및 예수님의 탄생 시기까지다. 대부분의 기독교 학자들은 이 시기를 '신구약 중간기'intertestamental period라는 용어로 부르지만 어떤 이들은 '제2성전기'Second Temple period*라고 부른다. 다만 이 시기는 좀 더 긴데, (제2성전이 세워진 시기인) 주전 516년부터 주후 70년경 로마가 예루살렘을 약탈하고 성전을 파괴하는 사건이 발생한 시점까지다.[4]

몇몇 저자는 신구약 중간기를 이스라엘의 기독교 이전 역사에 드리운 '암흑기' 또는 '침묵기'라고 부른다. 이 시기엔 선지자나 영감 있는 저자의 활동 또한 나타나지 않는데, 대부분의 유대인들이 여러 나라에 흩어져 살았기 때문이다.[5] 신약 시대의 유대인들은 하나님의 감동

---

* 유다를 멸망시킨(주전 586년) 바빌로니아(바벨론)가 페르시아(바사)에 의해 정복되면서 유다는 자연스레 페르시아의 속국이 된다. 고레스 왕이 성전 재건을 명목으로 유대인들의 예루살렘 귀환을 허락하고(주전 538년) 이때의 인솔자가 스룹바벨이다. 스룹바벨은 예루살렘 도착 2년 후 성전의 기초를 놓지만 주변 세력의 방해로 16년간 공사를 중단하게 된다. 그러다 다리오 왕의 명으로 다시 성전을 짓기 시작해 주전 516년에 완공한다. 솔로몬이 세운 성전에 이은 두 번째 성전이라는 의미로, 이를 제2성전이라 부른다.

하심을 입은 예언이 말라기와 함께 그쳤다고 믿었다.[6] 그 이후의 시기에 기록된 정경은 물론 선지자를 통한 직접 계시도 없지만,[7] 이스라엘의 정치적 역사와 관련한 자료들은 많다.[8] 대표적으로 유대인 역사가 요세푸스가 쓴 『유대 고대사』, 마카베오 전후서가 포함된 외경[9] 및 위경**[10]이 있으며 폴리비우스, 타키투스, 리비우스, 아피아누스와 같은 그리스와 라틴 역사가들의 작품[11]도 있다.

이 시기 동안 유대인들은 비록 유배지에서 풀려나 고향으로 돌아오긴 했지만, 그럼에도 계속되는 외세의 지배 아래 살아야 했다.[12] 어느 저자는 이 어두운 중간기가 시편 기자에 의해 예견되었다고 주장한다. 시편 기자는 이렇게 쓰고 있다. "우리의 표적은 보이지 아니하며 선지자도 더 이상 없으며 이런 일이 얼마나 오랠는지 우리 중에 아는 자도 없나이다"(시 74:9).[13] 많은 유대인이 말라기 이후에 메시아와 그분의 나라가 임하기까지 예언은 다시 나타나지 않을 거라고 믿었다.[14] 실제로 이 시기 동안 하나님의 선지자는 나타나지 않았지만, 하나님은 여전히 많은 사건 속에서 주권적으로 역사하고 계셨다. 또한 그 땅의 통치권도 바빌로니아(바벨론)에서 메대 페르시아(바사), 그리스, 그리고 로마로 옮겨 가기는 했지만 역사는 다니엘이 예언한 대로 흘러가고 있

** 권위 있는 것으로 간주되긴 하나 정경이나 외경에 포함돼 있지 않은 (대부분 예수님 탄생 이전에 쓰인) 유대 서적을 가리키며 '위전'이라고도 부른다. 정경(正經, kanon)은 표준 성경이란 의미로 개신교에서 사용하는 성경이고, 외경(外經, apokrypha)은 정경에 들지 못한 성경이란 의미로 유대교와 천주교에서 제2의 경전으로 사용하는 성경이며, 위경(僞經, pseudepigrapha)은 허위 성경이란 뜻으로 정경과 외경에도 들지 못한 성경을 가리킨다. 정경에는 현재 개신교에서 사용하고 있는 66권이 있고, 외경에는 에스라 1·2서, 토빗, 유딧, 솔로몬의 지혜, 바룩, 세 소년의 노래, 수산나의 역사, 벨과 용, 므낫세의 기도, 마카비 1·2서 등이 있으며, 위경에는 에녹서, 모세의 승천기, 이사야 승천기, 아기 예수전, 마리아의 승천기, 도마복음, 유다복음 등이 있다.

었다. 다니엘의 예언이야말로 구약에서 가장 놀라운 예언 본문 중 하나다(단 2:39, 40; 7:5-7).[15]

독자들이 신약의 문을 열면, 구약이 끝날 때 존재하던 것과는 완전히 다른 세상이 펼쳐진다. 그러므로 먼저 신구약 중간기까지 이어지는 이스라엘 역사를 주요 사건별로 살펴보는 게 좋겠다.

신구약 중간기 이전의 이스라엘

이스라엘은 여러 '사사들'의 지도력을 따라 조직화하지 않은 부족 국가 형태를 유지하다가 주전 1050년에 하나의 왕국으로 통일되었고, 이후 120여 년 간 사울, 다윗 그리고 솔로몬으로 이어지는 통일 왕국 체제를 이어갔다. 그보다 앞서 500년 전에 이집트에서 탈출했던 이스라엘은 하나님이 약속하신 땅 가나안과 그곳의 정착민들을 정복한 상태다. 이제는 하나님을 위해 성전을 세우고 예배를 중심으로 똘똘 뭉쳐야 할 때였다.[16] 먼저 다윗이 성전을 짓고자 했으나 하나님이 그를 막으신다. 다윗은 전쟁을 치루며 너무 많은 피를 흘렸기 때문이다(대상 22:7-8). 하나님은 대신 그의 아들 솔로몬으로 하여금 성전을 짓게 하시는데 그는 (하나님이 평가하시는 바에 따르면) "온순한 사람"a man of rest 이었다(대상 22:9). 주전 964년 경 솔로몬은 역사적 과업을 완성한다(왕상 6:37-38).[17]

주전 931년 솔로몬이 죽은 직후 이스라엘은 북왕국 이스라엘과 남왕국 유다로 분열된다. 주전 722년 앗시리아(앗수르) 제국이 북왕국을 점령하고 많은 이스라엘 사람을 포로로 잡아 간다. 앗시리아는 (이스라엘 사람들이 포로로 잡혀가고) 비어 있던 땅에 이방 민족을 유입시켜 그 곳에서 살게 한다. 그 중 일부는 그 땅에 남아 있던 유대인과 결혼하고, 이후에 포로 생활에서 벗어나 고향으로 돌아온 유대인과도 결혼한다.[18] 이런 통혼을 통해 태어난 (사마리아인이라 알려진) 자손들은 유대교와 이방 종교를 혼합시키고 단일 민족의 혈통과 종교를 타락시켰다는 이유로 유대인으로부터 멸시를 받는다. 남왕국 유다는 북왕국보다 외세의 공격을 1세기 반이나 더 견디다가 바빌로니아에게 무너진다. 남왕국을 점령한 바빌로니아 왕국은 주전 605년부터 백성들을 포로로 끌고가기 시작하고, 주전 586년에 예루살렘 성전을 파괴한다.

주전 539년에서 536년 사이에 페르시아가 바빌로니아를 정복한다. 고레스 왕은 바빌로니아에 의해 포로로 잡혀 간 유대인들을 고향으로 돌아가게 하고, 이들이 성전을 재건하는데, 이는 구약 에스라서에 나온 놀라운 예언의 성취이기도 하다.

> 바사 왕 고레스 원년에 여호와께서 예레미야의 입을 통하여 하신 말씀을 이루게 하시려고 바사 왕 고레스의 마음을 감동시키시매 그가 온 나라에 공포도 하고 조서도 내려 이르되 바사 왕 고레스는 말하노니 하늘의 하나님 여호와께서 세상 모든 나라를 내게 주셨고 나에게 명령하사 유다 예루살렘에 성전을 건축하라 하셨나니 이스라엘의 하나님은 참 신이시라. 너희 중에 그의 백성 된 자는 다 유다 예루살렘으로 올라가서 이스라엘의 하나님 여호와의 성전을 건축하라. 그는 예루살렘에 계신 하나님이시라. 그 남아 있는 백성이 어느 곳에 머물러 살든지 그 곳 사람들이 마땅히 은과 금과 그 밖의 물건과 짐승으로 도와 주고 그 외에도 예루살렘에 세울 하나님의 성전을 위하여 예물을

＊ 신구약 중간기 이전의 주요 사건

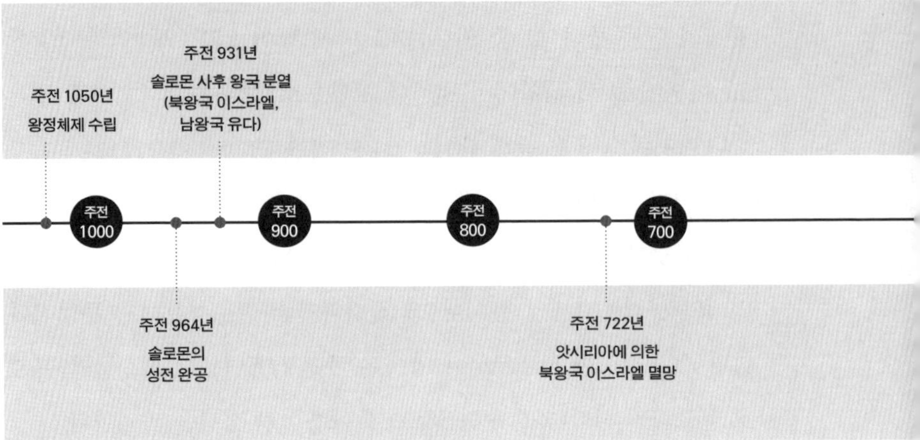

기쁘게 드릴지니라 하였더라(스 1:1-4).

특히 이사야는 150년이나 앞서 '고레스'라는 이름을 구체적으로 언급한 바 있다(사 44:28; 45:1, 13). 성전 재건 공사는 바빌로니아 유수 이후 이스라엘 땅에 살고 있던 사람들의 지속적인 방해에도 불구하고(스 4:1-6)[19] 주전 516년 경 마침내 마무리된다. 주전 458년에는 서기관 에스라가 수천 명의 유대인과 그 가족들을 이끌고 이스라엘로 돌아와 율법을 회복하고 종교 의식을 재정립한다(스 7:21-25). 주전 444년에는 느헤미야가 또다른 유배민들과 함께 고향으로 돌아오고 느헤미야는 유대 총독으로 임명받는다. 느헤미야는 페르시아 왕 아닥사스다의 윤허를 받아(느 2:6) 예루살렘 성벽을 재건함으로 100년 전 다니엘의 예언을 성취한다(단 9:25). 이웃에 사는 비유대인들의 지속적인 방해에도 불구하고 성벽 재건 공사는 52일만에 마무리된다(느 2:10, 19-20; 6:15).

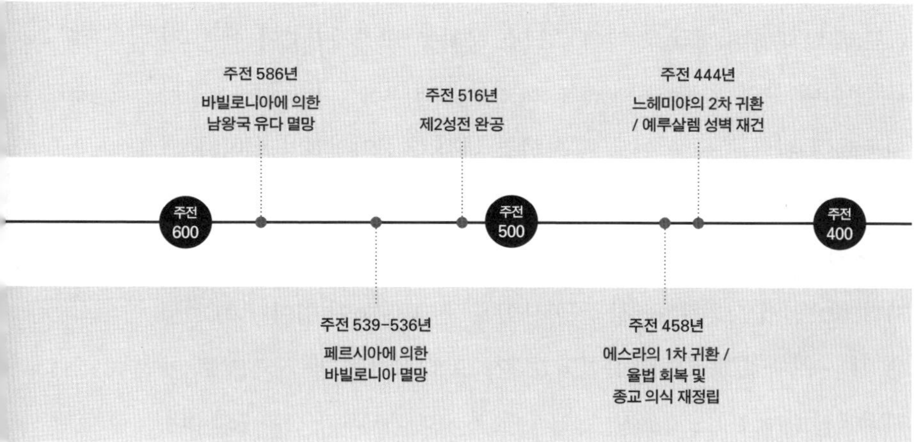

신구약 중간기

신구약 중간기의 첫 부분(주전 400에서 주전 331)은 페르시아 왕국이 이스라엘을 통치하던 때로, 이 시기에 페르시아 왕국과 유대인 모두에게 주목할 만한 사건은 일어나지 않는다.[20] 페르시아 왕국은 유대인에게 매우 관용적이어서 거의 간섭하지 않았으며, 종교적으로도 유대인 대제사장의 권위 아래 자율적으로 종교 의식을 행하게 내버려두었다. 그렇다고 이스라엘이 자유로웠다는 의미는 아니며 페르시아 총독의 직접적인 관할 아래 있었다. 이들은 때때로 이스라엘 대제사장의 힘을 견제하려는 목적으로 예루살렘 일부를 파괴하기도 한다.[21]

알렉산드로스(알렉산더) 대왕이 페르시아의 다리우스(다리오) 3세를 물리치고 페르시아 왕국을 지배하면서, 페르시아 왕국에 의한 유대 통치는 주전 331년 끝이 난다.[22] 알렉산드로스 대왕도 페르시아 왕들과 마찬가지로 유대인에게 관용책을 편다. 그들이 유대의 율법과 종교 의식을 지킬 수 있게 하고 안식년에는 세금도 면제해 준다.[23] 알렉산드로스 대왕이 제국 전역에 그리스 문화를 확산시키고자 애쓴 결과, 코이네 그리스어(Koine Greek, 외국인들이 사용하는 공통 그리스어)가 지중해 동편의 주요 언어로 부상하고 나아가 신약성경의 언어가 된다.[24]

알렉산드로스 대왕이 후계자 없이 주전 323년 32세의 나이에 갑자기 죽으면서 그의 부하 장군들 사이에 왕권 다툼이 일어난다. 제국은 처음에는 네 지역으로 분할되었다가 그 다음에는 세 지역으로, 마지막에는 (셀레우코스 왕조와 프톨레마이오스 왕조) 두 지역으로 분할된다. 셀레우코스 왕조는 시리아(수리아)에 기반을 두고 제국의 북쪽을 다스리고, 프톨레마이오스 왕조는 이집트를 중심으로 제국의 남쪽을 다스린다. 셀레우코스 통치자들은 주로 셀레우코스 혹은 안티오쿠스라 불리고 이집트의 왕들은 프톨레마이오스라는 칭호를 사용했다. 이 두 왕조 사이에 끼어 있던 이스라엘은 늘 이들의 영토 확장 위협에 시달릴 수밖에 없었다.[25]

이스라엘은 주전 321년 경 프톨레마이오스의 이집트 제국에 결국 흡수되고 만다. 유대인들은 프톨레마이오스 왕조와 셀레우코스 왕조가 주기적으로 갈등을 일으키는 시기를 제외하고는 평화롭게 살지만, 두 왕조의 갈등이 일어날 때마다 그들의 삶은 엉망이 되고 쇠락해 간다.[26] 이 시기에 이집트의 알렉산드리아는 유대교의 중심지로 자리잡는다.[27] (그리스어는 알지만 유대인의 언어를 모르는) 이집트의 유대인들을 위해 프톨레마이오스 필라델푸스(주전 285-247)가 불러온 유대인 학자들에 의해 구약성경을 그리스어로 번역하는 작업이 시작된다.[28] (구약의 처음 5권의 책) 모세오경이 주전 250년 경 그리스어로 번역되고 구약의 나머지 부분은 주전 130년 경 완성된다.[29] (72명의 학자들이 집대성하여) 70인역이라고 불리는 이 구약 번역본은 팔레스타인 지역 바깥에 사는 유대인에게 매우 귀중한 경전이 된다. 이후에 70인역은 초기 기독교 교회가 사용하는 성경이 된다.[30]

안티오쿠스 3세가 이집트를 정복하면서, 주전 198년 셀레우코스 왕조에 의한 이스라엘 통치가 시작된다.[31] 셀레우코스 왕조도 처음에는 유대인의 관습과 종교 행위에 관대한 태도를 보인다. 하지만 시간이 흐르면서 헬레니즘 문화에 우호적인 유대인과 이를 적대시하는 유대인 사이에 갈등이 고조된다.[32] 주전 167년 셀레우코스의 통치자 안티오쿠스 4세 에피파네스가 제국의 모든 구성원을 통합시키는 수단의 일환으로 이스라엘 지역을 헬레니즘화하도록 명령한다. 이는 유대인에 대한 박해를 의미했다. 그가 유대인을 박해한 내용을 간단히 살펴보기만 해도 유대인이 그 시기에 얼마나 고통을 겪었을지 짐작이 간다. 에피파네스는 유대인이 조상 대대로 내려오던 안식일, 율법, 절기, 희생 제사 및 할례의식 등을 더 이상 지킬 수 없게 만드는 "그 땅에 낯선" 관습을 따르도록 강요한다. 에피파네스는 토라 필사본을 불태워 없애고, 우상을 섬기는 신당과 제단, 성소들을 세우고, 유대인에게 정결하지 못한 제물을 바치게 하고 돼지고기를 먹도록 한다.[33] 심지어 성전을 그리스 신 제우스에게 봉헌하기까지 한다.[34]

유대인들은 강요에 의해 어쩔 수 없이 부정하고 가증한 것들로 인해 스스로를 더럽히게 되면서, 부득이하게 율법을 잊어버리고 규례를 바꿀 수밖에 없게 된다. 에피파네스의 명에 불순종하면 죽음이 따랐기 때문이다. 에피파네스는 거기서 멈추지 않는다. 감시관들을 세워 모든 사람을 감시하고 유다 모든 마을에 명령하여 이교도의 희생 제

*** 신구약 중간기 주요 사건**

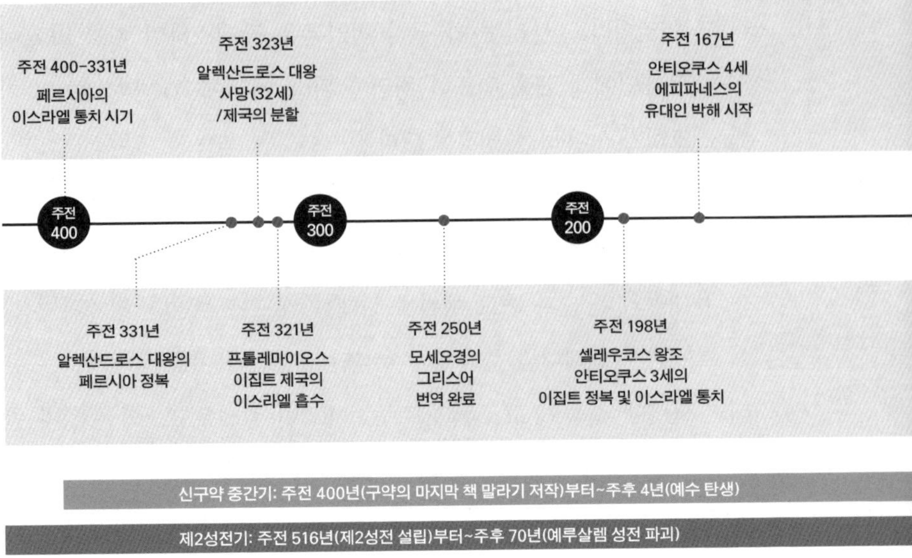

사를 드리게 한다. 누구든 토라를 가지고 있거나 율법을 지키다 발각되면 왕의 명에 따라 사형에 처해졌다. 자녀에게 할례를 행한 여자는 죽임을 당하고 그 아기는 엄마의 목에 달렸다. 이에 이스라엘의 많은 사람이 저항하고, 율법을 어기느니 차라리 죽음을 택한다(마카비 1서 1:44, 48-51, 56-57, 60-63; 마카비 2서 6:2).

연로한 유대인 제사장 마타티아스(맛다디아)는 이교도의 제사를 드리라는 셀레우코스 관리의 명령을 거부한다. 마타티아스는 이렇게 선언한다. "왕의 통치 아래 있는 모든 민족이 왕에게 복종하여, 조상 대대로 내려온 종교를 포기하고 왕의 명령에 따르기로 선택한다 해도 나와 내 아들들과 내 형제들은 우리 조상의 언약을 따라 살아갈 것이오. 내가 율법과 규례를 저버리는 일은 절대 없을 것이오. 우리는 왕의 명을 따르지도 않을 것이며 우리의 종교에서 좌로나 우로도 벗어나지

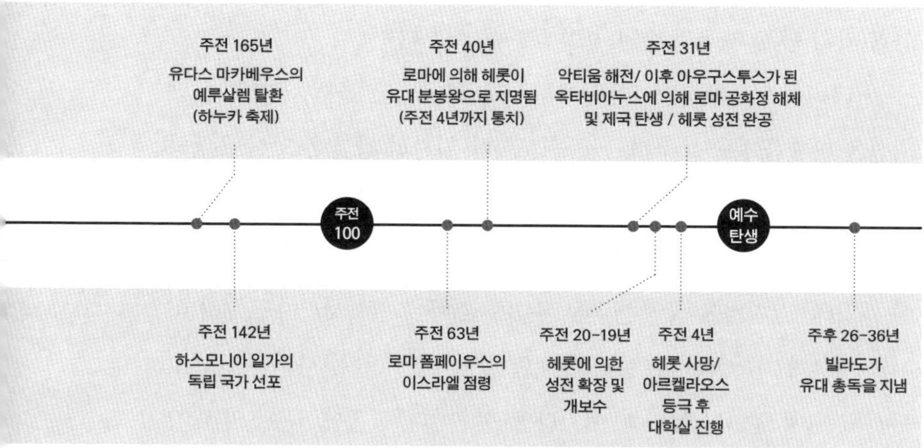

않을 것이오"(마카비 1서 2:19-22). 그때 변절한 유대인 방관자가 희생제물을 바치러 나오고, 의분을 품은 마타티아스는 그와 왕의 관리를 죽이고 제단을 헐어버린다(마카비 1서 23장-25장).[35] 마타티아스는 이렇게 소리친다. "율법을 사랑하고 언약을 지키고자 하는 사람은 모두 나와 함께 합시다!" 그런 후 그와 그의 다섯 아들은 자기들을 따르는 사람들과 함께 산으로 달아나고 마카비 혁명이라 알려진 반란이 시작된다(마카비 1서 2:27-28).[36]

마타티아스가 죽고 그의 아들 유다스가 반란 운동을 이어간다. 그는 유다스 마카베우스 또는 그냥 마카베우스("망치")로 알려져 있다. 그가 도입한 게릴라 전술 때문에 얻은 이름이다.[37] 주전 165년 유다스가 이끄는 군대가 성전을 포함한 예루살렘 지역 일대를 탈환하고, 지금도 유대인들은 이 날을 기념하여 하누카 축제를 지낸다.[38] 약 20년

이 지난 주전 142년 유대인들은 (유다스의 큰형 시몬의 자손인) 하스모니아 일가의 통치 아래 독립된 자치 국가를 이룬다.[39]

마타티아스와 유다스 마카베우스가 하나님의 율법을 따르는 데 최선을 다했음에도 불구하고, 하스모니아 일가의 왕들은 당시 유행하던 헬레니즘 사조에 휩쓸리고 자신들의 막강한 정치 권력에 따르는 유혹에 타협한다.[40] 주전 63년 로마 장군 폼페이우스가 유대인 반란에 개입해 그 지역을 장악한 후[41] 유대를 로마에 병합시킨다.[42] 게리 버지는 이렇게 기록한다. "보통의 유대인에게 가장 중요한 사건은 단연코 주전 63년에 일어난 로마의 이스라엘 점령이다."[43] 폼페이우스의 막강한 군대는 곧바로 이스라엘을 로마 관할로 귀속시킨다. 버지는 계속해서 이렇게 기록한다. "이때부터 로마 정부가 유대인에게 세금을 징수하고, 로마 정부에 협력하는 유대인과 저항하는 유대인이 출현하게 되는데, 예수님과 바울의 사역은 바로 이런 시대 배경 속에서 이루어진다."

유대를 점령한 폼페이우스가 예루살렘 성전을 방문하던 때 가장 신성한 지성소까지 들어가는 사건이 벌어진다. 유대인들은 폼페이우스가 신성모독을 저질러 자신들이 모욕을 당했다고 여기고, 그 일을 계기로 장장 100년 넘게 주후 70년에 이르기까지 서로 적대적인 관계가 지속된다(주후 70년 유대인들이 반란을 일으키고 로마군은 유대와 성전을 파괴한다).[44] 주전 40년 로마가 헤롯을 유대의 분봉 왕으로 지명하는데, 그것은 유대인의 왕으로도 불리는 자리였다. 헤롯은 실제로는 주전 37년이 되어서야 왕위에 오르고, 그때부터 주전 4년까지 30년 넘게 유대를 통치한다. 예수님이 태어나시던 해 왕의 자리에 있던 자이기도 하다(마 2:1-2). 그 무렵 로마 원로원이 율리우스 카이사르의 양조카 옥타비아누스를 (최고 군사령관이라는 의미의) 임페라토르로 세우는데, 주전 31년 악티움 해전에서 안토니우스와 클레오파트라를 무찌른 직후다. 이 전쟁으로 옥타비아누스는 아우구스투스("존귀한 자")라는 칭호를 얻고 원로원까지 지배하게 된다. 이를 계기로 로마의 공화정 체제가 종식되고 로마 제국이 탄생한다.[45]

유대의 왕으로서 헤롯은 갈릴리 지역의 반란을 진압하여[46] 이스라엘의 질서를 잡고 로마 제국 전역에 그레코 로만(Greco-Roman, 그리스 영향을 받은 로마) 문명을 확산시키려는 아우구스투스의 계획 실행에 일조한다.[47] 헤롯이 성전을 새단장하고 확장했음에도 불구하고, 유대인들은 (헤롯이 절반은 에돔 사람이었으므로) 그를 예루살렘의 왕위를 강탈한 자이며[48] 유대의 자치권을 말살하고 민족을 압제하는 로마의 앞잡이 정도로 간주한다.[49] 그는 잔인한 통치자로도 알려지는데 자신의 아내 마리암네와 두 아들, 다른 아내가 낳은 아들, 존경 받던 유대인 대제사장 히르카누스 2세를 살해한다.[50] 또 아기 예수를 죽이기 위해 베들레헴에 있는 모든 남자 아기를 없애라는 명을 내린 것으로도 악명이 높다(마 2:16-18).[51]

헤롯이 죽은 후, 아르켈라우스(아겔라오)가 유대와 사마리아, 에돔의 통치자 자리에 오른다. 그는 유대인을 심하게 박해하는데, 주전 4년에서 3년 사이에 성전에서 약 3천 명을 학살한다.[52] 통치자로서 무능함을 지적받다 주후 6년에 자리에서 물러나고 이후로는 여러 총독이 그 자리를 대신한다. 그 중 가장 중요한 인물이 본디오 빌라도다. 빌라도는 주후 26-36년까지 유대 총독을 지내며, 그 기간 동안에 예수님의 사역과 십자가 죽음, 오순절 사건, 초대 교회의 탄생과 스데반의 순교 사건이 일어나고 최초의 기독교 선교가 시작된다.[53]

신약 시대의 여명기에 로마 제국 안에서는 많은 종교와 철학이 유행하고 있었으며, 이는 로마 세계의 헬레니즘화에 따른 현상이었다. 피타고라스 학파, 스토아 학파, 키니코스 학파, 에피쿠로스 학파 등 그리스의 여러 철학 체계는 저마다의 방식으로 인간 이성을 통해 우주를 설명하고자 했다.[54] 그리스 철학은 현실을 이원론적으로 바라보는 특징이 있는데, 물질 세계는 영적 세계의 그림자에 불과하다고 보았다. 그에 따르면 물질 세계는 일시적이고 악하며, 반면 영적 세계는 영원하고 실재하며 선하다.[55] 이런 철학 사조가 (특별히 현저하지는 않다 하더라도) 그리스도가 탄생하던 시기 로마 제국 거주민들의 세계관에 영향을 주고 있었다.[56] 그럼에도 당시 사람들이 또다른 '새로운' 철학과 사상에 매우 갈급해 있음을 신약성경은 말한다. 이와 관련해 사도행전은 이렇게 전한다. "모든 아덴 사람과 거기서 나그네 된 외국인들이 가장 새로운 것을 말하고 듣는 것 이외에는 달리 시간을 쓰지 않음이더라"(행 17:21).

주전 4세기 에피쿠로스(주전 342-271)에 의해 시작된 에피쿠로스 학파는 쾌락과 우정의 가치를 강조하고 사회 활동에서 물러나 은둔하는 삶을 추구했다.[57] 그들의 주장에 따르면, 쾌락(여기서 쾌락이란 고통이 없는 상태이기도 하며, 자기 탐닉과 대조를 이룬다[58])은 삶에서 얻는 최고의 선이다.[59] 에피쿠로스는 무신론자가 아니며 불멸하는 신들이 있다고 믿었다. 그러나 내세에 대해서는 믿지 않고, 신들이 인간사에 관여하지 않는다고 보기에 기도는 소용없는 것이라고 생각했다.[60]

* 신약 시대 여명기의 주요 철학 흐름

	시조	핵심주장	신 개념 등 특징
그리스 철학		현실에 대한 이원론적 관점을 견지함	물질 세계는 악하고 일시적이며 영적 세계는 영원하고 실재라고 주장
에피쿠로스 학파	에피쿠로스 (주전 342-271)	쾌락과 우정의 가치 및 은둔의 삶을 강조함	불멸의 신이 있다고 믿음. 내세를 믿지 않음. 신들이 인간사에 관여하지 않는다고 봄
스토아 학파	키티움의 제노 (주전 335-263)	자기 통제를 통한 행복을 추구함, 미덕이야말로 유일한 선이라고 봄	모든 것이 신(범신론). 자연의 이치를 따르도록 가르침
키니코스 학파	안티스테네스 (주전 445-365)	전통적 지혜, 통상적 가치 기준을 배척함. 근친상간과 식인 행위를 옹호함	수염을 기르고 남루한 옷을 입음. 오늘날 냉소주의자의 기원
회의론자	엘리스의 퓌론 (주전 360-270)	지식에 대한 모든 주장을 상대화함	오늘날 도덕적 상대주의자의 기원

스토아 학파는 키티움의 제노(주전 335-263)에 의해 시작되었으며, 유명한 아테네의 스토아에서 가르쳤다. 자기 통제를 통해 행복을 얻을 수 있다고 주장하면서 (정의, 의무, 굳센 정신 같은) 미덕이야말로 추구할 가치가 있는 유일하게 선한 것이라고 강조했다. 제노의 철학은 범신론("모든 것이 신이다")[61]이며 추종자들에게 자연의 이치를 따라 살아야 한다고 가르쳤다.[62] 에피쿠로스 학파와 마찬가지로 스토아 학파도 사도행전에 언급되는데, 사도 바울이 복음을 전하는 것을 보고 말쟁이라 비난하면서도 그의 "새로운 가르침이 무엇인지" 알려달라고 요청하는 장면이 나온다(17:16-21).

소크라테스와 동시대 인물인 안티스테네스(주전 445-365)는 (주후 5

세기까지 활동한) 키니코스 학파의 시조다. 키니코스 학파는 전통적인 관념에 따른 지혜를 비웃고 그것와 관련된 모든 것을 신뢰하지 않는다. 통상적인 가치 기준들도 환상에 기반한 것이라고 가르쳤다. 근친상간과 식인 행위를 옹호하는 등 당시 사회의 일반 통념과 극명하게 반대되는 입장을 취함으로써, 그로부터 오늘날의 '냉소주의자'cynic라는 단어가 나왔다. 그들은 수염을 기르고 남루한 옷을 입으면서 거지 행색으로 살아가는 것을 마다하지 않았다.[63]

회의론자는 오늘날 도덕적 상대주의자의 선구자 격인데, 지식에 대한 모든 주장을 상대화시키는 것이 마음에 평화를 얻는 길이라고 가르쳤다.[64]

그리스의 영향력이 로마 제국을 통해 퍼져 나가면서 로마의 신과 여신들이 그리스의 신들과 동일시되었다. 예를 들어 로마의 신 메리쿠리우스(머큐리)는 그리스의 신 헤르메스와 동일시되었다.[65] 또 로마의 신 유피테르(주피터)는 그리스 신 제우스와 동일시되었다.[66] 하지만 신약 시대가 시작될 즈음에는 신들에 대한 믿음이 쇠락한 상태였는데, 신들이 부도덕할 뿐 아니라 숭배자들을 결코 도울 수 없다는 것을 사람들이 인식하게 되었고 거기에 더해 세속 철학들이 주목을 끌었기 때문이다.[67] 그렇더라도 신들에 대한 숭배가 완전히 사라진 것은 아니었으며 그 증거가 신약성경에 남아 있다. 예를 들어 사도행전 14장에서 바울과 바나바가 나면서부터 걷지 못하는 사람을 고치자, 무리들이 바울을 "헤르메스"로, 바나바를 "제우스"라 부르고 성 바깥 제우스 신전의 제사장들이 찾아와 제물을 바치며 제사를 드리려 한다. 사도행전 19장에는 아데미 여신의 모형을 만드는 은장색 데메드리오가 바울이 사람들을 선동해 아데미를 떠나게 만들었으며 그 때문에 사업에

큰 타격을 받았다고 사람들에게 호소하는 장면이 나온다.[68]

죽은 로마의 황제들도 로마 원로원의 명령에 따라 신으로 간주되었다. 네로 같은 황제들은 스스로 신이라 주장하기도 했다. 이는 로마 당국이 그리스도인을 박해하는 이유가 되기도 하는데, 기독교의 유일신 사상이 황제 숭배를 금하는 까닭에 황제에게 불충한 것으로 비쳤기 때문이다.[69] 사실 로마 사람들은 그리스도인들이 로마의 신들을 부정했기에 그들을 무신론자로 보았다.[70] 그러나 이것이 그리스도인이 박해를 받은 유일한 이유는 아니었다. 유대인도 본래 유일신주의자들이라 로마의 신들을 부정했기 때문이다. 다만 그리스도인과 달리 유대인은 로마 당국으로부터 황제 숭배를 면제받았다는 점에 차이가 있다.[71] 로마에 의한 기독교 박해는 기독교 초창기에는 그다지 심하지 않았으며, 신약 시대[72] 후반(약 주후 100)[73]에서 콘스탄티누스 통치기(주후 306-337)[74] 사이에 극심해졌다.

신약 시대 이스라엘의 종교

로마 제국의 많은 종교와 철학 사상이 예수님이 탄생하던 당시 이스라엘 문화에 영향을 미쳤다 해도, 무엇보다 유대교의 다양한 제도와 분파들이 가장 큰 영향을 미쳤다.[75] 유대교의 제도로는 제사장직, 성전, 회당, 산헤드린이 주목할 만하다. 주요 분파로는 바리새파, 사두개파, 에세네파가 있다. 많은 학자들이 당시에 적어도 7개, 많게는 10개의 분파가 있었다고 믿는다.[76] 또한 종교적이라기보다는 정치적 분파에 더 가까운 무리도 있었는데 헤롯당원과 열심당원이다.[77]

당시 공동체의 십일조로 생활하는 많은 제사장들이 있었는데 요세푸스의 기록에 의하면 2천 명에 달했다고 한다. 대부분 예루살렘에 살지는 않고 제사를 집례하기 위해 정기적으로 예루살렘을 방문하는 식이었다. 그들은 율법을 가르치기도 하고, 때로는 법적 문제와 다른 분쟁들을 재판하고 중재하기도 했다.[78] 제사장 그룹 안에 대제사장이라는 더 작은 핵심 그룹이 있었으며 이들은 귀족 엘리트였다.[79] 유대 백성의 문제와 관련해 로마와 직접 소통하는 위치에 있었다. 예수님은 주로 이 대제사장들에게 경고의 말씀을 하신 반면, 예루살렘 바깥의 제사장들과는 거의 대립하지 않으셨다.[80] 예를 들어 예수님은 나병환자를 고치신 후 이렇게 지시하신다. "이르시되 삼가 아무에게 아무 말도 하지 말고 가서 네 몸을 제사장에게 보이고 네가 깨끗하게 되었으니 모세가 명한 것을 드려 그들에게 입증하라 하셨더라"(막 1:44). 다른 귀족들과 마찬가지로 대부분의 대제사장은 사두개인이었다.[81]

유대인이 희생 제사를 드리고 절기를 지키기 위해 찾는 예루살렘 성전은 유대교 예배의 중심지였다. 주전 964년 솔로몬 왕에 의해 건립된 최초의 성전은 주전 586년 바빌로니아에 의해 파괴되었다. 페르시아의 왕이 성전 재건을 허락하면서 제2성전이 세워졌고 주전 516년경 완공되었다. 제2성전은 주전 168년에 안티오쿠스 에피파네스에 의해 약탈당하고 훼손되었지만 유다스 마카베우스에 의해 곧 회복되었다. 이후 헤롯 왕의 명으로 확장 및 개보수가 이루어졌고(주전 20-19년)[82] 신약 시대에는 헤롯 성전이라 불렸다. 헤롯에 의해 확장된 공간으로 '이방인의 뜰'이라는 바깥 마당이 성전을 에워싸고 있는데 이곳에 이방인이 들어갈 수 있었다. (이스라엘의 뜰과 여인의 뜰로 불리는) 두 곳의 안쪽 뜰에는 이방인이 들어갈 수 없었다.[83]

그리스도 당시 로마 제국 전역에 흩어져 살던 유대인에게는 회당이 삶의 중심지 역할을 했다(막 1:21; 6:2; 눅 4:16, 31; 6:6; 13:10; 행 13:14, 27, 42, 44; 15:21; 16:13; 17:2; 18:4). 대개는 회당에서 예배가 드려졌는데, 이곳에서 교리 신조를 읽고 율법과 예언서를 읽으며, 설교하고 축복기도를 했다. 대부분의 종교적 가르침도 이곳에서 행해졌다.[84]

신약시대 이스라엘 및 유대인의 중심

예루살렘 성전	회당	산헤드린
유대교 예배의 중심지 주전 964년 솔로몬에 의해 성전 건축 주전 586년 바빌로니아에 의해 파괴 주전 516년 스룹바벨에 의해 제2성전 건축 주전 168년 훼손 주전 20-19년 헤롯에 의해 성전 확장 및 개보수 주후 70년 파괴	로마제국 전역에 흩어진 유대인들의 중심지 예배, 교리 공부, 율법과 예언서 강독, 설교 및 축복기도가 행해짐	예루살렘 평신도 지도자 및 성전 제사장들로 구성 70+1명 공의회 유대인의 사법, 행정 기능 담당, 예루살렘 내 주요 사안을 다룸

예루살렘에는 공동체의 평신도 지도자들과 성전 제사장들이 함께 모이는, 산헤드린이라 알려진 공의회가 있었다(마 5:22; 26:59; 막 15:1). 이 공의회는 유대인의 사법, 행정처 기능을 담당했고[85] 그밖의 예루살렘 내 주요 사안을 다루었다. 공의회에 속한 평신도 지도자 중 우리가 아는 아리마대 출신의 요셉이 있었다. 그는 빌라도의 허락을 받아 예수님을 장사 지낸 사람으로 알려져 있다(막 15:43; 요 19:38-42).[86] 산헤드린 공의회는 예수님과 종종 마찰을 빚었고 예수님을 체포하려 시도했으며(요 7:32) 심지어 죽이려고까지 했다(눅 22:2). 공의회는 70명(공의회를

이끄는 대제사장까지 합하면 71명)으로 구성되었다.[87] 모세가 70명의 장로를 세운 전례를 따른 것이다(민 11:16). 의미심장하게도 예수님도 갈릴리 사역 준비를 위해 70명의 제자들을 보내신 사례가 있다(눅 10:1).[88]

바리새파는 열성적인 유대교 신자들이었다. 바리새라는 단어는 '분리하는 자'one who seperates라는 뜻의 히브리어와 아람어에서 나왔다. 그들은 제사장, 일반 대중, 헬라파 유대인 그리고 특정 정치 집단 안에서 나타나는 부정함으로부터 스스로를 분리시키려 힘썼다.[89] 율법을 엄격히 지키고, 헬레니즘 물결에 순응한 사람들을 공공연히 비난했다. 개중에는 자신들이 헬레니즘의 영향력을 몰아내려 했던 마카베우스 반란 당시의 투쟁 정신을 잇는다고 믿는 이도 있었다.[90] 그들은 (마카베우스 반란에 동참했던 경건한 유대인 그룹인)[91] 하시드파의 직계 자손으로도 불린다. 그들은 '의'righteousness의 시대의 문을 열 메시아를 고대했다.

바리새파는 정결하고 적법한 것들에 관련된 요구사항들을 가장 우선시하고[92] 십일조와 안식일 준수, 음식 정결 규례 등을 강조했다.[93] 주로 회당에서 활동하면서 토라를 지키는 일에 열중했다.[94] 스스로를 바리새인이라 불렀던 유대인 역사가 요세푸스는, 바리새파는 "다른 어떤 사람보다 더 종교적이고 율법을 가장 엄격하게 해석하는 종파"[95]라고 규정했다. 신약성경을 보면 그들이 천사 및 영의 존재와 인간의 부활을 믿었음을 알 수 있다(행 23:8). 바리새파는 구성원 약 6천 명 정도의 비교적 적은 집단이었지만 이스라엘에서 매우 영향력이 컸다.[96] 바리새파는 특히 복음서에서 두드러지게 등장하는데, 종종 예수님의 매서운 책망을 받았다. 바리새파와 예수님의 적대 관계는 피할 수 없었으며, 특히 예수님이 안식일에 회당에 들어가 병자를 고친 일로 (바리새인이 심각하게 여기는) 안식일 규례를 어겼을 때 극에 달했다(눅 6:6-

11). 바리새주의는 현대 정통 유대교의 효시로 여겨진다.[97] 회심하기 전의 사도 바울도 열성적인 바리새파였다(빌 3:5).

바리새파보다 적은 무리인 사두개파는 (아마도 사독의 이름을 딴 것으로 보이며, 솔로몬 왕이 그를 대제사장으로 임명했다. 왕상 2:35) 고등 교육을 받은 부유한 엘리트로서 종종 정치적 세력자로 통했으며, 제사장 중 많은 수가 이 분파에 속했다(행 5:17). 자신의 사회적 지위를 이용하여 로마 당국과 긴밀한 관계를 유지했고 여러 방면에서 헬레니즘을 받아들였다.[98] 바리새파와는 달리, 천사나 마귀, 부활 혹은 영생을 믿지 않았다(행 23:8). 대신 "몸과 함께 영혼도 죽는다"고 가르쳤다.[99] 그들은 메시아가 오실 것을 기대하지 않았고[100], 바리새파만큼은 아니지만 예수님과 갈등 관계에 있었다. 그들은 부활과 같은 신학적 논쟁거리를 가져와 예수님을 넘어뜨리려 했다(마 22:23-33). 이때 예수님은 보다 분명한 근거가 들어 있는 이사야서나 다니엘서 대신 모세오경의 말씀을 인용하며 대응하셨다. 사두개파가 모세오경 이외의 성경은 교리의 근거 자료로 간주하지 않는 것을 아셨기 때문이다.[101] 사두개파는 로마가 주후 70년에 예루살렘을 함락시킨 후 더 이상 분파로 존재하지 않게 되었다.[102]

(신약성경에 직접 언급된 적 없는)[103] 에세네파는 도시 외곽 사해 인근의 쿰란에서 (고립된) 공동체를 이루고 살았다. 약 4천 명에 달하던[104] 이 공동체는 주전 2세기부터 형성되기 시작했고,[105] 쿰란 주변 12곳의 동굴에서 발견된 사해 사본과 아주 연관이 깊다. 이들이 사해 사본 중 성경이 아닌 다른 많은 문서들을 저술한 것으로 간주되는데, 그리스도 탄생과 그 이후 몇 세기의 유대 문화와 역사에 대해 많은 정보를 제공해 준다.[106] 거의 900개에 달하는 문서 중 약 210개가 그런 것들이다.[107]

신약시대 이스라엘 주요 분파 및 세력

구분	내용
바리새파	분리하는 자라는 의미, 열성적인 유대교 신자, 약 6천 명 정도의 규모, 강력한 영향력 발휘, 주로 회당에서 활동함, 회심 전 사도 바울이 바리새파임 특징 천사 및 인간의 부활을 믿음 / 엄격한 율법 해석 및 준수 / 십일조, 안식일 준수 및 음식 정결 규례를 강조함 / 의의 시대 문을 열 메시아를 고대함 / 예수님과 적대 관계를 유지함 / 현대 정통 유대교의 효시로 여겨짐
사두개파	사독의 이름에서 비롯됨, 고등교육을 받은 부유층, 정치적 세력가, 제사장 중 다수 포함, 바리새파보다 적은 규모 특징 로마 당국과 긴밀한 관계 / 헬레니즘 수용 / 천사, 마귀, 부활, 영생을 믿지 않음 / 메시아를 기대하지 않음 / 예수님과 갈등 관계 / 주후 70년 이후 분파 사라짐
에세네파	도시 외곽 사해 인근 쿰란에 고립된 공동체를 이룸, 약 4천 명 규모, 주전 2세기부터 형성됨, 성경 및 다른 많은 문서를 저술함 특징 바리새파와 유사한 신학 / 검소하고 재산을 공유함 / 성전의 중요성을 부정함 / 공동체를 이뤄 메시아를 고대함 / 주후 70년 이후 사라짐
열심당원	정치적 성향이 강한 행동파, 그리스도를 따르던 셀롯(열심당)인 시몬이 있음 특징 메시아 왕국 건설을 위해 무엇이든 감행해야 한다고 믿음 / 율법 준수에 열심 / 로마에 대한 적대감으로 반람을 일으킴
헤롯당원	종교적이기보다 정치적 연합체에 가까움 특징 헤롯 왕과 그 일가를 지지함 / 로마가 임명한 팔레스타인 지도자들이 포함 / 예수님을 죽이려 바리새파와 손을 잡음
서기관	종파나 분파가 아니며 대부분은 바리새파임, 바리새파 중 최고 엘리트이며 고등교육을 받은 식자층임 특징 율법을 가르치고 해석함 / 율법을 어긴 자들을 고소함
일반 유대인	대다수 유대인은 특정 종파나 분파에 속하지 않음, 유대교 교리와 율법에 충실함, 종교적 의무에 매진함, 메시아를 고대함

비록 신학은 바리새파와 유사했음에도,[108] 에세네파는 검소하게 살았고 재산을 함께 나누어 썼다. 그들은 (본래의 의미를 상실했다고 여겨지는) 성전의 중요성을 부정하고, 참 이스라엘인 자신들에게로[109] 메시아가 오실 것이라 믿으며 공동체로 모여 조용히 기도하며 기다렸다.[110] 사두개파처럼 에세네파는 로마가 예루살렘에서 유대인 혁명을 진압한 이후 사실상 역사에서 사라졌다.

열심당원은 행동파였다. 그들은 하나님의 메시아 왕국 건설을 앞당기기 위해서라면 그것이 전쟁이라 해도 뭐든 해야 한다고 믿었다. 그들은 율법에 대한 열심이 특별했기에 로마에 더욱 적대적이었고, 로마에 대한 반란을 일으켰다가 실패하고 말았다. 그리스도를 따르던 제자 중에 '셀롯(Zealot, 열심당원)인 시몬'이 있었다(행 1:13).[111]

헤롯당원은 종교적이기보다는 정치적 연합체로 헤롯 왕과 그 일가를 지지했다. 여러 시대에 걸쳐 팔레스타인을 다스리던 로마의 지도자들이 주로 이 무리에 속했으며, 예수님을 죽이려는 궁리 끝에 바리새파와 손을 잡기도 했다(막 3:6; 12:13).[112]

서기관은 종파나 분파는 아니었고 고등 교육을 받은 지식자 계층이었다. 이들은 주로 율법을 가르치고 해석했으며 율법을 어긴 자들을 고소했다. 대부분의 서기관은 바리새파였고, 바리새파 중에서도 최고의 엘리트였을 것이다.[113]

톰 라이트는 대다수 유대인은 특정 종파나 분파에 속하지 않고 그저 유대교 교리에 충실한 사람들이었다고 말한다.[114] 비록 폭넓은 다양성을 드러내긴 했어도, 공통적으로 유대인은 하나님과 성경 그리고 조상 대대로 내려온 유업을 소중히 여겼고, 그런 이유로 성경의 율법을 지키고자 애썼다. 그들은 기도와 금식과 회당 모임에 열심을 내고 절기를 지키기 위해 예루살렘을 방문했다. 안식일을 지키고 돼지고기를 멀리하며 난 지 8일 된 남자 아이를 할례하라는 종교적 의무를 충실히 따랐다.[115] 대부분은 장차 메시아가 오셔서 자신들을 구원하고 하나님 나라가 임할 것을 고대했다.[116]

신구약 중간기 유대인의 종교적 갈등과 메시아 기대 사상

페르시아가 유대인에게 고향으로 돌아가 성전을 재건하도록 허락했을 때, 대부분의 유대인은 유배지에 남기를 선택했다. 고향으로 돌아온 사람들은 예전의 영광에 비해 보잘것없음을 알면서도, 새로운 성전이 건립된 것에 감사했다(학 2:3). 타국에 거주하던, (그리스어로 '흩어진 자들'을 의미하는) '디아스포라'라고 불리는 다수의 사람들도 하나님과 맺은 언약 백성으로서의 정체성을 고수하고 토라를 충실히 지키며 종교 규례를 준수하고자 애썼다. 디아스포라 유대인의 이런 노력이 일관되게 성공하지는 못했을지라도, 하나님이 택하신 백성이라는 민족적 정체성을 잃지 않으며 하나님께 소망을 두고자 한결같이 노력한 측면은 두드러진다. 팔레스타인 지역의 유대인과 디아스포라 유대인들은 기도하고 성경을 연구하며 안식일 예배를 드리기 위해 회당을 세웠다. 이런 회당은 성전을 완전히 대체하지는 못했지만 유대인 공동체의 중심 기관으로 자리잡았다.[117] 대신 주요 절기 때마다 많은 유대인이 예루살렘으로 순례를 떠났다.[118]

유대인이 자유민이 된 이후에도, 바빌로니아에 의한 성전 파괴와 유배 생활에 따른 영향은 여전히 남아 있었다. 그들은 예루살렘과 성전을 자신들의 본향이자 종교의 중심으로 여겼고, 그곳에서 쫓겨나는 것은 언약의 하나님에 대한 그들의 신앙이 중대한 도전에 맞닥뜨린 것으로 받아들였다.[119] "우리를 특별한 선민으로 삼으신 하나님은 어디 계시는가?" 그들은 자기들에게 닥친 고난이 불순종에 대한 하나님의 심판 예언이 역사 속에서 현실화한 것으로 받아들였다.[120] 그들은 여전히 선택 받은 민족이었지만 그러한 권리에는 책임이 따랐고, 그 사실을 존귀히 여기지 못했던 것이다.

신구약 중간기가 시작되고 유배 생활을 하던 유대인들이 무리지어 고향으로 돌아왔으나, 그들은 왕권을 직접 회복하는 대신 이 일이 언약에 따라 실현될 것을 고대했다. 그들은 율법을 더 열심히 연구하고 따르는 일에 집중했으며, 자신들의 불순종으로 인해 유배를 당했으므로 순종만이 자유를 회복하는 길이라고 확신했다.[121] 그들은 희생제사를 드리고 의례를 준행할 뿐 아니라, 율법을 주시고 심판을 행하시는 하나님을 잊지 않고 기억함으로 하나님을 기쁘시게 하려고 했다.[122] 하지만 외세의 지배를 받으며 이방의 헬레니즘 사상을 받아들이라는 압력을 받는 상황에서 하나님께 온전히 순종하기란 어려웠다.[123]

그럼에도 그들이 '포로 생활'에서 돌아왔다는 것은 하나님이 오래 참으시고 신실하시며 용서와 자비를 베푸시는 분이라는 (요약하면 하나님이 그들을 버리지 않으셨다는) 강력한 증거였다. 따라서 신구약 중간기에 쓰인 많은 저술들은 하나님의 사랑과 용서 그리고 하나님이 주권 가운데 유대 민족을 돌보신다는 사실에 대한 유대인의 변함없는 믿음을 드러내고 있다.[124]

메시아 소망

크레이그 바르톨로뮤와 마이클 고힌은 이스라엘이 아브라함 이래로 2천 년 동안 하나님과 교제하면서 발전시킨 아래의 5가지 근본 신념이 신구약 중간기 유대인의 삶(국내든 해외든)을 만들어 갔다고 주장한다.

1. 유일신 사상 — 창조자, 전능한 통치자이신, 한 분이신 하나님을 믿는다.
2. 선민 사상 — 하나님이 이스라엘을 자기 백성 삼으심으로, 아브라함을 통해 모든 민족에게 복주고자 하셨다.
3. 토라 — 이스라엘이 율법에 순종하면 하나님이 복을 주신다.
4. 그 땅과 성전의 거룩함 — 그 땅이 거룩한 것은 그곳이 선택 받은 땅이기 때문이 아니라, 하나님께서 그곳을 아브라함에게 영원한 기업이 되게 하시고(창 17:8) 그곳에서 이스라엘과 함께하겠다(슥 2:12) 약속하셨기 때문이다. 백성들이 이 세상에서 하나님과 그런 수준의 교제를 누릴 수 있는 곳은 다른 어디에도 없다.
5. 구속 — 하나님은 불순종한 백성을 징계하시지만, 약속대로 여전히 신실하실 뿐 아니라 그들을 구속하실 것이다.[125] 하지만 백성들은 외세의 계속된 지배 아래 고통을 받으며 그때마다 그들의 믿음도 끊임없는 시험을 당하고 있다. 대체 하나님은 언제쯤 개입하셔서 자기 백성을 구원하실 것인가?[126]

구속을 소망하던 유대인들은 하나님을 바라보며 무슨 생각을 했을까? 이에 대한 답을 신구약 중간기 문학에서 광범위하게 끌어모을 수 있다. 무엇보다 이런 자료들은 그리스도 성육신 당시 유대인이 품었던 메시아 기대 사상을 보여주고 있다.[127]

몇몇 유대인은 언젠가 이방 나라들이 이스라엘의 하나님을 인정하고 기쁨으로 그분의 통치 아래 살게 될 거라고 믿었다. 하지만 이스라엘이 유대인을 압제하던 모든 나라 위에 군림하게 될 거라고 믿는 사람이 더 많았다. 바르톨로뮤와 고힌은 이렇게 기술한다. "이스라엘은 오랜 기간 수치를 당하면서 이방 압제자들을 향해 증오심을 키워 가고 있었기에, 열방이 하나님의 길을 배우기 위해 시온으로 나올 것이라는(사 2:3) 목소리는 이스라엘 내에서 그리 크지 않았다. 오히려 이스라엘 사람들은 열방이 토기장이의 그릇처럼(시 2:9) 산산조각나기를 바랐다…이스라엘이 하나님과의 약속을 지키며 그분을 섬기지 못하도록 오랫동안 억압한 자들을 하나님이 복수하시며 파괴할 것이라 생각했다. 그리고 하나님이 자기 백성은 구원하실 것이라 생각했다."[128] 이런 구원의 행위는 (하나님의 새로운 왕국을 세울) 기름부음 받은 왕 메시아에 의해 일어날 것이었다. "이스라엘은 '하나님 외에 다른 왕은 존재하지 않는' 그날을 고대했다"[129]고 바르톨로뮤와 고힌은 주장한다.

따라서 이스라엘 백성은 예수님이 보여주신 모습과는 다른 메시아를 기대했다. 고난 받고 죽고 부활하시는 예수님이 아니라 자신들을 정치적 군사적 압제자로부터 구원할 분을 기대했다. 이런 유대인의 관점은 이방 정부에 의한 폭정과 유대인만의 자치정부 수립 실패로 말미암은 영향이 컸다. 그들은 정의를 구현해 줄 메시아를 갈망했다.[130] 그날이 오기까지 그들은 고대하고 기도하며, 성경을 연구하고 절기를 지키며, 율법에 순종하고 군사 행동을 준비했다.[131] 예수님이 나타나 스스로 메시아라고 주장하면서도 자신들이 기대하던 방식을 따르지 않으셨을 때, 유대인들이 느꼈을 분노와 당황스러움을 생각해 보라.

F. F. 브루스는 이렇게 적고 있다. "예수님 당시 사람들이 마음속에 담고 있던 메시아는 군사적인 이미지였지, 다른 방식으로는 전혀 기대하지 않았다. 그러므로 (헤롯이든 로마든) 압제자의 멍에를 백성의 목에서 벗겨줄 다윗 가문의 왕이 오리라는 약속은 바로 그때 그 시대의 자신들을 위한 것이라 받아들여졌다."[132]

오늘날 어떤 그리스도인은 구약의 이스라엘이 성경이 약속한 메시아를 크게 오해한 것과 1세기 유대인들이 예수님을 알아보지 못한 것을 비난한다. 그러나 우리는 신약에서 드러난 명백한 계시를 다 아는 상태에서 구약을 읽는 것에 지나지 않는다. 신약의 드러난 계시를 모르는 조건이라면 우리가 그들보다 나을지 결코 장담하지 못할 것이다.

성경학자 마이클 하이저는, 지금 우리에게 명백한 메시아 예언으로 해석되는 성경 본문이 구약 시대나 1세기 유대인에게는 결코 분명하지 않았다고 말한다. 심지어 예수님의 제자들도 부활하신 몸으로 자신들에게 나타나신 예수님을 처음에는 메시아로 알아보지 못했다는 점을 강조한다. 하이저는 이렇게 묻는다. "구약에는 메시아가 죽고 다시 살아날 거라는 언급이 전혀 없다는 것을 아는가?…제자들은 무지한 게 아니었다."

이사야 53장은 고난받는 종을 포함하여 많은 메시아 예언이 나오는 것으로 유명한데, 이런 본문에도 메시아에 해당하는 히브리어는 전혀 나오지 않는다. 하나님이 '의도적으로' 구약의 한 곳에 메시아 계획을 다 써놓지 않으신 것이라고 하이저는 주장한다. 그는 이렇게 말한다. "메시아가 어떤 모습으로 나타나고, 더 중요하게는, 그가 무슨 일을 할 것인지에 대한 완전한 프로필은 구약의 이곳저곳에 조각조각 흩어져 있는 탓에 정작 일이 벌어지고 난 후에야 모자이크처럼 볼 수 있을 뿐이다." 그러므로 예수님이 제자들의 눈을 열어 자신을 가리키는 구약의 본문들을 풀어 주셨다는 사실은 그리 놀랍지 않다. 예수님이 제자들에게 베푸신 그와 같은 (또한 신약의 기자들이 우리에게 전해준) 계시로 말미암아 우리도 구약성경을 훨씬 더 분명하게 읽을 수 있는 것이다.[133]

하이저 박사와 본질적으로 같은 입장을 취하는 조지 래드는 이렇게 말한다. "복음서는 예수님의 십자가 죽음 이후 제자들이 소망을 잃어버렸다는 점을 보여준다. 그런 제자들에게 예수님이 나타나셨을 때, 그들은 그분이 예수님이라고 믿지 못했다. '그들이 놀라고 무서워하여 그 보는 것을 영으로 생각하는지라'(눅 24:37)⋯오늘날에서야 우리 그리스도인들은 고통 당하다 죽음을 맞이하는 종에 대한 생생한 묘사가 담긴 이사야 53장을 읽으며, 구약성경에 예수님의 고난과 죽음이 명확히 예언되어 있음을 보게 된다."[134]

제자들이 품고 있던 기대를 이해하기 위해서는 그들의 입장에 서 봐야 한다. 즉 구약의 메시아 예언을 오늘날 그리스도인의 시각이 아닌 1세기 유대인이 처한 맥락에서 읽어야 한다. 그들이 기대하던 메시아는, 래드의 말을 빌리면, "사람들 가운데서 일어날 다윗 가문의 왕이지만, 하나님의 백성(이스라엘)을 지상의 (예루살렘이 수도인) 하나님 왕국으로 모으기 위해 (민족적 정치적) 대적을 무너뜨릴 초자연적인 힘을 부여받은 존재"였다. 그런데 "어떻게 이런 천상의 영광스런 존재가 속절없이 불법을 일삼는 사람들의 희생양이 되고 범죄자들에 의해 죽임을 당할 수 있단 말인가?"[135] 그렇다. 구약은 고난받는 종을 예언하지만, 메시아와 직접 연결되진 않는다. 래드는 한 유대 문헌 전문가의 주장을 인용한다. "(주후 200년 이전) 타나임 시대의Tannaitic period 모든 유대 메시아 문헌에는 '고난받는 메시아'의 흔적이 없다."[136]

신약을 모른 채 구약을 읽으면 부활한 메시아에 대한 언급을 전혀 찾을 수 없는 것이 맞고, 그렇기에 예수님의 제자들이 부활하신 예수님을 알지 못했던 것도 이해할 만하다고 래드는 주장한다. 하지만 예수님이 자신의 고난과 죽음과 부활을 직접 예언하셨는데도 왜 그들은 이해하지 못했을까? 예수님이 자신의 죽음을 예언했다는 것은 초대 교회가 꾸며낸 주장이며 역사적으로 신뢰할 가치가 없는 것은 아닐까? 그러지 않고서야 어떻게 제자들이 부활하신 예수님을 직접 보고서도 알아보지 못한 것을 설명할 수 있는가?[137]

래드는 초대 교회가 부활하신 예수님을 알아보지 못한 제자들에 관한 성경 본문을 창작했다는 주장을 부인한다. 그는 이렇게 말한다. "예수님이 자신의 고난과 죽음과 부활을 예언했음에도 제자들이 전혀 알아듣지 못한 것은 그러한 고난과 죽음과 부활은 그들이 메시아와 하나님 아들에 대해 믿고 있던 모든 것과 완전히 모순되는 것이었기 때문이다. 메시아는 정복하고 통치해야지 고난받고 죽어선 안 되었다. 그 두 가지 생각은 서로 어울릴 수 없는 것이었다. 메시아는 악한 자들을 멸망시켜야지 악한 자들에 의해 죽어선 안 되었다. 메시아는 하나님 왕국을 세워야지 인간 왕국의 희생양이 되어선 안 되었다."[138]

물론 예수님은 자신이 다니엘 선지자가 말한 바(단 7:13-14, 26-27) 하늘에서 내려와 하나님 왕국을 세울 인자라고 확실히 말씀하셨다. 그러나 그 일은 종말론적으로 (장래에, 이 세대의 끝에) 일어날 일이라고 하셨다. (그게 언제이든) 그날이 오기 전에 자신은 고난을 당하고 죽어야 한다고 하셨다. 바로 이 부분이 제자들에겐 너무나 모순되고 비성경적으로 다가왔다. 예수님이 제자들에게 자신이 고난 받을 것과 죽어야 할 것을 가르치기 시작하셨을 때(막 8:31) "제자들은 뭔가 잘못되었다고 확신했다."[139]

즉 예수님이 제자들에게 자신의 고난과 죽음과 부활에 대해 경고하지 못했던 것도 아니고, 초대 교회가 퍼뜨린 신화도 아니었다. 예수님의 고난과 죽음과 부활이 자신들이 확고하게 붙들고 있던 성경의 신념과 너무나 불일치하는 것이었기에 제자들은 받아들일 수 없었던 것이다.

복음서는 예수님의 고난과 죽음이 필요하다는 것을 제자들이 처음에는 깨닫지 못하는 모습을 보여주는데, 래드는 이런 장면이 심리적으로나 역사적으로 실제로 그랬을 거라고 결론 내린다. 예수님은 메시아에 대해 사람들이 갖고 있던 기대를 하나도 충족시키지 않으셨다. 사람들이 억지로 몰아가려 할 때, 예수님은 물러나셨다. 예를 들어 예수님이 기적을 베풀어 5천 명을 먹이신 후에 사람들은 예수님을 왕으로 삼으려 했다(요 6:15).[140] 물론 예수님 스스로 왕이 되실 수 있었지만, 아직은 그분의 때가 이르지 않았다. 예수님이 사람들의 시간표를 따라 메시아 역할을 즉각적으로 수행하기를 거절하자, "그의 제자 중에서 많은 사람이 떠나가고 다시 그와 함께 다니지 않았[다]"(요 6:66).

구약의 예언자들은 메시아가 고난 받고 죽을 것이라 예언하지 않았다. 물론 이사야 53장 및 다른 본문들이 고난 받는 종에 대한 예언을 했다. 그럼에도 "인자가 하나님 나라의 영광과 능력으로 오시기 전에, 이사야 53장의 고난 받는 종의 역할을 감당해야 한다는 사실을 제자들은 전혀 알지 못했다"고 래드는 말한다.[141] 다른 말로, 구약은 메시아와 고난 받는 종을 예언했지만, 그 메시아가 고난 받는 종이라고는 하지 않았다.

이런 역사적 배경은 복음서의 신뢰성을 부각시킨다. 제자들은 거짓을 기반으로 신흥 종교를 만든다는 생각에 몰두한 광신도 집단이 아니었다. (메시아에 대한 잘못된 기대라는) 비늘로 눈이 가려진 채여서 뭔가 극적인 일이 일어나야만 했던 자들이다. 그 일은 바로 예수님이 십자가에서 돌아가신 후 부활하시는 것이었다. 그리고 심지어 그때에도 그들은 그 일어난 일의 중요성을 온전히 파악하지 못했다. 엠마오로 가다가 혹은 다른 곳에서 눈이 열리고 나서야 깨달았다. 그제야 구약의 많은 본문들이 하나의 모자이크를 형성한다는 것을 보기 시작했다. 바로 예수 그리스도의 모습이다.

섭리에 의한 사건들

섭리의 하나님은 그리스도가 인간 역사 속으로 들어오시게 하기 위해 신약 세계와 팔레스타인을 특별히 준비시키셨다. 중동 지역은 헬레니즘의 지대한 영향을 받은 제국의 중심부에 위치해 있었다. 알렉산드로스 대왕이 (그리스도 탄생 3백 년 전) 그 지역을 정복하던 때부터 그리스어는 제2의 공통어가 되고 그리스 문화가 일상이 되었으며, 이는 로마 제국 내 다양한 민족 사이에 새로운 사상과 정보를 확산시키는 촉매제 역할을 했다.[142]

아우구스투스 통치부터(주전 27-주후 14) 마르쿠스 아우렐리우스 통치까지(주후 161-180) 제국 전역(팍스 로마나)에 점차적으로 평화가 정착되면서, 복음 확산에도 힘을 실어 주었다.[143]

로마는 여행과 무역과 소통을 활성화하기 위해 정교하고 편리한 도로 체계를 갖추었다. 사도 바울과 초기 그리스도인들도 로마가 개척한 도로와 해양로 체계를 활용해 지중해 전역에 복음을 전했다.[144] 로마의 사법 체계가 일원화하면서 지역마다 안정성도 강화되었다. 더욱이 로마는 팔레스타인과 그 옆의 이집트에서 많은 옥수수를 수확하고 있었으므로, 유대인의 고향을 보호하는 것이 로마 입장에서는 경제적으로나 전략적으로 이익이었다.[145] 또한 팔레스타인은 로마의 적인 파르티아 제국으로부터 완충지 역할을 했다. 파르티아 제국은 로마 제국의 동쪽 경계인 유프라테스 강 너머에 있었다.[146]

기독교는 철학 사상의 역사에서 가장 이상적인 시기에 탄생했다. 플라톤, 아리스토텔레스 그리고 그 계승자들 같은 고전 철학자들은 심오한 질문들을 제기하면서도 궁극적인 해답은 제공하지 못했다. 그로부터 다양한 철학 학파들이 발전할 수 있었다. 마크 놀은 이렇게 쓰고 있다. "이러한 지적 환경 속으로 복음이 모든 것을 일소하는 강한 바람처럼 들어왔다. 기독교가 모든 철학적 문제들을 쉽게 해결했기 때문이 아니었다. 오히려 기독교는 (인간 지성의 힘이 아닌) 예수 그리스도를 통해 계시된 하나님 안에서 누리는 지적 확신과 개인적 확신을 제공했다."[147]

더욱이 예수님 당시 유대교는 지중해 세계가 복음의 확산을 받아들이도록 여러 면에서 채비를 하고 있었다. 모세의 율법과 선지자의 글을 깊이 연구하던 경건한 유대인들은(행 2:5) 지중해 지역 곳곳에 흩어져 작은 공동체를 이루며 살고 있었다. 사도들이 예수 그리스도가 야훼 하나님의 약속을 성취했다는 설교로 맨처음 회심시킨 사람들 가운데 이들이 있었다.[148]

사도 바울이 "하나님이 그 아들을 보내사 여자에게서 나게 하시고 율법 아래에 나게 하신 것은 율법 아래에 있는 자들을 속량하시고 우리로 아들의 명분을 얻게 하려 하심이라"(갈 4:4-5)는 선언에 앞서 "때가 차매"라고 말한 것은, 하나님의 섭리에 따라 일어난 이와 같은 일련의 사건들을 염두에 두었기 때문이라고 많은 학자들은 믿는다. 바울은 전략적으로 지역 회당을 방문했으며, 회당은 팔레스타인 안팎으로 어느 곳에나 있었기 때문에 복음을 전하기에 안성맞춤이었다. 그는 자신의 탁월한 구약 지식을 동원해 그리스도가 이스라엘의 메시아 소망을 성취하셨음을 강조했다.[149] 예수님도 (대제사장 앞에서 심문 받으실 때 인정하셨듯) 역시 회당에서 가르치셨다. "내가 모든 유대인들이 모이는 회당과 성전에서 항상 가르쳤고"(요 18:20).

이런저런 사건들과 환경이 놀랍도록 서로 맞아떨어져 복음 전파가 가능했다는 점은 부정할 수 없는 사실이다. 유대인 측면에서는, 그들이 어떤 상황에서도 놓치지 않았던 메시아 사상이 중요했다. 로마 측면에서는, 한 마디로 팍스 로마나가 있었고, 그리스 측면에서는 언어와 문화의 통일 및 보편화가 결정적이었다.[150] 이렇듯 섭리 가운데 하나님이 일하신다는 개념은 기독교 초기부터 존재하던 사상이었다. 초대 교회 교부 오리게네스는 이렇게 기록한다.

> 그분의 시대에 의가 일어나 큰 평화가 임했다. 이 평화는 예수님의 탄생과 함께 시작되었다. 하나님께서 예수님의 가르침을 듣도록 나라들을 준비시키셨다. 모든 나라가 로마의 왕 아래 있었다. 이런 상황이 아니었다면 제자들이 "가서 모든 족속을 가르치라"는 예수님의 명령을 수행하기 더 어려웠을 것이다. 또한 바로 이런 이유로 예수님은 아우구

스투스 황제 통치 시기에 태어나셨다. 아우구스투스는 많은 민족을 한 군제 아래로 통합시켰다. 많은 나라가 각각 존재했더라면 온 세계에 예수님의 가르침을 전하는 데 걸림돌이 되었을 것이다. 또한 이런 이유에서뿐 아니라, 사람들 사이에서도 평화에 대한 요구가 있었다. 나라들이 각각 있을 때 나라들은 각국의 이익을 위해 전쟁을 했다(아우구스투스 이전에 그런 상황이었다). 펠로폰네소스와 아테네가 서로 싸웠을 때 이런 평화의 요구가 특히 거세게 일어났다. 이렇게 예수님이 이 땅에 오실 시기에 온 세계가 좀 더 유한 마음을 가질 수 있었기에 평화의 복음이 전 세계에 흥왕할 수 있었다.[151]

신약 문화와 배경

초기 기독교를 연구하는 에버렛 퍼거슨은 신약의 역사적 배경을 일련의 동심원으로 비유한다. 여러 개의 동심원이 바깥에서 시작하여 원의 중심부를 향해 나열되어 있는데, 제일 바깥에 있는 동심원은 로마의 정부, 법, 경제 체계다. 그 다음 원은 그리스의 문화, 교육, 철학의 영향이고, 그 다음 원이 초기 기독교의 종교적 상황을 제공하는 유대 세계다. 더 안쪽의 동심원은 헬레니즘화가 완료된 팔레스타인 땅이다. 이곳은 예수님과 제자들의 고향이자 예수님의 사역이 이루어지는 무대다. 가장 안쪽의 동심원은 디아스포라 회당이다. 이 회당들이야말로 초기 기독교가 더 넓은 그레코 로만 세계로 들어가는 (가장 중요한) 출입구 역할을 했다.[152]

로마의 군사력은 제국의 영토를 확장하고 평화를 유지하는 역할

을 했으며, 이를 통해 사회와 문화와 경제 발전이 가속화되었다.[153]

(로마 귀족과 복수의 평민이 후원자와 피보호자가 되어 서로 돕는) 후원 관계*가 로마 세계에서 성행했는데, 이것도 초기 기독교 전파에 도움이 되었다. 귀족인 후원자와 평민인 피보호자(들)은 사회적 신분이 달랐음에도 자발적으로 관계를 맺고 유지했다. 피보호자(들)이 자신의 후원자에게 사적으로나 공적으로나 정치적으로 지원이 필요할 때 기꺼이 힘을 보태고, 그 대신 후원자는 피보호자(들)에게 돈이나 선물을 제공하고, 집으로 초대하여 식사를 나누며, 나아가 법적 보호자 역할을 했다. 로마서에도 교회의 일꾼 뵈뵈가 많은 사람의 후원자였다는 내용이 나온다(롬 16:2).[154] 종교 모임의 후원자는 보통 영향력 있고 유력한 인물이었으며, 자신의 집에서 집회를 갖기도 했다.[155]

신약 시대 초기에는 로마 제국 인구의 10퍼센트만이 도시에 살았다. 그럼에도 대부분의 기독교 복음 전파와 예배가 도시에서 행해졌다. 로마와 알렉산드리아가 가장 인구가 많았고 그 다음이 카르타고, 안디옥, 고린도, 에베소, 버가모였다.[156] 개인의 가정집이 기독교 전파에 중요한 역할을 했는데, 바울이 사람들의 집에 초대되어 모임을 가졌다고 언급하는 내용을 보면 알 수 있다(롬 16:3-5, 23; 빌 2장; 골 4:15; 고전 16:19).[157] 이런 모임들을 통하여 초기 기독교는 공동체 의식과 친교와 서로 돕는 관계를 발전시킬 수 있었다.

이렇듯 긴밀하게 연결된 관계는 바울이 믿음의 동역자들을 향해

---

* 로마 사회를 지탱한 중요한 요소 중 하나로 후원자(patron, 파트로네스)와 피보호자(client, 클리엔테스)가 맺는 후원 관계(patronage)를 들 수 있다. 클리엔텔라(Clientela)로도 불리며, 보통 로마 귀족과 다수의 평민이 이러한 관계를 맺었다. 단지 강자와 약자 사이의 약육강식이 아닌 믿음과 신의를 바탕으로 상부상조하는 관계였기에 오랜 기간 로마의 발전에 중요한 기반이 되었다. 로마와 주변 피정복지와의 관계 역시 이러한 후원 관계로 유지되었다.

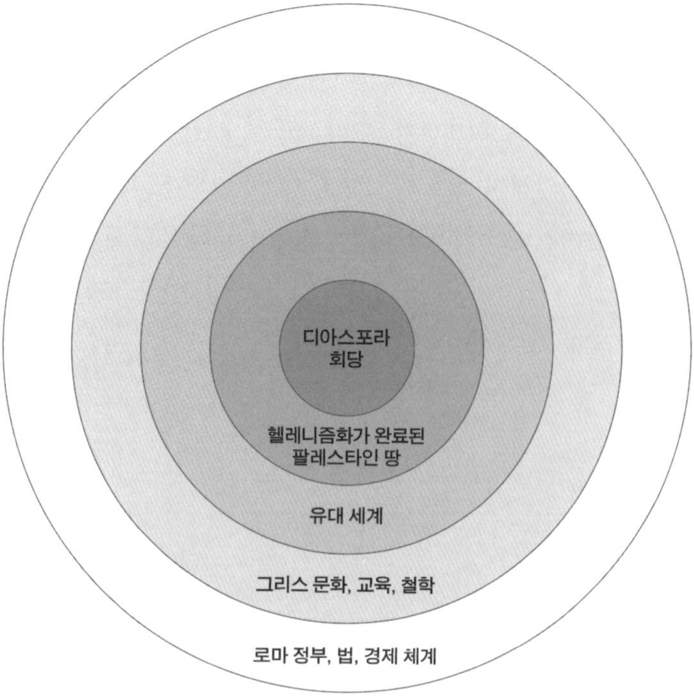

'형제들'이라고 종종 부르는 것에서도 잘 드러난다. 바울이 이 말을 자연스럽게 사용할 수 있었던 것은 바울의 회심 직후에 아나니아가 그를 '형제'라고 불렀기 때문이다. 부활하신 예수님을 만난 후 앞을 보지 못하는 상태로 있을 때 아나니아가 찾아와 그에게 손을 얹어 시력을 회복시켰을 때다(행 9:17; 22:13). 바울은 자신의 편지 곳곳에서 믿음의 동역자들을 향해 주저함 없이 "믿음의 가정"(갈 6:10)이라 부르며 가족의 일원으로 여긴다. 바울의 이런 마음은 그리스도인들이 서로를 어떻게 대접해야 하는지 권면하는 대목을 봐도 잘 알 수 있다. "늙은이를 꾸짖지 말고 권하되 아버지에게 하듯 하며 젊은이에게는 형제에게 하듯 하고 늙은 여자에게는 어머니에게 하듯 하며 젊은 여자에게는 온전히 깨끗함으로 자매에게 하듯 하라"(딤전 5:1-2). 바울은 자신이 믿음으로 인도하고 지도한 사람들을 "내 사랑하는 자녀"(고전 4:14)라 부르고, 자신이 복음으로 말미암아 "그리스도 예수 안에서…너희를 낳았다"(고전 4:15)고 말하며 보호자 역할을 자처한다.[158] 또 "나의 자녀들아 너희 속에 그리스도의 형상을 이루기까지 다시 너희를 위하여 해산하는 수고를 하노니"(갈 4:19)라고 말하며 그들을 영적으로 책임질 의무가 있음을 강조하기도 한다.

도시의 삶

도시에는 일반적으로 극장, 원형 극장, 목욕탕, 사원, (고대 로마에서 재판이나 공적인 집회에 사용한 큰 건물인) 바실리카, 장식용 분수, (대형 건물 입구에 기둥을 받쳐 만든 현관 지붕) 포르티코가 있었지만, 도로는 너무 좁고, 위생 문제가 심각했으며, 인구가 지나치게 밀집되어 있었다. 일반 가정집은 보통 협소하고 불결했던 탓에 사람들은 (일을 하든 여가를 즐기든) 대부분의 시간을 집 바깥에서 보냈다.[159]

토착민이든 이민자든 같은 민족끼리 모여 살았고, 그 중에서도 직업이 같은 사람들끼리 더 가까이 모여 살았다. 같은 일에 종사하는 사람들은 오늘날처럼 서로 경쟁하지 않았다.[160] 이런 이유로 바나바가 (바울을 안디옥에 데려와 복음을 전하고 사역자로 세우기 위해) 다소에 갔을 때 그곳에서 (장막 만드는 사람들 중에 있을) 바울을 찾는 일은 식은 죽 먹기였다(행 11:25-26). 마찬가지로 바울이 고린도에서 같은 직업에 종사하는 아굴라와 브리스길라를 찾는 일도 쉬웠을 것이다(행 18:1-3).[161]

로마 시대의 바실리카

기둥을 받친 현관 지붕, 포르티코

로마의 주택은 주로 벽돌이나 (화산재와 석회 및 자갈을 혼합한) 콘크리트로 만들어졌다. 반면 팔레스타인의 주택은 회반죽이나 햇볕에 건조한 벽돌, 돌(혹은 흰 석회암. 이것이 가장 흔하고 저렴했다), 혹은 검은 현무암으로 만들어졌다.[162] 지붕은 흔히 나무 기둥을 여럿 얹고 그 위를 덤불로 덮은 다음 진흙이나 찰흙으로 마무리했다. 비가 많이 내린 후에는 지붕을 보수해야 했으며, 바깥으로 낸 계단을 이용하거나 나무 사다리를 이용해 지붕으로 올라갔다. 사람들이 떨어지는 것을 방지하기 위해 지붕 사방에 난간이 설치되어 있었다. 사람들은 지붕에서 다양한 활동을 했는데, 예를 들어 빨래도 널고 과일이나 야채를 말렸다. 사도행전에 보면 욥바에 머물던 베드로가 지붕에서 기도하다가 환상을 보는 장면이 나온다(행 10:9-10). 지붕에서 일어난 더 중요한 사건으로는, 네 사람이 중풍병자를 예수님께 데려와 고침을 받으려고 지붕으로 올라가 구멍을 내고 그 사람을 침대 째 예수님 앞으로 내린 일이었다(막 2:1-12).[163]

팔레스타인 사람들은 대개 하루에 두 끼를 먹었으며 주로 야채와 과일, 빵을 먹고 조금 더 부유한 사람들은 고기를 먹었다. 몇몇 지역에서는 단백질 섭취를 위해 생선을 먹었다. 반면 부유한 로마인들은 더 풍성한 식탁을 차렸고 하루에 네 끼를 먹었다.[164]

여자든 남자든 일년 내내 헐렁한 (소매가 없고 무릎까지 내려오는 웃옷인) 튜닉을 입고 추울 때는 그 위에 (큰 사각형 형태의) 망토를 걸쳤다. 예수님이 제자들에게 왼뺨을 때리는 자에게 오른뺨도 돌려대라고 말씀하신 후, 그들을 고소하여 속옷(튜닉)을 가지려는 자들에게 겉옷(망토, 대부분의 서민은 겉옷을 하나밖에 가지고 있지 못했다)까지 주라고 교훈하신 것은 이런 배경에서 이해하면 된다(마 5:40). 아주 가난한 자들은 맨발로 다녔고 대부분은 가죽 샌들을 신었다.[165]

지금까지 신약성경의 역사적 문화적 배경에 대해 살펴보았고, 이제는 신약 정경이 형성되는 과정 및 신약 문서와 저자들의 역사적 신뢰성에 대해 살펴보려고 한다.

2
신약 기초 - 계시를 구성하는 요소들

신약성경 저술들을 뒷받침하는 증거는 고대 문헌들을 뒷받침하는 증거보다 훨씬 많아서, 누구도 그 신뢰성에 의문을 제기할 수 없는 수준이다. 신약성경이 비종교 저술들의 모음집이었다면, 그 신뢰성은 일반적으로 모든 의심을 뛰어넘는 것으로 간주될 것이다. 그럼에도 많은 신학자들보다 오히려 역사가들이 신약성경의 기록을 더 신뢰할 준비가 되어 있다는 사실이 기이할 뿐이다. F. F. 브루스[1]

성경은 66권으로 이루어져 있으며, 구약이 39권, 신약이 27권이다.[2] 구약은 신약보다 훨씬 긴 시간대를 아우른다. 창조 때부터 그리스도 탄생 약 4백 년 전까지의 기간이다. 구약은 하나님이 타락한 인류를 메시아를 통해 구원하실 것에 관한 약속을 담고 있으며, 신약은 그 약속의 성취와 의미를 기록하고 있다.

'신약' New Testament 이라는 말은 '새로운 언약' new covenant 이라는 의미

의 그리스어를 라틴어로 번역한 '노붐 테스타멘툼'novum testamentum에서 나왔다.[3] '신약'이라는 명칭은 적어도 주후 4세기부터 사용된 것으로 보이며, 시나이 사본과 바티칸 사본이라 불리는 4세기 필사본에서 이 명칭이 발견된다. 시나이 사본(주후 340)에는 (가장 오래되었다고 알려진) 신약 전체 필사본과 대부분의 구약 필사본이 포함되어 있다.[4] 바티칸 사본(주후 325-350)에는 대부분의 신약과 거의 모든 구약이 포함되어 있다.[5]

신약 정경과 영감

신약에 실린 27권은 '정경'canon으로 불리며, 하나님의 영감으로 쓰인 것으로 교회가 보편적으로 받아들이는 책들이다. 성경학자 F. F. 브루스는 이렇게 설명한다. "우리가 정경이라고 할 때, '정경'이라는 단어는 단순한 의미를 갖는다. 경전에 포함된 책들의 목록이자, 예배하는 공동체의 신성한 저작물에 포함될 가치가 있다고 여겨지는 책들의 목록을 의미한다. 기독교 맥락에서, 정경이라 하면 '교회가 하나님의 계시를 기록한 문서로 인정하는 책'을 말한다."[6]

'정경'이라는 단어는 그리스어 '카논'kanon에서 나왔으며, 원래는 건축 측량 도구를 가리키는 말이다. 그러다 생각의 진정성을 측정하는 기준 혹은 표준을 가리키는 의미로 발전했다.[7] 오늘날 우리가 이해하는 의미로 이 단어가 처음 사용된 것은 주후 367년이며, 알렉산드리아 주교 아타나시우스의 편지에 나온다.[8] 이 단어를 신구약 성경을 가리킬 때 사용함으로, 해당 저작물이 권위 있는 것으로 받아들여진다는 의미를 갖게 되었다.

하지만 어떤 것이 권위 있는지 누가 결정했는가? 그들은 어떤 기준으로 판단했는가? 예수님은 말씀으로 그리고 삶으로 보여주며 가르치셨을 뿐 책을 쓰신 적이 없다.[9] 하지만 신약 전반에서 드러나듯, 예수님을 따르던 자들뿐 아니라 일반 사람들도 그분에게 '신적 권위'가 있음을 인정했다. 그분의 말씀이 기록으로 남겨지기 이전, 심지어 교회가 그분의 말씀을 정리하고 정경으로 공식화하기 훨씬 이전의 일이다. 예를 들어 대제사장과 바리새인들의 지시를 따라 예수님을 체포하러 갔던 사람들이 빈손으로 돌아와서는 "그 사람이 말하는 것처럼 말한 사람은 이 때까지 없었나이다"(요 7:46)라고 증언한다. 비슷한 예로, 베드로는 영생의 말씀이 예수님께 있다고 고백한다(요 6:68).[10] F. W. 비어는 신약의 어떤 책도 아직 쓰이지 않았을 때 교회는 이미 신약 정경의 고갱이를 소유하고 있었다고 말한다. 신약의 책이 하나둘 기록되고 여러 교회에서 회람된 이후에는, 그 책이 거룩해서가 아니라 예수님의 거룩한 말씀을 담고 있는 저작물이기에 권위 있는 것으로 여겨졌다는 것이다. 아더 파치아의 말이다. "말씀의 권위가 먼저였지, 책의 권위는 부차적이고 파생적이었다."[11]

따라서 정경으로서 자격을 갖추기 위해, 그 책은 그리스도의 사도들 혹은 선지자들과 밀접한 관련이 있어야 했다. 즉 그들이 썼거나 그들이 인정하는 것이어야 했다.[12] 성경은 교회가 "'사도들과 선지자들의 터' 위에 세우심을 입은 자라. 그리스도 예수께서 친히 모퉁잇돌이 되셨느니라"(엡 2:20)고 선언하면서 이를 확증한다. 또한 그리스도가 성령을 보내겠다 약속하셨는데, 이 성령이 그들에게 이 모든 것을 가르칠 것이며 그리스도가 그들에게 하셨던 모든 말씀을 기억나게 하실 것이었다(요 14:26). 뿐만 아니라 성령이 오시면 그들은 "모든 진리 가운데로 인도"함 받을 것이었다(요 16:13).

초대 교회는 그 말씀들을 마음에 새겼다. 구약 시대가 종식된 이래 선지자들은 침묵했지만, 초기 기독교 공동체는 또 다른 예언의 시대가 도래할 것을 믿었다. 그것은 구약의 선지자들이 약속한 시대이며(말 4:5-6; 욜 2:28-29; 겔 36:27; 37:14), 처음에는 세례 요한과 예수님을 통해, 그 다음에는 부활의 주님을 목격한 교회의 증언 속에서 이미 시작된 시대였다(행 1:8).[13]

신약 기자들은 자신들의 저작물이 성령에 의해 영감을 받고 인도함 받았다는 것을 인식하고 있었다. 바울은 고린도 교회에게 이렇게 쓴다. "우리가 이것을 말하거니와 사람의 지혜가 가르친 말로 아니하고 오직 성령께서 가르치신 것으로 하니 영적인 일은 영적인 것으로 분별하느니라"(고전 2:13). 바울은 또 데살로니가인들에게 말한다. "이러므로 우리가 하나님께 끊임없이 감사함은 너희가 우리에게 들은 바 하나님의 말씀을 받을 때에 사람의 말로 받지 아니하고 '하나님의' 말씀으로 받음이니 진실로 그러하도다. 이 말씀이 또한 너희 믿는 자 가운데에서 역사하느니라"(살전 2:13).

마찬가지로 베드로도 독자들에게 "너희가 거듭난 것은 썩어질 씨로 된 것이 아니요 썩지 아니할 씨로 된 것이니 살아 있고 항상 있는 '하나님의' 말씀으로 되었느니라"(벧전 1:23)고 알려준다. R. M. 레이머는 이렇게 단언한다. "그리스도의 이 썩지 아니하는 말씀이 베드로 설교의 내용이었다. 그의 말을 듣는 자들은 말씀에 담긴 삶을 변화시키는 능력에 영향을 받았을 것이다."[14]

하나님의 영에 감동된 신약성경 기자들은 자신들의 편지를 받는 수신자들에게 다른 믿는 자들과 그 편지에 담긴 내용을 나누라고 확신을 가지고 권면한다. 바울은 데살로니가인들에게 이렇게 말한다. "내가 주를 힘입어 너희를 명하노니 모든 형제에게 이 편지를 읽어 주라"(살전 5:27). 골로새 교인들에게도 이렇게 말한다. "이 편지를 너희에게서 읽은 후에 라오디게아인의 교회에서도 읽게 하고 또 라오디게아로부터 오는 편지를 너희도 읽으라"(골 4:16).

요한은 자신의 복음서가 영감된 것임을 암시한다. "예수께서 제자들 앞에서 이 책에 기록되지 아니한 다른 표적도 많이 행하셨으나 오직 이것을 기록함은 너희로 예수께서 하나님의 아들 그리스도이심을 믿게 하려 함이요, 또 너희로 믿고 그 이름을 힘입어 생명을 얻게 하려 함이니라(요 20:30-31). 요한은 계시록에서 경고의 형태로 이 주제를 다시 꺼낸다. "내가 이 두루마리의 예언의 말씀을 듣는 모든 사람에게 증언하노니 만일 누구든지 이것들 외에 더하면 하나님이 이 두루마리에 기록된 재앙들을 그에게 더하실 것이요, 만일 누구든지 이 두루마리의 예언의 말씀에서 제하여 버리면 하나님이 이 두루마리에 기록된 생명나무와 및 거룩한 성에 참여함을 제하여 버리시리라"(계 22:18-19). 이 준엄한 경고는 구약 신명기의 말씀을 생각나게 한다. "내가 너희에게 명령하는 말을 너희는 가감하지 말고 내가 너희에게 내리는 너희 하나님 여호와의 명령을 지키라"(신 4:2). 또 잠언 말씀도 생각나게 한다. "너는 그의 말씀에 더하지 말라. 그가 너를 책망하시겠고 너는 거짓말하는 자가 될까 두려우니라(잠 30:6).[15]

교회가 정경을 만든 것이 아니다

어떤 비평가들은 초기 기독교 공의회들이 하향 전달식으로 어떤 책이 신약에 포함될지 결정했다고 주장한다. 그러나 조시 맥도웰은 이렇게 반박한다. "교회가 정경을 만들어낸 것이 아니다. 교회가 어떤 책이 영감 있는 하나님의 말씀으로 성경에 포함되어야 하는지 결정하지 않았다. 오히려 교회는 어떤 책이 처음부터 하나님의 영감으로 된 것이었는지 깨닫거나 발견해 갔을 뿐이다…하나님의 백성이 받아들였다고 해서 어떤 책이 하나님의 말씀이 되는 것이 아니다. 오히려 하나님의 말씀이었기에 하나님의 사람들에 의해 받아들여진 것이다."[16] F. F. 브루스는 예수님과 사도들의 말씀이 구약과 동일한 권위를 가진 것으로 받아들여졌다고 말한다. 브루스는 이렇게 말한다. "정경으로서 자격을 인정받기 이전부터 이미 그 말씀의 권위가 인정됐다. 주님과 사도들의 말씀이 최고의 권위가 있는 것으로 인정받지 못했다면 애초에 그들의 말씀이 기록된 책은 정경이 되지도 않았을 것이다."[17]

초대 교회가 영감 있는 책들을 공식으로 정경화한 계기가 몇 가지 있다. 우선 교회가 이 책들을 오랫동안 사용해 오던 터였고, 이 책들은 교회의 예배와 가르침과 선교적 요구들을 충족시켜 주었다.[18] 그리고 이 책들은 (하나님의 선지자들이 말한) 예언들을 담고 있기에 보호되어야 했다. 또 무엇보다 교회는 이단에 맞서기 위해 권위 있는 책들을 완성된 형태로 모을 필요가 있었다. 교회 역사 초기부터 이단 문제가 발생했다. 2세기의 악명 높은 이단 마르시온은 누가복음과 10개의 바울 서신서를 제외하고 다른 모든 신약 책을 거부했다. 2세기 후반에 등장한 몬타누스는 자기 시대에도 계시는 계속되고 있다고 가르쳤다.[19]

정경을 집대성함으로써 교회는 영감으로 된 말씀들을 불신하게 만들려는 이런 시도들에 맞설 수 있었고 또한 그 말씀을 다른 나라들에 전파하도록 다른 나라 언어로 번역할 수 있게 되었다. 이에 덧붙여, 4세기 초 로마 황제 디오클레티아누스와 막시미아누스가 그리스도인들을 박해하기 시작했을 때, 교회는 신자들이 하나님 말씀이라 확신할 수 없는 책들을 방어하느라 극심한 고문을 받거나 죽음을 당하는 일이 없게 하기 위해 정경을 더욱 확정지을 필요가 있었다.[20]

노먼 가이슬러 박사는 4세기 후반 이전까지는 교회가 공식적으로 정경을 확립하지 못했다고 인정하면서도 그럼에도 불구하고 그 책들은 권위 있는 것으로 이미 폭넓게 인정받고 있었다고 주장한다. 가이슬러 박사는 이렇게 말한다. (신약의 정경화가 공식적으로 완료되기 이전에도) "구약과 마찬가지로, 이 영감 있는 책들도 사람들 사이에 회람되고 한데 모아지는 등 즉각적으로 받아들여졌다는 충분한 증거가 있다." 그러나 신약 정경이 확정되는 과정은 그리 단순하지 않았다. 신약은 50년이 넘는 기간에 걸쳐 기록된 데다 저자가 8-9명이나 되고 글의 수신자도 각기 다른 지역에 사는 다양한 개인이나 교회들이었기 때문이다.[21]

많은 비평가들은 신약의 복음이 당시 서로 경쟁하던 많은 사상 중 하나일 뿐이며, 다만 이 복음이 확산될 수 있었던 이유는 그것이 역사적 사실에 기초해 쓰여서가 아니라 지지자들이 보다 탁월한 복음전도자였기 때문이라고 주장한다. 당시 득세하던 철학 사상 중 하나가 영지주의다. 영지주의는 어떤 사람에게는 진리에 대한 특별한 지식이 있으며 사람들의 주된 영적 문제는 죄가 아니라 무지라고 주장했다. 또한 물질세계는 악하다고 보았으며 그리스도는 인간이 아니므로 십자가에서 죽은 것은 환영이라고 주장했다.[22] 영지주의의 기반이 되는 사상은 1세기에 처음 등장하기 시작했지만, 철학으로 발전한 것은 2세기 중후반이 되어서였다. 그러므로 영지주의는 당시 이미 입지를 확고히 다지고 있던 신약의 복음과 경쟁 관계가 될 수 없었다.[23]

정경의 발전과 구술 전승

신약 정경은 단계별로 발전했다. 신약성경이 기록되기 이전 그리스도인을 위한 문서 경전은 구약뿐이었다. 하지만 사도와 교사, 복음전도자 및 그밖의 사람들이 예수님에 대한 사도들의 가르침을 구술로 전하고 나누었다.[24] 바울도 이렇게 증거한다. "내가 받은 것을 먼저 너희에게 전하였노니 이는 성경대로 그리스도께서 우리 죄를 위하여 죽으시고 장사 지낸 바 되셨다가 성경대로 사흘 만에 다시 살아나사 게바에게 보이시고 후에 열두 제자에게와…"(고전 15:3-5). 심지어 자유주의 신학자들도 바울의 이 증언은 예수님의 부활이 있은 지 18개월에서 8년 사이에 발전한 초기 기독교 신조의 일부라고 믿는다.[25]

앞에서 인용한 바울의 발언("너희가 우리에게 들은 바 하나님의 말씀을 받을 때에 사람의 말로 받지 아니하고 하나님의 말씀으로 받음이니." 살전 2:13)은 그리스도에 대한 증인들의 가르침과 사도들의 구술 전승이 이미 권위 있는 것으로 받아들여지고 있음을 보여준다.[26] 윌리엄 크레이그는 이렇게 말한다. "사실 복음의 경우 '구술 전승'이라기보다 '구술 역사'라고 하는 편이 더 정확하다. 당시 목격자와 사도들이 아직 생존해 있었기 때문이다."[27]

비슷한 예로, 바울은 고린도 교인들에게 이렇게 말한다. "너희가 모든 일에 나를 기억하고 또 내가 너희에게 전하여 준 대로 그 전통[승]을 너희가 지키므로 너희를 칭찬하노라"(고전 11:2). 누가도 "처음부터 목격자와 말씀의 일꾼 된 자들이 전하여 준 그대로 내력을 저술하려고" 준비했다고 말한다(눅 1:2). 이렇듯 복음의 많은 내용들이 예수님의 초기 추종자들 사이에서 구술로 전해졌다.[28]

분명한 것은 구술 복음이 예수님으로부터 시작되었다는 것이다. 예수님은 공식적으로 랍비 교육을 받지 않으셨지만 예수님의 성경 이해는 유대인들을 깜짝 놀라게 만들었다(요 7:15). 예수님은 말과 비유로 가르치셨다. 이런 의사소통 방식은 예수님이 처음 개발하신 것이 아니라 유대인과 그레코 로만 문화 안에 있던 것들이다. 사람들은 이미 이런 소통 방식에 익숙해져 있었고 예수님의 말씀을 들을 준비가 되어 있었다.[29]

대럴 벅과 대니얼 월러스는 신약성경이 기록으로 남겨지기 시작할 당시 (교회의 핵심 신학을 강조하는 교리, 찬송, 성례 같은) 기독교 정통 가르침과 전통이 구술로 전해지고 있었다고 주장한다. 초대 교회 당시 지금의 복음과 힘을 겨루는 다른 버전들이 있었다는 주장을 그들은 단호히 배격한다. 이런 구전 가르침의 핵심은 예수님이 높아지셨다는 것이다. 즉 예수님이 태초의 창조에 참여하셨고, 부활하신 구속자로 다른 모든 영적 권세들 위에 앉으셨으며, 다시 오실 주님이라는 내용이다. 벅과 월러스는 이렇게 결론내린다. "(주후 49년에서 95년 경까지의) 초기 기독교 자료를 보면 높임을 받고 보좌에 앉으신 예수님의 모습이 예루살렘과 소아시아, 로마 전역에 흩어져 있던 초기 기독교 공동체에 소개되고 있다. 역사적으로 보더라도, 이렇게 예수님과 그분의 구원

사역을 강조하는 대목이 초기 기독교 자료에서 핵심을 차지하는 내용이라는 데 의문의 여지가 없다.[30]

그런데 이런 구술 전승의 신뢰성은 어느 정도일까? 예수님의 추종자들은 구술 문화에서 살고 있었다. 이런 문화에서는 사람들이 일상적으로 많은 것을 암기하며 살아야 했음을 의미한다. 예수님의 삶과 말씀의 목격자들은 자신들이 알고 있는 바를 정확하게 말로 전달하는 데 능숙했다. 하지만 신약성경의 저자들은 출처가 어디인지를 고려하지 않은 채 정보를 무작정 전달하지 않았다. 저자 중 많은 사람이 목격자였거나 "처음부터 목격자와 말씀의 일꾼 된 자들"(눅 1:2)을 대신해서 글을 쓰고 있었다.[31] 말씀을 전달 받은 사람들은 가장 소중한 분으로부터 기원한 가장 중요한 진리들을 전하는 일이기에 정확하게 전하려고 애를 썼을 것이다.

복음을 이렇게 구술로 전달하는 일은 신약의 첫 번째 책들이 기록되어 회람된 이후에도 계속되었다. 2세기 교부 유세비우스는 프리지아 히에라폴리스(히에라볼리)의 주교 파피아스(주후 125)가 예수님에 대해서는 문서로 기록된 것보다 구술로 전해진 것을 더 좋아한다고 언급한 바 있다. "아직 살아 있는 자들의 살아 있는 목소리로 듣는 것보다 책에서 더 많은 유익을 얻는다고 생각하지 않았기 때문이다."[32]

이런 구술 전승 혹은 구술 역사를 통해, 첫 2세기까지의 그리스도인들은 구약성경이 그리스도를 증거하고 있다는 것을 알게 되었다.[33] 또한 학자들은 이 구술 전승을 통해, 신약성경이 기록되기 전 초기 그리스도인들이 예수님에 대해 배우고 공유하던 많은 신조와 신앙고백 혹은 가르침이 무엇인지 밝혀냈다. 리 스트로벨과 알렉스 맥파랜드가 이를 정리한 내용 중 40가지 항목을 추렸다.[34]

1. 예수님이 진실로 인간의 몸으로 태어나셨다(빌 2:6; 딤전 3:16; 요일 4:2).
2. 예수님이 다윗의 자손으로 태어나셨다(행 13:28; 롬 1:3-4; 딤후 2:8).
3. 예수님이 세례를 받으셨다(롬 10:9).
4. 예수님의 말씀이 전파되었다(딤전 3:16).
5. 사람들이 예수님의 메시지를 믿었다(딤전 3:16).
6. 예수님은 나사렛 동네 출신이시다(행 2:22; 4:10; 5:38).
7. 요한이 예수님보다 앞서 사역했다(행 10:37; 13:24-25).
8. 예수님의 사역은 갈릴리에서 시작되었다(행 10:37).
9. 예수님의 사역은 유대로 확장되었다(행 10:37).
10. 예수님이 기적을 행하셨다(행 2:22; 10:38).
11. 예수님이 수많은 구약의 예언들을 성취하셨다(행 2:25-31; 3:21-25; 4:11; 10:43; 13:27-37).
12. 예수님이 성만찬을 베푸셨다(고전 11:23).
13. 이 일은 예수님이 잡히시던 밤에 일어났다(고전 11:23).
14. 예수님이 음식을 드시기 전에 감사 기도를 하셨다(고전 11:23).
15. 예수님이 떡과 포도주를 나눠주셨다(고전 11:23).
16. 예수님이 떡과 포도주는 죄의 대속을 위한 자신의 임박한 죽음의 상징임을 설명하셨다(고전 11:23).
17. 예수님이 빌라도 앞에 서셨다(행 3:13; 13:28).
18. 예수님이 자신은 유대인의 왕임을 확실히 하셨다(딤전 6:13).
19. 예수님은 죽임 당하셨다(행 3:13-15; 13:27-29).
20. 예수님이 인류의 죄를 대신해 죽으셨다(벧전 3:18; 롬 4:25; 딤전 2:6).

21. 예수님은 의로우심에도 불구하고 죽임을 당하셨다(벧전 3:18).

22. 예수님이 십자가 형으로 죽으셨다(행 2:23, 36; 4:10; 5:30; 10:39).

23. 예수님의 십자가 형이 예루살렘에서 집행됐다(행 10:39; 13:27).

24. 예수님의 십자가 형이 불의한 자들에 의해 행해졌다(행 2:23).

25. 예수님은 장사되셨다(행 13:29).

26. 예수님이 죽으신 후 부활하셨다(행 2:24, 31-32; 3:15, 26; 4:10; 5:30; 10:40; 13:30-37; 딤후 2:8).

27. 예수님이 사흘 만에 부활하셨다(행 10:40).

28. 부활하신 예수님이 제자들에게 나타나셨다(행 13:31).

29. 부활하신 예수님이 제자들과 식사를 같이 하셨다(행 10:40-41).

30. 예수님의 제자들이 이 사건들을 목격했다(행 2:32; 3:15; 5:32; 10:39, 41; 13:31).

31. 무덤에서 일어나신 예수님은 하늘로 올라가셨으며, 영광을 받으시고 높아지셨다(행 2:33; 3:21; 5:31; 딤전 3:16; 빌 2:6).

32. 부활하신 예수님이 당신의 이름으로 구원을 선포하라고 가르치셨다(행 2:38-39; 3:19-23; 4:11-12; 5:32; 10:42-43; 13:26, 38-41).

33. 부활과 그 이후에 일어난 사건들은, 하나님이 예수님과 그분의 메시지를 인정하심으로써 그분을 높이셨음을 보여주었다(행 2:22-24, 36; 3:13-15; 10:42; 13:32-33; 롬 1:3-4; 10:9-10).

34. 예수님은 "하나님의 아들"이라 불린다(행 13:33; 롬 1:3-4).

35. 예수님은 "주님"이라 불린다(눅 24:34; 행 2:36; 10:36; 롬 1:4; 10:9; 빌 2:11).

36. 예수님은 "그리스도" 혹은 "메시아"라 불린다(행 2:36, 38; 3:18, 20; 4:10; 10:36; 롬 1:4; 빌 2:11; 딤후 2:8).

37. 예수님은 "구주"로 불린다(행 5:31; 13:23).

38. 예수님은 "임금"으로 불린다(행 5:31).

39. 예수님은 "거룩하고 의로운 자"로 불린다(행 2:27; 3:14; 13:35).

40. 예수님의 본성을 고려할 때, 그분은 하나님이라 불린다(빌 2:6 참조).[35]

그러나 구술 전승은 랍비 학교에서 학생들에게 "일획도 빠짐없이"[36] 배우고 전하도록 훈련하여 가르침을 보존하는 방식이었기에, 수없이 많은 일반 대중에게 복음의 메시지를 전달하는 데는 적합하지 않았다. 기독교 메시지는 전 세계로 확산되고 공유되어야 했다. 그러자면 내용의 가감없는 온전한 보존을 위해 문서로 기록될 필요가 있었다.[37] 데이비드 드실바는 문서 형태로의 기록이 얼마나 불가피했는지를 다음과 같이 설명한다.

> 유대교 경전에 시내산 언약의 체결과 그 실천을 증거하는 내용이 포함되어 있듯, 초기 그리스도인 역시 그리스도와 맺은 새 언약을 증거하는 내용들을 모으고 수집하기 시작했다. 게다가 살아서 증언하는 사도들의 목소리도 점점 듣기 힘들어지고 있었다. 이 사도들의 증거를 담았을 뿐 아니라, 새 언약의 약속과 의무에 관한 핵심 질문과 관심 사안을 기독교 공동체에 전달하는 책이 공동체의 중심으로 자리잡고 권위를 갖는 것은 자연스러운 결과였다.[38]

복음의 메시지가 일단 문서로 기록되자 이것이 여러 교회들 사이에서 회람되기 시작했고 나아가 경전으로서의 권위를 얻게 되었다고 신약성경은 말한다. 앞에서 언급했듯, 바울은 데살로니가 교인들에게 자신의 편지를 "모든 형제"에게 읽어주라고 지시한다(살전 5:27). 계시록에서 요한도 (자신이 본 것을 두루마리에 써서 일곱 교회에 보내라는 지시를 받았다며, 1:11) 신자들에게 "이 예언의 말씀을 읽[으라]"고 명한다(계 1:3). 비슷하게, 바울은 골로새 교인들에게 자신의 편지를 라오디게아 교회에서도 읽게 하라고 당부한다(골 4:16). 이런 본문들을 볼 때 사도들은 자신이 쓰는 편지가 그 수신인뿐 아니라 더 많은 사람에게 읽히고 권위 있는 것으로 받아들여지기를 기대했다고 볼 수 있다.[39] 베드로는 사도 바울의 어려운 글을 왜곡하려는 자들이 있음을 경고하는 대목에서 그의 편지를 성경으로 추인한다(벧후 3:15-16). 바울은 누가복음을 인용하면서, 이 복음서가 구약과 동일한 권위가 있는 것으로 간주한다(딤전 5:8).[40] 이런 증거들로 볼 때, 교회가 공식적으로 신약을 정경화하기 몇 세기 전부터 많은 이들이 경전으로 인정하고 있었고, 교회 안에서 널리 읽히고 있었음을 알 수 있다.

1세기가 끝나기 전에 신약의 모든 책들이 문서로 기록되었다.[41] 초기 교회 교부들은 1세기 내에 신약의 모든 책들을 언급함으로 그것들이 문서로 기록되었음을 알렸고, 그 책 대부분은 2세기 말 무렵에는 교회에 의해 영감 있고 권위 있는 책으로 인정 받았다.[42] 노먼 가이슬러와 프랭크 튜렉은 『진리의 기독교』에서 이렇게 강조한다. "주후 95년에서 110년 사이에 쓰인 편지에서 (클레멘트, 이그나시우스, 폴리캅 같은)

세 초대 교회 교부들은 신약 27권 중 25권의 책에서 본문을 인용했다."[43] 주후 130년 무렵에 사복음서와 바울의 13개 서신이 사도적 가르침을 담은 권위 있는 증언으로 일부 교회들에서 받아들여졌으며, 2세기 말 무렵에는 구약성경과 동일한 권위를 갖는 경전으로 받아들여졌다. 교부 이레나이우스는 주후 180년 무렵 신약 27권 중 21권의 이름을 언급하며 이 책들이 교회에서 사용되고 있다고 전했다. 그는 바람에는 네 방향이 있듯, 오직 4개의 복음서만 있어야 한다는 주장을 펴기도 했다.[44]

신약의 나머지 책들은 그보다 나중에 받아들여졌고,[45] 주후 230년 무렵, 오리게네스의 연구에 따르면,[46] 거의 모든 신약 책들에 대한 전반적인 동의가 있었다. 다만 몇몇 책에 대해서는 회의적인 시각이 남아 있었는데, 그 중 일부가 이후에 정경에 포함되고 나머지는 배제되었다. 예를 들어 히브리서는 한동안 논란의 대상이었는데, 저자가 누구인지 분명치 않았기 때문이다.[47] 4세기 초반, 가이사랴의 주교 유세비우스는 자신의 책 『교회사』에서 신약 27권을 모두 언급하면서, 그 중 몇 권은 "반대를 받았었다"고 인정했다. 예를 들면 야고보서, 베드로후서, 요한이서와 요한삼서, 유다서다. 그러다 주후 367년 존경받던 아타나시우스가 27권의 책을 정경으로 인정하면서 이런 의구심들이 종식되었다.[48]

교회는 주후 393년 히포 공의회와 주후 397년 카르타고 공의회에서 신약 27권 모두를 정경으로 공식 추인했다.[49] 하지만 앞서 살펴보았듯, 신약의 거의 모든 책들이 첫 4세기 동안 그리고 정경으로 공식화되기 훨씬 이전부터 교회에 의해 널리 필사되고, 회람되며, 사용되고, 권위를 인정받고 있었다.[50]

신약성경의 역사적 신뢰성

『법정에서 만난 예수』를 집필하면서 성경의 신뢰성을 뒷받침하는 많은 증거들을 제시했다. 여기서 간단하게 그 증거를 다시 소개하여 이 책의 주제, 즉 신약성경이 소개하는 예수 그리스도의 삶과 말씀이 진리임을 확고히 하고자 한다. 구약과 신약은 개별적으로도 그렇지만, 둘 사이의 연결성을 보더라도 놀라울 정도의 통일성이 있다는 것 자체가 강력한 증거가 된다. 예를 들어 구약의 많은 예언들이 신약 안에서 성취된다. 성경을 읽으면 읽을수록 하나님의 감동하심으로 된 것임을 알게 된다.

신약성경의 역사적 신뢰성은 신약 문서들의 출처가 분명하고, 그 저자들도 신뢰할 만하며, 비기독교 문서들도 예수님의 존재에 대해 확실히 말해 주고 있고, 성경의 역사적 기록을 입증해 주는 고고학적 증거들도 있기에 보장받을 수 있다. 어떤 기준을 사용하든, 신약성경만큼 신뢰할 수 있는 고대 문서는 아마 없을 것이다.

먼저, 1장에서 잠깐 소개했던 현대의 많은 사람들을 혹하게 만드는 주장을 다시 한번 살펴보자. 1세기 당시 서로 다른 버전의 기독교 복음서가 회람되고 있었으며 그러다 지금 신약에 포함된 복음서가 우연히 사람들의 주목을 끌어 살아 남게 되었다는 주장이다. 다른 많은 학자들과 마찬가지로, 신약 역사가 크레이그 에반스는 이런 주장을 단호히 거부한다. 초기 그리스도인들에게도 불일치하는 생각들이 많이 있긴 했지만, 예수님이 하나님이 보내신 메시아라거나 그분이 우리 죄를 위해 십자가에 달리셨고 부활하셨다는 등의 근본 사안에 대해서는 아니었다. 이에 비하면 오늘날 대중 서적과 영화들에 자주 등장하는 영지주의와 다른 이단 종파들의 기괴한 사상들은 증거도 없는 상상에 기반한 생각에 불과하다. 영지주의는 1세기가 아닌 (그보다 늦은) 2세기에 큰 악영향을 끼쳤다. 에반스는 이렇게 강조한다. "자유주의 신학자들은 하나님과 기독교 삶에 대한 영지주의자들의 신비적 이해가 1세기부터 영향을 미쳤다고 말하려 하지만…1세기 그리스도인들은 그런 것들을 전혀 들어보지 못했다."[51] 에반스는 또 이렇게 덧붙인다. "예수님이 메시아이고, 그분이 하나님의 아들이며, 그분이 성경 말씀을 성취하셨고, 십자가에서 죽으셨으며, 그것을 통해 인류를 구원하셨고, 죽은 자 가운데서 살아나셨다는 이런 핵심 사안들은 논쟁의 대상이 결코 아니었다."[52]

'외경 복음서'도 여럿 있는데, 주로 2세기에 쓰였다. 그중에는 베드로, 도마, 유다 복음서도 있다. 오늘날 많은 사람이 (성경적 예수를 드러내는 것이면 무엇이든 끼워넣으려는 시도에서) 이런 문서들을 정경에 포함시키려 하는데, 대부분은 주로 정경의 사복음서에서 가져왔거나 2-4세기에 활동하던 어떤 사변적이고 상상에서 비롯된 신학 학파들에 의해 만들어진 것들이다. 그래서 이런 책들은 역사적 가치가 있는 것으로 인정되지 않는다. 게다가 이것들은 권위를 인정 받은 초기 기독교 서적 목록에도 포함되지 않는다.[53] 성경학자 존 마이어는 이런 비 정경 작품들은 "주로 2세기 특정 그리스도인들의 경건하고 열광적인 상상력으로 만들어진 파편들"이라고 표현한다.[54]

예수 그리스도의 역사성과 복음서의 역사적 신뢰성은 논쟁거리가 된 적이 없었다. 하지만 18세기 후반에 들어와서 자유주의 신학자들이 예수님의 삶(그분의 정체성, 성품, 동기, 본성)에 대해 다른 말들을 하기 시작했다. 알버트 슈바이처는 "예수의 허구적 삶"이라는 표현을 사용했다.[55] 어떤 이들은 예수님이 자신이 '행한 것처럼 보이는' 기적을 일으켰을 뿐이라고 주장했다. 또 다른 이들은 예수님이 약으로 병자를 고친 것이지 초자연적 능력으로 한 것이 아니라고 주장했다. 예수님이 십자가에서 죽으신 것이 아니라 '기절했던 것'이고, 에세네파 사람들이 예수님을 간호하여 다시 건강을 회복했고 그래서 부활한 모습으로 변장하여 제자들을 찾아갈 수 있었던 것이라고 주장하는 사람도 있다.[56] 이런 주장들은 증거가 아닌 순전히 가정에 의한 것으로 학문적 관심은 거의 받지 못했다.[57]

19세기, 개신교 자유주의 비평가들은 복음서의 설명과는 확연히 다른 더 많은 예수님의 진기를 조합해 냈다. 이 중에는 예수님을 신이 아닌 그저 도덕적으로 남다른 사람 정도로 묘사하는 것도 포함된다. 예수님은 그저 인간이었고 실제로는 기적을 행하지 않았다는 주장이다.[58] 덕망 있는 20세기 변증가 C. S. 루이스는 이런 자기 모순적인 이론들을 조롱한다. 예수님이 위대한 도덕적 스승이나 단순한 인간일 수 없는 이유는 그분이 직접 자신의 신성을 분명히 주장하셨기 때문인데, 만일 신이 아니라면 (스스로 신이라 주장한 명백한 사실로 인해) 그분은 거짓말쟁이가 되거나 정신이상자라는 의미가 되기 때문이라고 루이스는 말한다. 루이스는 이렇게 경고한다. "예수님을 위대한 인간 교사라고 말하는 생색내는 말장난에 현혹되지 맙시다. 예수님은 그런 여지를 조금도 남겨 두지 않으셨습니다. 그분은 전혀 그런 의도조차 없으셨습니다."[59]

실제로도 너무나 많은 사람이, 특히 우리가 살고 있는 이 포스트모던 시대에는, 기독교가 진리로 믿고 있는 주장들의 고유성을 무시하거나 거부한다. 이 점을 잘 보여주는 짧은 이야기가 생각난다. R. J. 모건이 쓴 글이다.

> 프랑스 철학자 오귀스트 콩트와 영국 평론가 토마스 칼라일이 진지하게 대화를 나누고 있었다. 콩트가 기독교를 대체할 새로운 종교를 시작하겠다면서, 신비주의는 다 걷어내고 구구단처럼 단순명료한 종교가 될 것이고 긍정주의라고 이름붙이겠다고 말했다. 그러자 칼라일이 이렇게 대답했다. "콩트씨, 아주 좋습니다. 아주 좋네요. 그러면 이제부터 할 일은 사람이 말하는 것처럼 말하지 말고, 사람이 사는 방식으로 살지 말고, 십자가에 못 박히고, 삼일 만에 다시 살아나서 당신이 살아 있음을 세상이 믿게 하는 겁니다. 그러면 당신이 만든 종교는 계속 유지될 겁니다."[60]

역사적 예수에 대한 기상천외한 탐구들

이런 신화들을 벗겨내려는 학문적인 수고가 있었음에도 불구하고, 소위 "역사적 예수에 대한 탐구"는 빠르게 확산되었고, 성경 기록의 정확성에 대한 재평가뿐 아니라 성경의 신뢰성 및 예수님의 정체에 대한 신뢰성에 색다른 설명을 제공하려는 시도가 계속되고 있다.[61] 지금 우리 시대에는 그와 같은 또 다른 '탐구'가 각광을 받고 있다.

소설가 댄 브라운의 『다빈치 코드』가 이런 질문에 대한 새로운 관심을 촉발시키며 회의론자들의 가려운 귀를 긁어주었다. 그러나 이런 시도들은 대개 추론에 의존하는 식이어서 풍부한 증거로 신뢰성을 인정받는 복음서와 대조된다. 브라운은 교회 지도자들이 주후 325년 니케아 공의회에서 그리스도의 신성을 기독교 교리로 삼기로 비밀 투표로 결정했다고 주장한다. 더불어 이 공의회에서 (아직 불확실하던 책들을 모아) 정경으로 확정했다고도 덧붙인다.[62] 브라운은 예수님의 진짜 이야기는 신약성경이 아닌 영지주의자들의 저술에 있음을 보여주고자 시도했다. 그런 저작물에선 예수님을 막달라 마리아와 결혼해 자녀를 낳은 평범한 인간으로 그리고 있다.[63]

그러나 앞에서도 보았듯, 초대 교회는 예수님의 신성을 처음부터 받아들였으며, 이는 사도들이 초기부터 그렇게 가르쳤기 때문이기도 하고 신약성경도 그렇게 증거하고 있기 때문이다. 교회 지도자들이 로마 콘스탄티누스 황제의 명으로 주후 325년 니케아 공의회에서 모인 것은 맞다. 한편으로 아리우스와 그 추종자들의 주장을 다루기 위한 자리이기도 했다. 아리우스파로 불린 그들은 성부 하나님이 아들을 창조했기에 아들은 영원 전부터 존재한 것이 아니며 따라서 아버지보다 열등하다고 주장했다.[64] 공의회는 압도적인 투표로 이 이단을 거부했고 그 결과 니케아 신조를 채택했다. 니케아 신조는 예수님의 신성을 고백할 뿐 아니라 예수님이 성부 하나님과 동등하시며, "아버지와 본질적으로 하나이신" 분임을 확실히했다. 주후 381년 콘스탄티노플 공의회는 이 결정을 재확인했다.[65] 이 공의회에서는 그리스도의 신성 문제에 대해서는 (너무 당연한 사안이라) 아예 투표도 진행하지 않았고 참석한 교회 지도자들 중 두 명만 제외하고 300명이 넘는 사람들이 그 신조에 서명했다. 리차드 하우의 말대로, 『다빈치 코드』가 주장하는 '비밀 투표'와는 거리가 멀다.[66] (아리우스가 처음 주창한) 이 이단은 교회 안에서 그리 오래 가지 않았다. 그러나 교회 밖에서는 계속 남아 있었을 수 있다(다만 이에 대한 정보는 거의 없다).[67]

브라운은 니케아 공의회에서 정경을 만들어냈다고 주장하는데, 앞에서도 보았듯, 초대 교회는 교회가 공식적으로 정경을 인정하기 훨씬 이전부터 예수님에 대한 주요 교리들을 이미 받아들인 상태였다. 사복음서(와 그 외 대다수 신약 책들)은 그 공의회가 열리기 훨씬 이전부터 잘 정리되어 있었고 권위 있는 것으로 받아들여지고 있었다.[68] 영지주의가 진짜 예수님 이야기를 전해 주며 예수님이 막달라 마리아와 결혼한 평범한 인간이라는 식의 브라운의 주장은 공상에 근거한 거짓일 뿐이다.[69]

또한 우리는 신약성경 스스로 진리임을 입증하고 있다는 사실을 인정해야 한다. 토마스 그리피스는 과거와 현재를 통틀어 세상의 어떤 문학 작품도 "그토록 완벽한 인물을 그려내지 못했다"고 말하며 이것은 모두가 아는 상식이라고 주장한다. "시인, 소설가, 극작가, 철학자, 수필가가 수많은 멋진 작품들을 내놓았지만 그 중 어떤 작가도 완벽한 사람을 그려내지 못했다…그러나 사복음서는 천재적 작가도 아닌 일반인들이 썼음에도 불구하고 완벽한 인물의 모습이 그려져 있다. 어떤 작가도 성공하지 못한 일을 어떻게 복음전도자들이 이뤄낼 수 있었겠는가?"[70] 다른 말로 하면, 네 복음서 저자들이 문학적 기적을 일으켰거나 그들이 보여주는 그리스도가 진짜라는 말이 아니겠는가?

신약 문서들의 진정성

『법정에서 만난 예수』에서 다루었듯, 신약 문서의 진정성은 (지금은 하나도 남아 있지 않은) 원전이 언제 기록되었고, 원전 저술 시기와 그 안에 담긴 사건들의 발생 시기 사이에 얼마나 시간차가 있는지 살피고, 해당 원전의 필사본이 몇 개이고 그 필사본이 얼마나 정확하며, 원전과 우리에게 있는 필사본의 제작 시기가 얼마나 차이가 나는지를 확인하고, 나아가 고대의 일반 역사 속 문서들에서 확인되는 사실들과 비교하는 작업 등을 통해 드러난다.[71]

(자유주의와 보수를 망라하는) 대부분의 신학자들이 그리스도가 주후 30년에서 33년 사이에 돌아가셨다는 것에 동의한다. 그리고 네 권의 복음서는 그 이후 25년에서 50년 사이 (1세기 안에) 기록되었다는 데 동의한다.[72] 이 당시가 (사람들이 모든 내용을 기억으로 전달하는 걸 당연하게 여기던) 구술 문화였다는 점을 고려하면 비교적 짧은 기간이다.[73] 복음서 저자들이 기록한 자료 중 일부는 보다 초기에 기록된 자료들을 언급한 것일 수 있다는 데 많은 학자들이 의견을 같이한다.[74] 앞서도 말했듯, 그리스도인들은 신약성경이 기록되기 이전부터 자신들이 인정하는 예수님에 대한 신앙 고백적 정보들을 함께 나누었다. 바울 서신에도 이런 '예수 전승'이 많이 언급되어 있는데, 그 중에는 복음서 저술보다 시기적으로 앞서는 것도 있다.[75] 사실 신약성경이 하나도 기록되지 않았을 때조차 많은 사람들이 이미 기독교를 받아들이고 있었다. 기독교는 (그리스도의 삶과 죽음, 부활, 승천이라는) 역사적 사건들에 기반을 두고 있기 때문이다.

아마도 신약성경 27권의 원본은 모두 만들어지고 수십 년 안에 사라졌을 것이다. 벽돌이나 바위, 나무판이 아니라 (이집트의 파피루스인) 종이에 기록했을 것이기 때문이다(요한이서 12절과 요한삼서 13절에서 요한이 글 쓰는 도구들을 말하고 있다. 바울도 고린도후서 3장 3절에서 비슷한 말을 하고 있다).[76] 남아 있는 것은 필사본이라 불리는 손으로 쓴 것들 (더 정확하게 말해, 복사본의 복사본)인데, 원본이 기록되고 천 년이 지나는 동안 필사 이외에 다른 복제 방법이 없었다.[77] 그러나 아무리 세심하고 숙련된 서기관이 작업한다 해도 이런 일에 실수는 피할 수 없는 법이다. 신약성경이나 다른 고대 문서의 필사본이 정확한지를 판단하려면 원본이 분명해야 한다. 본문 비평가들은 필사본 간 문언의 차이를 연구해 원본이 정확히 어떤 구성이었는지 확인하는 방법을 사용한다. 필사본이 몇 개 없다면 실효성이 떨어지지만, 필사본이 많으면 많을수록 보다 정확하게 원본을 복원할 수 있다. (특별히 저마다 다른 지역에서 나온 것임에도 불구하고) 서로 일치하는 필사본이 많을수록 교차 비교가 가능하기에 원본을 재구성해 내기가 훨씬 수월하다.[78] 신약성경 필사본은 그 수가 매우 많다. 따라서 크레이그 블롬버그 교수의 말대로, 본문 비평을 거치면 신약 저자들이 최초에 기록한 내용을 매우 정확하게 복원해 낼 수 있다.[79]

신약성경은 초기부터 (라틴어, 콥트어, 시리아어, 아르메니아어, 그루지야어, 고트어, 아라비아어 등) 많은 언어로 번역되었다. 합쳐서 25,000개가 넘는 필사본이 존재한다. 그 중 5,800개는 그리스어로 되어 있다. 필사 시기는 2세기 초부터 16세기까지 이른다. 3세기 이전 필사본 가운데 완전한 형태는 없지만 신약 내용을 부분적으로 담고 있는 것은 상당히 많다.[80] 심지어 이 필사본들이 다 파기된다 해도, 초대 교회 교부들의 글에 인용된 신약 본문을 가져다 놓으면 신약의 거의 절반을 재구성할 수 있다.[81] 현존하는 신약 필사본에 비하면 고대 일반 저작물의 경우는 그 필사본의 수가 미미하다. 고대 일반 저작물 필사본의 평균 개수는 작품 당 대개 10-20개이지만 그에 비해 신약 필사본은 그 1000배가 넘는다.[82] 호머의 『일리아드』와 그리스 웅변가 데모스테네스의 경우는 예외지만 그렇더라도 여전히 비교가 안 된다. 『일리아드』 필사본이 약 1,800개인데 이는 신약의 10퍼센트도 안 된다.

많은 고대 문서들의 경우 충분한 수의 필사본이 없어서 복원된 원본의 정확성을 (신약과) 직접 비교하기가 어렵지만, 설령 필사본의 수가 충분하더라도 비평가들은 복원된 원본 신약이 (99.5퍼센트의 정확성으로) 월등히 신뢰도가 높다고 결론내렸다. 이에 비해 『일리아드』는 95퍼센트였고 고대 인도 서적 『마하바라타』는 90퍼센트였다.[83]

비교와는 별개로, 신약성경 안에 오류가 있지는 않은가? 오류가 있다면, 성경에 오류가 없다고 주장하는 사람들에게 정말로 문제가 되지 않을까? 한마디로, 그렇지 않다. 칼 헨리는 이렇게 설명한다. "성경무류설[Inerrancy]은 처음에 영감을 받은 선지자와 사도들의 말이나 글에만 적용된다. 그들이 선포하는 하나님의 말씀은 계시된 진리를 가르치는 데 효과적일 뿐 아니라 그 말씀을 전달하는 데에도 오류가 없다. 그러나 필사본이나 번역본에는 성경무류설이 적용되지 않는다."[84]

처음 이 주장을 들었을 때는 납득이 가지 않았다. 오랜 세월에 걸쳐 계속해서 필사본이 생성되는 과정에서 오류가 발생한다면 사실상 원문이 오염되는 것이나 마찬가지일 텐데, 그러면 성경을 읽는 독자에게 성경무류설이 무슨 의미가 있는지 의아했기 때문이다. 그러던 중, 비록 필사본에 오류가 있더라도 그것들이 교리적인 문제와 연결되지 않는다는 것을 알고 나서는 생각이 바뀌었다. 가이슬러 박사의 연구에서도 알 수 있듯, 그 오류라는 것은 주로 철자나 문체, 문법적으로 사소한 것들에 불과하다. 그리고 (철자를 잘못 쓴) '변형'인 경우에도 1퍼센트만 본문의 의미와 관련이 있을 뿐 주요 기독교 교리에는 아무 영향을 미치지 않았다.[85] (변형의 1퍼센트지 본문 전체의 1퍼센트가 아니라는 점에 유의하라). 영국의 성경학자 리차드 벤틀리는 이런 사소한 실수들이 "신앙이나 도덕 계율의 어느 한 조항이라도 왜곡하거나 파기하지 않는다"고 주장한다.[86]

정통 기독교에 비판적인 유명 사본 학자 바트 어만조차 "핵심적인 기독교 신앙은 신약 성서 필사본들에서 발견되는 변형들로 인해 영향을 받지 않는다"고 단호히 말한다. 복음주의 학자 에드 코모체프스키, 제임스 소이어, 대니얼 월러스는 이렇게 말한다. "신약 원본의 철자가 (필사나 번역 과정에서) 조금 변형되었다 해도 신약의 주요 가르침에는 아무 영향을 주지 않는다. 이런 변형들은 또한 그리스도의 신성에도 전혀 영향을 미치지 않는다. 신약성경이 본래 가르치려는 내용은 분명히 전달된다."[87] 중요한 것은 이런 변형들이 원본의 실질적인 내용을 손상시키는 것은 아닌지, 또한 그러한 변형들이 "신뢰할 만한 구술 형태로 전해졌던 진리를 제대로 전달할 수 있는지, 참회하는 독자들을 구원으로 확실하게 이끌 수 있는지" 여부라고 칼 헨리는 말한다.[88]

현존하는 최초의 신약 필사본 (존 라일랜즈) 조각*과 원본의 시간 간격은 50년이 채 안 된다. 또 다른 신약 필사본 조각인 보드머 파피루스**에는 요한복음, 누가복음, 베드로전서, 베드로후서, 유다서 내용이 거의 대부분 들어 있다. 이 문서의 필사 시기는 주후 200년경으로 원본과 필사본의 시간 간격이 100년에서 140년 어간이다. 더 인상적인

---

* 영국 맨체스터의 존 라일랜즈 도서관이 소장하고 있는, 주후 117-138년 사이에 기록된 가장 오래된 신약 필사본 조각으로 알려져 있으며 요한복음 18:31-33절과 37-38절에 해당하는 다섯 구절이 적혀 있다.

** 1952년 스위스의 고서 수집가 마틴 보드머에 의해 이집트에서 발견된 필사본 조각들로, 제네바 외곽 콜로니에 있는 개인 도서관에 소장되어 있다.

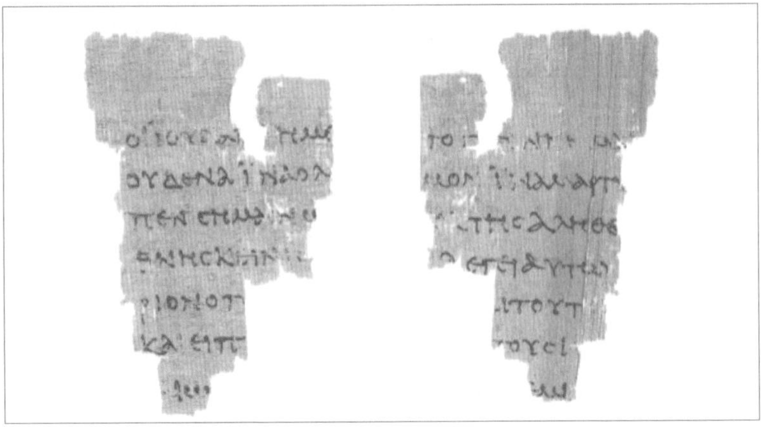

존 라일랜즈 도서관이 소장 중인 현존하는 가장 오래된 신약 필사본 조각. P52사본이라고도 부른다.

것은 체스터 비티 파피루스*(250년경)인데, 원본이 완성된 시기에서 150년 차이가 난다. 여기에는 신약성경이 거의 다 들어 있다. 바티칸 사본(325-350년경)에는 그리스어로 쓰인 신구약 거의 대부분이 들어 있다. 시나이 사본(340년경)은 앞서도 말했듯, 신약 전체와 구약의 대부분이 들어 있는데, (신약 전체가 들어 있는 것으로는) 현존하는 가장 오래된 필사본이다. 원본과 약 250년 차이가 난다. 다시 말하지만, 현존하는 고대 세속 문서들의 사본과 비교하면, 신약의 경우가 원본과 필사본의 시간 간격이 훨씬 좁다. 원본 〈일리아드〉와 현존하는 가장 오래된 사본과의 시간 간격은 350년에서 400년 사이지만, 대부분의 세속 작품들의 경우 그 시간 간격이 1000년 이상이다.[89]

가이슬러 박사는 그 증거를 다음과 같이 일목요연하게 정리한다.

* 1930년 영국의 광산 기술자 체스터 비티가 이집트에서 발견한 파피루스 사본으로, 1934-1937년에 출판되었고, 더블린 소재 개인 도서관에 소장되어 있다.

"신약 문서들의 필사본은 정확하게 복사되었다. 신약은 고대 세계의 그 어떤 책들보다 더 사본이 많고, 사본의 제작 시기도 더 이르고, 더 정확하게 사본화되어 있다."[90] 영국 고문서 학자이자 성경 학자인 프레드릭 케넌 경은 이렇게 말한다. "원본 문서와 현존하는 가장 초기 증거 사이의 시간 간격이 사실상 무시해도 될 정도로 좁고, 경전이 본래 쓰인 그대로 전해져 왔음을 의심할 만한 어떤 근거도 없다. 신약의 책들은 그 진실성과 전반적인 신뢰성이 최종적으로 확증되었다고 말해도 좋다."[91]

신약 저자들의 신뢰성

가이슬러 박사는 신약 저자들의 신뢰성을 평가하면서, 신약이 고대 세계의 그 어떤 책들보다 더 많은 저자와, 더 이른 시기의 저자와, 더 정확한 저자들을 두고 있음을 강조한다.[92] 비판론자들의 주장과 달리, 신약 저자들은 예수님을 직접 보았거나 친밀하게 지냈거나 직접 관계가 있는 사람들이었다. 복음서 저자들 중 마태와 요한은 사도였고, 마가와 누가는 그 사도들과 밀접한 관계가 있으며 목격자들을 인터뷰하기도 했다. 마가복음은 베드로가 예수님과 함께 지내며 얻은 목격담을 주요 출처로 삼아 쓰였다고 믿어진다.[93] 바울과 베드로도 사도였고, 히브리서의 저자는 만일 본인이 사도가 아니라 해도 사도들과 깊은 연관이 있던 것이 분명하다. 반면 야고보와 (아마도) 유다는 예수님의 (이복)형제들이었을 것이다.[94] 신약학자 마크 스트라우스는 모든 신약 저자들이 목격자의 증언을 가장 귀하게 여겼다고 말한다(요 19:35;

21:24; 행 1:21-22;10:39, 41; 고전 15:6; 벧전 5:1; 벧후 1:16; 요일 1:1-3; 롬6:17; 고전 7:10, 12).[95] 브루스는 이렇게 말한다. "최초의 복음 선포자들은 직접적인 목격자들이 전하는 증언의 가치를 충분히 알고 있었으며 기회가 닿을 때마다 이 사실을 부각시켰다. '우리가 이 모든 것의 증인이'라는 선언은 그들의 지속적이고 확신에 찬 주장이었다."[96]

신약 저자들은 자신들이 진실되고 정확하게 전하고 있다는 점을 반복해서 열정적으로 강조한다. 누가는 "그 모든 일을 근원부터 자세히 미루어 살핀 나도 데오빌로 각하에게 차례대로 써 보내는 것이 좋은 줄 알았노니 이는 각하가 알고 있는 바를 더 확실하게 하려 함이로라"(눅 1:3-4)고 말하며 정확하게 쓰고 있다는 점을 강조하는 것으로 자신의 복음서를 시작한다. 누가는 사도행전에서 이렇게 말한다. "우리는 보고 들은 것을 말하지 아니할 수 없다"(행 4:20). 베드로도 이렇게 선포한다. "우리 주 예수 그리스도의 능력과 강림하심을 너희에게 알게 한 것이 교묘히 만든 이야기를 따른 것이 아니요 우리는 그의 크신 위엄을 친히 본 자라"(벧후 1:16). 바울은 이렇게 말한다. "형제들아 내가 너희에게 알게 하노니 내가 전한 복음은 사람의 뜻을 따라 된 것이 아니니라. 이는 내가 사람에게서 받은 것도 아니요 배운 것도 아니요 오직 예수 그리스도의 계시로 말미암은 것이라"(갈 1:11-12). 요한도 이렇게 말한다. "태초부터 있는 생명의 말씀에 관하여는 우리가 들은 바요 눈으로 본 바요 자세히 보고 우리의 손으로 만진 바라"(요일 1:1). 요한은 예수님이 다음과 같이 말씀하셨다고 증언한다. "너희도 처음부터 나와 함께 있었으므로 증언하느니라"(요 15:27). 히브리서 기자는 이렇게 선포한다. "우리가 이같이 큰 구원을 등한히 여기면 어찌 그 보응을 피하리요. 이 구원은 처음에 주로 말씀하신 바요 들은 자들이 우리에게 확증한 바니 하나님도 표적들과 기사들과 여러 가지 능력과 및 자기의 뜻을 따라 성령이 나누어 주신 것으로써 그들과 함께 증언하셨느니라"(히 2:3-4).

모어랜드는 신약 저자들에게는 "자기들이 믿는 바가 진리임을 선포하려는 진지한 열망 외에 그들의 수고를 설명할 다른 동기가 없다"고 주장한다.[97] 복음서 저자들과 사도들, 그리고 제자들은 예수님이 육신으로 부활하여 그들에게 나타나시기 전에는 여전히 예수님에 대해 의구심이 있었다. 예수님이 그들에게 나타나신 후에는, 겁쟁이에다 좋을 때만 따라다니던 사람들이 예수 그리스도와 그분의 신성과 그분의 삶과 죽음과 부활과 그분의 특별한 구원의 능력을 담대히 선포하는 사람들로 변화되었다. 그리스도와 그분의 복음을 선포한 결과로 이들이 얻을 것은 하나도 없었고 오히려 모든 것을 잃었다. 신약학자 개리 하버마스는 제자들이 신흥 종교를 출범시키기 위해 정교한 거짓을 날조할 동기가 없었다고 강조한다.[98]

만일 신약 저자들이 자기들의 거짓된 주장을 빈틈없게 하려고 의도했다면, 과연 복음서마다 다른 이야기들을 기록했겠는가? 차라리 논쟁의 여지가 없도록 획일적으로 기록하는 게 낫지 않았겠는가? 신약 저자들이 자기들의 책에 스스로의 부끄러운 모습을 기록하려 했겠는가? (예를 들어 베드로는 예수님을 세 번이나 부인했다.) 차라리 스스로를 영웅처럼 묘사하는 게 낫지 않았겠는가? 거짓 주장을 사람들로 믿게 하려는 의도가 있었다면, 굳이 자기들이 기대하던 메시아와는 전혀 딴판인, 그래서 도저히 생각할 수 없는 이야기들을 만들어 냈겠는가? (예수님은 제자들의 기대와 달리, 이스라엘을 압제하던 로마를 물리치지도 않았을 뿐 아니라 자기 방어를 위해 손가락 하나도 까딱하지 않은 채 십자가에 못 박히시지 않았는가?) 열심 있는 유대인 신자들이면서, 종교 지도자들이 신성모독이라고 여길 만한 내용을 감히 전하려 했겠는가?[99]

물론 역사를 돌아보면 사이비 종교 집단이나 다른 종교 추종자들이 자기들의 신념을 위해 기꺼이 목숨을 바친 경우가 있다. 하지만 그런 경우 그저 그들에게 있던 신념이 전부였다. 이와 달리 신약 저자들은 자기들이 직접 보고, 듣고, 경험한 것들을 말하고 있다. 그리고 그들이 말하는 바의 대부분은 다양한 증거 자료로 입증되었다. 왜 그들이 스스로는 거짓말이라고 알고 있는 무언가를 위해 기꺼이 조롱당하고 고난을 받으며 박해를 받고 죽기까지 하겠는가?[100]

더욱이 신약 저자들은 그리스도가 행하신 기적과 여러 행적들을 전하면서 그들에게 쉽게 반박할 수도 있었던 독자들에게 글을 쓴다. 만일 같은 시간과 장소에 함께 있으면서 동일한 장면을 목격했지만 다르게 기억하고 있는 누군가가 그 글을 읽는다면 당연히 반박을 했을 것이고, 그에 대한 기록도 남지 않았겠는가? 하지만 그런 일이 일어났다는 기록은 없다.[101]

마지막으로 예수님도 구약이 영감으로 된 것임을 보증하실 뿐 아니라(마 5:17-18) 신약의 저자들이 성령의 감동하심을 따라 인도함을 받을 것이라 약속하신다(요 14:26; 16:13). 이에 대해 로버트 그로매키는 이렇게 주장한다. "그리스도가 구약을 인증하셨다는 것은, 신약의 진실성 역시 예비 인증하신 것이라고 봐야 한다."[102] 이는 그리스도가 친히 다음과 같이 선언하신 대로다. "천지는 없어질지언정 내 말은 없어지지 아니하리라"(마 24:35). 그러나 그로매키의 말을 빌려 말하면, 예수님의 말씀이 기록되지 않는다면 우리가 어떻게 예수님이 하신 말씀을 알 수 있겠는가? 예수님은 성령이 "너희에게 모든 것을 가르치고 내가 너희에게 말한 모든 것을 생각나게 하리라"(요 14:26)고 말씀하시면서 신약 저자들이 써야 할 내용을 미리 알려 주신다. 예수님은 성령이 그들을 모든 진리로 이끌 것이며 "그가 장래 일을 너희에게 알릴 것"(요 16:12-14)이라고 강조하신다. 그로매키에 따르면, 성령이 오셔서 모든 것을 기억나게 하실 거라 말씀하심으로 예수님은 복음서에 담길 내용을 알려 주고 계신다. 성령이 그들에게 모든 것을 가르치고 그들을 진리로 인도할 거라 말씀하시면서, 예수님은 서신서의 내용을 암시하고 계신다. 성령이 "장래 일을 너희에게 알게 할 것"이라고 말씀하실 때는 계시록을 포함한 예언에 관련된 부분을 말씀하신 것일 수 있다.[103] 더불어 신약 저자들은 자기들이 예수님이 그들에게 주신 신적 권위로 글을 쓰고 있노라 주장한다(요 20:31; 요일 1:1; 요일 4:1, 5-6).[104]

신약성경 기록의 정확성은 방대한 고고학적 연구와 발견을 통해서도 확보되는데, 이 내용은 『법정에서 만난 예수』에서 충분히 다루었으므로 여기서는 넘어가도록 하겠다. 또한 예수님이 실제로 이땅에 태어나 사셨는지에 대한 실존 여부는 수많은 다른 기독교 작가들과 고대의 비기독교 작가들(몇 명 언급하면, 요세푸스, 율리우스 아크리카누스, 탈루스, 작은 플리니우스, 타키투스, 수에토니우스, 마라 바르 세라피온, 사모사타의 루키아노스, 켈수스)에 의해 확인된다.[105]

지금까지 신약의 신뢰성을 정립하고 정경이 형성된 과정을 살펴보았다면 이제는 신약을 전체적으로 개관해 보려고 한다. 신약이 어떻게 배열되어 있고 어떤 구조를 가지고 있는지 살펴보고 신약이 어떻게 구약과 완벽하게 조화를 이루고 있는지 또 어떻게 하나님의 거룩한 구원 계획을 완성하고 있는지 살펴보기로 하자.

3
기적에 가까운 신약의 문학적 경이로움

신약을 문학적으로 읽는다는 것은 일반적으로 문학이 읽히는 방식으로 성경을 읽는 것이다. 문학적으로 읽는다고 해서 그것이 성경의 이해를 축소시키지 않을 뿐 아니라 오히려 본문 안에 담긴 의미를 강화시킨다. 제임스 레서귀[1]

성경의 문학적 특징들을 식별하다 보면 우리의 이해력이 깊어지고 독서 경험도 풍성해진다. 솔로몬이 증언한 대로다. "전도자는 지혜자이어서 여전히 백성에게 지식을 가르쳤고 또 깊이 생각하고 연구하여 잠언을 많이 지었으며 전도자는 힘써 아름다운 말들을 구하였나니 진리의 말씀들을 정직하게 기록하였느니라"(전 12:9-10).

성경은 단순히 도덕적 행위에 대해 가르치는 고귀한 규범집이 아니다. 영원이라는 관점에서 우리가 어떻게 살아야 하는지, 삶의 우선순위가 무엇이어야 하는지 가르치는 건 맞지만, 이를 다양한 내러티브와 역사적 맥락 속에서 제시한다는 사실이 중요하다. 실제로 성경을 처음 접하는 사람들은 그것이 다양한 문학 형태로 구성되어 있다는 사실에 적잖이 당황하기도 한다.[2] 하지만 문학으로서의 성경에 대해 연구한 리랜드 라이큰은 이것이 성경을 특별하게 만드는 요소 중 하나라고 주장한다.

라이큰은 성경이 크게 세 가지 유형의 글로 이루어져 있다고 말하는데, 이 세 가지가 뒤섞여 있는 경우가 다반사다.[3]

- 명제적 진리들을 담은 **신학적 저술**.
- 정보를 전달하는 **역사적 저술**. 실제로 어떤 일이 일어났는지에 대한 사실들을 전해 준다. 저자들은 종종 이런 사건들이 갖는 도적적 함의들을 해석해 주기도 한다.
- 우리가 상상 속에서 간접 경험하도록 해당 장면이나 사건들을 상세히 재창조하는 **문학적 저술**. 신학적 저술은 종종 신학적 주장을 단도직입적으로 제시하는 데 비해, 문학적 저술은 그 신학적 주장에 담긴 메시지를 사례와 함께 제공한다. 이야기, 시, 잠언, (예언 및 묵시를 포함하여) 환상으로 표현된 부분 등이 이에 해당한다.[4]

성경에선 이런 다양한 유형의 글들이 종종 뒤섞여 나온다. 예를 들어 아담과 하와 이야기에서 우리는 뱀이 교묘하고 속이는 존재임을 알게 되는데, (창세기의 저자인) 모세가 명시적으로 그렇게 말하기도 하지만, 모세가 내러티브라는 틀 속에서 그 뱀의 말과 행동을 보여주기 때문이다. 아담과 하와 이야기에도 위에서 언급한 두 가지 유형의 저술이 들어 있다. 이는 사건들을 전하는 역사적 기술이자, (해당 사건에서 무슨 일이 있었는지 우리가 충분히 상상할 수 있을 만큼 세세한 부분까지 재창조하는) 문학적 서술이기도 하다. 이 세 가지 유형의 저술은 성경 전체에서 볼 수 있으며, 한두 가지 유형이 종종 뒤섞여 있기는 해도 대개는 한 단락에서 하나의 유형이 지배적으로 드러난다.[5]

신약과 구약을 놓고 볼 때 이 둘 모두 문학적 가치가 높지만, 시들로우 백스터는 신약이 단연 더 우수하다고 주장한다. "신약은 세상에서 가장 생명력 넘치는 책이다. 이 책의 핵심 주제는 주 예수 그리스도이며 핵심 목적은 인간의 구원이다…구약의 핵심 등장 인물인 '예언 속' 그리스도는 신약에서 '역사 속' 그리스도로 출현한다. 구약에서 '최고의 소망'이던 분이 신약에서 '최고의 사실'이 되신다. 구약에서 '기대'이던 것이 신약에서는 '경험'이 된다. '예비'되었던 것이 '제공'되었다. '잠복'해 있던 것이 이제 '명백'한 것이 되었다. 오랫동안 '예견'되었던 것이 '현존'하는 것이 되었다."[6]

신약의 배열과 장르

신약 27권은 연대기순이 아니라 문학 양식이나 장르에 따라 배열되어 있다. 크게 복음서, 역사서(사도행전), 서신서(사도 바울과 다른 사람들이 쓴 편지들), 그리고 묵시서(계시록) 이렇게 네 범주로 분류할 수 있다.

내러티브 형식에서도 나타나듯, 복음서와 사도행전은 많은 역사적 정보들을 담고 있는데, 복음서는 그리스도의 삶과 사역에 초점을 맞추고 있고 사도행전은 교회의 기원과 초기 성장 과정에 초점을 맞추고 있다. 21개의 서신서는 그리스도의 위격과 사역을 해석하고 그분의 가

신약의 배열과 장르

	복음서	역사서	서신서(21권)	묵시서
책	마태복음 마가복음 누가복음 요한복음	사도행전	바울서신: 로마서, 고린도전후서, 갈라디아서, 에베소서, 빌립보서, 골로새서, 데살로니가전후서, 디모데전후서, 디도서, 빌레몬서 공동서신: 히브리서(저자 미상), 야고보서(예수님의 형제 야고보), 베드로전서(베드로), 요한일이삼서(요한), 유다서(예수님의 이복 형제 유다)	요한계시록
장르	역사, 전기, 신학이 뒤섞임 '복음'이란 단어는 좋은 소식이란 의미의 '에반겔리온'에서 나옴	역사, 전기, 신학이 뒤섞임 그리스도 부활 이후 초대교회 역사를 기록. 미완성인 채로 끝남	문학적이고 개인적인 요소가 뒤섞임	묵시가 주를 이루며, 예언, 편지가 결합됨 열어보임, 드러냄, 계시 등으로 번역되는 '아포칼립시스'란 제목이 붙음. 감춰진 정보가 드러난다는 의미
초점	그리스도의 삶과 사역	교회의 기원과 초기 성장과정	그리스도의 위격과 사역 해석 및 가르침 적용	예언과 묵시
그리스도 중심성	그리스도가 역사 속에서 현현하신 사실들을 기록	그리스도를 전파하는 내용을 기록	그리스도에 대한 해석을 기록	그리스도 안에서 만물이 완성될 것을 기록

구약과의 비교점	율법서 율법서가 구약의 근본 계시를 제공하듯럼 사복음서가 신약의 근본 계시를 제공함	역사서 구약의 역사서가 이스라엘의 경험을 기록하듯 사도행전이 초대 교회의 경험을 기록함	예언서 구약 예언서가 모세오경과 그 외 책을 해석하듯 신약 서신서가 복음의 메시지를 해석함	다니엘서 장래에 대한 묵시와 예언

르침을 적용한다. 바울은 적어도 13개의 서신서를 썼으며, 나머지 서신서는 베드로, 요한, 예수님의 형제 야고보, 예수님의 이복 형제 유다가 썼다. 히브리서의 경우만 예외적으로 저자가 알려져 있지 않다.

앞서도 말했듯, 계시록은 예언과 묵시를 담은 책으로 간주된다. S. W. 크로포드는 이렇게 말한다. "묵시문학은 내러티브 형식을 갖춘 계시 문학의 한 장르다. 여기서 계시는 이 세상에 속하지 않은 존재에 의해 인간에게 전달되며, 일시적이면서도 한편으로 초자연적 세계에 속한 초월적인 실체에 대해 이야기하고 보여준다."[7] 묵시 글에는 환상, 상징, 앞날을 내다보는 사람, 이 세상에 속하지 않은 중재자들이 등장하고, 땅에 속한 인간의 영역보다 거대한 우주적인 사건들을 강조하며, 종종 다수의 천사와 귀신이 등장한다.[8]

노먼 가이슬러는 다양한 장르를 갖춘 신약성경의 여러 부분들이 일관되게 그리스도 중심적임을 다음과 정리해 준다. "복음서는 그리스도가 역사 속에서 현현하신 사실들을 기록하고, 사도행전은 그리스도를 전파하는 것과 관련되어 있으며, 서신서들은 그리스도를 해석하는 데 집중하고, 계시록은 만물이 그리스도 안에서 완성될 것임을 보여준다."[9]

학자들은 신약과 구약이 서로 유사한 구조를 갖추고 있음을 본다. 구약학자 제이슨 드루치는 신구약성경 모두 내러티브 단원으로 시작해 그 내러티브에 대한 주석으로 이어지다가 또다른 내러티브 단원으로 마무리된다고 보았다.[10] 노먼 가이슬러는 이렇게 말한다. "구약의 예언서와 율법서의 관계는 신약의 서신서와 복음서의 관계와 같다. 두 경우 모두 후자가 전자의 기초 위에 세워진 구조물이다."[11]

학자들이 발견한 또 다른 유사성은, 신약이 사복음서로 시작하면서 예수님의 삶을 전기적으로 보여주는 것처럼 구약의 처음 5권(율법서)도 모세를 중심으로 흘러간다는 것이다.[12] 다른 학자들은 구약의 율법서가 구약의 근본적인 계시를 제공하는 것처럼 복음서가 신약의 근본적인 계시를 제공한다는 데 주목한다.[13] 사도행전은 초대 교회의 경험을 기록한 역사서이며 이는 구약의 역사서와 견줄 만하다. 신약 서신서들이 일반적으로 복음의 메시지를 해석하며 교훈적이고 신학적인 것처럼 구약 예언서들은 모세오경과 그 외 다른 구약 책들을 해석한다. 계시록은 묵시서로 구약의 다니엘서와 비교하는 사람들이 있다. 신약 책에서 시편과 견줄 만한 것은 없지만, 신약 전반에 걸쳐 시와 찬송이 나온다. 또 신약에는 잠언, 욥기와 같은 구약의 지혜서들이 없지만 어떤 이들은 야고보서가 지혜문학이라고 믿는다.[14]

지금까지 신약을 크게 네 범주로(복음서, 사도행전, 서신서, 묵시서) 분류해 보았는데, 이제 하나씩 살펴보자.

복음서

복음서는 역사, 전기, 신학이 뒤섞인 독특한 장르의 책이다. 복음gospel이라는 단어는 '좋은 소식'good news이라는 뜻의 그리스어 '에반겔리

온'evangelion에서 나왔다. 그리스인들과 로마인들은 새 황제의 즉위식 같은 소식을 전하면서 이 단어를 사용했다.[15] 바울은 예수님의 탄생과 삶과 죽음과 부활을 의미하는 뜻으로 자신의 편지 곳곳에서 이 단어를 사용하고 있다(참조. 롬 1:1-4, 16; 고전 15:1; 고후 2:12).[16]

구약 저자들도 야훼 하나님이 자기 백성을 구하러 오실 것임을 선포하기 위해 '좋은 소식'이라는 개념을 사용했다.[17] 이사야는 다음과 같이 말한다. "아름다운 소식good news을 시온에 전하는 자여 너는 높은 산에 오르라. 아름다운 소식을 예루살렘에 전하는 자여 너는 힘써 소리를 높이라. 두려워하지 말고 소리를 높여 유다의 성읍들에게 이르기를 너희의 하나님을 보라 하라"(사 40:9). 이사야 선지자는 52장에서 이 개념을 다시 한번 언급한다. "좋은 소식good news을 전하며 평화를 공포하며 복된 좋은 소식을 가져오며 구원을 공포하며 시온을 향하여 이르기를 '네 하나님이 통치하신다' 하는 자의 산을 넘는 발이 어찌 그리 아름다운가"(사 52:7). 이사야는 60장과 61장에서도 이 개념을 다시금 반복하는데, 특히 61장은 예수님이 나사렛 회당에 들어가 말씀을 전하시기 직전에 읽으신 말씀이다. "주의 성령이 내게 임하셨으니 이는 가난한 자에게 복음good news을 전하게 하시려고 내게 기름을 부으시고 나를 보내사 포로 된 자에게 자유를, 눈 먼 자에게 다시 보게 함을 전파하며 눌린 자를 자유롭게 하고"(눅 4:18).

비록 유대인들이 기대하던 메시아의 모습은 그것과 달랐지만, 그들도 메시아가 오는 것을 '좋은 소식'으로 여겼고 신약의 독자들은 나중에 가서야 이사야의 말씀과 예수 그리스도의 복음이 서로 연결돼 있음을 볼 수 있었다. 나사렛에서 공생애를 시작하실 때, 예수님은 좋은 소식이 임했고 그것이 자신 안에서 구현되었다고 선포하신다. 그에 따라 초대 교회는 복음의 메시지와 그 소식을 전하는 자를 동일시하게 된다. 즉 약속된 메시아인 예수님이 곧 복음이라고 받아들인다.[18] 마가는 복음서를 시작하면서 이 개념을 강조한다. "하나님의 아들 예수 그리스도의 복음의 시작이라"(막 1:1). 그렇게 해서 예수님의 삶과 구원의 메시지를 전하는 네 권의 책이 각각 마태, 마가, 누가, 요한의 '복음'서로 불리게 되었다.[19]

신약 책들의 장르가 무엇인지 알면, 그 책들이 전하는 메시지가 명확해지고 그 책들을 읽던 1세기의 독자들이 어떻게 받아들였을지를 상상하는 데 도움이 된다. 그러나 학자들은 복음서가 어떤 장르인지 또는 어떤 장르들의 조합인지를 파악하는 데 애를 먹는다. 많은 사람들이 복음서를 다양한 양식의 고대 문헌들과 비교하곤 하는데, 가장 주목할 만한 것이 플루타르크, 수에토니우스, 필로스트라투스, 그리고 디오게네스의 작품들이다.[20] 그 중에서도 한 사람을 꼽으라면 플루타르크(주후 46-120)라는 그리스인인데, 유명한 로마인들과 그리스인들의 전기를 썼다. 알렉산드로스 대왕의 전기를 쓰면서 플루타르크는 이렇게 말한다.

> 알렉산드로스 대왕과 카이사르의 생애를 써 나가기 위해서는 한 가지 기억해 두어야 할 것이 있다. 그것은 내가 이들의 생애를 살펴보는 동안, 두 영웅이 이룩해 놓은 업적과 세상 구석구석까지 뻗어 있는 그들의 발자취를 하나도 빼놓지 않고 자세하게 기록하려 하기보다는, 차라리 가장 기념할 만한 부분들만을 정리하는 태도를 취하겠다는 것이다. 그러므로 이 글을 읽는 사람들은 그의 공적에 대해 자세히 적지 않고 몇 가지 빠트린 점이 있다고 해도 그것을 허물로 생각하지 말았으

면 한다.

내가 글을 쓰는 것은 전기를 쓰려는 데 목적이 있는 것이지 역사를 기록하기 위함이 아니다. 전기를 쓰는 작가의 입장에서 보면, 반드시 위대한 업적이나 큰 전쟁에서만 그 인물의 사람됨을 읽을 수 있는 것은 아니다. 오히려 어떤 우연한 사건이나 사소한 말 한 마디나 농담들이 그가 벌였던 피비린내 나는 전투나 막강한 군사력, 또는 성을 점령한 유명한 사건들보다 더 소상히 그의 성품과 성향을 드러내 주기 때문이다. 그런 이유로 초상화를 그리는 사람들도 다른 부분보다 대상의 작은 얼굴 묘사에 온 정성을 쏟는 것이다. 때문에 나는 그 사람의 마음의 움직임을 드러낼 수 있는 행위와 행적을 자세하게 다루어 그 생애에 대한 초상화를 그리는 것을 본분으로 삼고, 그 밖의 위대한 업적이나 큰 전투의 승리들은 역사가들의 몫으로 남겨 두려 한다.[21]

분명히 플루타르크는 사건 중심이 아닌 위대한 인물의 삶 중심으로 전기문을 쓰려고 했다. 스티브 월튼과 데이빗 웬함은 학자들이 복음서를 전기문이 아니라고 주장해 왔음에 주목하는데, 그 이유는 주로 오늘날의 전기문과 비교했기 때문이다. 오늘날의 전기문은 주인공의 삶을 태어나서부터 죽을 때까지 포괄적으로 다룬다.[22] 그러나 고대의 전기문들은 달랐다. 복음서도 그런 점에서 고대의 전기문과 유사하다. 복음서는 예수님의 어린 시절은 거의 다루지 않는다. 탄생 이야기와 예수님이 열두 살 무렵 일어났던 사건만 짧게 다루고 있다. 그러면서 예수님의 공생애 사역 3년, 그것도 마지막 일주일에 집중하고 있다. 그것에 더해 복음서 저자들은 지중해 연안에 거주하던 다양한 독자들에게 익숙한 문학 형태로 그리스도의 삶을 기술했다.[23]

그럼에도 복음서와 고대의 전기문 사이에는 중요한 차이점들이 존재한다. 월튼과 웬함은 초기 그리스도인들이 예수님을 그저 단순히 기억한 것이 아니라고 설명한다. 즉 그들은 "성령에 의해 예수님을 지금도 살아 계시고 함께하시는 분으로 경험했다."[24] 월튼과 웬함은 그런 점에서 복음서가 "전기문이라기보다 예수님에 관한 교회의 증언"이라고 주장한다.[25] 복음서가 특별한 이유가 또 하나 있는데, 그 책들이 예수님의 마지막 날들, 그분의 죽음 및 부활을 강조하고 있기 때문이다. 특히 마가복음이 더욱 그러한데 책의 절반 이상을 이 주제들에 할애하고 있다. 복음서들은 고대 전기문과 유사한 부분이 있고 중요한 역사적 사실들을 포함하고 있긴 하지만, 한결같이 예수 그리스도의 삶과 죽음, 부활, 승천에서 드러난 하나님으로부터 온 "좋은 소식"을 선포하고 있다는 점에서 기존의 문학 형식과 현격한 차이를 보인다.[26]

물론 복음서들은 역사에 바탕을 두고 있다. 복음서 저자들이 그들이 실제로 일어났다고 기록한 사건들을 믿지 않았다면 그에 관한 기사를 쓰지 않았을 것이고 또한 그 좋은 소식을 전하려 한다는 이유로 생명의 위협을 무릅쓰지도 않았을 것이다. 그들이 예수님과 함께 지내고 예수님의 기적과 죽음과 부활 및 승천을 직접 목격하지 않았다면 혹은 증인들에게서 직접 그 일들에 대해 들은 것이 아니라면, 굳이 그 이야기를 보존하고 전하려 애쓰지 않았을 것이다. 그들은 일어난 일을 정확하게 전하고 예수님의 말을 정확히 전하는 데 무척 애를 썼는데, 그분의 행적과 가르침이 우리의 영원한 운명에 중대한 영향을 미치기 때문이었다. 2장에서 보았듯, 신약 저자들은 자신들이 전하는 메시지를 상세히 연구하고 해석하고 기록하는 데 고도의 집중력을 발휘했고, 우리가 그들의 진정성과 역사적 신뢰성을 믿는 것을 중요하게 여졌다. 예를 들어 누가는 그가 기록한 내용이 "확실한 사실임을"(눅 1:4, 새번역) 우리가 알기 원했다.

복음서는 또한 신학적이다. 하나님의 감동하심을 입은 복음서 저자들이 예수 그리스도를 '이 땅에 나타난 하나님의 구원'이라는 좋은 소식으로 인정하고 열방에 전하고자 결심하지 않았다면 복음서는 쓰이지 않았을 것이다. 복음서는 하나님의 구원 역사의 정점, 곧 구속이라는 성경 내러티브의 핵심에 대해 전한다. 그러나 복음서의 신학적 영향력에도 불구하고 복음서를 기록한 이들의 신학적 한계 또한 주목할 만하다. 그들은 자기가 기록한 역사적 사건들에 담긴 신학적 의미를 거의 설명하지 않는다. 요한만이 다른 저자보다 조금 더 설명할 뿐이다. 복음서 저자들은 역사적 사건들을 충실히 기록하고 있지만 그 역사가 갖는 함의는 대부분 서신서들의 몫으로 남겨둔다. 이 점이 그들에게 역사적 신뢰성을 부여한다. 만일 그들이 역사적 사건들을 가공해 냈다면 그것들의 신뢰성을 변론하기 위해 무엇이든 썼을 것이기 때문이다.[27]

마지막으로 복음서는 변증서의 요소를 포함하고 있는데, 특히 요한복음이 그렇다. 요한의 주장을 읽으면 분명하게 드러난다. "예수께서 제자들 앞에서 이 책에 기록되지 아니한 다른 표적도 많이 행하셨으나 오직 이것을 기록함은 너희로 예수께서 하나님의 아들 그리스도이심을 믿게 하려 함이요 또 너희로 믿고 그 이름을 힘입어 생명을 얻게 하려 함이니라"(요 20:30-31).

복음서의 장르에 대한 학자들의 의견이 분분하지만, 복음서에 여러 장르가 뒤섞여 있다는 데는 대부분이 동의한다. 윌리엄 클라인 교수는 복음서를 예수님의 삶과 사역을 기술한 것으로 보아야 한다고 주장한다. "복음서는 실제로 일어난 일을 기록하고 있긴 하지만 단순히 역사라고만 할 수 없다. 복음서는 단순히 전기문이라 할 수 없고…예수님(의 삶)에 대한 좋은 소식을 전하며…타락한 인간을 구속하기 위한 하나님의 계획에서 예수님의 권위와 중요성을 말하기 위해 쓰였다. 그러므로 복음서는 신학적 전기문이다."[28] 로버트 귤리히도 이와 비슷하게 다음과 같이 말한다. "형식면에서 보면, 복음서는 중요한 인물의 공생애와 가르침에 관한 내러티브 기록으로 성경 속에 전통적인 형태로 신중하게 배치되어 있다…자료면에서 보면, 성경 속에 담긴 하나님의 약속들의 성취를 위해 하나님이 예수님의 삶과 죽음과 부활이라는 사건들 속에서 일하고 계신다는 메시지로 구성되어 있다."[29]

복음서가 매우 고유한 장르인 것은, 다양한 여러 장르적 요소들을 담고 있기 때문이 아니라 매우 특별한 사건, 즉 하나님의 아들이 인류 역사 속으로 들어오신 것을 기록하고 있기 때문이다.

사도행전

사도행전은 그리스도의 부활 이후 초대 교회의 역사를 기록한 책이며, 누가의 복음서로 시작하는 두 권짜리 책의 두 번째 부분이기도 하다. 저자인 누가는 다음과 같은 증언으로 사도행전을 시작한다. "데오빌로여, 내가 먼저 쓴 글에는 무릇 예수께서 행하시며 가르치시기를 시작하심부터 그가 택하신 사도들에게 성령으로 명하시고 승천하신 날까지의 일을 기록하였노라"(행 1:1-2). 여기서 누가는 자기가 전하려는 이야기의 다음 부분을 시작하겠다 하고, 실제로 그렇게 한다.[30]

사도행전은 구약의 유대교에서 신약의 교회 시대로 이어지는 전환기를 다룬다.[31] 사도행전은 기존에 따르던 유대교에서 어떻게 기독교라는 종교로 넘어가야 하는지, 유대교의 어떤 부분은 남겨두어야 하는지를 고민하는 새로운 그리스도인들을 보여준다. 사도행전은 일차적으로는 역사서로 간주되긴 하지만, 단순히 역사만 기록한 것은 아니다. 벤 위더링턴의 주장에 따르면 사도행전이 고대의 역사서들과 다른 점이 있는데, 대부분은 정치적이거나 군사적인 역사에 초점을 맞추기 때문이다. 사도행전은 오히려 "로마 제국 내 특정 집단이나 하위문화 속의 사회적, 종교적 역사"[32]에 관심을 기울인다. 사도행전이 초대교회 역사를 다루긴 하지만 교회의 성장 과정 전체 역사를 다루기보다, 누가가 개인적으로 잘 아는 사건들이나 그가 직접 살펴본 사건들만 다루고 있다. 예를 들어 스피로스 조디에이츠와 워렌 베이커는 누가가 "복음이 어떻게 팔레스타인 동쪽과 남쪽으로 퍼져나갔는지 기록하지 않으며 또 왜 바울이 도착하기 전에 다메섹에 이미 믿는 자들이 있었는지 기록하지 않는다"고 말한다. 반면 누가는 중요한 복음전도자들, 특히 누가의 영웅인 바울의 삶과 사역에 대해 충분한 정보를 제공하며,[33] 나아가 "기독교의 복음 증거의 관심 대상이 유대인에서 이방인으로 옮겨가는 과정을 충분히 보여준다."[34]

사도행전이 전하던 부분적인 역사는, 바울이 2년 동안 가택연금 상태에 있으면서도 방해 없이 담대하게 계속 복음을 전했다고 기록하며 갑작스럽게 끝이 난다(행 28:30-31).[35] 레이 스테드먼 목사는 사도행전이 일부러 미완성으로 끝나는 이유는 성령이 그렇게 의도하셨기 때문이라고 주장한다. 왜 그랬을까? 다음과 같이 이유를 말한다. "왜냐하면 사도행전은 계속해서 써지고 있기 때문이다…예수님이 아직 다

끝내지 않으셨다. 예수님은 복음서의 기록대로 인간의 몸을 입고 사역을 시작하셨다. 예수님은 지금 사도행전의 역사 속에서 교회의 옷을 입고 계신다. 그분은 오늘날 우리와 지구상의 모든 믿는 자들을 통해 계속 사역하고 계신다." 하지만 언젠가는 이 사역이 완성될 것이고 우리는 그 위대한 이야기 속에서 무슨 역할을 감당해야 하는지 스스로 질문해야 한다.[36]

사도행전에는 바울에 대한 전기적 정보들이 담겨 있다. 그러나 누가는 바울과 그의 사역에 지대한 관심을 보인 것과 마찬가지로, 교회의 성장 과정과 교회가 전한 메시지에도 큰 관심을 기울인다.[37] 심지어 사도행전 마지막 몇 장에서 누가는 바울의 마지막 운명에 초점을 맞추기보다 바울이 줄곧 선포하던 "하나님 나라와 주 예수 그리스도에 관한 가르침"에 더 집중한다. 데이빗 피터슨은 이렇게 말한다. "사도행전 28장은 누가가 복음서를 쓴 목적이 무엇인지 분명하게 적시한다. 또한 그의 관심은 엄격한 전기물이 아니라 신학적이고 역사적인 기록을 남기는 데 있었음을 보여준다."[38]

복음서와 마찬가지로 사도행전도 어느 한 장르로 분류되기보다 여러 장르의 융합으로 보인다. 윌리엄 클라인은 사도행전이 역사를 말하긴 하지만 역사 그 자체보다는 심오한 신학적 메시지를 담고 있다고 말한다. 복음서가 사람의 모습으로 나타나신 예수님의 사역을 기록하고 있다면, 사도행전은 성령을 통해 예수님의 사역이 인간 대행자들 특히 바울과 베드로를 통해 계속되고 있음을 기록한다. 복음서는 신학적 전기문으로 분류될 수 있는 반면 사도행전은 신학적 역사서로 볼 수 있다.[39] 더불어 누가는 사도행전을 하나의 변증서, 즉 복음의 메시지의 진실성을 사람들에게 납득시키고 그 메시지에 믿음으로 반응하도록 하기 위한 변증서로 기록했다.

논리적 전개는 복음서에서 사도행전으로 흘러간다. 복음서는 우리를 위해 수모를 당하시고 고난 당하신 그리스도를 보여주는 반면 사도행전은 죽음을 이기시고 성령을 통해 자신의 교회를 출범시키시며 복음을 전파하시는 존귀한 그리스도의 사역을 보여준다.[40] 복음서에서 예수님은 이 땅에 오셔서 인간의 몸을 입으신다. 사도행전에서는 성령이 다른 종류의 인간의 몸, 즉 교회를 입으신다.[41] 사도행전은 복음서와 서신서를 이어주는 다리 역할을 한다. 거의 모든 바울 서신에 대한 역사적 배경을 제공하고 어떤 맥락에서 바울이 그 편지들을 썼는지 알려준다.

서신서

그레코 로만 세계에서 편지는 가장 흔한 의사소통 수단이었다. 많은 사람에게 읽힐 목적으로 쓰인 유려한 필체의 편지에서부터 짧고 일상적이고 개인적인 쪽지에 이르기까지 다양했다. 신약 서신서들은 문학적이면서도 개인적인 요소를 복합적으로 가지고 있다. 신약 저자들이 친밀하지만 멀리 떨어져 있는 사람들에게 자신의 메시지를 전달하는 데 편지는 아주 유용한 의사소통 수단이었다. 사도들은 편지를 통해 멀리 떨어져 있는 목회자들을 도울 수 있었고[42] 또한 선교 편지는 교회 성장에 힘을 더하는 역할도 했다.[43]

복음서는 '인간들 사이에' 거하시는 그리스도의 삶을 다루는 반면, 서신서들은 (사도행전과 마찬가지로) 하나님의 성령이 부어지고 그리스도가 믿는 자들의 '마음 가운데' 거하시는 그 이후 시기에 대해 말한다. 서신서들은 믿는 자들과 교회가 "그리스도 안에" 있다고 반복해서 강조한다. 신학자 루이스 벌코프는 다음과 같이 선언한다. "서신서들은 모든 나라와 족속의 믿는 자들에게 그리스도의 사역이 어떤 의미를 갖는지 분명히 알려주고, 그분의 경험이 모든 믿는 자의 삶 속에도 동일하게 경험된다는 것을 보여준다…새 생명이 어디서 왔고, 어떻게 새 생명을 얻을 수 있는지, 새 생명이란 무엇인지, 새 생명은 계속해서 전파되어 함께 누릴 수 있는 특성이 있다는 것과 새 생명이 마지막에 완성되어 영광을 누리게 될 것에 대해 서신서에 다 분명하게 나와 있다."[44]

21개의 서신서 중에 처음 13개(로마서에서 빌레몬서까지)는 바울서신이라 불리는데 바울이 썼다고 대부분 믿기 때문이다. 그 다음 8개(히브리서에서 유다서까지)는 일반서신 혹은 때로 공동서신이라 불린다.[45] 이는 특정 개인이나 교회에 보낸 바울 서신과는 달리, 일반적이거나 불특정 대상에게 쓴 편지들이기 때문이다.[46] 그렇다고 엄격하게 구분지을 필요는 없다. 일반서신 중 (요한이서와 요한삼서처럼) 몇 개는 개인에게 쓴 편지다.[47] 또 바울서신의 경우에도 꼭 이름이 거론된 사람들만 읽으라고 쓰인 것은 아니다. 로마서처럼 몇몇 서신들은 교회들을 위해 쓰였고, 빌레몬서처럼 좀 더 개인적인 편지들도 있다. 2장에서 보았듯, 다른 편지들도 이와 경우가 비슷하다. 시작할 때 특정 인물의 이름을 거론하지만, 대부분 교회 안에서 서로 회람하도록 쓴 것들이다(약 1:1; 벧전 1:1; 골 4:16; 계 1:4).[48] 아마도 이런 이유에서 어떤 학자들은 서신서를 바울서신과 그밖의 것들로 구분한다. 그러나 저자들이 어떤 대상을 염두에 두고 편지를 썼든 하나님은 모든 서신서들을 전 세계 모든 사람, 모든 세대를 막론하여 더불어 읽게 하셨다.

서신서들은 대개 일정한 형식을 따르고 있다. 먼저 인사말로 시작하는데, 보내는 사람이 누구인지 밝히고 받는 자에게 인사하고 감사나 축복의 말을 전한다. 그 다음에 본론이 나오는데 교리적 문제를 다루기도 하고 도덕적 교훈을 제공하기도 하다. 마지막으로 대개는 작별인사를 하거나 하나님의 축복을 빌거나 송영으로 끝을 맺는다.[49]

계시록

계시록은 신약 책들 중에서 고유한 장르로 분류된다. "열어 보임", "드러냄", "계시" 등으로 번역되는 그리스어 아포칼립시스Apokalypsis라는 제목이 붙어 있는데, 이는 감춰져 있던 정보가 드러난다는 의미다.[50] 모든 성경이 인류를 위한 하나님의 구속 계획에 관한 책이라면, 계시록은 창세기에서 묘사된 바 타락한 인간의 구원을 하나님이 어떻게 완성하실지에 대한 큰그림을 그리고 있다. 이것이 계시록이 신약 맨 마지막에 나오는 이유다.[51] 계시록은 전능하신 하나님이 그분의 모든 약속들을 성취하실 뿐 아니라 예수 그리스도를 믿는 모든 자들이 새 하늘과 새 땅에서 그분과 영원히 함께 살 것임을 확언한다.[52] 묵시적 특징을 갖고 있는 구약의 다니엘서도 다니엘 시대부터 그리스도 초림(성육신)까지의 시기에 일어날 구체적인 예언들을 제공하고, 환난과 그리스도의 재림, 그리스도의 지상 통치에 대해서도 언급한다. 계시록은 이런 예언들을 부연하면서도 종말에 일어날 사건들과 역사의 종결에 대해 보다 자세한 설명을 제공한다.[53]

계시록은 적어도 세 개의 문학 장르가 결합되어 있다. 묵시, 예언, 그리고 편지다.[54] 그러나 대개의 성경학자들은 묵시문학으로 분류한다. 묵시적 특성을 갖춘 저술들은 신약 시대 독자들에게 익숙했다. 리랜드 라이큰은 묵시 저술들을 "우리를 여기 이 세상에서 다른 세상으로 이동시키는 환상이 가득한 작품"이라고 묘사한다.[55] 묵시 저술에는 수많은 특징들이 있는데, 그런 모든 특징들이 계시록에서 나타난다. 한 예로 이원론적인 특징이 있어서 세상을 선악의 관점에서 바라본다. 또 종말론적인 특징이 있어서 장래(거의 마지막 때)에 일어날 사건들과 관련된 의미들을 담고 있다. 더불어 초자연적인 세계 혹은 시간에 매인 우리로부터 초월해 있는 세계를 황홀한 환상으로 보여준다.[56]

계시록은 메시아의 사역에 초점을 맞추고, 천사와 마귀를 눈에 띄게 등장시키며, 동물들을 상징으로 활용한다. 계시록에는 환상적인 이미지들이 들어 있는데 독자로 하여금 눈에 보이지 않는 초자연적 전투가 선과 악의 세력 사이에서 계속해서 벌어지고 있음을 알게 해준다.[57] 사도 바울이 에베소 교인들에게 "끝으로 너희가 주 안에서와 그 힘의 능력으로 강건하여지고 마귀의 간계를 능히 대적하기 위하여 하나님의 전신 갑주를 입으라. 우리의 씨름은 혈과 육을 상대하는 것이 아니요 통치자들과 권세들과 이 어둠의 세상 주관자들과 하늘에 있는 악의 영들을 상대함이라"(엡 6:10-12)고 명령할 때 이런 영적 전투를 지적한 것이다. 계시록의 저자가 해당 서신을 예언이라 표현한 것(1:3; 22:6-7, 10)과 관련해, 그레고리 빌은 묵시적 저술을 일종의 '심화된' 예언이라고 말한다. 그 이유는 "묵시 저술 안에 예언에서 보이는 문학적이고 주제적인 특징들이 더욱 심화되고 집약되어 무더기로 나타나기 때문이다."[58] 무엇보다 계시록은 제일 첫 줄에서 "묵시" 혹은 "계시"라는 단어를 사용한다. "예수 그리스도의 계시라. 이는 하나님이 그에게 주사 반드시 속히 일어날 일들을 그 종들에게 보이시려고 그의 천사를 그 종 요한에게 보내어 알게 하신 것이라"(계 1:1).

요한이 아시아에 있는 일곱 교회들에 보낸 편지인 계시록은(1:4) 서신서의 형태를 띠고 있고 하나님의 은혜를 구하는 축복 기도로 끝맺는다(22:21). 신약의 많은 서신서들과 마찬가지로 계시록은 교회 안에서 일어난 문제들을 지적한다. 빌은 계시록의 장르를 설명하면서 이렇게 쓰고 있다. "가장 바람직한 견해는 계시록은 묵시 형태를 띤 예언이고 편지의 형식으로 쓰였다는 것이다. 이렇게 한 이유는 독자들이 이 책이 전하는 초월적 현실이라는 차원에 비추어 그들의 행동을 변화시키도록 자극하기 위해서였다."[59] 램지 마이클스는 계시록이 여러 장르의 조합임을 인정하면서, 계시록에 나타난 각 장르의 독특성을 강조한다. 마이클스는 다음과 같이 쓰고 있다. "계시록이 편지라면, 우리가 갖고 있는 초기 그리스도인들의 어떤 편지와도 같지 않다. 만일 묵시 글이라면 다른 어떤 묵시 글들과도 같지 않다. 예언이라면 가장 독특한 예언이라 할 수 있다."[60]

성경 계시의 정점이라 할 수 있는 계시록은 세상 역사의 마지막 장을 그리고 있다. 그것은 (타락으로 시작했다가 하나님의 구속 약속이 이어지고, 하나님의 약속의 성취로 말미암은 영원한 구원과 임재로 마무리되는) 인류 이야기에 가장 잘 들어맞는 결말이다.

어떤 이들은 신약 책들의 순서가 섭리적으로 정해진 것이라 믿는다. 이것이 맞는지는 모르겠지만 설득력 있게 들린다. 윌리엄 맥도널드는 신약이 그리스도의 탄생으로 시작하여 교회의 성장 과정을 보여주고, 그런 다음 교회에 필요한 교훈들을 말하고 마지막으로 교회와 세상의 미래를 보여주는 순서로 되어 있다는 점을 지적하며, 교회에 가장 적절한 방식으로 배열되어 있다고 말한다.[61]

시들로우 백스터 목사는 신약의 구조를 문학적 아치형 구조물에 비교한다. "27권의 책들은 하나님께서 세우신 멋진 아치형 구조물로 그곳을 통과하는 독자들을 구원의 진리로 인도하고, 하나님을 아는 진정한 지식으로 이끌며, 영원한 복락으로 안내한다." 하나님께서 초자연적으로 영감을 주셔서 이 책들을 쓰게 하시고 2천 년이 지나도록 보존하셨다고 생각하면, 이 순서로 정경 안에 배열되도록 의도하셨다고 말하는 것은 완벽하게 말이 된다.[62]

처음 5권(사복음서와 사도행전)은 핵심적인 역사적 정보들을 제공하며 나머지 다른 책들의 기초가 된다. 그 다음에 이어지는 서신서들은 다음과 같이 세 범주로 나눌 수 있다.

1) 바울이 그리스도인들이 모인 특정 교회들에 쓴 9개의 서신. 주로 교리적이나 교훈적인 내용도 포함된다. 로마서, 고린도전후서, 갈라디아서, 에베소서, 빌립보서, 골로새서, 데살로니가전후서다.

2) 바울이 개인에게 쓴 4개의 목회서신. 디모데전후서, 디도서, 빌레몬서다.

3) 히브리 그리스도인들에게 쓴 9개의 서신. 히브리서, 야고보서,

베드로전후서, 요한일이삼서, 유다서, 그리고 (백스터가 서신서에 포함시킨) 계시록이다. 이 책들도 기독교적인 건 맞는데 "적용 측면에서는 매우 히브리적이다." 기독교의 교리적 사안들을 다루긴 하지만 엄밀히 말하면 그리스도인들의 교회에 보낸 게 아니다. 히브리서는 분명 히브리 민족을 염두에 둔 것이 분명하다. 야고보서도 마찬가지다. "하나님과 주 예수 그리스도의 종 야고보는 흩어져 있는 열두 지파에게 문안하노라"(약 1:1)고 시작하고 있기 때문이다. 베드로도 그의 첫 번째 편지에서 "흩어져서 사는 나그네들인, 택하심을 입은 이들"(벧전 1:1, 새번역)에게 편지한다고 말한다. 요한은 첫 번째 편지에서는 언급하지 않지만 두 번째, 세 번째 편지에서는 각각 유대인 개인들에게 편지를 쓰고 있음을 밝힌다. 그리고 편지에서 요한은 주의 종들이 주의 이름을 위하여 나가서 "이방인에게 아무 것도 받지 않은"(요삼 1:7) 일에 대해 말하

는데, 만일 요한이 이방인에게 이 편지를 쓰고 있다면 그런 말은 하지 않았을 것이다.[63]

백스터가 말하는 아치형 구조물에서, 복음서와 사도행전은 기초에 해당하고, 이중으로 나뉜 각각 9개의 서신서들은 옆 기둥에 해당하며 4개의 목회서신은 위에서 두 기둥을 연결하는 아치형 브릿지에 해당한다. 그 브릿지 맨 꼭대기에 해당하는 본문은 다음과 같다. "크도다 경건의 비밀이여, 그렇지 않다 하는 이 없도다. 그는 육신으로 나타난 바 되시고 영으로 의롭다 하심을 받으시고 천사들에게 보이시고 만국에서 전파되시고 세상에서 믿은 바 되시고 영광 가운데서 올려지셨느니라"(딤전 3:16).[64]

다른 구조적 유사성

백스터는 아치형으로 이루어진 신약의 구조물 각 부분에서 많은 유사성들을 관찰한다. 그 유사성은 하나의 그룹 안에서 그리고 여러 그룹 사이에서도 발견된다. 아치형 구조물의 양쪽 기둥을 형성하는, 각각 9개의 서신서로 이루어진 두 그룹은 공통적으로 교리를 다루는 서신으로 시작한다. 한쪽은 로마서, 또 다른 한쪽은 히브리서다. 또 두 그룹 모두 그리스도의 다시 오심과 "장차 올 것들"에 대한 계시로 끝을 맺는데 데살로니가전후서와 계시록이 그렇다. 로마서는 그리스도를 통한 구원을 '유일한'[only] 길이라고 가르치는 반면 히브리서는 더 좋은 희생제물이라는 의미에서 구원을 '더 좋은'[better] 길로 보여준다. 데살로니가전후서는 그리스도의 재림을 교회와 연결시켜 설명하고, 계시록

은 그리스도의 재림을 이스라엘 및 열방과 관련지어 보여준다.[65]

백스터는 아치형 구조물 비유에 한계가 있음을 인정한다. 신약성경의 구조가 역동적이어서 "정연하게 펼쳐지는 움직임"을 보이기 때문이다. 단순히 고정된 아치형 구조물 형태 그 이상이다. 그 안에는 모종의 발전 혹은 "교리적 진보"가 있고, 가르침 역시 일련의 진보를 보인다. 예를 들어 사복음서도 연대기순으로 배열된 것이 아니다. 저작 시기로도 그렇고 내용상으로도 그렇다. 마태복음에서 요한복음까지 내러티브가 죽 흘러가지 않는다. 배열된 순서대로 쓰인 것도 아니다. 서신서도 마찬가지다. 시간 순서대로 기록된 것이 아니지만 각각의 그룹별로 "계시되는 진리가 일관된 연속성"을 보인다.[66] 그 책들은 교리를 전달하기 용이하도록 최적으로 배열되어 있다.

공관복음으로도 불리는 처음 세 복음서는 그리스도의 위격과 사역이라는 '가시적' 측면들을 소개함으로써, "요한복음에서 더 없이 적절하게 그분을 맞이하도록 우리를 준비시킨다. 그리스도의 위격과 사역은 요한복음에서 '내적인' 신비이자 위엄으로 우리에게 해석되어 다가오기 때문이다." 백스터는 마태복음이 제일 앞에 배열된 이유로, 신약이 구약의 성취임을 보여줌으로써 구약과 신약을 연결시켜 주기 때문이라고 말한다. 더불어 마태복음의 내러티브는 유대인을 대상으로 하고 있는데, 그리스도가 바로 유대인 출신이셨다. 학자들은 마태복음이 신약의 맨 앞에 나오는 것은 복음서들 중 가장 유대적이고 가장 명확하게 구약과의 연결성을 제공하기 때문이라는 데 동의한다.[67] 에드가 굿스피드는 그의 책 『신약의 형성과정』에서 복음서가 가장 유대적인 것에서 가장 헬라적인 것의 순서로 배열되어 있다고 말한다.[68]

그 다음에 이어지는 마가복음과 누가복음은 마태복음보다는 유대적 삶 및 사상과 연관성이 조금 덜하다. 마가는 그리스도를 과거와 연결시켜 강조하기보다 "현재를 주관하시는 분"[69]으로 제시한다. 누가는 더 나아가 "모든 것을 아우르는 관점에서 구세주를 매우 현재적인 분으로, 그래서 이방인의 마음을 사로잡을 수 있는 분으로 제시한다."[70] 누가는 그리스도를 "인자"로 묘사하며, 자신의 책을 이방인 회심자들에게 바친다.

복음서들은 완전한 인간이신 그리스도가 인종이나 민족에 관계없이 모든 인류에게 나눠주시는 구원의 메시지를 보여준다. 복음서에서 이러한 일은 "유대인 마태에서, 유대인이자 이방인인 마가를 거쳐 이방인 누가에 의해" 발전적으로 이뤄지는데, 이것은 사도행전에 기록된 교회의 확장 양상과 일치한다. 여기서 복음은 먼저 유대인들에게 전파된 다음, 그 메시지가 로마 제국을 너머 모든 이방 세계에 다다를 때까지 확산된다.[71] 게다가 공관복음서는, 조금 더 신학적이면서도 가리키는 바가 직접적으로 드러나지 않는, (예수님이 하나님의 영원한 아들이라고 선언하는) 요한복음을 위한 완벽한 디딤돌이 되어준다.[72] 요한복음에 따르면 "이스라엘의 메시아가 곧 여호와 하나님이시다. 세상의 구원자가 바로 세상을 만드신 분이시다. 그분은 진리를 가르칠 뿐 아니라, 그분이 곧 진리시다. 그분이 생명을 나누어주시는 것은 그분이 곧 생명이시기 때문이다."[73] 케네스 O. 갱글은 다음과 같이 말한다. "신약에서 3개의 공관복음서에 뒤이어 배열된 요한복음은 예수님의 삶을 조금은 다른 방식으로 소개한다. 그분이 이땅에 사시면서 일어난 사건들보다는 그분이 전하신 메시지에 우선적으로 초점을 맞춘다."[74]

백스터는 공관복음서들이 교회와 신자들 사이에서 회람된 이후에 그리스도의 신성과 인성에 대해 의심하는 자들이 이단적 주장을 가르치기 시작하자 그 시점에 생존해 있던 요한이 자신의 복음서를 쓰게 된 것이 전적으로 하나님의 섭리에 따른 결과라고 주장한다. 그때는 마태, 마가 그리고 누가에 의해 역사적 사실들이 제대로 정립된 상황이었고, 세 복음서가 전하는 모든 기사들을 요한이 그리스도의 목격자요 사도된 "권위로 승인하고 해석하기에도" 너무 늦지 않은 시기였다. 다시 말해 그리스도에 대한 많은 의심들을 잠재우기에 알맞은 시기였다. 요한이 자신의 복음서에서 목격자로서 증언하는 내용은 자신의 첫 번째 서신에서 선포했던 내용이기도 하다. "태초부터 있는 생명의 말씀에 관하여는 우리가 들은 바요 눈으로 본 바요 자세히 보고 우리의 손으로 만진 바라. 이 생명이 나타내신 바 된지라. 이 영원한 생명을 우리가 보았고 증언하여 너희에게 전하노니 이는 아버지와 함께 계시다가 우리에게 나타내신 바 된 이시니라. 우리가 보고 들은 바를 너희에게도 전함은 너희로 우리와 사귐이 있게 하려 함이니 우리의 사귐은 아버지와 그의 아들 예수 그리스도와 더불어 누림이라"(요일 1:1-3). 마치 복음의 메시지가 교회와 신자들 사이에서 회람되다가 제대로 안착할 때까지 가만히 물러나 있었던 것마냥, 요한은 때가 되었을 때 다시 등장해 사도의 권위로 역사적 기사들을 다시 한번 추인하고 거기에 담긴 초월적인 의미들을 설명함으로, 교회로 하여금 인자이신 예수님이 곧 하나님이심을 확증하고 있는 것이다.

새 언약과 옛 언약

성경학자 폴 벤웨어는 신약의 구조를 새 언약이라는 관점에서 기술한다. 복음서는 그리스도의 완전한 삶, 권위 있는 가르침, 참된 기적들을 보여줌으로 예수님이 메시아이자 하나님의 아들이심을 증명한다. 희생제물이 되신 그분의 십자가 죽음이 새 언약 시대를 열어놓았음을 알리고, 이를 통한 구원의 방편을 죄인들에게 제공한다. 사도행전은 새 언약의 소식을 전파하는 초대 교회의 행적을 보여준다. 서신서는 새 언약의 백성으로서 어떻게 살아야 하는지에 대한 기독교적 교훈을 제공하고, 계시록은 "새 언약의 최종적이고 영광스러운 적용을 말한다." 그럼으로써 하나님이 모든 것을 통치하실 뿐 아니라 그분의 모든 약속을 성취하신다는 것을 우리에게 확신시켜 준다.[75]

새 언약이란 무엇인가? 『슬기로운 구약읽기』에서 하나님의 언약에 대해 상세히 설명한 바 있는데, 이런 언약들이 하나님이 인류 구원을 위해 일하시는 기반이 된다. 새 언약을 제대로 이해하려면 먼저 옛 언약을 알아야 하므로 여기서 옛 언약에 대해 간단히 살펴보겠다.

하나님은 시내산에서 모세에게 율법을 주시면서 이스라엘과 언약을 맺으신다. 이스라엘이 하나님의 말씀을 청종하고 그분의 언약을 지키면 모든 나라 중에서 하나님의 존귀한 소유가 되고, 제사장 나라요 거룩한 백성이 되리라는 약속이었다(출 19:4-6).[76] 우리는 이것을 '옛 언약'이라고 부른다. 또 '모세 언약' 혹은 '시내산 언약'으로도 부른다.[77] 하나님은 이스라엘을 위해 십계명뿐 아니라 도덕법, 시민법 그리고 의식법을 마련해 주신다. 랍비들은 모세오경에 613개의 구체적인 율법이 있다고 말한다.[78] 그러나 그 율법이 구원을 가져다 주지는 않는다. 존 맥아더 목사는 옛 언약을 가리켜 "그 안에는 구원을 가져다줄 수 있는 어떤 것도 없다"고 말한다.[79] 바울은 "만일 능히 살게 하는 율법을 주셨더라면 의가 반드시 율법으로 말미암았을 것"(갈 3:21)이며 그러면 그리스도는 헛되이 죽은 것이 된다고 말한다. 율법으로는 불가능하다. 의는 오직 믿음으로 말미암는다(갈 2:21; 히 7:11). 구원은 오직 믿음으로 말미암는다(엡 2:8-9).

피를 흘리는 희생 제사는 모세 율법에서 매우 중요한 요소다(레 17:11). 그 희생 제사가 사람들의 죄를 덮고 하나님과의 관계를 회복시키지만[80] 단번에 영구적으로 죄를 없애지는 못한다. 그래서 제사는 끊임없이 반복해서 드려야 한다. 히브리서 기자는 이렇게 말한다. "율법은 장차 올 좋은 일의 그림자일 뿐이요 참 형상이 아니므로 해마다 늘 드리는 같은 제사로는 나아오는 자들을 언제나 온전하게 할 수 없느니라. 그렇지 아니하면 섬기는 자들이 단번에 정결하게 되어 다시 죄를 깨닫는 일이 없으리니 어찌 제사 드리는 일을 그치지 아니하였으리요. 그러나 이 제사들에는 해마다 죄를 기억하게 하는 것이 있나니 이는 황소와 염소의 피가 능히 죄를 없이 하지 못함이라"(히 10:1-4). 다른 말로, 구약의 희생 제사는 그리스도가 영단번에 모든 사람을 위해 드리는 완전한 제사를 예표한다. 번 포이트리스는 이렇게 말한다. "그리스도는 모든 동물 제사가 고대하던 마지막 제물이시다."[81] 세례 요한은 이렇게 선포한다. "보라 세상 죄를 지고 가는 하나님의 어린 양이로다"(요 1:29). 구약의 모든 희생 제물은 참되고 완전한 어린 양이신 예수 그리스도를 가리키는 불완전한 상징물이었다(히 10:11-14).

옛 언약의 유효기간은 영구적이지 않고 다만 메시아가 오실 때까지이며, 메시아가 오시면 옛 언약은 새 언약으로 대체될 것이다(갈 3:19).[82] 하나님의 선지자들도 새 언약이 있을 것을 약속했다.[83] 예레미야가 처음으로 선포한다. "여호와의 말씀이니라. 보라, 날이 이르리니 내가 이스라엘 집과 유다 집에 새 언약을 맺으리라. 이 언약은 내가 그들의 조상들의 손을 잡고 애굽 땅에서 인도하여 내던 날에 맺은 것과 같지 아니할 것은…내가 나의 법을 그들의 속에 두며 그들의 마음에 기록하여…내가 그들의 악행을 사하고 다시는 그 죄를 기억하지 아니하리라. 여호와의 말씀이니라"(렘 31:31-34). 또 에스겔은 다음과 같이 새 언약의 내용을 반복하고 확장시킨다. "또 새 영을 너희 속에 두고 새 마음을 너희에게 주되 너희 육신에서 굳은 마음을 제거하고 부드러운 마음을 줄 것이며 또 내 영을 너희 속에 두어 너희로 내 율례를 행하게 하리니 너희가 내 규례를 지켜 행할지라"(겔 36:26-27).

바울은 옛 언약에 대해 이렇게 설명한다. "이같이 율법이 우리를 그리스도께로 인도하는 초등교사가 되어 우리로 하여금 믿음으로 말미암아 의롭다 함을 얻게 하려 함이라"(갈 3:24). 오직 그리스도가 흘리신 피만이 죄를 영구적으로 없애는 능력이 있다. 히브리서 기자는 이렇게 선포한다. "그가 거룩하게 된 자들을 한 번의 제사로 영원히 온전하게 하셨느니라"(히 10:14). 그리스도는 "새 언약의 중보자시니 이는 첫 언약 때에 범한 죄에서 속량하려고 죽으사 부르심을 입은 자로 하여금 영원한 기업의 약속을 얻게 하려 하심이라"(히 9:15). 예수님은 자신이 율법의 요구를 완전히 충족시켰다고 확언하신다(마 5:17-18).

새 언약은 옛 언약과 현저히 다르다. 새 언약은 이스라엘의 순종에 의존하지 않는다. 오히려 이스라엘의 순종 여부와 관계없이 무조건적이다. 하나님은 이 언약으로 옛 언약을 대체하시고, 옛 언약의 희생 제사 제도를 예수 그리스도의 보혈이라는 단 한 번의 완전하고 영구적인 희생 제사로 대체하신다. 새 언약은 믿는 자들에게 온전한 칭의와 용서를 약속하는데, 이로써 믿는 자들의 마음은 새로워지고 성령이 그들 안에 내주하실 것이다. 하나님이 예수 그리스도를 믿는 자들의 마음에 율법을 새기실 것이며 믿는 자들은 하나님의 임재 가운데로 즉각 나아갈 수 있다고 새 언약은 보증한다. 그리스도를 믿음으로, 믿는 자들은 예수님 안에서 영원한 생명을 받게 될 거라는 새 언약의 약속을 경험하게 된다.

새 언약은 그보다 앞서 체결된 구약 속 하나님의 언약이라는 측면에서 이해되어야 한다. 구약의 언약은, 인류의 구원이 인간의 행위를 통해서는 결코 이루어지지 않으며 오직 하나님의 은혜로 된다는 것을 분명히 한다. 하나님은 범죄한 아담과 하와로 인해 인류에게 (육체는 물론 영적으로도 죽음을 겪는) 형벌을 선포하시지만, 그와 동시에 인류에게 구원을 가져다 줄 한 구속자를 약속하신다(창 3:14-19). 신학자들은 이를 '아담 언약'이라 부른다. 하나님은 (사탄으로 대표되는) 뱀에게 이렇게 말씀하신다. "내가 너로 여자와 원수가 되게 하고 네 후손도 여자의 후손과 원수가 되게 하리니 여자의 후손은 네 머리를 상하게 할 것이요 너는 그의 발꿈치를 상하게 할 것이니라"(창 3:15).

신약이 이 성경 본문을 자세히 풀어 보여준다. 예수 그리스도는 (성령으로 잉태하여) 오직 여자에게서 난 유일한 자이므로 여자의 후손 혹은 씨가 되며, 그분은 사탄의 머리를 상하게 하실 (죽이실) 테지만 사탄은 그분의 발꿈치를 겨우 상하게 할 (치명타를 주지 못할) 것이다. 바울은 그리스도의 정체성을 여자의 후손으로 규정함으로써 이를 분명히 한다. "때가 차매 하나님이 그 아들을 보내사 여자에게서 나게 하시고 율법 아래에 나게 하신 것은 율법 아래에 있는 자들을 속량하시고 우리로 아들의 명분을 얻게 하려 하심이라"(갈 4:4-5). 그렇다. 사탄은 그리스도에게 고통을 주긴 하겠지만 단지 그리스도가 그것을 허락하시기 때문이다. 더 중요한 점은, 그리스도가 사탄에게 허락하신 이

고통을 가하는 행위 때문에, 오히려 그리스도가 사탄과 죄와 죽음을 멸하게 되신다는 점이다. 에덴에서 사탄의 유혹으로 말미암아 죄가 세상에 들어오고 하나님이 인간에게 죽음의 형벌을 내리시지만, 하나님은 그 아들 예수 그리스도의 희생적인 죽음으로 말미암아 그를 믿는 모든 사람을 구원하실 것을 즉시 약속하신다.

요한은 요한일서에서 이렇게 선포한다. "하나님의 아들이 나타나신 것은 마귀의 일을 멸하려 하심이라"(요일 3:8). 신학자들은 창세기 3장 15절에 나오는 인류를 구원하겠다는 하나님의 약속을 원시복음(원복음), 즉 최초의 복음 선포라고 말한다. 밀즈는 이렇게 말한다. "원시복음(3:15)은 (예수 그리스도의 죽음을 통한 구원이라는 하나님의 영구적인 목적을 우리에게 드러낸다는 점에서) 무엇보다 중요하며 죄가 인류에 처음 들어온 날을 알려준다. 창세기는 하나님의 구속 여정의 시작점을 분명하게 기록하고 있다."[84]

인간의 반역을 직면하고도 구원에 대한 첫 번째 약속을 베푸시는 이 장면에서 우리는 하나님의 영원하신 은혜를 목격한다. 미가 선지자는 공로없이 베푸시는 하나님의 은혜에 다음과 같은 감탄을 표현한다. "주와 같은 신이 어디 있으리이까! 주께서는 죄악과 그 기업에 남은 자의 허물을 사유하시며 인애를 기뻐하시므로 진노를 오래 품지 아니하시나이다"(미 7:18).[85]

아브라함 언약

모세와 언약을 맺기 오래 전, 하나님은 (나중에 아브라함이 될) 아브람을 그의 고향 땅에서 불러내 자신이 보여줄 땅으로 가라고 명하신다. 하나님은 아브람에게 그의 이름을 창대하게 하고, 큰 민족을 이루게 하며, 그를 축복하는 자를 축복하고 저주하는 자를 저주하겠다고 약속하신다. 하나님은 이렇게 선포하신다. "땅의 모든 족속이 너로 말미암아 복을 얻을 것이라"(창 12:1-3). 아브라함을 부르시는 이 사건은, 여자의 후손(그리스도)을 통해 사탄을 멸하겠다고 약속하신 (창세기 3장 15절의) 구원 역사가 본격적으로 출발하는 순간이라는 점에서 매우 중요한 의미가 있다.[86] 이어지는 창세기의 후속 본문들에서(12:1-4, 13:14-17; 15:1-7; 17:1-8; 22:17-18), 하나님은 12장 1-3절의 약속을 되풀이하실 뿐 아니라 거기에 더해 (아브라함과 그 자손들이 땅을 영구적으로 소유하게 될 것이고, 모든 민족이 아브라함을 통해 복을 얻게 되리라는 약속이 아브라함의 후손들을 통해 성취될 것이라는) 몇 가지 약속들을 주시면서 아브라함 언약을 공식화하신다.

아브라함을 통해 온 인류가 복을 얻게 되리라는 하나님의 약속은, (모든 믿는 자를 구원하기 위해) 하나님이 그 아들 메시아를 보내실 것임을 의미하기도 한다. 그러므로 창세기 3장 15절의 약속은 (하나님의 무조건적이고 영원한 약속인) 아브라함 언약과 하나의 짝을 이룬다. 이를 통해 하나님이 자격 없는 인간을 위해 구원의 방편을 제공하시는 은혜로운 분이심을 보여줄 뿐 아니라 이 구원이 그 아들의 중보하심으로 말미암아 실현될 것임을 분명히 보여준다. 아브라함 언약이 아담 언약의 확장판인 것처럼, 이후의 언약들도 하나님이 아브라함에게 주신 약속들을 발전시키고 확장시킨다.

(하나님 앞에서 어떻게 살아야 하는지 강조하는) 옛 언약과 (하나님의 무조건적인 은혜를 반영하는) 아브라함 언약 사이에 서로 충돌하는 지점은 없

다. 하나님이 은혜 구원과 행위 구원 사이를 왔다갔다 하시는 것이 아니다. 구원은 행위로 말미암지 않는다. 아브라함 언약 이후 오랜 시간이 지나서 (모세 시대에) 체결된 옛 언약은 아브라함 언약과 모순되지 않고 그것을 대체하지도 않는다. 옛 언약보다 앞서 나온 하나님의 구원에 대한 약속은 하나님의 은혜에 기반한 것이지 사람의 행위에 의존하는 것이 아니다. 옛 언약은 (아브라함에게 주셨던) 이 구원 약속을 변경하지 않는다. 오히려 인류를 구원하겠다는 하나님의 무조건적이고 영원한 약속을 돋보이게 한다. 옛 언약은 아브라함 언약의 기반 위에 세워져 있고, 이스라엘 백성에게 제사장 나라로서 또 모든 민족의 궁극적인 유익을 위한 중재자로서 어떻게 살아야 하는지에 대한 율법과 지침을 제공한다. 폴 윌리엄슨은 이렇게 말한다. "옛 언약은 아브라함(민족)의 후손들 안에서 그리고 그 후손들을 통해 약속을 성취해 가는 방편이 된다"(창 12:2; 비교 18:18-19).[87] 크레이그 블레이싱과 대럴 벅은 옛 언약에 대해 다음과 같이 한목소리를 낸다. "옛 언약의 체결로 하나님은 이스라엘을 지상의 다른 민족들과 구별하시고 그들 및 그 후손들과 특별한 관계를 시작하셨다…옛 언약은 그 이스라엘을 통해 모든 민족, 곧 지상의 만민에게 복을 주시려는 수단으로 기능했다."[88]

아브라함 언약에는 성경 전체를 하나로 꿰는 하나님의 기본적인 약속의 씨앗들이 담겨 있다. 그 기본 약속이란 하나님의 은혜를 기반으로 하는 구원을 말하며 이는 새 언약 안에서 최종적으로 실현될 것이다. 새 언약은 아브라함과 그 후손들에게 주어진 신령한 약속들을 모든 민족을 위해 성취한다.[89] 새 언약은 아브라함 언약의 확장판이며, 구체적으로는 아브라함을 통해 온 인류를 축복하겠다는 하나님 약속의 확장판이다.[90] 그 축복이란 모든 믿는 자가 예수 그리스도 안에서 구원을 받는 것이다. (아담 언약과 아브라함 언약을 통해 계시된) 하나님의 은혜는 (옛 언약을 통해 이스라엘에게 주어진) 율법보다 앞서 있고, 오랜 세월 어떠한 간섭도 없이 계속되었으며, 새 언약 체결과 더불어 강화되고 확장되었을 뿐 아니라 지금은 충만한 능력 가운데 영원히 계속되고 있다.

하나님의 약속-계획과 약속-교리

『슬기로운 구약읽기』를 집필하면서, 월터 카이저의 주장을 소개했다. 하나님이 이스라엘에게 많은 약속과 언약을 주시지만 그 대부분은 더 거대한 약속, 즉 오실 메시아를 통해 인류를 구속하리라는 약속(카이저는 이를 '하나님의 약속-계획'이라 부른다)의 일환이라는 것이다.[91] 하나님이 이스라엘하고만 옛 언약을 맺으시더라도 그 최종 목적은 아브라함 언약의 실행을 촉진시켜 이로 인해 모든 민족이 은택을 누리게 하는 것이다. 하나님이 이스라엘에게 율법을 주시고 제사장 나라와 거룩한 백성으로 삼으신 것도 그들이 하나님과 이땅의 만민 사이에서 중재자 역할을 하게 하기 위해서다.[92] 하나님은 '이스라엘을 통하여' 인류 구원의 약속을 이행하신다.

이를 '약속-교리'라 일컫는 신학자 윌리스 저드슨 비처도 『예언자와 약속』에서 기본적으로 동일한 주장을 편다.[93] 그는 기독교가 다른 종교와 비교해 두드러지게 구별되는 특징이 '메시아 교리'라고 말한다. 구약의 선지자들이 장차 오실 '구원자'에 대해 많은 예언을 했고 이 예언들이 예수님의 삶과 사역에서 성취되었다는 것이다. 이로써 그 선지자들이 하나님에 의해 감동되었으며 예수님의 사역 또한 하나님의 뜻에 따른 것임이 입증된다고 말한다.

비처는 하나님의 약속들이 다양한 것처럼 보여도 그 모두가 그리스도의 성취 안으로 수렴되며 그것을 신약성경이 잘 보여준다고 강조한다. 더욱이 모든 예언들 하나하나도 단 하나의 기본적인 약속에서 파생되었다고 본다. 비처는 이를 가리켜 "많은 형식과 형태를 갖추었으되 수 세기를 지나는 동안 끊임없이 반복되고 펼쳐진 단일한 예언으로, 외형이 어떠하든 핵심 특성은 언제나 동일하다"[94]고 기술한다.

카이저와 비처는 많은 예언이 있음에도 불구하고 성경이 단 하나의 약속을 강조한다는 데 동의한다. 비처는 이렇게 단언한다. "이 사실은 신구약 모두에서 확연히 드러나는 부분이다. 무수한 형태를 지닌 단 하나의 약속이 펼쳐지며 그 약속이 기독교 교리의 중심에 자리하고 있다." 비처는 계속해서 말한다.

> 성경이 전반적으로 기술하는 이 주제를 다음과 같이 공식화할 수 있다: 하나님이 아브라함에게 약속을 주셨고, 또한 아브라함을 통해 그 약속을 인류에게 주셨다. 이 약속은 이스라엘 역사 속에서 영구적으로 성취되었으며 성취되고 있다. 하지만 무엇보다 예수 그리스도 안에서 성취되었으며 그분은 이스라엘 역사의 주인공이시다.
>
> 신약성경에는 하나님 나라와 기름부음 받은 왕을 선포하는 대목이 두드러진다. 그러나 신약의 하나님 나라 선포도 무엇보다 하나님이 주신 그 약속에 기반한다. 설교자들이 기독교 교리를 증거하기 위해 구약성경에 호소할 때조차 하나님 나라 자체보다 그 약속을 더 강조한다.[95]

핵심이 되는 기본 약속이 있다는 증거로, 비처는 바울의 변론을 인용한다. 신성모독과 소요를 선동한 혐의로 재판에 넘겨진 바울이 아그립바 왕에게 호소하는 대목이다. "이제도 여기 서서 심문 받는 것은 하나님이 우리 조상에게 약속하신 것을 바라는 까닭이니 이 약속은 우리 열두 지파가 밤낮으로 간절히 하나님을 받들어 섬김으로 얻기를 바라는 바인데 아그립바 왕이여 이 소망으로 말미암아 내가 유대인들에게 고소를 당하는 것이니이다"(행 26:6-7). 비처는 바울이 매우 심각하고 중대한 상황에 직면하여 자신이 무슨 말을 해야 할지 신중하게 고민했을 것이라고 주장한다. 정확한 어휘 선택이 무엇보다 중요했다. 그렇게 입을 뗀 바울이 전하는 바는, 자신의 메시아 소망이 바로 그 단일한 약속에 기반한다는 것이다. 비처는 이렇게 설명한다.

> 바울은 성경 여기 저기 흩어져 있는 많은 예언들이 아닌 단 하나의 약속에 근거하여 아그립바 왕 앞에서 자신을 변론한다. 그리고 아그립바 왕이 자신의 생각에 동조할 거라 기대한다. 바울은 그리스도인인 자신에게 있는 소망을 가리켜 "하나님이 우리 조상에게 약속하신 것을 바라는 것"이라 표현한다. 그러면서 유대 민족 열두 지파도 이 약속의 성취를 간절히 소망한다고 밝힌다. 바울은 자신이 말하는 것이 단순한 기대가 아니라 약속이라고 말한다. 약속들이 아니라 약속이라고 말한다. 그냥 약속이 아니라 바로 그 약속이라고 말한다. 단수에 정관사가 붙어 있다. 그는 메시아에 관한 모든 진리를 "하나님이 우리 조상에게 하신 그 약속"이라는 이 하나의 공식으로 요약한다.[96]

비처는 바울이 언급하는 이 단일한 약속을 신약의 40개 본문들도 언급하고 있다고 주장한다. 게다가 이 본문들은 "신약에서 중요하고 핵심적인 단락들이다. 이 본문들은 메시아 관련 모든 계시가 그 단일한 약속을 말하고 있다고 단언한다. 메시아 주제를 다루는 신약의 모든 가르침 역시 이 범주에 포함할 수 있다."[97]

비처는 신약 기자들도 (하나님이 아브라함에게 주신) 이 단일한 약속 덕분에 그리스도인들이 소망을 품을 수 있음을 하나같이 증언했다고 말한다. 비처는 이렇게 주장한다. "신약 기자들은 하나님이 아브라함을 부르시고 약속을 주신 것은 우리를 위해서였다고 밝힌다. 아브라함 안에서 땅의 모든 족속이 복을 받을 것이라 약속하기 때문이다."[98]

히브리서가 이 점을 더욱 분명히 드러낸다. "하나님이 아브라함에게 약속하실 때에 가리켜 맹세할 자가 자기보다 더 큰 이가 없으므로 자기를 가리켜 맹세하여 이르시되 내가 반드시 너에게 복 주고 복 주며 너를 번성하게 하고 번성하게 하리라 하셨더니 그가 이같이 오래 참아 약속을 받았느니라…하나님은 약속을 기업으로 받는 자들에게 그 뜻이 변하지 아니함을 충분히 나타내시려고 그 일을 맹세로 보증하셨나니…이는 앞에 있는 소망을 얻으려고 피난처를 찾은 우리에게 큰 안위를 받게 하려 하심이라"(히 6:13-15, 17-18). 몇 장 더 가서, 히브리서 기자는 아브라함과 함께 이삭과 야곱도 같은 약속을 받았다고 말한다(히 11:9).

이와 비슷하게 바울도 다음과 같이 말한다. "아브라함이나 그 후손에게 세상의 상속자가 되리라고 하신 언약은 율법으로 말미암은 것이 아니요 오직 믿음의 의로 말미암은 것이니라. 만일 율법에 속한 자들이 상속자이면 믿음은 헛것이 되고 약속은 파기되었느니라"(롬 4:13-14). 몇 절 후에 바울은 아브라함에 대해 이렇게 덧붙인다. "믿음이 없어 하나님의 약속을 의심하지 않고 믿음으로 견고하여져서 하나님께 영광을 돌리며 약속하신 그것을 또한 능히 이루실 줄을 확신하였으니"(롬 4:20-21).

신약 기자들이 때때로 복수 형태로 '약속들'이라고 쓰고 있음을 비처도 인정한다. 그러나 그럴 때에도 대부분 '그'the라는 정관사가 함께 따라온다. 예를 들어 로마서 9장 4절과 15장 8-9절이 "그 약속들"이라고 말한다. 이 예들과 다른 예들에서 알 수 있듯, 비록 복수 형태이더라도 그 표현은 (하나님이 아브라함에게 주신) 일단의 그 특정한 약속들을 가리킬 때만 사용된다. 비처는 이렇게 주장한다. "그 단일한 약속을 구체적으로 여러 개로 나누어 생각할 수 있다. 그럴 때 복수형이 사용된다."[99]

비처는 신약 기자들이 이 단일한 약속을 구약 전체의 핵심 주제로 보고 세분화하여 다루고 있다는 점에 주목한다. 신약 기자들은 아브라함과 그 후손에서 시작해 다윗 왕을 거쳐 그 이후까지 이어지는 동안, "그 약속이 계속 성취되어 왔고, 언제나 그렇듯 더 거대한 성취를 향하여 전진하고" 있음을 주목한다. 사도행전에 나오는 스데반의 변론에서도 이것을 확인할 수 있다(행 7:1-60). 결정적으로 비처는 신약 기자들이 신약을 기록하는 동안, 특별히 그 약속에 대해 설명할 때 구약의 용어를 가져와 사용한다고 말한다.[100]

성경의 통일성과 그 약속

비처의 설득력 있는 주장을 요약하면 다음과 같다. 구약에는 많은 메시아 예언들이 있지만 그 예언들 모두가 (하나님이 인류 구원을 위해 아들을 보내실 것이라는) 하나의 약속에 종속되어 있다. 그 약속은 하나님이 아브라함에게 복을 주시며 그의 이름을 창대하게 하고 그를 통해 모든 민족이 복을 얻게 하겠다고 약속하시던 때에 맨처음 주어졌다. 신약 기자들은 이 약속을 (다양한 방식으로 설명하면서도) 구약의 중심 주제로 간주했다. 이 점을 강조하기 위해 여러 방식 중에서도 유독 구약 기자들의 표현을 빌어 언급하고 있다. 심지어 복수 형태로 '약속들'이라고 언급할 때조차, 그것은 한데 모였을 때 이 하나의 핵심 약속으로 수렴되는 일단의 여러 약속들을 가리킨다.

내가 믿는 바로는, 비처는 성경이 하나의 중심 주제로 짜여 있으며 이를 통해 성경이 처음부터 끝까지 섭리적 통일성을 갖게 되었다고 강조한다. 창세기에서 계시록까지 이어지는 하나님의 계시도 그분의 (인류 구속을 보장하는) 이 약속에 기반을 두고 있다. 심지어 하나님이 선지자들의 입술을 통해 선포하시는 다양한 예언과 약속들도 비록 주제가 서로 다르고, 그 예언과 약속을 듣는 첫 청중들뿐 아니라 그것을 전하는 선지자들조차 온전히 이해하지 못했지만, 우리는 신약성경의 조명 아래서 그 모든 것들이 통합되어 하나로 모아지고 있음을 똑똑히 볼 수 있다.

하나님의 거의 모든 약속들도 아들을 통해 인류를 구원하겠다는 하나님의 핵심 약속과 관련되었거나 그 약속을 뒷받침하는 역할을 하고 있다. 이 약속은 (하나님이 그분의 거룩한 백성이요 제사장 나라로 삼으실 민족의 조상) 아브라함에게 맨처음 주셨다. 이스라엘 백성은 "충만한 때가 되어" 그 아들 메시아가 임하시고 약속을 성취하기까지 이 구원 메시지의 신성한 수호자이자 중재자가 될 것이다. 하나님은 역사 속에서 유대의 백성들에게 그 약속을 반복하고 강화하고 확장시키셨다. 또한 하나님은 그 약속이 하나님의 선지자들에 의해 전달되고 (모든 인류를 위해 주권적으로 기록되고 보존된) 구약 계시 속에서 기억되게 하셨다.

이 하나의 약속은 아브라함과 그 뒤를 잇는 후손들에게 '주어졌을' 뿐 아니라 그 후손들(다윗 왕과 궁극적으로는 그리스도) 안에서 '성취되었다'. 예수님은 아브라함, 이삭, 야곱의 직계 자손이시고 다윗 왕권의 계승자로서, 죄와 죽음을 정복하기 위해 인간이 되어 죽었다가 다시 사셨으며 그분을 믿는 모든 자에게 생명을 주시는 하나님의 아들이시다. 예수님은 영광 중에 다시 오셔서 하나님 나라를 이 땅 위에 완성하실 것이다.

카이저의 용어("하나님의 구원-계획")와 비처의 용어("구원-교리") 중 어느 것을 더 선호하든, 각자의 시대에 지적 거장으로 인정받는 이 두 사람의 결론은 사실상 같다. 즉 단일한 하나의 약속이 성경 전체를 관통하고 있다는 것이다. 이 약속은 구약에 나오는 수많은 하나님의 선지자들에 의해 언급되고 반복되며 확장되다가 신약에 기록된 대로 예수 그리스도 안에서 성취되었다. 하나님은 우리를 창조하기 이전부터 우리가 범죄할 것과 구주가 필요할 것을 아셨기에 독생하신 아들을 보내 인류 구원의 방편으로 삼으실 것을 계획하셨다. 하나님은 범죄한 인류에 대한 심판을 단행하시면서, 그와 동시에 구원에 대한 이러한 계획을 처음에는 흐릿한 형태로 알려주시고, 이를 아브라함에게 주신 언약적 약속 안에 공식화하시며, 구약의 선지자들을 통해 반복 및 확장시키시다가 (신약 기자들이 보여주듯) 독생하신 아들 안에서 마침내 성취하셨다.

우리가 이번 장에서 살펴본 이 단일한 약속이 단지 하나님이 선택하신 특정 민족만이 아니라 당신과 나를 포함한 모든 나라와 민족에게 적용된다는 사실이 놀랍기도 하거니와 적지 않은 위로를 준다. 복음은 일반적인 의미에서만 좋은 소식이 아니다. 그 이상이다. 우리 한 사람 한사람 모두에게 적용된다는 면에서 복음은 대단히 개인적이다. 그러므로 우리는 그 복음에 반응해야 한다. 예수 그리스도에게 우리의 믿음을 둘 때, 복음은 우리의 삶을 바꿀 능력이 있으며 실제로 그렇게 될 것이다. 복음은 모든 믿는 자(유대인이나 헬라인이나)에게 구원을 주시는 하나님의 능력이 되기 때문이다(롬 1:16). 이전까지 어떻게 했는지는 중요하지 않다. 지금이라도 어린아이처럼 자신을 낮추고(마 18:3-4) 예수 그리스도를 구주로 믿고, 그분과 영원한 관계 속으로 들어가기를 권한다.

이번 장에서 신약 전체를 개괄적으로 살펴보았다면, 다음 장에서는 특별히 복음서들을 살펴보려고 한다. 그런 후에는 나머지 장에서 복음서 각각에 대해 심도 있는 분석을 시도해 보고자 한다.

4
복음서: 네 관점, 하나의 메시지

하나님이 자기를 증오하는 세상을 향해 복음의 좋은 소식을 가져다 주신다면 그것은 은혜로밖에 설명되지 않는다. 더 나아가 하나님이 그 복음으로 인간을 구원하고 변화시키신다면 그것은 기적으로밖에 설명되지 않는다. 에롤 헐스[1]

복음서 일치시키기?

시들로우 백스터는 네 개의 복음서를 하나의 응집력 있는 내러티브로 결합시키려는 시도들에 경고를 보낸다. 백스터는 이렇게 말한다. "사복음서를 결합해 놓으면 그 덕분에 우리는 모든 문제로부터 보호받을 순 있지만, 그것은 사복음서를 그저 하나의 짧은 회고록으로 변질시켜 획일적으로 제시하는 것이라는 주장이 있어 왔다. 이런 모든 시도는 사복음서의 일관성을 더 잘 보여줄 수 있다는 점에서는 가치가 있지만 완벽한 '하나'를 만들어 내지 못한다."[2] 오히려 사복음서를 하나로 통합하려고 하다보면 성령이 인간 저자들을 통해 각각의 복음서에 담으신 특징과 강조점을 파괴하게 된다. 복음서들은 그 안에 담긴 기사들이 시간 순서에 따라 완벽하게 들어맞도록 의도된 적이 결코 없다. 그런 방식으로 짜맞추는 것도 실현가능하지 않다. 목사인 E. A. 톰슨도 이에 동의한다.

> 복음서들을 시간 순서에 따라 획일적으로 일치시키는 작업은 실행이 안 된다. 적어도 과학적 확실성에 따른 기준을 가지고 하기란 불가능하다. 그 이유는 단순하고 명쾌하다. 복음서 기자들이 연대기적으로 기록한 게 아니기 때문이다. 복음서 기자들은 저마다의 계획과 구성 의도가 분명했다. 단순히 연대기적으로 구성한 것이 아니기에 시간 순서대로 읽으려고 하면 해결할 수 없는 어려움에 봉착하고 만다. 그리고 수년간 이런 방식으로 복음서들을 일치시키려 했던 에딘버러의 한 목회자에게 쏟아진 비평을 고스란히 받게 될 것이다. "목회자라는 사람이…한 번도 싸우지 않은 네 사람을 화해시키느라 자신의 시간과 정력을 허비하고 있다."[3]

나도 같은 생각이다. 그럼에도 불구하고 나는 다음 장에서 네 개의 복음서를 (차이점들은 무시하고) 엉성하게나마 연대기순으로 조합하여 하나의 내러티브로 제시해 보고자 한다. 하나님의 영감을 받은 각각의 고유한 작업물들을 서로 일치시킨다거나 더 나은 것들로 만들려는 의도는 추호도 없다. 내가 쓴 다른 기독교 서적들이 그렇듯, 어떻게든 사람들이 성경을 직접 읽어보고 싶게 독려하는 데 목표가 있다. 부족하나마 연대기적으로 성경을 읽어보는 것이 성경 이해에 적지 않은 도움이 되기 때문이다. 신앙인이 된 후 알게 된 것은, 성경에 관한 좋은 책들이 성경 읽기에 따르는 두려움은 덜어내고 이해력은 높여준다는 것이다. 그런 책들을 읽으면 읽을수록 두려움은 사라지고 이해도는 커진다는 걸 알게 됐다. 이 책도 그랬으면 하는 게 내 바람이다.

대각성 운동의 선구자 조지 휫필드는 감동 있는 설교로 한 번에 수천 명을 회심시키곤 했는데 그 중에 벤자민 프랭클린도 있다.[4] 휫필드 목사는 성경 읽기가 엄청나게 중요하다는 점을 강조했다. 그는 예수님이 영원한 하나님이시면서도 성육신하신 동안 "성경을 온전히 따랐다"고 강조한다. 예수님은 사탄을 대면하던 때에도 성경 말씀으로 대응하셨다. 휫필드는 이렇게 반문한다. "하지만 그리스도의 본을 따르는 사람들이 얼마나 적은가? 하나님의 말씀에 전혀 관심이 없으며 그 거룩한 신탁을 헌책처럼 팽개친 채 문맹자로 살아가는 이들이 얼마나 많은가? 이는 너무나 큰 잘못이며, 그들은 성경이 무엇인지도 모르고 왜 쓰였는지도 모른다."[5]

성경을 읽되 그 안에서 늘 그리스도를 발견하는 것이 모든 사람의 의무라고 휫필드는 말한다. 우리는 타락한 상태이므로 우리의 구원을 위해서는 그리스도가 필요하기 때문이다. 만일 우리가 "바른 태도로 성경을 읽는다면" 그리스도를 우리에게 가리키는 것이 성경의 목적임을 발견하게 될 것이다. 또한 사람들이 성경을 "하나님의 계시"로 받아들이는 데 의구심을 품는 이유에 대해 휫필드가 제공하는 설명은 매우 설득력이 있다. 그는 다음과 같이 말한다.

성경이 하나님의 계시임을 극구 부정하는 최고 지성인을 직접 만나본 경험에 따르면 그는, 자신이 알고 있을지는 모르겠지만, 태생적으로 거만하고 화가 많으며 앙심을 품길 잘하는 사람이었다. 게다가 순결, 거룩, 오래참음 같은 하나님의 속성과는 대비되는 다른 식의 욕망에 사로잡혀 있었다. 이것만 봐도 그가 하나님에게서 멀어져 있음이 드러나지 않는가? 더욱이 그의 마음은, 이 역시 그가 알지 모르겠는데, 지극히 해로운 탐심으로 가득한 나머지, 상냥하고 예의바르며 친절하고 자상한 사람이 되려고 애쓰는 법이 없는 것 같았다. 그럼에도 그는 (자신도 인식하고 있는 바) 자신이 비참한 존재이며, 어떻게 해야 그 상태로부터 구속 내지는 구원을 받을 수 있는지 잘 몰라서 몹시도 알고 싶어했다. 이 사실을 보면 그가 구원이 필요한 존재임이 명백하지 않은가?

…하나님은 기록된 말씀을 통해 인간인 우리가 얼마나 무지하고, 어둡고, 비참한지를 보여주신다. 그와 함께 하나님은 우리가 무엇보다 갈망하는 바, 어떻게 해야 거기에서 구속받을 수 있는지를 알려주신다. 그 길은 바로 유일하신 하나님의 아들을 믿고 사랑이신 그분을 닮는 것이다.

…하나님이 우리에게 성경을 주신 것은 다른 이유가 아니다. 우리의 비참함을 알게 하고 우리의 행복을 보여주시기 위해서다. 우리의 타락을 알게 하고 우리의 회복을 보여주시기 위해서다. 다른 말로 하면, 우리가 어쩌다 아담 안에서 죽었고, 어떻게 그리스도 안에서 다시 살아나는지 보여주시기 위해서다. 그러므로 성경을 읽는 것은 너무 중요하다. 성경은 우리의 구원을 위한 대헌장이기 때문이다. 하나님이 그리스도 안에서 인류와 맺은 언약의 계시이며, 화평의 길로 인도하는 빛이기 때문이다. 모든 사람이 이 성경을 읽고 탐구해야 한다. 모든 사람이

단 하나의 예외도 없이 하나님에게서 멀어져 있으므로, 어떻게 해야 다시 하나님과의 관계를 회복하고 연합할 수 있는지 알아야 하는 처지이기 때문이다.

…그러니 하나님의 말씀을 읽을 때는 그 안에서 늘 그리스도를 찾으라. 그러면 동쪽에서 떠오르는 밝은 별처럼, 성경이 우리를 메시아에게로 이끌 것이며 흐릿하던 모든 것을 밝히는 열쇠가 되어 하나님 나라의 모든 풍성한 신비와 지혜를 얻게 할 것이다.[6]

신약 연대기

이 책을 위해 사복음서의 기사들을 시간의 흐름에 따라 정리하려고 애쓰다가 그 사복음서에 담긴 영광에 매료되고 말았다는 점을 먼저 밝히고자 한다. 다양한 연대표와 복음서 정리글을 참조하여 사복음서의 모든 문장을 읽고 또 읽었다. 메시지 이해를 돕는 갖가지 주석집과 다른 서적들도 참고했다. 완벽하게 연대기순으로 기사를 배열하기란 가능하지 않다는 점을 알고 있음에도, 사복음서에 기록된 모든 사건들을 종합하여 하나의 이야기로 정리해 보고 싶었다.

연구를 진행하면서 학자들이 어떤 사건들에 대해서는 서로 다른 연대를 주장한다는 사실을 알게 되었다. 처음에는 이 점이 혼란스러웠지만, 관련 자료들을 살피면 살필수록 정확한 연대를 확인하는 것보다 더 중요한 게 있음을 발견했다. 사건의 내용을 제대로 파악하고 그 사건에 관계된 그리스도 및 제자들과 다른 이들의 언행을 살피며, 독자의 이해를 돕기 위해 통찰력 있는 주해를 제공하는 것이다. 바라기는 이런 접근법이 복음서를 처음 (또는 새롭게) 읽는 사람에게 더 깊은 이해와 진보를 제공할 수 있었으면 한다. 하지만 무엇보다 독자 스스로 성경을 처음부터 끝까지 반복하여 읽어보기를 적극 권한다. 복음서와 비교되는 다른 책은 결코 없다. 이 책도 예외가 아니다. 이 책을 포함하여 다른 어떤 책도 그저 예수님에 '대해' 배우도록 도울 뿐이다. 그러나 성경의 복음서는 '예수님을' 알도록 도와준다.

논의를 진행하기 앞서 강조하고 싶은 게 있다. 앞서 내가 복음서의 영광에 매료되었다고 언급했는데, 정말 말그대로였다. 모든 성경은 살아 있는 하나님의 말씀으로 다른 책들과는 비교할 수 없을 정도로 우리에게 영향을 미친다. 하나님이 우리에게 직접 주신 것이기 때문이다. 복음서는 그리스도의 말씀과 행적을 전하고 있다는 점에서 그 특별함이 더하다. 칼 헨리가 이 점을 잘 표현했다. "하나님의 계시는 인간을 화들짝 놀라게 만든다. 갑자기 우리 머리 위에서 땅으로 내려꽂히는 번개처럼, 지축을 뒤흔들어 우리를 공포에 사로잡히게 만드는 지진처럼, 하나님의 계시는 우리로 하여금 영원 속의 최종적인 운명을 떠올리게 만든다. 우리는 다른 세상에 대해 깊이 숙고하며 죽음과 생명을 가르는 응답으로 반응하게 된다. 다른 시간과 장소에서 일어났던 사건들을 담은 그 계시와의 조우로 인해 우리는 경이와 두려움에 잠기고 그 의미를 계속해서 곱씹으며 새로운 차원의 기적을 경험하게 된다."[7]

다음 장에서 성경의 내러티브를 정리하기에 앞서, 복음서의 전반적인 서문을 짧게 소개하고자 한다. 그런 다음 복음서 각각의 서로 다른 강조점들에 대해 살펴보고자 한다.

'서로 충돌하는' 복음서

먼저 사복음서 기사들 가운데 서로 일치하지 않는 부분들이 있다는 점부터 짚고 넘어가야겠다. 성경 전체의 통일성은 무엇보다 그 다양성을 통해 나타나듯, 네 개의 복음서도 마찬가지다. 각각의 기자들이 저마다 다른 관점을 가지고 예수 그리스도의 삶을 조명한다. 실제로 각각의 복음서는 동일한 주제를 다른 방식으로 다룬다. 이는 동일한 사건에 대해 서로 다른 증언들이 존재하는 것과 마찬가지다. 하지만 이런 다른 점들이 곧 모순성을 의미하는 것은 아니다.[8] 오히려 이런 다른 증언들이 그 저작물의 진정성에 무게를 실어 준다. 왜냐하면 복음서 기자들이 처음부터 완전히 일치된 이야기를 쓰려고 했다면 몇몇 모순되는 점들은 미리 협의하여 고쳤을 것이기 때문이다. 노먼 가이슬러와 프랭크 튜렉은 이렇게 말한다. "세부 묘사에서 차이가 나는 기사들이 신약 안에 많이 존재한다는 점에 비추어볼 때, 신약의 저자들이 자신들의 증언을 매끄럽게 다듬기 위해 서로 협조한 일이 없다는 점은 분명하다. 이것은 곧, 그들이 어떤 거짓을 마치 진실인 것처럼 호도하려 하지 않았음을 의미한다. 만일 그들이 신약의 기사들을 날조하려 했다면 모든 세부 묘사마다 서로 일치하도록 협조했을 것이다. 그런 협조는 일어나지 않았으며, 나아가 이를 통해 신약이 순수하게 목격자의 증언에 기초하고 있으며, 각 저자가 독립성을 갖추고 있음이 확인되는 것이다."[9]

어떤 비평가들은 "서로 충돌하는 게 명백한" 기사들을 인용하며 복음서의 진정성을 폄하하려 하지만, 가이슬러와 튜렉은 이런 시도들을 반박한다. 예를 들어 마태는 예수님의 무덤에 한 천사가 있었다고 언급하는 반면, 요한은 천사가 둘이었다고 말한다. 그러나 이는 모순이 아니다. 마태가 그곳에 오직 한 천사만 있었다고 못박고 있지 않기 때문이다. 가끔 같은 사건을 보고하는 두 기자가 세부적으로는 서로 다른 내용을 강조하는데, 이는 두 기자의 증언이 다른 게 아니다. 아마도 마태는 무덤을 찾은 여자들에게 말을 건넨 천사만 언급한 것일 수 있다(마 28:5). 반면 요한은 마리아가 본 천사들을 다 언급한 것일 수 있다(요 20:12). 이런 차이들은 목격자의 증언에서 흔한 일이다.[10] 따라서 복음서의 기사들은 상호보완적이다. 예수님이 부활 후 나타나신 대목을 증언하는 기사들이 좋은 예다. 복음서 기자들의 증언이 세부적인 내용에서 서로 차이를 보이지만 예수님이 죽은 자 가운데서 다시 살아나셨다는 사실만큼은 의견의 일치를 보인다. 강력계 형사 워너 월러스는 사복음서의 기사들이, 단일한 사건에 대해 다수의 증언들이 집단적으로 존재하는 전형적인 예라고 설명한다.

> 하나님이 예수님의 생애에 대해 정확하고 믿을 만한 기사를 제공하려 하셨다면, 서로 다른 목격자들의 일관된 증언처럼 신뢰할 만하고 인정할 만한 설명이 필요한데, 하나님은 네 개의 복음서를 바로 이런 형태로 주셨다. 그렇다. 기사들은 제각각이다. 비슷한 이야기들을 하는데도 각각의 개성이 강하고 주관적인 관점이 포함돼 있다. 비평가들이 서로 충돌한다고 주장할 수 있는 부분도 있고, 어떤 저자는 중요하지 않아서 간과하지만 또 다른 저자는 상세히 강조하는 부분도 있다. 그렇다고 이것이 참되고 신뢰할 만한 증언이 아니라 할 수 있겠는가? 오랜 경험을 바탕으로 단언하는데, 결코 그렇지 않다.[11]

플루타르크의 작품들을 살펴보는 것도 이런 의문에 대응하는 또 다른 방법이 될 수 있다. 플루타르크는 복음서 기자들과 동시대 인물이고 같은 언어인 그리스어를 썼으며 (현재 우리가 알고 있는) 고전 세계에 대한 방대한 정보를 제공해 준다. 현존하는 플루타르크의 전기문 50개 중 9개에는 동시대에 살면서 서로 잘 알고 같은 사건을 경험한 인물들이 등장한다. 플루타르크는 자신의 여러 책에서 같은 이야기를 여러 번 언급한다. 마이클 리코나 박사는 플루타르크가 자신의 『영웅전』에서 2회이상 반복하여 언급하는 이야기 36개를 찾아냈다. 이중 30개의 이야기에 서로 다른 내용들이 포함되는데, 이런 식의 차이들이 반복해서 나타난다. 하지만 이런 패턴은 의도적인 글쓰기 기법으로 당시 역사가들도 즐겨 사용하던 장치다. 리코나는 복음서에도 이처럼 하나의 이야기를 조금씩 다른 방식으로 여러 번 언급하는 패턴이 있는데 이는 모순이 아니라 일종의 장치으로 받아들여야 한다고 지적한다.[12]

네 개의 복음서 기사가 초대 교회 시절에도 몇몇 사람들을 불편하게 만들었다. 마르키온(주후 75-155)은 교회가 하나의 복음서만 받아들여야 한다고 주장했고, 타티아누스(주후 120-190)는 2세기 후반에 집필한[13] 자신의 〈통관복음서〉에서 네 복음서에서 나타나는 모든 차이들을 없애 하나의 일치된 기사로 통합해야 한다고 주장했다.[14] 교회는 이런 시도들을 이단으로 규정해 거부했고 네 개의 복음서를 지켜냈다. (앞에서 언급한) 리옹의 주교 이레나이우스(주후 140-202)는 〈이단들에 반대함〉에서 다음과 같이 쓰고 있다. "복음서들은 현재 숫자보다 더 많거나 적을 수가 없다. 왜냐하면 우리가 사는 세상은 네 개의 방위가 있고 네 방향의 바람이 있듯, (비록 온 세상에 흩어져 있는) 교회에도 네 개의 복음서와 생명의 영이 그 '기둥과 기초'를 이루기 때문이다. 모름지기 교회는 네 기둥을 갖추어 사방으로 불멸의 숨을 내쉬어야 하며 이로써 사람들의 생명력을 되살려야 한다. 이로부터 다음과 같은 사실이 명확해진다. 만물의 건축자이며 그룹들 위에 앉아 만사를 주관하시는 말씀(로고스)이신 분께서 사람들에게 친히 나타나사 우리에게 네 개의 복음서를 주셨다. 그것들은 비록 네 개의 관점을 가졌지만 한 성령에 의해 하나로 묶여 있다."[15]

성경학자들은 각각의 복음서가 예수님과 그분의 생애와 그분의 사역을 저마다 독특한 관점에서 강조하고 있음을 주목했다. 마태는 예수님을 무엇보다 왕으로 말하고 있고, 마가는 고난받는 종으로, 누가는 사람으로, 요한은 하나님으로 그려내고 있다. 예전에 이 이야기를 처음 들었을 때는, 선한 의도이긴 하지만 열정이 지나친 신자들이 창의적 상상력을 발휘해 억지로 분류한 결과라 생각했다. 복음서를 더 연구한 후에 그런 생각은 바뀌었다.

(왕, 고난받는 종, 사람, 하나님이신) 그리스도의 이 네 가지 측면은 구약 안에 미리 예시되어 있다. 이사야, 예레미야 및 스가랴 선지자는 그리스도(메시아)를 이스라엘의 오실 왕으로 묘사한다. 하지만 예수님은 이 땅에 오셨을 때 우리 죄를 위해 죽으시는 (그들이 전혀 예상치 못한) 사명을 감당하셨다. 이런 예수님을 이스라엘 백성들이 메시아로 받아들이지 못한 것은 충분히 납득이 간다. 그러나 이사야 53장과 창세기의 요셉 이야기뿐 아니라 그밖의 구약성경 몇몇 곳에서도 고난 받는 종에 대한 예언이 나온다. 구약의 다른 예언들에는 메시아가 (고난받는 종 대신) 사람 혹은 하나님으로 묘사되고 있다.[16]

레이 스테드먼은 구약의 예수님에 대한 모든 예언과 묘사가 사복음서의 그리스도 묘사(왕, 종, 사람, 하나님)와 맥이 닿는다고 주장한다. 구약성경 네 곳에서 "보라"behold라는 단어가 (그리스도에 대한) 이 네 가지 묘사와 연결되어 등장한다. 이 단어의 사용이 중요한 이유가 있다. "보라"라는 단어를 갑작스레 사용함으로, 독자의 관심을 해당 구절에 집중시키려는 의도가 담겼기 때문이다.[17] "보라"라는 표현은 새롭고 예상치 못한 대상에 관심을 갖게 하며, 종종 성경에서 나타나는 하나님의 놀라운 간섭하심에 주목하게 할 때 사용한다.[18]

1. 스가랴는 이렇게 기록한다. "시온의 딸아 크게 기뻐할지어다. 예루살렘의 딸아 즐거이 부를지어다. '보라' 네 '왕'이 네게 임하시나니 그는 공의로우시며 구원을 베푸시며 겸손하여서 나귀를 타시나니 나귀의 작은 것 곧 나귀 새끼니라"(슥 9:9). 예수님은 이 예언을 예루살렘에 입성하시면서 성취하신다(마 21:7-11; 막 11:7-10; 눅 19:35-40; 요 12:12-19).
2. 이사야는 이렇게 기록한다. "내가 붙드는 나의 '종', 내 마음에 기뻐하는 자 곧 내가 택한 사람을 '보라.' 내가 나의 영을 그에게 주었은즉 그가 이방에 정의를 베풀리라"(사 42:1).
3. 스가랴는 이렇게 기록한다. "말하여 이르기를 만군의 여호와께서 이같이 말씀하시되 '보라' 싹이라 이름하는 '사람'이 자기 곳에서 돋아나서 여호와의 전을 건축하리라"(슥 6:12).
4. 이사야는 이렇게 기록한다. "아름다운 소식을 시온에 전하는 자여, 너는 높은 산에 오르라…두려워하지 말고 소리를 높여 유다의 성읍들에게 이르기를 너희의 '하나님'을 '보라' 하라"(사 40:9).[19]

이 네 가지 묘사는 열심으로 성경을 공부하는 사람들에게는 결코 뜬금없이 다가오는 표현이 아니다. 교회 초창기에도 이에 대한 인식이 공유되고 있었다. 3세기 이전부터, (예수님을 각각 왕, 종, 사람, 하나님으로 묘사한) 네 개의 복음서가 계시록 4장 7절[20]에 나오는 네 생물과 연결되었는데, 이는 에스겔 선지자의 네 얼굴 환상에 기반하고 있다.[21] 에스겔에 따르면, 북쪽에서부터 폭풍이 몰려오는데,

> 그 속에서 네 생물의 형상이 나타나는데 그들의 모양이 이러하니 그들에게 사람의 형상이 있더라. 그들에게 각각 네 얼굴과 네 날개가 있고 그들의 다리는 곧은 다리요 그들의 발바닥은 송아지 발바닥 같고 광낸 구리 같이 빛나며 그 사방 날개 밑에는 각각 사람의 손이 있더라. 그 네 생물의 얼굴과 날개가 이러하니 날개는 다 서로 연하였으며 갈 때에는 돌이키지 아니하고 일제히 앞으로 곧게 행하며 그 얼굴들의 모양은 넷의 앞은 사람의 얼굴이요 넷의 오른쪽은 사자의 얼굴이요 넷의 왼쪽은 소의 얼굴이요 넷의 뒤는 독수리의 얼굴이니(겔 1:5-10).

이와 비슷하게 계시록에서 요한은 네 생물을 다음과 같이 묘사한다. "보좌 앞에 수정과 같은 유리 바다가 있고 보좌 가운데와 보좌 주위에 네 생물이 있는데 앞뒤에 눈들이 가득하더라. 그 첫째 생물은 사자 같고 그 둘째 생물은 송아지 같고 그 셋째 생물은 얼굴이 사람 같고 그 넷째 생물은 날아가는 독수리 같은데"(계 4:6-7).

각각의 복음서가 어떤 생물과 연결되는지 학자들마다 의견이 다르지만, 교회 교부들뿐 아니라 유명 화가들도 이러한 연결 관계를 인식하고 있었다.[22] 시들로우 백스터의 해석이 꽤 설득력 있게 들린다. 그는

이렇게 말한다. "마태복음에서 메시아 왕(사자)이 보인다. 마가복음에서는 여호와의 종(소)이 보인다. 누가복음에서는 인자(사람)가 보인다. 요한복음에서는 하나님의 아들(독수리)이 보인다." 백스터는 사자가 종종 왕을 상징하고, 황소는 겸손한 섬김을 상징하고, 사람은 그리스도의 인성을 보여주며, 독수리는 "자연 속 하늘에 날아다니는 최고의 피조물로 독보적이며 초월적이고 신비롭다"고 말한다.[23*]

레이 스테드먼은 마태복음에 그리스도의 왕되심에 대한 풍성한 증거들이 있음을 주목한다. 마태복음은 그리스도의 족보로 시작하는데, 다윗 왕을 거쳐 아브라함까지 이르는 왕의 혈통을 따라간다. 마태복음에서 그리스도는 "모세가 너희에게 이렇게 말하였으나 나는 이렇게 말한다"는 식으로 자신의 가르침에 권위를 부여하여 말씀하신다. 예수님은 종종 바리새인과 사두개인들의 위선을 질타하며 심판을 경고하시고, "천국"the kingdom of heaven이라는 표현을 반복하여 사용하신다. 또한 마태복음은 그리스도가 유대인의 왕으로 나셨다가 "유대인의 왕"으로 못박히셨다고 기술한다. 영국의 성경학자 아더 핑크는 마태가 그리스도를 '공적인 직무'를 맡은 자로 (즉 이스라엘의 메시아이자 왕으로) 제시하는 유일한 복음서 기자인 것이 우연이 아니라고 생각한다. "마태 자신도 복음서 기자들 중 유일하게 공직(세리)에 있던 사람이다."[24]

반면 예수님을 종으로 묘사하는 마가는 그리스도의 족보를 제시하지 않는다. 종의 족보를 따지는 사람은 없기에 당연한 일이다. 또 마

---

* 네 생물과 사복음서의 연관성에 대한 교부들의 의견은 많이 달랐다. 이레나이우스는 사복음서 순서에 따라 네 생물을 인자, 독수리, 소, 사자로 연결시켰고, 아우구스티누스는 사자, 인자, 소, 독수리로 연결시켰다. 그에 비해 성 제롬은 인자, 사자, 소, 독수리로 연결시켰다. 오늘날도 다르지 않아 학자마다 차이가 있다. 하지만 사복음서를 네 생물과 연결시킨다는 점은 공통적인 현상이다.

사복음서 비교				
	마태복음	마가복음	누가복음	요한복음
독자	유대인	로마 및 인근 거주민	이방인	교회와 장래의 신자
그리스도 묘사	왕	고난받는 종	사람	하나님
예언서 네 생물*	사자	소	인자	독수리
족보	다윗을 거쳐 아브라함으로 이어지는 왕의 족보	종이므로 족보 없음	최초의 사람 아담까지 거슬러가는 족보	아버지와 아들, 두 존재만 언급됨. 7차례 "나는~이라"고 선언하신

*예언서 네 생물은 시들로우 백스터의 분류에 따른 것이다.

태복음과 누가복음에는 많은 비유가 나오는 데 비해 마가복음에는 고작 네 개만 나오고 이 비유들도 모두 섬기는 종과 관련이 있다. 마가복음에서 예수님은 부활하신 후에야 "주님"이라 불린다.

누가복음은 그리스도 안에 있는 완전한 인성 (즉 사람으로 나신 그리스도의 영광, 아름다움, 능력, 위엄)에 대해 말한다. 여기에도 그리스도의 족보가 나오며 최초의 사람인 아담까지 거슬러 올라간다. 누가복음에는 예수님이 기도하는 모습이 자주 등장한다. "이는 사람이 하나님과 맺는 최적의 관계성이 기도임을 보여준다. 기도야말로 전능하신 주권자 하나님에 대한 완전한 의존성을 반영하기 때문이다."[25] 누가는 예수님이 예루살렘을 바라보며 슬피 우시는 장면을 통해 인간이신 그리스도의 공감 능력을 예리하게 그려내기도 한다.

요한복음은 첫 구절부터 그리스도를 하나님으로 제시한다. 스테드먼은 요한이 다른 종류의 족보를 제시한다는 점에 주목한다. "태초에 말씀이 계시니라 이 말씀이 하나님과 함께 계셨으니 이 말씀은 곧 하나님이시니라"(요 1:1). 아버지와 아들, 두 존재만 언급된다. 요한복음에서 그리스도는 7번이나 "나는 ~이라"는 선언을 하시는데, 이는 하나님이 불붙은 떨기나무 가운데서 모세에게 "나는 스스로 있는 자니라"(출 3:14)고 하시며 자신의 신적 정체성을 선언하시는 장면을 떠올리게 한다.[26]

네 개의 복음서는 주된 독자 대상이 서로 달랐으며, 그에 맞게 그리스도를 서로 다른 관점에서 바라보고 강조한다. 마태복음은 주로 유대인을 대상으로 쓴 것이고, 마가복음은 거대 도시 로마와 그 인근에 살던 사람들을 대상으로 쓴 것이며, 누가복음은 이방인들에게 쓴 것이고, 요한복음은 교회와 장래의 신자들에게 쓴 것이다.[27] 여기서 분명하게 언급할 대목은, 비록 복음서 기자들이 저마다 특정 독자를 대상으로 기록하긴 했으나 하나님은 이 네 개의 복음서 전부를 이 세상 누구나 읽기 원하신다는 점이다.

공관복음서

마태, 마가, 누가복음은 그 강조점이 서로 상이함에도 불구하고 공관복음서라 불린다. 그리스도의 생애에 대해 전반적으로 비슷한 접근을 하고 있고 예수님의 사역과 가르침에 대해서도 유사한 방식으로 기술하기 때문이다.[28] '공관'synoptic이라는 용어는 "함께 보다" 혹은 "함께 전망하다"는 뜻의 그리스어 '시놉시스'synopsis에서 왔다.[29] 같은 관점에서 무언가를 바라본다는 의미다. 그래서인지 이 세 복음서에는 공통 자료들이 많이 포함되어 있다. 반면 요한복음에는 같은 이야기가 일부 있더라도 다른 관점에서 보고 있을 뿐 아니라 거기에 매우 의미있는 (다른 세 복음서에 나오지 않는) 자신만의 고유한 자료를 더하고 있다. 대럴 벅 교수는 공관복음서는 "땅에서 올라가는"earth up 접근법을 사용한다고 주장한다. 즉 이야기가 점점 펼쳐지면서 사람들에게 예수님이 누구신지를 알리는 방식이라는 것이다. 반면 요한복음은 첫 구절부터 "하늘에서 내려오는"heaven down 접근법을 사용한다. 즉 "예수님이 성육신하신 하나님임을 처음부터 단도직입적으로 말하는 방식이다."[30]

공관복음 문제

학자들이 "공관복음 문제"라고 부르는 것이 있는데, 이는 어떻게 이 세 개의 복음서가 그렇게 놀랍도록 유사한 자료들을 담고 있는지에 대한 의문을 반영한다. 복음서들이 서로의 자료들을 가져온 것일까 아니면 또다른 미확인 자료에서 가져온 것일까? 공관복음 문제를 다루는 학자들은 먼저 이러한 유사성들을 살핀 다음, 각각의 복음서들이 어떻게 구성되었는지 연구하고, 이 복음서들 사이에 존재하는 문학적 관련성을 설명할 이론들을 고민한다. 학자들 대다수의 견해는 마가복음 우선설Markan Hypothesis인데, 마가복음이 마태복음과 누가복음의 원자료라는 주장이다.[31] 그러나 마태복음과 누가복음에는 공통적으로 있으나 마가복음에는 없는 (소위 원자료라 여겨지는) 자료들도 있다. 그래서 마가복음 우선설을 선호하는 학자들은 마태복음과 누가복음이 공통으로 참조한 또다른 원자료가 있을 것으로 추정하고 이 가상의 자료를 "Q"라고 부른다.[32] 그리스바흐 가설Griesbach Hypothesis이라 부르는 또 다른 이론도 있다. 이는 마태복음이 가장 먼저 기록되었고 그 이후에 마태복음에서 가져온 자료로 누가복음이 기록되었다는 주장이다. 이 견해에 따르면 마가복음이 세 번째로 기록되었으며, 앞서 기록된 마태복음과 누가복음의 자료를 바탕으로 했다.[33]

복음서 기사들 사이에 존재하는 많은 유사성과 차이들 및 원자료에 관한 다양한 추론이 어떤 이에게는 흥미로울 수 있으나, 그런 의문점들이 내게는 별 문제가 되지 않는다. 앞에서도 언급했듯, 복음서는 목격자들의 목격담을 기반으로 한 것이므로, 복음서 기자들이 서로 모종의 협의를 거쳐 기록하지 않는 한 여러 기사들 사이에 존재하는 다양한 변이들은 충분히 예상할 수 있는 부분이다. 일부 복음서 기자들이 다른 복음서에서 내용을 가져왔다는 식으로 섣불리 확정짓는 것이 오히려 내게는 놀라운 일이다. 복음서 기자들은 아마도 동일하거나 유사한 정보들을 접했을 수 있으며, 그게 무엇이었는지는 우리로서는 정확히 알 수 없다. 하지만 어찌되었든 그것은 문제가 되지 않는다. 하나님은 전능자이시기에 자신의 이야기를 어떤 방식으로든 원하는 대로 풀어가실 수 있다. 그분이 선택하신 방식은 네 명의 개별적인 사람들을 통해 세상이 듣지 못했던, 세상에서 가장 놀라운 이야기를 전하여 우리로 믿음을 얻게 하시려는 것이었다.

복음서들은 믿는 모든 자에게 구원을 주시기 위해 인간이 되시고 죄 없는 삶을 사셨으며, 대속제물로 죽으셨다가 죽은 자 가운데서 살아나 성부에게로 올라가신 하나님 아들에 대한 이야기를 들려준다. 복음이 '좋은 소식'인 것은 하나님의 구원이 믿는 모든 사람에게 주어지기 때문이다(롬 1:16). 물론 모든 사람이 이 메시지에 열려 있는 것은 아니다. 어떤 이들은 터무니없다는 식으로 반응한다. 바울은 이렇게 말한다. "십자가의 도가 멸망하는 자들에게는 미련한 것이요 구원을 받는 우리에게는 하나님의 능력이라"(고전 1:18). 바울은 고린도전서에서 복음의 메시지를 이렇게 요약한다. "형제들아, 내가 너희에게 전한 복음을 너희에게 알게 하노니 이는 너희가 받은 것이요 또 그 가운데 선 것이라. 너희가 만일 내가 전한 그 말을 굳게 지키고 헛되이 믿지 아니하였으면 그로 말미암아 구원을 받으리라. 내가 받은 것을 먼저 너희에게 전하였노니 이는 성경대로 그리스도께서 우리 죄를 위하여 죽으시고 장사 지낸 바 되셨다가 성경대로 사흘 만에 다시 살아나사"(고전 15:1-4).

클리프 맥매니스는 복음이 5개의 큰 주제로 구성된다고 말한다.

1. 예수님은 누구신가?
2. 예수님의 죽음은 어떤 의미가 있는가?
3. 예수님의 부활은 사실인가?
4. 회개로의 부르심
5. 믿음으로의 부르심[34]

한 가지씩 그 내용을 간단하게 살펴보겠다.

1. 예수님은 누구신가? 이것은 사람이 물을 수 있는 가장 중요한 질문이다. 우리는 예수님이 누구신지 알아야 하고 복음은 그에 대한 답을 제공한다. 세례 요한을 죽인 분봉왕 헤롯은 예수님을 직접 보았을 뿐 아니라 예수님의 행적에 대한 보고를 접하곤 몹시 당황한다. 왜냐하면 어떤 이는 예수님을 가리켜 부활한 세례 요한이라 하고, 어떤 이는 엘리야라고도 하며, 또 어떤 이는 옛 선지자 중 하나가 다시 살아났다고도 하기 때문이었다. 헤롯이 이렇게 말한다. "요한은 내가 목을 베었거늘 이제 이런 일이 들리니 이 사람이 누군가"(눅 9:7-9). 예수님을 대적하던 사람들도 "예수님이 누구신가?" 묻는다. 헤롯이 당황스러워했다는 사실을 기록한 누가는 (마치 예수님의 초자연적 능력을 보여줌으로 그 질문에 답하기라도 하듯) 예수님이 떡 다섯 개와 물고기 두 마리로 5천 명을 배부르게 먹이신 이야기를 들려준다(눅 9:10-17).

그러고 나서 누가는 다시 한번 그 질문으로 돌아가, 이번에는 그리스도가 직접 물으시는 장면을 기술한다. "사람들이 나를 누구라 하느냐?" 제자들은 헤롯을 당황스럽게 했던 말들, 즉 세례 요한, 엘리야, 옛 선지자 중 한 사람이라고 같은 대답을 한다. 예수님은 베드로를 지목하여 물으신다. "너는 나를 누구라 하느냐?" 베드로는 "하나님의 그리스도"라고 대답한다(눅 9:18-20).

제자들은 예수님이 누구신지 아직 온전히 이해하지 못한 상황이고, 예수님의 지상 사역은 끝나가고 있었다. 예수님은 이제 곧 예루살렘으로 들어가 그곳에서 고난 받으시고 죽으실 것이다.[35] 그래서 예수님은 자신이 누구인지 제자들에게 단단히 가르치셔야만 했다. 곧 제자들에게 닥칠 도전과 공격에 맞서려면 힘이 필요하기 때문이다. 베드로의 신앙고백이 자못 진지해 보이지만 그도 아직 그리스도께 온전히 헌신하지 못한 것이 분명하다. 심지어 곧 예수님을 세 번이나 부인하게 될 것이다. 그럼에도 베드로가 예수님께 드린 그 신앙고백은 이후 그의 삶에 거대한 힘이 될 것이다. "너는 나를 누구라 하느냐?" 이 질문을 예수님이 베드로에게만 던지시는 것이 아님을 주목하라. 예수님은 우리 모두를 위해 죽으셨다. 그러므로 우리 모두가 이 질문에 응답해야 한다. 나는 예수님을 누구로 알고 있는가? 당신에게 예수님은 어떤 분인가?

2. 예수님의 죽음은 어떤 의미가 있는가? 예수님의 죽음에는 많은 의미가 담겨 있으며 어떤 것들은 복잡하게 얽혀 있기도 하다. 하지만 무엇보다 예수님의 죽음은 대속을 위한 것이다. 예수님은 우리를 죽음에서 자유케 하시려고 우리 죄를 대신해 죽으셨다. 죄의 대가는 죽음이기 때문이다. 우리는 죄로 말미암아 하나님과 분리되어 있었고, 예수님의 대속적 죽음 덕분에 하나님과 화목을 누리게 되었다(롬 5:10; 고후 5:18-20; 엡 2:16; 골 1:20, 21). 우리가 하나님과 다시금 친밀한 관계로 연합을 이루었으므로, 대속atonement을 달리 표현하면 '하나됨'at-one-ment이라 말할 수 있다.[36] 화목제물로서 예수님의 죽음은 하나님의 진노를 달래기에 충분하고(롬 3:25; 요일 2:2; 4:10)[37] 그로 말미암아 우리의 죄책이 사라진다.[38] 예수님의 죽음이 우리를 구속한다. "흠 없고 점 없는 어린 양 같은 그리스도의 보배로운 피"(벧전 1:18-19)로 우리의 몸값이 치러진다. 우리는 죄사함을 받으며(골 1:14) 죄의 저주에서 풀려나게 된다(엡 1:7). 예수님의 죽음을 통해 우리는 그리스도를 믿는 믿음으로 다시 태어나(요 1:12) 하나님의 자녀로 입양되고, 의롭다 여김을 받으며 법적으로 무죄하다 선언받는다(롬 3:21-26).[39] 찰스 스펄전은 하나님이

구원받은 죄인들을 보실 때 더 이상 그들 안에 있는 죄를 보지 않고 그들을 휘장처럼 감싸고 있는 하나님의 사랑하는 아들 예수 그리스도를 보신다고 말한다. 스펄전은 이렇게 말한다. "하나님은 독생하신 아들의 희생이라는 휘장에 감싸인 우리 영혼을 결코 멸하지 않으실 것이다. 우리를 덮으신 아들을 받아들이지 않을 수 없기에, 하나님이 우리를 받아들이시는 것이다."[40]

3. 예수님의 부활은 사실인가? 바울은 이렇게 말한다. "네가 만일 네 입으로 예수를 주로 시인하며 또 하나님께서 그를 죽은 자 가운데서 살리신 것을 네 마음에 믿으면 구원을 받으리라"(롬 10:9). 예수님이 사탄과 죄와 사망을 이기셨다는 기독교의 메시지는 은유가 아니다. 앞에서 언급했듯, 예수님은 자진하여 십자가 위에서 죽으심으로 사탄이 "그분의 발꿈치를 상하게 하는 것"을 허용하셨다. 그러나 바로 그렇게 죽으시는 (그리고 부활하시는) 과정을 통해 예수님은 "사탄의 머리를 으스러뜨리셨다"(창 3:15, NIV). 이로써 사탄과 죄와 죽음을 이기셨다. 윌리엄 로메인은 이렇게 말한다. "예수님을 찌르던 순간 죽음은 자신을 찔러 죽임을 당하고 말았다."[41] 윌리엄 플러머는 이렇게 덧붙인다. "그리스도의 죽음은 어둠의 제국에 치명적 일격을 가했다."[42] 그리스도의 부활은 인류 구원을 위한 하나님의 계획을 완성한다. 예수님의 부활이 역사적 사실이라는 점은 기독교의 핵심이다. 바울은 이렇게 말한다. "그리스도께서 만일 다시 살아나지 못하셨으면 우리가 전파하는 것도 헛것이요 또 너희 믿음도 헛것이며…그리스도께서 다시 살아나신 일이 없으면 너희의 믿음도 헛되고 너희가 여전히 죄 가운데 있을 것이요 또한 그리스도 안에서 잠자는 자도 망하였으리니 만일 그리스도 안에서 우리가 바라는 것이 다만 이 세상의 삶뿐이면 모든 사람

가운데 우리가 더욱 불쌍한 자이리라"(고전 15:14, 17-19).

4. 회개로의 부르심. 회개는 구원과 별개의 요구사항이 아니다. 우리는 오직 믿음으로 구원받지만, 회개는 믿음과 함께 간다. 월터 챈트리는 이렇게 말한다. "회개와 믿음은 샴 쌍둥이다."[43] 싱클레어 퍼거슨은 이렇게 말한다. "믿음과 회개는 결혼 배우자처럼 결코 떨어져서는 안 된다."[44] 회개는 죄에서 돌이켜 하나님께 순종하는, 태도와 행동의 변화다. 회개란 단어는 "생각을 근본적으로 바꾼다"는 뜻의 그리스어에서 나왔다. 즉 회개는 자기 행동에 대한 (하나님이 허락하시는) 새로운 깨달음일 뿐 아니라 변화를 통해 하나님과 새로운 관계를 시작하지 않을 수 없게 만드는 마음의 부담감이다(히 6:1; 행 20:21).[45] 월터 엘웰은 이렇게 말한다. "회개는 문자 그대로 마음의 변화이지 개인적인 계획이나 의도 혹은 신념의 변화가 아니다. 하나님을 대적하던 방향에서 전인격이 돌아서는 것을 의미한다."[46]

5. 믿음으로의 부르심. 예수 그리스도를 믿는 것은 그분이 하나님의 아들이라는 단순한 지적 동의 이상이 필요하다. 구원하는 믿음은 어떤 명제가 참이라고 받아들이는 것만이 아니라 (그런 점에서 보면 마귀들도 예수님이 하나님의 아들임을 믿고 떨었다. 약 2:19) 인격적인 신뢰를 반영한다. 즉 하나님의 아들이신 예수 그리스도가 우리 죄를 사해 주실 것을 신뢰하는 것이다.[47] 여기에는 의지에 따른 행동도 포함된다. 믿는다는 것은 그리스도와 연합된 것으로도 볼 수 있으며, 연합으로 말미암아 신자는 구주되신 예수님께 붙어 있을 수 있는 것이다. 우리는 오직 그리스도를 믿음으로 영원한 구원을 얻는다. 다른 것은 아무 것도 필요 없다. 성경은 이를 명확히 한다. 빌립보 간수가 바울과 실라에게 구원을 얻으려면 어떻게 해야 하느냐고 물었을 때 이런 대답을 듣는

다. "주 예수를 믿으라. 그리하면 구원을 받으리라"(행 16:30-31). 구원은 우리가 노력하여 얻을 수 있는 게 아니다. 온전히 하나님이 주시는 선물이다. 바울은 에베소 교인들에게 이렇게 선포한다. "너희는 그 은혜에 의하여 믿음으로 말미암아 구원을 받았으니 이것은 너희에게서 난 것이 아니요 하나님의 선물이라. 행위에서 난 것이 아니니 이는 누구든지 자랑하지 못하게 함이라"(엡 2:8-9).

그러면 이제부터 복음서를 하나씩 간단하게 살펴보기로 하자.

마태복음

사도 마태가 그의 이름이 들어간 복음서를 쓴 것으로 받아들여진다. 아마도 주후 50년 초반일 것으로 생각되는데, 마태가 예루살렘 성전이 무너진 사건을 언급하지 않는 것으로 보아 최소한 이 사건이 일어난 해인 주후 70년 이전에 쓰인 것은 거의 확실하다.[48] 당시 그리스도인이 아니던 유대인들에게 복음의 진리를 전하고[49] 더불어 이미 그리스도를 영접한 유대인들의 믿음을 굳게 하려는 목적으로 쓰였다.[50] 마태복음은 예수님이 (백성들이 오랫동안 약속 가운데 고대하던) 이스라엘의 메시아 왕임을 제시하고 그분의 사역으로 메시아 시대가 도래했음을 묘사함으로, 구약의 예언들이 예수님 안에서 성취되었다고 강조한다. 마태는 구약성경이 성취(혹은 완성)되었다는 표현을 다섯 차례 사용하는데 그 예언들이 어떻게 성취되고 있는지를 복음서 전반에 걸쳐 보여준다.[51] 마태는 예수님이 구약의 율법을 폐하기 위해서가 아니라 완성하기 위해 왔노라 말씀하셨다고 증언한다(5:17-19, "완전하게 하려 함이니라").[52] 오직 마태복음만 "하나님 나라"kingdom of God 대신 "천국"kingdom of heaven이라는 표현을 사용하는데, 이는 아마도 '하나님'이라는 표현으로 유대인 독자들을 놀래키지 않으려는 의도가 있었을 것이다. 유대인들은 경외하는 하나님의 이름을 함부로 언급하지 않는다.[53]

마태복음은 예수님의 사역에 강조점을 두면서도 특별히 가르침에 많은 부분을 할애한다. 먼저 산상수훈(5-7)이 있는데, 여기서 예수님은 사람이 품어야 하는 최고의 도덕 기준을 제시하고 천국에서의 삶에 대해 말씀하신다. 그밖에 주기도문(6:9-13), 황금률(7:12) 그리고 (예루살렘과 이스라엘의 미래를 예견하는) 감람산 강화(24-25장)가 포함된다. 마태복음은 예수님이 제자들을 부르신 일화 및 제자들을 파송하시며 경계와 교훈을 주시는 장면도 다룬다(10장). 예수님의 여러 가지 천국 비유(13장)와 종교 지도자들에 대한 엄중한 경고(23장)도 담고 있다.[54] 그러고 나서 대위임명령(28:19-20)으로 끝을 맺는다. 토라를 철저히 지키려는 유대인들이 하나님 보시기에 의로운 삶을 추구했기 때문인지, 마태도 '의'righteousness를 매우 강조하고 있다. 예수님이 의를 이루는 전혀 다른 길(즉 행위가 아닌 믿음)을 제시하시는 것도 유대인들의 이러한 관심사를 반영한다고 볼 수 있다.

마태복음의 많은 이야기들은 연대기순이 아닌 주제를 따라 배열되어 있다. 마태의 주된 목적 중 하나는 예수님이 제자들에게 (온 세상에 복음을 전하고 담대함을 얻도록) 명하실 권세가 있음을 보여주는 데 있다. 마태복음은 부활하신 예수님이 갈릴리에 있는 산에서 제자들을 만나 자신의 신적 권세를 선포하는 것으로 마무리된다. "하늘과 땅의 모든 권세를 내게 주셨으니 그러므로 너희는 가서 모든 민족을 제자로 삼아 아버지와 아들과 성령의 이름으로 세례를 베풀고"(28:18-19).[55]

초대 교회가 마태복음을 신약의 맨앞에 배치한 이유에 대해, 사람들은 마태복음이 가장 먼저 쓰였기 때문이 아닐까 추측한다. 오늘날 대부분의 학자들은 이런 의견을 받아들이지 않는다. 대신 마태복음이 맨앞에 놓인 다른 논리적 근거를 제시한다. 즉 마태복음이 구약과 신약을 연결하는 일종의 다리 역할을 한다는 것이다. 마태복음이 (구약의 두 핵심 인물인) 아브라함에서 다윗까지 거슬러 올라가는 예수님의 족보로 시작하는 데다, 구약 본문을 자주 인용하고 특별히 모세 율법의 역할에 대해 언급하기 때문이다.[56]

학자들은 마태복음을 크게 세 부분으로 나눈다. 먼저 예수님의 공생애로 이어지는 사건들이다. 예수님의 족보, 어린 시절(1:1-2:23), 세례 및 시험 받으신 일(3:1-4:16)이다. 두 번째는 공생애 사역이다. 예수님의 가르침, 사역들, 종교 지도자들과 부딪친 일 등이다(4:17-16:12). 세 번째는 예수님이 거부당하시고 고난 받으시다가 십자가에 못 박히신 후 부활하신 일이다(16:13-28:20). 마태복음이 마가복음 자료에 상당 부분 의존하고 있는 탓에, 예수님의 사역에 대한 기술이 마가복음과 같은 지리적 순서를 따르고 있다. 먼저 갈릴리 지역에서 시작하여 예루살렘으로의 여정이 이어지고 그런 후에 예루살렘에서의 재판, 죽음 및 부활 사건으로 끝난다.[57]

마가복음

초기 교부들은 마가를 마가복음의 저자로 인정하는 데 이견이 없었다. 마가가 (마가복음에 기술된 많은 사건의 목격자인) 사도 베드로의 통역관이었기 때문이다. 파피아스(주후 110년경)는 (아마도 사도 요한으로 추측되는) 장로 요한의 말을 빌어, 마가가 그리스도를 직접 따르던 제자는 아니었지만 베드로와 동행하면서 그의 가르침을 들었고 그가 예수님의 말씀과 사역에 대해 회고하던 내용을 (꼭 시간 순서는 아니지만) 모두 기록했다고 전한다. 많은 다른 교부들도 이 주장에 힘을 실어 주었다.[58]

앞에서 언급했듯, 대부분의 복음주의 학자들은 마가복음이 가장 먼저 쓰였으며 대략 주후 50-70년 사이라고 본다.[59] 가이슬러와 튜렉은 주후 50년대 중반이나 말엽에 쓰였을 거라고 주장하는데, 주후 60년경에 기록된 누가복음보다 조금 앞서야 하기 때문이다.[60] 마가복음은 주로 이방인 독자들을 대상으로 로마에서 쓰였다. 좁게는 로마의 그리스도인들이 대상이지만 교회 전반을 염두에 둔 것으로 보는 게 맞다.[61]

마가는 예수님의 삶을 단순하게 보여주되 행적 위주의 짧은 이야기들로 기술한다.[62] 많은 경우 "곧"immediately과 "그 후에"then라는 단어를 반복적으로 사용한다.[63] 마가복음은 복음서 중 가장 짧으며 그래서인지 긴 담화는 거의 없다.[64] 예수님은 인류의 죄를 대신해 죽으러 오신, 고난 받는 종으로 제시된다(8:31; 10:45; 14:21, 36). 예수님은 자신을 따르려는 자들에게 자기를 부인하고 겸손히 섬길 것을 말씀하신다(8:34-38; 9:35-37; 10:35-45). 이를 통해 마가는 예수님이 우리 모두를 제자로 부르고 계심을 말한다.[65] 마가는 (제자도가 예수님과의 친밀한 관계를 의미하므로) 예수님과의 교제를 강조하되, 그분을 신뢰하고 그분의 가르침을 따르며 그리스도인으로 어쩔 수 없이 부닥치게 될 거절에 대비하라고 말한다.[66] 마가복음이 말하는 바, 제자도에서 필수불가결한 두

가지 자격 조건이 있는데, 하나는 자기 부인이며 다른 하나는 날마다 자기 십자가를 지고 예수님을 따르는 것이다(8:34).[67]

마가는 예수님 안에서 하나님 나라가 가까이 왔음을 강조하면서(1:15), 사람들에게 회개하고 예수님과 복음을 믿으라고 촉구한다. 하지만 마가복음만 보더라도 당시 유대인들이 메시아와 그분이 실현할 하나님 나라에 대해 다른 기대를 하고 있음이 분명히 드러난다. 앞서도 말했듯, 유대인들은 자신들을 위해 압제자들을 물리치고 강력한 지상 왕국을 세울 군사 지도자를 기대하고 있었다. 예수님은 제자들에게(사람들에게 비밀로 감추어진 바) 자신이 메시아임을 조금씩 알려주시지만, 그러면서도 제자들이 예수님의 정체성뿐 아니라 행하신 여러 표적들을 공공연히 말하지 말도록 금하신다.[68] 예수님은 무리들에게 말씀을 전하실 때도 주로 비유로 말씀하신다. 재판을 받으시던 때에서야, 예수님은 메시아로서 자신의 정체성을 공개적으로 밝히신다(14:61-62). 예수님은 하나님 나라의 확장에 대해서도 자주 말씀하시는데 당시 예수님의 메시지를 철저히 오해했던 종교 지도자들은 더욱 멀어지고 만다. 나중에 이 책에서 자세히 다루겠지만, 하나님 나라는 현재적 속성과 미래적 속성이 모두 존재한다. 예수님이 처음 오시면서 그 나라가 시작되지만 그분이 행하시는 처음 통치는 대부분 영적인 영역에 국한된다. 장래에 실현될 하나님 나라는 예수님의 두 번째 오심, 즉 재림으로 말미암을 것이며 그때 예수님은 만물을 다스리실 것이다.

마가복음은 크게 두 부분으로 나누어진다. 첫 부분은 예수님의 갈릴리 사역을 다루고(1:1-8:26), 두 번째 부분은 예루살렘에서 일어난 예수님의 십자가 죽음과 부활 및 그 이후 사건들을 다룬다(8:27-16:8).[69]

의사이자 사도 바울의 동료인 누가가 사도행전과 더불어 이 복음서를 썼다는 데 대다수가 동의한다. 교회 전승과 누가복음 자체의 진술도 이를 뒷받침한다.[70] 가이슬러와 튜렉은 누가복음이 주후 60년이나 그 이전에 기록되었다고 주장하는데, 사도행전의 기록 시기가 주후 62년을 넘기지 않고 누가복음은 그보다 먼저 쓰였기 때문이다. 게다가 바울이 주후 62-65년경에 쓴 서신에서 누가복음 10장 7절을 인용하고 있기 때문이다(딤전 5:18). 분명한 것은 사도 바울이 구약성경과 동등한 권위를 부여하며 누가복음을 인용하려면 이 복음서가 기록되고 권위가 확립되기까지 일정 기간이 흘렀을 거라는 점이다.[71]

누가복음의 내용을 보면 이 책이 이방인 독자들을 위해 쓰였다는 학자들의 견해가 힘을 얻는다. 크레이그 에반스는 마태복음 및 마가복음과 달리, 누가복음은 (구약 예언들을 성취하는) 유대인 메시아에 관한 유대의 이야기가 이방인들과도 관련이 있음을 보여주고자 한다는 점에 주목한다. 이방인도 하나님의 구원 계획의 일부이기 때문이다. 실제로 예수님은 이방인에게도 복음의 메시지를 전하시고 그들을 대상으로 사역하며 치유의 기적을 행하신다. 무엇보다 누가복음에서 우리는 가난하고 억압받는 자들을 향한 예수님의 사랑을 보게 된다.[72]

앞에서 살펴보았듯, 누가는 신중하고 정확한 역사가임이 입증되었다. 누가는 서두에서 자신이 모든 일들을 자세히 조사하여 역사적으로 정확한 설명을 제공하려 한다고 언급한다(1:1-4). 그런 그가 예수님을 잃어버린 죄인을 찾아 구원하려 오셨으나 이스라엘에게 거절 당한 인자Son of Man로 묘사한다(9:56; 19:10).[73] 앞에서 언급했듯, 누가는 예수

님이 온전한 인성을 지닌 사람이심을 강조한다.[74]

누가는 교회가 내부의 논쟁들을 거의 다 해결하고 하나로 통합되었음을 보여준다. 마태가 예수님이 구약의 예언들을 성취하신 것에 초점을 맞추었듯, 누가도 예수님이 고난 당하시고 부활하심으로 구약을 성취하셨음을 말한다(24장).[75] 누가는 예수님이 부활하신 모습으로 제자들에게 두 차례 나타나심으로 자신이 구약에서 예표되고 예언되어 있음을 보여주셨다고 말한다.[76] 누가는 하나님의 주권, 예수님의 구원 사역 및 성령의 도우심을 그려나간다. 누가는 몇몇 본문에서 삼위일체 하나님의 세 위격을 모두 언급하기도 한다. 예수님의 탄생을 알리는 장면(1:26-38), 요한에게 세례받으시는 장면(3:21-22), 사탄에게 시험 받으시는 장면(4:1-13), 그리고 예수님이 제자들에게 마지막으로 말씀하시는 장면(24:46-49)이다.[77] 학자들에 따르면 누가복음은 명확하게 단락을 구분하기가 쉽지 않으며 중단없이 펼쳐지는 예수님의 사역 일정표에 더 가깝다.[78]

누가복음에서 반복되는 다른 주제들로는 용서, 기쁨, 신적 진리라는 신비에 대한 경이(참조. 눅 2:18), 예수님의 기도(특히 중대 사역을 앞두고 행하신 기도) 등이 있다.[79]

요한복음

요한복음은 꽤 오랜 시간 내가 개인적으로 가장 좋아하던 책이다. 친구들이 막 믿음을 갖게 된 나에게 이 책이 복음서 중 가장 신학적이고 그리스도의 신성을 가장 잘 묘사하고 있다며 추천해 준 덕분이다.

사복음서 비교

	마태복음	마가복음	누가복음	요한복음
저자	마태	마가(베드로의 통역관)	누가(의사, 바울의 동료)	요한(예수님이 사랑하시던 제자)
기록연대	주후 50년 초반/주후 70년 이전(예루살렘 멸망을 언급하지 않음).	주후 50-70년(사복음서 중 가장 먼저 쓰였을 것으로 봄)	주후 60년 혹은 그 이전(사도행전이 주후 62년을 넘기지 않고 누가복음은 그보다 먼저 쓰임 바울이 주후 62-65년경에 쓴 디모데전서에서 누가복음 10:7을 인용하고 있음)	주후 80-95년(사복음서 중 가장 늦음)
독자	비그리스도인 유대인에게 복음을 전하고 그리스도인 유대인의 믿음을 굳게 하기 위해 쓰임	로마 및 인근의 이방인 그리스도인	이방인(구약의 예언들을 성취하는 유대인 메시아 이야기가 이방인들과도 관련 있음을 보여주려 함)	이방인으로서 그리스도인이 된 새 신자들과 아직 그리스도를 영접하지 않은 구도자들
초점	예수님이 메시아 왕임을 제시함. 예수님의 사역으로 메시아 시대의 도래를 알림 구약 예언들이 예수님 안에서 성취됨을 강조	예수님을 인류의 죄를 대신해 죽으러 오신, 고난 받는 종으로 제시함	예수님을 잃어버린 바 된 죄인을 찾아 구원하려 오셨으나 이스라엘에게 거절당한 인자로 제시함	그리스도가 태초부터 선재하시며, 인간이 되신 하나님, 하나님의 말씀임을 보여줌 예수님이 행하신 기적과 가르침을 통해 예수님의 신성을 입증하고, 우리를 구원에 이르는 믿음으로 이끌려 함

특징	"구약의 성취(완성)"이란 표현을 다섯 차례 사용 "하나님나라" 대신 "천국"이란 표현 사용(하나님의 이름을 함부로 언급하지 않으려 함) 예수님의 사역에 강조점을 두면서도 특별히 가르침에 많은 부분을 할애함(산상수훈, 주기도문, 황금률, 감람산 강화 등) 토라를 철저히 지키는 유대인을 염두에 둔 듯 '의'를 매우 강조하고, 예수님도 의를 이루는 전혀 다른 길(행위 아닌 믿음)을 제시하심 구약과 신약을 잇는 다리로서 신약 맨앞에 놓임	예수님의 삶을 행적 위주의 짧은 이야기들로 구성 "곧", "그후에"라는 단어를 반복적으로 사용.복음서 중 가장 짧음 예수님을 따르려는 자들에게 자기를 부인하고 겸손히 섬길 것을 권면함 제자도의 필수불가결한 두 가지 조건(자기 부인, 자기 십자가를 지고 예수님을 따르는 것)을 강조함 예수님 안에서 하나님 나라가 가까이 왔음을 강조하며, 회개하고 예수님과 복음을 믿으라고 촉구함	예수님이 온전한 인성을 지닌 사람이심을 강조함 예수님이 고난 당하시고 부활하심으로 구약을 성취하셨음을 말함 하나님의 주권, 예수님의 구원 사역 및 성령의 도우심을 그림 삼위일체의 세 위격을 모두 언급함 단락을 명확히 구분하기 어려우며 예수님의 사역 일정표에 가까움 용서, 기쁨, 신적 진리라는 신비에 대한 경이, 예수님의 기도 등이 반복됨	내용, 순서, 단어 사용 및 주제 선택에서 공관복음서와 확연히 구별됨 그리스도의 신성을 강조함 예수님이 자주 사용하신 "나는 ~이다"라는 표현을 통해 구약의 하나님과 자신을 동일시하신 사실을 제시함
구성	1. 공생애로 이어지는 사건(족보, 어린시절, 세례 및 시험 받으신 일) 2. 공생애 사역 3. 예수님의 수난 및 십자가 사건과 부활	1. 예수님의 갈릴리 사역 2. 예수님의 십자가 죽음과 부활 및 그 이후 사건	1. 예수님의 갈릴리 사역 2. 예수님의 십자가 죽음과 부활 및 그 이후 사건	1. 유대 절기 동안의 예수님의 행적(유월절, 장막절, 수전절 등) 2. 십자가 수난 이전 마지막 만찬 및 중요한 강화 3. 예수님의 체포, 재판, 죽음 및 부활 후 나타나신 일

요한복음의 내부 증거와 교회 전승에 따르면 이 복음서의 저자가 예수님이 사랑하시던(20:2) 제자 사도 요한임을 알 수 있다.[80] 대부분의 학자들은 요한복음의 기록 연대를 모든 복음서 중 가장 늦은 것으로 추정하는데, 교부들도 주후 80-95년 사이에 연로한 요한이 기록했다고 말한다.[81] 반면 주후 70년 이전에 기록되었다고 주장하는 학자도 일부 있다.[82] 요한은 그리스도인이 된 새신자들과 아직 그리스도를 영접하지 않은 구도자들을 위해 이 책을 기록했다.[83]

요한복음은 그 내용이나 순서, 단어 사용 및 주제 선택에 있어 공관복음서와 확연히 구별된다. 처음부터 단도직입적으로 예수님의 정체를 밝힌다. 선재하시는 자이시며 인간이 되신 분으로 하나님의 말씀이시라는 것이다. 요한복음 곳곳에서 그리스도의 신성을 강조하기도 한다(1:1-18; 2:1-11; 4:46-54; 5:1-15; 6:5-14; 6:16-21; 8:24, 58; 9:1-12; 11:1-44; 19:1-20:30). 첫 부분(1:19-12:50)에서는 예수님의 공생애 사역을 다루면서 주로 유월절(2, 6, 11-12장), 장막절(7-9장), 수전절(10장) 등 유대 절기 동안의 예수님의 행적을 보여준다. 두 번째 부분(13-17장)에서는 예수님이 십자가에 못 박히시기 전 제자들과 행하신 마지막 만찬(13장)과 이어지는 매우 힘 있고 중대한 강화(14-17장)가 실려 있다. 이 강화에 대해서는 나중에 자세히 다루겠다. 마지막 부분(18-21장)은 예수님의 체포와 재판, 죽음 및 부활 후 나타나신 일들이 기록되어 있다.[84]

요한이 이 복음서를 기록한 목적에 대해서는 우리가 굳이 추측할 필요가 없는 것이, 그가 직접 밝히고 있기 때문이다. "예수께서 제자들 앞에서 이 책에 기록되지 아니한 다른 표적도 많이 행하셨으나 오직 이것을 기록함은 너희로 예수께서 하나님의 아들 그리스도이심을 믿게 하려 함이요 또 너희로 믿고 그 이름을 힘입어 생명을 얻게 하려 함이니라"(요 20:30-31).

요한은 자신의 복음서에서 예수님이 행하신 표적들을 소개하고 그것들이 예수님의 정체성을 어떻게 드러내는지 밝히며, 예수님이 행하신 강화들을 통해 그 의미를 드러내고 그분의 신성을 입증함으로써 우리를 (예수님 안에서) 구원에 이르는 믿음으로 이끌고 있다.[85]

요한복음 곳곳에서 예수님은 "나는…이다"I am라는 표현을 사용하시는데, 이는 유대 백성의 하나님, 즉 구약의 하나님 야훼와 자신을 동일시하는 표현이다(6:35; 8:24, 58; 10:11, 14; 15:1; 18:5-9, 비교. 출 3:14-16).[86]

요한복음은 예수님이 온전한 인간이실 뿐 아니라 완전한 하나님이심을 보여준다는 점에서는 공관복음과 어깨를 나란히 한다. 브루스 바튼은 이렇게 주장한다. "사복음서가 같이 있어야 하나님이자 사람이신 나사렛 예수의 초상을 온전히 볼 수 있다. 예수님 안에는 완전한 인성과 완전한 신성이 함께 존재한다. 그렇기 때문에 예수님은 세상의 죄를 대신할 유일한 희생제물이자, 모든 믿는 자들의 합당한 주가 되실 수 있는 것이다."[87]

그리스도의 삶과 사역

다음 장에서 복음서의 내러티브를 자세히 살펴볼 텐데, 그 전에 (더 깊은 고찰을 위한 개관의 의미로) 그리스도의 삶과 사역에 대해 짧게 훑어보는 게 좋겠다.

예수님은 죽기 위해 세상에 오신 유일한 사람이셨다. 풀턴 쉰 주교는 이렇게 말한다. "죽음은 그분 삶의 목표이자 성취였으며 그분이 찾아헤메던 황금이었다. 그분이 못박히신 십자가를 말하지 않고는 그분의 말씀과 행적을 이해하지 못한다…모든 인간의 이야기는 출생에서 시작해 죽음으로 끝난다. 그러나 그리스도는 죽음이 먼저였고 생명이 마지막이었다…예수님의 탄생이 그분 삶에 그림자를 드리우고 죽음으로 이어졌다고 말하는 건 적절치 않다. 오히려 십자가가 먼저였고, 그 십자가가 그분의 탄생에 그림자를 드리웠다고 말하는 게 맞다. 예수님의 삶은 세상에서 유일하게 거꾸로 흘러갔던 유일한 삶이다."[88]

비록 예수님은 죽기 위해 태어나셨고 처음부터 그 십자가를 지겠다는 목적이 분명하셨지만, 그 일은 하나님이 정하신 때에만 일어날 수 있었다. 그리고 군사들에게 잡히시기 전까지 (물론 이것도 예수님과 성부께서 허락하셔야 하는 일이었다) 예수님은 자신의 과업을 완수하셔야 했다. 예수님은 구속, 구원 그리고 생명의 메시지를 전파하러 오셨다. 그것은 자신이 종교 지도자들에게 반감을 일으켜 십자가 죽음을 야기할 논쟁적인 메시지를 전한다는 의미가 아니었다. 예수님이 어떤 메시지를 전하든, 그것을 받아들일 자와 거부할 자는 분명이 존재한다. 오히려 진리는 그 속성상 사람들 사이에 분쟁을 일으키기 때문이다 (눅 12:51). 그럼에도 예수님이 전하신 메시지를 보면 왜 사람들이 그분을 죽이려 했는지 알 수 있다. 예수님은 그들의 권위와 전통 그리고 (안식일에 병을 고칠 권한이 있는지를 포함한) 율법 해석에 도전장을 내밀었다. 예수님은 스스로를 메시아이자 왕으로 주장하실 뿐 아니라 거룩한 성 예루살렘에 입성하시면서도 유대인이 주장하는 바 "신성모독"을 저지르셨다. 더불어 예수님은 자신이 죄사함의 권세를 가진 하나님의 아들임을 주장하시고, 대담하게 유대인의 성전에서 소위 '청결 행위'를 감행하기까지 하셨다.[89]

사도행전에 보면, 베드로는 이방인에게 행한 설교에서 예수님의 사역과 그분의 대속적 죽음을 다음과 같이 요약한다. 이 짧고 영감 있는 글에서 우리는 (사도 베드로의) 그리스도를 향한 열정과 이방인을 향한 복음 전도의 뜨거움을 느낄 수 있다.

> 베드로가 입을 열어 말하되 내가 참으로 하나님은 사람의 외모를 보지 아니하시고 각 나라 중 하나님을 경외하며 의를 행하는 사람은 다 받으시는 줄 깨달았도다. 만유의 주 되신 예수 그리스도로 말미암아 화평의 복음을 전하사 이스라엘 자손들에게 보내신 말씀 곧 요한이 그 세례를 반포한 후에 갈릴리에서 시작하여 온 유대에 두루 전파된 그것을 너희도 알거니와 하나님이 나사렛 예수에게 성령과 능력을 기름 붓듯 하셨으매 그가 두루 다니시며 선한 일을 행하시고 마귀에게 눌린 모든 사람을 고치셨으니 이는 하나님이 함께 하셨음이라. 우리는 유대인의 땅과 예루살렘에서 그가 행하신 모든 일에 증인이라. 그를 그들이 나무에 달아 죽였으나 하나님이 사흘 만에 다시 살리사 나타내시되 모든 백성에게 하신 것이 아니요 오직 미리 택하신 증인 곧 죽은 자 가운데서 부활하신 후 그를 모시고 음식을 먹은 우리에게 하신 것이라. 우리에게 명하사 백성에게 전도하되 하나님이 살아 있는 자와 죽은 자의 재판장으로 정하신 자가 곧 이 사람인 것을 증언하게 하셨고 그에 대하여 모든 선지자도 증언하되 그를 믿는 사람들이 다 그의 이름을 힘입어 죄 사함을 받는다 하였느니라(행 10:34-43).

베드로의 선포를 가볍게 넘기지 말자. 예수님을 믿는 '모든' 사람이 죄사함을 받는다. J. C. 라일은 이렇게 말한다. "복음 아래 치유받지 못하는 경우는 없다. 어떤 죄인이든 그리스도께 나아오기만 하면 치유받을 수 있다."

복음서들이 완벽한 전기적 자료를 제공하지 않고 때로는 주제별로 기술되다 보니 몇몇 사건들의 경우 발생 순서를 정확히 판단하기가 불분명하다. 마태복음(1-2장)과 누가복음(1-2장)은 둘 다 예수님의 탄생과 유년시절에 대한 정보를 제공한다. 두 복음서 모두 예수님의 탄생이 미리 선포된 내용이며 마리아가 동정녀의 몸으로 예수님을 낳았다고 기록한다. 두 복음서가 공통적으로 예수님의 선조들을 거슬러 올라가는 족보를 기록하고 있는 반면, 요한복음은 (삼위일체 하나님의 제2위격이신) 말씀이 태초부터 계신 영원한 존재일 뿐 아니라 만물이 그로 말미암아 창조되었음을 선포하는 것으로 시작한다. 누가복음에서 목자들이 주의 천사가 자신들에게 나타나신 후 베들레헴에 나신 아기 예수를 찾아간다. 마태복음에서는 동방박사들이 별을 본 후 예수님을 경배하러 방문하고, 헤롯은 아기를 찾는 데 실패한 후 예수님을 죽이기 위해 베들레헴에 있는 무고한 아기들을 살해하라고 명령한다(마 2:1-18). 요셉이 자신의 꿈에 나타나 마리아와 예수님을 데리고 안전해질 때까지 이집트로 가 있으라는 천사의 말에 순종하는 바람에 헤롯의 계획은 실패한다(마 2:13-15). 헤롯이 죽자 천사가 요셉에게 예수님과 마리아를 데리고 이스라엘로 돌아가라고 말한다(마 2:19-21). 예수님이 열두 살에 성전에 가셨다는 누가복음의 짤막한 기록 외에, 공생애 시작 이전 예수님의 삶에 관한 다른 정보는 없다.

예수님의 공생애 사역에 앞서, 세례 요한은 그분이 오실 것을 선포하고 사람들에게 회개할 것을 촉구한다(마 3:1-12; 눅 3:1-17). 요한이 예수님에게 세례를 주고(마 3:13-17; 눅 3:21-22) 이후에 예수님은 마귀에게 시험을 받으시는데, 예수님은 구약의 말씀을 인용하여 마귀에게 대적하심으로 하나님의 아들로서 순종의 모습을 보여주신다(마 4:1-11; 눅 4:1-13).

예수님의 공생애는 서른 살 즈음에 시작된다(눅 3:23). 예수님은 세례를 받으신 후 유대 지역에서 다니시다가 장차 제자가 될 이들을 만나신다(요 1:35-42). 그런 후 예수님은 갈릴리로 가시고(요 1:43) 거기서 물을 포도주로 바꾸는 첫 기적 혹은 표적을 행하신다(요 2:1-11). 예수님은 이 시기에 주로 갈릴리에 머물며 사역하시는데 유대 지역의 유대인들이 예수님을 죽이려 했기 때문이다(요 7:1). 그럼에도 예수님은 주기적으로 유대 지역으로 다니시면서 유월절에 예루살렘에 들어가 그곳에서 성전에서 돈 바꾸는 자들을 쫓으시고 바리새인 니고데모를 만나신다(요 3:1).

예수님은 제자들을 부르시고(막 3:13-19) 많은 가르침을 주신다. 산상수훈을 설파하시고(마 5-7장) 사람들에게 회개하고 복음을 믿을 것을 촉구하시며(막 1:15) 하나님 나라의 도래를 선언하신다(눅 11:20). 병고침의 이적을 베푸시고(막 1:40-3:12; 마 8:1-9:34), 귀신을 쫓으시며(마 8:28-34), 폭풍을 잠잠하게 하시는 등(막 4:35-41) 자연을 어거하는 기적들을 행하신다. 많은 사람들이 예수님을 따르지만(마 4:23-25), 그저 예수님이 일으키신 기적을 보고 놀란 것일 뿐 그들은 정작 예수님이 어떤 사명을 감당하셔야 하는지 알지 못했다. 하지만 종교 지도자들은 예수님과 대립하고(막 2:5-12), 예수님의 행적과 사역에 관한 소문이 퍼질수록 그들의 반감도 고조된다(마 12:24).

예수님은 사역으로 바쁘신 중에도 열두 제자를 택하여 훈련시키신 후 회개를 전파하고 귀신을 쫓으며 병고침을 행하도록 파송하신다

(마 10:1-42; 막 6:7-13). 이 기간 동안 예수님은 종종 비유로 가르치신다(마 13:1-53; 막 4:1-34). 예수님은 고향 나사렛에서 배척을 받으시고(마 13:53-58), 오천 명을 먹이시며(마 14:13-21), 예루살렘에서 온 바리새인과 서기관들로부터 도전을 받으시는데(마 15:1-20; 막 7:1-23), 그러면서 갈릴리 지역에서 두로와 시돈 인근의 이방인 지역으로 옮겨 사역하시게 된다(막 7:24-31).

어떤 이들은 예수님의 사역이 가이사랴 빌립보에서 전환점을 맞는다고 믿는다(마 16:13-20; 막 8:27-38; 눅 9:18-27). 바로 예수님이 베드로에게 자신이 메시아임을 인정하신 시점이다. 그리고 얼마 후 예수님은 베드로, 야고보, 그리고 요한 앞에서 모습이 변화하시면서 자신의 주장을 입증하신다(마 17:1-8).

예수님은 오랜 기간에 걸쳐 자신이 메시아이며 죽어야 한다고 제자들에게 수없이 말씀하시고 심지어는 자신의 죽음을 예고하시지만 제자들은 예수님이 실제로 죽으시고 부활하실 때까지 그분의 메시지를 온전히 이해하지 못한다. 그럼에도 예수님은 자신이 메시아이심을 공개적으로 밝히지 않으시는데, 아직 붙잡히실 때가 되지 않았기 때문이다. 하지만 몇몇 사람들, 예를 들면 우물가에서 만난 사마리아 여인 같은 사람들에게는 말하시는데, 예수님의 목숨을 위협하는 지역 바깥에 있는 자들이었기 때문이다. 예수님은 당국자들이 자신을 체포하도록 허락하기 전에 사역을 완수하셔야 했다. 예수님이 마지막 일주일을 맞기 전 여러 차례 사람들의 위협에서 빠져나가시는 장면을 성경이 보여주는 것도 그때문이다.

예수님은 갈릴리에서 다시 예루살렘으로 올라가시면서(눅 9:51; 요 7:10) 제자들과 함께 사역을 이어가신다. 누가는 이 시점에 많은 지면을 할애한다. 예수님이 마리아와 마르다 집에 가신 일, 기도에 대해 가르치신 일, 선한 사마리아인을 비롯한 많은 비유들, 바리새인들과의 충돌, 제자로 그리고 종으로 살려면 얼마나 큰 대가를 치러야 하는지 제자들에게 가르치신 일 등을 기록한다. 예수님은 말 못하는 사람에게서 마귀를 쫓아내시는데, 이 일로 위협을 느낀 바리새인들은 예수님이 사탄의 힘으로 이 일을 행했다고 고발하고, 이에 예수님은 사탄이 어떻게 사탄을 쫓아내느냐고 반문하신다. 예수님은 하나님의 아들을 거역하면 사하심을 받을 수 있지만 성령을 거역(혹은 모독)하면 결코 용서받지 못한다고 선언하신다(마 12:22-32; 막 3:22-29). 왜냐하면 예수님은 성령의 능력으로 귀신을 쫓으셨기 때문이다. 예수님은 바리새인들이 자신들의 심령은 무시한 채 겉으로만 의를 지키는 데 집착한다고 꾸짖으신다. 그들은 권세를 잡는 것에 사로잡혀서 가난한 자들을 섬기거나 하나님의 일을 하는 것에는 아무 관심이 없다.

예수님은 구약에 예언된 대로 예루살렘으로 승리의 입성을 하시고 분란을 일으키는 사역으로 바리새인들을 자극하신다. 제자들에게는 장래에 대해, 말세에 대해, 그리고 인자의 (두 번째) 오심에 대해 가르치신다(막 13장). 마지막 주에 예수님과 제자들은 마지막 만찬 시간을 갖는다(마 26:17-30).

예수님은 자신이 배신당할 것을 예고하시고, 그날 밤 배신한 제자 가롯 유다의 지목으로 겟세마네 동산에서 체포되신다. 예수님은 안나스, (유대인의 최고 의결기관인) 산헤드린, 헤롯 안티파스(안디바) 그리고 본디오 빌라도 앞에서 재판을 받으신다. 유대 권력자들은 예수님이 신성모독죄를 저질렀다고 고소하지만 그런 죄목으론 로마의 법에 의해 그분을 십자가형에 처할 수 없었다. 그래서 예수님이 스스로 유대인의 왕이라 주장했다며 로마에 대한 반역죄를 적용하도록 빌라도에게 압력을 가한다. 빌라도는 예수님에게서 죄를 찾을 수 없자 형 집행 대신 유월절 전통에 따라 죄수 한 명을 풀어줄 기회를 유대인들에게 제안한다. 예수님을 십자가에 못 박는 대신 단순 처벌로 유대인들을 진정시킬 수 있기를 기대한 것이다. 그러나 예수님의 죽음을 바라는 유대인들은 수감된 중범죄자 바라바를 예수님 대신 풀어달라고 요구한다.

예수님이 죄가 없으신 것을 알기에 예수님과 바라바 둘 다 방면할 수 있었던 빌라도는 결국 진실을 외면하고 예수님의 십자가 처형을 명령한다. 예수님은 조롱과 침 뱉음을 당하시고 채찍질을 당하신 후 골고다 언덕에서 (안식일 전날에) 두 강도 사이에서 십자가에 못 박히신다(막 15:22). 예수님은 아리마대 사람 요셉이 마련한 무덤에 안장되시는데, 산헤드린 회원이면서 예수님을 따르던 요셉이 빌라도 총독에게 직접 찾아가 예수님의 시신을 가져가 장례를 치르겠다고 요청한 결과다(요 19:38). 예수님의 시신을 제자들이 훔쳐갈까 우려한 유대인들이 로마 경비병들을 무덤 옆에 배치하여 지키게 한다. 그럼에도 사흘째 되는 날 예수님의 시신이 무덤에서 보이지 않고 예수님은 자신이 예언한 대로 살아나신다(눅 24:1-7). 그 후 40일 동안 예수님은 제자들과 다른 사람들에게 여러 번 나타나신 후 하늘로 올라가신다(행 1:1-11). 제자들에게 성령을 보내겠다 약속하시는데, 성령은 예수님이 맡기신 사역을 제자들이 감당하도록 힘을 주실 분이었다.[90]

예수님 당시 팔레스타인 지형

그리스도의 초기 사역을 훑어가는 데 팔레스타인 지형을 아는 것이 도움이 된다. 예수님은 대부분 갈릴리와 유대의 광야 및 작은 마을들에서 가르침을 행하신다. 그러나 각 복음서의 마지막 3분의 1에 해당하는 분량은 예수님의 예루살렘 사역에 집중돼 있다. 예수님은 예루살렘 성전에서 돈 바꾸는 자들을 쫓으시고, 종교 지도자들과 대립하시며, 불법적인 재판과 판결을 받으신다. 예수님이 십자가에 못 박혀 죽으시고 무덤에 안치되며 부활하시는 곳도 예루살렘 바로 바깥이다.[91]

구약 시대 말엽의 팔레스타인은 페르시아에 속해 있었다. 그러다 그리스도가 오실 즈음에 이 지역은 세 지역으로 분할된다. 북쪽으로는 갈릴리, 중앙에는 사마리아, 남쪽은 유대이다.[92] 유대는 솔로몬의 통일 왕국이 분열된 후 남왕국 유다가 위치했던 곳과 거의 동일한 지역으로, 다만 그 경계가 확실하게 그어진 적은 한번도 없다. 유대는 로마의 직접 통치를 받다가 주후 37년에 이르러 분봉왕이 된 헤롯 아그립바 1세에 의해 다스림을 받는다. 아그립바와 그 이후의 왕들 모두 로마 황제의 심기를 살피며 섬겨야 하는 처지였으므로 유대 땅은 궁극적으로는 로마의 지배 아래 있었다.[93] 갈릴리와 사마리아 지역을 합치면 이전 북왕국 이스라엘이 차지했던 영토와 같다. 주전 722년에 북왕국을 정복한 앗시리아는 이스라엘 백성을 포로로 잡아가고 대신 그 지역에 이방인들을 데려와 정착시켰다. 성경이 그곳을 "이방의 갈릴리"(사 9:1; 마 4:15)라 부르는 이유다. 이 때문에 유대인들은 갈릴리 사람들을 경멸하게 되었고, 요한복음에서 이를 분명히 볼 수 있다. "나사

예수님 당시의 팔레스타인 지형[99]

출처: 마크 알란 포웰, 『현대인을 위한 신약개론: 역사적, 문학적, 신학적 읽기』(CLC)

렛에서 무슨 선한 것이 날 수 있느냐?"(요 1:46). "너도 갈릴리에서 왔느냐? 찾아 보라 갈릴리에서는 선지자가 나지 못하느니라"(7:52).

사마리아는 남쪽 유대와 (예수님이 종종 사역하시던) 북쪽 갈릴리 지역 사이에 위치해 있다. 북 왕국 이스라엘이 망하고 포로 유배 기간 중 그 지역에 남아 있던 사람들과 (정복국 앗시리아가 유입시킨) 이방인들 간의 통혼으로 혼혈 후손들이 태어났으며, 유대인들은 그들을 사마리아인으로 부르며 경멸했다. 유대인과 사마리아인은 서로 접촉하거나 결혼하는 것이 금지되었다. 그럼에도 이 둘 사이의 통혼은 피할 수 없는 일이었다. 사마리아인들의 예배 행위도 이스라엘 백성에게는 몹시 거슬리는 것이었는데, 이교도의 종교 관행을 들여오고 그리심 산에 성전을 세우는 등 유대인의 종교를 오염시켰기 때문이다.[94]

베레아는 (사마리아와 유대를 가로지르는) 요단강 동편에 있는 작은 지역으로 주로 유대인들이 거주한다. 복음서에서 이 지역은 "요단강 저편"(마 4:15, 25; 19:1; 막 3:7-8)이라 불린다. 예수님은 이 지역에서 많은 가르침을 베푸시고, 이곳에서 예루살렘으로 마지막 여정을 떠나신다(요 10:40; 11:54). 요단강 동편에 (10곳의 도시라는 의미의) 데가볼리[Decapolis]라는 지역도 있는데, 알렉산드로스 대왕의 정복 이후 그리스인들이 세운 도시 열 곳이 이 곳에 모여 있다. 예수님이 군대 귀신으로 돼지떼에게 들어가도록 이적을 일으키신 가다라(혹은 거라사) 지방도 그 도시 중 하나다(마 8:28-34; 막 5:1-20). 예수님이 이곳에서 행하신 여러 이적으로 인해 사람들 사이에서 점점 유명세를 얻은 지역이기도 하다(마 4:24-25; 막 7:31-37).[95]

* * * * *

지금까지 예수님 초림 당시의 역사적, 문화적, 종교적 배경을 살펴보고 신약 책들을 대략적으로 개관해 보았다. 다음 장에서는 복음서가 말하는 예수님의 생애와 사역과 죽음과 부활에 대한 역사적 내러티브를 좀 더 자세히 살펴볼 예정이다. 이제까지도 그랬지만, 나는 복음서가 그 안에 담긴 메시지를 스스로 말하도록 해야 한다는 점을 반복하여 강조하고 싶다. 브루스 바튼은 이렇게 말한다. "힘은 메시지 자체에 있다."[96] 물론 그 메시지란 예수 그리스도가 우리 죄를 위해 십자가에 못 박히심으로 우리가 살 수 있게 되었다는 것이다.

복음서를 읽을 때, 우리는 마크 데버가 밀한 그리스도인의 궁극적인 질문을 염두에 두어야 한다. 데버는 이렇게 질문한다. "당신은 예수님이 그리스도시며 살아 계신 하나님의 아들이심을 믿는가? 믿지 않는다면, 아니면 확신이 없다면, 기독교의 절대적 핵심이 어째서 '예수님의 정체성'이어야 하는지 더 고민해 보아야 한다. '예수님은 누구신가?' 이것이 지난 2천 년간 기독교에서 가장 가치 있는 질문으로 여겨진 이유가 무엇인지 궁구해 보아야 한다."[97]

브루스 고든도 같은 생각인데, 여기선 질문을 던지는 이가 예수님이시다. 고든은 이렇게 말한다. "'너희는 나를 누구라 하느냐?' 예수님이 2천 년 전 제자들에게 하신 질문이며 오늘 우리에게도 하시는 질문이다. '너희는 나를 누구라 하느냐?' 이것이 우리가 직면해야 하는 가장 중요한 질문이다. 이에 대한 우리의 답이 우리의 삶과 죽음, 죽음 이후의 삶에 관련한 모든 것에 영향을 미칠 것이다."[98]

사실 예수님의 질문은 복음의 핵심을 드러낸다. 예수님은 제자들에게 이 질문을 하시는데, 그들이 아직 이 질문에 준비되어 있지 않다는 걸 아셨기 때문이다. 제자들은 아직 예수님을 온전히 알지 못하고 있다. 예수님과 제자들의 대화를 다시 한번 숙고해 보자. 예수님이 물으신다. "사람들이 인자를 누구라 하느냐?" 제자들이 대답한다. "더러는 세례 요한, 더러는 엘리야, 어떤 이는 예레미야나 선지자 중의 하나라 하나이다"(마 16:13-14). 그러자 예수님은 정작 제자들의 의견은 어떠한지 물으신다. "이르시되 너희는 나를 누구라 하느냐?"(마 16:15). 베드로가 대답한다. "주는 그리스도시요 살아 계신 하나님의 아들이시니이다"(마 16:16).

그러므로 앞으로 다음 장들을 읽어나가고 또 복음서를 직접 읽을 때 "너희는 나를 누구라 하느냐?"는 예수님의 이 질문을 늘 염두에 두기 바란다.

하나님의 방문

05 – 12

5
예수님의 탄생에서 공생애 시작까지

종교는 범죄한 인간이 거룩한 하나님을 위해 무언가를 해보려는 이야기다. 반면 복음은 거룩한 하나님이 죄인인 사람들을 위해 행하신 일에 대한 이야기다. 구스타프손[1]

예수님의 족보(마 1:1-17; 눅 3:23-38)

마태복음은 (유대 민족의 조상 아브라함에서 시작해 다윗 왕으로 이어지는) 예수님의 족보로 신약성경을 시작하는데, 이는 신약과 구약을 효과적으로 이어주는 아주 적절한 방법이다. 하나님은 아브라함과 언약을 맺으시면서 아브라함과 그의 자손을 통해 모든 족속과 나라가 복을 얻

사복음서 비교: 예수님의 탄생에서 공생애 시작까지

	마태복음	마가복음	누가복음	요한복음
예수님의 족보	1:1-17	-	3:23-38	-
예수님의 탄생과 유년시절	1:18-2:23	-	1:26-35; 2:1-52	-
세례 요한	3:1-12	1:2-8	1:5-25, 36-80; 3:1-2	-
예수님이 세례를 받으심	3:13-17	1:9-11	3:21-23	1:32
그리스도가 시험을 받으심	4:1-11	1:12-13	4:1-13	-
하나님의 어린양이 제자를 부르심	-	-	-	1:29-51
물을 포도주로 바꾸고 성전을 청결케 하심	-	-	-	2:1-22
니고데모를 만나심	-	-	-	2:23-3:21
세례 요한이 체포됨	14:3-5	6:17-20	3:19-20	3:23-36
사마리아 여인을 만나심	-	-	-	4:4-42
신하의 아들을 고쳐주심	-	-	-	4:43-54
고향에서 배척 당하심	-	-	4:16-30	-
하나님나라를 선포하심	4:12-17	1:14-15	4:14-15	-
제자들을 부르심	4:18-22	1:16-20	5:10-11	-
가버나움에서 설교하심	8:14-17	1:21-38	4:31-43	-

게 하겠다 약속하셨다. 하나님은 이어지는 여러 언약 속에서 이 약속을 반복하시고 확장해 가셨다. 그 중에 다윗 언약이 있는데, 하나님이 다윗 왕에게 그의 자손이 이스라엘을 영원히 다스릴 것이란 약속을 주셨다. 그 약속에 따라 왕국, 다윗의 보좌, 그리고 다윗 계보의 왕들이 영원히 이어질 것이었다(삼하 7:5-16; 대상 17:10-14, 23-27; 대하 6:10, 15-17, 42; 7:17-18; 13:8; 23:3).[2] 마태는 이 족보를 기록함으로 하나님이

약속을 성취하셨음을 확인하고 있다. 아브라함의 자손을 통해 인류를 축복하겠다는 약속을 다윗 왕의 계보를 잇는 예수 그리스도로 말미암아 실현하셨다는 것이다.

누가복음은 마태복음과는 다른 예수님의 족보를 포함시킨다. 마태가 기술한 족보는 아브라함에서 시작하여 내려가는 방식이라면, 누가의 족보는 예수님의 부친 요셉에서 시작하여 아담을 거쳐 하나님까지 거슬러가는 방식이다. 일부 신학자들은 예수님이 법적으로는 요셉을 통한 다윗의 자손이고 혈통으로는 마리아를 통한다는 것을 보여주기 위해 누가가 마리아의 계보를 기록하고 있다고 믿는다. 이로써 예수님이 하나님의 약속을 따라 다윗의 계보에서 난 적통 메시아라는 사실에 의문의 여지가 없게 한다는 것이다. 다른 신학자들은 누가가 요셉의 실제 계보를 기록하고 있다고 믿는다.[3]

J. A. 마틴은 이 가운데 어떤 견해가 맞는지에 관계 없이, 누가가 예수님의 계보를 최초의 인간인 아담에게까지 거슬러가는 것이 중요하다고 말한다. "이 사실은 구원의 보편성을 의미하며, 누가가 그의 복음서에서 줄곧 강조하는 바다. 예수님은 이스라엘 민족뿐 아니라 이방인을 포함하는 모든 인류를 구원하기 위해 오셨다"(참조, 눅 2:32).[4] 도널드 포트너 목사는 유대인 권세자들이 그리스도의 신성과 메시아적 주장을 모든 방면에서 공격하면서, 정작 그분의 계보에 대해선 이의를 제기하지 않는다는 사실에 주목한다. 족보는 공적이고 성경의 기록에 관한 문제이기 때문이다.[5]

예수님의 탄생과 유년 시절(마 1:18-2:23; 눅 1:26-35; 2:1-52)

천사 가브리엘이 갈릴리 나사렛의 마리아에게 가서 그녀가 동정녀임에도 성령을 통해 예수님을 낳게 될 것을 알린다. 그 아들은 지극히 큰 자가 되고 지극히 높으신 하나님의 아들로 거룩한 자라 불리게 될 것이다. 가브리엘이 마리아에게 말한다. "주 하나님께서 그 조상 다윗의 왕위를 그에게 주시리니 영원히 야곱의 집을 왕으로 다스리실 것이며 그 나라가 무궁하리라"(눅 1:32-33).

마리아의 임신 사실을 알게 된 요셉은 그녀가 부정을 저질렀다고 생각하여 정혼 관계를 끊으려 한다. 다만 그는 의로운 사람이었기에 마리아에게 모욕을 주지 않고 조용히 처리하려 한다. 그러다 꿈에 주의 천사가 나타나 그 아기가 성령으로 잉태된 것이라 말하고 요셉은 마음을 바꾼다. 천사는 아기의 이름을 예수로 하라 말하는데, 그가 자기 백성을 그들의 죄에서 구원할 자이기 때문이다. 이는 동정녀 탄생에 관한 이사야의 예언이 성취된 것이기도 하다(사 7:14).

로마의 황제 가이사 아구스도(아우구스투스)가 세금 징수 목적으로 로마 제국 내 모든 사람에게 호적을 신고하라는 명을 내린다. 인구 조사 칙령에 따르기 위해 (다윗의 가문인) 요셉과 마리아는 나사렛에서 베들레헴을 향해 (약 113킬로미터 거리의)[6] 길을 나선다. 두 사람이 베들레헴에 머무는 동안 예수님이 탄생하고, 이는 메시아가 베들레헴에서 날 것이라는 예언의 성취이기도 하다(미 5:2). 주의 천사가 들판에 있던 목자들에게 나타나 구주, 곧 그리스도가 나셨다고 선포한다. 목자들은 베들레헴에 가서 구유에 누인 아기를 목격하고 하나님을 찬송한다.

마크 무어는 사회적으로 천대 받는 계층이던 목자들이 예수님의 탄생 이야기에 처음부터 등장한다는 점은 하나님이 모든 사람에게 자비를 베푸시는 분임을 보여주는 것이라고 말한다. 목자는 목동이던 다윗부터 위대한 목자이신 예수님에 이르기까지, 하나님의 백성을 돌보는 사람들을 상징한다.[7] 토마스 골딩은 이렇게 말한다. "목양sheperding은 성경에서 가장 빈번하게 등장하면서도 가장 강력한 이미지 중 하나다…양을 치는 목자의 가장 중요한 임무는 길을 안내하고, 먹을 풀과 마실 물을 공급하며, 보호하고 이끌며, 흩어지거나 잃어버린 양을 다시 모으고, 다치지 않게 안전을 제공하는 것이다."[8]

탄생 후 8일 만에 예수님은 할례를 받고 천사가 명한 대로 "예수"로 불린다. 요셉과 마리아는 아기를 안고 예루살렘 성전에 간다. 첫 아이를 낳으면 하나님의 율법에 따라 정결례를 치르고 주님께 구별하여 드리기 위해서다(출 13:2, 12). 그곳에서 시므온이라는 의롭고 경건한 남자와 안나라는 여선지자를 만난다. 그리스도를 보기 전까지 죽지 않을 것이란 성령의 음성을 들었던 시므온은 예수님을 보자 품에 안고 (유대인뿐 아니라 이방인까지 구원하겠다는) 약속을 성취하신 하나님을 찬송한다. 요셉과 마리아는 시므온의 말에 놀란다. 앞서 천사 가브리엘이 와서 두 사람의 아들이 큰 자가 될 것이라 말하긴 했지만, 시므온은 예수님에 관한 새로운 계시를 말하고 있기 때문이다. 거기에 더해 시므온은 예수님이 많은 사람을 흥하게도 하고 망하게도 할 것이라고 예언한다. 아마도 예수님이 행하실 심판과 구원을 언급하는 말이었을 것이다. 그런 다음 시므온은 마리아에게 칼이 그녀의 영혼을 찌르듯 하리라 경고한다. 이는 예수님이 거부당하고 십자가에 못 박히실 때 마리아가 받게 될 고통을 예언한 것이라고 널리 해석되고 있다.[9] 마침 이때 안나 선지자가 나아와 하나님을 찬양하고, 이스라엘의 속량을 고대하는 예루살렘 사람들에게 예수님에 대해 증언한다.

동방(바빌로니아 혹은 페르시아)에서 (예수님의 별을 본) 세 현자가 새로 태어난 유대인의 왕을 경배하러 예루살렘에 온다. 이 세 사람은 유대인의 메시아 소망[10]에 대해 알고 있는 듯 보이는데, 아마도 세상 통치자가 이스라엘에서 나올 것이라는 구약의 발람 예언을 통해서였을 것이다(민 24:17). 현자들이 유대인의 왕을 경배하러 왔다는 소식을 접하고 헤롯 왕뿐 아니라 온 예루살렘이 소동한다. 헤롯은 유대 지도자들에게 그리스도가 어디서 나는지 묻고 선지자 미가의 예언대로 베들레헴에서 나실 거라는 답을 듣는다(미 5:2; 마 2:3-6). 자신의 왕권에 위협이 될 것을 우려한 헤롯은 (자신도 아기에게 가서 경배드리고 싶다는 이유를 대며) 현자들을 베들레헴으로 보내 아기를 찾게 한다. 현자들은 아기에게 가서 경배하고 예물을 드리지만, 꿈에 헤롯에게 돌아가지 말라는 경고를 듣고 바로 자기 나라로 돌아간다.

주의 천사가 요셉의 꿈에 나타나, 헤롯이 예수님을 죽이려고 하니 예수님과 마리아를 데리고 이집트로 가라고 지시한다. 요셉이 이에 순종하는데, 마태는 이것이 "애굽으로부터 내 아들을 불렀다"(호 11:1)는 호세아 예언의 성취라고 말한다. 현자들에게 속은 사실을 안 헤롯은 베들레헴 인근의 2세 이하 모든 남자 아이를 죽이라는 명령을 내린다. 마태는 이 잔인한 행동이 예레미야의 예언을 성취한 것이라고 말한다(렘 31:15; 마 2:17-18). 헤롯이 죽고 난 후 천사가 요셉의 꿈에 나타나 마리아와 예수님을 데리고 이스라엘로 돌아가라고 말한다. 그러나 요셉은 헤롯의 아들이자 승계자인 아르켈라우스(아겔라오)가 유대 지역을 다스리고 있던 터라 가족을 데리고 갈릴리 지역 나사렛으로 간다.

예수님의 가족이 나사렛에 정착하고 이후에 예수님의 공생애 사역이 시작될 때까지, 이 시기에 대한 정보는 네 명의 복음서 기자 중 오직 누가만 제공한다. 예수님이 열두 살이던 해에 유월절을 지내기 위해 여느 해와 마찬가지로 부모님과 함께 예루살렘에 간다. 집으로 돌아가는 길에, 마리아와 요셉은 예수님이 보이지 않는 걸 알고 예루살렘으로 발길을 돌린다. 사흘 후에 다시 찾은 예수님은 성전에서 교사들과 함께 앉아 대화를 나누고 있다. 예수님이 아직 어린 데다 공식적으로 랍비 교육을 받은 적이 없는데도(요 7:15), "듣는 자가 다 그 지혜와 대답을 놀랍게 여겼다."[11] 이런 비범한 지혜는 예수님이 장성하여 공생애를 보내시는 내내 계속하여 나타난다. 예수님의 권위 있는 가르침은 종종 무리들을 놀라게 한다(마 7:28-29).

마리아가 예수님이 혼자 사라진 것에 대해 나무라자, 예수님은 자신이 "아버지 집"에 있어야 한다고 대답하신다. 예수님은 이렇게 어린 나이에도 자신이 하나님의 아들인 것을 인지하고 있음을 드러내신다.[12] 이는 예수님이 부모에게 불순종하는 모습이 아니라 자신의 아버지 집인 성전을 향한 사랑을 보여주는 것이라 할 수 있다.[13] 하나님의 성전을 향한 사랑이 특심함에도 불구하고 예수님은 부모를 따라나섬으로 순종하는 모습을 보여주신다. 또한 그 키와 지혜가 자라는 동안 하나님과 사람들에게 사랑을 받으신다.

세례 요한(마 3:1-12; 막 1:2-8; 눅 1:5-25, 36-80; 3:1-20)

복음서들은 세례 요한을 이사야 선지자가 예언한 그리스도의 길을 예비하는 자로 묘사한다. "외치는 자의 소리여 이르되 너희는 광야에서 여호와의 길을 예비하라"(사 40:3; 비교. 말 3:1). 요한은 그리스도의 오심을 예비하며 회개를 설교한다. 그는 자신이 물로 주는 세례와 그리스도의 성령 세례를 대조시킨다. 예수님만 사두개인 및 바리새인들과 충돌하신 것이 아니다. 요한도 그들을 "독사의 자식들"이라 비판하고 회개를 촉구하며 그들의 진정성을 "회개에 합당한 열매를 맺어" 행동으로 증명하라고 요구한다. 요한의 담대함은 구약 선지자들의 모습을 떠올리게 한다.[14]

복음서들과 사도행전은 세례 요한의 사역이 기독교와 깊은 관련이 있음을 말하고, (주의 길을 예비하는 자로서) 요한의 가르침은 네 개의 복음서에 모두 기록되어 있다. 구약 시대는 마감되었다. 그리고 수백 년 만에 처음으로 요한이 이스라엘의 선지자(예언자)로 인정되기에 그는 구약과 신약을 잇는 다리 역할을 한다.[15] 물론 복음서에는 다른 선지자(예언자)들도 등장하는데, 사가랴, 엘리사벳, 시므온 그리고 안나 같은 사람들로[16] 이들은 그리스도와 동시대에 등장하여 하나님의 메신저 역할을 하고, 하나님이 독생자 아들을 세상에 보내심으로 무슨 일을 하셨는지 선포한다.[17]

바울은 비시디아 안디옥에 있는 "형제들"에게 복음을 간략히 설명하면서 세례 요한에 대해 언급한다. 바울은 요한이 그리스도가 오시기 전에 "먼저 회개의 세례를 전파"했고 자기는 그리스도가 아니며 (자기 뒤에 오실) 그리스도의 신발끈 풀기도 감당하지 못한다고 말했다는 것이다(행 13:24-25). 바울은 에베소 그리스도인들에게도 이 말을 반복한다(행 19:4). 베드로도 가이사랴에 있는 이방인들에게 세례 요한에 대해 말한다(행 10:37). 게다가 누가는 요한의 부모가 "하나님 앞에 의인이니 주의 모든 계명과 규례대로 흠이 없이 행하더라"(눅 1:6)고 평가한다. 예수님도 "내가 진실로 너희에게 말하노니 여자가 낳은 자 중에 세례 요한보다 큰 이가 일어남이 없도다"(마 11:11)라고 선언하시며 요한의 역할이 꼭 필요한 일이라고 여기신다.

요한의 중요성은 요한이 태어나기 전부터 명백히 드러난다. 천사 가브리엘이 성전에서 제사장 사가랴에게 나타나 아내 엘리사벳이 아들을 낳을 것이며 그를 요한이라 부르라고 알리기 때문이다. 가브리엘은 사가랴에게 많은 사람이 요한의 탄생을 기뻐할 것이며 이는 "그가 주 앞에 큰 자가 될 것"(눅 1:15)이기 때문이라고 강조한다. 요한은 어머니 뱃속에서부터 "성령의 충만함을 받을" 것이고 "주를 위하여 세운 백성을 준비"하게 될 것이다(눅 1:15, 17). 사가랴가 이 일에 대해 의구심을 드러내자, 가브리엘은 요한이 태어날 때까지 사가랴가 말 못하는 자가 되리라 예고한다. 실제로 성전에서 나온 사가랴는 더 이상 말을 못하게 되고 몸짓으로 사람들에게 의사를 표현한다.

세례 요한과 예수님의 특별한 관계는 마리아가 예수님을 잉태하자마자 사촌 엘리사벳을 찾아가면서 드러난다. 엘리사벳이 요한을 임신하고 6개월이 되었을 때다. 마리아가 엘리사벳의 집에 들어가 문안하자 요한이 복중에서 기쁨으로 뛰놀고, 마리아는 자신을 메시아의 어머니로 택하신 하나님의 선하심과 이스라엘에게 주신 약속을 지키시는 하나님의 신실하심을 찬송한다.[18]

요한이 태어났을 때, 엘리사벳은 아버지 사가랴의 이름을 따르는 대신 아기의 이름을 요한이라 부른다. 그때까지 말을 못하던 사가랴도 서판에 "그 이름을 요한"이라 쓰고 모두가 이를 놀랍게 여긴다. 그러면서 사가랴의 입이 열리고 혀가 풀리며 말을 하게 되고 하나님을 찬송한다. 이 소식이 유대 전역에 퍼지고 이를 접한 사람들은 두려움에 압도되어 "이 아이가 장차 어찌 될까?" 하고 궁금하게 여긴다. 다시 말을 하게 된 사가랴는 성령의 충만함을 받아 예언을 전한다. 메시아가 이스라엘을 속량할 것이며, 하나님이 아브라함과 맺은 거룩한 언약을 존귀히 여기실 것이고, 자기의 아들 요한은 "지극히 높으신 이의 선지자"가 되어 그분 앞서 가서 그분을 위해 길을 예비할 것이다.

요한이 요단강에서 설교를 시작하자, 많은 유대인이 그의 말을 들으러 와서는 그의 가르침이 권세가 있고 선지자의 말씀 같다고 여긴다.[19] 한번은 예수님이 대제사장들과 서기관들과 장로들에게 요한의 세례가 "하늘로부터냐 사람으로부터냐"(막 11:30) 하고 질문을 던지시는데, 그들은 어떤 대답도 하지 못한다. 이미 요한을 거부한 그들이기에 요한의 세례가 하늘로부터 왔다고 말할 수는 없고, 그렇다고 사람으로부터 왔다고 말하기엔 "모든 사람이 요한을 참 선지자로 여기므로 그들이 백성을 두려워"(막 11:32)했기 때문이다.

유대인들이 제사장들과 레위인들을 보내 요한의 정체가 무엇이냐 묻자, 요한은 자신이 그리스도가 아님을 분명히 말한다(요 1:20). 그는 자신이 그리스도의 길을 곧게 하기 위해 앞서 와서 사람들을 준비시키는 자일 뿐이라고 밝힌다. 그러면 왜 세례를 주느냐고 사람들이 묻자 그는 이렇게 대답한다. "나는 물로 세례를 베풀거니와 너희 가운데 너희가 알지 못하는 한 사람이 섰으니 곧 내 뒤에 오시는 그이라. 나는 그의 신발끈을 풀기도 감당하지 못하겠노라"(요 1:26-27).

F. F. 브루스는 요한이 행한 '세례'가 이스라엘에서 전례가 없는 것은 아니지만 "요한이 다른 사람들에게 세례를 베풀었다는 점과 그 세례가 (말세 및 메시아의 오심과 관련된) 종말론적 의미를 갖는다는 면에서 차별점이 있다"[20]고 말한다. 브루스는 계속해서 이렇게 말한다. "구약

의 예언자 에스겔은 새로운 세대가 열릴 때 하나님이 깨끗한 물로 그 백성의 더러움을 씻어내고 그들에게 새 마음과 새 영(곧 그분의 영)을 주시리라 약속했다."[21] 예레미야처럼 에스겔도 (앞 장에서 다루었던 바) 새 언약을 선포하고 있다.

세례 요한의 사역은 사람들이 그리스도와 그분의 메시지를 받아들이도록 준비시키는 데 꼭 필요하다. 요한이 사람들에게 회개를 호소한 것도, 천국의 도래라는 맥락에서 그렇게 한 것이다. 마태는 예수님이 "하나님 나라" 보다는 "천국"이라는 표현을 쓰신 것으로 언급한다. 이와 달리 마가는 "하나님 나라"라는 표현을 줄곧 사용한다. 대부분의 학자가 이 두 표현을 교차 사용해도 된다고 보며[22] 그러므로 동의어라고 보아도 좋다.[23] 앞서 언급했듯, 마태가 "하나님 나라"라는 표현을 사용하지 않은 것은 마태복음의 독자인 유대인들이 하나님의 이름을 직접 언급하는 것을 꺼려하기 때문이었다.[24]

요한은 "회개하라, 천국이 가까웠느니라"고 선포한다. 예수님도 공생애 사역을 시작하시면서 이 주제를 계속 언급하시는데, 이는 예수님의 사역과 요한의 사역에 연속성이 있음을 보여준다. 구약은 하나님이 오셔서 정의를 확립하고 대적들을 멸하시며 온 세상을 새롭게 하실 것이라는 기대를 담고 있다.[25] 이런 맥락에서 "천국"이라는 표현도 그런 기대가 포함된 후기 유대 사상에서 나왔다고 볼 수 있다. 하나님이 반드시 장래에 개입하실 것이며, 메시아를 보내 자기 백성을 돌아오게 하고 대적들의 손에서 자유케 하실 거라는[26] 내용이다. 그 메시아가 자신의 나라를 위해 직접 길을 닦으리라는 것이다.[27] 그러나 앞서도 말했듯, 유대인들의 메시아 기대 사상은 예수님이 행하시는 진정한 메시아적 사명과 확연히 달랐다.

예수님이 세례를 받으심(마 3:13-17; 막 1:9-11; 눅 3:21-23; 요 1:32)

예수님이 요한에게 세례를 받겠다고 하시지만 (예수님에겐 회개의 세례가 필요하지 않다고 믿는) 요한은 머뭇거린다. 어찌되었든 요한은 (약 30세에 다다른) 예수님에게 세례를 주는데, 이 세례는 요한의 사역에서 최정점이자 그리스도의 사역의 출범이라는 의미를 가진다.[28] 세례를 받으신 예수님이 기도하실 때 성령이 비둘기 같이 하늘로부터 내려와 그분 위에 임하신다. 하늘에서는 "이는 내 사랑하는 아들이요 내 기뻐하는 자"라고 말씀하는 소리가 들린다(마 3:16-17). 성부 하나님의 이런 선포는 예수님이 높은 산에 올라가 제자들 앞에서 변화하시던 날에도 동일하게 울려퍼진다(마 17:5). 도널드 포트너는 이렇게 해석한다. "이는 오직 그리스도 안에서만 우리가 하나님의 환대를 받을 수 있다는 의미다. 거룩하신 하나님이 독생자 아들을 기뻐하시므로, (우리의 대속자이신) 그 아들 안에서 택하신 자들도 기뻐하실 것이다."[29] 예수님이 하나님의 아들이심을 세례 요한이 선포하는 장면에서(요 1:29-34), 거룩한 삼위일체이신 세 위격이 영광스럽게 현현하신다.[30] 즉 성부 하나님이 예수님을 축복하시고 성령으로 기름을 부으신다. 이 성령은 예수님이 땅에서 사역하시는 내내 함께하실 것이다.

어떤 사람들은 죄 없으신 하나님의 아들이 왜 세례를 받으셔야 했는지 의아해 한다. 세례란 회개와 연결되기 때문이다. 하지만 일부 독자들의 마음을 불편하게 만드는 이 사실이 오히려 이 기사의 역사성에 대한 신뢰도를 높인다.[31] 복음서 기자들의 목적이 불신 조장이 아니라 회심자를 얻는 것이라면 굳이 이렇게 의구심을 불러일으키는 이야기를 그냥 내버려두고 싶지 않았을 것이다. 어떤 식으로든 좋은 쪽으로 가공하는 게 낫지 않겠는가. 그럼에도 의구심을 일으키는 내용을 그대로 남겨두었다는 점이 오히려 이 기사의 역사적 신뢰도를 높이는 요소가 되는 것이다. 죄 없으신 예수님이 세례를 받으신 이유 한 가지를 들자면, 이는 예수님이 구속 사역을 공식적으로 받아들이셨음을 상징한다. 세례를 기점으로 그분의 구속 사역이 본격적으로 시작되고, 고난, 죽음 그리고 부활로 정점에 이를 것이다.[32] 그러므로 예수님이 회개를 상징하는 세례를 받으신다 해도 우리가 문제 삼을 필요는 없다. 하나님의 구원 계획에는 성자 하나님이 인간이 되어 사람들의 죄를 대신 지고 대신 형벌을 받는 것이 포함된다.[33] 예수님은 세례를 받으심으로 모든 의를 이루시고, 요한의 사역을 인증하시며, 자신과 인간 및 인간의 죄를 동일시하시고, 그리스도인이 따라야 할 모범을 보여주신다.[34]

그리스도가 시험을 받으심(마 4:1-11; 막 1:12-13; 눅 4:1-13)

예수님은 성령에게 이끌려 마귀에게 시험을 받으러 광야로 가신다. 이것을 실제로 일어난 적 없는 상징적인 장면으로 이해해선 안 된다. 마귀 곧 사탄은 하나님의 피조물이자, 자신의 교만으로 인해 타락한 천사장이다.[35] 40일을 주야로 금식하신 예수님은 몹시 굶주리신 상태다. 이에 마귀가 예수님에게 세 번의 시험을 겪게 하고, 예수님은 각각의 시험에 성경의 말씀으로 대응하신다. 먼저 마귀가 예수님에게 하나님의 아들이라면 돌을 명하여 떡이 되게 하라고 말한다. 예수님은 사람이 떡으로만 사는 것이 아니라 하나님의 말씀으로 산다고 대답하신다. 마귀는 예수님을 예루살렘으로 데리고 가서 성전 꼭대기에 세우고 뛰어내리라고, 그러면 하나님이 천사들을 시켜 구해 주실 거라고 유혹한다. 마귀가 자신의 악한 목적을 위해 성경 말씀을 왜곡하지만 예수님은 하나님을 시험하지 말라는 이사야의 말씀으로 반박하신다(신 6:16; 사 7:12). 마지막으로 마귀는 예수님에게 자신을 경배하면 세상 권세를 주겠다고 약속한다. 예수님은 이렇게 대답하신다. "주 너의 하나님께 경배하고 다만 그를 섬기라 하였느니라"(마 4:10).

주석가들은 이 시험을 "육신의 정욕", "이생의 자랑", "안목의 정욕"으로 구분했다. 사도 요한은 이 시험들이 "아버지께로부터 온 것이 아니요 세상으로부터 온 것"(요일 2:16-17)이라고 말한다. 요한은 이렇게 쓴다. "누구든지 세상을 사랑하면 아버지의 사랑이 그 안에 있지 아니하니"(요일 2:15). 야고보도 같은 원리를 말한다. "세상과 벗된 것이 하나님과 원수 됨을 알지 못하느냐. 그런즉 누구든지 세상과 벗이 되고자 하는 자는 스스로 하나님과 원수 되는 것이니라"(약 4:4). 이것은 하나님이 창조하신 모든 것이 '보시기에 좋았다'는 선포와 모순되지 않는다(창 1:4, 10, 12, 18, 21, 31; 딤전 4:1-4; 롬 14:14). 서신서 기자들은 '세상'이라는 용어를 사탄의 지배를 받는 악한 체계를 의미할 때 사용한다.[36] 바로 악의 영향력 아래 있으며 하나님을 대적하는 인간 사회의 영역을 말한다.[37] 죄인인 인간의 욕심과 정욕은 결코 하나님과 함께할 수 없기에[38] 그리스도인이라면 당연히 그것들을 피해야 한다.[39] 바울은 이렇게 교훈한다. "그러므로 땅에 있는 지체를 죽이라. 곧 음란과 부정과 사욕과 악한 정욕과 탐심이니 탐심은 우상 숭배니라"(골 3:5).

어떤 사람들은 왜 그리스도가 시험을 당하도록 스스로 허락하셨는지 혹은 어떻게 하나님의 아들이 시험을 받는 것이 가능한지 이해하지 못한다. 하지만 예수님이 인간이기에 시험을 받으셨겠는가? 보통 (유혹이라는 의미의) 시험을 받는다고 하면 죄를 저지르는 것으로 이해한다. 아무리 짧고 손쉬운 시험이라 해도 시험을 받는다는 자체는 인간이 죄인이라는 사실을 드러낸다. 그러나 예수님이 시험 받으신 것은 이런 의미가 아니다. 히브리서 4장 15절은 예수님이 우리와 똑같이 시험을 받으셨지만 죄가 없으시다고 말한다. 마귀가 예수님에게 유혹을 걸었음에도 예수님은 죄에게 일말의 틈을 내주지 않으셨다. 베르너 프란츠만은 이렇게 말한다. "예수님은 사탄의 악한 제안들이 마음에 들어오는 것조차 허락하지 않으셨다. 조금이라도 다가오지 못하도록 거절하고 내쫓으셨다."[40]

문제는 여전히 남는다. 예수님은 왜 이런 시험을 스스로 받으셨는가? 한 가지 이유는 그리스도가 진짜 인간이 되려면 모든 인간이 보편적으로 경험하는 것들을 겪으셔야 했다는 것이다(참조. 히 2:17-18; 4:14-15).[41] 인간은 역경을 통해 성장하고 우리의 믿음은 시련을 통해 자라고 정화된다(벧전 1:6-7). 알프레드 에더스하임은 그의 책 『메시아』에서 예수님이 철저히 인간이 되기 위해 시험을 당하셔야 했다고 설명한다.

> 그 나라의 왕으로 헌신하기 위해 예수는 죄악된 세상 속에 있다는 게 어떤 의미인지 명쾌하게 할 필요가 있었다. 그 나라는 하나님의 방법으로 세워져야 하기에 하나님의 방법이 무엇인지 분명히 드러나야 했고 그 실체가 검증되어야 했다. 그 나라의 대표자이자 설립자인 왕으로서 그 반대편에서 권세를 쥔 대표자 및 설립자,[42] 즉 "이 세상의 왕"과 직면하여 이겨야 했다. 그리스도의 사명을 믿는 자라면 누구나 이런 생각을 할 수 있어야 한다.[43]

에더스하임은 우리가 그리스도의 사명이 무엇인지 이해한다면 그분의 삶과 사역이 어떻게 '시험'과 함께 시작되는지 알게 될 거라고 설명한다. 에더스하임은 유대교에서 개종한 그리스도인으로, 유대교 안에는 그런 개념이 없다고 말한다. "유대교에선 예수님 같은 메시아를 상상한 적이 없기 때문이다."[44] 앞서도 언급했듯, 예수님은 이스라엘을 정치적 압제자들에게서 구출하기 위해 오신 것이 아니라 죄인들을 구원하러 오셨다. 이 말 속에는 예수님이 인간의 모습으로 오셔야 하고, 인간이 겪는 모든 모욕을 당하셔야 하며, 십자가에서 죽는 것까지 포함되어 있다(빌 2:1-11). 에더스하임은 예수님이 세례를 받으신 이야기와 마찬가지로 예수님이 시험을 당하신 이야기도 성경의 신뢰도를 높여준다는 데 동의한다. 이는 "유대교에서는 나올 수 없는 이야기이기 때문이다."[45] 복음서 기자들이 유대인을 설득할 목적으로 가공된 이야기를 만들려는 의도가 있었다면 굳이 유대교의 메시아 개념과 배치되는 사건을 포함시키지 않았을 것이다.

유대인에게는 너무 낯설긴 해도 이 개념은 하나님의 구원 계획에 완벽하게 일치하고 사탄이 그리스도의 발꿈치를 상하게 할 거라는 창세기 3장 15절의 말씀과도 아귀가 맞는다. 그리스도가 우리를 위해 죽으시는 게 맞다면, 사탄의 가공할 시험을 당하시는 것도 충분히 예견할 수 있는 일이며 그런 시험에서 승리하실 때 (사탄의 머리를 밟을 것이라 약속하신) 성부와 성자에게 더 큰 영광이 돌아가게 될 것이다. 공생애 사역을 눈앞에 둔 예수님이 사탄과 직접 맞대면하여 전선을 형성하고, 자신에게 대적하는 자를 물리쳐 장차 영구적인 패배를 안겨주리라는 메시지를 보내는 건 매우 적절한 일이다. 우리가 우리 구원자와 친밀한 관계를 맺을 수 있는 것도 그분이 인간이 겪을 수 있는 (그리고 그보다 더 극심한) 모든 유형의 시험을 겪으신 덕분이다. 그분은 우리가 감히 다가갈 수 없는 냉담한 신이 아니시다. 그분은 친밀하고 긍휼이 풍성하신 하나님으로 우리를 살리기 위해 모든 것을 내어주시는 분이다. 무엇보다 우리는, 이 모든 것으로 말미암아 우리가 당하는 고통을 넉넉히 견딜 수 있는 것이다.

예수님이 겪으신 시험은 모든 사람이 인간으로 경험하는 싸움에서 거둔 예수님의 승리 소식을 전하고, 예수님의 순전한 동기와 철저한 이타성을 보여준다. 찰스 포스터 켄트는 이렇게 말한다. "예수님이 겪으신 시험 사건을 통해 우리는 그분이 가르치고 행하신 모든 것 안에서 발견되는 단순하지만 거룩한 목적을 깨달을 수 있다. 그 사건을 통해 우리는 예수님이 성부 하나님의 마음을 들여다보는 시선으로 우리의 삶과 인간성을 바라보신다는 사실을 알게 된다. 더불어 예수님이 하나님 아버지를 제자들에게 드러내 보여주라는 고유한 부르심을 인식하고 계신다는 사실도 알게 된다."[46] 예수님이 시험 받으신 기사에서 우리는 그분의 성품을 배우게 된다. 자신의 사명을 완전하게 성취하시는 일련의 과정 속에서 예수님은 다른 메시아를 기대했던 사람들의 소망을 부끄럽게 하신다.[47] 예수님은 사람들에게 권세를 부리거나 그들에게서 영광 받는 일을 피하신다(예를 들어 예수님은 사람들의 발을 씻겨주신다). 그렇게 행함으로, 자신을 정치적이고 군사적인 구원자로 바라보려는 사람들의 욕망을 만족시키길 거부하신다. 오히려 예수님은 이런 자기 제약을 통해, 구원을 바라는 우리의 갈망을 만족시키신다. 브루스 셸리는 이렇게 말한다. "기독교는 신이 수치를 당하는 사건이 중심이 되는 유일한 종교다."[48]

하나님의 어린양이 제자를 부르심(요 1:29-51)

유대인들이 세례 요한에게 그가 그리스도인지 물은 다음날, 요한은 자기에게로 나아오시는 예수님을 보고 이렇게 말한다. "보라, 세상 죄를 지고 가는 하나님의 어린 양이로다. 내가 전에 말하기를 내 뒤에 오는 사람이 있는데 나보다 앞선 것은 그가 나보다 먼저 계심이라 한 것이 이 사람을 가리킴이라"(요 1:29-30). 요한이 이유 없이 자기 비하를 하는 것이 아니다. 오히려 요한은 그리스도의 우월성이 그분의 선재하심pre-existence에서 비롯된다고 주장하는 것이다. 사도 요한도 자신의 복음서 서두에서 동일하게 그리스도의 선재하심을 주장한다. "태초에 말씀이 계시니라. 이 말씀이 하나님과 함께 계셨으니 이 말씀은 곧 하나님이시니라. 그가 태초에 하나님과 함께 계셨고 만물이 그로 말미암아 지은 바 되었으니 지은 것이 하나도 그가 없이는 된 것이 없느니라"(요 1:1-3).

다음날 두 제자와 함께 있던 요한은 마침 예수님이 걸어가시는 것을 보고 다시 한번 하나님의 어린 양이라고 말한다. 두 제자는 즉시 예수님을 따르기 시작하고, 이는 요한이 자신의 바통을 예수님께 넘겨드린 확실한 증거가 된다. 두 제자 중 하나인 안드레가 형제 시몬 베드로에게 메시아를 찾았다고 말하며 그를 예수님께 데려오고, 두 사람은 예수님을 따른다. 그러므로 안드레는 예수님이 메시아임을 선포한 첫 번째 사람이다.[49] 또 다른 제자는 사도 요한이라 생각되는데 그의 형제 야고보와 함께 예수님을 따르기 시작한다(막 1:18-20; 눅 5:1-11).[50] 그 다음으로 예수님은 갈릴리에서 빌립과 나다나엘을 부르신다.

물을 포도주로 바꾸고 성전을 청결케 하심(요 2:1-22)

예수님은 갈릴리 가나 혼인잔치에서 물을 포도주로 변하게 하여 첫 번째 기적 혹은 '표적'sign을 행하신다. 이 일로 "그의 영광을 나타내시매 제자들이 그를 믿으니라"(요 2:11). 신약 교수 제럴드 보체르트는 '표적(기적/이적)'이란 단순히 기이한 것 이상의 의미가 있으며, 이 단어를 사용함으로 (표적으로 지칭되는 그 사건이) 그리스도의 실체를 드러내는 강력한 역사임을 나타낸다고 설명한다.[51]

어떤 이들은 예수님의 모친이 예수님에게 포도주가 떨어졌다고 하자 예수님이 보이신 반응에 의아해 한다. 예수님은 이렇게 말씀하신다. "여자여 나와 무슨 상관이 있나이까. 내 '때'hour가 아직 이르지 아니하였나이다"(요 2:4). 예수님이 모친에게 "여자여"라고 부른 것은 인신공격적이거나 (서구 문화에서는 그렇게 보이지만) 불손한 태도가 아니라고 보체르트는 말한다. 또 예수님의 질문도 무례한 것이 아니라고 말한다. 예수님은 막 공생애를 시작하셨고 성부 하나님을 위해 감당해야 하는 주된 의무가 있기에 이를 위한 기준점을 세우고 계신 것이다. 예수님은 모친을 지극히 존중하지만, 성부 하나님의 일에 집중하려 하신다. 보체르트는 이렇게 말한다. "예수님은 아들을 향한 성부 하나님의 뜻을 성취하러 오셨다. 즉 성부 하나님을 나타내기 위해 오셨다(요 1:18). 아버지의 권위를 따라 행동하고 그분의 뜻을 실행하는 것이 아들의 일이었다(요 5:19-20, 30, 36)…이 복음서에서 궁극적으로 초점을 맞추고 있는 '때'는 예수님이 영화로워지는 때, 즉 그분의 죽음과 부활이다(요 7:30; 8:20; 12:23, 27; 13:1; 17:1). 예수님은 아버지의 시간표를 따르신다. 그러므로 모진 말처럼 들리는 그 말은 예수님의 운명과 성부 하나님에 대한 그분의 순종이라는 맥락에서 이해되어야 한다."[52]

실제로 요한복음에서 네 번이나 예수님이 특정 행동을 미루시거나 대적들과 대면하는 걸 피하시는 장면이 나오는데 "그분의 때가 아직 오지 않았기" 때문이다. 그러나 그분의 때가 이르렀을 때, 즉 십자가에서 죽으실 시기가 되었을 때 주님은 바로 이 동일한 용어를 사용하여 다음과 같이 선포하신다. "아버지여 '때'가 이르렀사오니 아들을 영화롭게 하사 아들로 아버지를 영화롭게 하게 하옵소서"(요 17:1).[53]

그럼에도 불구하고 예수님은 기적을 행하시고, 이는 (물을 포도주로 바꾸신 것이) 요한이 자신의 복음서에 기록한 7번의 기적 중 첫 번째다.[54] 결혼식 후에 예수님과 제자들, 예수님의 모친과 형제들은 (갈릴리 바다 북서쪽 해안에 있는 마을) 가버나움으로 내려간다. 복음서 기자들은 이곳을 예수님의 '본 동네'라고 부르는데(마 9:1), 예수님이 (세례 요한이 체포됐다는 소식을 듣고) 나사렛을 떠나 한 동안 이곳에 머무르셨기 때문이다(마 4:13).[55]

가버나움에서 며칠을 보내신 후(요 2:12) 예수님은 유월절을 지내러 예루살렘으로 올라가신다. 성전 안에서 소와 양과 비둘기를 파는 사람들과 돈 바꿔주는 사람들이 앉아 있는 것을 보시곤 노끈으로 채찍을 만들어 소와 양을 성전에서 내쫓고 돈 바꿔주는 사람들의 돈을 쏟고 탁자를 엎어 버리신다. 그러면서 "내 아버지의 집으로 장사하는 집을 만들지 말라"(요 2:16)고 꾸짖으신다. 격분한 유대인들이 예수님에게 무슨 권위로 이런 일을 행하느냐고 비난하며 (그럴 권위를 지녔다는) 표적을 보이라고 요구하자 예수님은 이렇게 말씀하신다. "너희가 이 성전을 헐라. 내가 사흘 동안에 일으키리라"(요 2:19) 요한은 예수님이 성전인 자신의 몸을 가리켜 말한 것이라고 해설을 단다. 제자들도 나중에 예수님이 부활하셨을 때 이 말씀을 기억하고 "성경과 예수께서 하신 말씀"(요 2:22)을 믿게 된다.

요한복음은 성전을 청결케 한 사건을 예수님 사역 초기에 일어난 일로 기록하지만, 공관복음서는 이 사건을 뒷부분에 배치한다(마 21:12-13; 막 11:15-17; 눅 19:45-46). 어떤 주석가들은 예수님이 성전을 청결케 하신 일이 두 차례라고 추측한다.[56] 그러나 대부분의 다른 주석가들은 요한이 신학적인 의도를 가지고 자신의 복음서를 뒤늦게 기록하면서 복음 증거에 최대한 효과적일 수 있게 자료를 배열했다는 데 동의한다.[57] 성전 청결 이야기를 왜곡하거나 고친 것이 아니라 단지 독자들의 시선을 사로잡고 예수님이 개입된 갈등 구조에 시선을 집중시키기 위해 복음서 앞부분에 배치했을 거라고 본다. 예수님이 성전된 자기 몸을 가리켜 말씀하신 것을 제자들이 나중에 기억하고 성경을 믿었다고 한 대목도 이런 접근법을 지지해 준다.

그럼에도 존 맥아더는 (요한복음 앞부분에 배치된 사건과 공관복음 뒷부분에 배치된 사건이) 각자 서술된 역사적 배경과 문학적 맥락에서 판단하면 내용이 너무 달라서 하나의 사건으로 보기에 무리가 있다고 주장한다. 맥아더는 예수님이 두 차례 성전을 청결케 하셨는데 이는 유대 민족이 예수님의 메시아적 권위를 알아보지 못했기 때문이라고 믿는다(마 23:37-39).[58] 레온 모리스는 이 두 가지 견해를 절충한다. 만일 성전 청결 사건이 한 번만 있었다면, 요한이 그 신학적 의미를 극대화하기 위해 복음서 초반부에 기록했다고 보는 것도 합리적이라고 말한다. 그렇지만 요한복음 처음 다섯 장의 내용이 나머지 공관복음에는 있지 않은 자료들이므로 두 번의 성전 청결 사건이 있었을 것으로 보는 게 보다 타당하다고 모리스는 믿는다.[59]

니고데모를 만나심(요 2:23-3:21)

유월절에 예루살렘에 머무시던 예수님은 보다 많은 '표적'을 행하시고 이로 인해 많은 사람들이 예수님을 믿게 된다. 그러나 성경은 예수님이 그들의 믿음을 진정성 없는 일시적인 것으로 보셨다고 말한다.[60] 예수님은 인간 본성이 변덕스러울 뿐 아니라 사람들이 일시적인 감정적 경험에 사로잡힐 때가 있음을 잘 아신다. 이런 일은 오늘날에도 일어나는데, 그렇기 때문에 주관적이고 감정적인 경험보다 위에 믿음을 올려놓을 필요가 있다. 마찬가지 이유로 많은 사람이 예수님의 죽으심과 부활 사건이 있기 전까지는 그 표적들의 의미를 이해하지 못할 것이다. 그때까지 사람들은 그저 예수님을 단지 기적을 일으키는 사람 정도로 인식할 뿐 메시아이자 하나님의 아들로 믿지는 못할 것이다.[61]

그래서 이 단락의 본문이 중요하다. 예수님이 메시아이자 하나님의 아들임을 입증하는 것이 핵심 목표이기 때문이다. 요한은 다음 장면에서 그 점을 분명히 한다. 예수님이 (유대인의 최고 의결 기관인 산헤드린 회원 71명 중 하나인) "유대인의 지도자" 바리새인 니고데모를 만난 이야기를 전한다. 니고데모가 이렇게 말한다. "랍비여 우리가 당신은 하나님께로부터 오신 선생인 줄 아나이다. 하나님이 함께 하시지 아니하시면 당신이 행하시는 이 표적을 아무도 할 수 없음이니이다"(요 3:2). 니고데모는 예수님이 표적을 행하신 것을 보고 하나님에게서 온 선생임을 알고 존경을 표하지만, 예수님이 단순히 하나님의 뜻을 전하러 온 메신저 그 이상의 존재임은 알지 못한다. 니고데모의 고백에 예수님은 의미심장한 말씀으로 반응하신다. 사람이 거듭나지 않으면 하나님의 나라를 볼 수 없으며 거듭나기 위해선 예수님을 믿어야 한다는

(지금은 우리에게 너무나도 유명한) 말씀이다.

니고데모가 묻는다. "사람이 늙으면 어떻게 날 수 있사옵나이까. 두 번째 모태에 들어갔다가 날 수 있사옵나이까"(요 3:4). 예수님은 육체적으로 다시 태어나는 것이 아니라 영적으로 다시 태어나는 것을 말한 것이라고 분명히 밝히신다. 그리고 이런 영적 거듭남은 예수님을 믿을 때만 가능하다. 사람이 그리스도를 믿으면 중생(거듭남)을 경험하고 그리스도 안에서 새로운 피조물이 된다. 이때 성령은 인간의 본성을 다시 태어나게 하고 내적으로도 정결케 하신다. 이로써 인간의 영적 상태는 죄의 권세에서 벗어나 하나님과의 새로운 관계 속으로 들어가게 된다(딛 3:5). 이런 일은 인간의 공로가 아닌 하나님의 은혜로만 가능하다.[62] 그러나 사람이 다시 태어나도 죄에 대해 영향을 받지 않는 것은 아니며 단지 더 이상 죄에게 종 노릇을 하지 않는 것이다(롬 6:6). 여전히 "육체의 소욕"(갈 5:17)과 싸우겠지만, 이제는 내주하시는 성령의 힘을 덧입어 죄에 저항하게 된다. 날마다 죄와 벌이는 이런 싸움은 계속될 테지만 그래서 "죄는 남아 있지만, 죄가 더 이상 다스리지는 않을 것이다."[63]

요한복음 3장 16절에 이 점이 단순하고 아름답게 잘 설명되어 있다. "하나님이 세상을 이처럼 사랑하사 독생자를 주셨으니 이는 그를 믿는 자마다 멸망하지 않고 영생을 얻게 하려 하심이라." 이 구절은 복음서 전체의 요약문이다.[64] 케네스 갱글은 이렇게 말한다. "성경에서 이 구절보다 더 유명하고 사랑받는 구절이 또 있을까? 영생이 우리가 행한 어떤 것으로 인해 오는 것이 아님을 너무나 통렬히 보여준다."[65] 하나님이 독생자 예수 그리스도를 보내셨고, 그리스도의 신성deity은 기독교 교리의 핵심이다. 이와 다르게 말하는 사람은 그리스도인이 아니다. 앞에서 지적했듯, '믿는다'는 것은 그리스도가 하나님이심을 단지 지적으로 동의하는 걸 의미하지 않는다. 예수 그리스도가 우리를 구원하실 수 있음을 믿고 신뢰함으로 우리의 영원한 운명을 오직 그분께만 의탁하는 것이다.[66]

그리스도가 단지 세상 죄를 위해 죽으셨음을 인정하는 것으론 부족하다. "구원하는 믿음은 그리스도가 우리 한 사람 한 사람을 위해 죽으셨음을 인정하는 것"[67]이라고 갱글은 말한다. 잠시 이 사실을 생각해 보자. 하나님은 우리 한 사람 한 사람을 일일이 사랑하신다. 그리고 우리 한 사람 한 사람에게 구원을 주신다. 그저 추상적인 신학 개념이 아니다. 이것이 우리에게 의미하는 바를 명확히 깨달을 필요가 있다. 더욱이 구원하는 믿음은 인간의 노력으로 얻어지는 것이 아니며 오직 하나님의 선물이고 은혜다. "너희는 그 은혜에 의하여 믿음으로 말미암아 구원을 받았으니 이것은 너희에게서 난 것이 아니요 하나님의 선물이라. 행위에서 난 것이 아니니 이는 누구든지 자랑하지 못하게 함이라"(엡 2:8-9). 바울은 더 나아가 이렇게 말한다. "네가 만일 네 입으로 예수를 주로 시인하며 또 하나님께서 그를 죽은 자 가운데서 살리신 것을 네 마음에 믿으면 구원을 받으리라"(롬 10:9).

하나님께서 독생자를 보내 우리 죄를 대신해 죽게 하셨다는 계시는 우리를 향한 하나님의 희생과 사랑이 얼마나 큰지를 알게 한다. 그리스도를 통해 나타나는 하나님의 사랑은 예수님이 니고데모에게 강조하신 내용, 즉 성부 하나님이 자신을 보내신 것은 세상을 심판하려 하심이 아니라 구원하려 하심이라는 말씀으로 한층 강화된다. 성경은 예수님을 최종적인 심판자로 묘사하는 반면, 죄는 우리를 정죄로 이끈다. 하지만 예수님은 자신을 희생하심으로 우리에게 (예수님을 믿음으로 말미암는) 생명을 선물로 주신다.

예수님은 니고데모에게 말씀하신다. "빛이 세상에 왔으되 사람들이 자기 행위가 악하므로 빛보다 어둠을 더 사랑한 것이니라. 악을 행하는 자마다 빛을 미워하여 빛으로 오지 아니하나니 이는 그 행위가 드러날까 함이요, 진리를 따르는 자는 빛으로 오나니 이는 그 행위가 하나님 안에서 행한 것임을 나타내려 함이라 하시니라"(요 3:19-21). 요한은 또한 그의 복음서 서두에서 빛과 어둠을 대조하면서(요 1:5), 예수 그리스도가 세상에 오신 참 빛이라고 말한다. 예수 그리스도가 세상을 창조하셨지만 세상은 그분을 알지 못했고, 자기 백성이 그분을 받아들이지 않았다(요 1:9-11).

늘 그렇듯 성경은 일관성이 있다. 구약도 어둠의 이미지를 사용하는데, 특히 시가서에서 어둠은 파괴, 죽음, 지하세계를 상징한다(사 5:30; 47:5; 시 143:3; 욥 17:13).[68] 주변 사람들을 보거나 때로는 개인적인 경험을 통해 알 수 있는 것은, 많은 사람이 복음을 받아들이려면 자신의 죄악된 본성을 인정해야 한다는 점 때문에 복음을 회피하거나 거부하게 된다는 것이다. 많은 사람이 겉으로는 지적인 근거를 대며 복음을 거부하거나 자신에겐 구원자가 필요치 않다는 이유로 복음을 거부한다고 말하지만, 여기서 예수님은 많은 사람이 빛을 거부하는 이유는 빛이 그들의 삶에 있는 어둠을 드러내기 때문이라고 분명히 말씀하신다.

만일 우리가 우리 죄를 직면하기를 거부함으로써 스스로에게 정직하지 못하면, 우리는 여전히 잃어버린 자로 남게 될 뿐 아니라 궁극적으로 불행해진다는 사실은 비극적인 아이러니다. 잠시의 즐거움을 누릴 수 있겠지만 죄에 붙들리면 붙들릴수록 더 죄에서 벗어날 수 없게 된다. 예수님은 "진실로 진실로 너희에게 이르노니 죄를 범하는 자마다 죄의 종이라"(요 8:34)고 분명히 선언하신다. 하지만 이것이 우리를 좌절하게 만들지 않는 것은 "만일 우리가 우리 죄를 자백하면 그는 미쁘시고 의로우사 우리 죄를 사하시며 우리를 모든 불의에서 깨끗하게 하실 것"(요일 1:8-9)이기 때문이다. 어둠은 빛의 상대가 안 된다. 어둠은 빛에 맞설 수 없다. "빛이 어둠에 비치되 어둠이 이기지(개역개정, "깨닫지") 못하더라"(요 1:5). E. A. 블럼은 이렇게 말한다. "빛의 속성은 밝게 비추어 어둠을 몰아내는 것이다…어둠은 빛을 이길 수 없다."[69]

지금은 사탄이 그리스도와 믿는 자들을 상대로 끊임없이 영적 전쟁을 벌이지만, 분명한 것은 예수님이 승리자시라는 사실이다. 예수님은 우리에게 약속하신다. "나는 세상의 빛이니 나를 따르는 자는 어둠에 다니지 아니하고 생명의 빛을 얻으리라"(요 8:12). 또 이렇게 덧붙이신다. "나는 빛으로 세상에 왔나니 무릇 나를 믿는 자로 어둠에 거하지 않게 하려 함이로라"(요 12:46). 하나님의 놀라운 말씀은 처음부터 끝까지 줄곧 어둠을 이기는 빛의 우월성 및 죽음을 이기는 생명의 우월성을 강조한다. 구약에서 빛은 생명과 관련이 있다. 빛을 본다는 것은 생명을 얻는 것을 의미한다(욥 33:28; 3:16). 다윗도 "진실로 생명의 원천이 주께 있사오니 주의 빛 안에서 우리가 빛을 보리이다"(시 36:9)라고 고백한다. 다윗은 또 다른 시편에서 이렇게 선포한다. "주께서 내 생명을 사망에서 건지셨음이라. 주께서 나로 하나님 앞, 생명의 빛에 다니게 하시려고 실족하지 아니하게 하지 아니하셨나이까"(시 56:13). 마찬가지로 요한도 다음과 같이 기록한다. "그 안에 생명이 있었으니 이 생명은 사람들의 빛이라"(요 1:4).

세례 요한이 체포됨(마 14:3-5; 막 6:17-20; 눅 3:19-20; 요 3:23-36)

세례 요한은 자신의 사역이 오로지 그리스도의 길을 예비하는 것임을 알고 있고 이제는 그리스도가 사역을 시작하셨지만, 여전히 말씀을 선포하고 세례를 베풀고 있다. 사도 요한은 자신의 복음서에서 세례 요한이 아직 감옥에 갇히지 않았다고 말하는데, 이는 자신의 복음서를 읽는 독자들이 나중에 요한이 체포되는 것을 이미 알고 있음을 보여준다. 이를 통해 우리는 요한이 (우리의 이해를 돕기 위해) 공관복음서에 정보를 추가하는 방식으로 글을 쓰고 있음을 알 수 있다.[70]

세례 요한의 제자들은 사역을 시작하신 예수님에게 (세례 요한보다) 더 많은 사람들이 따르는 걸 우려한다. 제자들의 우려에도 불구하고 요한은 다시 한번 그리스도에 대한 존경심을 표현하며 대수롭지 않은 듯 반응한다. 자신은 그저 앞서 길을 예비하는 자라는 것이다. 요한은 그리스도를 신랑으로, 그분을 따르는 자들은 신부로, 자신은 신랑의 친구로 묘사한다. 그는 그리스도의 사역은 흥하여야 하고 자신의 사역은 쇠하여야 한다며 제자들에게 경고한다. 그리스도는 하늘로부터 오셨고 "자신은 땅에 속하여 땅에 속한 것을 말하기"(요 3:31) 때문이다. 요한은 또 성부 하나님이 그 아들을 사랑하여 모든 것을 그에게 주셨고 그 아들을 믿는 자마다 영생을 얻는다고 확증한다(요 3:35). 일부 주석가들은 요한복음 3장 31-36절 말씀은 이 복음서의 저자인 사도 요한의 말이고, 세례 요한의 말은 그리스도의 사역은 흥해야 하고 자신의 사역은 쇠해야 한다고(요 3:30) 말하면서 끝났다고 믿는다.[71] 다른 이들은 세례 요한이 그 말들을 했다고 믿는다.[72] 어떤 의견이 맞든 관계없이, 이 본문에서 성령의 감동하심으로 전달되는 메시지는 강력하다. 그리스도가 가장 중요하고 세례 요한은 그분을 선포하기 위해 왔다는 것이다.

헤롯은 자신이 형 빌립의 아내 헤로디아와 불법적인 결혼을 한 것에 대해 요한이 비난하자 그를 체포하여 감옥에 가둔다. 헤롯은 요한을 처형하고 싶어하지만 사람들이 요한을 선지자로 믿는 것을 두려워하여 머뭇거린다.

사마리아 여인을 만나심(요 4:4-42)

세례 요한이 체포됐다는 소식을 접하셨을 때, 예수님은 갈릴리에 가기 위해 사마리아를 지나는 중이셨다(마 4:12; 막 1:14; 눅 4:14). 이 길이 유대에서 갈릴리로 가는 지름길이지만 대부분의 유대인은 요단 동편인 베레아 쪽으로 우회하여 다닌다. 그들이 경멸하는 사마리아 사람들과 마주치지 않기 위해서다. 사마리아 사람들은 인종적으로 (이방인과) 피가 섞인 사람들이며 (마찬가지로 이방인의 종교와 혼합된) 그들의 종교 관습도 혐오의 대상이다. 그럼에도 예수님은 잃어버린 자들을 향한 마음에 이끌려(눅 19:10) 굳이 사람들이 꺼리는 길로 가신다. 그 때문에 (예루살렘 북쪽으로 약 48킬로미터 떨어진) 수가라 하는 동네에 이르러 야곱의 우물에서 한 사마리아 여인을 만나시게 된다.[73]

제자들은 먹을 것을 사러 동네 안으로 들어가고 예수님은 혼자 우물 곁에 앉아 계신다. 사마리아 여인이 물을 길으러 오자 예수님이 예인에게 물을 좀 달라 하신다. 여인은 유대인이 자신에게 말을 거는 것에 깜짝 놀란다. "당신은 유대인으로서 어찌하여 사마리아 여자인 나에게 물을 달라 하나이까." 이에 예수님은 여인이 자신에게 물을 달라 하는 이가 누구인지 알았더라면 오히려 그에게 물을 구했을 것이고 그러면 그가 '생수'를 주었을 것이라고 말씀하신다. (예수님은 영생을 주는 물로 말씀하셨지만 여인은 그저 샘물로 받아들여) 예수님이 말씀하신 의도를 오해한다. 조상 야곱이 이 우물에서 물을 마셨는데 예수님이 야곱보다 더 크냐고 질문한다. 예수님이 대답하신다. "이 물을 마시는 자마다 다시 목마르려니와 내가 주는 물을 마시는 자는 영원히 목마르지 아니하리니 내가 주는 물은 그 속에서 영생하도록 솟아나는 샘물이 되리라"(요 4:13-14).

일시적인 것과 영원한 것, 이 땅에서의 삶과 영원한 삶을 이렇게 극명하게 대조하기란 쉽지 않을 것이다. 물은 사치품이 아니라 절대적인 필수품이다. 그러나 물이 아무리 이 땅의 삶에서 중요하다 하더라도, (우리가 예수님을 믿을 때) 예수님이 우리에게 주시는 생명의 선물과는 비교할 수 없다. 여인은 또다시 예수님의 말을 오해하고, 그렇게 사람의 목마름을 영원히 해결할 힘이 있는 물을 주어 다시 우물에 물을 길으러 오지 않아도 되게 해달라고 요청한다. 예수님은 여인이 결혼하지 않았다고 말할 것을 미리 아시고, 남편을 데려오라고 말씀하신다. 여인이 실제로 그렇게 말하자, 예수님은 여인에게 다섯 명의 남편이 있었다고 말씀하시고, 그러자 여인은 예수님이 선지자라고 생각한다.

여인은 예수님에게 사마리아 사람과 유대인 간에 갈등을 일으키는 종교 관습에 대해 질문한다. 사마리아 사람들은 '이 산'(그리심산을 말한다. 100여 년 전에 예루살렘 출신 유대인인 요한 히르카누스에 의해 파괴된, 사마리아 사람들의 성전[74]이 있던 곳)[75]에서 예배해야 한다고 하고 유대인들은 예루살렘에서 예배해야 한다고 주장하기 때문이다. 예수님은 여인에게 어디서 예배를 드려야 하는지 보다 그녀가 소유한 믿음의 본질이 더 중요하다고 알려주신다. 그러면서 여인이 자기가 알지 못하는 것을 예배하고 있고 진정한 하나님에 대해서도 잘못 알고 있다고 말씀하신다. 예수님은 "구원이 유대인에게서 난다"(요 4:22)고 선포하시는데, 그 말은 구원을 가져올 메시아가 유대인이라는 의미다. 성경은 이스라엘 백성이 하나님의 택한 백성임을 하나님이 여러 차례 확증하셨다고 기록한다. 이스라엘은 거룩한 제사장 나라로서, 하나님이 그들에게 율법을 맡기셨고 그들을 통해 구원이 임할 것이다(행 13:23; 롬 11:26; 3:1-2; 9:3-5, 18; 시 147:19-20; 사 2:3; 암 3:2; 미 4:1-2).

여인은 그때까지도 예수님의 정체를 알지 못한 채, 메시아가 오실 것이고 그가 오시면 모든 것을 분명하게 알려주실 거라 말한다. 이에 예수님이 다음과 같이 대답하신다. "네게 말하는 내가 그라"(요 4:26). 예수님은 갈릴리와 유대에서 사역하실 때 자신이 메시아임을 선포하기를 대개는 피하시는데, 정치적 문제를 일으켜 그 지역 사역에 지장이 있을까 우려하신 탓이다.[76] 하지만 예수님은 여기서는 자신을 드러내고자 하시는데, 사역을 위태롭게 하지 않기 때문일 것이다.[77] 여인은 마을에 있는 다른 사람들에게 예수님을 만난 이야기를 열심히 전하는데, 이를 통해 여인이 예수님을 만나 큰 영향을 받았음을 알 수 있다. "내가 행한 모든 일을 내게 말한 사람을 와서 보라. 이는 그리스도가 아니냐"(요 4:29).

먹을 것을 구한 제자들이 돌아와 예수님께 잡수실 것을 권하자, 예수님은 그 자리에서 자신의 우선순위에 대해 제자들에게 가르치신다. 마시는 물보다 영생을 주는 생수가 훨씬 더 중요하다고 여인에게 말씀하셨듯, 예수님은 자신이 먹을 양식은 아버지의 뜻을 행하여 그분의 일을 성취함으로 순종을 보이시는 것이라고 말씀하신다.

여인의 간증을 듣고 확신을 갖게 된 많은 사마리아 사람들은 예수님에게 자기들과 함께 머무시기를 청한다. 예수님이 그곳에 머무시는 며칠 사이에 더 많은 사람들이 나아와 믿게 된다. 사마리아 사람들이 그 여인에게 말하길 "이제 우리가 믿는 것은 네 말로 인함이 아니니 이는 우리가 친히 듣고 그가 참으로 세상의 구주신 줄 앎이라 하였더라"(요 4:42).

신하의 아들을 고쳐주심(요 4:43-54)

예수님은 사마리아를 떠나 갈릴리로 가서 갈릴리바다 가까이 있는 마을들에서 사역하신다(마 4:12-17; 막 1:14-15; 눅 4:14-15; 요 4:43-45).[78] 갈릴리 사람들이 예수님을 환영하는데, 유월절에 예수님이 예루살렘에서 행하시는 일들을 보았기 때문이다. 가버나움에서 왕의 신하가 예수님에게 와서 자신의 (거의 죽게 된) 병든 아들을 고쳐달라고 청한다. 예수님은 오직 예수님이 행하시는 기적과 표적이 아니면 도무지 믿지 못하는 그 사람을 조용히 꾸짖으신다. 그러나 신하는 계속 간청하며 예수님의 치유하시는 능력에 대한 믿음을 보인다. 예수님이 그에게 말씀하신다. "가라, 네 아들이 살아 있다"(요 4:50). 집으로 돌아가는 길에 집의 하인과 마주치고 하인은 아들이 살아 있다고 전한다. 예수님이 '아들이 살아 있다'고 말씀하시던 바로 그때부터다. 이 일로 인해 그 신하와 온 집안이 다 믿게 된다.

고향에서 배척 당하심(눅 4:16-30)

예수님은 고향 나사렛에 이르러 (랍비들의 관행을 따라) 회당에 들어가서 안식일 예배에 참여하신다.[79] 예수님이 성경을 읽으려고 서시자 이사야의 글이 기록된 두루마리가 주어진다. 예수님은 특정한 대목을 펴서 읽기 시작하신다. 이는 우연한 선택이 아니다. 예수님이 의도하신 바다. "주 여호와의 영이 내게 내리셨으니 이는 여호와께서 내게 기름을 부으사 가난한 자에게 아름다운 소식을 전하게 하려 하심이라. 나를 보내사 마음이 상한 자를 고치며 포로된 자에게 자유를, 갇힌 자에게 놓임을 선포하며 여호와의 은혜의 해와 우리 하나님의 보복의 날을 선포하여 모든 슬픈 자를 위로하되"(사 61:1-2).

이미 사역을 시작하신 예수님이 사람들의 병을 고치고 가르치신 이야기들이 사람들 사이에 회자되고 있던 시점이다. 이제 고향 땅에 서신 예수님은 자신이 "아름다운 소식"을 전하도록 "기름 부음 받은" 그 약속된 메시아임을 나타내는 본문을 읽으신다.[80] 예수님은 "이 글이 오늘 너희 귀에 응하였느니라"(눅 4:21)고 선포하심으로 요점을 명확히 하려 하신다. J. A. 마틴은 이렇게 설명한다. "예수님의 이 말씀이 암시하는 바는 명확하다. 예수님은 그토록 오랫동안 약속되어 온, 하나님 나라를 세울 메시아가 자신이라고 주장하신 것이다."[81]

사람들은 예수님의 말에 놀라면서도 그 말이 "요셉의 아들"의 입에서 나온다는 사실 때문에 의구심을 갖는다. 예수님은 이렇게 반응하신다. "선지자가 고향에서는 환영을 받는 자가 없느니라"(눅 4:24). 그러면서 예수님은 믿음 없는 이스라엘 때문에 이방인에게로 보냄을 받은 하나님의 두 선지자를 언급하신다. 하나는 엘리야고(왕상 17:8-16)

또 다른 선지자는 엘리사다(왕하 5:1-19). 누구보다 성경을 잘 알고 친숙한 이들이었기에 사람들은 예수님의 그 말을 듣고는 불같이 화를 낸다. 예수님이 어떤 의도로 두 선지자를 언급하시는지 잘 알았기 때문이다. 나병을 앓는 수리아 사람 나아만과 시돈 땅의 사렙다 과부조차 하나님의 메시지를 기꺼이 받아들였지만 (하나님의 백성임을 자랑하는 유대인인) 나사렛 사람들은 믿음이 없어 결코 귀기울이려 하지 않는다는 것이다.[82] 격분한 사람들이 예수님을 마을 밖으로 쫓아내 절벽 아래로 밀어 버리려 하지만 예수님은 그들 사이를 지나 자신의 길을 가신다. 예수님이 죽음의 위기를 맞아 아무일 없이 피하시는 경우가 이번이 처음은 아니다. 이는 하나님이 모든 것을 주관하시며 그분이 정하신 때에 그분의 뜻대로 행하실 것에 대한 증거로 작용한다. 아직 예수님의 때가 아니었던 것이다.

나사렛에서 예수님이 하신 말씀과 그 말씀에 대한 사람들의 반응은 (예수님의 메시아 되심과 사역에 대한) 유대인의 거부를 단적으로 보여주는 축소판이다. 예수님은 자신의 정체성을 드러내는 이사야서의 본문을 읽을 때뿐 아니라 이방인에게로 향했던 구약의 선지자들을 언급하면서, 만일 유대인들이 자신을 거부한다면 예수님은 전혀 예상치 못한 (우물가 여인 같은) 이방인에게 말씀을 전하실 것임을 밝히고 계신다. 이는 예수님이 제시하신 바, 교회가 성장하고 이방인에게 복음을 증거하게 되는 모델이 된다. 사도행전도 이와 동일한 방식으로 전개되는데, 처음에는 사도들이 예수님의 메시지를 유대인에게 전하다가 그들이 거부하자 이방인들에게로 돌아섰다고 보고한다.[83] 알프레드 에더스하임은 이렇게 말한다. "예수님의 나사렛 방문은 여러 가지 면에서 결정적이었다. 이 사건을 통해 우리는 그리스도가 겪으실 일들의 대략을 예상해 볼 수 있다. '그분이 자기 땅에 오매 자기 백성이 영접하지 아니하였으나'(요 1:11)."[84]

예수님이 이사야서를 읽으시고 그것을 자신에게 적용하신 이 놀라운 이야기를 보면서, 일부 비판적인 학자들은 예수님이 자신이 구약의 약속된 메시아임을 알고 있었거나 '자각하고 있었다'는 것에 문제를 삼는데 나로서는 당황스럽다.[85] 알다시피 예수님이 이것을 모르고 계셨다면, 바울과 다른 사도들이 그 개념을 만들어냈다는 의미가 되는데, 그러면 기독교가 거짓을 기반으로 시작됐다는 얘기가 된다. 즉 (비범한 사람이긴 해도 신인God-man은 아닌) 사람을 신격화하기 위해 설계된 종교라는 말이다.

보수 학자들은 예수님이 인간이 되시면서 (전지적 능력 같은) 몇몇 신적 속성들을 사용하기를 포기하셨다고 믿는다. 그럼에도 복음서를 잘 읽어 보면 예수님이 비록 자신의 정체성을 비밀로 하려고 하신 때가 있지만(막 8:29-30), 적어도 공생애를 시작하실 무렵에는 자신의 메시아 되심을 잘 알고 계셨음을 알 수 있다.[86] 제임스 에드워즈는 이렇게 말한다. "예수님이 메시아이심을 스스로 인식하고 계셨다는 점은 그분의 말씀, 행동, 태도에 깊이 배어 있다. 특히 세례를 받으실 때 드러난 그분의 신적 권위에 표현되어 있다."[87] 신약 교수 시구르드 그린드하임은 이렇게 덧붙인다. "예수님의 말씀과 행적이 그분을 탁월한 신적 대리자로 만든 것이 아니다. 예수님은 그동안 어떤 하나님의 대리자도 하지 않았고 할 수 없었던 것을 행하셨다. 예수님은 오직 하나님만이 하실 수 있는 말씀과 행동을 보이셨다. 예수님은 자신이 하나님과 동등하다고 주장하신 것이다."[88]

예수님은 유대 전통 안에서 오직 하나님만 하실 수 있다고 여겨지는 역할을 의식적으로 수행하신다. 예수님은 제자들에게 매우 이례적인 요구를 하심으로 그것을 통해서도 그분의 자기 이해를 보여주신다. 예수님은 죄사함의 권세와 병고침의 권세를 주장하신다.[89] 예수님은 성전을 청결케 하심으로 안식일의 주인 됨을 주장하시고 하나님의 말씀인 성경을 재해석함으로 신적 권위를 행사하기도 하신다.

예수님은 스스로를 인자, 그리스도 그리고 구약의 소망과 예언의 성취 등으로 반복해서 표현하신다. 예수님은 구약의 여러 말씀들이 자신 안에서 성취되었다고 언급하시는데[90], 예를 들어 시편 110편 1절 같은 말씀이다. 이에 대해서는 10장에서 살펴볼 계획이다. 리처드 프랜스는 이렇게 말한다. "예수님은 자신이 세상 구원의 중심에 있다고 여기신다. 성경의 예언들이 자기 안에서 성취되고, 자신이 이땅에 오심으로 새로운 질서가 시작되었다는 것이다."[91] 그렇다. 예수님이 스스로를 메시아이자 성육신하신 하나님으로 선포하지 않았더라면, 유대인들이 예수님에게 하나님을 모독한다며 돌을 들지는 않았을 것이다(요 8:59; 10:31). 자신의 메시아 역할을 인식하고 계시는 예수님을 거부하는 자들은 그분의 행동과 말씀을 무시할 뿐 아니라 격렬한 반응을 보인다.

하나님 나라를 선포하심(마 4:12-17; 막 1:14-15; 눅 4:14-15)

예수님은 나사렛을 떠나 스불론과 납달리 지방 (갈릴리) 호숫가에 있는 가버나움으로 물러나 그곳에 한동안 머무신다. 거기서 예수님은 "회개하라. 천국이 가까이 왔느니라"(마 4:17)고 선포하신다. 마태는 예수님이 이곳으로 옮기신 것이 이사야의 예언을 성취하기 위함이라고 말한다. "전에 고통 받던 자들에게는 흑암이 없으리로다. 옛적에는 여호와께서 스불론 땅과 납달리 땅이 멸시를 당하게 하셨더니 후에는 해변 길과 요단 저쪽 이방의 갈릴리를 영화롭게 하셨느니라. 흑암에 행하던 백성이 큰 빛을 보고 사망의 그늘진 땅에 거주하던 자에게 빛이 비치도다"(사 9:1-2). 앞에서 우리는 예수님이 빛이심을 살펴보았다. 마크 무어는 "세상의 빛이신 예수님이 어둠의 문화 속으로 들어오신다"고 보았다(요 1:4-5, 9; 3:19; 7:52).[92]

"회개하라, 천국이 가까이 왔느니라"는 예수님의 선포는 세례 요한이 전했던 메시지와 판박이다(마 3:2). 예수님과 세례 요한 두 사람의 사역이 동일한 내용과 동일한 관점에서 출발하고 있는 것이다.[93] 그러나 예수님의 천국 선포가 (하나님의 다가올 심판을 대비해) 회개할 것을 외친다는 점에서는 요한의 외침과 닮아 있긴 해도, 예수님의 선포에는 구원이라는 요소가 더해진다. K. A. 미첼과 T. C. 미첼은 이렇게 말한다. "가장 눈에 띄는 것은 하나님 나라의 구원하는 능력이다. 예수님은 하나님 나라가 (머지 않은 장래에 나타날) 가까이 있는 실체라고 선포하실 뿐 아니라, 이미 임하여 있는 실체라고도 선포하신다. 이미 이곳에 임한 하나님의 나라는 자신의 존재와 사역 안에서 드러난다는 것이다. 즉 예수님 안에서 위대한 장래가 이미 '현재'가 되었다."[94] 바울은 그의 편지에서 '하나님 나라'라는 표현을 사용하면서 이것을 장래에 유업으로 받게 될 것이라 말하기도 하고(고전 6:9; 갈 5:21), 이 하나님의 나라가 그리스도인의 삶 속에 이미 임했다고도 말한다(롬 14:17; 고전 4:20).[95]

앞에서 살펴보았듯, 하나님 나라 개념은 예수님 사역의 핵심이다.[96] 예수님은 구약의 하나님 나라 개념을 확장시켜 단지 장래에 임할 것으로만 보지 않고, 예기치 못한 방식으로 이미 임했다고 보신다. 그러면서도 예수님은 하나님 나라가 여전히 (예수님이 재림하여 지상 통치가 실현될) 장래에 임할 것이라고 말씀하신다. 하지만 그 나라는 또한 성육신하신 그분 안에서 현재적으로 임하여 있기도 하다. 엘웰은 다음과 같이 주장한다. "선지자들이 전한 메시아 관련 약속들은 곧 성취될 것이기만 한 것이 아니라, 예수님이 행하시는 사역 안에서 실제로 성취 중이기도 했다. 예수님 안에서 하나님은 당신의 백성들을 찾아오신다. 선지자들의 소망이 실제적인 의미에서 현실이 되고 있는 중이다."[97] 엘웰은 다음과 같이 이어간다.

> 세례 요한은 하나님의 묵시적 방문을 선포했다. 이것은 종말론적 소망의 성취이자 메시아 시대의 완성을 의미했다. 예수님은 메시아 약속이 자신 안에서 실제로 성취되고 있다고 선포하셨다. 그렇다면 이것은 묵시적 왕국이 아니라 현재적으로 구원이 이루어지고 있다는 의미다. 예수님은 묵시적 왕국의 임박한 도래를 선포하지 않으셨다. 오히려 예수님은 담대하게 그 나라가 이미 임했다고 선포하셨다. 그 나라의 현재적 임재는 이미 발생한 하나의 사건이고 하나님의 은혜로운 행위였다. 이것은 새로운 신학이나 새로운 생각 또는 새로운 약속이 아니다. 역사 속에서 일어난 새로운 사건이다.[98]

더글러스 무는 구약이 하나님을 영원한 왕으로 묘사하는 것처럼, 어떤 의미에서 하나님 나라는 늘 존재해 왔던 것이라고 설명한다. "주의 나라는 영원한 나라이니 주의 통치는 대대에 이르리이다"(시

145:13). 하나님은 언제나 온 우주를 다스려 오셨고 앞으로도 다스리실 것이지만, “그분의 왕권, 그분의 통치 능력은 우리 세상 속에서는 악과 죄로 가려져 늘 보이지는 않는다.”[99] 따라서 구약성경은 “특별한 형태의 하나님 나라가 존재하게 될” 장래를 예언한다. 예를 들어 선지자 다니엘은 ‘인자’가 모든 백성과 민족을 다스릴 영원한 왕권과 영광을 받으시는 환상을 본다. 예수님의 가르침은 분명 그 나라의 장래적 측면도 인정하는데, 그때가 되면 예수님이 오셔서 영원히 주권적으로 다스리실 것이다. 하지만 예수님은 동시에 그 나라가 예수님의 초림으로 이미 출범했지만 그분의 재림 때까지는 완성되지 않을 것이라 가르치기도 하신다.[100]

『예수 복음서 사전』은 예수님의 하나님 나라 가르침이 구약의 가르침과 일치할 뿐 아니라 이를 더 확장시킨다고 설명한다.

> ‘하나님 나라’ 혹은 ‘천국’이라는 용어는 하나님의 주권적이고 역동적이며 종말론적인 (장래의) 통치를 의미한다. 하나님 나라는 예수님의 가르침의 핵심이다. 예수님이 하나님 나라를 선포하실 때 그 가르침은 유대인의 묵시적 사상뿐 아니라 구약의 여러 약속과도 연속성을 보이지만, 중요한 측면에서 다른 점이 있다. 예를 들어, 하나님 나라는 이땅에 세워질 왕국이기 보다는 하나님의 영원한 통치를 나타내고, 그 나라의 영역은 제한된 유대 민족이라는 경계를 넘어 온 우주에까지 다다른다. 또한 하나님 나라는 모호한 장래의 소망이 아니라 임박해 있고 동시에 그분 안에서 (즉 그분의 존재와 사명과 밀접하게 연결되어) 실현된 나라다.[101]

하나님 나라는 구약에서 기대하던 바 하나님의 통치가 임하는 시기인 것은 맞고, 하나님이 그 나라를 그리스도를 통해 임하게 하시지만 유대인들이 기대하던 방식은 아니었다. 유대인들은 메시아가 처음 등장하면서 하나님의 통치를 완전히 확립할 거라는 믿음이 있었기 때문이다. 예수님이 이 땅에서 통치 권력을 얻는 데 실패하고 십자가에서 돌아가시자, 그분을 따르던 자들조차 처음에는 충격에 휩싸인다. 지도자를 잃었기 때문이기도 하지만 그들이 확고하게 믿고 있던 하나님 나라에 대한 이해가 산산이 부서졌기 때문이다. 하지만 예수님이 부활하여 승천하시고 오순절에 성령이 임하신 후에 제자들은 하나님의 원대한 계획을 이해하기 시작한다.[102]

예수님은 이 땅에 계시는 동안 하나님 나라를 출범시키시고, 교회는 현존하는 그 나라를 전파하되 그리스도가 다시 오셔서 그 나라의 통치를 완성하시는 장래의 때를 향하여 전진하고 있음을 전한다.[103] 다시 말하지만, 하나님 나라는 현재적 측면과 장래적 측면을 동시에 지니고 있다. "이미 그러나 아직"의 개념이 들어 있어서, 그 나라가 지금 현재 이곳에 있으나 동시에 (원래의 개념과 긴밀하게 연결되어 있으면서도) 다른 방식으로 (원래의 개념을 완성하여) 장래에 실현될 것이다. 크레이그 키너는 이렇게 확신한다. "그 나라는 예수님의 삶과 죽음과 부활을 통해 시작되지만 아직 완성되지는 않았다…예수님의 하나님 나라 선포는 일종의 초대장이다. 하나님과 그분의 소유된 백성으로서의 관계를 재정립함으로, 하나님의 피조물을 다시 찾는 운동에 동참하라는 초대장이다."[104]

예수님은 초림을 통해 하나님의 나라를 이 땅에 출범시키신다. 죄악된 세상 속으로 침입하여 들어와 우리를 위해 죽으신다. 예수님은 부활하여 승천하신 후에는, 성령을 우리에게 보내 믿는 자들이 죄와 악에 맞서도록 힘을 주신다. 바울은 이렇게 말한다. "그가 우리를 흑암의 권세에서 건져내사 그의 사랑의 아들의 나라로 옮기셨으니"(골 1:13). 다이엘 헤이즈는 이렇게 주장한다. "신자들은 낡은 세계에 사는 새로운 사람들이다. 하나님은 그분의 왕국 프로젝트를 시작하셨으나 아직 완전히 종료하지는 않으셨다. 하나님의 나라는 이미 임했으나 아직 완성되지는 않았다. 원대한 프로젝트가 실행되었지만 아직 끝나지 않았다."[105] 헤이즈는 계속해서 말한다. "신자들은 하나님의 첫 번째 침입(예수님의 초림)과 하나님이 악을 완전히 패퇴시키는(재림) 승리 사이 그 어디쯤, 대적이 점령한 영토에서 살아간다. 신자들은 지금 이 세대와 장차 오는 세대가 오버랩되는 지점에 살고 있다."[106]

지금 이 시대에서 살아가는 신자들은 이미 하나님 나라의 은택을 일정 정도 누리고 있다. 그리스도를 믿는 믿음으로 말미암아, 신자들은 이미 그리스도의 영원한 나라에 합류한 상태이기 때문이다. 신자들은 이제 영원히 확고한 안전을 누리고 있다. 육체가 죽은 후에도 신자들은 그리스도와 다시 연합할 것이다. 그리고 장차 새 하늘과 새 땅에서 그리스도가 행사하실 통치에 또다시 참여하게 될 것이다(계 21장).

제자들을 부르심(마 4:18-22; 막 1:16-20; 눅 5:10-11)

요한은 예수님이 처음으로 제자들을 부르시는 장면을 보여준다. 각각의 공관복음서도 예수님이 시몬 베드로, 안드레, 야고보 그리고 요한을 제자로 부르시는 것으로 동일하게 기록한다. 예수님은 시몬 베드로와 안드레에게 이렇게 지시하신다. "나를 따라오라. 내가 너희를 사람을 낚는 어부가 되게 하리라"(마 4:19; 막 1:17). 누가복음에서 예수님은 "무서워하지 말라. 이제 후로는 네가 사람을 취하리라"(눅 5:10)고 말씀하신다. 많은 주석가들이 이것이 서로 다른 두 번의 부르심이었을 거라고 추측한다.[107] H. I. 헤스터는 (요한복음에 기록된 대로) 예수님이 처음에 (앞의 네 명과 함께 빌립과 나다나엘을 더하여) 여섯 명을 (그들이 세례 요한과 함께 있을 때) 제자로 부르셨고, 얼마 지나지 않아 그들이 고향으로 돌아간 이후에 예수님이 나사렛으로 들어오셨다고 본다. (앞서 한번의 부르심이 있었기에) 예수님이 그들을 다시금 부르셨을 때 그들이 주저하지 않고 예수님을 따를 수 있었다는 것이다.[108] ESV 스터디 바이블은 이들이 약 1년 간 예수님을 따르다가 다시 고향으로 돌아가 원래 일을 하고 있었고 그때 예수님이 그들을 다시 부르신 거라고 설명한다.[109]

이 부르심으로 예수님은 그들을 정식으로 제자로 삼으신다. 첫 번째 복음전도자인 예수님은 하나님이 사람들을 통해 일하신다는 사실을 보여주신다. 예수님은 소수의 사람들과 관계를 맺고 긴밀하게 동역하고 인도하며 멘토가 되어 줌으로써 자신의 사역을 이루어가는 것이 얼마나 중요한지 잘 아신다.[110] 레온 모리스는 예수님은 자신이 원하는 제자들을 부르시지만, 이와 달리 유대교 전통에서는 제자가 랍비를 선택한다는 점을 지적한다.[111]

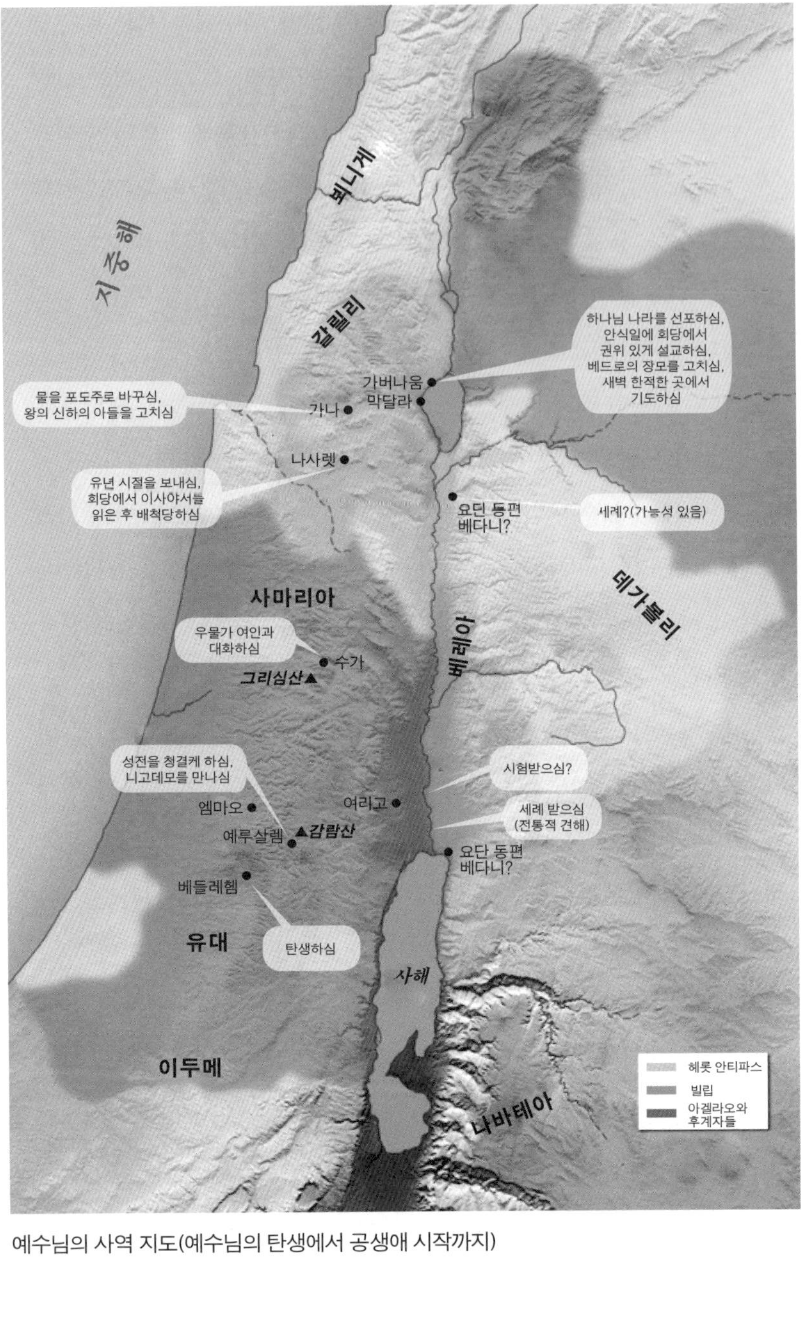

예수님의 사역 지도(예수님의 탄생에서 공생애 시작까지)

가버나움에서 설교하심(마 8:14-17; 막 1:21-38; 눅 4:31-43)

그런 후에 예수님은 가버나움으로 가시고 안식일에 회당에서 가르치신다. 예수님의 가르침을 듣던 사람들이 깜짝 놀라는데 "그가 가르치시는 것이 권위 있는 자와 같고 서기관들과 같지 않"았기 때문이다. 나사렛 회당에서 예수님의 설교를 들은 사람들의 초기 반응도 이와 같았다(마 13:54). 예수님에게 등을 돌리기 전의 일이다. 회당에서 가르치시는 예수님의 언변과 태도 그리고 그분에게서 드러나는 확신을 보면, 그분이 그저 하나님의 선지자 중 하나가 아닌 하나님이 직접 말씀하시는 듯하다. 예수님의 가르침은 그저 권위만 있는 것이 아니다. 사람들의 마음을 너무나 매료시키는데,[112] 그토록 많은 사람이 복음서를 읽은 후에 신자가 되는 한 가지 이유이기도 하다.

예수님의 '말씀'은 단순히 권위 있게 들리는 것으로 끝나지 않는다. 예수님의 말씀은 그분의 뜻을 능력으로 바꿔 놓는다. 예수님은 마법의 약이나 공식, 혹은 주문 따위가 필요하신 적이 없다. 예수님은 그저 귀신더러 나오라 명하시고 그렇게 귀신 들린 사람을 고치신다. 무한한 능력의 말씀만으로 세상을 창조하신 것과 마찬가지다(창 1:1-31; 시 33:6; 요 1:3; 고전 8:6; 골 1:16; 히 1:2).[113] 예수님이 권세와 능력으로 사람들을 놀라게 하신 후 "예수의 소문이 곧 온 갈릴리 사방에 퍼지더라"(막 1:28).

회당에서 나온 예수님은 야고보와 요한과 함께 베드로와 안드레의 집으로 가신다. 그곳에 베드로의 장모가 열병에 걸려 누워 있다. 예수님이 다가가 그 여인을 만지시고, 그러자 여인은 병이 즉시 나아 예수님과 제자들을 대접하기 시작한다. 복음서 기자들은 그 여인이 "그들에게 수종드니라"고 말하면서 예수님의 치유가 그 여인을 완전히 회복시켰음을 보여주고자 한다. 예수님이 치유를 행하신 결과, 온 동네 사람들이 해질녘에 모든 병자와 귀신 들린 사람들을 데리고 온다. 예수님은 "각종 병이 든 많은 사람을 고치시며 많은 귀신을 내쫓으"(막 1:34)심으로 이사야의 예언을 성취하신다(사 53:4).

다음날 새벽 예수님은 해가 뜨기 전에 일어나 한적한 곳으로 가셔서 거기서 기도하신다. 중요한 일을 행하시기 전에 예수님은 종종 기도로 힘을 얻으신다. 예수님은 세례 받으실 때 기도하시고(눅 3:21), 제자들을 부르시기 전에 기도하시며(눅 6:12), 5천 명을 먹이시기 전에 기도하시고(막 6:41, 46; 막 14:19, 23), 제자들에게 중요한 질문을 하시려는 때 기도하시며(눅 9:18), 변화산에서 기도하시고(눅 9:28), "수고하고 무거운 짐 진 자들아 다 내게로 오라"고 말씀하시기 전에 기도하시며(마 11:25-30; 눅 10:21), 제자들에게 주기도문을 가르치시기 전에 기도하시고(눅 11:1), 나사로의 무덤에서도 기도하시며(요 11:41-42), 베드로가 예수님을 부인하기 전 그를 위해 기도하시고(눅 22:32), 대제사장의 기도를 드리시며(요 17), 겟세마네 동산에서 기도하시고(막 14:32, 35, 36, 39; 마 26:39, 42, 44; 눅 22:42), 십자가 위에서 기도하시며(눅 23:34; 막 15:34; 마 27:46; 눅 23:46), 부활하신 후에도 기도하시고(눅 24:30) 그 밖에도 여러 번 기도하신다.[114] 하나님이신 예수 그리스도에게 기도가 필요했다면 우리는 얼마나 더 필요하겠는가?

6
사람을 낚는 일에서 황금률까지

하나님 나라는 이 세상 역사를 이해하는 열쇠다…태초부터…하나님은 이 세상에 새 나라를 세우시는 작업을 하고 계셨다. 그 나라는 하나님의 소유이며 하나님은 사람들을 세상에서 불러내 그 나라로 들이고 계신다. 세상에서 일어나는 모든 사건들은 하나님 나라와 관련이 있으며…다른 사건들도 이 하나님 나라의 영광과 관련될 때 중요성을 갖게 된다. 그러므로 오늘날의 문제들도 그 관점에 의해서만 이해되어야 한다. 마틴 로이드 존스[1]

갈릴리 전역에서 말씀을 전하심(마 4:23-25; 막 1:37-39; 눅 4:42-5:9) —

가버나움 주민들이 예수님을 뵙기 원한다고 제자들이 알리지만, 예수님은 다른 마을들로 가서 거기서 복음을 전하신다. 이를 통해 우리는 예수님의 우선 관심사가 치유가 아니라 말씀 선포임을 알 수 있다. 예수님은 사람들을 긍휼히 여기시지만, 그저 기적을 일으키는 자로 인식되는 건 원하지 않으신다. 사람들의 구주로 계시고자 한다.[2] 예수님은 치유 사역조차 대개는 자신의 가르침에 권위를 더할 수 있을 때 행하신다.[3] 말씀 전하는 것이야말로 영원과 관련된 사안들을 다루기 때문이다. 그래서 예수님은 갈릴리 전역을 다니며 회당에서 말씀을 전하신다. 그럼에도 예수님이 "백성 중의 모든 병과 모든 약한 것을 고치시니" 그분의 소문이 빠르게 퍼져나간다.

어느 날 예수님의 말씀을 들으려 많은 무리가 몰려오자 예수님은 (갈릴리 바다로 알려진) 게네사렛 호숫가에서 베드로의 빈 배에 올라타시고 해변에서 조금 떨어지게 한 후 가르치기 시작하신다. 말씀을 마치신 예수님은 베드로에게 깊은 데로 가서 그물을 내려 고기를 잡으라고 지시하신다. 이미 밤샘 그물질에서 고기를 잡지 못한 베드로는 의구심에도 불구하고 예수님의 말씀대로 그물을 내린다. 그러자 그물이 찢어질 정도로 고기가 많이 잡힌다. 고기를 두 배에 나눠 실었으나 가득차서 배가 가라앉기 직전이다. 베드로는 부끄럽고 낮아진 마음으로 예수님께 말한다. "주여 나를 떠나소서, 나는 죄인이로소이다." 예수님이 시몬에게 말씀하신다. "무서워하지 말라. 이제 후로는 네가 사람을 취하리라"(눅 5:1-10).

나병환자를 고치심(마 8:1-4; 막 1:40-45; 눅 5:12-16)

예수님이 한 마을에 계실 때 나병환자가 찾아와 깨끗케 해달라고 간청한다. 사회 규범상 나병환자와 접촉하는 것은 금기다. 그들은 영적으로 부정한 사람들로 간주되기 때문이다.[4] 나병환자는 가까이 있는 인간의 모든 감각에 불쾌감을 준다. 그들의 외모는 끔찍하고 역한 냄새를 풍긴다. 신체부위가 훼손되어 손발가락이 없는 경우가 많다. 감각이 마비되고 목소리도 제대로 나오지 않는다.[5] 그럼에도 불구하고, 나병환자의 겸손과 어린아이 같은 믿음(눅 5:12)에 감동한 예수님은 그를 만지시고 즉시 치유해 주신다. 예수님은 그 사람에게 일어난 일에 대해 아무에게도 말하지 말라 이르시며, 제사장에게 그 몸을 보여 예수님의 능력과 권세를 "그들에게 입증"(눅 5:14)하라고 하신다. 나병은 아무도 고칠 수 없다고 여겨진 탓에 그 사람이 온전하게 회복된다는 것은 놀라운 일이다(왕하 5:7). 실제로 모세의 누이 미리암 외에(민 12:10-15) 이스라엘 사람 중 누구도 그 병에서 나았다는 기록이 없다.[6]

중풍병자를 고치심(마 9:1-8; 막 2:1-12; 눅 5:17-26)

예수님이 가버나움으로 돌아오시자 사람들이 그분의 설교를 듣기 위해 집으로 몰려든다. 몇 사람이 중풍병자를 데리고 오지만 몰려든 사람들로 인해 예수님께 가까이 갈 수 없다(일반적인 가버나움의 주택은 약 50명 정도가 들어가 서 있을 만한 공간이다).[7] 그래서 지붕을 뜯어 중풍병자를 침상째 집 안으로 내린다. 그들의 믿음에 감동한 예수님이 말씀하

사복음서 비교: 사람을 낚는 일에서 황금률까지				
	마태복음	마가복음	누가복음	요한복음
갈릴리 전역에서 말씀을 전하심	4:23-25	1:37-39	4:42-5:9	-
나병환자를 고치심	8:1-4	1:40-45	5:12-16	-
중풍병자를 고치심	9:1-8	2:1-12	5:17-26	-
세리 마태를 부르심	9:9-13	2:13-17	5:27-32	-
금식에 관한 논쟁	9:14-17	2:18-22	5:33-39	-
안식일에 병자를 고치심	-	-	-	5:1-47
안식일의 주인	12:1-14	2:23-28	6:1-11	-
열두 사도를 택하심	12:15-21	3:7-19	6:12-19	-
산상설교	5:1-7:29	-	6:20-49	-
팔복; 빛과 소금; 율법을 완성하러 오신 그리스도	5:2-20	-		-
분노, 정욕 및 다른 죄; 원수를 사랑하라	5:21-48	-		-
구제하기; 주님의 기도; 금식; 하늘에 보물 쌓기	6:1-34	-		-
판단하지 말라; 구하라 그러면; 아바 아버지	7:1-11	-		-
황금률; 거짓 선지자; 나무와 그 열매; 반석 위에 세운 집; 예수님의 권세	7:12-29	-		-

신다. "이 사람아, 네 죄 사함을 받았느니라"(눅 5:20). 그곳에 있던 서기관들과 바리새인들은 예수님이 신성모독을 저질렀다고 생각한다. 죄란 오직 하나님만 사하실 수 있기 때문이다. 그들의 생각을 아신 예수님은, 침상에 누운 중풍병자에게 "죄사함을 받았느니라"고 말하는 것과 그저 "일어나 걸으라"고 말하는 것 중 어느 것이 쉬운지 사람들에게 물으신다. 죄를 사하는 건 오직 하나님만 하실 수 있으므로 감히 사람이 내뱉을 수 있는 말이 아니다. 그러나 예수님은 "인자가 땅에서

죄를 사하는 권세가 있는 줄을" 그들에게 알게 하시려고 중풍병자에게 (실제 죄사함을 받았다는 증거로) "일어나 네 침상을 가지고 집으로 가라"고 말씀하신다. 그러자 중풍병자는 모든 사람 앞에서 즉시 일어나 침상을 가지고 집으로 돌아간다. 이를 지켜보던 모든 사람이 두려워하며 하나님께 영광을 돌린다.

성경뿐 아니라 다른 곳에도 많은 사람들이 기적적인 치유를 행한 역사적 기록들이 있다.[8] 그러나 오직 하나님만이 죄를 사하실 수 있다. 예수님은 중풍병자의 죄를 사하심으로 그의 병을 고쳐주신다.[9] 여기서 강하게 함축하는 바는 예수님이 하나님이시라는 것이다.[10]

이 기사는 믿음과 치유 사이의 분명한 연관성을 보여준다. 중풍병자와 친구들이 예수님에게 치유의 능력이 있다고 믿은 것은 그 바탕에 예수님에 대한 믿음이 있었기 때문이다. 이런 연관성은 복음서 기자들에 의해 줄곧 강조되는데, 특히 누가가 그렇다(막 5:34; 10:52; 눅 7:50; 8:48; 17:19; 18:42; 행 3:16; 4:9-10; 14:9; 15:9, 11; 16:31).[11] "낫게 하다"make well로 번역되는 그리스어 '소조'sozo는 '구원하다'save는 의미가 있다. 영적인 의미에서 '구원하다'를 의미할 때도 이 단어가 동일하게 사용된다.[12] 이는 믿음으로 말미암아 구원을 받는다는 예수님의 가르침을 생각할 때 흥미로운 대목이다. 사람들의 믿음은 때로 그들의 치유로 이어진다.

이후에도 예수님은 열 명의 나병환자를 고치신다. 누가는 치유와 구원을 동일시하며 이는 하나님에 대한 믿음 덕분이라고 본다. 예수님도 (치유 받은 열 명의 나병환자 중) 자신에게 돌아온 사마리아 사람에게 이렇게 말씀하신다. "일어나 가라. 네 믿음이 너를 구원하였느니라"(눅 17:19).[13] 이와 유사하게, 바울도 루스드라에서 발을 쓰지 못하는 사람을 고치는데, "주목하여 구원받을 만한 믿음이 그에게 있는 것을 보"(행 14:9)았기 때문이다.[14] 병 고침과 믿음 사이의 연결점이 크긴 하지만, 그렇다고 믿음 있는 모든 사람의 병이 낫는다거나 고침 받은 모든 사람이 믿음과 구원에 이르게 된다는 의미는 아니라는 점에 주목하는 것이 중요하다. 예를 들어 열 명의 나병환자가 치유를 받지만 그 중 한 사람만 하나님을 찬양한다(눅 17:18-19).[15]

세리 마태를 부르심(마 9:9-13; 막 2:13-17; 눅 5:27-32)

가버나움 인근에서 예수님은 마태라는 세리가 세관에 앉아 있는 것을 보신다. 예수님은 마태에게 "나를 따르라" 말씀하시고 마태는 순종한다. 로마 권세자들과 결탁하여 부정하게 재물을 모으는 자들로 여겨지던 세리는[16] 유대 백성에게 혐오의 대상이자 가족에게는 불명예스런 존재로 간주되었으며 당연히 회당에 들어갈 수 없는 사람들이었다.[17] 예수님이 그런 사람을 제자로 부르신 것은 이례적인 일이다. 예수님이 부르신 어부들은 비록 사회적으로 낮은 신분이긴 해도 평판이 안 좋은 죄인들은 아니었다.[18]

마태는 자신에게 부를 안겨주던 직장을 즉시 떠나 예수님을 따른다. 예수님이 단순히 자신을 초대하는 것이 아니라 제자로 부르신다는 것을 깨달은 것이다.[19] 데이비드 터너는 이렇게 말한다. "마태가 세례 요한의 사역뿐 아니라 예수님의 말씀과 행적에 대해 이미 알고 있다 하더라도 그의 이런 순종은 정말로 전격적인 것이다."[20] 더글라스 오도넬은 이렇게 설명한다. "마태는 하나님의 저항할 수 없는 은혜로

부르심을 받았다(참조. 갈 1:15). 마태에게 일어난 일은 야고보, 요한, 베드로, 안드레, 여러분과 나 그리고 지금까지 그리스도를 따르라는 부르심을 받은 모든 사람에게 일어난 일이기도 하다…자신을 향하시던 예수 그리스도의 얼굴을 보고 그분의 음성을 들으면서 마태는 하나님의 강력한 부르심을 경험했다. '하나님이 우리를 구원하사 거룩하신 소명으로 부르심은 우리의 행위대로 하심이 아니요 오직 자기의 뜻과 영원 전부터 그리스도 예수 안에서 우리에게 주신 은혜대로 하심이라'(딤후 1:9)."[21]

예수님은 마태뿐 아니라 다른 많은 '세리들과 죄인들'과도 식사를 함께 하신다. 함께 식사하는 것이 서로를 받아들이는 의미임을 잘 아는 바리새인들은 질색을 한다.[22] 그러자 예수님은 이렇게 충고하신다. "건강한 자에게는 의사가 쓸 데 없고 병든 자에게라야 쓸 데 있느니라. 너희는 가서 내가 긍휼을 원하고 제사를 원하지 아니하노라 하신 뜻이 무엇인지 배우라"(마 9:12-13). 여기서 예수님은 구약 호세아의 "나는 인애를 원하고 제사를 원하지 아니하며 번제보다 하나님을 아는 것을 원하노라"(호 6:6)는 선포를 풀어 말씀하고 계신다. 간단히 말하면, 하나님은 전통에 따른 외적인 종교 의식보다 내적인 헌신과 변화를 더 귀하게 여기신다는 것이다.[23]

이는 하나님이 베푸신 구약의 제사 제도가 중요하지 않다는 말이 아니다. 그저 하나님을 향한 사랑의 마음 없이 드리는 제사가 공허하다는 것이다.[24] 자신에게 예수님이 필요하다는 사실을 스스로 인정하는 사람만이 예수님을 찾게 되고 그분의 도우심을 받게 될 것이다. 예수님은 또한 이 말씀을 하심으로 하나님이 긍휼히 여기시는 분이라는 사실을 설명하고자 하신다. 예수님이 죄인들과 교제하심으로 보이고자 하신 것 역시 바로 긍휼함이다.[25] 그러나 스스로를 의롭다 여기는 바리새인들은 자기들의 영적 질환[26]을 인식하지 못하고 있다. 그들은 자기들이 율법을 따르고 있으므로 구원자가 필요하지 않다고 믿는다. 죄인들을 향해서도 일말의 긍휼함을 품지 못한다. L. A. 바비에리는 이렇게 말한다. "긍휼이 결여될 때, 종교 의식은 무의미해진다."[27]

금식에 관한 논쟁(마 9:14-17; 막 2:18-22; 눅 5:33-39)

세례 요한은 예수님의 사역을 당연하게 받아들이지만 요한의 제자들은 꼭 그렇지 않다. 일종의 질투심 같은 게 엿보인다.[28] 어느 날 요한의 제자들이 예수님을 찾아와 왜 그분의 제자들은 자기들과 바리새인들처럼 금식하지 않느냐고 묻는다. 예수님은 몇 가지 예로 대답하신다. 예수님은 그들에게 결혼식 손님이 신랑과 함께 있는데 슬퍼하겠느냐고 물으신다. 그러면서 신랑을 빼앗기면 그때 금식할 것이라고 설명하신다. 예수님이 요한의 제자들에게 이렇게 말씀하신 것은 그들의 이해를 돕기 위해서다. 이전에 요한이 자신은 신랑의 친구이며 예수님이 신랑이라고 결혼식 비유를 들어 말한 적이 있기 때문이다(요 3:29).[29] 구약 선지자들도 하나님을 가리켜 신랑으로 비유했으며, 유대인들은 메시아 혹은 메시아가 베푸실 잔치의 도래를 비유하기 위해 이런 그림을 사용했다.[30] 예수님은 이 비유를 통해 요한의 제자들에게 메시아의 시대가 이미 시작되었고 자신이 바로 신랑임을 가르치고 계신다.[31] 그러나 예수님은 그 신랑을 "빼앗길 날이" 올 것이라 말씀함으로, 자신이 그들이 기대하던 식의 메시아가 아님을 드러내신다. 그분은 십자가에 못 박히실 것이다.[32] 그 신랑을 빼앗기기 전까진, 사람들은 마치 큰 재앙이라도 닥친 듯 금식하고 통곡해선 안 된다. 신랑이 온 것은 즐거워해야 하는 이유가 되기 때문이다.

예수님은 오래된 천에 생베 조각을 붙이지 않는 것은 옷이 더 찢어지기 때문이고 새 포도주를 오래된 가죽부대에 넣지 않는 것은 가죽부대가 터지기 때문이라고 설명하신다. 다른 말로 하면, 예수님은 율법을 폐하러 오신 것이 아니라 완성하러 오셨다는 것이다(마 5:17). 그리고 그 일은 새 언약을 주심으로 실현될 것이다. 예수님은 율법을 수선하러 오신 것이 아니라 구약 선지자들이 약속한 새로운 체계를 시작하러 오셨다. 희생 제사와 의례로 구성된 낡은 체계는 구원할 능력이 없으며, 단지 새 언약이 시작되면 그와 더불어 "장차 올 것들의 그림자"(골 2:17, 새번역)일 뿐이었다. 우리가 이 예수님을 믿을 때, 예수님은 이 믿음에 기초하여 우리를 의[righteousness] 안에서, 그리고 성령의 능력을 통하여 자라게 하신다.[33] 새 언약의 시대가 도래했다는 증거로, 예수님은 치유를 행하고 귀신을 쫓으며 나병환자들을 깨끗케 하셨다. 주린 자들에게 먹을 것을 주실 뿐 아니라 믿는 자들을 위해 구원을 베푸셨다. 이것이 우리가 슬퍼하지 말아야 하는 이유다.

안식일에 병자를 고치심(요 5:1-47)

유대인의 명절이 되어 예루살렘에 가신 예수님은 베데스다라는 연못가에 누운 병자를 보시고 그에게 낫기 원하느냐고 물으신다. "일어나네 자리를 들고 걸어가라"(요 5:6). 예수님이 명하시자 38년간 걷지 못하던 그 사람은 즉시 병이 나아서 자리를 들고 걸어간다. 옆에 있던 유대인들이 안식일에 자기 자리를 들고 갔다며 (즉 안식일에 일하지 말하는 율법을 어겼다며) 그 사람을 비난하자, 그는 자기를 낫게 한 이가 그렇게 하라 말했기 때문이라며 해명한다. 하지만 자기를 낫게 한 이가 누구인지는 알지 못한다. 나중에 예수님이 성전에서 그 사람을 다시 만나 더 이상 죄를 짓지 말라고 말씀하신다.

베데스다에 누워 있던 병자를 고치신 이가 누구인지 알게 된 유대인들이 예수님을 비난하자 예수님이 이렇게 대응하신다. "내 아버지께서 이제까지 일하시니 나도 일한다"(요 5:17). 이 일로 인해 유대인들은 예수님을 죽이고자 결심한다. 유대인들이 보기에 예수님은 안식일을 어길 뿐 아니라, 하나님을 감히 자기 아버지라 불러 신성모독을 일삼으며, 자신이 안식일에 일하는 것은 하나님이 일하시기 때문이라 말함으로 하나님과 자신을 동등한 존재라고 주장한 것이다. 특별히 마지막 대목은 예수님이, 하나님과 마찬가지로, 안식일보다 높은 존재임을 의미하기에 더욱 격분할 만한 일이다.[34]

영국 목회자 찰스 스펄전은, 안식일은 쉼을 실천하는 날이지만 그리스도가 기적을 행함으로써 안식의 규정을 깨뜨린 것이 아닌 이유는 그분이 바로 하나님이시기 때문이라고 말한다. 스펄전은 계속해서 이렇게 말한다. "그분은 다른 사람은 지칠 수도 있는 일로 오히려 힘을 얻으셨다. 그리고 주 예수님이 긍휼의 행위를 하실 때마다 그것이 그분 마음에 쉼이 되었던 것은 분명하다. 무엇보다 그것이 다른 사람에게 안식을 주었다. 그렇게 오랫동안 질병으로 고통하던 사람에게 그분이 베푸신 기적은 얼마나 큰 안식을 주었겠는가!"[35] 게다가 구약 어디에도 안식일에 자리를 드는 것 같은 사소한 행위를 금지하는 법은 없다(출 20:8-11). 예수님은 율법을 어기신 것이 아니라 단지 (그런 사소한 행위를 일이라고 규정한) 사람들의 전통을 어기신 것이다.[36]

예수님이 그 사람에게 더 이상 죄를 짓지 말라고 훈계하신 것 때문에, 그 사람이 죄로 인해 병에 걸린 것이라고 생각해선 안 된다.[37] 예수님은 이전에도 앞을 못 보는 사람을 고치시면서 그 사람이 선천적으로 장님이 된 것이 그의 죄 혹은 그의 부모의 죄 탓이라고 하지 않으셨다. 오히려 그가 고침받은 것은 그에게서 하나님의 영광이 드러나게 하기 위함이라고 설명하셨다(요 9:1-5). 지금까지 예수님이 병을 고치신 다른 사례들과 달리, 이번 경우에는 예수님이 병을 고치시기 전에 그 사람이 믿음을 보여주지 않았다. 그래서 아마도 예수님은 나중에 (성전에서 만났을 때) 그가 자신의 신체 상태보다 영적인 면에 더 관심을 기울여야 한다는 의미로 그렇게 말씀하신 것이다.

바로 이 사건을 기점으로, 유대인들은 예수님이 자신들의 소중한 유일신 사상의 기반을 흔들어 버렸다고 간주한다.[38] 물론 예수님은 그러지 않으셨다. 예수님은 자신이 얼마나 하나님 아버지께 온전히 헌신하고 있는지 그리고 마음과 행위와 사랑에 있어 얼마나 하나님과 하나가 되어 있는지 길게 설명하신다. 유대인들은 예수님이 자신의 신성을 주장한 것이라고 이미 받아들인 상황임에도, 예수님은 다음과 같은 말씀으로 그들의 확신을 굳히신다. "아버지께서 죽은 자들을 일으켜 살리심 같이 아들도 자기가 원하는 자들을 살리느니라. 아버지께서 아무도 심판하지 아니하시고 심판을 다 아들에게 맡기셨으니 이는 모든 사람으로 아버지를 공경하는 것 같이 아들을 공경하게 하려 하심이라. 아들을 공경하지 아니하는 자는 그를 보내신 아버지도 공경하지 아니하느니라. 내가 진실로 진실로 너희에게 이르노니 내 말을 듣고 또 나 보내신 이를 믿는 자는 영생을 얻었고 심판에 이르지 아니하나니 사망에서 생명으로 옮겼느니라"(요 5:21-24).

예수님은 여기서 더 나아가, 장래에 죽은 자들이 하나님 아들의 음성을 듣고 살아날 텐데, 성부 하나님께서 (믿는 자들에게는 영생을 주고 다른 이들에게는 영원한 심판을 줄) 권세를 (인자이신) 아들에게 주셨노라고 말씀하신다. 예수님은 또한 비록 세례 요한이 예수님을 인정했지만 그분의 진정한 권세는 성부 하나님에게서 나오며, 그분이 성부 하나님을 위해 행하시는 일들이 곧 그분이 성부 하나님에게서 보냄 받은 자임을 입증한다고도 말씀하신다. 예수님은 이렇게 선포하신다. "또 나를 보내신 아버지께서 친히 나를 위하여 증언[witness]하여 주셨다. 너희는 그 음성을 들은 일도 없고, 그 모습을 본 일도 없다. 또 그 말씀이 너희 속에 머물러 있지도 않다. 그것은 너희가, 그분이 보내신 이를 믿지 않기 때문이다"(요 5:37-38, 새번역).

증언하기[witnessing]의 개념은 요한의 복음서에서 매우 중요하다.[39] 요한은 예수님이 메시아이심을 다양한 형태의 증언으로 기술한다.[40] 세례 요한, (많은 사람을 믿음으로 이끈) 예수님의 행적, 성경, 예수님 자신, 성령, 예수님의 제자들, 이 모든 것들이 증언에 포함된다.[41] 성부 하나님도 이에 해당하는데, 예수님이 세례 받으시는 때(마 3:17), 변화산에서(마 17:5) 그리고 승리의 입성하시는 때(요 12:28) 예수님의 사역에 함께하심으로(요 3:2), 그리고 사람들의 마음과 생각에서(요 6:45) 예수님을 증언하신다.

예수님은 여기에 더해 유대인들에게 폭탄을 던지신다. (나중에 엠마오로 향하던 제자들에게 하신 것처럼) 유대인들이 가진 (구약)성경이 그분에 대해 증언하고 있다는 것이다. 유대인들이 성경 안에 영생이 있다고 생각하여 성경을 연구하면서도, 정작 영생을 얻기 위하여 (그 성경이 증언하고 있는 바) 영생이신 자신에게 나아오기를 원하지 않는다고 말씀하신다. 유대인들이 예수님을 거부하는 것은 그들이 하나님을 사랑하지 않기 때문이며, 그들이 서로 영광을 주고받으면서도 하나님에게서 오는 영광을 구하지 않으므로 자신을 믿을 수 없게 되었다고 하신다. 그러면서 자신은 유대인들을 아버지께 고발하지 않을 것이며 오히려 (그들이 소망을 둔) 모세가 고발할 것이라고 말씀하신다. "너희가 바라는 자 모세니라. 모세를 믿었더라면 또 나를 믿었으리니, 이는 그가 내게 대하여 기록하였음이라. 그러나 그의 글도 믿지 아니하거든 어찌 내 말을 믿겠느냐 하시니라"(요 5:45-47).

이 말이 얼마나 충격적이었을지 상상해 보라. 그들이 믿는 성경이 틀렸다는 게 아니라, 신성하다고 여겨 온 그들의 성경이 누구를 가리키는지 유대인들이 오해했다는 것이다. 그들은 모세를 따른다고 주장하고 심지어 예수님을 거부하기 위해 모세의 글을 인용했다. 그러나 그들이 모세를 진심으로 믿는다면 결국 예수님을 믿을 수밖에 없다는 것이다. 이런 주장은 유대인들에게 직접적인 모욕을 준다. 왜냐하면 정식 랍비 교육을 받지 못한 예수님이 그들보다 성경을 더 잘 이해하고 있다는 주장으로 그들에게 들리기 때문이다. 그들이 볼 때 예수님은 지금 자기들의 자리를 꿰차고 앉아 면박을 주고 계신다. 그들이 공고히 누려온 세상을 뒤집고 계신다. 성경을 잘못 이해하고 있을 뿐 아니라 하나님도 알지 못하고 하나님의 삼위일체적 본질도 도무지 알지 못한다는 것이다.

안식일의 주인(마 12:1-14; 막 2:23-28; 눅 6:1-11)

안식일에 예수님의 제자들이 밀 이삭을 잘라먹은 것에 대해 바리새인들이 힐난하자 예수님은 이때도 안식일에 대한 가르침을 주신다. 다윗이 배가 고팠을 때 성막에 들어가 제사장의 떡을 먹은 일을 언급하시며(삼상 21:1-6, 참조 레 24:9) 그런데도 성경은 다윗을 정죄하지 않았다고 말씀하신다. 율법은 사람들에게 유익을 주기 위함이지 해를 입히고자 함이 아니다. 예수님은 제사장들도 안식일에 희생 동물들을 잡는 힘든 일을 하여 안식일 규정을 어기지만 그것이 죄가 되지 않음을 지적하신다.[42] 예수님은 바리새인들에게 이렇게 말씀하신다. "안식일이 사람을 위하여 있는 것이요 사람이 안식일을 위하여 있는 것이 아니니(막 2:27)…내가 너희에게 이르노니 성전보다 더 큰 이가 여기 있느니라. 나는 자비를 원하고 제사를 원하지 아니하노라 하신 뜻을 너희가 알았더라면 무죄한 자를 정죄하지 아니하였으리라. 인자는 안식일의 주인이니라 하시니라"(마 12:6-8). 예수님은 지금 자신이 성전보다 더 큰 존재라 주장하시는데, 이는 자신이 성육신한 하나님이시기 때문이다. 예수님의 이 말씀은 (하나님의 처소인) 성전에서 섬기는 제사장들의 이목을 끌었을 것이다.[43]

안식일에 대한 예수님의 초기 가르침에는 이런 관점의 변화가 두드러진다. 예수님은 지금 안식일 율법에 도전하시는 것이 아니다. 안식일 제정 목적에 대한 바리새인들의 잘못된 해석에 도전하시는 것이다.[44] 바리새인들은 율법주의에 사로잡힌 나머지, 음식 같은 사람들의 기본 필요에 대해 공감을 보이지 못하고 있다. 규칙보단 생명이 우선이어야 하지 않는가. 예수님은 사람들이 외양으로 드러내는 모습이 아닌

영적 상태에 더 관심 있음을 보여주시려고 희생 제사에 대해 다시 한 번 언급하신다.[45]

예수님은 자신이 안식일의 주인임을 밝히심으로, 율법을 초월하는 주권 및 율법을 해석할 신적 권위를 주장하시는데, 이는 자신이 하나님임을 밝히시는 또다른 선언이다. 이 일로 특별히 바리새인들이 예수님에 대한 거부감을 갖게 된다. 예수님이 자신의 권위를 주장할 뿐 아니라 기득권처럼 여겨지던 바리새인들의 권위를 직접적으로 공격했기 때문이다. 오랫동안 안식일의 규범을 재단하고 강요해 오던 그들이 아니라 예수님이 안식일의 주인이시라는 선언이다. 예수님만이 안식일의 규범과 예외조항을 규정하고 해석하실 것이다.[46] 그들은 예수님을 비판할 자격조차 없는 셈이다.

바리새인들은 이 사실이 몸서리치게 싫었다. 자신들의 수고 덕분에 율법이 백성들의 숭배를 받는 위치에 오를 수 있었고, 그러므로 율법에 대한 자신들의 가르침이 하나님의 뜻과 모순되리라는 것은 상상할 수 없는 일이기 때문이다. 브루스 바튼은 이렇게 말한다. "창조주가 피조물보다 위대한 건 언제나 당연한 일이다. 그러므로 예수님에겐 사람들의 전통과 규례를 뒤집을 권세가 있으시다."[47]

예수님은 안식일에 회당에 들어가 손마른 사람을 고치심으로 앞서 바리새인들이 받았던 상처에 모욕감을 더하신다. 바리새인들은 다시 예수님께 도전하고 예수님은 안식일의 목적을 다시 언급하시며 안식일에 양이 구덩이에 빠지면 구하지 않겠느냐고 질문하신다. 구덩이에 빠진 양보다 사람이 더 귀하기에 예수님은 "안식일에 선을 행하는 것이 옳다"고 주장하신다. 이 일로 바리새인들은 분노가 극심해지고 다시 한번 예수님을 죽일 방도를 모색한다.

신약학자 린 코힉은 예수님이 자신의 행동을 설명하기 위해 종종 성경을 인용하신다는 점에 주목한다. 코힉 박사는 이렇게 말한다. "예수님은 그 가르침과 행동이 서로 일치한다는 점을 잊지 말아야 한다. 마치 동전의 양면과 같다…그러므로 그분이 가르치신 비유들과 교수 방식을 면밀히 들여다볼 때, 이 가르침들이 그분이 행하시는 치유, 공생애 사역 및 긍휼 사역 등과 맥이 닿아 있음을 잊지 말아야 한다. 1세기 독자들도 이 사실을 충분히 인지하고 있었다. 즉 예수님은 자신이 말씀하시는 바대로 행하셨다. 독자들도 그대로 따라야 했음은 물론이다."[48] 예수님은 비단 가르침과 행동을 일치시키는 데만 국한하지 않으신다. 예수님은 자신의 수업 방식도 그렇게 만드신다. 그저 추상적인 신학 개념들을 가르치는 대신 행동으로 보여줌으로 수업을 이끌어가신다.

찰스 스펄전은 이렇게 요약한다. "예수님은 병자를 고치시는 동안에도 설교를 행하고 계신다. 설교로서는 최고인 셈이다. 이를 지켜보는 것만으로도 충격적이어서 잊지 못하는 설교다. 자신들의 눈으로 직접 보고 귀로 직접 듣는데 어찌 그렇지 않을 수 있을까. 예수님의 치유 사역은 일종의 강연이다. 예수님이 행하신 기적들을 해석하려 하지 말라. 확신하건대 그 안에 굳이 어떤 진리를 집어넣을 필요가 없다. 그곳에 이미 진리가 있기 때문이다."[49]

열두 사도를 택하심(마 12:15-21; 막 3:7-19; 눅 6:12-19)

예수님은 자신을 죽이려는 음모가 있음을 아시고 갈릴리 바다 쪽으로 자리를 옮겨 사역을 계속 이어가신다. 죽음이 두려워서가 아니라 아직 십자가에 못박히실 때가 되지 않았기 때문이다. 아직 예수님에겐 마치지 못한 중요한 일이 있다. 많은 사람들이 여러 지역에서 찾아와 예수님을 따른다. 고통 받는 이들도 혹시 예수님을 만짐으로 고침 받을까 싶어 주위로 몰려든다. 예수님은 그들을 모두 고치시고 귀신을 쫓으시면서도, 다시 한번 자신에 대해 소문내지 말라고 명하신다. 그분이 이적을 행하셨다는 소문은 양날의 검과 같아서, 복음이 빠르게 전파되는 동시에 적대자들도 급속히 늘어간다.

예수님이 자신이 행하신 일을 소문내지 말라고 명하신 것은 한편으로 (메시아가 사람들을 위해 조용히 일을 행하신다는) 이사야 예언의 성취이기도 하다. "그는 외치지 아니하며 목소리를 높이지 아니하며 그 소리를 거리에 들리게 하지 아니하며 상한 갈대를 꺾지 아니하며"(사 42:2-3). 예수님은 그들이 기대하던 메시아가 아니시다. 이땅에 오신 예수님은 군대를 무찌르거나 하지 않으시며, 자기를 과시하기보다 평화로이 사역을 행하실 것이다.[50] 이 은밀함의 기간은 결국 모두에게 알려지는 때로 바뀔 것이다. 그때가 되면 교회가 이방인을 향한 자기의 사명을 완수하고 "이방들이 그의 이름을 바라"(마 12:21)게 될 것이다. 역시나 유대인들은 이와 같은 전지구적 사역의 도래를 기대조차 하지 않았다.[51]

놀랍게도 마태는 이사야의 예언을 인용하면서(42:1) 삼위일체의 세 위격을 모두 언급한다. 성부 하나님이 자신의 종이라 불리는 (성자이신) 그리스도에게 말씀하시고, 거기에 더해 아버지가 아들에게 성령을 주신다.[52] 앞서도 말했듯, 삼위일체의 증거는 신약 전반에 걸쳐 나타난다.[53]

사복음서 비교: 열두 사도를 택하심

마태복음 10:2-4	마가복음 3:16-19	누가복음 6:14-16	요한복음
1. 베드로라 하는 시몬 2. 시몬 베드로의 형제 안드레 3. 세베대의 아들 야고보 4. 야고보의 형제 요한 5. 빌립 6. 바돌로매 7. 도마 8. 세리 마태 9. 알패오의 아들 야고보 10. 다대오 11. 셀롯(열심당)인 시몬 12. 가룟 유다	1. 시몬(에게는 베드로란 이름을 더하셨고) 4. 안드레 2. 세베대의 아들 야고보 3. 야고보의 형제 요한 5. 빌립 6. 바돌로매 8. 도마 7. 마태(알패오의 아들 레위, 세리) 9. 알패오의 아들 야고보 10. 다대오 11. 셀롯(열심당인) 시몬 12. 가룟 유다	1. 베드로라고도 이름을 주신 시몬 2. 시몬 베드로의 동생 안드레 3. 야고보 4. 요한 5. 빌립 6. 바돌로매 8. 도마 7. 마태(레위라 하는 세리) 9. 알패오의 아들 야고보 11. 야고보의 아들 유다 10. 셀롯이라는 시몬 12. 가룟 유다	1. 시몬 베드로(1:40-42) 2. 시몬 베드로의 형제 안드레(1:40) 3. 세베대의 아들(21:2) 4. 세베대의 아들(21:2) 5. 벳새다 사람 빌립(1:43-44) 6. 가나 사람 나다나엘(1:45-49) 7. 디두모라고도 하는 도마(11:6) 8. 언급 없음 9. 언급 없음 10. 가룟인 아닌 유다(14:22) 11. 언급 없음 12. 가룟 시몬의 아들 유다(6:71)

예수님은 치유를 행하신 후에, 산으로 올라가셔서 공식적으로 열두 명의 사도를 택하신다. 그들은 예수님과 함께 하며 말씀을 선포하고 그분의 이름으로 귀신을 쫓아낼 것이다. 그들은 베드로, 세베대의 아들 야고보, 요한, 안드레, 빌립, 바돌로매, 마태, 도마, 알패오의 아들 야고보, 다대오, 열심당원 시몬, 가룟 유다이다.

산상설교(마 5:1-7:29; 눅 6:20-49)

그런 후 예수님은 산상수훈(또는 평지설교)*으로 알려진 가장 위대한 설교를 행하신다. 산상수훈과 평지설교가 같은 설교에 대한 다른 설명인지 아니면 두 개의 비슷한 설교인지 학자들마다 의견이 다르다. 그렇다 하더라도, 중요한 것은 메시지다. 예수님은 사실상 다다를 수 없는 도덕적 기준을 제시하신다. "그러므로 하늘에 계신 너희 아버지의 온전하심과 같이 너희도 온전하라"(마 5:48). 어떤 사람들은 예수님이 재림하시고 장차 하나님 나라가 완성되었을 때 적용할 수 있는 기준이라고 결론짓는다. 다른 사람들은 이 기준에 따르면 인간이 자신의 능력으론 죄 없는 삶을 살 수 없음을 보여줄 뿐이며, 이를 통해 믿음 안에서 그리스도에게 돌아가도록 동기를 제공하는 데 목표가 있다고 믿는다. 또 어떤 사람들은 예수님이 자신을 따르는 이들에게 실제로 이 기준을 요구하신 거라고 본다.[54]

예수님이 제시하신 기준은 어쩌면 이 모든 의도들을 다 담고 있을 수 있다. 그리스도인이라면 당연히 완전함을 추구하고, 그리스도를 철저히 신뢰하며, 이런 방식으로 살아갈 힘을 얻기 위해 성령께 의지해야 한다. 그렇더라도 우리가 이 기준에 다다르지 못할 테지만, 그럼에도 불구하고 이 기준을 실천 불가능한 것으로 여겨 포기해선 안 된다. 예수님이 제시하신 이 기준을 볼 때마다 우리는 그리스도 없이는 도무지 부족한 존재임을 깨달아야 하며, 날마다 (기도, 말씀 묵상과 금식

* 마태복음에서 예수님은 이 설교를 산 위에서 행하시지만, 누가복음 본문에선 예수님이 산에 올라가 거기서 열두 사도를 택하신 후에 그들과 함께 내려와 평지에서 행하신다.

등) 영적 훈련을 게을리하지 말아야 한다는 사실을 기억해야 한다. 크레이크 키너는 이렇게 주장한다. "말씀에 신실한 자들로 살아가려면, 우리는 예수님의 이런 급진적인 요구 사항들에 철저히 순복해야 하며, 이를 처음으로 듣는 이들에게 충격을 줄 수 있어야 한다."[55]

기준은 엄격한 반면, 복음서가 기록한 나머지 기사들을 보면 그 안에 엄격함을 중화시키는 놀라운 은혜가 가득하다. 예수님은 실패하고 또 실패하는 (그러나 회개하는) 제자들을 한 번도 내치시지 않는다(마 26:31-32). 예수님은 늘 은혜를 비춰주고 계신다.[56] 예수님이 오셔서 우리를 위해 죽으시는 것 역시 우리가 죄인이기 때문이다. 우리 중에 의인은 하나도 없다(롬 3:10). 이사야는 이렇게 선언한다. "우리의 의는 다 더러운 옷 같으며"(사 64:6). 그렇다. 우리는 의롭지 못하다. 그럼에도 성경은 우리가 날마다 계속되는 영적 훈련으로 그리스도를 닮아갈 수 있으며 죄에 맞설 힘을 얻게 된다고 분명히 밝힌다. 성령이 (죄에 맞서 싸울 힘을 주심으로) 우리를 도우신다. 다만 죄와의 싸움은 이땅에 사는 동안 날마다 계속될 것이다. 팀 켈러 목사는 이렇게 정리한다.

> 보라, 그리스도인에게 요구되는 윤리는 도달할 수 없고, 그 기독교 윤리에 도달하지 못한 실패에 따르는 형벌은 피할 수 없다. 하지만 성경은 예수 그리스도가 오셔서 기독교 윤리의 요구들을 성취하실 뿐 아니라 우리가 받을 그 형벌을 대신 받으셨다고 말한다. 예수님을 그저 도덕적 본보기 정도로 여긴다면 우리는 목숨을 잃게 될 것이다. 그분을 친구나 조력자 정도로 여긴다 해도 우리는 잃어버린 자가 되고 말 것이다. 그러나 그분을 우리의 대체자, 즉 우리 자리를 대신하는 대속물이자 구주로 신뢰한다면, 우리를 위해 필요한 모든 것을 성취하실

> 중보자 되심을 믿고 의지한다면, 하나님은 예수님이 받으셔야 마땅한 모든 것, 예수님이 공로로 얻으신 모든 것, 모든 사랑과 복과 영광을 우리에게 허락하실 것이다.[57]

우리는 최종적으로 가장 높은 기준에 따라 심판을 받게 될 것이다. 그 기준이란 도덕적 완전성을 의미하며, 실제적으론 완전한 무죄함을 가리킨다. 우리는 완전할 수 없지만, 그리스도가 성육신하셔서 도덕적 완전함의 기준을 가르치시고 이를 친히 모범으로 보여주셨다. 그렇기에 우리는 십자가를 바라보게 되고, 이는 오직 그리스도를 향한 믿음으로 맘미암아 의로운 자가 되기 때문이다. 의로워진다는 것은being justified 우리가 실제로 (죄가 하나도 없는) 의로운 사람이 되는 걸 의미하지 않고, (죄가 없으신 구주를 믿음으로 말미암아) 하나님이 우리를 무죄한 자로 여겨 의롭다 선언하신다는 의미다. 예수 그리스도의 완전한 의가 우리에게 전가되는imputed to us 것이다. 우리의 믿음으로 말미암아 의롭다 함을 얻고 나면, 우리는 죄의 형벌과 죄의 권세로부터 자유를 얻게 된다. 우리가 의롭다 함을 얻는 순간 성령은 우리 안에 내주하시고 죄에 맞설 힘을 주신다. 우리 안에 내주하시는 성령의 능력을 덧입고 날마다 거룩을 향해 나아가는 것을 '성화'sanctification라고 부른다. 그러므로 칭의justification는 하나님 앞에서 우리를 의롭다고 선포하는 것이긴 하지만 우리가 실제로 의롭다는 의미는 아니다. 사무엘 호이트는 이렇게 설명한다. "의롭다 함을 얻는 것은 하나님이 법적으로 의롭다고 선포해 주시는 것이지, 실제로 의로운 것만을 행하는 존재라는 것은 아니다."[58] 그러나 우리가 의롭다 함을 얻게 되면 그 순간 성화의 과정이 시작되고 그로 말미암아 우리는 하나님을 알아가면서 날마다

더욱 의로운 존재로 자라갈 수 있다.[59]

산상설교만 전적으로 다룬 많은 책들이 있지만, 나는 여기서 그 기본 원리와 가르침만 간략히 소개하고자 한다. 예수님은 신자가 하나님 나라 혹은 천국[60]에서 어떻게 살아야 하는지를 알려주고 계신다. 앞서 하나님 나라에 대해 언급하면서 그 현재적 속성과 미래적 속성에 대해 언급한 바 있다. 어떤 의미에서 하나님 나라는 모든 피조세계를 일컫는다. 하나님은 그분이 창조하신 만물을 다스리는 주권자시기 때문이다. 하지만 산상설교에서 예수님은 보다 좁은 개념으로 이 용어를 사용하신다. 예수님은 하나님 나라에 들어가는 것을 생명을 얻는 것과 동일시하신다(마 7:13; 막 9:45, 47).[61] D. A. 카슨은 이렇게 말한다. "하나님 나라에 속한 모든 사람에겐 생명이 있다. 그 나라에 속하지 못한 사람에겐 생명이 없다."[62] 카슨은 하나님 나라에 현재적 측면과 미래적 측면이 있다고 단언한다. 하나님 나라는 이미 도래했다. 그리스도가 오셨고 우리 죄를 위해 죽으셨다. 그래서 우리는 지금 하나님 나라에 들어갈 수 있고 생명을 풍성히 받았다(요 10:10). 그러나 하나님 나라는 또한 그리스도가 다시 오시는 장래에 도래할 것이다. 카슨은 이렇게 말한다. "영원한 삶은 비록 지금 경험되기는 하지만 그때 완성된다. '새 하늘과 새 땅'이라고밖에 표현할 길이 없는 우주의 혁신renovation과 더불어 완성될 것이다"(사 65:17; 66:22; 벧후 3:13; 계 21:1; 비교. 롬 8:21).[63]

그러나 하나님 나라는 단순히 생명을 얻는 것 그 이상을 의미한다. 하나님 나라는 우리의 전심을 다하는, 하나님에 대한 충성을 요구한다. 이런 이유로 그리스도는 순종을 강조하신다. "나더러 주여 주여 하는 자마다 다 천국에 들어갈 것이 아니요 다만 하늘에 계신 내 아버지의 뜻대로 행하는 자라야 들어가리라"(마 7:21). 입으로만 믿는다고 해선 안 되며 우리에게 영생을 주실 그분에 대한 온전한 신뢰가 필요한 일이다. 그리고 진정한 믿음은 열매를 맺는다(마 7:15-20). 바울은 믿음이란 입으로 시인하는 것에서 끝나지 않는다고 말한다. "네가 만일 네 입으로 예수를 주로 시인하며 또 하나님께서 그를 죽은 자 가운데서 살리신 것을 네 마음에 믿으면 구원을 받으리라. 사람이 마음으로 믿어 의에 이르고 입으로 시인(고백)하여 구원에 이르느니라"(롬 10:9-10). 레온 모리스는 이렇게 주장한다. "(마태복음 7장에서) 예수님은 구원이 행함으로 말미암는다고 말씀하시는 게 아니다. 공로와 은혜를 대조하시는 게 아니라, 믿음의 고백과 삶의 방식을 대조하고 계신다…예수님은 신자들이 힘써 노력하여 구원을 얻어야 한다고 말씀하시는 게 아니라, 그들에게 있다는 그 믿음의 실체가 그들의 열매맺는 삶을 통해 분명하게 드러나야 한다고 말씀하시는 것이다."[64]

팔복; 빛과 소금; 율법을 완성하러 오신 그리스도(마 5:2-20)

산에 올라가 앉으신 예수님은 제자들 앞에서 (그중에서도 핵심으로 간주되는) 팔복beatitudes을 비롯한 일련의 설교를 시작하신다.[65] 여기서 지극한 행복을 의미하는 '복'beatitude이란 보통 "복이 있나니"로 시작하는, 축복을 기원하는 관용적인 형태의 선언이다.[66] 복이 있다는 것은 단순히 행복한 것 이상을 의미한다. 예수님의 부르심에 응답한 사람들이 누리는 안녕한well-being 상태다.[67] 이는 또 하나님의 은총 안에 있음을 나타낸다.[68] 존 맥아더는 이렇게 말한다. "단순한 감정적 상태 그 이상이다. 예수님은 그것이 신실한 믿음을 소유한 자에게만 주어지는, 하나님이 허락하시는 안녕한 상태라고 말씀하신다. 팔복은 하나님에게서 오는 복됨을 누리는 길이 보통 세상에서 추구하는 행복을 얻는 길과는 완전히 대비된다는 것을 보여준다…예수님은 팔복 설교를 통해 진정한 믿음이란 어떤 특성이 있는지를 말씀하고 계신다."[69] 그것들은 (바리새인의 의에서 나오는 외적인 것이 아닌) 오직 믿음에 의해 형성되는 내적 특징을 가리킨다.[70]

성경은 복에 대해 다음과 같이 선언한다.

> 심령이 가난한 자는 복이 있나니 천국이 그들의 것임이요, 애통하는 자는 복이 있나니 그들이 위로를 받을 것임이요, 온유한 자는 복이 있나니 그들이 땅을 기업으로 받을 것임이요, 의에 주리고 목마른 자는 복이 있나니 그들이 배부를 것임이요, 긍휼히 여기는 자는 복이 있나니 그들이 긍휼히 여김을 받을 것임이요, 마음이 청결한 자는 복이 있나니 그들이 하나님을 볼 것임이요, 화평하게 하는 자는 복이 있나니 그들이 하나님의 아들이라 일컬음을 받을 것임이요, 의를 위하여 박해를 받은 자는 복이 있나니 천국이 그들의 것임이라. 나로 말미암아 너희를 욕하고 박해하고 거짓으로 너희를 거슬러 모든 악한 말을 할 때에는 너희에게 복이 있나니 기뻐하고 즐거워하라. 하늘에서 너희의 상이 큼이라. 너희 전에 있던 선지자들도 이같이 박해하였느니라(마 5:3-12).

예수님은 사람들에게 하나님에게서 오는 특정한 복을 약속하신다. 그 복들은 성품에서 자연스럽게 흘러나온다. 성품과 관련없이 우연하게 주어지는 것은 복이 아니다. 팔복을 순서대로 살펴보자. 심령이 가난한 사람은 겸손하고, 자신이 영적으로 파산상태이며 하나님 없이는 무가치하고, 그래서 하나님께 의존해야 한다는 걸 알고 있다.[71] 그렇기에 (회개하고 겸손한 영을 가진) 심령이 가난한 사람에게는 천국이 주어진다.[72] 이와 마찬가지로 애통하는 사람은 위로를 받을 것이다. 애통하는 사람은 자기 연민에 빠지거나 주기적으로 불행을 느끼는 사람들이 아니다. 자신의 죄악된 상태로 인해 진심으로 슬퍼하는 자들이다.[73]

온유한 사람은 땅을 기업으로 받을 것이다. 그들은 겸손하고, 자기의 뜻을 관철하려고 다른 사람을 지배하려 하지 않기 때문이다. 그들은 사적인 이익을 구하지 않으며 대신 주님께 소망을 둔다.[74] 온유함과 심령의 가난함 모두 온유함이라는 특성을 포함하지만, 온유함은 하나님 및 사람들과의 관계라는 측면에 초점이 맞춰져 있고 심령의 가난함은 우리가 스스로를 평가하는 데에 초점이 맞춰져 있다.[75] 의에 주리고 목마른 사람은 의로 배부르게 될 것이다. 의에 주리고 목마른 사람은 하나님의 뜻을 따르고 실천하는 일에 갈망하기 때문이다.[76] 하나님은 다른 사람을 긍휼히 여기는 자에게 긍휼을 베푸실 것이다.[77]

마음이 청결한 사람은 누구이고 왜 그들이 하나님을 볼까? 마음이 청결하다는 것은 삶의 모든 영역에서 청결함과 의로움을 추구하는 것을 의미하며, 이는 겉으로 의로운 체하는 것과는 확연히 다르다.[78] 마음이 청결한 사람은 도덕적으로도 순전하고 진실성이 두드러지며 변함없는 신실함으로 하나님께 헌신한다.[79] 그들은 하나님을 닮은 의로움과 청결함을 추구하기에 하나님을 보게 되는데, 이는 삶의 매순간 하나님의 임재를 경험할 뿐 아니라 장차 올 세상에서도 하나님과 친밀한 사귐을 누린다는 의미다.[80]

화평케 하는 사람은 하나님의 아들이라 불릴 것이다. 이들은 단순히 화평을 소망하는 자들이 아니라 화평을 실천하는 자들이다. 브루스 바튼은 이렇게 말한다. "화평을 이루기 위해 억지로 달래는 게 아니라 적극 대처하고 문제를 해결해 가는 사람이다."[81] 그리스도는 화평케 하는 자들 중 최고봉이시다. 평강의 왕이시다. 예수 그리스도의 복음이야말로 화평을 이루는 최고의 소식이며, 그 복음을 나누는 자들 역시 화평케 하는 자들이다.[82] 화평케 하는 자들은 하나님과 내적 화평을 누리고 있음을 드러냄으로, 세상에서 화평의 도구가 된다.[83]

의를 위하여 박해를 받는 사람은 천국을 유업으로 받게 될 것이다. 여기에는 믿음을 지키느라 조롱을 당하거나 배척을 당하는 사람뿐 아니라 폭압적인 국가 권력에 의해 심각하게 박해받는 이들도 포함된다. 카슨은 이렇게 말한다. "특별히 이 복은 다른 복들의 시금석 역할을 한다. 천국에 들어가려면 심령이 가난해야 하듯(5:3), 천국에 들어가기 위해선 의를 위하여 박해를 받아야 하기 때문이다."[84] 만일 하나님의 뜻을 따르고 실천할 마음이 없다면 의를 위하여 박해를 받을 일도 없을 것이므로, 따라서 구하지 않으므로 천국에 들어가지 못할 것이다.

마지막으로 예수님은 말씀하신다. "나로 말미암아 너희를 욕하고 박해하고 거짓으로 너희를 거슬러 모든 악한 말을 할 때에는 너희에게 복이 있나니 기뻐하고 즐거워하라. 하늘에서 너희의 상이 큼이라." 이 마지막 복에 대해 말씀하시면서 예수님은 이전까지 줄곧 이어지던 3인칭 "그들" 대신 2인칭 "너희"를 사용하심으로 개념을 확장하고 개인화하신다. 예수님은 자신에게 충성하고 순종함으로 인해 받게 되는 박해에 대해 복이 있다고 선언하신다. "기뻐하고 즐거워하라"는 명령은 고통을 즐겨야 한다는 의미가 아니다. 감정보다는 태도의 차원에서 긴 안목으로 박해를 이해하라는 의미다. 이땅의 삶에서 받는 박해는 영원한 삶에서 누리게 될 기쁨에 비하면 아무 것도 아니다.[85]

팔복 설교는 그리스도인의 성품을 기술하고 있다. 만일 예수님이 여기서 설교를 마치셨다면, 사람들은 그리스도인이 매우 수동적이고 세상을 등진 수도사쯤 된다고 추측할 수도 있다. 그러나 예수님은 사람들에게 능동적으로 영향을 끼치라고 우리를 격려하신다. 우리는 세상의 빛과 소금이다. 우리는 세상에 선한 영향력을 발휘하고 그리스도가 보이신 본보기를 따르며 사람들을 믿음으로 이끌어야 한다. 예수님은 빛이시다(요 1:12; 9:5). 그리고 우리가 예수님 안에 있다면 그 빛을 드러내어 비추게 될 것이다.

그리스도는 자신이 율법을 폐하러 온 것이 아니라 완성하러 왔다고 강조하신다. 예수님은 구약을 무효화하거나 종식시키기 위해서가 아니라 폐하지 못할(요 10:35) 하나님의 영감 있는 말씀으로 확인시키기 위해 오셨다(마 15:3, 6). 앞에서 언급했듯, 그리스도는 옛 언약을 대체하는 새 언약을 반포하셨다. 그것은 예수 그리스도의 중재로 하나님과 그 백성이 새롭게 맺은 계약이다. 하지만 신약성경이 구약성경을 대체하지는 않는다. 신구약 모두 동일하게 영감되었고 오류가 없는 성경이다. 신약이 하나님의 말씀인 것처럼 구약도 하나님의 말씀이다. 다만 신약은 그리스도가 자기 백성과 맺은 새 언약을 말하고 있을 뿐이다. 이 언약이 옛 언약을 대체하지만, 구약성경은 그대로 있다. 그리스도는 율법의 폐기자가 아니라 율법의 포괄적 완성자로 계신다.

분노, 정욕 및 다른 죄; 원수를 사랑하라(마 5:21-48)

그 다음 예수님은 학자들이 대비 혹은 대구라고 부르는 방식으로 구약의 가르침을 상세히 설명하신다. 예수님은 구약의 가르침들을 해석하고 확장시킬 뿐 부정하지 않으신다.[86] 예를 들어 예수님은 이렇게 선언하신다. "옛 사람에게 말한 바 '살인하지 말라. 누구든지 살인하면 심판을 받게 되리라' 하였다는 것을 너희가 들었으나 나는 너희에게 이르노니 형제에게 노하는 자마다 심판을 받게 되고"(마 5:21-22). 우리는 본능적으로 이것이 참이라는 것을 안다. 중요한 것은 (우리가 무엇을 행하느냐가 아니라) '우리 마음에 무엇을 담고 있는가' 하는 것이다. 물론 악한 생각을 실행하지 않는 것도 좋은 일이지만, 악한 생각은 우리 마음에서 비롯되며 그런 생각을 품는 것 자체가 죄다. 이와 비슷하게 율법이 간음을 금하지만, 우리 마음에 정욕을 품는 것 역시 죄가 된다.

예수님은 우리 몸의 일부가 우리로 죄를 짓게 하면 잘라 내버리라고 충고하신다. 우리의 순종과 신실함을 강조하기 위한 일종의 과장법이므로 실제로 그렇게 하라는 말씀은 아니다.[87] 예수님은 우리가 우리 자신을 유혹에 내어주어선 안 된다고 말씀하시는 것이다. 즉 무언가를 눈으로 보다가 만일 죄를 행할 수 있다면, 보아선 안 된다는 것이다.[88] 이런 이유로 주기도문에 다음의 간구가 포함되어 있는 것이다. "우리를 시험에 들게 하지 마옵시고 다만 악에서 구하옵소서." 예수님은 연이어 같은 맥락에서 이혼, 맹세, 복수, 원수를 사랑하는 것에 대해 말씀하시면서 자신은 율법이 요구하는 것보다 더 큰 의를 요구하고 계심을 보여주신다. 예를 들어 원수를 사랑하라는 계명은 구약에는 없다. 하지만 예수님은 친구, 가족 그리고 자기를 사랑하는 사람만 사랑하는 것은 놀라운 일이 아니라고 말씀하신다. 이교도들도 당연히 하는 일이다. 우리가 하나님의 도덕적 기준에 맞추려 한다면 우리를 사랑하지 않는 사람들까지 사랑해야 한다. 하나님은 사랑이시기 때문에 그렇다.

이 설교 말씀에 담긴 예수님의 메시지를 더 잘 이해하기 위해, 우리가 얼마나 의로운지 하는 문제라든가 우리가 그 기준대로 살 수 있는지 하는 문제는 잠시 내려놓자. 우리는 하나님의 도우심 없이 그 기준대로 살 수 없음이 당연하고, 그렇다고 우리의 죄성을 감안하여 기준을 낮추어야 한다는 의미도 아니다. 하나님이 율법을 우리 마음에도 새겨 놓으셨기에, 우리가 너무 무뎌져서 그것을 알아차리지 못하거나 너무 이기적이어서 그 기준을 무시하지 않는 한 지금 예수님이 완전한 도덕적 행위를 제대로 정의하고 계심을 우리는 알고 있다. 즉, 악한 생각을 품는 것은, 비록 실행하지 않더라도 죄가 된다는 것이다. 그러므로 우리가 옆에 있는 죄인보다 조금 낫게 행동하는 것처럼 보여도 결코 자랑으로 뽐낼 일이 못 된다. 하나님은 (우리가 다른 사람보다 낫다는 식으로) 상대평가는 하지 않으신다. 죄인은 죄인일 뿐 다른 사람보다 나은 죄인이란 존재하지 않는다. 다만 하나님은 더 나은 조처를 취하시는데, 우리에게 은혜를 베푸신다. 우리가 아직 죄인이었을 때, 우리가 잘한 것이 하나도 없는데도 우리에게 생명을 선물로 주신다. 오직 하나님의 은혜로 그 일이 가능해지며, 우리가 그분을 믿을 때 우리 모두가 'A'라는 점수를 받는다.

구약의 율법보다 더 높은 도덕적 기준을 제시하는 것 외에도 예수님은 자신이 율법의 최종 해석자이며 심지어 율법을 성취하는 자라고 밝히신다. 이렇게 하심으로써 자신의 신성을 명확하게 주장하시는데,

이는 안식일 논쟁에서 바리새인들에게 행하신 방식과 같다. 물론 두 경우 모두 유대의 종교 지도자들은 예수님이 자신의 신성을 주장한다는 사실을 간파했다.

구제하기, 주님의 기도, 금식, 하늘에 보물 쌓기(마 6:1-34)

그 다음 예수님은 종교 지도자들의 종교적, 도덕적 위선에 대해 말씀하신다. 예수님은 다른 사람의 칭찬을 받으려고 우리의 의를 공공연히 드러내는 일을 삼가라고 하신다. 그러므로 구제할 때에 자신의 선한 행위를 크게 소문내어 칭찬을 받으려 해선 안 된다. 구제하려는 동기가 선을 행하는 데 있어야 하지 칭찬을 받는 데 있어선 안 된다. 마찬가지로 공개적으로 기도하는 것 자체가 잘못은 아니지만 그 일로 자신의 경건을 뽐내려 해선 안 된다.

예수님은 어떻게 기도해야 하는지 본을 보여주시는데 우리는 그것을 '주기도문'이라고 부른다. 이것은 하나의 모범일 뿐 절대적인 방법이 아니다. 이 기도에는 경배, 순복, 고백, 간구가 들어 있다.[89] 어떤 이들은 이를 ACTS라고도 부르는데 이는 경배, 고백, 감사, 간구*의 앞글자를 따서 만들었다.[90] 성경의 다른 기도문에서는 감사의 요소가 분명히 보이는데 반해, 이 기도문에서는 뚜렷이 드러나지는 않는다.[91]

비슷한 원리가 금식에도 적용된다. 다른 사람에게 의롭게 보이기

* ACTS: 경배(adoration), 고백(confession), 감사(thanksgiving), 간구(supplication). 주님이 가르치신 기도문에는 감사 대신 순복(submission)에 관한 내용이 들어 있다.

위해 금식해선 안 되며, 하나님과 우리 사이의 문제이므로 은밀하게 행해야 한다. 그렇다고 무조건 다른 사람과 함께 금식해선 안 된다고 말하는 것은 아니다. 다만 잘못된 동기를 조심하라는 일반적인 경고다. 금식은 신약 시대의 신자에게 필수적인 것은 아니지만(행 15:19-29) 영적으로 우리가 하나님께 더 가까이 가도록 도와줄 수 있다.[92]

예수님은 보물을 땅에 쌓아두지 말고 하늘에 쌓아 둠으로 우리의 마음을 하나님께 두라고 가르치신다. 물질적 성취에 사로잡히기보다 하나님께 우리의 믿음과 소망을 두어 영적으로 풍성한 성취를 얻으라는 권면이다. 돈이 문제인 것이 아니다. 돈을 사랑하는 것이 모든 악의 뿌리다(딤전 6:10). 물질적 성취에 집착하는 것은 우상숭배나 마찬가지다(마 16:19-24). 예수님은 또한 불필요한 근심과 염려를 내버리고 우리의 진정한 필요(우리의 영적 필요)를 채우시는 하나님을 의지하라고 가르치신다. 카슨은 이렇게 말한다. "쓸데 없이 염려한다면 그것은 하나님에 대한 확신이 부족하다는 확실한 증거다."[93] 예수님은 지금 우리에게 속편하게 살라거나 책임질 필요 없는 삶을 살라고 하시는 게 아니다.[94] 우선순위를 바르게 세워야 한다고 가르치시는 것이다.

판단하지 말라, 구하라 그러면, 아바 아버지(마 7:1-11)

"판단(비판, 개역개정)을 받지 아니하려거든 판단하지 말라"(마 7:1)는 예수님의 명령은 다양하게 해석되어 왔고 종종 오해를 샀다.[95] 선한 것과 악한 것, 옳은 것과 잘못된 것을 구분하는 것은 하나님이 우리에게 주신 능력이자 하나님이 요구하시는 의무이기도 한데, 위의 말씀은 그리스도가 이를 금지하시는 것이라고 어떤 이들은 주장한다. 실제로 우리 시대에 사는 많은 이들은 이것이 우리의 모든 가치 판단을 멈추라는 성경의 명령이라고 받아들이는 듯하다. 정말 그럴까? 만일 모든 가치 판단을 금하는 것이라면, 그래서 성경 본문이 우리에게 판단하지 말라고 명령한다면, 역설적이게도, 그렇게 명령함으로 성경이 우리를 판단하고 있는 게 아닌가? 나는 예수님이 결코 그런 의미에서 판단하지 말라 하신다고 보지 않는다. 프랭크 튜렉의 주장처럼, 우리는 "날마다 수백 수천 번의 판단을 내리며 살아간다. 무엇이 선하고 악한지, 무엇이 옳고 잘못됐는지, 무엇이 위험하고 안전한지 말이다. 만일 우리가 이런 판단 행위를 하지 않았다면 우리는 이미 죽었을 것이다."[96] 예수님은 이런 유형의 판단을 하지 말라고 금하시는 것이 아니다. 예수님은 우리의 위선적인 판단 행위를 지적하고 계신다. 다른 사람의 어떤 행위를 판단하려면, 그에 앞서 우리에게 마찬가지로 있는 그 동일한 행위를 먼저 인식하고 바르게 처리해야 한다는 것이다.[97]

존 스토트는 이 명령의 또 다른 중요한 측면을 지적한다. "우리 주님이 '판단하지 말라'고 명하신 것을 다른 사람들과 관련하여 우리의 모든 비판 기능을 멈추고 그들의 잘못을 (우리가 못본 것처럼) 눈감아 주며 모든 비평을 피하고, 진리와 오류, 선한 것과 악한 것을 분별하기를 거부하라는 명령으로 이해해선 안 된다."[98] 오히려 그리스도는 우리에게 선한 것과 악한 것, 진실한 것과 위선적인 것을 구별하라고 가르치신다. 우리가 하나님의 형상대로 창조되었기 때문이다. 그것이 우리가 가치 판단을 내려야 하는 당연하고 충분한 이유다.

다른 사람을 판단하지 말라는 명령 다음에 오는 두 가지 지침에 주목하라. 예수님은 거룩한 것을 개에게 주거나 진주를 돼지 앞에 던지지 말아야 하며, 거짓 선지자를 삼가라고 말씀하신다. 존 스토트에 따르면, 이런 도덕적 명령에 순종하려면 "우리의 판단 능력을 사용하지 않고는 불가능하다. 왜냐하면 '개'나 '돼지'나 '거짓 선지자들'을 만났을 때 바르게 처신하려면 먼저 그들을 알아볼 수 있어야 하고, 또 그러기 위해선 판단하는 능력을 일정 정도 발휘해야 하기 때문이다."[99] 스토트는 예수님이 "판단하지 말라"고 하신 것은 (혹평하고 폄하하는 등) 가혹한 비판을 삼가라는 의미라고 해석한다. 너무 심하게 비판하지 않고서도 사람들을 냉정하게 판단할 수 있다. 그런데도 파괴적일 정도로 비판적이라면 그저 남의 흠을 들추는 것에 쾌감을 느끼는 사람에 지나지 않는다.[100] 판단하지 말라는 명령은 무조건 눈을 감으라는 말이 아니라 관대함을 보이라는 말이다. 우리는 인간으로 머물러야 한다. 그래서 하나님이 주신 판단 기능을 계속 사용하되 "(스스로를 재판관 자리에 올려놓음으로) 하나님이 되려는 주제넘은 야망을 내려놓아야 한다."[101]

예수님은 이 설교에서 실천하기 쉽지 않은 도덕적 요구를 하시지만 기도에 관한 격려의 말씀도 덧붙이신다. "구하라. 그리하면 너희에게 주실 것이요, 찾으라. 그리하면 찾아낼 것이요, 문을 두드리라. 그리하면 너희에게 열릴 것이니 구하는 이마다 받을 것이요, 찾는 이는 찾아낼 것이요, 두드리는 이에게는 열릴 것이니라"(마 7:7-8). 이런 말씀을 듣고 용기가 나지 않을 사람이 있을까? 뒤이어 예수님은 요점을 다시 한번 강조하시는 비유를 말씀하신다. 자녀가 자기에게 정말 필요한 것을 달라고 청할 때, 능히 그것을 줄 능력이 있으면서도 주기를 거절할 아버지가 있겠느냐고 하시면서 "하물며 하늘에 계신 너희 아버지께서 구하는 자에게 좋은 것으로 주시지 않겠느냐"(마 7:11)고 강조하신다.

간구하는 기도는 중요하다. 부모라면 자녀에게 꼭 필요한 것은 구하지 않아도 줄 것을 우리는 안다. 하물며 하나님은 어떠하시겠는가! 그러므로 우리는 하나님께 구해야 한다. 그렇다고 하나님이 램프의 요정처럼 우리가 원하는 모든 것을 주신다는 의미는 아니다. 이 점이 중요한데, 그 이유는 하나님이 우리의 요구를 예외 없이 들어주시려면 어쩔 수 없이 일을 망칠 수밖에 없는 불완전한 인간들에게 막강한 힘을 위임하셔야 하기 때문이다. 존 스토트는 이렇게 말한다. "하나님이 기도에 관한 약속으로 우리가 원하는 건 뭐든지, 원하는 때에, 원하는 것 그대로 주겠다고 하셨다면 연약한 인간의 지혜로는 감당하지 못할 짐을 지우는 것이 된다. 우리가 어떻게 그 짐을 감당할 수 있겠는가?"[102] 오히려 우리는 하나님의 말씀을 읽고 묵상함으로 그분의 뜻을 깨닫고 배워야 한다. 스토트는 우리가 하나님께 간구하기 전에 "먼저 무엇을 구해야 하는지 그리고 그것이 하나님의 뜻에 맞는지 알아야 한다. 그 다음엔 하나님이 그것을 허락하실 수 있음을 믿어야 하고, 진심으로 받고자 원해야 한다"[103]고 말한다.

놀라운 점은 예수님이 하나님 아버지를 우리 아버지("아바")라고 부르신다는 것이다. 이 표현에는 개인적인 친밀함이 담겨 있는데, 하나님에 대한 친밀함의 정서는 다른 종교와는 구별되는 기독교만의 특징이다. 요아킴 예레미아스는 고대 유대의 기도문들을 연구한 후에 이렇게 말한다. "이 방대한 문헌 중 어디에도 하나님을 '아바'라 부르는 대목이 나오지 않는다…아바는 가정에서 일상적으로 사용하던 단어였다. 유대인들은 감히 하나님을 이런 식으로 부르지 못했다. 예수님은 늘 하나님을 이렇게 불렀고, 이제는 제자들에게 자신을 따라 하나님을 '아바'라고 부르게 하신다."[104] 예수님은 성부 하나님을 '우리 아버지'로 부르게 하심으로 기도에 대한 완전히 다른 관점을 알려주신다. 존 스토트는 이렇게 말한다. "기도에 대한 이보다 더 단순한 개념이 있을까? 우리가 그리스도에게 속해 있다면 하나님은 우리 아버지가 되신다. 우리는 그분의 자녀가 되고, 기도는 소원을 품고 우리 아버지께 나아가는 것이 된다."[105] 스토트는 계속해서 이렇게 말한다. "우리가 아뢰러 나아가는 분이 '아바 아버지'이며 그분이 한없이 선하고 자애로운 분임을 기억할 때 우리의 기도는 분명 달라지게 될 것이다."[106]

하나님이 우리 아버지라는 생각은 혁명적이다. 많은 사람이 하나님을 가까이 다가갈 수 없는 분, 끊임없이 못마땅해 하시는 분으로 보기 때문이다. 브레넌 매닝은 그의 책 『아바의 자녀』에서 우리는 자기도 모르는 사이 우리가 자신에 대해 느끼는 감정을 하나님께 투영한다고 주장한다. 매닝은 내가 제일 좋아하는 블레즈 파스칼을 인용하는데, 파스칼은 이렇게 말한다. "하나님은 자신의 형상을 따라 인간을 만드셨고 인간은 찬사를 돌려드렸다." 이 말을 매닝은 다음과 같이 설명한다. "우리가 자신에 대해 혐오감을 느끼면 하나님이 우리에게 혐오감을 갖고 있다고 생각하는 것이다."[107] 하지만 이런 생각은 큰 실수다. 왜냐하면 예수님이 인간으로 오셔서 우리에게 하나님이 어떤 분이신지 보여주셨기 때문이다. "나와 아버지는 하나이니라"(요 10:30). "나를 본 자는 아버지를 보았거늘"(요 14:9). "아버지께서 내 안에 계시고 내가 아버지 안에 있음을"(요 10:38). "거룩하신 아버지여 내게 주신 아버지의 이름으로 그들을 보전하사 우리와 같이 그들도 하나가 되게 하옵소서"(요 17:11; 비교. 요 17:22; 5:19).

성부 하나님을 '우리' 아버지로 받아들이라는 그리스도의 권면은 매우 급진적이었다고 매닝은 주장한다. 예수님 당시 유대인 아이들이 자신의 육친 아버지를 애정을 담아 부를 때 사용하던 표현이었다. 하지만 하나님께 그 표현을 사용한다면 신성모독으로 간주된다. 예레미아스는 이렇게 말한다. "예수님은 하나님을 일컫는 한 방식으로 '아바'라는 표현을 처음으로 사용하셨다. 전에는 생각지 못한 새롭고도 놀라운 것이었다. 여기에 복음이 갖는 위대한 새로움이 있다."[108] 하지만 이처럼 놀라운 것들이 어떤 이들에게는 수치스러운 것으로 여겨졌다고 브레넌 매닝은 설명한다. "하나님의 사랑을 받는 성자이신 예수님은 이런 특별한 경험을 혼자만의 것으로 남겨두지 않으신다. 예수님은 그 친밀하고 자유케 하는 관계를 함께 나누기 위해 우리를 초대하고 부르신다…하나님을 아바라 부르는 경험은 내가 예수 그리스도에게서 받은 최고의 선물이다…아바의 자녀라는 나의 정체성은 추상적이거나 종교적인 형식에 그치지 않는다. 내 실존의 핵심 진리다."[109]

매닝은 이 선물을 받아들이기란 생각보다 쉬운 일이 아니라는 데 동의한다. 그는 이렇게 쓴다. "내 경험상 그리스도인을 그리스도인 되지 못하게 만들고 성령 안에서 자라지 못하게 막는 주된 문제가 있는데, 바로 자기 혐오다."[110] 헨리 나우웬도 비슷하게 고백한다. "시간이 지날수록 우리 삶의 가장 큰 덫은 성공이나 명예나 권력이 아니라 자기 거부라는 사실을 깨닫는다…그러므로 영적 삶의 가장 큰 적은 자기 거부이다. 그것이 우리를 '사랑받는 자'로 부르신 거룩한 음성을 부인하게 만들기 때문이다."[111]

하나님을 신뢰하는 법을 배우는 열쇠는 우리에게 있는 자기 비하를 극복하는 것이다. 매닝은 이렇게 말한다. "우리는 예수님의 가슴 깊은 곳에서 우러나오는 긍휼을 경험함으로 우리 자신에게 관대해지는 법을 배운다…그리스도는 우리가 스스로에 대한 태도를 바꾸기 원하신다. 스스로 자신을 평가절하하는 것을 멈추고 그분의 생각에 동조하기를 원하신다…나의 지난 날을 돌아보건대 내가 하나님과의 관계에서 안전하다고 느낄 때에만 나 자신에 대해서도 안전함을 경험한다. 고집불통인 자녀를 향해 기꺼이 달려가시는 아빠, 그러면서도 아무것도 묻지 않으시는 아빠를 신뢰할 수 있을 때 우리는 비로소 우리 자신에 대해서도 철저히 믿을 수 있게 된다."[112] 매닝은 조르주 베르나노스의 『어느 시골 사제의 일기』 마지막 부분을 인용한다. "내가 나 자신에 대해, 그러니까 나라는 존재 자체에 대해 예전부터 품었던, 영원히 지속되리라 믿었던, 이상한 불신은 떠나가 버렸다…그 싸움이 이제 끝났다…나는 (불쌍한) 나 자신과 화해했다. 나 자신을 미워하기란 얼마나 쉬운 일인가! 진정한 은혜는 자기 자신을 잊는 일이다. 그럼에도 불구하고 만일 교만이 우리 안에서 사라져 버린다면, 최고의 은혜는 정말 단순하게 자기 자신을 사랑하는 일일 것이다. 그리스도 안에서 함께 고난 받고 사랑 받는 사람들이 서로를 사랑하듯 말이다."[113]

이는 매우 유익한 통찰이라는 점을 말하고 싶다. 자기 정죄가 믿음에 엄청난 방해가 된다는 사실을 나도 경험했기 때문이다. 그리스도를 믿는다는 것은 우리의 죄악됨을 그분 앞에 내려놓고 우리를 진정으로 용서하신다는 그분의 말씀을 받아들이는 것이다. 그분이 일하심으로 우리는 쉼을 얻는다. 그분이 우리를 위해 행하신 일로 우리는 자유함을 얻는다. 우리에게는 여전히 죄악된 성품과 (피해야 할) 행동의 찌꺼기들이 남아 있을지 모른다. 그러나 우리의 죄악된 본성과 그 치명적 결과에도 불구하고, 그리스도는 이미 우리를 온전히 구원하셨다. 우리가 계속해서 자신을 몰아세우는 것은 그분이 주신 영적 자유를 거부하고 자신을 계속해서 속박하는 것과 같다.

다시 한번 매닝은 자신의 책 『신뢰』에서 이 점을 잘 설명한다. "과거에 실제로 느꼈던 감정이든 아니면 상상으로 만들어 낸 감정이든, 그런 것들에 대해 수치와 모욕, 자기혐오, 죄책감에 사로잡혀 있는 것은 하나님의 사랑을 불신하는 배신 행위다. 예수 그리스도가 우리를 받아주셨다는 사실을 받아들이지 않는 것이고 예수님의 구원 행위가 충분하다는 사실을 거부하는 것이다. 과거의 죄, 현재의 연약함, 인격적 결함에 사로잡혀 있게 되면 우리의 감정은 자기 파괴적인 방식으로 소용돌이치고, 자아라는 강력한 성채에 고립되어, 하나님의 긍휼히 여기심을 애써 미리 외면하게 된다."[114]

매닝은 성부 하나님과 우리의 관계에 대해 깊은 통찰을 제공하는데, 이는 예수님이 우리에게 기대하시는 기도하는 삶의 기초가 된다. 우리는 그저 세상 한구석을 차지한 채 방향 없는 삶을 살도록 이 땅에 보내진 것이 아니다. "우리는 지극히 존귀하신 분의 아들이요 딸이다."[115] 우리는 아버지와 아들로서 관계를 맺을 수 있고, 그렇게 하는데 실패했으면서도 삶이 충만하다고 여긴다면 자신을 속이는 일이 될 것이다.

회의론자들은 기도를 무시한다. 전지 전능하신 하나님이라면 우리가 무엇을 구하기도 전에 이미 다 아실 텐데 그렇다면 왜 굳이 기도하느냐며 의문을 제기한다. 전지하신 하나님이 마치 이전까진 몰랐다는 듯 우리 간구에 반응하실 거라고 믿는 것이 터무니없지 않은가? 하지만 성경은 다르게 가르친다(출 32:9-14). 우리의 기도로 하나님이 뜻을 돌이키실 수 있음을 보여준다. 더욱이 기도로 하나님의 마음을 바꾸려고 할 때 우리가 놓칠 수 있는 사실은 기도는 종종 우리 마음과 우리 관점을 바꾸도록 돕는다는 것이다.[116] 실제로 우리가 기도해야 하는 주된 이유는 성경이 우리에게 쉬지 말고 기도하라고 가르치기 때문이다(살전 5:17; 골 4:2). 단순히 우리가 무언가를 구하지 않는다면 우리는 어떤 것도 받지 못할 것이다(약 4:2).

확신 가운데 거하라. 하나님은 우리의 기도를 들으신다(왕상 8:52). 온 우주의 주재 되시는 하나님이 우리의 간구를 들으신다니 얼마나 흥분되는 일인가! 우리의 기도가 늘 응답받았는지에 대해선 잘 모를 수 있지만 성경은 이렇게 증언한다. "의인의 간구는 역사하는 힘이 큼이니라"(약 5:16; 요 14:13-14). 우리는 또한 우리의 이기적인 관점을 넓혀, 기도가 그저 우리와 우리의 필요와 우리의 갈망을 아뢰는 것이 아님을 깨달아야 한다. 주님이 가르치신 기도에서처럼, 우리는 하나님을 높이고(계 5:13), 우리 죄를 고백하며(요일 1:9), 하나님의 인도하심을 구하고(삼상 14:36-41), 하나님을 찬양하며(시 18:3; 103:1), 하나님께 감사를 드려야 한다(빌 4:6-7). 하지만 무엇보다 기도는 우리를 하나님께로 가까이 이끈다.

황금률, 거짓 선지자, 나무와 그 열매, 반석 위에 세운 집, 예수님의 권세(마 7:12-29)

예수님은 남에게 대접을 받고자 하는 대로 남을 대접하라고 (소위 황금률을) 가르치신다. 예수님은 이것을 한마디로 "율법이요 선지자," 즉 구약이라고 말씀하신다. 그리스도는 더 나아가 이렇게 가르치신다. "네 마음을 다하고 목숨을 다하고 뜻을 다하여 주 너의 하나님을 사랑하라 하셨으니 이것이 크고 첫째 되는 계명이요, 둘째도 그와 같으

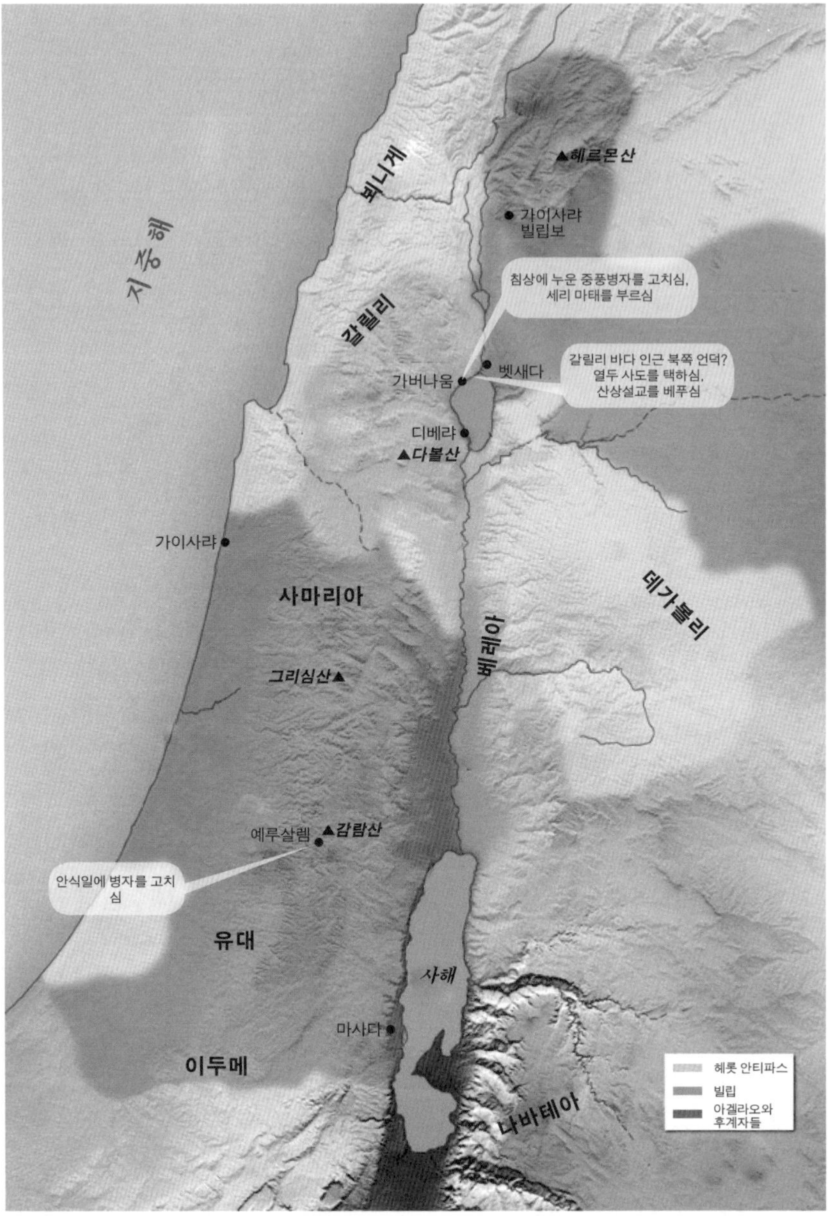

예수님의 사역 지도(사람을 낚는 일에서 황금률까지)

니 네 이웃을 네 자신 같이 사랑하라 하셨으니 이 두 계명이 온 율법과 선지자의 강령이니라"(마 22:37-40). 이 계명을 지킨다는 것, 그래서 우리에게 필요한 의를 얻는 열쇠는 율법이나 우리의 행위에 있지 않다. 예수 그리스도를 믿는, 구원에 이르게 하는 믿음이라는 '좁은 문'을 통과해야만 한다. 오직 그것을 통해서만 우리는 이웃을 향한 참된 의를 드러낼 수 있다. 이 황금률의 목표는 외적인 규율 준수가 아니라 내적인 변화다.[117]

예수님은 거짓 선지자들을 조심하라고 경고하시며 그들의 '열매'를 보면 알 수 있다고 하신다. 재물이나 권력을 얻기 위해 연약한 사람들을 노리고 겉으로 경건한 척하는 사람들을 경계하라. 그들은 언젠가는 본색을 드러낼 것이다. 이런 사람들을 위한 특별한 장소가 준비되어 있다. 예수님은 엄중한 경고로 말씀을 맺으신다. 우리에겐 선택권이 있다. 우리의 영적 기초를 예수 그리스도라는 반석 위에 세울 것인지, 가짜 신들과 거짓 약속과 같은 무너져 내리는 모래 위에 세울 것인지, 아니면 예수님이 십자가에서 완성하신 일에 의지하기보다 우리의 선행을 통해 스스로 구원할 수 있다는 거짓말 위에 세울 것인지 선택할 수 있다.

예수님이 말씀을 마치시자 군중들은 그 가르침에 크게 놀란다. "이는 그 가르치시는 것이 권위 있는 자와 같고 그들의 서기관들과 같지 아니함일러라"(마 7:29). 그때 그리스도의 말을 듣던 사람들은 그분이 가르치시는 교훈과 거기서 배어나오는 남다른 권세로 인해 그분이 살아 계신 하나님의 아들임을 분명히 알게 된다. 우리도 마찬가지다. 열린 마음과 겸손한 영으로 그분의 말씀을 읽는다면 당시 사람들이 경험한 그 사실들을 동일하게 알 수 있다.

7
백부장의 종을 고치신 일에서 바리새인과의 충돌까지

공관복음서는 핵심적인 내용에 있어서 놀라울 정도로 일치하고 그리스도를 일관되게 그려 낸다. 이런 장면들을 읽다 보면 그리스도가 실존하셨다는 것을 믿어 의심치 않게 된다. 게다가 평범한 사람들 몇이서 한 세대 만에 이렇게 강력하고 매력적인 성품의 소유자를 가공하여 만들어낸다는 것은 불가능하다. 윤리적으로도 지극히 고상할 뿐 아니라 인간애가 세상 누구보다 넘치는 그런 인물을 만들어낸다는 것은 복음서에 기록된 다른 이적들보다 훨씬 더 믿을 수 없는 기적이기 때문이다. 200년 동안의 고등비평을 겪으면서도, 그리스도의 삶과 성품과 가르침은 선명하게 살아 있고 인류 역사상 가장 매력적인 특징을 간직하고 있다. 윌 듀런트[1]

백부장의 종을 고치심(마 8:5-13; 눅 7:1-10)

설교 후에 가버나움에 들어가신 예수님께 로마 백부장이 찾아와 중풍에 걸린 하인을 고쳐 주시길 청한다. 예수님이 그렇게 하겠다고 하시자, 백부장은 예수님이 자신의 집에 오시는 것을 감당할 수 없으니 그냥 말씀하심으로 종을 고쳐 주시길 고집한다. 백부장은 자신도 부하들을 거느리고 있어서 그들이 자신의 명령에 무조건 순종하기에 권위의 중요성을 잘 알고 있음을 드러낸다. 그러면서도 그리스도 앞에서는 겸손함을, 아랫사람을 향해서는 긍휼함을 보이며 그리스도에게 치유를 간청한다. 예수님은 이스라엘에게서 이와 같은 믿음을 본 적이 없다며 백부장을 크게 칭찬하신다. "가라. 네 믿은 대로 될지어다"(마 8:13) 하고 예수님이 선포하시자 그 즉시 하인의 병이 낫는다.

이 이야기는 순전한 믿음의 중요성과 예수님 말씀의 능력이 어떻게 연결되는지를 잘 보여준다. 말씀의 능력은 (이미 드러난) 예수님의 치유 능력보다 앞선다. 또 이 이야기는 예수님의 복음이 유대인과 이방인 모두를 위한 것임을 강조한다.[2] 우리는 믿음을 소유한 부모에게서 태어났기에 하나님 나라에 들어가는 것이 아니다. 한 사람 한 사람이 개별적으로 그리스도를 믿기로 결단할 때 그 나라에 들어가게 된다.

과부의 아들을 살리심(눅 7:11-17)

예수님이 나인이라는 작은 성읍을 향해 가시고 제자들뿐 아니라 많은 무리가 뒤따른다. 예수님이 성문 가까이에 이르셨을 때 사람들이 과부의 아들을 메고 온다. 그는 이미 숨이 끊어진 상태다. 과부를 보시고 불쌍히 여기신 예수님은 울지 말라 하신 후 관(관이라기 보다는 뚜껑이 없는 들것에 더 가깝다3)에 손을 대고 말씀하신다. "청년아, 내가 네게 말하노니 일어나라"(눅 7:14). 그러자 이미 죽었던 그 사람이 일어나 앉고 말도 하기 시작한다.

이 장면에서 예수님은 다시 한번 율법을 어기신 것으로 보인다. 유대인들은 시체를 만지거나 시체가 누운 관을 만지는 행위로 부정해진다고 여기기 때문이다(민 19:11, 16).[4] 그럼에도 불구하고 사람들은 예수님을 위대한 선지자라 하며 하나님이 자기 백성에게 오셨다고 선포한다. 하나님이 자신이 보내신 선지자 예수님을 통해 자기 백성을 찾아오셨다는 의미다. 예수님이 선지자라는 관점에서 보면 그들의 생각은 정확하다. 하지만 예수님은 무엇보다 하나님의 아들이시다. 예수님이 부활하실 수 있다면 다른 사람도 부활시키실 수 있다. 예수님은 이미 놀라운 기적들을 행하셨지만, 지금 여기서는 죽음까지 다스리는 권세를 보여주신다. 이 사건에서 예수님은 장차 우리에게도 일어날 부활을 미리 맛보여주신다. 예수님은 과부의 아들을 살려주시라는 간청을 받을 때까지 기다리지 않으신다. (사람들이 구하기도 전에) 먼저 나서서 그 아들을 살리신다. 마찬가지로 예수님은 우리에게도 먼저 구원을 선물로 주시며 우리에게 받으라고 하신다. 우리는 그저 응답하면 된다.

이것은 예수님이 (자기를 따르는 무리들 및 과부와 함께 온 이들을 포함한) 많은 목격자들 앞에서 행한 또 하나의 이적이다. 교회 교부 유세비우스는 아테네 주교 콰드라투스의 말을 인용하면서 초기 비평가들이 공격하던 기독교 진리들을 방어한다. "콰드라투스는 이렇게 말한다. '우리 구세주가 행한 일은 언제나 당신들 앞에 있었다. 진정한 기적들

사복음서 비교: 백부장의 종을 고치신 일에서 바리새인과의 충돌까지

	마태복음	마가복음	누가복음	요한복음
백부장의 종을 고치심	8:5-13	-	7:1-10	-
과부의 아들을 살리심	-	-	7:11-17	-
예수님과 세례 요한	11:2-19	-	7:18-35	-
예수님의 발에 기름을 부은 여인	-	15:41	7:36-50 8:1-9	-
예수님의 진정한 가족	12:46-50	3:20-21	8:19-21	-
비유	13:3-52	4:2-34	8:4-21	-
씨 뿌리는 자	13:3-9, 18-23	4:2-9, 13-20	8:4-8, 11-15	-
예수님께 질문하는 제자들	13:10-17	4:10-12	8:9-10	-
알곡과 가라지	13:24-30 36-43	4:26-34	13:18-21	-
겨자씨와 누룩	13:31-33	-	-	-
감추인 보화, 값진 진주, 그물, 새것과 옛것	13:44-52	-	-	-
믿음이 작은 자들아	8:23-27	4:35-41	8:22-25	-
귀신 들린 자들을 고치심	8:28-34	5:1-20	8:26-39	-
회당장의 딸을 살리심	9:18-26	5:21-43	8:40-56	-
두 소경과 귀신 들려서 말 못하는 자를 고치심	9:27-35	-	-	-
추수할 것은 많되 일꾼이 적음	9:35-38	-	10:2-3	-
열두 사도를 보내심	10:1-42	6:7-13	9:1-6	-
세례 요한의 죽음	14:6-12	6:21-29	9:9	
오천 명을 먹이심, 물위를 걸으심, 게네사렛에서 병을 고치심	14:13-36	6:30-56	9:10-17	6:1-21
생명의 떡	-	-	-	6:22-59
바리새인들이 도전함	15:1-20	7:1-23	-	7:1
많은 사람을 고치고 다른 기적을 행하심	15:21-38	7:24-8:9	-	-
바리새인과 사두개인이 표적을 구함,; 예수님이 고치시고 가르치심	15:39- 16:28	8:13-9:1	9:18-27	-

이었기 때문이다. 병이 나은 사람들, 죽었다가 살아난 사람들, 이들은 병을 고침 받고 죽었다가 살아났을 때도 보였지만 언제나 있었다. 그들은 오래 살아남았다. 우리 주님이 이 땅에 계실 때뿐 아니라 이 땅을 떠나셨을 때도 그들은 있었다. 이들 중 일부는 우리 시대에도 살고 있다."[5] 콰드라투스는 그 사건의 증인 중 일부가 여전히 살아 있고 황제 앞에서 증언할 수 있다고 말한다.[6]

켄트 휴즈는 매우 비통하고 괴로운 상황에 예수님이 개입하시는 이 장면을 감동적으로 기술한다. "자녀의 죽음은 이 생에서 겪을 수 있는 가장 고통스러운 일 중 하나임이 분명하다. 나 자신의 일부를 묻는 것이고, 문장이 끝나기 전에 찍힌 마침표이며, 미래가 죽은 것이다. 모든 부모가 두려워하는 순간이다. 예기치 못한 때에 닥친 고통이 극에 달한 상황에서 예수님이 일하셨다."[7] 실제로 이 장면에서 예수님의 인간적인 면모가 통렬하게 드러난다. 예수님은 하나밖에 없는 아들을 잃은 어머니의 고통을 고스란히 느끼신다. 범죄하여 타락한 인간과는 다른 예수님의 특별한 공감 능력은 그분의 무한한 사랑과 무죄한 완전함에서 흘러나온다. 예수님은 어떤 이유로든 자신을 돌아보지 않으시고, 전적으로 다른 사람들을 향해 긍휼의 마음을 쏟으신다. 우리의 고통이 제아무리 클지라도, 예수님은 그것을 오롯이 느끼신다. 그러므로 우리는 언제든지 예수님께 의지해 위로를 얻을 수 있다.

예수님과 세례 요한(마 11:2-19; 눅 7:18-35)

세례 요한은 감옥에서 거의 1년을 보내면서 분명 의구심이 들기 시작했을 것이다. 그는 제자들을 예수님께 보내 이렇게 묻는다. "오실 그이가 당신이오니이까. 우리가 다른 이를 기다리오리이까"(마 11:3). 예수님은 그들에게 자신이 맹인을 보게 하고 귀신을 쫓아내며 죽은 자를 살리고 가난한 자에게 복음을 전파했다고 요한에게 알리라 하신다. 그러면서 이렇게 덧붙이신다. "누구든지 나로 말미암아 실족하지 아니하는 자는 복이 있도다"(마 11:6).

예수님의 오심을 선포했던 바로 그 사람이 의구심을 품고 있다는 것이 이상해 보일 수 있지만, 요한은 감옥에 갇혀 있으면서 아마도 낙담하거나 버려진 느낌을 받았을 것이다. 게다가 요한은 비록 예수님의 길을 예비하는 자이긴 해도, 예수님이 행하시는 사역의 규모와 예수님이 감당하시는 메시아 역할의 본질을 온전히 이해하지 못했을 뿐 아니라 유대인의 정통에 반하는 특이한 행적에도 고개를 갸웃거렸을 것이다. 요한은 그리스도의 오심을 선포하면서 성령과 불로 세례를 줄 심판자를 약속했었다. 그는 아마도 인류에 대한 (알곡과 가라지를 나누는, 마 3:11-12) 심판을 단행하고 바로 그곳에 하나님 나라 통치를 온전히 구현할 메시아를 기대했는지 모른다.[8] 크레이그 블롬버그는 이렇게 질문한다. "포로된 자에게 자유를 주시리라 약속된 분이시면서 왜 요한을 감옥에서 나오게 하지 않으시는가? 아마 요한도 자신이 예언했던 바, 악한 자들에게 임박한 심판의 징조가 왜 나타나지 않는지 의아했을 것이다(마 3:10). 사실 예수님의 '메시아 되심'은 많은 유대인이 기대하던 정치적이고 군사적인 해방 프로그램과 전혀 달랐다."[9]

이것은 우리에게 딱 맞는 교훈이다. 요한은 위대한 선지자였지만 여전히 인간이었다. 요한도 모든 사람이 예수님에 대해 물을 수 있는 질문을 한다. "그분이 하나님의 아들, 메시아이신가?" 많은 그리스도인이 이런 의구심을 경험한다. 그러나 그 의구심을 그냥 무시하기보다 파고들어 해결하는 것이 더 좋다. 예수님은 자기로 말미암아 실족하지 않는 자들이 복이 있다 말씀하시며 요한을 나무라시지만, 그렇다고 질문을 한 것이 잘못되었다 말씀하시지 않는다. 또한 예수님은 요한을 모른 체 하시지 않는다. 긍휼히 여기시며 요한에게 확신을 주신다.

요한의 제자들이 떠나고, 예수님은 요한이 '바람에 흔들리는 갈대'나 '부드러운 옷 입은 사람'이라고 생각하는지 사람들에게 물으신다. 예수님은 요한이 결코 그렇지 않고, 오히려 자신의 사자이자 가장 위대한 인간이며 (그리스도의 사자로 예언된) 엘리야라고 단언하신다. 요한이 받아 마땅한 칭찬이다. 요한의 특별한 품성은 제자들의 칭송 앞에서 겸손을 잃지 않던 모습에서도 잘 드러난다. 제자들이 그를 높이려 할 때, 그는 자신과 비교할 수조차 없는 그리스도를 앞세우며 자신은 뒤로 물러나야 한다는 점을 강조한다. 존 피터 레인즈는 이렇게 묻는다. "이보다 더 고귀한 인물을 본 적이 있는가?"[10]

요한이 아무리 위대하더라도 하나님 나라에서는 가장 작은 자가 요한보다 클 것이다. 하나님 나라에서 그리스도인이 경험할 영광이 얼마나 클지 예상할 수 있는 대목이다. 예수님은 "세례 요한의 때부터 지금까지" 하나님 나라가 공격을 받고 있으며* 사람들이 그 나라를 거부하고 있다고 경고하신다. 그러나 결국에는 "(하나님의) 지혜가 그 행한

---

* 마태복음 11:12에 대한 원문 번역이 역본에 따라 다르다. 한글개역개정은 "세례 요한의 때부터 지금까지 천국은 침노를 당하나니"라고 번역한 반면, 공동번역은 "하늘 나라는 폭행을 당해 왔다"로, 새번역은 "하늘 나라는 힘을 떨치고 있다"로 번역해 놓았다. 번역에 따라 전달되는 의미가 다르다. 저자가 인용한 ESV 성경은 "the kingdom of heaven has suffered violence"로 번역해 놓았다. 이 경우 하나님 나라가 종교적 기득권층의 반대와 박해를 받고 있다는 의미로 해석된다. 또 다른 가능한 해석은 하나님 나라가 힘차게 나아가고 있다는 의미에서 "has been coming violently"로도 번역된다.-편집자

일로 인하여 옳다 함을 얻"을 것이다(마 11:19). 하나님 나라의 승리는 정해져 있다. 요한은 부활하신 예수님이 그 나라를 확립하시는 것을 보지 못하고 죽을지라도, 예수님의 삶과 사역은 하나님의 지혜를 입증할 것이다.[11]

예수님의 발에 기름을 부은 여인*(눅 7:36-50; 막 15:41; 눅 8:1-9)

예수님이 식사 초대를 받아 시몬이라는 바리새인의 집에 가신다. 그때 죄를 지은 한 여인이 들어와 눈물로 예수님의 발을 적시고 자기 머리털로 닦으며 그 발에 입맞추고 향유를 붓는다. 시몬은 예수님이 사람들이 다 아는 죄인을 그저 내버려두시는 것을 보고 만일 진짜 선지자라면 그러지 않았을 거라며 의구심을 품는다. 예수님은 이에 비유로 대답하신다. 500 데나리온을 빚진 사람과 50 데나리온을 빚진 두 사람이 있는데 만일 빚을 모두 탕감 받는다면 그 둘 중 누가 더 감사하겠느냐고 물으신다. 시몬은 더 많이 탕감 받은 자라고 대답한다. 요점은 죄사함의 필요를 더 절실하게 느끼는 사람이 더 많이 감사하게 될 것이고 하나님 나라를 위해 더 열정적으로 섬기게 될 것이란 점이다.

예수님은 그 죄를 지은 여인과 시몬을 비교하시며, 시몬과 달리 여인이 예수님의 발에 입 맞추고 향유를 부었다고 말씀하신다. 그 여인이 이토록 극진한 사랑을 보였으므로 그녀의 많은 죄를 용서하신다고

---

* 마태복음 26장과 마가복음 14장, 그리고 요한복음 12장에도 이와 비슷하여 동일한 사건으로 보이는 장면이 나오는데, 대부분의 학자들은 누가복음에 기록된 이 장면을 예수님의 공생애 기간 중 일어난 또다른 사건으로 봐야 한다고 주장한다.

말씀하신다. 반면 시몬은 사랑도 겸손도 보이지 못했을 뿐 아니라, 자기가 얼마나 큰 죄인인지 알지 못한 채 여인을 비난하기만 했다. 이런 의미에서 이 이야기는 (9장에서 다룰) 바리새인과 세리 비유와 비슷하다. 바리새인은 호기롭게 자기의 의를 자랑하지만 세리는 자기의 죄인 됨을 고백하고 용서를 구한다(눅 18:9-14).

사람들은 예수님이 여인을 향해 죄 사함을 받았다고 선언하시는 것에 놀란다. 예수님은 그녀의 믿음이 그녀를 구원했다고도 말씀하신다. 그녀가 극진한 사랑을 드러내긴 했지만, 그녀를 죄 사함으로 이끈 것은 그녀의 믿음이다. 믿음은 대개 큰 사랑을 동반한다. 그 여인 역시 예수님에게서 죄 사함을 받을 때 사랑으로 반응했다. 하지만 죄 사함은 그녀의 사랑이 아니라 믿음으로 말미암은 것임을 놓치지 말아야 한다. 구원은 결코 우리의 수고로 얻을 수 있는 게 아니다. 다시 한번 예수님은 가난한 자들과 잃어버린 바 된 자들을 돌아보시며, 오직 하나님에게만 있는 죄 사함의 권세를 드러내신다.

이 후에도 예수님은 여러 도시와 마을을 두루 다니시며 하나님 나라를 선포하시고 복음을 전하신다. 그곳에는 열두 명의 제자들이 함께 하고 예수님에게 병고침과 귀신 쫓아내심을 받은 (막달라 마리아를 포함한) 몇몇 여인들도 함께 한다. 예수님 당시엔 가부장적 문화가 대세여서 여인들은 가치절하 당하고 부당한 대우를 받는 일이 예사였다. 그렇기에 복음서 기자들이 여인들이 함께 했다고 기록한 것은 아마도 예수님의 행적이 당시의 정통을 따르지 않는, 사람들의 예상을 벗어나는 것임을 강조하려는 측면이 보인다. 하지만 무엇보다 그것은 예수님의 사랑하심과 사역이 특정 계층의 사람들에게 국한된 것이 아님을 보여주기 위함이었다.[12]

예수님의 진정한 가족(마 12:46-50; 막 3:20-21; 눅 8:19-21)

예수님이 무리에게 말씀하고 계실 때 그의 어머니와 동생들이 와서 밖에서 기다린다. 한 사람이 예수님께 어머니와 동생들이 밖에 있다고 하자, 예수님은 손을 내밀어 오히려 제자들을 가리키며 "나의 어머니와 나의 동생들을 보라. 누구든지 하늘에 계신 내 아버지의 뜻대로 하는 자가 내 형제요 자매요 어머니이니라"(마 12:49-50)고 말씀하신다. 친 어머니와 형제들에 대한 사랑은 여전하시지만, 예수님에겐 메시아로서의 사명이 더 중요하다. 예수님은 지금 가족과 그 가족을 향한 사랑을 폄하하시는 것이 아니다. 마태복음 15장 3-9절 말씀을 보라. 자기 부모를 공경하라는 계명을 강조하시며 그 의미를 확장시키기까지 하신다. 하지만 지금 여기서는 우리의 영적 가족의 중요성, 믿음의 중요성 및 예수님께 충성하는 것의 중요성을 강조하고 계신다.[13] 데이비드 터너는 예수님이 자신의 가족이나 이스라엘 민족과의 관계를 끊으려 하시는 것이 아니라고 말한다. "오히려 예수님은 지금 혈연에 의한 민족이나 가족에 대한 인식이 하나님의 백성을 규정한다는 식의 개념에 도전하시는 것이다."[14] 예수님은 그리스도인인 우리가 (서로 힘을 북돋아야 하는) 한 가족이며 믿음의 공동체임을 가르치고 계신다.

비유(마 13:3-52; 막 4:2-34; 눅 8:4-21)

비유는 예수님 당시 유대인들이 흔히 사용하던 가르침의 형태로 상징적인 의미를 갖는 교훈적인 이야기들이다.[15] C. H. 도드는 비유란 "자연이나 일상생활에서 가져온 은유나 직유로서 듣는 사람들은 그것이 갖는 생생함 혹은 생소함에 끌려 자신의 상황에 적용하도록 계속해서 곱씹게 된다"[16]고 말한다. 비유는 때로는 이야기, 격언, 수수께끼 등 다양한 형태로 표현된다. 비유는 심지어 유쾌하고 짤막한 재담의 형태를 취하기도 하는데, 예수님이 진주를 돼지에게 던지지 말라고 경고하신 것이 한 예다(마 7:6). 어떤 비유는 한 가지 교훈만 주지만, 또 어떤 경우에는 여러 가지 교훈을 주기도 하는데,[17] 전형적으로 한 가지 교훈이 주가 되고 나머지는 부수적인 역할을 한다.[18] 때로 예수님은 열심으로 따르는 무리와 제자들에게는 진리를 드러내시고, 믿지 않는 자들에게는 그 진리를 감추기 위해 비유를 사용하신다. 그러면서 예수님은 믿지 않는 자들에 대한 이사야의 예언을 성취하고 계신다고 말씀하신다. "너희가 듣기는 들어도 깨닫지 못할 것이요 보기는 보아도 알지 못하리라"(사 6:9, 10). 그러나 믿는 자들을 향해서는 "너희 눈은 봄으로, 너희 귀는 들음으로 복이 있도다"(마 13:16)라고 선언하신다.

씨 뿌리는 자(마 13:3-9, 18-23; 막 4:2-9, 13-20; 눅 8:4-8, 11-15)

예수님은 가르침을 듣기 위해 갈릴리 해변에 모인 무리에게 여러 가지 비유를 말씀하신다. 그 중 하나가 씨 뿌리는 자 비유다. 당시 농부들은 씨를 흩뿌리는 파종법을 사용했는데, 씨앗이 담긴 바구니를 들고 다니며 땅 곳곳에 뿌린 후 흙으로 이를 덮는 방식이다. 씨는 어떤 땅에 떨어졌는지에 따라 성장 결과가 달라진다.[19] 이 비유에서 농부가 뿌린 씨 중 어떤 것은 길가에, 어떤 것은 돌밭에, 어떤 것은 가시떨기

사복음서 비교: 예수님이 가르치신 비유

	마태복음	마가복음	누가복음	요한복음
말 아래 둔 등불	5:15-16	4:21, 22	8:16, 17; 11:33-36	-
바위 위에 세운 집과 모래 위에 세운 집	7:24-27	-	6:47-49	-
옛 옷감에 덧댄 새로운 천	9:16	2:21	5:36	-
낡은 부대에 든 새 포도주	9:17	2:22	5:37, 38	-
씨 뿌리는 자	13:3-23	4:2-20	8:4-15	-
가라지(잡초)	13:24-30	-	-	-
겨자씨	13:31, 32	4:30-32	13:18, 19	-
누룩	13:33	-	13:20, 21	-
숨겨져 있는 보화	13:44	-	-	-
값비싼 진주	13:45, 46	-	-	-
그물	13:47-50	-	-	-
잃은 양	18:12-24	-	-	-
용서하지 않는 종	18:23-35	-	-	-
포도원 품꾼	20:1-16	-	-	-
두 아들	21:28-32	-	-	-
악한 포도원 농부	21:33-45	12:1-12	20:9-19	-
혼인잔치	22:2-14	-	-	-
무화과나무	24:32-44	13:28-32	21:29-33	-
지혜로운 처녀와 어리석은 처녀	25:1-13	-	-	-
달란트	25:14-30	-	-	-
자라는 씨	-	4:26-29	-	-
멀리 떠난 집주인	-	13:33-37	-	-
채권자와 두 명의 채무자	-	-	7:31-43	-
선한 사마리아인	-	-	10:30-37	-
필요가 있어 찾아온 친구	-	-	11:5-13	-

어리석은 부자	-	-	12:16-21	-
깨어 있는 종	-	-	12:35-40	-
신실한 종과 악한 종	-	-	12:42-48	-
열매 없는 무화과나무	-	-	13:6-9	-
큰 잔치	-	-	14:16-24	-
탑 건축과 전쟁에 나가는 왕	-	-	14:25-35	-
잃은 은전	-	-	15:8-10	-
잃은 아들	-	-	15:11-32	-
불의한 청지기	-	-	16:1-13	-
부자와 나사로	-	-	16:19-31	-
무익한 종	-	-	17:7-10	-
끈질긴 과부	-	-	18:1-8	-
바리새인과 세리	-	-	18:9-14	-
므나	-	-	19:11-27	-

위에, 또 어떤 것은 좋은 땅에 떨어진다. 길가에 떨어진 씨는 새가 와서 먹는데, 이것은 하나님 나라의 말씀을 듣고도 깨닫지 못하기에 사탄이 와서 그 뿌려진 말씀을 빼앗기는 사람들을 나타낸다. 돌밭에 떨어진 씨는 흙이 깊지 않아 싹이 빨리 나지만 뿌리를 내리지 못하고 태양 빛에 금방 말라 시들어 버린다. 이들은 처음에는 기쁨으로 말씀을 받지만 온전히 뿌리를 내리지 못하기에 어려움이나 환난이 오면 넘어지는 사람들을 상징한다. 가시떨기에 떨어진 씨는 가시에 막혀 자라지 못하는데, 말씀을 듣지만 세상의 염려와 재물의 유혹에 막혀 말씀에서 멀어지는 사람들을 의미한다. 좋은 땅에 떨어진 씨는 말씀을 듣고 깨달아 열매를 풍성히 맺는 사람들을 상징한다.

예수님의 비유는 그 당시 청중만이 아니라 장차 복음서를 읽을 이

땅의 모든 사람들을 위한 가르침이다. 우리도 스스로를 돌아보아 그 교훈을 적용할 수 있어야 한다. 카슨은 씨 뿌리는 비유가 "암암리에 듣는 사람들로 하여금 자신은 어떤 땅인지 질문하도록 도전한다"[20]고 말한다. 우리 안에 뿌려진 씨는 어떻게 자라고 있는가? 우리는 하나님의 말씀인 성경을 바르게 읽고 있는가? 말씀을 주야로 묵상하는가? 말씀에 담긴 교훈을 삶에 적용하고 있는가? 아니면 주일에만 열정이 넘치다가 남은 일주일 내내 말씀과 기도를 외면하며 살고 있는가?

예수님께 질문하는 제자들(마 13:10-17; 막 4:10-12; 눅 8:9-10)

제자들이 예수님께 왜 단순하게 말씀하지 않고 비유로 가르치시는지 묻는다. 예수님은 천국의 비밀을 어떤 사람에게는 드러내고 어떤 사람에게는 감추기 위해서라고 대답하신다. "내가 그들에게 비유로 말하는 것은 그들이 보아도 보지 못하며 들어도 듣지 못하며 깨닫지 못함이니라"(마 13:13).

예수님이 비록 어떤 이들의 마음을 (깨닫지 못하도록) 무디게 하시지만, 그런 이들은 이미 예수님에 대한 불신을 드러낸 후라는 것이다. 인간은 혼자 힘으로 하나님 나라의 비밀을 풀 수 없다. 하나님 나라의 비밀이 우리에게 드러나야 한다.[21] "감추어진 일은 우리 하나님 여호와께 속하였거니와 나타난 일은 영원히 우리와 우리 자손에게 속하였나니 이는 우리에게 이 율법의 모든 말씀을 행하게 하심이니라"(신 29:29). 하지만 불신자가 예수님의 말씀을 듣고도 여전히 그 마음이 무뎌져 있다면, 예수님은 그에게서 계시를 거두어들이실 뿐 아니라 그 마음을 더욱 강퍅하게 하신다. 예수님은 (겸손하고 회개하는 영을 가진) 믿는 자들에게는 큰 깨달음으로 보상하실 테지만 회개하지 않고 거역하는 자들에게는 더 큰 혼란을 가져다주실 것이다. 이것은 예수님이 의심하는 자들을 징계하신다는 의미가 아니다. 의심하지만 진지하게 진리를 구하는 자들과 예수님께 주먹을 휘두르며 반항하는 자들은 분명 다르다. 우리의 의심과 반항 그 어디쯤에서 하나님은 이렇게 말씀하신다. "그만 되었다. 네가 앞으로도 교만과 오만함으로 나를 계속 거부한다면, 그렇게 하도록 내버려두마."

구약에 이런 전례가 있다. 하나님이 말씀하신다. "보라 날이 이를지라. 내가 기근을 땅에 보내리니 양식이 없어 주림이 아니며 물이 없어 갈함이 아니요 여호와의 말씀을 듣지 못한 기갈이라"(암 8:11). 도널드 스누키안은 이렇게 설명한다. "이스라엘은 하나님의 모든 말씀을 거부했기에(암 2:11-12; 7:10-13, 16), 그들이 더 이상 하나님의 말씀을 듣지 못하게 된 것이다."[22] 하지만 하나님은 오래 참으시는 분이다. 하나님은 우리에게 문을 두드리면 열릴 것이고 구하면 찾을 것이며, 쉬지 않고 기도하면 응답하실 거라고 말씀하신다.

이는 하나님의 놀라운 지혜와 그분의 은혜를 알게 하는 말씀이다. 어떤 이들은 우리 시대의 과학과 이성으로도 인간의 모든 문제를 해결할 수 있다고 믿는다. 하나님의 도움 따위는 필요없다는 식이다. 하지만 우리의 지성과 이성도 하나님이 주신 선물이다. 또한 어떤 영적 진리는 하나님이 그 신비를 밝히 보여주지 않으시면 도저히 깨달을 수 없다. 로마서 기자는 이렇게 고백한다. "깊도다! 하나님의 지혜와 지식의 풍성함이여, 그의 판단은 헤아리지 못할 것이며 그의 길은 찾지 못할 것이로다"(롬 11:33).

또 예수님은 비유로 가르치심으로 더 많이 설교할 시간을 벌 수 있었다. 비유를 통한 간접적인 메시지 덕분에 종교 지도자들의 공격을 덜 받고 체포당하는 일을 지연시킬 수 있었다.[23]

알곡과 가라지(마 13:24-30, 36-43; 막 4:26-34; 눅 13:18-21)

예수님은 천국은 좋은 씨를 자기 밭에 뿌린 사람과 같다고 비유하신다. 사람들이 잠든 후에 원수가 와서 곡식 가운데 가라지를 덧뿌리고 갔는데 싹이 나고 결실할 때까지 가라지가 보인다. 종들이 가라지를 뽑아버리자고 제안하지만, 주인은 가라지를 뽑다가 곡식까지 뽑을까 염려된다며 반대한다. 그렇게 주인은 추수 때까지 알곡과 가라지가 함께 자라도록 내버려두었다가, 추수 때가 되었을 때 가라지를 먼저 거두어 불사르게 묶고 곡식은 모아 곳간에 넣으라고 지시한다.

예수님은 좋은 씨를 뿌린 사람이 (예수님 자신을 가리키는) 인자the Son of Man라고 설명하신다. 밭은 세상을 상징하고, 좋은 씨는 하나님 나라의 아들들을 상징하며, 가라지는 악한 자 (즉 가라지를 뿌린 마귀)의 아들들을 상징한다. 추수는 종말을 상징하는 것으로, 이때가 되면 수확을 위해 천사들이 와서 하나님 나라에서 모든 넘어지게 하는 것과 또 불법을 행하는 자들을 거두어 내어 풀무불에 던져 넣을 것이며, (풀무불에 던져진 자들은) 거기서 울며 이를 갈게 될 것이다. 의로운 자들은 아버지의 나라에서 해처럼 빛날 것이다. 하나님 나라의 원수들은 심판의 날까지는 이 세대의 나라에서 공존할 것이다.[24]

영국의 캠벨 모건은 이 비유에서 "세 가지 두드러진 것들"을 강조한다. 첫째, 씨 뿌리는 자는 자기가 소유한 밭에 씨를 뿌린다. 그는 자기 땅에서 일한다. 둘째, 두 개의 분명히 서로 다른 씨 뿌리는 행위가 있다. 주인은 좋은 씨를 뿌리는데, 다른 누군가가 가라지를 뿌려 그 씨가 자라지 못하게 막으려 한다. 성경에 나오는 가라지란 호밀풀인데, 처음에는 알곡과 너무나 흡사해서 구분되지 않는다. "그러나 가라지는 알곡과 완전히 다르다." 셋째, 가라지를 뿌린 사람은 그 땅에 아무런 권한이 없는 불법 침입자다. "그는 교활하고 악의가 가득한 불법 침입자다." 원수는 무엇을 얻으려 하기 보단 자신의 행위를 통해 오로지 악을 더할 뿐이다. "그 행위의 극단적인 악함이 소름끼친다."[25] 모건은 실제로 마귀는 불법 점유자와 같으므로 우리는 믿는 자로서 이렇게 말해야 한다고 권면한다. "이 땅 주인의 이름으로 말하는데 그만 나가시오. 이곳은 인자이신 분의 소유지요!"[26]

예수님도 자신의 삶과 가르침을 통해 그 땅 소유주와 같은 일을 행하고 계신다. 예수님은 어두운 곳에 숨어 있는 사탄을 대낮처럼 밝은 곳으로 끌어내신다. 모건은 이렇게 말한다. "주목해야 할 사실은, 예수님이 하나님의 일을 드러내기 위해 오셨지만 또 한편으로 사탄의 일을 드러내기 위해 오셨다는 점이다. 우리가 우리 자신을 예수 그리스도께 내어드릴 때, 우리는 하나님을 밝히 알고 예수 그리스도를 밝히 알 뿐 아니라, 그분의 원수에 대해서도 밝히 알게 된다."[27] 이 개념은 특별히 나에게 의미가 있다. 『법정에서 만난 예수』에서 밝혔듯, 이 세상에 악이 만연하다는 사실이 예전에는 나의 회의론을 부추겼지만 이제는 오히려 나의 믿음을 강하게 해준다. 왜냐하면 기독교를 제외한 어떤 세계관도 세상의 진정한 상태와 타락한 인간의 형편에 대해 그토록 정확하게 말해 주지 않기 때문이다.

모건은 주인이 알곡과 가라지를 구분하는 작업을 추수 때까지 기다리는 것은 너무나 당연한 일이라고 말한다. 그때가 되면 그 둘이 쉽게 구분되기 때문이다. 모건은 이렇게 말한다. "이렇게 뿌려진 씨들을 추수 때까지 완전히 자라게 두면 나중에 곡식이 자란 모양을 보고 구분이 가능해진다. 그 다 자란 모양에 따라 가라지(호밀풀)의 운명과 알곡의 운명이 적법하게 처리될 것이다. 호밀풀은 단으로 묶여 불살라질 것이다. 알곡은 모아 주인의 곳간에 들여질 것이다."[28] 때가 되면, 하나님은 각 사람을 드러나게 하실 것이다. 알곡인지 가라지인지 드러나게 하실 것이다. 이보다 더 공평할 수 없다.

겨자씨와 누룩(마 13:31-33)

예수님은 천국이 마치 사람이 자기 밭에 갖다 심은 겨자씨 한 알 같다고 말씀하신다. 아주 작은 씨이지만 정원의 모든 식물들보다 크게 자라 큰 나무가 되고 새들이 와서 둥지를 튼다. 많은 주석가들은 예수님이 지금 그 나라의 위대성을 강조하시는 게 아니라고 믿는다. 그 요점은 다른 비유에서 강조하신다. 오히려 예수님은 이 비유를 통해 그 나라가 크게 성장하여 영광을 얻을 것인데 비해 시작 단계에선 얼마나 미미하게 나타나는지를 놓치지 말라고 말씀하시는 것이다.[29] 이것은 (앞에서 다루었던 바) 그 나라의 현재적 측면과 미래적 측면을 나타내는 것일 수 있다. 아니면 그 시작은 미약하였으나 마침내 전세계로 확산된 기독교의 성장을 상징하는 것일 수 있다.[30] 하나님의 일은 때로 교회와 학생 운동 같은 작은 형태로 시작하고 종종 장애물을 만나지만,

위대한 사역으로 성장할 잠재력이 있다.[31]

예수님은 이어서 천국을 "마치 여자가 가루 서 말 속에 갖다 넣어 전부 부풀게 한 누룩"에 비교하는 짧은 비유를 말씀하신다. 이 비유의 교훈은 (하나님 나라의 성장이라는 긍정적인 면을 강조한다는 점에서) 겨자씨 비유와 비슷하다. 하지만 씨앗이 큰 식물이나 수목으로 자라는 건 눈에 보이는 반면 누룩이 미치는 긍정적인 영향력은 잘 보이지 않는다. 누룩은 밀가루 반죽에 숨겨진 채 영향력을 넓혀간다. 아더 로버트슨은 이렇게 말한다. "누룩은 조용하고 눈에 띄지 않지만 그럼에도 강력하게 영향을 미치는 복음의 힘을 보여준다. 복음은 사람들과 그 문화 속에서 궁극적인 변화를 일으킨다."[32] 어떤 사람들은 이 비유를 다르게 해석하기도 한다. 누룩이 성경에서 가끔 악을 상징하기 때문인데, 늘 그렇지는 않다. 여기서도 그렇지 않은 경우이며, 바비에리는 그 이유로 가라지 비유에서 악한 것이 이미 가라지로 비유되었는데, 누룩도 악을 상징하는 것이라면 불필요한 반복이 된다고 말한다.[33]

감추인 보화, 값진 진주, 그물, 새것과 옛것(마 13:44-52)

예수님은 몇 가지 비유를 더 들어 제자들을 가르치신다. "천국은 마치 밭에 감추인 보화와 같으니 사람이 이를 발견한 후 숨겨 두고 기뻐하며 돌아가서 자기의 소유를 다 팔아 그 밭을 사느니라"(마 13:44). 얼핏 보면, 예수님이 하나님 나라의 가치만 강조하시는 것처럼 보인다. 다른 모든 것을 내주고도 얻을 가치가 있음을 말이다. 그러나 이 비유에는 그 이상의 의미가 있다. 다니엘 도리아니 교수는 어떤 사람들은 하나님의 말씀을 전하는 누군가와 마주친 후에야 그리스도를 만나고 하나님 나라를 알게 된다는 사실에 주목한다. "그러므로 그런 일이 일어나면 기뻐하라. 하나님 나라는 우리의 모든 것을 희생할 가치가 있고, 그 가치에 비하면 우리가 치르는 대가는 헐값에 불과하다."[34] 또 다른 사람들은 예수님이 이 비유를 통해 (구약의 몇몇 본문들에서 언급하는 바[출 19:5; 시 135:4]) 이스라엘을 하나님의 존귀한 소유물로 언급하시는 것이라고 믿는다. 예수님이 이 세상에 오신 이유 중 하나가 이스라엘을 구원하시기 위해서고, 실제로 예수님이 자신에게 있는 모든 것을 팔아 (즉 하나님 아버지 우편에 앉으신 영광을 버리고) 이스라엘을 (구원하셨다는 의미로) 사셨다는 것이다.[35]

또 예수님은 하나님 나라가 "극히 값진 진주 하나를 발견하매 가서 자기의 소유를 다 팔아 그 진주를 산, 좋은 진주를 구하는 장사" 같다고 비유하신다. 이것은 하나님 나라의 비교불가한 가치를 강조한 밭에 감추인 보화 비유와 비슷하다. 하지만 이 비유에 등장하는 장사하는 사람은 (우연히 보화를 발견하여) 밭을 사는 사람과 비교해 의도적으로 가치 있는 것을 찾아다닌다는 점에서 다르다. 도리아니 교수는 이 두 비유를 비교하며 다음과 같이 말한다. "하나님 나라를 발견한 우리는 기쁨으로 놀라게 될 것이다. 오랫동안 찾아다녔다면 더 그럴 것이다. 누군가 세상의 모든 종교를 살피고 삶의 철학을 탐색하여 평가해 본 사람이, 이후에 그리스도의 말씀을 듣게 된다면 이렇게 말할지 모른다. '진리가 여기 있었네. 내가 찾던 바로 그 진리야. 이제 예수님을 따르고 싶다.'"[36] 몇몇 주석가들은 이 비유를 예수님이 희생적인 죽음을 통해 교회(믿는 자들)를 구원하시는 것에 적용시킨다.[37]

이어 예수님은 하나님 나라를 바다에 던져 온갖 물고기를 모으는 그물에 비유하신다. 그물이 가득해지면 물가로 끌어올린 후 좋은 것과 나쁜 것을 구분하고 나쁜 것은 내버린다. 이것은 종말에 일어날 일이다. 천사들이 와서 의인들 중에서 악인을 가려내어 풀무불에 던져 넣을 것이다. 악한 자들은 거기서 울며 이를 갈게 될 것이다. 이처럼 하나님은 모든 사람을 심판하실 것이다. (믿음을 잃지 않은) 의로운 자들은 자기에게로 모으시고 나머지는 거부하실 것이다.[38] 이것은 종말에 의인과 악인이 분리될 것이지만 그때까지는 악인이 완전히 제거되지 않을 것임을 말하고 있다.[39]

예수님은 그들이 "이 모든 것"을 이해했는지 물으신다(마 13:51). 제자들이 "그렇다"고 대답하자 예수님은 "그러므로 천국의 제자된 서기관마다 마치 새것과 옛것을 그 곳간에서 내오는 집주인과 같으니라"(마 13:52)고 말씀하신다. 이처럼 예수님은 제자들을 가르치심으로, 어떻게 하나님의 계시가 함께 맞아들어가는지 또 어떻게 예수님과 예수님의 가르침이 구약의 약속들을 성취하는지 그들이 점점 더 잘 이해하도록 도모하고 계신다.[40]

믿음이 작은 자들아(마 8:23-27; 막 4:35-41; 눅 8:22-25)

제자들이 예수님을 따라 배에 올랐을 때 마침 풍랑이 일어 배가 위험에 처한다. 그런데 예수님은 주무신다. 두려움에 빠진 제자들이 예수님을 깨우며 구해 달라고 부르짖는다. 예수님은 "어찌하여 무서워하느냐? 믿음이 작은 자들아!"(마 8:26)라고 대답하시고 곧 일어나 바람과 바다를 꾸짖으신다. 그러자 사방이 아주 잔잔해진다. 제자들이 놀라서 "이이가 어떠한 사람이기에 바람과 바다도 순종하는가" 하며 수군거린다. 예수님은 말씀만으로 자연을 어거하시는 권능을 발휘하시고, 제자들에게 두려움과 경이감을 불러일으킨다. 예수님이 이 이적을 행하심으로, '믿음이 작은' 사람들은 그리스도의 신성을 더욱 강력하게 인식하고 헌신하게 된다. 찰스 스펄전은 이렇게 말한다. "예수님과 함께라면 배 안에 있어도 행복하겠지만, 그곳에도 풍랑은 일어날 수 있다."[41] 제자들처럼 우리도 삶의 풍랑을 겪을 때 예수님의 능력을 신뢰해야 한다.[42]

귀신 들린 자들을 고치심(마 8:28-34; 막 5:1-20; 눅 8:26-39)

예수님이 (갈릴리 바다 남동쪽 약 10킬로미터 떨어진)[43] 가다라 마을에 도착했을 때 사나운 귀신 들린 두 사람이 예수님에게 나아와 소리를 지른다. "하나님의 아들이여, 우리가 당신과 무슨 상관이 있나이까? 때가 이르기 전에 우리를 괴롭게 하려고 여기 오셨나이까?" 귀신들은 예수님께 돼지떼로 들어가게 해주시라고 간구한다. 예수님이 허락하시자 귀신들이 들어간 돼지떼가 모두 바다에 빠져죽는다. 근처에 있던 돼지 치던 자들은 마을로 들어가 일어난 모든 일을 고한다. 이에 온 마을 사람들이 나와 두려워하며 예수님께 떠나기를 간청한다.

누가복음은 귀신들이 뜻밖의 간구를 드린 사실을 밝힌다. 여기서는 한 사람을 사로잡은, 군대라 불리는 많은 귀신들이 예수님에게 무저갱으로 들어가라 하지 마시고 대신 돼지떼에게로 들어가도록 허락해 주실 것을 요청했다고 말한다. 지하세계를 의미하는 무저갱abyss은

바닥이 없는 구덩이로, 그곳에 벌을 받아 한번 떨어지면 영원히 나오지 못하고 고통을 겪게 되는 곳이다. 귀신들은 예수님이 하나님이시며 자기들을 심판하시는 자임을 알고 있다. 그렇기에 가능하면 그 견딜 수 없는 심판의 고통을 미루고 싶어한다.[44] 귀신들에게서 풀려난 사람은 예수님과 함께 있기를 청하지만, 예수님은 집으로 돌아가 하나님이 어떻게 큰 일을 행하셨는지를 말하라고 하신다. 그가 가서 자기에게 일어난 일을 전파하고, 예수님에 대한 소식은 온 마을에 퍼진다.

이전과 달리, 이번에는 예수님이 비밀로 하라고 명하지 않으신다는 점에 주목할 필요가 있다(비교, 막 1:44; 5:43; 9:9). 아마도 가다라 마을이 속한 데가볼리 지역의 특성에 기인한 것으로 보인다. (열 개의 도시라는 의미의) 데가볼리는 갈릴리 바다와 요단강 동편에 위치한 열 곳의 그리스계 성읍 중 한 곳으로[45] 이 지역 사람들은 갈릴리 사람들과 달리 예수님에게 위협적으로 반응하지 않았기 때문일 것이다.[46] 같은 이유로 예수님은 우물가에서 만난 사마리아 여인에게 자신이 메시아임을 밝히시고 그 여인이 예수님에 대해 증언하는 것을 막지 않으신다(요 4:39-42). 예수님은 귀신들에게 사로잡혔던 사람에게도 사마리아 여인에게 하신 것처럼 자신이 하나님이요 주이심을 밝히신다.

회당장의 딸을 살리심(마 9:18-26; 막 5:21-43; 눅 8:40-56)

예수님이 갈릴리 바다 반대편으로 다시 건너가시자 큰 무리가 예수님을 보러 모여든다. 그때 회당장 야이로가 와서 예수님의 발 아래 엎드려 자신의 죽어가는 딸을 살려달라고 간청한다. 이를 허락하신 예수님이 야이로와 함께 가는 길에도 큰 무리가 서로 밀치며 에워싸듯 따라간다. 무리 가운데 12년 동안 혈루증을 앓는 여인이 들어와 뒤에서 예수님의 옷을 만진다. "내가 그의 옷에만 손을 대어도 구원을 받으리라"는 생각 때문이다. 여인이 예수님을 만지자마자 혈루의 근원이 마르고 병이 낫는다. 예수님은 자기 몸에서 능력이 빠져나간 것을 아시고 누가 자기 옷을 만졌느냐고 물으신다. 여인이 예수님 앞에 엎드려 모든 사실을 자백하고, 예수님은 이렇게 말씀하신다. "딸아 네 믿음이 너를 구원하였으니 평안히 가라"(눅 8:48).

여인은 오직 믿음과 그분의 옷을 만지는 행위를 통해 예수님의 치유 능력을 경험한다. (그러나 마태는 예수님이 그 여인에게 말씀하실 때까지 아직 고침을 받지 못했다고 설명한다).[47] 마가는 예수님이 누군가를 만지심으로 치유를 행하시거나(막 1:31, 40-45; 7:31-37; 8:22-26), 혹은 누군가가 예수님을 만져서 치유를 받은 사례(3:10; 6:56)를 몇 가지 더 기록한다. 사도행전은 (예수님이 아닌) 베드로와 바울을 통해 간접적인 접촉이 이루어졌음에도 치유가 일어나는 사례를 기록한다(행 5:15; 19:11-12). 반면 예수님이 고향 나사렛에서 선지자로 존중받지 못하고 거부당하시던 때, 예수님은 그곳에서 많은 이적을 행하시거나 다른 사역을 행하실 수 없었다는 점을 주목할 필요가 있다(막 6:1-6; 마 13:53-58). 이는 믿음과 치유와 예수님의 권능 사이의 관련성을 보여주는 중요한 사례라 할 수 있다.

예수님이 (혈루병 앓는 여인과) 말씀을 마치시기도 전에, 야이로의 집 사람들이 와서 회당장에게 그의 딸이 죽었다는 소식을 전하며 예수님을 더 이상 곤란하게 하지 말라고 한다. 그 말을 듣고 예수님이 야이로에게 말씀하신다. "두려워하지 말고 믿기만 하라"(눅 8:50). 예수님은 야이로의 집으로 앞서 가시며 베드로, 야고보, 요한 외에 아무도 따라오지 못하게 하신다. 그들이 도착했을 때, (장례를 돕기 위해 고용된) 피리 부는 사람들과 애곡하는 자들이 소란을 피고 있다. 예수님이 말씀하신다. "너희가 어찌하여 떠들며 우느냐? 이 아이가 죽은 것이 아니라 잔다"(막 5:39). 그 말을 들은 사람들이 예수님을 비웃고, 예수님은 사람들을 밖으로 내보내신 후 야이로와 그의 아내와 제자들만 데리고 아이가 있는 곳으로 들어가신다. 예수님이 아이의 손을 잡고 말씀하신다. "달리다굼"(막 5:41). 이 말씀은 "소녀야, 어서 일어나라"는 의미다. 예수님이 말씀을 마치자마자 아이가 곧 일어나 걷기 시작한다. 예수님은 사람들에게 아이에게 먹을 것을 주라 하시는데, 이는 아이가 온전히 회복되었음을 보여준다.[48]

죽었던 소녀가 살아나자 사람들은 크게 놀라지만 예수님은 이에 대해 아무에게도 말하지 말라고 경고하신다. 그럼에도 그 소식은 온 지역으로 퍼져나간다. 예수님은 자신이 아이를 살렸다는 소식이 퍼져나가는 것을 막는 일이 불가능함을 아셨지만, 적어도 그 지역을 벗어날 때까진 그 소식이 퍼지지 않기를 의도하신 것 같다. 적대적인 유대인들이 많은 갈릴리 지역이어서, 예수님을 해치려는 사람들로 인해 예수님의 사역이 예정보다 일찍 끝날 위험이 있었기 때문이다.[49]

두 소경과 귀신 들려 말 못하는 자를 고치심(마 9:27-35)

예수님이 그 집을 떠나가실 때 소경 두 사람이 따라오며 말한다. "다윗의 자손이여, 우리를 불쌍히 여기소서." 예수님은 그들에게 "내가 능히 이 일 할 줄을 믿느냐"(마 9:28) 물으시고, 그들은 "주여, 그러하오이다" 하고 대답한다. 이에 예수님이 그들의 눈을 만지시며 "너희 믿음대로 되라"(마 9:29)고 하시자 그들의 눈이 밝아진다. 예수님은 그들에게 "아무에게도 알리지 말라"(마 9:30)고 엄히 경고하시지만 그들은 예수님의 소문을 온 땅에 퍼뜨리고 만다. 여기서 다시 한번 믿음과 치유 사이의 관계를 보게 된다. 앞에서 언급했듯, 믿음을 소유한 이들에게 언제나 예수님의 치유가 일어나지는 않는다. 다만 예수님은 사람들에게 치유를 행하시기 전, 예수님이 능히 그 일을 행하실 능력이 있음을 믿고 있는지 물으시고 그에 대한 고백을 이끌어내신다. 이것은 예수님을 메시아로 고백하는 것과 같은 것이다. 그들은 예수님의 질문에 긍정적으로 대답할 뿐 아니라 (예수님이 들어가신) 집까지 따라들어와 고쳐주실 것을 간청함으로 자신들의 믿음을 드러낸다.

예수님과 제자들이 떠나려 하는데, 사람들이 귀신에 들려 말을 못하는 한 사람을 데려온다. 예수님은 즉시 귀신을 쫓아내시고 그 사람이 말을 한다. 사람들이 놀라며 "이스라엘 가운데서 이런 일을 본 적이 없다"고 외친다. 그러나 바리새인들은 귀신을 쫓아낸 예수님의 능력이 사탄에게서 온 것이라고 주장한다. 그들은 예수님이 메시아이심을 완고하게 거부하기에 그분이 행하시는 초자연적인 치유를 달리 설명할 길이 없었던 것이다. 바리새인들은 예수님이 자기들의 권위와 신념에 도전하고, 그동안의 영향력을 약화시킬 뿐 아니라 자기들의 위선과 잘못을 들추어내자 점점 더 예수님에게 앙심을 품는다.[50] 예수님은 그들이 다른 잘못을 행할 뿐 아니라 성령을 모독하는 죄까지 지었다고 책망하신다(마 12:22-32).

추수할 것은 많되 일꾼이 적음(마 9:35-38; 눅 10:2-3)

온 도시와 마을을 다니시는 동안 예수님은 회당에서 가르치고 복음을 전하며 병든 자를 치유하시는 3중 사역을 계속 하신다(비교. 마 4:23). 예수님은 가르치는 사역을 통해 사람들에게 자신의 정체와 목적과 사명을 알리고자 하신다. 하나님 나라의 복음을 전하는 사역을 통해 사람들의 헌신을 이끌어내신다. 또한 긍휼이 풍성하신 예수님은 치유 사역을 통해 자신의 신성, 곧 하나님 됨을 입증하신다.[51] 그러는 동안 무리를 보실 때마다 예수님은 그들이 목자 없는 양과 같이 고생하며 기진한 것에 마음 아파 하신다. 하나님의 아들이시면서도 사람의 인성을 온전히 지니셨기에, 사람들이 겪는 고통을 오롯이 아시고 그들이 영적 인도자 없이 방향을 모른 채 유리하고 있음을 잘 아신다. 종교 지도자들은 복음을 거부하고 사람들을 잘못된 길로 이끌고 있다. 그러므로 예수님이 자기 백성을 인도하기 위해 목자로 직접 오셔야만 한다. 이는 선지자 미가가 예언한 대로다(미 5:4). 예수님이 제자들에게 말씀하신다. "추수할 것은 많되 일꾼이 적으니 그러므로 추수하는 주인에게 청하여 추수할 일꾼들을 보내 주소서 하라"(마 9:37-38).

하나님 나라의 좋은 소식을 전할 일꾼, 즉 복음 전도자들이 더 필요하다. 우리가 하나님의 도우심을 구하면 하나님은 때로 우리에게 그 일을 하라는 위임 명령으로 응답하신다.[52] 예수님은 제자들을 보내시면서 그것이 "어린 양을 이리 가운데로 보냄과 같[다]"(눅 10:3)고 경고하신다. 이는 하나님 나라의 복음을 강제로 전파하려 하지 말고, 소식을 나누되 자원하는 마음으로 청종하고 받아들이도록 하라는 의미를 담고 있다.[53]

열두 사도를 보내심(마 10:1-42; 막 6:7-13; 눅 9:1-6)

예수님은 사역을 확장하시면서, 열두 제자를 짝을 지어 사도로서 첫 번째 사명을 감당하도록 보내신다. 그들에게는 더러운 귀신을 쫓아내며 모든 병과 모든 약한 것을 고칠 수 있는 권능을 맡기신다. 그리스도는 자신의 중대한 사역 가운데 많은 부분을 제자들에게 위탁하시는데, 이것을 위임이라고 부를 수 있다. 누구나 알듯, 이스라엘에는 열두 지파가 있다. 예수님은 나중에 열두 제자가 "열두 보좌에 앉아 이스라엘 열두 지파를 심판하리라"(마 19:28)고 말씀하신다. 마태는 어느 본문에선 그들을 제자라 부르는데 이는 그들이 예수님을 배우고 따르는 자들임을 강조한다. 다음에는 그들을 사도라 부르는데 이는 그들이 예수님의 권세를 위임 받은 자들임을 나타낸다.[54] 이와 비슷하게 바울은 데살로니가에 보내는 첫 번째 편지에서 사도적 권위를 주장하면서, 자기와 자기의 동료는 그리스도의 사도로서 마땅히 권위를 주장할 수 있으나 사람에게서 영광을 구하지 않겠다고 말한다(살전 2:6).

예수님은 그들에게 이방인이나 사마리아 사람들에게 가지 말고 "이스라엘 집의 잃어버린 양"(마 10:6)에게 가라고 하신다. 예수님은 (앞에서 보았듯 유대인들만 상대하진 않으시지만) 지상에 계실 때는 유대인들을 향한 사역에 집중하신다. 그러나 부활하신 후에는 제자들에게 온 세상에 복음을 전하라 하실 것이다. 사도 바울도 처음에는 유대인들에게 복음을 전하고 나중에 이방인들에게 전한다(롬 1:16).[55] 그들의 첫 번째 사명은 이스라엘에게로 가는 것이다. 왜냐하면 그들이 하나님이 택하신 백성으로서 새 언약을 모든 민족에게 전해야 하기 때문이다.[56]

예수님은 제자들에게 하나님 나라가 가까이 왔다 선포하고, 병든 자를 고치며, 죽은 자를 살리고, 나병환자를 깨끗하게 하며 귀신을 쫓아내라고 명령하신다. 그들이 "거저 받았으니 거저 주라"(마 10:8)고 하신다. 즉 값없이 복음을 받았으니 값없이 주라는 의미다. 예수님은 어떤 성읍이나 마을에 들어가든지 그 중에 (복음을 받아들일) 합당한 자를 찾으라 하시고 사람들이 받아들이지 않으면 "그 집이나 성에서 나가 너희 발의 먼지를 떨어 버리라"(마 10:14)고 하신다. 보통 유대인들은 이방인의 땅을 벗어날 때 이런 행동을 한다. 부정한 것을 털어버린다는 의미다. 그러나 제자들이 유대인의 지역에서 이런 행동을 한다는 것은 곧 복음을 거부한 유대인에게 심판이 있을 것을 의미한다(마 10:15). 제자들은 이리 중에 보낸 양과 같다. 그러므로 뱀처럼 지혜롭고 비둘기처럼 순결해야 한다. 그들은 엄청난 박해에 직면할 것이기에 지혜롭게 행동해야 하지만, 그리스도인으로서 고결함은 유지해야 한다. 게르하르트 하셀은 다음과 같이 말한다. "제자들에게는 뱀에게 속한 것으로 알려진 모든 지혜가 필요하다. 그러나 속이는 교활함과 배반하는 간사한 꾀는, 비둘기에 속한 무해하고 부드러운 순결함으로 대체되어야 한다."[57] 마샬 셀리는 이렇게 말한다. "그들은 세상 지혜에 눈뜬 피스메이커이자 긍휼이 많은 거치는 자여야 하고 무엇보다 하나님은 당신의 영광을 위해 최악의 상황에서도 구원하실 수 있는 분임을 아는 제자들이어야 한다."[58]

예수님은 제자들이 박해를 받고 권세자 앞에 끌려갈 때 무슨 말로 변론할지 염려하지 말라고 하신다. 예수님을 이끄시고 능력을 주시는 성령이 그들에게 해야 할 말도 주실 것이기 때문이다(요 15:26; 마 4:1; 1:18, 20; 3:1).[59] 예수님은 형제가 형제를, 아버지가 자식을 죽는 데에 내주며 자식들이 부모를 대적하여 죽게 할 거라고 경고하신다. 제자들은 친구와 가족을 포함한 모든 권세자들과 사람에게서 미움을 받을 것이다. 이 모든 어려움이 예수님으로 인해 찾아오겠지만 견디고 인내하면 구원을 받게 될 것이다. 이 마을에서 박해를 받으면 다른 마을로 달아나야 한다. 담대해야 하지만, 어리석게 사명을 망치는 일은 없어야 한다.[60]

예수님은 "제자가 그 선생보다, 또는 종이 그 상전보다 높지 못하나니 제자가 그 선생 같고 종이 그 상전 같으면 족하도다. 집 주인을 바알세불이라 하였거든 하물며 그 집 사람들이랴"(마 10:24-25)고 단언하신다. 사람들이 메시아이신 예수님을 거스르고 박해할 정도라면 예수님의 제자들에게는 얼마나 더 함부로 하겠는가? 그러나 제자들은 몸은 죽여도 영혼은 능히 죽이지 못하는 자들을 두려워해선 안 된다. 사람들의 박해가 힘들고 고통스럽겠지만 마지막 심판을 주관하시는 이는 하나님이시며 오직 그분만이 영생을 주실 수 있다. 예수님은 하나님 아버지가 그들을 사랑하실 뿐 아니라 (그들의 머리카락을 세실 정도로) 그들에 대해 모든 것을 아신다고 확신을 주신다.

누구든지 사람들 앞에서 예수님을 시인하면 예수님도 하나님 아버지 앞에서 그 사람을 시인할 것이라고 말씀하신다. 하지만 누구든지 예수님을 부인하면 예수님도 하늘에 계신 아버지 앞에서 그 사람을 부인하실 것이다. "내가 세상에 화평을 주러 온 줄로 생각하지 말라. 화평이 아니요 검을 주러 왔노라. 내가 온 것은 사람이 그 아버지와, 딸이 어머니와, 며느리가 시어머니와 불화하게 하려 함이니"(마 10:34-35)라고 예수님은 경고하신다. 누구든지 예수님을 사랑하되 자기의 아버지나 어머니나 아들이나 딸보다 그분을 더 사랑하지 않으면 (즉 자기 십자가를 지고 예수님을 따르지 않으면) 그는 예수님께 합당한 사람이 되지 못한다. 예수님은 말씀하신다. "자기 목숨을 얻는 자는 잃을 것이요 나를 위하여 자기 목숨을 잃는 자는 얻으리라. 너희를 영접하는 자는 나를 영접하는 것이요 나를 영접하는 자는 나를 보내신 이를 영접하는 것이니라"(마 10:39-40).

예수님은 궁극적으로는 평화의 왕이시지만, 처음 오셨을 때는 갈등과 분열이 일어났다. 이는 기독교에 대해 많은 사람이 생각하는 것과 반대다. 이런 불화는 믿는 자와 믿지 않는 자 사이에 생기는 것으로 예수님이 다시 오셔서 그분의 나라를 완전히 세우실 때까지 계속될 것이다.[61]

세례 요한의 죽음(마 14:6-12; 막 6:21-29; 눅 9:9)

헤로디아의 딸이 헤롯 안디파스(헤롯 안디바—헤롯 대왕의 아들로 아버지의 왕국 일부를 물려받았다)의 생일 잔치에서 춤을 춘다. 공연에 만족한 헤롯은 어떤 청이든 들어주겠다고 한다. 헤로디아의 어머니는 세례 요한의 머리를 접시에 담아 달라 요구하라고 시키고, 헤롯은 자신의 맹세를 후회하지만 돌이키기엔 너무 늦었다. 결국 집행관을 보내 옥에 갇힌 세례 요한의 머리를 가져오라 명을 내린다. 세례 요한의 사망 소식을 들은 요한의 제자들이 그의 시신을 가져와 장사지낸다. 이후에 헤롯은 예수님의 사역과 기적을 행하신 일들을 듣고, 세례 요한이 죽은 자 가운데서 진짜 살아난 것은 아닌지 궁금하게 여기기도 한다(마 14:1-2; 막 6:14-16; 눅 9:7-9).

유대인 역사가 요세푸스는 기독교 태동기에 팔레스타인 유대인들에게 요한의 사역이 어떤 영향을 주었는지 말해 준다.[62] 헤롯 안티파스 군대의 패전 소식을 접한 일부 유대인들이 세례 요한의 머리를 자른 것에 대한 하나님의 심판을 받은 것으로 믿었다는 말을 옮기며 이렇게 기록한다.

> 왜냐하면 헤롯이 선한 사람이던 요한을 학살했기 때문이다. 요한은 유대인들에게 선을 행하도록 권하고 서로에게 의를 실천할 뿐 아니라 하나님에게 경건할 것을 가르치면서 세례를 받으라고 주장했다. 그가 말하는 물로 씻는 세례는 죄 사함을 위해서가 아니라 단지 몸을 정결케 하기 위함의 의미가 있었다. 그 전에 그들의 심령은 의로 철저히 정결케 되어야 했다. 요한의 말을 듣고 감동한 사람들이 구름떼처럼 몰려들었다. 군중들이 세례 요한이 하는 말은 무엇이나 들을 정도로 요한의 영향력이 커지 것을 본 헤롯은 혹시 요한이 기고만장하여 반역을 일으키지 않을까 노심초사하기에 이르렀고 너무 늦으면 기회를 잃고 나중에 후회해도 소용없을 것이라는 생각에 사로잡혔다.[63]

오천 명을 먹이심; 물위를 걸으심; 게네사렛에서 병을 고치심(마 14:13-36; 막 6:30-56; 눅 9:10-17; 요 6:1-21)

요한의 처형 소식을 들으신 예수님이 홀로 배를 타고 물러나시자 무리들이 갈릴리 해변을 걸어 예수님을 따라간다. 자기를 따르는 큰 무리를 보신 예수님은 불쌍히 여기시고 그 중에 있는 병자들을 고쳐주신다. 저녁이 되어 제자들이 사람들을 마을로 보내 먹을 것을 사먹게 하자고 제안하지만 예수님은 제자들에게 그들이 먹을 것을 주라고 하신다. 제자들은 자기들에게 떡 다섯 개와 물고기 두 마리 밖에 없다며 항변하듯 말한다. 예수님은 "그것을 내게 가져오라"(마 14:18) 말씀하시고 사람들을 잔디 위에 앉히신다. 예수님이 하늘을 우러러 축사하신 후 떡을 떼어 제자들에게 주시고, 제자들은 이를 무리에게 나누어준다. 오천 명의 남자와 여자와 아이들이 배불리 먹고 남은 것을 모으니 열두 광주리나 되었다.

오천 명을 먹이신 일은 예수님의 부활 사건을 제외하고 사복음서 모두에 기록된 유일한 기적이다.[64] 이 일은 하나님이 광야를 지나던 이스라엘 백성에게 만나를 먹이신 일을 떠올리게 한다(출 16; 시 78:18-30; 81:16; 105:40). 유대 전승에 따르면, 메시아가 그때의 기적을 더 큰 규모로 다시 행하실 거라는 믿음이 있었다.[65] 그러나 이것을 통해 하나님이 우리의 모든 육체적인 필요를 늘 채워주실 거라고 추론해선 안 된다. 오히려 예수님은 자신이 떠난 후에 제자들이 어떤 사역을 해야 하는지를 직접 보여주고 계신 것이다. 즉 제자들은 영적인 음식으로 사람들을 먹여야 하고[66] 그 자리에서 먹었던 무리처럼 사람들은 만족을 얻게 될 것이다.[67] 워렌 위어스비는 이렇게 말한다. "그리스도는 우리를 먹이시는 생명의 떡이시다. 주님은 말씀으로 우리를 먹이실 것이다. 주님을 섬기는 자가 되는 것은 우리에겐 특권이고 책임이다. 우리는 이 떡을 배고픈 무리에게 먹여야 한다. 종은 이 떡을 그리스도에게서 받아 다른 사람에게 전달할 뿐이다."[68] 레이 스테드먼은 이렇게 덧붙인다. "오천 명을 먹이신 이야기를 보면서 우리는 하나님이 인간의 마음 가장 깊은 곳에 자리한 (하나님에 대한 갈망이라는) 필요를 얼마나 채워주고 싶어 하시는지 알게 된다."[69] 육체적인 배고픔을 해결해

주시는 것은 영적인 허기를 채워주시는 것을 상징한다고 볼 수 있다. 이는 그리스도가 이미 선언하신 대로다. "사람이 떡으로만 살 것이 아니요 하나님의 입으로부터 나오는 모든 말씀으로 살 것이라"(마 4:4).

이 이야기에 영적으로 상징하는 바가 있는 것은 분명하지만 우리가 간과해서는 안 되는 사실은 오천 명을 먹이신 일이 실제로 일어난 역사적 사건으로서 예수님이 메시아이심을 보여준다는 것이다. 사실상 이런 이적을 목격하면서 사람들은 예수님이 약속된 메시아가 아닐까 생각하긴 하지만 그분이 어떤 메시아이신지는 여전히 오해하고 있다. 이때를 계기로 사람들이 예수님을 정치적인 왕으로 삼으려 하기 때문이다.

예수님은 다시 혼자 산으로 물러가신다. 밤에 제자들은 가버나움으로 향하는 배를 타고 있다. 날은 점점 어두워지고 예수님은 아직 그들을 찾아오지 않으신 상황이다. 바람이 거세지고 물살이 크게 일어 제자들이 힘겹게 노를 젓고 있는데 예수님이 물 위로 걸어오신다. 유령인 줄 알고 깜짝 놀라 소리를 지르는 제자들을 향해 예수님이 자신을 밝히시며 두려워 말라고 안심시키신다. 예수님이 배에 오르시고 바람이 그치지만 제자들은 놀란 마음을 진정시키지 못한다. 예수님이 그간 행하신 모든 기적에도 불구하고 제자들은 여전히 예수님이 누구신지 제대로 알지 못하고 있다. 제자들이 메시아이신 예수님의 정체성을 온전히 깨닫지 못하고 있음을 보여주는 장면이다.[70] 그런데도 제자들은 더 이상 좋을 수 없는 표현으로 이렇게 고백한다. "진실로 하나님의 아들이로소이다"(마 14:33).

J. C. 라일은 이 기적이 모든 그리스도인에게 용기를 북돋는다고 단언한다. 피조물 중 어떤 것도 그리스도의 통치권에서 벗어나는 것이

없음을 보여주기 때문이다. 라일은 이렇게 말한다. "모든 것이 그분에게 순종한다(막 4:41 참조). 주님은 당신의 백성들이 잠시는 지치도록 허락하실 수 있다. 잠시는 고난의 폭풍에 이러저리 휩쓸리게 하실지도 모른다. 제자들이 도움 받기를 원하던 시각보다 더 늦게 도움의 손을 내미실지도 모른다. '새벽 3시에서 6시 사이'(14:25, 밤 사경)에 오신 것처럼 말이다. 그러나 그렇게 하시는 것은, 제자들이 바람과 파도 모두 그리스도에게 복종하고 있음을 깨닫게 하시기 위해서다. 바람과 파도 모두 그리스도가 허락하지 않으시면 꼼짝도 하지 못한다. '높이 계신 여호와의 능력은 많은 물 소리와 바다의 큰 파도보다 크니이다'(시 93:4)."[71]

예수님과 제자들은 거주민이 많고 비옥한 땅이 펼쳐진 가버나움 남서쪽, 게네사렛에 다다른다.[72] 예수님을 알아본 사람들이 이내 소식을 전하고 모든 병든 자를 예수님께 데려온다. 그저 예수님의 옷자락에라도 손을 댈 수 있게 해달라고 간청한다. 실제로 예수님의 옷자락에 손을 대는 사람은 다 나음을 얻는데, 다시 한번 믿음과 치유가 서로 깊이 연결되어 있음을 보여준다. 윌리엄 레인은 단호히 말한다. "여기서 중요한 사실은 단순히 예수님의 옷에 신체가 닿는다는 것이 아니라 믿음으로 그 일을 행한다는 데 있다." 예수님의 가르침은 종종 그분의 사역으로 곧장 이어진다는 점을 주목한 바 있다. 하지만 레인은 이 경우에는 "특별한 설교나 가르침 없이" 일어났다는 점이 특이하다고 말한다. 이것은 사람들이 아직 예수님의 가르침을 받아들일 준비가 되지 않았기 때문이다. "사람들은 능력이 예수님을 통해 전달된다고만 알고 있다. 예수님은 이런 그들의 제한된 생각을 참아주시며 질병의 고통으로 손을 내민 사람들을 너그러이 고쳐주신다."[73]

생명의 떡(요 6:22-59)

예수님이 감사 기도를 드리시고 떡을 떼어 먹이시던 곳에 자리했던 사람들이 다음 날에도 예수님을 찾으러 다닌다. 하지만 예수님뿐 아니라 제자들도 보이지 않자 사람들은 배를 타고 가버나움으로 가서 거기서 예수님을 찾아낸다. 그들이 예수님에게 이곳에 언제 오셨느냐고 묻는다. (전날 밤 제자들은 예수님 없이 배를 타고 가버나움으로 떠났다. 그런데 배를 타지 않은 예수님이 제자들과 함께 이미 가버나움에 계신다는 사실에 사람들은 뭔가 범상치 않은 일이 일어났음을 직감하고 그렇게 물은 것이다.) 예수님은 그들이 예수님을 찾는 것은 표적을 본 까닭이 아니라 떡을 먹고 배부른 까닭이라고 말씀하신다. 예수님은 사람들에게 "썩을 양식을 위하여 일하지 말고 영생하도록 있는 양식을 위하여 하라. 이 양식은 인자가 너희에게 주리니 인자는 아버지 하나님께서 인치신 자니라"(요 6:27)고 훈계하신다. 그들은 예수님이 행하신 기적을 보았음에도 여전히 배부른 것에만 관심을 갖고 그 기적의 의미는 놓치고 있다.

사람들은 자기들이 어떻게 해야 하나님의 일을 할 수 있느냐고 묻는다. 예수님은 그들이 하는 일로는 불가능하며 오직 그분을 믿음으로 그렇게 할 수 있다고 설명하신다. "하나님께서 보내신 이를 믿는 것이 하나님의 일이니라"(요 6:29). 사람들은 예수님이 무슨 기적을 일으켜 자신들로 하여금 믿게 하겠느냐고 묻는다. 그들은 모세가 광야에서 만나를 준 것보다 더 큰 표적을 요구한다. 윌리엄 헨드릭슨은 사람들이 모세가 하늘에서 내린 떡을 사람들에게 준 것이 예수님이 이미 있던 떡을 많아지게 한 것보다 더 놀라운 기적이라 생각한 것이라고 말한다.[74] 예수님은 이렇게 대답하신다. "진실로 진실로 너희에게 이르노니 모세가 너희에게 하늘로부터 떡을 준 것이 아니라 내 아버지께서 너희에게 하늘로부터 참 떡을 주시나니 하나님의 떡은 하늘에서 내려 세상에 생명을 주는 것이니라"(요 6:32-33).

사람들이 이 떡을 달라고 하자 예수님은 이렇게 대답하신다. "나는 생명의 떡이니 내게 오는 자는 결코 주리지 아니할 터이요 나를 믿는 자는 영원히 목마르지 아니하리라. 그러나 내가 너희에게 이르기를 너희는 나를 보고도 믿지 아니하는도다 하였느니라. 아버지께서 내게 주시는 자는 다 내게로 올 것이요 내게 오는 자는 내가 결코 내쫓지 아니하리라. 내가 하늘에서 내려온 것은 내 뜻을 행하려 함이 아니요 나를 보내신 이의 뜻을 행하려 함이니라. 나를 보내신 이의 뜻은 내게 주신 자 중에 내가 하나도 잃어버리지 아니하고 마지막 날에 다시 살리는 이것이니라"(요 6:35-39). 예수님이 우물가의 여인에게 말씀하신 것처럼(요 4:14), 그들의 관심은 눈에 보이는 음식이 아니라 오직 예수님이라는 (그리고 예수님만이 주실 수 있는) 신령한 음식에 있어야 한다.

자신이 하늘에서 내려온 떡이라는 예수님의 말씀에 놀란 유대인들이 수군거린다. 요셉의 아들인 줄 다 아는데 어떻게 하늘에서 내려왔다 하느냐는 것이다. 예수님은 서로 수군거리지 말라 하시며, "나를 보내신 아버지께서 이끌지 아니하시면 아무도 내게 올 수 없으니…오직 하나님에게서 온 자만 아버지를 보았느니라"(요 6:44, 46)고 말씀하신다. 예수님은 이렇게 선포하신다. "진실로 진실로 너희에게 이르노니 믿는 자는 영생을 가졌나니 내가 곧 생명의 떡이니라. 너희 조상들은 광야에서 만나를 먹었어도 죽었거니와 이는 하늘에서 내려오는 떡이니 사람으로 하여금 먹고 죽지 아니하게 하는 것이니라. 나는 하늘에서 내려온 살아 있는 떡이니 사람이 이 떡을 먹으면 영생하리라. 내가 줄 떡은 곧 세상의 생명을 위한 내 살이니라"(요 6:47-51). 사람들이 불만이 가득해져 계속 수군거리자 예수님이 말씀하신다. "진실로 진실로 너희에게 이르노니 인자의 살을 먹지 아니하고 인자의 피를 마시지 아니하면 너희 속에 생명이 없느니라. 내 살을 먹고 내 피를 마시는 자는 영생을 가졌고 마지막 날에 내가 그를 다시 살리리니, 내 살은 참된 양식이요 내 피는 참된 음료로다. 내 살을 먹고 내 피를 마시는 자는 내 안에 거하고 나도 그의 안에 거하나니"(요 6:53-56).

브루스 바튼은 예수님의 살을 먹고 예수님의 피를 마신 사람은 "믿음으로 예수님의 희생적인 죽음을 받아들인 것이고 그것을 통해 영생을 얻은 사람"[75]이라고 말한다. 제럴드 보체르트는 예수님 안에 '거하는' 사람은 주님의 만찬에 참여한 사람일 뿐 아니라 "그것을 통해 예수님의 생명을 얻은 사람이다…예수님의 생명이 세상을 위해 부어졌다는 사실을 믿는 것이 그리스도인인 우리 삶의 진정한 기반"[76]이라고 말한다.

제자 중 여럿이 예수님의 말씀을 듣고 어렵다고 하자 예수님은 "이 말이 너희에게 걸림이 되느냐? 그러면 너희는 인자가 이전에 있던 곳으로 올라가는 것을 본다면 어떻게 하겠느냐?"(요 6:61-62)고 물으신다. 예수님이 하늘에서 오셨다고 주장하는 것이 마음에 걸린다면 예수님이 하늘로 돌아가실 때 그들은 어떻게 반응할 것인가?[77] 예수님이 자신들의 정치적인 압제자들을 무찌르는 대신 십자가에서 죽으실 때 그들은 뭐라고 생각할 것인가? 예수님은 살리는 것은 영이라고 말씀하신다. "육은 무익하니라"(요 6:63). 매튜 헨리는 이렇게 말한다. "인간의 영혼이 없으면 육체는 아무 쓸모가 없다. 따라서 우리의 영을 살아 있게 하시는 하나님의 영이 없으면 어떤 종교적 형식도 다 죽은 것이고 쓸모 없는 것이다."[78]

예수님은 또 이렇게 말씀하신다. "내가 너희에게 이른 말은 영이요 생명이라. 그러나 너희 중에 믿지 아니하는 자들이 있느니라"(요 6:63-64). 이 말을 듣고 많은 제자가 화를 내며 예수님을 떠난다. 이 일은 하나님의 아들과 함께 살며 동행할 특권을 소유했던 사람들이 드러낸 불신을 보여주는 아주 놀라운 사례다. 그들은 예수님을 부인하라는 박해를 받지도 않고 예수님과 함께하며 그분이 행하시는 사역을 보았음에도 그분을 거부한다. 아마도 그들은 메시아가 자신들이 기대하던 바대로 행하지 않을 거라는 현실을 받아들임으로 자신들의 오해를 인정하고 싶지 않았을 것이다. 아니면 예수님의 어려운 가르침이 싫었거나, 행함보다는 믿음을 강조하시는 게 싫었을 것이다. 예수님은 열두 제자에게도 떠나고 싶으냐고 물으신다. 베드로는 예수님에게 영원한 생명을 주는 말씀이 있는데 우리가 누구에게 가겠으며, 예수님이 하나님의 거룩하신 자임을 믿는다고 말한다. 예수님은 "내가 너희 열둘을 택하지 아니하였느냐? 그러나 너희 중의 한 사람은 마귀니라"(요 6:70)고 말씀하신다. 나중에 예수님을 배신할 유다를 가리켜 하신 말씀이다.

바리새인들이 도전함(마 15:1-20; 막 7:1-23; 요 7:1)

예루살렘에 있던 바리새인들과 서기관들이 와서 예수님의 제자들이 음식 먹을 때 손을 씻지 않는데, 왜 조상 대대로 지켜온 전통을 깨뜨리느냐고 묻는다. 이에 예수님은 그들이 사람이 만든 전통을 따르다가 "부모를 공경하라"는 하나님의 계명을 어기는 이유가 무엇이냐고 되물으신다. 예수님은 이사야서를 언급하고 계신다(사 29:13). "이 백성이 입술로는 나를 공경하되 마음은 내게서 멀도다. 사람의 계명으로 교훈을 삼아 가르치니 나를 헛되이 경배하는도다"(마 15:8-9)라고 예언한 것은 바로 그들을 가리켜 한 말이라고 주장하신다.

예수님은 지금 자식들이 연로한 부모를 공양하기 위해 써야 하는 재산에 대해 (하나님께 바친다는 의미로) '고르반'이라 선언하는 서기관들의 전통을 언급하고 계신다. 이 선언 한번으로 부모는 법적으로 어떠한 주장도 할 수 없게 되고 자식들은 부모를 공경하란 계명에서 벗어날 수 있게 된다.[79] 이렇듯 부모에게서 물려받은 재산을 하나님을 위해 따로 구별하여 거룩한 것으로 지정해 놓음으로, 자녀들이 부모에게 재산을 내어주지 않아도 되는 '고르반' 전통이 성경을 무력화시킨다고 예수님은 주장하신다. 그런 다음 예수님은 손 씻는 전통에 대해 다음과 같이 말씀하신다. "입으로 들어가는 것이 사람을 더럽게 하는 것이 아니라 입에서 나오는 그것이 사람을 더럽게 하는 것이니라"(마 15:11).

먹는 것으로는 그 사람이 더러워질 수 없다. 그것은 사람의 마음이 아니라 배를 지나기 때문이다. 오히려 사람의 마음에서 나오는 것이 사람을 더럽힌다. 악한 생각과 성적 타락, 속임수, 살인, 간음, 음란, 도둑질, 거짓 증언과 호색, 시기, 비방, 교만, 어리석음 등이다. 사람의 마음 (혹은 생각)에서 나오는 악이 그 사람을 도덕적으로 부정하게 만든다. 이것은 손을 씻지 않아서 의식적으로 부정해지는 것보다 훨씬 더 심각하다. 성경은 반복하여 '마음'이라는 표현을 사용하는데, 이것은 사람이라는 존재의 핵심을 가리키는 것으로 생각, 감정, 의지를 다 포함한다.[80]

많은 사람을 고치고 다른 기적을 행하심(마 15:21-38; 막 7:24-8:9)

예수님이 두로와 시돈 지방(갈릴리 북서쪽 지중해 연안)[81]으로 가신다. 그때 한 이방 여인이 나와 예수님께 "다윗의 자손이여"라고 외치며 자신의 딸에게서 귀신을 쫓아달라고 간청한다. 제자들이 그 여인을 쫓아보내라 요구하고, 예수님은 "나는 이스라엘 집의 잃어버린 양 외에는 다른 데로 보내심을 받지 아니하였노라"(마 15:24)고 대답하신다. 여인이 와서 절하며 "주여, 저를 도우소서"라고 말하자 예수님은 "자녀의 떡을 취하여 개들에게 던짐이 마땅하지 아니하니라"(마 15:26)고 대답하신다. 여인은 포기할 줄을 모른다. "주여, 옳소이다마는 개들도 제 주인의 상에서 떨어지는 부스러기를 먹나이다." 그러자 예수님은 "여자여, 네 믿음이 크도다. 네 소원대로 되리라"(마 15:28)고 선언하신다. 바로 그때로부터 여인의 딸 아이가 낫는다.

예수님은 그 여인을 냉정하게 대하신 것이 아니다. 예수님의 이런 대응방식에 담긴 의미를 해석해 보면, 예수님의 우선순위가 제자들을 가르치는 것이고, 제자들은 복음을 전하러 나가야 했기 때문이다. 아니면 유대인들에게 먼저 사역하고 그 다음 이방인에게 하겠다는 의미일 수도 있다. 어떤 의미였든 예수님이 여인을 거부하신 것이 아니며, 오히려 여인의 믿음을 시험하시려는 것이거나 복음이 모든 사람을 위한 것임을 알리고 계신 것이다.[82] 알프레드 에더스하임은 그 여인이 예수님을 "다윗의 자손이여"라고 부른 것은 유대인들이 메시아를 부를 때 사용하던 가장 전형적인 표현이라고 말한다. 그런데 본문은 그런 표현을 사용한 여인이 이방인(가나안 여인)이라고 밝힌다. 에더스하임은 이렇게 말한다. "그것은 유대인 메시아를 잘 모르는 이방인이 내뱉은 진술이었다. 그 이방인 여인에게 비친 예수님의 사역은 단지 기적일 뿐 표적은 아니었다."

예수님이 자신의 사역에 대해 잘 이해하지 못하는 여인에게 그냥 딸을 그자리에서 고쳐주셨다면, 그분이 행하시는 치유는 그저 자신의 능력을 드러내는 것에 그쳤을 것이다. 에더스하임은 이렇게 설명한다. "그래서 예수님은 먼저 그 여인이 이해할 수 있는 방법으로 이방인과 유대 세계 그리고 이방인과 메시아와의 관계를 가르치신 후에 여인이 간구한 것을 들어주셨다."[83] 예수님은 그 여인이 지금 무엇을 간구하고 있는지 알게 해주셨고, 여인은 믿었기에 '아브라함의 자녀'가 되었다. 다시 말해, 하나님이 예수님을 통해 모든 사람에게 약속하신 복을 누릴 수 있게 되었다.

사도 바울은 이방인이 믿음으로 말미암아 아브라함의 영적 자손이 되면 하나님이 아브라함 언약에서 약속하신 모든 복을 받게 된다고 가르친다. 바울은 이렇게 말한다. "그런즉 믿음으로 말미암은 자들은 아브라함의 자손인 줄 알지어다. 또 하나님이 이방을 믿음으로 말미암아 의로 정하실 것을 성경이 미리 알고 먼저 아브라함에게 복음을 전하되 모든 이방인이 너로 말미암아 복을 받으리라 하였느니라. 그러므로 믿음으로 말미암은 자는 믿음이 있는 아브라함과 함께 복을 받느니라"(갈 3:7-9). 여기서 하나님이 아브라함에게 주신 (그를 통해 모든 민족이 복을 얻으리라는) 약속을 바울이 "복음"이라 말하고 있음에 주목하라. 이것은 우리가 3장에서 논의한 바 하나님의 약속-계획 및 약속-교리를 확증해 준다.

하나님이 아브라함으로 말미암아 모든 민족에게 복을 주겠다 하신 원래의 약속은 실제론 복음이다. 하나님은 아브라함 자손으로 이스라엘이라는 선민을 세우실 것이며, 그 나라가 모든 민족에게 복음을 전하는 제사장 나라가 될 것이다. 아브라함 자손에서 다윗 왕이 나올 것이며, 그 계열을 따라 (우리 죄를 위해 죽으시고 부활하셔서 이후에 다윗의 보좌에 앉아 영원히 다스리실) 예수 그리스도가 나타나실 것이다. 그분을 믿는 믿음으로 말미암아, 유대인과 이방인 모두 영생을 선물로 받게 될 것이다.

예수님은 다시 두로에서 나와 시돈을 지나 데가볼리로 가신다. 갈릴리 바다와 요단강 동편에 있는 지역으로 이방인들이 주로 거주하는 곳이다. 예수님이 그곳에 이르시자 사람들이 귀 먹고 말 더듬는 자를 데려와 안수하여 주시기를 간청한다. 예수님은 그 사람을 따로 데리고 나가 양 귀에 손가락을 넣고 침을 뱉어 그 사람의 혀에 대신다. 그런 다음 하늘을 우러러 탄식하시며 "에바다(열려라)"(막 7:34)라고 하시자 즉시 그 사람이 듣고 말할 수 있게 된다. 예수님은 사람들에게 아무에게도 말하지 말라고 하시지만 예수님의 기적에 놀란 사람들은 예수님에 대한 소문을 더욱 널리 퍼뜨린다.

마가는 예수님이 '탄식'sighs하셨다고 기록한다. 이것은 아마도 예수님이 그 사람을 긍휼히 여기셨다는 의미일 수 있고 아니면 타락한 인간의 상태와 이 세상을 지배하는 사탄의 권세 때문에 마음 아파하셨다는 의미일 수 있다.

도널드 잉글리시는 예수님이 영적 전쟁이 벌어지고 있다는 사실을 탄식으로 알리고 계시다고 주장한다. 그는 이렇게 말한다. "이 사람을 치유하는 과정에는 악에 맞서는 싸움이 더해져 있다."[84]

예수님은 그곳에서 갈릴리 해변을 따라 걸으시다 산에 올라 거기 앉으신다. 그곳에도 사람들이 몰려와 다리 저는 사람과 맹인과 말 못하는 사람과 그밖의 많은 병자들을 데리고 와서 예수님 앞에 앉힌다. 예수님은 이들 모두를 고쳐주신다. 사람들은 예수님이 병자들을 고치시는 것에 놀라 "이스라엘의 하나님께 영광을 돌리니라"(마 15:31). 다시 한번 이방인들이 이스라엘의 하나님을 찬양하는 사건이 일어나지만 많은 유대인들은 여전히 자기들의 메시아를 알아보지 못한다.[85] 예수님은 이방인들이 메시아의 축복을 함께 나누게 될 것임을 계속해서 보여주신다. 이 사건들은 이사야의 예언을 기억나게 한다. "그 때에 맹인의 눈이 밝을 것이며 못 듣는 사람의 귀가 열릴 것이며 그 때에 저는 자는 사슴 같이 뛸 것이며 말 못하는 자의 혀는 노래하리니 이는 광야에서 물이 솟겠고 사막에서 시내가 흐를 것임이라"(사 35:5-6).[86]

예수님은 제자들에게 무리가 사흘이나 같이 있었으나 먹을 것이 없으니 불쌍하다고 말씀하신다. 제자들은 자기들에게 떡 일곱 개와 작은 물고기가 두어 마리가 있을 뿐인데 이렇게 많은 사람을 어떻게 먹일 수 있겠느냐고 묻는다. 예수님은 사람들을 땅에 앉게 하시고 하나님께 감사 기도를 드린 후 떡을 떼어 제자들에게 주어 무리에게 나누어주게 하신다. 이날 사천 명이 배부르게 먹고 일곱 바구니에 가득 차도록 남는다. 어떤 학자들은 이것이 오천 명을 먹이신 사건과 같은 사건이라고 믿지만[87] 또 다른 학자들은 사복음서가 모두 오천 명을 먹인 사건은 기록하고 있고 마태복음과 마가복음만 사천 명을 먹인 사건을 따로 기록한 것으로 보아 서로 다른 사건이라고 생각한다.[88] 마태복음에서는 예수님 자신이 이 두 사건을 모두 언급하신다(마 16:9-10). 그렇다면 제자들은 왜 오천 명을 먹이는 기적을 보고나서도 이 무리를 예수님이 먹이시는 것에 대해 회의적이었을까? 그것은 아마도 예수님이 이방인들에게도 이런 축복을 주실 거라고 생각하지 않아서였을

것이다.[89] 그러나 알다시피 예수님은 이방인을 위해서도 기꺼이 생명의 떡이 되어주신다.[90]

바리새인과 사두개인이 표적을 구함; 예수님이 고치시고 가르치심(마 15:39-16:28; 막 8:13-9:1; 눅 9:18-27)

예수님이 무리를 흩어 보내신 후 배에 올라 (막달라와 동일 지역으로 간주되는) 마가단 지경으로 가신다. 이곳은 갈릴리 바닷가에 있는 곳으로[91] 아마도 유대인들의 거주 지역이었을 것이다.[92] 바리새인과 사두개인들이 와서 예수님을 시험하려고 하늘로부터 오는 표적을 구한다. 평소 관계가 좋지 않은 이 두 집단이 함께 움직인다는 게 이례적이지만, 두 집단이 예수님을 공통의 적으로 여기고 있음을 보여준다. 사두개인들은 표적과 초자연적인 사건들을 믿지 않고 죽은 자의 부활은 더더욱 믿지 않는다.[93] 그러나 예수님은 그들이 하늘의 상태를 보고 날씨가 어떨 것을 아면서 시대의 표적은 분별하지 못하느냐고 말씀하심으로, 그들의 의도를 보기좋게 빗나가신다. 예수님은 누가 요구한다고 기적을 행하지 않으신다. 특히 조소하는 자들의 요구에는 더욱 그러실 것이다. 예수님이 그들에게 줄 표적은 요나의 표적뿐이다(마 16:4). 이것은 앞서 표적을 구하던 바리새인과 서기관들에게 예수님이 말씀하신 내용을 기억나게 한다(마 12:38-42). 예수님은 요나가 밤낮 사흘 동안 큰 물고기 뱃속에 있었던 것 같이 인자도 밤낮 사흘 동안 땅 속에 있을 거라고 설명하신다. 이를 통해 요나 이야기가 실제 역사임이 입증된다. 블레이즈 파스칼은 이렇게 말한다. "예수님은 그들에게 요나의 표적을 약속하셨다. 그것은 위대하고 놀라운 부활의 기적이다."[94]

갈릴리 바다 건너편으로 건너간 제자들은 자신들이 떡 가져오는 걸 잊었다며 먹을 것이 떡 한 개밖에 없어 근심한다(막 8:14). 예수님은 제자들에게 자신이 오천 명을 먹이시고 또 사천 명을 먹이신 일을 상기시키시며 왜 떡 때문에 걱정하느냐고 물으신다. 예수님은 이렇게 말씀하신다. "어찌 내 말한 것이 떡에 관함이 아닌 줄을 깨닫지 못하느냐? 오직 바리새인과 사두개인들의 누룩을 주의하라"(마 16:11). 그제서야 제자들은 예수님이 떡의 누룩이 아니라 바리새인과 사두개인들의 교훈을 삼가라 말씀하신 것임을 깨닫는다. 적은 양의 누룩이 빵 전체를 부풀게 하듯, 종교 지도자의 잘못된 가르침은 사회 전체를 오염시킬 수 있고 나라를 복음의 진리에서 돌아서게 할 수 있다.[95]

예수님과 제자들이 벳세다에 다다른다. 이곳은 갈릴리 북쪽 해안에 있는 어촌으로 베드로와 빌립, 안드레의 고향이다.[96] 사람들이 맹인 한 사람을 예수님께 데리고 나와 만져주시기를 간청한다. 예수님은 그 사람의 손을 잡아 마을 밖으로 데리고 나가신 후 그의 눈에 침을 뱉고 손을 얹으신다. 예수님이 그에게 무엇이 보이느냐 물으시자 그 사람은 사람들이 보이는데 나무 같은 것들이 걸어간다고 말한다. 예수님이 다시 그 사람의 눈에 손을 얹으시자 이번에는 모든 것이 선명하게 보인다. 예수님은 그 사람을 집으로 보내시며 "마을에는 들어가지 말라"(막 8:26)고 말씀하신다.

어떤 주석가들은 그 사람이 처음에 흐릿하게 본 것은 제자들이 예수님을 제대로 이해하지 못하는 것에 대한 비유일 수 있다고 말한다. 그 사람이 사람을 나무처럼 보았듯, 제자들도 예수님을 흐릿하게 보고 있다. 마가복음 8장 22-26절에는 "보는 것"과 관련된 용어가 9개나 사용되고 있어서 이런 해석을 뒷받침해 준다. 제자들은 예수님이 메시아임을 이해하기 시작했지만, 여전히 (예수님이 고난 받는 메시아시라는) 큰 그림은 보지 못하고 있다. 이후에 예수님이 베드로와 다른 제자들에게 자세히 설명해 주셔야만 한다.[97] 라마르 윌리엄슨은 이렇게 말한다. "예수님이 맹인을 고치시는 장면의 처음 상황이 제자들의 보지 못함을 비유하고 있다면, 그 다음에 이어지는 장면은 베드로가 마침내 깨닫긴 하지만 완전하지 않은 상황을 묘사한다. 이제 베드로는 여전히 흐릿한 시야를 바로잡기 위해 예수님의 두 번째 만지심이 필요하다. 그래야 그리스도가 누구신지 제대로 알 수 있고 제자들이 무엇을 해야 하는지 온전히 깨달을 수 있기 때문이다."[98] 조프리 그로건은 이렇게 말한다. "이런 두 단계의 치유는 그 다음 이어지는 예수님과 베드로의 대화가 어떻게 진행될 것임을 짐작하게 할 뿐 아니라 이 시점에서 베드로의 믿음이 얼마나 제한적인지 예수님이 잘 알고 계심을 보여준다."[99]

가이사랴 빌립보(갈릴리 바다에서 북쪽으로 30킬로미터, 예루살렘에서 북쪽으로 200킬로미터 떨어진 곳으로 요단강의 상부 발원지다)[100] 지역에 이르렀을 때 예수님이 제자들에게 자신의 정체성에 대해 물으신다. "사람들이 나를 누구라고 하느냐"(막 8:27). 제자들은 어떤 이는 세례 요한이라 하고 더러는 엘리야, 더러는 선지자 중의 하나라 말한다고 대답한다. 예수님이 또 물으신다. "너희는 나를 누구라 하느냐"(막 8:29). 베드로가 대답한다. "주는 그리스도시요 살아 계신 하나님의 아들이시니이다"(마 16:16). 예수님이 베드로에게 말씀하신다. "바요나 시몬아, 네가 복이 있도다. 이를 네게 알게 한 이는 혈육이 아니요 하늘에 계신 내 아버지시니라. 또 내가 네게 이르노니 너는 베드로라. 내가 이 반석 위에 내 교회를 세우리니 음부의 권세가 이기지 못하리라. 내가 천국 열쇠를 네게 주리니 네가 땅에서 무엇이든지 매면 하늘에서도 매일 것이요 네가 땅에서 무엇이든지 풀면 하늘에서도 풀리리라"(마 16:17-19). 예수님은 자신이 그리스도인 것을 아무에게도 말하지 말라고 엄중히 명하신다.

"너는 베드로라. 내가 이 반석 위에 내 교회를 세우리니"라는 구절은 논란이 많은 본문이다. 로마 가톨릭은 이것이 베드로가 첫 번째 교황이 되어야 하는 이유를 말한다고 믿는다. 개신교는 다르게 해석하는데, 예수님이 베드로를 교황으로 지목하려 하셨다면 아마도 "네 위에 내 교회를 세우리니"[101]라고 말씀하셨을 거라 주장한다. '베드로'라는 이름은 그리스어로 돌stone을 의미하는 페트로스Petros인데 이는 페트라petra 즉 바위rock와도 연관이 있다. 베드로의 다른 신약 이름인 '게바'도 바위를 의미하는 아람어다. 많은 개신교인들은 예수님이 말씀하신 "이 바위"가 베드로를 가리키는 것이라 하더라도, 예수님의 의도는 예수님이 메시아임을 고백한 베드로에게 맡기신 역할을 다른 제자들 역시 (동일한 고백을 하면) 동일하게 감당하게 될 것임을 알려주시는 데 있다고 믿는다.[102] 실제로 바울은 교회가 모든 사도와 선지자의 터 위에 세워진다고 말한다(엡 2:20). 게다가 베드로가 다른 사도들보다 더 권위가 있다면 왜 바울이 공개적으로 그의 잘못을 지적했겠는가(갈 2:11-14). "이 바위"에 대한 서로 대립하는 두 해석의 논거들은 너무 복잡하여 여기서 다룰 생각은 없다. 다만 오랫동안 서로 합의하지 못하고 충돌하는 해석이 있어 왔다는 것만 알아두면 된다.

예수님은 지옥의 문이(개역개정, "음부의 권세") 교회를 이기지 못할 거라 말씀하시면서 교회가 죽음과 악의 세력을 이길 거라고 약속하신다.[103] "내가 천국 열쇠를 네게 주리니 네가 땅에서 무엇이든지 매면 하늘에서도 매일 것이요 네가 땅에서 무엇이든지 풀면 하늘에서도 풀리리라"(마 16:19)는 그 다음 약속은 아마도 예수님이 베드로와 다른 사도들에게 말씀을 전파하고 하나님의 뜻을 수행하며 악의 세력에 맞설 권한을 지닌 역할을 맡기신다는 의미일 것이다(비교. 마 18:18).[104]

예수님은 이제 제자들에게 자신의 메시아로서의 역할을 더 큰 그림으로 보여주기 시작하신다. 예수님은 예루살렘으로 가서 고난 받으시고 죽임을 당하신 후에 사흘 만에 다시 살아나셔야 한다. 베드로는 이 말씀에 강하게 반발하며 "주여, 그리 마옵소서. 이 일이 결코 주께 미치지 아니하리이다"(마 16:22)라고 말한다. 그러자 예수님은 "사탄아 내 뒤로 물러 가라. 너는 나를 넘어지게 하는 자로다. 네가 하나님의 일을 생각하지 아니하고 도리어 사람의 일을 생각하는도다"(마 16:23)라고 말씀하신다.

예수님이 이렇게 단호하게 반응하신 데에는 이유가 있다. 예수님이 사람으로 이땅에 오신 목적은 우리의 죄를 대신해 죽는 것이다. 다른 사람들은 몰라도 예수님의 제자들만은 이것을 이해해야 한다. 바리새인들이 예수님과 예수님의 사역에 맞서고 대적하는 것은 그럴 수 있다 하더라도, 예수님의 제자들이 걸림돌이 되는 것은 결코 받아들일 수 없는 일이다. 제자들의 왜곡된 메시아 기대사상을 충족시켜 주기 위해 예수님의 메시아로서의 사명을 내버리거나 뒤로 미룰 수는 없다. 예수님이 그들 바람대로 이방의 압제자들을 군사적으로 물리쳐 이스라엘에게 잠시나마 구원을 선물할 수 있겠지만, 사람들은 여전히 자신들의 죄로 죽어야 할 것이다. 풀턴 쉰은 이렇게 말한다. "이 세상의 모든 사람은 살기 위해 이 땅에 왔다. 예수님은 죽으시기 위해 이 땅에

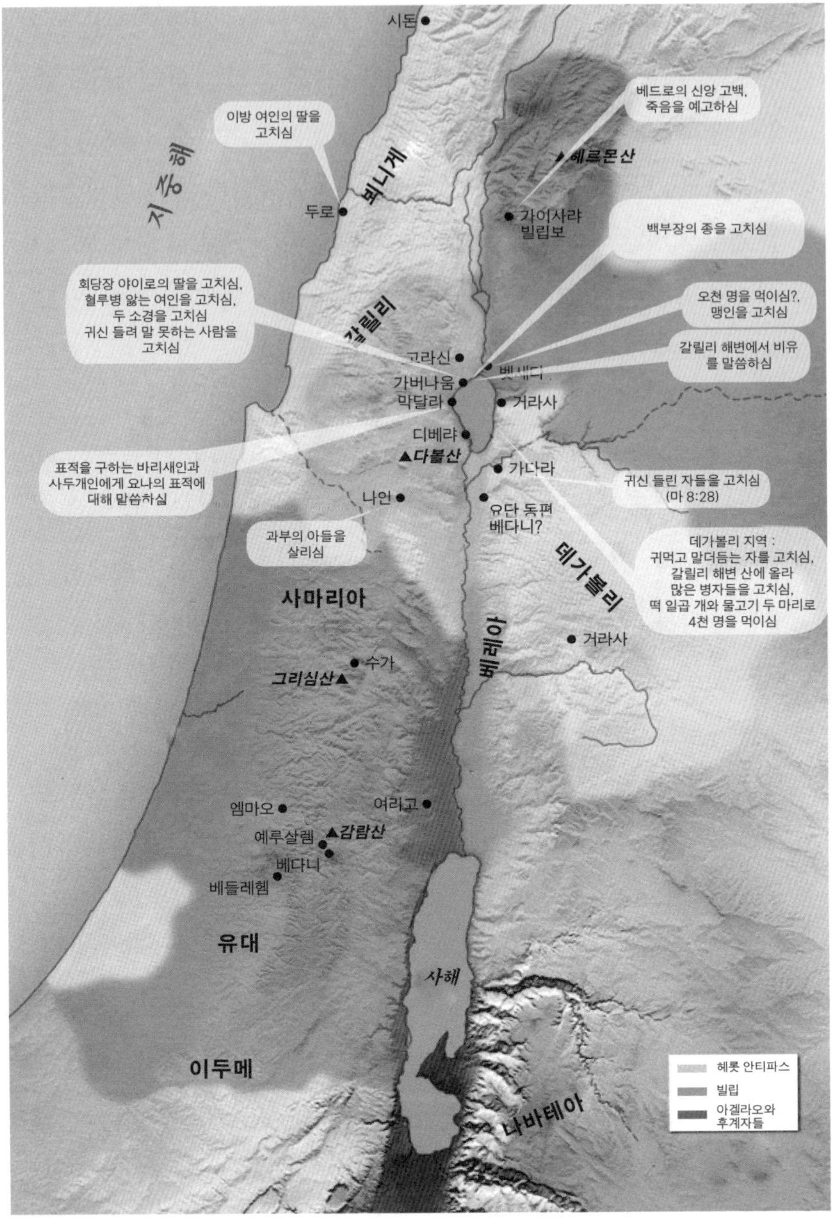

예수님의 사역 지도(백부장의 종을 고치신 일에서 바리새인과의 충돌까지

오셨다. 소크라테스에게 죽음은 걸려 넘어지는 돌이었다. 죽음으로 인해 그의 가르침은 끝이 났다. 하지만 그리스도에게 죽음은 삶의 목표이자 완성이며 그분이 찾으시던 황금이었다."[105] 이와 비슷하게 찰스 스펄전도 이렇게 말한다. "지극히 사랑하시는 제자인 베드로에게 예수님이 어떻게 말하실지 우리는 이런저런 예상을 할 수 있다. 그러나 예수님은 베드로에게 '사탄아 내 뒤로 물러 가라. 네가 하나님의 일을 생각하지 아니하는도다'라고 말씀하신다. 초라하고 부족한 인간적 우정은 예수님이 십자가를 지지 못하게 막고, 예수님이 인간의 모습으로 오신 가장 중요한 목적을 놓치게 만들며, 오직 수치와 죽음으로만 얻게 될 모든 영광을 그분에게서 빼앗아갈 수 있기 때문이다."[106]

하나님의 마음과 생각을 도저히 헤아릴 수 없는 인간의 부족함을 잘 드러내는 예시다. 또한 우리가 하나님의 무한한 지혜를 측량할 수 없을 때에도 그분께 순종해야 한다는 것을 일깨워주는 예시다. 바울은 이렇게 말한다.

> 십자가의 도가 멸망하는 자들에게는 미련한 것이요 구원을 받는 우리에게는 하나님의 능력이라. 기록된 바 내가 지혜 있는 자들의 지혜를 멸하고 총명한 자들의 총명을 폐하리라 하였으니 지혜 있는 자가 어디 있느냐? 선비가 어디 있느냐? 이 세대에 변론가가 어디 있느냐? 하나님께서 이 세상의 지혜를 미련하게 하신 것이 아니냐? 하나님의 지혜에 있어서는 이 세상이 자기 지혜로 하나님을 알지 못하므로 하나님께서 전도의 미련한 것으로 믿는 자들을 구원하시기를 기뻐하셨도다. 유대인은 표적을 구하고 헬라인은 지혜를 찾으나 우리는 십자가에 못 박힌 그리스도를 전하니 유대인에게는 거리끼는 것이요 이방인에게는

미련한 것이로되 오직 부르심을 받은 자들에게는 유대인이나 헬라인이나 그리스도는 하나님의 능력이요 하나님의 지혜니라. 하나님의 어리석음이 사람보다 지혜롭고 하나님의 약하심이 사람보다 강하니라 (고전 1:18-25).

유대인들에게 십자가는 걸려 넘어지는 돌이었다. 나무에 달린 자는 하나님께 저주를 받은 자라고 성경이 말씀하고 있기 때문이다(신 21:23). 그러므로 하나님이 보내신 메시아라면 십자가에 못 박힐 수 없었고 하나님께 저주를 받을 수 없었다(행 5:30; 10:39).

최초의 인간이 하나님의 길을 따라 순종했다면, 그리스도가 우리 죄를 위해 죽으시고 우리에게 생명을 내어주지 않으셔도 되었을 것이다. 다음 잠언 말씀이 증명해 준다. "어떤 길은 사람이 보기에 바르나 필경은 사망의 길이니라"(잠 14:12; 16:25).

8
변화산 사건에서 아브라함 논쟁까지

미덕과 은혜를 열거한 목록이 제아무리 완벽해도 그저 기계적인 견해를 제공할 뿐이다. 예수님의 성품을 다른 모든 사람이 결코 다다를 수 없는 수준으로 끌어올리는 것은 예수님의 무흠한 순결함과 무죄하심이다. 이는 예수님의 친구와 대적들도 인정한 바다. 우리는 예수님 안에서 모든 은혜, 즉 그분의 사랑, 그분의 위엄과 겸손, 그분의 권능과 온유함, 그분의 위대함과 소박하심, 그분의 자기 절제와 복종 등이 균형과 조화를 이루는 것을 본다. 예수님의 성품이 그처럼 도덕적으로 완전하시기에 역사 속에서 기적과 같은 도덕성을 보여주신 것이다. 그분을 현대나 고대의 성인들과 비교하는 것은 헛된 일이다. 회의주의자 장 자크 루소조차 이렇게 말할 수밖에 없었다. "소크라테스가 성인처럼 살다가 죽었다면, 예수님은 하나님처럼 살다가 죽으셨다." 필립 샤프[1]

변화산(마 17:1-13; 막 9:2-13; 눅 9:28-36)

예수님은 베드로와 요한, 야고보를 데리고 기도하러 높은 산에 올라가신다. 기도하는 동안 예수님의 얼굴이 해처럼 빛나고 옷이 빛과 같이 희어진다. 그때 모세와 엘리야가 나타나 예수님이 장차 예루살렘에서 성취하실 일(즉 죽으실 일)에 대해 함께 이야기를 나눈다. 놀란 베드로는 세 사람을 위해 각각 장막을 세우자고 제안한다. 그 말을 하는데 홀연히 빛난 구름이 그들을 덮으며 구름 속에서 소리가 들린다. "이는 내 사랑하는 아들이요 내 기뻐하는 자니 너희는 그의 말을 들으라"(마 17:5). 제자들이 이 소리를 듣고 엎어지며 몹시 두려워하자 예수님이 나아와 그들에게 손을 대시며 "일어나라, 두려워하지 말라"(마 17:6)고 말씀하신다. 제자들이 눈을 들어 보니 예수님 외에는 아무도 보이지 않는다. 산에서 내려오면서 예수님은 인자가 죽은 자 가운데서 살아나기 전에는 본 것을 아무에게도 말하지 말라 하신다. 그러자 제자들은 예수님께 왜 서기관들은 엘리야가 먼저 와야 한다고 말하는지 묻는다. 예수님은 (세례 요한을 의미하는) 엘리야가 이미 왔으나 사람들이 알지 못하고 함부로 대했으며 예수님도 엘리야처럼 사람들에게 고난을 받을 것이라고 말씀하신다(마 17:1-13; 막 9:2-13; 눅 9:28-36).

베드로는 그의 두 번째 서신에서 이 사건을 언급하면서, 자신이 그 광경을 직접 보았으며 그 일로 인해 구약의 예언들이 더 확실해졌다고 증언한다. 베드로는 이렇게 말한다.

> 우리 주 예수 그리스도의 능력과 강림하심을 너희에게 알게 한 것이 교묘히 만든 이야기를 따른 것이 아니요, 우리는 그의 크신 위엄을 친

히 본 자라. 지극히 큰 영광 중에서 이런 소리가 그에게 나기를 "이는 내 사랑하는 아들이요 내 기뻐하는 자라" 하실 때에 그가 하나님 아버지께 존귀와 영광을 받으셨느니라. 이 소리는 우리가 그와 함께 거룩한 산에 있을 때에 하늘로부터 난 것을 들은 것이라. 또 우리에게는 더 확실한 예언이 있어 어두운 데를 비추는 등불과 같으니, 날이 새어 샛별이 너희 마음에 떠오르기까지 너희가 이것을 주의하는 것이 옳으니라. 먼저 알 것은 성경의 모든 예언은 사사로이 풀 것이 아니니 예언은 언제든지 사람의 뜻으로 낸 것이 아니요 오직 성령의 감동하심을 받은 사람들이 하나님께 받아 말한 것임이라(벧후 1:16-21).

어떤 이들은 변화산 사건이 예수님 초기 사역의 정점이었다고 믿는다.[2] 예수님이 단지 겉모습이 아닌 내면에서부터 빛이 났을 거라는 점에 주목할 필요가 있다.[3] '변화'transfiguration라고 번역된 단어가 이런 견해를 뒷받침하는데, '변형'metamorphosis이란 단어의 기원이기도 하며, 단순히 외형적인 것이 아닌 총체적인 변화를 포함한다.[4] 이 변화산 사건은 예수님이 영광 가운데 다시 재림하시는 때 드러날 찬란함을 조금 보여주는 것이기도 하다(눅 9:26-27).[5]

변화산 사건은 복음서에만 나온다. 구약이나 다른 고대 문헌에는 비슷한 기록이 전혀 없다.[6] 월터 엘웰은 예수님이 세례 받으실 때는 하늘에서 소리가 들려 예수님께 직접 "너는 내 사랑하는 아들이라"고 말하지만 여기 변화산 사건에서는 제자들에게 "이는 내 사랑하는 아들이요"라고 말한다는 점에 주목한다. 이를 통해 엘웰은 그 사건이 예수님보다는 제자들을 겨냥해 일어난 일이라고 추측한다. 즉 가이사랴 빌립보에서 베드로가 예수님을 그리스도요 하나님의 아들이라고 고

사복음서 비교: 변화산 사건에서 아브라함 논쟁까지

	마태복음	마가복음	누가복음	요한복음
변화산	17:1-13	9:2-13	9:28-36	-
귀신을 쫓아내심; 자신의 죽음을 예고하심; 물고기 입에서 동전을 찾음	17:14-27	9:14-32	9:37-45	-
큰 자; 시험; 잃어버린 양; 교회 권징에 대해 가르치심	18:1-20	9:33-41, 42-50	9:46-50	-
용서와 자비	18:21-35	-	17:3-4	-
회개하지 않는 고을들을 책망하심; 72명을 파송하심; 아버지의 뜻 안에서 기뻐하심	11:20-24	-	10:1-24	-
내게로 오라 내가 너희를 쉬게 하리라	11:25-30	-	-	-
선한 사마리아인	-	-	10:25-37	-
마리아와 마르다; 주님의 기도	6:9-13	-	10:38-11:13	-
예수님과 바리새인	12:22-45	3:22-30	11:14-16; 17-54; 12:1-12	-
어리석은 부자 비유, 우선순위와 염려에 대한 교훈	-	-	12:13-34	-
인자가 올 것을 준비해야 함	-	-	12:35-48	-
평화가 아닌 분쟁	-	-	12:49-53	-
시대를 분별함			12:54-56	
고발하는 자와 화해하기	-	-	12:57-59	-
회개 아니면 멸망	-	-	13:1-5	-
열매 없는 무화과 나무 비유	-	-	13:6-9	-
귀신 들린 여자를 고치심	-	-	13:10-17	-
형제들의 불신	-	-	-	7:1-9
사마리아에서 거부당하심, 제자도의 대가	-	-	9:51-52	-
예루살렘에서 가르치심	-	-	-	7:10-8:11
세상의 빛	-	-	-	8:12-30

백한 일이 있은 직후, 하나님은 이 변화산 사건을 통해 그의 고백이 맞다는 것을 확증하고 계신 것이다.[7]

그러나 소리가 거기서 그친 것이 아님에 주목하라. 소리는 또한 "너희는 그의 말을 들으라" 하시고 바로 다음과 같이 이어진다. "제자들이 눈을 들고 보매 오직 예수 외에는 아무도 보이지 아니하더라." H. J. R. 마스턴 목사는 다음과 같이 적용한다. "그리스도는 우리 각자에게 모든 것이 되셔야 한다. 이것이 변화산 사건이 주는 교훈이다. 우리 주 예수 그리스도는 모든 사람 중에 최고가 되셔야 하고…모든 것에 앞서 으뜸이 되셔야 한다. 예수 그리스도만이 우리를 구원하실 수 있음을 기억해야 한다."[8]

베드로는 그 소리가 전하는 메시지를 확실하게 받아들인다. 사도행전에 기록된 베드로의 모습을 보면 그는 성령충만하여 담대하게 종교 지도자들에게 선포한다. "이 예수는 너희 건축자들의 버린 돌로서 집 모퉁이의 머릿돌이 되었느니라. 다른 이로써는 구원을 받을 수 없나니 천하 사람 중에 구원을 받을 만한 다른 이름을 우리에게 주신 일이 없음이라"(행 4:11-12).

루터교 목사인 존 버틀러는 변화산 사건을 이렇게 풀어낸다. "그리스도의 모습이 변하여 잠시 동안 그리스도의 인성은 가려지고 신성이 드러난 것이다. 이 변화산 사건은 예수님이 비록 이 땅에서 인간의 모습으로 계시지만 사실은 여전히 하나님이심을 보여준다."[9] (모세와 엘리야라는) 구약의 두 위대한 인물이 메시아이신 예수님께 나타나면서 하나님의 구원 계획이 온전히 드러나고, 하나님은 (자신이 지휘하신) 이 사건을 섭리에 따라 축복하신다. 하나님 아버지는 구약을 대표하는 두 인물 앞에서 곧 인류의 구원을 위해 고난 받으실 예수님을 높이심으로 자신의 구원 계획에 느낌표를 찍으신다. 구약이 신약에게 길을 내주는 너무나 아름다운 장면이다.

귀신을 쫓아내심; 자신의 죽음을 예고하심; 물고기 입에서 동전을 찾음(마 17:14-27; 막 9:14-32; 눅 9:37-45)

다음날 산에서 내려온 예수님과 제자들이 큰 무리의 사람들을 만난다. 그 중 한 사람이 앞으로 나와 예수님에게 자기 아들에 대해 말을 꺼낸다. 그 아들이 악한 영에 붙들려 고통을 겪고 있는 처지다. 그는 앞서 예수님의 제자들에게 아들을 데려왔으나 고치지 못했다며 예수님께 자기 아들을 불쌍히 여겨달라 간청한다. 예수님이 말씀하신다. "믿음이 없고 패역한 세대여, 내가 얼마나 너희와 함께 있으며 얼마나 너희에게 참으리요. 그를 이리로 데려오라"(마 17:17). 예수님 앞에 이끌려 나온 아들은 심하게 경련을 일으키며 땅에 쓰러져 구르고 입에 거품을 물기까지 한다. 그러나 실제론 아들을 사로잡은 귀신이 이 모든 소동을 일으키고 있다. 예수님이 귀신을 꾸짖으시자 귀신이 나가고 건강을 회복한 아이는 아버지에게 돌아간다. 이를 본 사람들이 모두 하나님의 위엄에 놀란다. (하나님의 위엄에 놀랐다는 표현은) 사람들이 (예수님이 하나님이심을 온전히 깨닫진 못하더라도) 하나님만 하실 수 있는 일을 예수님이 행하고 계신 것을 인지하고 있음을 보여준다. 제자들이 조용히 예수님에게 나아와 왜 자신들은 귀신을 쫓아내지 못했는지 묻자 예수님은 그들의 믿음이 부족하기 때문이라고 대답하신다. "진실로 너희에게 이르노니 만일 너희에게 믿음이 겨자씨 한 알만큼만 있어도 이 산을 명하여 여기서 저기로 옮겨지라 하면 옮겨질 것이요 또 너희가 못할 것이 없으리라"(마 17:20).

앞서 예수님은 "믿음이 없고 패역한 세대"faithless and twisted generation 라고 말씀하심으로 구약에 나오는 모세의 노래(신 32:1-43)를 떠올리게 하신다. 구약 신명기에서 모세는 참으로 신실하시고 공의로우신 하나님을 배반한 사람들을 "흠이 있고 삐뚤어진 세대"(신 32:4-5) a crooked and twisted generation 라고 표현한다. 바울도 같은 표현을 사용한다. "모든 일을 원망과 시비가 없이 하라. 이는 너희가 흠이 없고 순전하여 어그러지고 거스르는 세대a crooked and twisted generation 가운데서 하나님의 흠 없는 자녀로 세상에서 그들 가운데 빛들로 나타내며"(빌 2:14-15). 예수님은 신명기의 "흠이 있고 삐뚤어진 세대"라는 표현을 가져와 사용하심으로 제자들의 부족한 믿음과 당시 대부분 사람들의 믿음 없음을 드러내려 하시는 것이다.

여기서 다시 한번 진정한 믿음과 치유 사이의 상관관계를 본다. 예수님은 믿음의 능력을 비유로 알려주시려고 겨자씨를 언급하신다. 겨자씨는 처음엔 작지만 3미터가 넘는 관목이나 나무로 자라기 때문이다.[10] 여기서 요점은 작은 믿음으로도 능력 있는 무언가를 행할 수 있다는 것이다. 유대 문헌은 이와 동일한 개념을 산을 움직인다는 비유로 종종 표현한다.[11] 지나친 과장이라고 일축하는 이도 있겠지만, 하나님이 전능하신 분임을 알고 있는 우리로서는 믿음이 하나님의 능력을 이끌어내는 것임을 놓치지 말아야 한다. 나중에 예수님은 우리가 하나님 나라에 들어가는 것이 얼마나 어려운지 말씀하시면서 이렇게 결론지으신다. "사람으로는 할 수 없으나 하나님으로서는 다 하실 수 있느니라"(마 19:26).

갈릴리에 계실 때 예수님은 자신이 당국자들에게 넘겨져 죽임을 당하고 사흘만에 살아날 것이라고 말씀하심으로 제자들을 근심에 빠뜨리신다. 제자들은 아직 이해하지 못한다. "그 말씀이 감취었으므로 그들이 그 이르신 바를 알지 못하였기" 때문이다. 예수님이 자신의 죽음을 세 번째 예언하실 때도 같은 상황일 것이다(눅 18:34). 예수님은 이 말의 의미를 제자들이 여전히 깨닫지 못하는 상황임에도 왜 자꾸("이 말을 너희 귀에 담아 두라" 눅 9:44) 강조하시는지 모르겠다는 사람도 있을 것이다. 간단히 설명하면, 하나님은 제자들이 그 진리의 말씀을 이해할 때가 이르기까지 주권적으로 감추실 테지만, 나중에 제자들은 (그 진리를 깨달은 후에) 예수님이 왜 그렇게 강조하셨는지 기억하게 될 것이다.

예수님과 제자들이 가버나움에 이르자 "반 세겔 받는 자들"(마 17:24)이 베드로에게 다가와 그의 선생, 즉 예수님이 (성전세를 가리키는) 반 세겔을 내시는지 묻는다. 베드로는 "내신다"고 대답하고, 집에 들어온 베드로에게 예수님이 물으신다. "세상 임금들이 누구에게 관세와 국세를 받느냐? 자기 아들에게냐 타인에게냐?"(마 17:25). 베드로가 "타인"에게라고 대답하자 예수님은 "그렇다면 아들들은 세금을 내지 않아도 된다"고 말씀하신다. 그럼에도 예수님은 베드로에게 바다에 가서 물고기를 잡은 후 그 입속에서 한 세겔을 꺼내 세금 걷는 자들에게 주라고 지시하신다. 예수님은 아버지의 집인 성전을 유지하기 위한 세금을 내실 필요가 없다. 아버지의 집은 예수님의 집이기도 하다. 예수님은 자신이 새 언약을 반포했으므로 예수님뿐 아니라 제자들도 옛 언약의 율법에 매여 있지 않음을 베드로에게 가르치고 계신다. 그럼에도 불구하고, 사역 중에 혹여 불필요한 충돌을 피하기 위해 예수님은 기적적인 방법으로 필요한 동전을 마련하여 세금을 지불하신다.

바울이 고린도 교회에게 준 권면도 이와 맥을 같이한다. "이는 우리가 주 앞에서뿐 아니라 사람 앞에서도 선한 일에 조심하려 함이라"(고후 8:21). 바울은 말씀을 전파하고 회심자를 얻는 것이 너무 중요하기에 잠재적인 회심자들의 전통을 지킴으로 갈등과 저항을 최소화하는 것의 중요성을 말하고 있다. 바울은 또 이렇게 말한다. "내가 모든 사람에게서 자유로우나 스스로 모든 사람에게 종이 된 것은 더 많은 사람을 얻고자 함이라. 유대인들에게 내가 유대인과 같이 된 것은 유대인들을 얻고자 함이요, 율법 아래에 있는 자들에게는 내가 율법 아래에 있지 아니하나 율법 아래에 있는 자 같이 된 것은 율법 아래에 있는 자들을 얻고자 함이요, 율법 없는 자에게는 내가 하나님께는 율법 없는 자가 아니요 도리어 그리스도의 율법 아래에 있는 자이나 율법 없는 자와 같이 된 것은 율법 없는 자들을 얻고자 함이라. 약한 자들에게 내가 약한 자와 같이 된 것은 약한 자들을 얻고자 함이요, 내가 여러 사람에게 여러 모습이 된 것은 아무쪼록 몇 사람이라도 구원하고자 함이니 내가 복음을 위하여 모든 것을 행함은 복음에 참여하고자 함이라"(고전 9:19-23).

마찬가지로 베드로도 자신의 그리스도인 형제들에게 이렇게 가르친다. "너희가 이방인 중에서 행실을 선하게 가져 너희를 악행한다고 비방하는 자들로 하여금 너희 선한 일을 보고 오시는 날에 하나님께 영광을 돌리게 하려 함이라"(벧전 2:12). 그리스도를 위해 영혼을 구하는 것이 무엇보다 소중하며 (원칙을 타협하진 않되) 다른 사람의 관행에 보조를 맞춰주는 것이 목적 달성을 위해 필요함을 예수님은 반복하여 보여주고 계신다.

큰 자; 시험; 잃어버린 양; 교회 권징에 대해 가르치심(마 18:1-20; 막 9:33-41, 42-50; 눅 9:46-50)

하나님 나라에서 누가 큰지 제자들이 서로 다투기 시작한다. 제자들이 예수님께 이 문제를 가지고 가자 예수님은 이렇게 대답하신다. "누구든지 첫째가 되고자 하면 뭇 사람의 끝이 되며 뭇 사람을 섬기는 자가 되어야 하리라"(막 9:35). 예수님은 그리스도인의 섬김의 중요성을 강조하시고, 이를 몸소 보여주기도 하신다. 가장 큰 자이신 예수님이 우리를 위해 자신의 생명을 내려놓으시는 것이다. 나중에 예수님은 이렇게 말씀하신다. "인자가 온 것은 섬김을 받으려 함이 아니라 도리어 섬기려 하고 자기 목숨을 많은 사람의 대속물로 주려 함이니라"(막 10:45). 그리스도를 닮기 위해 우리는 종의 마음을 가지고 다른 사람을 우리보다 낫게 여겨야 한다. 그들에게 예속된 종으로서가 아니라 서로 돕기를 즐겨하는 그리스도인으로 그렇게 해야 한다. 하나님 나라에서는 지위가 아니라 섬김으로 누가 큰지가 결정된다.

예수님은 어린 아이를 불러 그들 가운데 세우시고, 사람이 어린 아이들과 같이 자기를 낮추지 않으면 하나님 나라에 들어갈 수 없다고 설명하신다. 구원하는 믿음에는 겸손함이 필요하다. 이것은 예수 그리스도를 향한 어린 아이 같은 신뢰를 의미하며, 그런 믿음이 우리를 구원한다.[12] 또 예수님은 말씀하신다. "누구든지 내 이름으로 이런 어린 아이 하나를 영접하면 곧 나를 영접함이요 누구든지 나를 영접하면 나를 영접함이 아니요 나를 보내신 이를 영접함이니라"(막 9:37). 도움이 필요한 이들에게 친절을 베푸는 것은 곧 예수님과 하나님을 영접하는 것이기도 하다.

예수님은 누구든지 그분을 믿는 이 작은 자(어린 아이들) 중 하나를 실족하게 하면 차라리 연자 맷돌이 그 목에 달려서 깊은 바다에 빠뜨려지는 것이 낫다고 말씀하신다. 실족하게 하는 일이 없을 수는 없으나 실족하게 하는 그 사람에게는 화가 있다. 만일 몸의 일부가 죄를 범하게 하면 지옥불에 던져지는 것보다 몸의 일부를 잘라내는 것이 더 나을 것이다.

여기서 예수님이 의도하시는 바는, 우리는 어쩔 수 없이 죄의 유혹을 받지만 그래도 피하기 위해 최선을 다해야 하며 시험 받는 상황을 아예 만들지 말아야 한다는 것이라고 생각한다. 예수님이 우리에게 기도를 가르치시면서 "우리를 시험에 들게 하지 마시고 다만 악에서 구하시옵소서"(마 6:18)라고 기도하게 하셨음을 기억하라. 그러므로 예를 들어, 중독적 기질을 갖고 있다면 중독적 행위를 유도하는 상황을 아예 피해야 한다. 어떤 이들은 우리의 손과 발이 죄를 짓게 하면 잘라버리라고 하신 예수님의 말씀이 비유적으로 과장하신 표현이라고 말하기도 한다. 그럴 수도 있다. 그러나 우리를 죽음으로 이끄는 죄의 심각성을 이보다 잘 보여주는 것이 있을까? 영생을 얻는 일에 걸림돌이 된다면 이생에서 가진 모든 것을 희생하라고 경고하시는 것이 과장일까?

예수님은 지금 사람들을 시험에 들게 할 뿐 아니라 예수님에게서 멀어지게 만드는 자들에게 엄중한 경고를 하고 계신다. 이 비유에 등장하는 작은 자(어린 아이)란 비록 시험이나 불신은 어떻게든 피했지만 그들을 죄로 유혹하는 자들 (그래서 자신은 물론 다른 이들까지 구덩이로 끌고가는 자들)의 악한 영향에서 피하지 못하는, 무고한 사람들을 가리킨다. 사람들을 믿음에서 떠나 불신하도록 유혹함으로 생명에서 죽음으로 끌고가는 이런 행동은 끔찍한 죄악이다.

예수님은 이 작은 자들을 업신여기지 말라 하시며, 그들의 천사가 하늘에서 하늘에 계신 아버지의 얼굴을 항상 뵈옵기 때문이라고 하신다. 여기에는 하나님이 이 작은 자들을 너무 아끼셔서 수호 천사를 통해 그들을 (그리고 아마도 모든 믿는 자들을) 돌보고 계시며, 이 천사들은 하나님 아버지와 직접 대면하여 의사소통한다는 내용이 내포되어 있다. 이 작은 자들을 향한 하나님의 마음을 가르치시기 위해, 예수님은 잃은 양 비유를 들려주신다. 만일 어떤 사람이 양 백 마리가 있는데 그 중의 하나가 길을 잃었으면 그 아흔아홉 마리를 산에 두고 가서 길 잃은 양을 찾지 않겠느냐고 하신다. "이와 같이 이 작은 자 중의 하나라도 잃는 것은 하늘에 계신 너희 아버지의 뜻이 아니니라"(마 18:14).

그러고 나서 예수님은 죄를 지은 형제를 어떻게 해야 하는지에 대해 가르치신다. 먼저 그를 직접 대면하여 말해야 한다. 그가 듣지 않으면 한두 사람을 데리고 가서 만나야 한다. 그래도 듣지 않으면 교회에 말하고, 그래도 듣지 않으면 "이방인과 세리와 같이 여기라"(마 18:17)고 하신다. 즉 아무 상관 없는 외부인으로 대하라는 말이다. 예수님은 계속해서 말씀하신다. "무엇이든지 너희가 땅에서 매면 하늘에서도 매일 것이요 무엇이든지 땅에서 풀면 하늘에서도 풀리리라"(마 18:18). 즉 교회가 이런 권징의 문제에 대한 권한을 가졌다는 의미다. 예수님은 덧붙여 말씀하신다. "진실로 다시 너희에게 이르노니 너희 중의 두 사람이 땅에서 합심하여 무엇이든지 구하면 하늘에 계신 내 아버지께서 그들을 위하여 이루게 하시리라"(마 18:19).

어떤 이들은 이것이 두세 사람이 합심하여 기도하면 하나님이 언제나 응답하신다는 의미라고 받아들인다. 그러나 대부분의 주석가들은 이 약속이 앞의 내용과 연결되는 것이므로 교회의 권징 문제와 관련하여 두세 사람이 드리는 기도에만 제한적으로 적용해야 한다고 믿는다.[13] 그렇다 하더라도 기도가 기독교 공동체를 굳건하게 할 뿐 아니라 기도에는 힘이 많다고 믿는 것은 그리스도인에게 마땅한 자세다. 믿는 사람들이 함께 모여 서로를 위해 사랑으로 기도하는 것만큼 그리스도의 마음을 잘 보여주는 것은 없다.

한편 예수님을 따르지 않는 어떤 이가 예수님의 이름으로 귀신 쫓는 것을 제자들이 목격하고 금지했다는 이야기를 요한이 전한다. 예수님은 이렇게 명하신다. "금하지 말라. 너희를 반대하지 않는 자는 너희를 위하는 자니라"(눅 9:50). 그 사람은 분명 예수님의 이름을 잘못 사용하지 않았다. 그는 제자 중 하나는 아니지만 믿는 자인 것은 맞다. 제자들이 이 일로 화가 난 것은 예수님의 사역이 확장되는 것보다 자신들의 이익을 지키는 데 더 관심이 많았기 때문이다.[14]

용서와 자비(마 18:21-35; 눅 17:3-4)

베드로가 예수님께 묻는다. "주여 형제가 내게 죄를 범하면 몇 번이나 용서하여 주리이까 일곱 번까지 하오리이까?" 예수님이 대답하신다. "네게 이르노니 일곱 번뿐 아니라 일곱 번을 일흔 번까지라도 할지니라"(마 18:22). 예수님은, 종들과 결산하려 하던 어떤 왕에 비유해 하나님 나라를 설명하신다. 왕 앞에 만 달란트 빚진 종이 나아오는데 그가 갚을 것이 없자 왕은 그의 몸과 아내와 자식들과 모든 소유를 다 팔아 갚으라고 한다. 그 종은 왕에게 자비를 구하며 갚을 테니 시간을 좀더 달라고 간청하고, 종의 처지를 불쌍히 여긴 왕은 그의 빚을 탕감해 준다. 그러나 왕에게서 만 달란트를 탕감받은 종은 자신에게 백 데나리온을 빚진 동료의 간청에도 불쌍히 여기거나 자비를 베풀지 않는다. 오히려 백 데나리온 빚진 동료를 감옥에 가두는데, 이에 그 동료들이 그것을 보고 몹시 딱하게 여겨 왕에게 가서 그 일을 다 알린다. 그 소식을 접한 왕은 분노하여 만 달란트 탕감받았던 종을 옥에 가둬버린다. 왕이 자신에게 베푼 자비를 똑같이 형제에게 베풀지 않은 탓이다. 예수님은 이렇게 경고하신다. "너희가 각각 마음으로부터 형제를 용서하지 아니하면 나의 하늘 아버지께서도 너희에게 이와 같이 하시리라"(마 18:35).

자비로우신 예수님은 주님을 신뢰하는 자들의 끔찍한 죄를 용서해 주신다. 예수님은 우리가 형제를 대하면서도 그와 같은 자비를 행동으로 드러내기 원하신다. 래리 리처드는 이렇게 말한다. "우리더러 자비를 베풀고 용서하라 말씀하시는 이유는, 하나님이 용서를 꺼리는 분이라서가 아니다. 용서는 (양면을 가진) 동전과 같기 때문이다. 앞면이 있으면 뒷면이 있다. 용서를 받았다면 당연히 용서를 베풀어야 한다는 의미다."[15] 용서하지 않는 사람은 하나님이 자신들을 용서해 주실 거라 기대해선 안 된다. 예수님은 말씀하신다. "긍휼히 여기는 자는 복이 있나니 그들이 긍휼히 여김을 받을 것임이요"(마 5:7). 예수님은 또 주기문에서도 용서를 말하신다. "우리가 우리에게 죄 지은 자를 사하여 준 것 같이 우리 죄를 사하여 주시옵고"(마 6:12). 야고보도 같은 말을 한다. "긍휼을 행하지 아니하는 자에게는 긍휼 없는 심판이 있으리라. 긍휼은 심판을 이기고 자랑하느니라"(약 2:13).

산상수훈 때와 마찬가지로, 예수님은 이 비유를 말씀하시면서 세상의 기준보다 훨씬 높은 도덕 기준을 제시하신다. 랍비의 가르침은 사람이 다른 사람을 세 번까지 용서해야 한다고 말한다. 일곱 번은 아니고, 일흔일곱 번은 더더욱 아니다.[16] 하지만 이 비유에서 그 종이 감옥에 갈지 말지를 결정하는 열쇠가 왕이 아닌 종 자신에게 있다는 데 용기를 얻게 된다. 그는 빚을 다 갚을 때까지만 감옥에 갇힐 것이며, 이는 예수님의 용서하시는 마음과 은혜로운 자비하심에 대한 증거다.

이 비유에서 더 큰 요지는 하나님이 일흔일곱 번보다 더 많게 무한히 용서하신다는 것이다. 우리가 도저히 갚을 수 없는 수준이다. 우리의 생각과 행위를 근거로 삼는다면 우리 중 누구도 구원을 받을 자격이 없다. 그러나 그리스도의 보혈로 인해 우리는 용서를 받는다. 사실 우리의 죄악된 본성은 용서하는 마음을 품으려는 우리의 노력조차 거부하지만, 그리스도를 닮아가기 위해 우리는 마땅히 그런 태도를 가져야 한다. 로버트 페인은 이를 잘 설명한다. "나를 지으신 분이 예수 그리스도를 통해 세상에 보여주신 용서와 자비하심에 대해 찬양하지 않을 수 없다. 그 예수 그리스도로 말미암아 장래에 결코 끝나지 않을 복락을 소망할 수 있게 되었다."[17]

회개하지 않는 고을들을 책망하심; 72명을 파송하심; 아버지의 뜻 안에서 기뻐하심(마 11:20-24; 눅 10:1-24)

예수님은 자신이 권능을 가장 많이 행하신 마을들을 책망하신다. 예수님과 그분이 행하신 일들을 직접 보았음에도 회개하지 않기 때문이다. 예수님이 경고하신다. "내가 너희에게 이르노니 심판 날에 소돔 땅이 너보다 견디기 쉬우리라"(마 11:24).

예수님은 72명*의 제자를 세우고 둘씩 짝지어 예수님이 가실 모든 마을에 앞서 보내시며 이렇게 말씀하신다. "추수할 것은 많되 일꾼이 적으니 그러므로 추수하는 주인에게 청하여 추수할 일꾼들을 보내 주소서 하라"(눅 10:2). 복음을 들어야 하는 이들은 많지만, 그들에게 그 소식을 전할 전도자는 너무 적다.[18] 예수님은 다시 한번 그들을 보내는 일이 어린 양을 이리 가운데 보내는 것과 같다 말씀하시며, 집집마다 가서 병든 자를 고치고 "하나님 나라가 가까이 왔다"고 전하라 하신다. 하지만 제자들을 받아들이지 않는다면 그 사람들은 더 이상 아무 상관이 없다.

72명이 기뻐하며 돌아와 "주여, 주의 이름이면 귀신들도 우리에게 항복하더이다"(눅 10:17)라고 말하자, 예수님은 자신이 그들에게 그런 권능을 주셨음을 확인해 주신다. 다만 권능을 위임받은 것으로 기뻐하지 말고 그들의 이름이 하늘에 기록된 것으로 기뻐하라고 경계하신

---

* 한글개역개정 누가복음 10장에는 70명이라고 되어 있다. 이는 수많은 그리스어 사본에 70명과 72명이 혼재되어 있기 때문인데, 학자들은 어느 쪽이든 신학적으로 문제가 되지 않는다고 본다. 이 72라는 숫자는 아마도 세상에 있는 민족들의 수를 대표하는 상징적인 의미가 있다고 해석된다(참조. 창 10장).

다. 달리 말해 그들의 권세를 자랑하지 말고 영생을 선물로 받은 사실을 소중히 여기라는 말이다. 예수님은 성령 안에서 기뻐하시며 아버지가 지혜로운 자들에게는 이것을 숨기시고 어린 아이들에게 나타내심을 감사드리신다. "내 아버지께서 모든 것을 내게 주셨으니 아버지 외에는 아들이 누구인지 아는 자가 없고, 아들과 또 아들의 소원대로 계시를 받는 자 외에는 아버지가 누구인지 아는 자가 없나이다"(눅 10:22; 마 11:27)). 이렇게 말씀하심으로 예수님은 자신의 신성을 직접적으로 선포하시고 아버지가 그분의 일을 하도록 전권을 주셨다고 주장하신다.

바비에리는 이렇게 말한다. "성자 하나님과 성부 하나님은 삼위일체의 친밀한 관계 안에서 서로를 완전하게 아신다."[19] 두 분 사이에 비밀은 없다.[20] 아버지가 아들에게 전권을 주신 것은 예수님이 아버지보다 열등하다는 의미가 아니라, 삼위일체 안에서 아버지가 그러한 것들에 대해 권한을 갖고 계신다는 의미다.[21] 케네스 도터스는 이렇게 말한다. "아들은 기꺼이 아버지의 고난 받는 종이 되고자 하셨다. 아들은 기꺼이 아버지께 복종하고 아버지의 뜻을 행하고자 하셨다. 이런 복종은 존재나 본질의 차이에 따른 것이 아니라 질서, 직무, 활동에 따른 기능이 다른 것이다. 기능이 다르다는 것은 본질상 열등하다는 의미가 아니다. 역할은 가치가 아니라 기능이 다른 것이다."[22] 스프라울은 이렇게 설명한다. "그리스도의 순종을 말할 때는 매우 조심해야 한다. 우리 문화는 복종을 비동등성과 동일시한다. 하지만 삼위일체 안에서 모든 위격은 본성과 영광과 존귀함에 있어서 동일하시다. 세 위격 모두 영원하시고 스스로 존재하신다. 세 위격이 모든 신적 양상들을 함께 나누어 가지신다. 하나님의 구원 계획 안에서…아들은 자발적으로 아버지께 순종하는 역할을 맡으신다."[23]

예수님은 제자들을 돌아보시며 그들에게 따로 말씀하신다. "너희가 보는 것을 보는 눈은 복이 있도다 내가 너희에게 말하노니 많은 선지자와 임금이 너희가 보는 바를 보고자 하였으되 보지 못하였으며 너희가 듣는 바를 듣고자 하였으되 듣지 못하였느니라"(눅 10:23-24). 제자들은 (하나님의 아들이 이 땅에 오셔서 구원 역사의 새 세대를 여시는) 놀라운 시대를 살아가는 특권을 누리고 있다. 이는 구약의 선지자들도 흐릿하게 바라보며 언제나 고대만 하던 시대인 것이다.[24]

내게로 오라, 내가 너희를 쉬게 하리라(마 11:25-30)

예수님이 말씀하신다. "수고하고 무거운 짐 진 자들아, 다 내게로 오라 내가 너희를 쉬게 하리라. 나는 마음이 온유하고 겸손하니 나의 멍에를 메고 내게 배우라. 그리하면 너희 마음이 쉼을 얻으리니, 이는 내 멍에는 쉽고 내 짐은 가벼움이라"(마 11:28-30). 예수님은 엄격한 종교 규율의 무게에 힘들어하고 더불어 자기 죄의 무게에 짓눌려 있는 사람들에게 쉼을 주고자 하신다. 지치고 힘든 자들에게 와서 위로를 얻으라고 초대하고 계신다. 예수님은 믿는 자들에게 율법이 요구하는 것보다 덜 요구하시는 것이 아니다. 마이클 그린은 이렇게 설명한다. "어떤 면에서 예수님의 기준은 더 많은 것을 요구한다. 하지만 그것은 의무가 아닌 사랑의 멍에다. 억지로 감당해야 하는 의무가 아니라 자유로워진 자가 보이는 반응이다. 그리고 그것이 큰 차이를 만들어낸다."[25] 바울은 이렇게 말한다. "그러므로 이제 그리스도 예수 안에 있는 자에게는 결코 정죄함이 없나니 이는 그리스도 예수 안에 있는 생명의 성령의 법이 죄와 사망의 법에서 너를 해방하였음이라"(롬 8:1-2). 예수님은 십자가의 희생적인 죽음을 통해 율법이 우리에게 요구하는 모든 것을 성취하셨다(롬 8:4).

예수님은 어떤 조건도 걸지 않으신다. 그저 우리의 있는 모습 그대로 (우리의 모든 죄와 문제를 안은 채) 그분에게로 나아오라 말씀하신다. 그러면 우리는 쉼과 평강을 얻을 것이다. 우리의 문제가 아무리 크든 관계없이 그저 예수님께 나아가 그분 발앞에 내려놓으면 된다니 이보다 더 위로가 되는 말씀이 또 있을까? 우리가 그렇게만 하면 예수님은 모든 지각에 뛰어난 평강으로 우리에게 응답하실 것이다(빌 4:6-7). 이 평강은 말그대로 초자연적 특성이 있어서 우리는 어떻게 우리에게 평강이 임하는지 알지 못한다. 찰스 스탠리는 바울이 감옥에 있으면서 자신의 문제에 몰두하지 않고 다른 죄수들에게 복음을 전한 일에 주목하여 이렇게 말한다. "너무 신비하여 우리 이성으로는 도무지 이해할 수 없지만, 바울은 하나님의 평강이 (평범한 날이든 시련 가운데 있든) 우리 삶을 흔들림없이 바라보게 만드는 근본 진리임을 알고 있었다."[26]

선한 사마리아인(눅 10:25-37)

어떤 율법학자가 예수님께 영생을 얻으려면 무엇을 해야 하는지 질문하자, 예수님은 율법에 무엇이라 쓰여 있느냐고 물으신다. 율법학자는 대답한다. "네 마음을 다하며 목숨을 다하며 힘을 다하며 뜻을 다하여 주 너의 하나님을 사랑하고 또한 네 이웃을 네 자신 같이 사랑하라 하였나이다"(눅 10:27). 예수님은 그의 답이 맞다고 말씀하신다. 율법학자가 누가 자기 이웃이냐고 묻자 예수님은 강도 만난 사람 이야기를 들려주신다. 어떤 사람이 예루살렘에서 여리고로 내려가다 강도를 만난다. 강도들은 그의 옷을 빼앗고 구타하여 거의 죽게 된 채로 버리고 가버린다. 한 제사장과 한 레위인이 그 길을 지나다 강도 만난 사람을 발견하지만 피하여 지나가고, 어떤 사마리아 사람은 그를 보고 불쌍히 여겨 상처를 싸매고 여관에 데려다주면서 기꺼이 비용을 지불한다. 예수님은 이 셋 중에 누가 강도 만난 자의 이웃이냐고 물으시고 율법학자는 자비를 베푼 자라고 대답한다. 예수님은 "가서 너도 이와 같이 하라"(눅 10:37)고 말씀하신다.

이 말씀은 첫 두 계명에 담긴 율법의 요구들을 요약하고 있다. 예수님은 행위 구원을 지지하시는 게 아니다. 바울은 이렇게 말한다. "그리스도 예수 안에서는 할례나 무할례나 효력이 없으되 사랑으로써 역사하는 믿음뿐이니라"(갈 5:6). 오직 그리스도의 사랑을 통해서만 우리는 율법이 요구하는 사랑을 실천할 수 있고, 또 오직 그리스도를 믿는 믿음을 통해서만 그리스도의 사랑을 품을 수 있다. 로버트 스타인은 이렇게 말한다. "누가복음 10장 27절은 하나님 사랑과 이웃 사랑으로 이루어진 믿음을 이야기한다. 믿음 없이는 하나님을 사랑하는 것이 불가능하기 때문이다. 게다가 이웃 사랑을 수반하지 않는 믿음은 죽은 것이다(약 2:17). 그것은 믿음이 아니며 과거에도 믿음인 적이 없다."[27]

바울은 말한다. "이같이 율법이 우리를 그리스도께로 인도하는 초등교사가 되어 우리로 하여금 믿음으로 말미암아 의롭다 함을 얻게 하려 함이라. 믿음이 온 후로는 우리가 초등교사 아래에 있지 아니하도다. 너희가 다 믿음으로 말미암아 그리스도 예수 안에서 하나님의 아들이 되었으니"(갈 3:24-26). 존 맥아더는 이렇게 설명한다. "죄인은 완벽하게 순종할 수 없기 때문에, 율법의 불가능한 요구는 우리로 하여금 하나님의 자비를 구할 수밖에 없게 만든다."[28]

존 버틀러는 선한 사마리아인이 여러 면에서 모욕 당하신 예수님을 닮았다고 말한다. (모든 사마리아인이 그렇듯) 예수님도 업신여김을 받으시지만, 찾아가고 함께 아파하고 변함 없으며, 구원하고 희생을 감수하며, 은신처를 마련해 주고 지혜로우시다.[29] 선한 사마리아인은 강도 만난 자를 긍휼히 여길 뿐 아니라 그 마음을 행동으로 옮긴다. 여러 가지 장애물과 불편함을 감수하고 자기 시간과 돈을 들여 끝까지 책임진다. 강도 만난 자의 목숨을 구할 뿐 아니라 상처를 싸매주고 편히 쉴 곳을 마련해 준다. 그는 또한 여관주인에게 돈을 맡기면서도 돈이 더 필요하면 나중에 주겠노라 약속함으로 자신의 물질을 쓰는 데 있어서도 지혜를 보여준다. 그리스도는 "하나님의 능력이요 하나님의 지혜"(고전 1:24)이시고, 그분 안에 "지혜와 지식의 모든 보화가 감추어져 있다"(골 2:3).

마리아와 마르다; 주님의 기도(눅 10:38-11:13; 마 6:9-13)

마르다라는 여인이 예수님을 집으로 초대한다. 동생 마리아는 예수님의 발치에 앉아 예수님의 가르침에 깊이 빠져 있고, 마르다는 예수님을 수종드느라 바쁘다. 마르다는 예수님께 마리아더러 자신을 '도와주라' 하시기를 청한다. 예수님이 말씀하신다. "마르다야 마르다야, 네가 많은 일로 염려하고 근심하나 몇 가지만 하든지 혹은 한 가지만이라도 족하니라. 마리아는 이 좋은 '편'을 택하였으니 빼앗기지 아니하리라"(눅 10:41-42). 예수님은 마르다에게 우선순위에 대해 가르치고 계신다. 집안일도 중요하지만 우리는 우리 마음과 생각을 예수님에게 집중해야 한다. (성경에서 '분깃'이라는 표현으로 더 자주 사용되는) '편'portion이라는 단어는 성경적 의미를 갖는데, 구약의 많은 본문들이 우리의 가장 큰 소유는 하나님과의 사귐이며 이것이 삶에서 우리가 소유하는 분깃이라고 말하기 때문이다(시 16:5; 27:4; 73:26; 119:57; 142:5; 수 18:7).[30] 마리아는 자신의 분깃을 지킨 것이고, 마르다는 자신의 분깃을 소홀히 여긴 것이다. 마이클 윌콕은 이렇게 말한다. "우리가 모든 일에서 예수님을 따르기 바라신다는 예수님의 말씀은 우리에게 맡겨진 모든 종교 활동을 우리 힘으로 감당하란 의미가 아니다. 오히려 예수님이 자기의 선하신 뜻을 따라 우리 안에서 일하시도록 우리 자신을 내어드리라는 의미다."[31] 바울도 이와 같이 선언한다. "너희 안에서 행하시는 이는 하나님이시니 자기의 기쁘신 뜻을 위하여 너희에게 소원을 두고 행하게 하시나니"(빌 2:13).

제자 중 하나가 예수님께 기도하는 법을 알려달라고 하자, 예수님이 그들에게 주기도문을 가르쳐주신다. 그런 다음 예수님은 밤늦게 친구의 집에 가서 떡을 달라고 청하는 한 사람의 이야기를 들려주신다. 떡 세 덩이를 꾸어달라는 요청에도 불구하고 그의 친구는 너무 늦은 시간이라 거절하지만 계속되는 간곡한 요청에 결국 필요한 것을 내어준다. 예수님은 이렇게 말씀하신다. "내가 너희에게 말하노니 비록 벗 됨으로 인하여서는 일어나서 주지 아니할지라도 그 간청함을 인하여 일어나 그 요구대로 주리라. 너희에게 이르노니 구하라, 그러면 너희에게 주실 것이요 찾으라, 그러면 찾아낼 것이요 문을 두드리라, 그러면 너희에게 열릴 것이니…너희 중에 아버지 된 자로서 누가 아들이 생선을 달라 하는데 생선 대신에 뱀을 주며 알을 달라 하는데 전갈을 주겠느냐 너희가 악할지라도 좋은 것을 자식에게 줄 줄 알거든 하물며 너희 하늘 아버지께서 구하는 자에게 성령을 주시지 않겠느냐"(마 6:9-13; 눅 11:1-13).

하나님은 우리(가 우리 자녀에게 하는 것)보다 무한히 더 자비로우시고 사랑이 많으시다. 우리에겐 조금도 아끼지 않으실 것이다. 그래도 우리는 끊임없이 기도로 하나님께 나아가 간구해야 한다. 그렇다고 하나님이 우리에게 무엇이든 주신다는 의미는 아니다. 앞에서도 말했듯, 기도해도 우리가 원하는 대로 주지 않으실 때가 많다. 정말 주신다면 우리에게 유익하지 않기 때문이고, 우리는 그런 하나님의 지혜가 부족하기 때문이다. 게다가 모두의 기도가 전부 응답될 경우 빚어질 갈등과 파괴적 결과를 상상할 수나 있겠는가? 바울은 이렇게 말한다. "우리가 알거니와 하나님을 사랑하는 자 곧 그의 뜻대로 부르심을 입은 자들에게는 모든 것이 합력하여 선을 이루느니라"(롬 8:28; 비교. 고전 2:9). 예수님은 하나님이 자녀들에게 가장 중요한 선물, 즉 성령을 주실 것이라 약속하시는데, 이 성령은 믿는 자 안에 거하시고, 기쁨을 주시며(행 13:52; 롬 14:17; 살전 1:6)[32] 죄에 맞서 이길 힘을 주실 것이다(롬 6:6).

예수님과 바리새인(마 12:22-45; 막 3:22-30; 눅 11:14-16; 17-54; 12:1-12)

예수님이 눈 멀고 말 못하는 귀신 들린 사람을 고치시자 사람들이 놀라며 자기들이 고대하던 메시아, 즉 "다윗의 아들"이 아닌가 하고 묻는다. 바리새인들은 예수님이 하나님의 능력이 아니라 사탄의 능력으로 그런 일을 하는 것이라고 주장한다. 예수님은 그들의 주장대로 사탄이 귀신을 쫓아내는 것이라면 스스로 분쟁하는 것인데 그러면 어떻게 사탄의 나라가 설 수 있겠냐며 반박하신다. 그러면서 예수님은 바리새인들이 성령을 모독하고 있으며 그 죄는 결코 사하심을 얻지 못할 것이라고 책망하신다.

어떤 주석가들은 오늘날에는 이런 죄를 지을 수 없다고 말한다. 성령을 모독(거역)하는 죄란, 예수님이 이땅에서 성령의 능력으로 기적을 행하시던 때를 상정하고 있기 때문이라는 것이다.[33] 그러나 〈ESV 스터디 바이블〉은 이렇게 강조한다. "어떤 사람이 하나님의 능력으로 성취된 일을 사탄에 의한 것이라고 계속 우긴다면 (즉 예수님에 대한 성령의 증거를 사탄에 의한 것이라는 식으로 노골적이고 의도적이며 고집스럽게 비판한다면) 그런 사람은 결코 용서받을 수 없다."[34] 이것은 마음이 강퍅해져서 하나님을 거부하고 하나님이 베푸시는 죄사함과 구원의 섭리로부터 끊임없이 벗어나려는 사람을 가리킨다. 자신들도 이렇게 될까 우려하는 그리스도인이라면, 그런 우려 자체가 분명 성령의 사역에 대해 열려 있으며 마음을 그 정도로 강퍅하게 하지 않았다는 증거다.[35] 마이클 윌콕은 이렇게 설명한다. "하나님이 거짓말을 하실 수 없는 것처럼, 하나님은 다음과 같이 말하는 사람을 용서하실 수 없다. '내 죄를 용서한다는 성령의 음성 따위는 듣지 않을 테야'라든가 '나를 구세주에게 인도한다는 성령을 따를 생각은 없어.' 지옥에 가겠다고 결심한 사람은 확실히 지옥에 다다를 것이다."[36]

바리새인과 서기관들이 찾아와 (다른 곳에서도 그랬듯, 마 16:1-4) 예수님에게 표적을 구한다. 예수님은 사람들이 요구한다고 불필요하게 기적을 일으키지 않으신다. 대신 그들이 요나의 표적 밖에 얻지 못할 거라 말씀하신다. 요나가 밤낮 사흘 동안 큰 물고기 뱃속에 있었던 것처럼 예수님도 밤낮 사흘 동안 땅 속에 계실 것이다.

예수님은 더러운 귀신이 사람에게서 나갔다가 더 악한 귀신 일곱을 데리고 다시 돌아온 이야기를 하시며 이 악한 세대가 그렇게 될 거라고 말씀하신다. 이 세대가 예수님의 일하심과 사역을 지켜보고도 계속 거부한다면, 그들의 상태는 예수님을 알지 못하던 때보다 더 나빠질 것이다.[37] 달리 말해 이스라엘은 세례 요한과 예수님이 행하신 사역에서 유익을 얻었지만 그럼에도 불구하고 여전히 불신과 강팍한 마음으로 빗나가고 있으니, 그들의 형편도 (세례 요한과 예수님이 없던) 이전보다 더 악화할 것이라는 말씀이다.[38] 브루스 바튼은 이렇게 말한다. "이 악한 세대는 비록 예언과 약속을 소유한 하나님의 백성임에도 불구하고 자신들의 메시아를 거부한 것에 대해 끔찍한 심판을 받게 될 것이다."[39] 존 버틀러는 사람이 유혹을 받게 되면 그저 거부만 하지 말고 그 일을 계기로 적극적인 개혁을 모색해야 한다고 말한다. 그렇지 않으면 그 유혹이 복수의 칼을 갈고 다시 돌아오게 될 것이다. "그러므로 악에서 돌아설 때, 거기서 그치지 말고, 삶을 하나님의 말씀으로 채워야 한다. 거룩한 것으로 채워야 악이 돌아올 자리가 없어진다."[40] 바울은 이렇게 호소한다. "마귀의 간계를 능히 대적하기 위하여 하나님의 전신 갑주를 입으라"(엡 6:11).

예수님이 한 바리새인의 초대를 받아 식사 자리에 앉으신다. 예수님이 잡수시기 전에 손을 씻지 않으시는 것을 본 바리새인은 이상하게 여긴다. 예수님은 바리새인들이 잔과 대접의 겉은 깨끗이 하나 그들 속에는 탐욕과 악독이 가득하다고 말씀하신다. 하나님은 겉과 속을 만드신 주인이시다. 예수님이 말씀하신다. "화 있을진저! 너희 바리새인이여! 너희가 박하와 운향과 모든 채소의 십일조는 드리되 공의와 하나님께 대한 사랑은 버리는도다…너희가 회당의 높은 자리와 시장에서 문안 받는 것을 기뻐하는도다…너희는 평토장한 무덤 같아서 그 위를 밟는 사람이 알지 못하느니라"(눅 11:42-44).

한 율법교사가 (예수님의 그 말씀으로) 자기들이 모욕을 당했다고 항의하자, 예수님은 이번에도 이렇게 말씀하신다. "화 있을진저! 또 너희 율법교사여! 지기 어려운 짐을 사람에게 지우고 너희는 한 손가락도 이 짐에 대지 않는도다…너희는 선지자들의 무덤을 만드는도다. 그들을 죽인 자도 너희 조상들이로다"(눅 11:46-47). 예수님은 창세 이후로 흘린 모든 선지자의 피를 이 세대가 담당하되, 곧 아벨에서 사가랴의 피까지라고 경고하신다. 예수님은 또 이렇게 말씀하신다. "화 있을진저! 너희 율법교사여! 너희가 지식의 열쇠를 가져가서 너희도 들어가지 않고 또 들어가고자 하는 자도 막았느니라"(눅 11:52). 우리 문화에서 예수님은 종종 온유한 분으로 묘사되는 반면 이 장면에선 사람들을 (특히 하나님과의 참된 관계에서 백성들을 멀어지게 만드는 지도자들을) 거침없이 비판하고 죄에 대한 책임을 물으실 만큼 대담한 분으로 묘사된다.

예수님이 떠나려 하실 때 서기관과 바리새인들이 거세게 달려들어 여러 가지 일을 따져 묻고 그 입에서 나오는 말을 신성모독으로 책잡으려 시도한다. 바리새인이 누구인가? 그들은 회당에서 높은 자리에 앉기를 바라며 교만으로 가득 차 있다. 그들 내면의 더러움은 겉모습으로 드러나는 경건함으로 가려져 있다. 그들은 규율을 지키는 것에만 집착할 뿐 (하나님을 위해 정의를 구현하고 사랑을 실천하라는) 율법에 담긴 참된 정신과 마음의 변화에는 무관심하다. 예수님은 그들을 (평평하여 겉으로는 드러나지 않는) 무덤에* 비유하며 거짓으로 정결한 척 꾸민다고 정죄하신다.[41] (모세의 율법인 토라에 능통한)[42] 율법 교사들에게 하신 말씀도 마찬가지다. 율법 교사들은 백성에게 무거운 짐을 지우기만 할 뿐 그들이 하나님께 가까이 다가가도록 돕지 않는다는 것이다. 또한 선지자들의 무덤을 만들어 꾸미고 지켜오면서도, 선지자들이 전한 메시지에는 귀를 기울이지 않기에 그에 따르는 심판을 받게 될 것이다. 예수님은 율법 교사들이 구약의 참된 가르침을 왜곡함으로, 백성들이 참된 지식을 얻어 하나님 나라에 들어가는 것을 가로막고 있다고 책망하시는 것이다.

그러는 사이에 많은 무리가 모여들고 예수님은 제자들에게 바리새인의 누룩, 즉 그들의 감춰진 위선을 조심하라고 경고하신다. (위선처럼) 감추어진 것들은 언젠가는 드러나게 마련이고 숨겨진 것들도 언젠가는 알려지게 되어 있다. 어떤 것이든 어떤 사람이든 때가 되면, 이 생에서든 심판의 날에 이르러서든, 밝히 드러날 것이다.[43] 그러면 누구도 자신의 잘못을 하나님께 숨길 수 없다. 하나님은 모든 사람을 최종적으로 심판하실 것이다. 그러므로 우리의 몸만 죽일 수 있는 사람을 두려워할 게 아니라, 죽인 후에 또한 영혼까지 지옥에 던질 권세를 지니신 하나님을 두려워해야 한다. 그러나 하나님은 또한 우리를 돌보시는 분이다. 하나님은 참새도 돌보신다. 그러니 그보다 귀한 사람은 얼

---

* 유대인의 법에 따르면 사람들이 무덤에 접촉하면 부정해진다. 겉으로는 무덤인지 알 수 없는 평평한 무덤을 무심코 밟을 경우에도 마찬가지다. 예수님은 바리새인들이 그런 무덤과 같아서 많은 백성들을 잘못된 길로 이끌고 있다고 비난하신다. 바리새인들을 따르던 백성들은 자기들도 알지 못한 채 하나님 앞에서 부정해지고 마는 것이다.

마다 더 아끼시겠는가! 예수님은 사람 앞에서 예수님을 시인하는 사람은 누구나 하나님의 천사들 앞에서 인정받을 것이고 부인하는 사람은 하나님의 천사들 앞에서 부인을 당할 것이라고 선언하신다.

예수님을 시인(인정)한다는 것은 그분을 메시아로 받아들이고 그분에게 우리의 믿음을 두는 것을 의미한다. 우리가 그분을 인정하면 그분도 우리를 인정하실 것이다. 레온 모리스는 이렇게 말한다. "이것은 심판의 날에 하나님 앞에 서게 될 우리를 위한 따스한 격려다."[44] 워렌 위어스비도 이렇게 말한다. "예수 그리스도가 하늘 아버지 앞에서 우리를 인정하실 것을 아는데 어떻게 사람을 두려워할 수 있겠는가?"[45] 예수님은 다시 한번 성령을 모독하는 죄에 대해 경고하시고, 장래에 신자들이 자기들을 고소하고 박해하는 자들 앞에 설 때 마땅히 해야 할 말을 성령이 가르쳐주실 것이라고 단호히 말씀하신다.

어리석은 부자 비유; 우선순위와 염려에 대한 교훈(눅 12:13-34)

무리 중 한 사람이 예수님께 다가와 말하길 자기 형에게 말하여 유산을 자기와 나누게 해달라고 하자, 예수님은 사람의 생명이 그 소유의 넉넉함에 있지 않다고 하시며 모든 탐심을 물리치라고 충고하신다. 탐심이란 물질적인 것을 소유하고 싶은 강한 욕망을 가리킨다(골 3:5; 엡 5:5; 히 13:5; 딤전 6:9, 10; 마 6:20). 세상의 것에 길들여져 냉담해진 욕심의 확장판이랄 수 있다.[46] 신약에서 탐심covetousness으로 번역된 그리스어는 문자 그대로 "과도하게 더 가지려는 욕망"inordinate desire to have more을 의미한다."[47]

요점을 설명하기 위해, 예수님은 곡식을 많이 수확한 부자 이야기를 들려주신다. 부자는 수확한 곡식을 쌓아둘 곳이 부족해 더 큰 창고를 짓기로 하고, 평안히 쉬고 먹고 마시며 즐길 것을 기대한다. 하나님은 그런 부자가 어리석다고 하시는데, 그날 밤 하나님이 그의 영혼을 거두어갈 것이고 그가 마련해 놓은 소유는 아무 도움이 되지 않을 것이기 때문이다. 예수님은 제자들에게 목숨을 위하여 무엇을 먹을까 몸을 위하여 무엇을 입을까 염려하지 말라고 하신다. 생명이란 소유물과 먹을 것과 입을 것보다 더 중요하고 큰 사안들이 걸려 있기 때문이다. 까마귀를 보아도, 심지도 않고 거두지도 않고 골방도 없고 창고도 없지만 그럼에도 하나님이 먹이신다는 것이다. 염려한다고 사람의 생명이 한 시간인들 연장할 수 있는 것도 아니다. 하나님이 기르시는 백합도 솔로몬의 모든 영광보다 더 아름답지 않은가. 예수님은 이렇게 선포하신다. "오늘 있다가 내일 아궁이에 던져지는 들풀도 하나님이 이렇게 입히시거든 하물며 너희일까보냐? 믿음이 작은 자들아"(눅 12:28).

하나님 아버지는 자녀들의 모든 필요를 아신다. 그러므로 제자들은 이런 것들에 대해 염려해선 안 된다. "다만 너희는 그의 나라를 구하라. 그리하면 이런 것들을 너희에게 더하시리라"(눅 12:31). 하나님 아버지는 제자들에게 그분의 나라를 주기 원하신다. 그러므로 제자들은 가진 소유물을 팔아 가난한 사람들에게 나눠줌으로 "없어지지 않는 보물을 하늘에" 쌓아야 한다. 그곳은 도둑이 들지 못하고 좀도 먹는 일이 없다. 보물이 있는 곳에 마음도 있기 때문이다.

염려는 파괴적이고 우리를 세상적인 것들에 매이게 만들어 우리가 추구해야 하는 참된 목적 (즉 하나님을 영화롭게 하고 하나님과 친밀한 관계 맺는 일)에서 멀어지게 한다. 코리 텐 붐은 이렇게 말한다. "염려가 내일의 슬픔을 덜어주지 않는다. 오히려 오늘의 힘을 앗아간다."[48] 염려한다는 것은 우리에게 "이 모든 것"을 더하겠다고 약속하신(마 6:33) 하나님을 충분히 신뢰하지 않고 있음을 드러내는 것이다.[49] 하나님은 우리가 영적인 것에 집중하기 원하신다. 왜냐하면 영적인 것은 지속적이고 의지할 만하며 안전하기 때문이다. 우리의 상황은 한순간 바뀔 수 있지만, 우리가 믿음 안에 뿌리 내리고 있다면 흔들리지 않을 뿐 아니라 성취를 이룰 것이다. 물질적 소유로는 참된 안전을 얻지 못한다. 오직 하나님만이 그것을 주실 수 있다. 조엘 그린은 이렇게 말한다. "하나님을 아버지로 아는 사람들은 하나님이 자기 백성에게 공급하실 수 있으며 또 헌신적으로 공급하시는 분임을 알게 될 것이다. 이것을 알 때 우리는 자기 안위를 위해 소모적으로 염려하는 일에서 자유로울 수 있다."[50]

제자들이 하나님 나라를 구하면 "이 모든 것을 너희에게 더하시리라"는 약속은 믿는 자들이 부자가 될 것임을 보증하시는 것이 아니다. 그럼에도 그들은 영적으로 풍성한 복을 얻게 될 것이며 기본적인 필요들도 늘 채워질 것이다.[51] 그러나 믿음을 소유한 이들 중에 굶주리고 극심한 고난에 처한 경우도 있는 것은 부인할 수 없다. 여기서 하나님이 궁극적으로 보증하시는 것은 영원의 관점에서 볼 때 그리스도를 믿는 자들에게 모든 것이 합력하여 선을 이룰 것이라는 점이다. 하나님이 우리의 필요를 아신다고 믿는 것은 모든 신자에게 위로가 된다. 그 지식을 확고히 붙들 때, 우리는 하나님 나라에 집중할 수 있다.[52] 하나님과 영원히 함께하는 삶, 이것이 우리의 궁극적인 운명이기에 우리에게 가장 중요한 일이다.

인자가 올 것을 준비해야 함(눅 12:35-48)

예수님은 제자들에게 (주인이 결혼식에서 돌아오기를 기다리는 종처럼) 주님이 돌아오실 때를 대비해 영적으로 늘 준비되어 있어야 한다고 말씀하신다. "주인이 와서 깨어 있는 것을 보면 그 종들은 복이 있으리로다…너희도 아는 바니 집 주인이 만일 도둑이 어느 때에 이를 줄 알았더라면 그 집을 뚫지 못하게 하였으리라. 그러므로 너희도 준비하고 있으라. 생각하지 않은 때에 인자가 오리라"(눅 12:37-40).

주인의 집을 지혜롭게 운영하는 종은 복이 있으며, 주인이 그에게 모든 소유를 맡길 것이다. 하지만 주인이 멀리 나가 있는 동안 다른 종들을 함부로 대하고 집안일을 게을리하는 종은 생각지 못한 때에 주인이 돌아와 놀라게 될 것이고, 주인은 그를 엄히 때려 신실하지 않은 것에 대해 벌할 것이다. 주인의 뜻을 알고도 준비하지 않고 순종하지 않은 종은 주인의 뜻을 몰라 불복종한 종보다 더 엄한 벌을 받을 것이다. 예수님은 이렇게 가르치신다. "무릇 많이 받은 자에게는 많이 요구할 것이요, 많이 맡은 자에게는 많이 달라 할 것이니라"(눅 12:48).

그리스도는 다시 오시지만 아무도 그 때를 알지 못하므로(마 24:36; 막 13:32) 우리는 늘 준비되어 있어야 한다. 이것은 꼭 예수님의 재림에만 국한되지 않는다. 우리는 자기의 영적 상태도 돌아보아야 한다. 이 땅에서 우리의 시간이 얼마 남았는지 아무도 모른다. 어느 때든 우리의 생명은 한순간 끝날 수 있다. 그러므로 (아직 영생을 소유하지 못한 상태라면) 하나님이 예수 그리스도를 통해 주시려는 구원이라는 선물을 더 이상 마다해서는 안 된다. 더불어 우리의 시선을 하늘에 맞추고[53] 오늘이 마지막 날인 것처럼 하나님 나라를 위해 살아가야 한다.

달란트 비유에서 말하는 것처럼, 우리는 하나님이 우리에게 주신 선물, 곧 은사를 잘 사용하는 청지기가 되어야 한다. 은사가 클수록 청지기로서 우리의 책임도 더 커진다. 브루스 바튼은 이렇게 말한다. "지도자의 자리에 선 사람들은 다른 사람들을 돌아보고 선한 영향을 끼쳐야 한다. 그러므로 하나님은 그들에게 도덕적, 영적, 윤리적으로 더 높은 기대치를 갖고 계신다."[54] 아더 핑크는 믿는 자로서 우리가 가진 의무를 구약의 성도들과 비교하면서, 우리가 그들보다 더 큰 특권과 은혜를 받은 만큼 감당할 의무도 훨씬 크다고 말한다.[55]

평화가 아닌 분쟁(눅 12:49-53)

예수님이 선포하신다. "내가 불을 땅에 던지러 왔노니 이 불이 이미 붙었으면 내가 무엇을 원하리요? 나는 받을 세례가 있으니…내가 세상에 화평을 주려고 온 줄로 아느냐? 내가 너희에게 이르노니 아니라. 도리어 분쟁하게 하려 함이로라. 이 후부터 한 집에 다섯 사람이 있어 분쟁하되 셋이 둘과, 둘이 셋과 하리니 아버지가 아들과, 아들이 아버지와, 어머니가 딸과, 딸이 어머니와, 시어머니가 며느리와, 며느리가 시어머니와 분쟁하리라"(눅 12:49-53).

예수님은 불을 땅에 던지러, 즉 심판하러 오셨다. 하지만 먼저 십자가에 달리심으로 세례를 받으셔야 한다. 예수님은 세상에 화평을 주실 것이지만, 그 일은 예수님이 재림하여 악을 멸하고 영원히 통치하실 때 비로소 실현될 것이다. 그 전에는 화평이 아닌 분쟁이 넘칠 것이다. 예수님이 누구신가? 그분은 진리 자체이시며 또한 진리를 전파하신다. 어느 누구도 그분에 대한 선택을 피할 수 없다. 어떤 이는 예수님을 받아들일 것이나 다른 이는 거부할 것이며 그로 인한 분쟁이 극심해질 것이다. 이 분쟁은 심지어 가족 안에서도 피할 수 없다.

시대를 분별함(눅 12:54-56)

예수님이 책망하신다. "외식하는 자여, 너희가 천지의 기상은 분간할 줄 알면서 어찌 이 시대는 분간하지 못하느냐"(눅 12:56). 당시 사람들은 생업이 농사이기에 날씨를 면밀히 살펴야 한다. 하지만 그보다 훨씬 중요한 영적인 문제에 대해선 등한시 하고 있다. 그들은 하나님 나라의 현재적 국면, 즉 그리스도가 구약의 예언들을 성취하고 모든 믿는 자를 구원하러 오셨다는 사실에 대해서도 무관심하다. 예수님은 지금 그들과 함께 하며 하나님 나라를 선포하시는데, 그들은 관심이 다른 데 있는 탓에 예수님의 말씀을 이해하지도, 받아들이지도 못한다. 2천 년 전에 울려퍼진 그분의 말씀은 시공간을 넘어 지금 우리에게도 유효할 뿐 아니라 동일하게 적용된다는 사실을 인정해야 한다.

고발하는 자와 화해하기(눅 12:57-59)

예수님은 논란이 되는 문제를 함께 해결하기보다 재판관에게 가져가는 사람들을 책망하신다. 그들은 무엇이 옳은 일인지 스스로 판단해야 한다. 예수님은 또 다른 비유에서도, 그들이 그리스도와 화해(화평)

하는 데 있어 너무 오래 방황해서는 안 된다고 가르치신다. 앞에서 보았듯, 심판이 다가오고 있기 때문이다. 라일은 이렇게 말한다. "이 본문은…너무 늦기 전에 하나님과 화해(화목)하는 것이 얼마나 중요한지 가르쳐준다. 하나님과 더불어 이루는 화평이 무엇보다 우선이다."[56]

회개 아니면 멸망(눅 13:1-5)

그때 어떤 사람들이 와서 빌라도가 희생 제물을 드리던 갈릴리 사람들을 무자비하게 학살했다는 소식을 전하면서, 갈릴리 사람들이 다른 사람보다 유독 죄가 많아서 그런 참사를 겪은 건지 묻는다. 예수님은 그들이 육체적으로 받는 고난이 반드시 그들의 영적 상태와 관련이 있는 것은 아니라고 분명히 하신다. 모든 사람이 죄인이고 모든 사람이 죽을 것이다. 그러므로 회개야말로 가장 중요하며, 모든 사람이 회개하고 예수님께 나아와 믿음으로 영생의 선물을 받아야 한다.

열매 없는 무화과 나무 비유(눅 13:6-9)

예수님은 어떤 사람이 포도원에 무화과나무를 심었으나 3년이나 열매를 맺지 못한 이야기를 비유로 들려주신다. 무화과나무를 심은 그 사람은 포도원지기에게 그 나무를 찍어버리라고 한다. 포도원지기는 한 해만 더 시간을 주면 자신이 거름을 주고 돌보겠으며 그러고도 열매를 맺지 못하거나 열매가 좋지 못하면 찍어버려도 좋다고 말한다. 포도원지기는 우리의 위대한 중보자이신 예수님을 가리킨다.[57] 예수님은 하나님 아버지께 사람들 혹은 이스라엘 백성에게 한번 더 기회를 주시기를 간청하신다. 하나님은 오래 참으시고 자비가 풍성하시기에 심판을 미루시고 계속 기회를 주신다. 하지만 심판은 결국 임할 것이며 그 전에 그들은 회개해야 한다. 그리고 그들은 삶에서 진실한 믿음의 열매를 맺어야 한다(약 2:14-26). 이 열매란 무엇인가? 바울은 이렇게 대답한다. "오직 성령의 열매는 사랑과 희락과 화평과 오래 참음과 자비와 양선과 충성과 온유와 절제니 이같은 것을 금지할 법이 없느니라. 그리스도 예수의 사람들은 육체와 함께 그 정욕과 탐심을 십자가에 못 박았느니라"(갈 5:22-24).

귀신 들린 여자를 고치심(눅 13:10-17)

예수님은 안식일에 한 회당에서 가르치시다가 열여덟 해 동안이나 귀신 들려 앓으며 구부러져 조금도 펴지 못하는 한 여자를 보신다. 예수님이 여인을 불러 이렇게 말씀하신다. "여자여 네가 네 병에서 놓였다"(눅 13:12). 예수님이 여인에게 손을 얹으시자 굽었던 몸이 즉시 펴지고 여인은 하나님께 영광을 돌린다. 예수님이 안식일에 병을 고치시는 것을 본 회당장이 분개하여 (이 일과 아무 관련 없는) 사람들을 향해 나무라듯 말한다. 일할 날이 일주일 중 엿새나 되므로 그때 와서 병을 고쳐달라 하고 안식일엔 안 된다는 것이다. 예수님이 아니라 다른 사람들을 향해 그렇게 말한 건 아마도 예수님을 직접 대면할 용기가 없어서일 것이다. 예수님은 회당장과 그의 편에 선 사람들을 위선자라 부르신다. 그들은 안식일에 소와 나귀를 끌고 가 물을 먹이면서, 왜 아브라함의 딸인 이 여인을 거룩한 안식일에 그 매임에서 풀어주는 것은 안 된단 말인가? 이에 회당장과 반대자들은 부끄러워하고 다른 사람들은 예수님이 하시는 모든 영광스러운 일을 기뻐한다.

예전에도 예수님은 자신이 안식일의 주인이라고 말씀하신 바 있으나 지금은 안식일의 의미를 알려주고 계신다.[58] 회당장은 안식일 규례에만 관심이 있을 뿐 하나님이 (사람을 힘겹게 하기 위함이 아니라) 사람의 유익을 위해 안식일을 주셨음을 도무지 이해하지 못하고 있다. 회당장은 사실 그 여인보다 더 심한 속박에 매여 있다. 영적으로 (마음과 생각에서) 철저히 스스로를 옭아매고 있다.[59] 예수님이 안수하여 병을 치유하시기 전, 여인은 비록 사탄에게 사로잡혀 있긴 했지만 회당 예배에 참석한 것으로 보아 영혼까지는 아닌 육신만 속박당한 채였을 것이다. 여인이 겪는 고통이 사탄으로 인한 것이기에, 모든 날 가운데 특별히 안식일은 사탄이 승리하는 날이 되어선 안 된다.

형제들의 불신(요 7:1-9)

예수님은 유대인의 명절인 초막절(장막절)Feast of Booths / Tabernacles이 가까운데도 유대 지역으로 가지 않고 갈릴리에 주로 머무신다. 유대인들이 예수님을 죽이려 하는 것을 아시기 때문이다. 초막절은 유대교에서 가장 중요한 명절 중 하나로, 이 시기에 유대인들은 (과거뿐 아니라 지금도 계속되는) 하나님의 공급하심에 감사하고, 광야 시절 하나님의 보호하심을 묵상한다.[60] 예수님의 형제들이 나아와 말한다. "세상에 알려지기를 바라는 사람치고 자기가 하는 일을 숨기는 사람은 없습니다. 이왕 이런 일을 하실 바에는 형님 자신을 세상에 나타내십시오"(요 7:4, 현대인의 성경). 예수님이 유대처럼 사람이 많은 곳에 가면 더 많은 회심자를 얻지 않겠느냐는 주장이다. 그들이 이렇게 말하는 것은, 친형제이면서도 아직 예수님을 믿지 못하기 때문이다. 하지만 예수님은 형제들이 기대하지 못했고 이해하지 못하는 방식으로 이미 세상에 자신을 드러낼 준비를 하고 계신다. 예수님은 기적을 더 많이 베푸는 방법 대신 낮아지심과 십자가의 비참한 죽음을 통해 자신을 드러내려 준비 중이시다.

예수님은 자신의 때가 아직 오지 않았다고 말씀하신다. 요한복음에서 반복되는 한 가지 주제(2:4; 7:6, 8, 30; 8:20)는, 예수님이 지상 사역을 다 마치실 때까지는 유대인들에게 잡히고 십자가에 못 박히도록 허락하지 않으신다는 것인데, 예수님의 형제들은 이런 위험을 인식하지 못하고 있다. 세상이 예수님을 미워하는 것은 예수님이 사람의 악함을 드러내시기 때문이다. 세상의 빛이신 예수님이 사람의 악한 행위를 비추시기에 행악자들은 그 빛을 미워한다(요 3:19-21; 5:37-38, 41-45).[61] 하지만 세상은 예수님의 형제들을 미워하지 않는다. 아직 믿음이 없는 그들은 (예수님을 거부하는) 세상의 일부이고 그렇기에 그들은 명절을 지키러 올라가도 된다. 예수님의 형제들은 자기들이 예수님보다 사역에 대해 더 잘 안다는 착각에서 예수님더러 명절을 지키러 올라가시라 참견하고 비난함으로, 자기들이 아직 세상에 속해 있음을 보여준다.

사마리아에서 거부당하심; 제자도의 대가(눅 9:51-52)

예수님의 사역이 전환점을 맞는다. 예수님은 십자가에 달려 죽으시고 부활하여 승천하실 때가 가까워오면서 예루살렘으로 가기로 결심하신다.[62] 그보다 앞서 사자들을 보내시는데 그들이 가서 예수님을 위해 준비하려고 예루살렘으로 가는 중에 사마리아의 한 마을에 들어간다. 그러나 사람들은 예수님이 예루살렘을 향해 가시는 길인 것을 알고 맞아들이지 않는다. 사마리아 사람들은 예루살렘이 아닌 그리심산에 자기들만의 예배 처소를 만들고 그곳에서 예배를 드린다. 유대인인 예수님이 예루살렘에 가신다는 사실에 그들은 자신들의 예배가 거부되고 무시를 당하는 것으로 여겼을 것이다. 야고보와 요한은 하늘에서 불을 명하여 예수님을 거부하는 이 사람들을 불사르게 하기를 원하시는지 묻는다. 예수님은 제자들을 꾸짖으시고 함께 다른 마을로 가신다. 사마리아 사람들이 예수님을 거부한 것은 잘못이지만, 예수님은 무엇보다 제자들이 사명 (곧 예루살렘)에 집중하기 원하신다.[63]

길을 가는데 어떤 사람이 예수님께 이렇게 다짐한다. "어디로 가시든지 나는 따르리이다." 예수님이 대답하신다. "여우도 굴이 있고 공중의 새도 집이 있으되 인자는 머리 둘 곳이 없도다"(눅 9:58). 예수님은 집을 마련하고 안락함을 구할 시간이 없으시다. 인류 구원을 위해 죽음을 향해 가고 계시기 때문이다. 레온 모리스는 이렇게 말한다. "이것은 성육신에 부수적으로 따르는 (마땅히 치러야 하는) 대가다. 예수님의 제자들이 호화로운 삶을 추구하지 말아야 하는 이유를 보여준다."[64] 제자들이 말뿐 아니라 삶에서도 진심으로 그리스도를 따르기 원한다면 예수님이 그러셨듯 그들도 안락함을 포기해야 하며 집이 주는 안

전과 보호도 포기해야 한다.[65]

예수님이 또 다른 사람에게는 "나를 따르라"고 하시지만 그는 "선생님, 먼저 가서 내 아버지 장례를 치르게 해주옵소서"라고 대답한다. 예수님은 이렇게 말씀하신다. "죽은 자들로 자기의 죽은 자들을 장사하게 하고 너는 가서 하나님의 나라를 전파하라"(눅 9:60). 또 다른 사람이 예수님께 가족에게 먼저 작별인사를 하고 오겠다고 하자 예수님은 이렇게 대답하신다. "손에 쟁기를 잡고 뒤를 돌아보는 자는 하나님의 나라에 합당하지 아니하니라"(눅 9:62).

매정한 말씀처럼 들릴지 모르지만, 여기서 요점은 그리스도에 대한 충성이 모든 다른 관심사보다 우선해야 한다는 것이다. 죽은 자를 함부로 대하라는 말씀이 아니라, 제자들이 (예수님 안에 있는 생명의) 복음을 전파하는 임무가 매우 긴급한 일임을 강조하시는 것이다. 지체할 시간이 없다.[66] 가족과의 작별 인사조차 막으시는 것은 그리스도인이 이전의 삶으로 돌아가는 것을 경고하신 게 아니다. 오히려 어중간한 마음으로 제자의 삶을 살아선 안 되며[67] 사명에 온전히 집중해야 함을 강조하시는 것이다.[68]

예루살렘에서 가르치심(요 7:10-8:11)

앞서 예수님은 제자들에게 (유대인의 명절인) 초막절에 예루살렘에 가지 않겠다고 말씀하셨지만, 나중에 형제들이 올라간 후에 은밀히 혼자서 가신다. 유대인들이 예수님을 찾으면서 어디 있느냐 하고 또 예수님에 대해 이런저런 말들을 한다. 긍정적으로 말하는 이들이 있는가 하면 부정적으로 말하는 이들도 있다. 하지만 (자기들을 공동체에서 추방할 수 있는) 종교 지도자들이 두려워 드러내놓고 말하지는 않는다.[69]

명절 중간쯤 되어 예수님이 성전에 올라가 가르치기 시작하신다. 사람들은 예수님의 가르침에 놀라 "이 사람은 배우지 아니하였거늘 어떻게 글을 아느냐"고 반응한다. 그들은 (예수님이 가르치시는) 유대의 전문지식에 무지할 뿐 아니라 예수님이 어떤 분인지조차 도무지 모른다. 예수님은 이렇게 대답하신다. "내 교훈은 내 것이 아니요 나를 보내신 이의 것이니라. 사람이 하나님의 뜻을 행하려 하면 이 교훈이 하나님께로부터 왔는지 내가 스스로 말함인지 알리라. 스스로 말하는 자는 자기 영광만 구하되 보내신 이의 영광을 구하는 자는 참되니 그 속에 불의가 없느니라. 모세가 너희에게 율법을 주지 아니하였느냐? 너희 중에 율법을 지키는 자가 없도다. 너희가 어찌하여 나를 죽이려 하느냐"(요 7:16-19).

그리스도의 지식과 분별력은 비록 정식 랍비 교육을 받지 않으셨음에도 불구하고 어느 랍비보다 탁월하시다. 율법의 전문지식을 자랑하면서도 정작 계속하여 율법을 어길 뿐 아니라 심지어 (율법을 베푸신) 예수님을 죽이려 음모를 꾸미는 이들을 향해 예수님은 자신에게 쏟아지는 비난의 화살을 그대로 돌려 책망하신다. 예수님의 책망은 주로 (산헤드린이라는) 유대인의 종교 지도자들에게로 향하는 것이긴 하지만, 그자리에 모인 사람들도 책임이 없다 할 수 없다. 그들 중 많은 이들이 결국 예수님을 "십자가에 못박으라"고 외칠 것이기 때문이다.[70]

사람들이 예수님에게 귀신이 들렸다고 비난하고, 예수님은 사람들이 정작 (자기 아이를 위해) 안식일에도 할례를 행하면서 예수님이 안식일에 병을 고쳤다고 비판하는 그들의 위선을 지적하신다. 몸의 한 부분을 (율법이 요구하는 대로) 온전하게 하기 위해 안식일을 어기는 것이 가능하다면, 아픈 자를 치유함으로 몸 전체를 온전하게 하기 위해 안식일을 어기는 것은 얼마나 당연한 일인가? 예수님은 이렇게 경고하신다. "외모로 판단하지 말고 공의롭게 판단하라"(요 7:24). 공의롭게 판단하는 것은 지혜가 필요한 일로, 그저 율법을 기계적으로 따르는 것을 훨씬 넘어서는 일이다. 그들은 율법의 자구 하나하나에 집착하다 시야가 좁아들었고 스스로 눈을 가려 결국 메시아를 알아보지 못하게 되었다. 예수님은 겉으로만 거룩하게 보이려는 율법주의를 거부하시고, 도덕적으로 바를 뿐 아니라 (율법을 주신) 하나님의 뜻에 맞는 (율법에 대한) 분별력을 요구하신다.[71]

예루살렘의 어떤 이들은 예수님을 보면서 혹시 종교 지도자들이 죽이려고 찾는 이가 바로 이 사람이 아닌가 하고 묻는다. 사람들 앞에서 저렇게 거침없이 말하는데 아무 반박을 못하는 걸 보면 지도자들이 이 사람을 진짜 그리스도로 알고 있는 게 아닌가 하고 의아해 한다. 그러나 사람들은 예수님이 어디에서 왔는지 잘 안다. 정작 그리스도는 어디에서 오는지 알지 못한다고 했으므로 이 사람이 그리스도일 리 없다고 말한다. 하지만 그리스도가 어디에서 오는지 모를 거라는 그들의 믿음은 잘못되었다.[72] 메시아가 베들레헴에서 나실 것이라는 미가 선지자의 예언이 있음에도 불구하고 랍비들은 메시아가 자신들을 압제자에게서 구원하러 전면에 나타나시기 전까지는 제대로 알지 못한다고 가르쳤다.[73]

사람들의 태도는 선지자가 고향에서 영광을 받지 못한다는 예수님의 선언을 다시 한번 확인해 준다. 그들은 이 초라한 행색의 예수님이 유명하지도 않은 마을 출신인 것을 알고 있다. 그런데 어떻게 메시아가 될 수 있겠는가? 우리는 여기서 우리 인간의 질투와 교만이라는 보편적인 속성을 보게 된다. 예수님은 이렇게 대답하신다. "너희가 나를 알고 내가 어디서 온 것도 알거니와 내가 스스로 온 것이 아니니라. 나를 보내신 이는 참되시니 너희는 그를 알지 못하나 나는 아노니 이는 내가 그에게서 났고 그가 나를 보내셨음이라"(요 7:28-29). 자신들을 압제자에게서 구원할 군사적 메시아를 기대했기에, 그들은 메시아가 자신을 낮추시고 다른 사람들과 같은 삶을 사실 것을 알지 못했다. 메시아가 "근본 하나님의 본체시나 하나님과 동등됨을 취할 것으로 여기지 아니하시고 오히려 자기를 비워 종의 형체를 가지사 사람들과 같이 되셨고 사람의 모양으로 나타나사 자기를 낮추시고 죽기까지 복종하셨으니 곧 십자가에 죽으실"(빌 2:6-8) 것을 기대하지 못했다. 또다시 예수님의 신성모독적인 발언에 격분한 사람들은 예수님을 잡고 싶어 하지만 감히 손을 대지는 못한다. 이는 그분의 때가 아직 이르지 아니하였고 무리 중의 많은 사람이 예수님을 믿었기 때문이다(요 7:30-31). 무엇보다 주권자이신 하나님이 예수님의 사역이 마무리되지 못한 채 끝나도록 허락하지 않으실 것이다.

무리들이 예수님에 대해 수군거리는 소리를 들은 바리새인들이 대제사장들과 의논 후 예수님을 잡아오라고 부하들(성전 경비병)을 보낸다. 예수님은 이렇게 말씀하신다. "내가 너희와 함께 조금 더 있다가 나를 보내신 이에게로 돌아가겠노라. 너희가 나를 찾아도 만나지 못할 터이요 나 있는 곳에 오지도 못하리라"(요 7:33-34). 이 말을 들은 유대인들은 예수님이 자신들이 찾을 수 없는 곳으로 간다는 말에 의아해 한다. 설마 이방인 지역에 흩어져 사는 유대인들에게 간다는 말인가? 더욱이 그들은 누가 예수님을 보내셨는지 알지 못하기에 예수님이 (그들이 전혀 상상하지 못하고 찾지도 못하는) 그곳으로 돌아간다고 하신 말씀도 이해하지 못한다. '나를 찾는 자는 나를 만나리라'고 하신 예수님의 말씀과 비교하면 참 흥미롭다. 여기서 예수님은 사람들이 자기를 찾아도 만나지 못할 텐데, 이는 그들이 예수님을 구원자로 여겨 찾는 게 아니라 잡아 죽이기 위해 찾기 때문이다.[74]

(가장 중요한 날인) 명절 끝 날에 예수님이 서서 이렇게 외치신다. "누구든지 목마르거든 내게로 와서 마시라. 나를 믿는 자는 성경에 이름과 같이 그 배에서 생수의 강이 흘러나오리라"(요 7:37-38). 랍비들은 보통 앉아서 가르치는 데 반해 예수님은 서서 큰 소리로 외침으로 자신의 가르침을 보다 강조하여 말씀하신다.[75] 예수님이 주시는 물은 성령을 가리킨다. 성령은 예수님이 승천하신 후에 믿는 자 안에 내주하시며 그들에게 생명을 불어넣으실 것이다. 이는 앞서 예수님이 사마리아 여인에게 가르치신 내용과 맥을 같이한다. 예수님은 사마리아 여인에게 자신이 주는 물은 그 속에서 영생하도록 솟아나는 샘물이 되리라고 하신 바 있다(참고, 요 4:14). 이 말씀을 들은 사람들 사이에 예수님의 정체를 두고 (진짜 선지자인지 아니면 메시아인지) 논란이 일어난다. 그 중에는 예수님을 잡고 싶어하는 이들이 있지만 감히 손을 대지는 못한다.

예수님을 잡으라고 보냈던 성전 경비병들이 빈손으로 돌아오고, 바리새인들과 대제사장들이 왜 명령대로 예수님을 잡아 오지 않았느냐고 묻자 이렇게 대답한다. "그 사람이 말하는 것처럼 말한 사람은 이 때까지 없었나이다"(요 7:46). 바리새인들은 자기들 같은 지도자들이나 바리새인 중에는 예수를 믿는 자가 없다고 말하며 경비병들이 그에게 미혹되었다고 주장한다. 마침 그 자리에 예전에 예수님을 밤에 몰래 찾아갔던 니고데모가 있다. 그는 상황이 심각해지는 것을 막으려는 듯 유대인의 율법에 따르면 당사자의 말을 듣거나 행한 일을 알아보지도 않고 그를 죄인으로 단정하는 법은 없다며 한마디를 던진다. 이 말을 마뜩찮게 여긴 바리새인들이 대답한다. "너도 갈릴리에서 왔느냐? 찾아보라. 갈릴리에서는 선지자가 나지 못하느니라." 그들은 니고데모가 무식한 갈릴리 사람들과 다르지 않다며 비난한다. 그렇지 않고선 메시아가 갈릴리에서 나올 수 없다는 사실을 알았을 거라고 주장한다.[76]

"그 사람이 말하는 것처럼 말한 사람은 이 때까지 없었나이다"라는 감탄의 고백은 내가 제일 좋아하는 성구 중 하나다. 성전 경비병들이 예수님을 체포하지 않은 건 (비록 자기들은 알지 못하지만) 예수님이 메시아이시기 때문이다. 이들의 고백은, 예수님을 세상 어디에도 없는 고유한 분이자 초월적인 분으로 제시하는 복음서의 내용을 확인해 준다. 세상 그 어떤 작가도 감히 창작해 내지 못하는 가장 특별한 존재시다. 그러나 예수님의 말씀과 행적을 열린 마음으로 바라보게 된다면 누구라도 그분이 하나님의 아들이심을 확신하게 된다. 예수님은 죄가 없으실 뿐 아니라 누구도 필적하지 못할 권위로 말씀을 선포하신다. 고귀하신 예수님에겐 모든 측면에서 하나님의 완전하심이 배어나온다. 조셉 파커는 이렇게 말한다. "플라톤이나 소크라테스, 아리스토텔레스의 가르침을 읽고 나면, 그들의 말과 그리스도의 말씀에는 거대한 간극이 있음을 보게 된다. 그것은 지식과 계시의 차이이다."[77]

아침 일찍 성전에 오신 예수님이 앉아 사람들을 가르치실 때 서기관들과 바리새인들이 음행하다 잡힌 여인을 끌고와 앞에 세워놓고 말한다. 예수님께 올가미를 씌워 고발할 구실을 찾으려는 의도가 담겨 있다. "선생이여, 이 여자가 간음하다가 현장에서 잡혔나이다. 모세는 율법에 이러한 여자를 돌로 치라 명하였거니와 선생은 어떻게 말하겠나이까"(요 8:4-5). 예수님은 허리를 굽혀 손가락으로 땅에 무언가를 쓰신다. 그들이 재촉하자 예수님이 고개를 들고 말씀하신다. "너희 중에 죄 없는 자가 먼저 돌로 치라"(요 8:7). 예수님은 다시 허리를 굽혀 땅에 글씨를 쓰신다. 양심에 가책을 느낀 사람들이 하나둘 자리를 떠나고 예수님과 여인만 남는다. 예수님이 물으신다. "여자여, 너를 고발하던 그들이 어디 있느냐? 너를 정죄한 자가 없느냐?"(요 8:10). 여자가 "주여 없나이다"라고 대답하자 예수님이 말씀하신다. "나도 너를 정죄하지 아니하노니 가서 다시는 죄를 범하지 말라"(요 8:11).

이 이야기에서 한 가지 놀라운 면은 서기관과 바리새인 같은 권세자들이 실제로는 그 여인의 죄에 관심이 없다는 것이다. 오직 예수님을 옭아매려고 그 여인을 이용할 뿐이다. 그러나 가이사에게 세금을 바쳐야 하느냐는 질문으로 함정을 파던 바리새인들과 헤롯당원들을 물리치신 것처럼, 예수님은 이번에도 그들이 전혀 예상하지 못한 방식으로 대응하신다. 예수님의 답변은 그들의 심령을 관통하여 스스로의 동기와 마음을 들여다보게 만들고 그들의 위선과 악함을 들추어낸다. 다른 이들의 죄를 비난하고 예수님의 신망을 떨어뜨리는 일에만 혈안이 되어 자기들의 죄를 보지 못하던 그들은 살아계신 하나님을 대면하자 수치심 속에 물러나지 않을 수 없게 된다.

한 가지 짚고 넘어가야 할 것은, 많은 학자들이 이 이야기가 본래 요한복음에 있던 내용이 아니라고 본다는 것이다. 가장 오래된 사본들에는 이 이야기가 실려 있지 않기 때문이다.[78] 그렇지만 이 이야기가 교회 구전 전통의 일부로 회자되었던 것은 분명하다.[79] 또 분명한 것은 이 이야기가 예수님이 바리새인들의 악한 의도를 간파하시고 그들을 할 말 없게 만드신 성경의 다른 사건들과 맥을 같이 한다는 점이다.

세상의 빛(요 8:12-30)

예수님과 바리새인들 사이의 긴장은 계속 고조된다. 조엘 윌리츠는 이렇게 말한다. "이런 상황이 지속된다면 사실상 예수님의 십자가 처형은 확정적이었다. 종교 지도자들은 그 동안 이 사내를 충분히 상대해 봤고 신속하고도 잔인한 방식으로 다룰 준비가 되어 있었다."[80] 예수님은 "나는 세상의 빛이니 나를 따르는 자는…생명의 빛을 얻으리라"(요 8:12)고 재차 말씀하신다. 성경은 변화산 사건에서처럼 하나님이신 분에게서 발하는 빛을 보여주기도 하지만, 또한 하나님과 그분의 거룩함을 상징하는 표현으로 '빛'(시 36:9; 요일 1:5)을 말하기도 하고, 예수님을 (자신을 믿는 자들을 죄와 어둠에서 이끌어내실) 빛이신 분으로(요 1:4, 9) 묘사하기도 한다.

바리새인들은 예수님을 비난한다. 예수님이 자신에 대해 증언할 뿐 아니라 그 증언이 거짓이라는 것이다. 랍비 전통에 따르면 자신에 대해 증언하는 것은 매우 혐오스러운 행위로 간주된다.[81] 예수님도 이렇게 말씀하신 바 있다. "내가 만일 나를 위하여 증언하면 내 증언은 참되지 아니하되"(요 5:31). 하지만 그들의 비난은 오히려 예수님에게 또 다른 기회를 제공한다. 바리새인들의 비난에 대한 대응으로 예수님은 자신에게 하나님의 권세가 있음을 증거할 뿐 아니라 더 나아가 성부 하나님과의 관계를 설명함으로써 자신이 단지 자기 자신에 대해 증거하는 것이 아님을 보여주시는 것이다. 예수님은 이렇게 대답하신다. "내가 나를 위하여 증언하여도 내 증언이 참되니 나는 내가 어디서 오며 어디로 가는 것을 알거니와 너희는 내가 어디서 오며 어디로 가는 것을 알지 못하느니라. 너희는 육체를 따라 판단하나 나는 아무도 판단하지 아니하노라. 만일 내가 판단하여도 내 판단이 참되니 이는 내가 혼자 있는 것이 아니요 나를 보내신 이가 나와 함께 계심이라. 너희 율법에도 두 사람의 증언이 참되다 기록되었으니 내가 나를 위하여 증언하는 자가 되고 나를 보내신 아버지도 나를 위하여 증언하시느니라"(요 8:14-18).

일반인이라면 자기 자신에 대해 증언해선 안 되는 점을 예수님도 잘 아시지만 예수님은 그저 그런 일반인이 아니다. 예수님은 하나님이실 뿐 아니라 사람들이 감히 헤아리지 못하는 것들을 아신다. 그분은 세상의 빛이시며 빛은 이를 뒷받침하는 증언이 필요없다. 빛은 그 발하는 광선으로 자기의 실체를 드러낼 뿐이다.[82] 그러나 바리새인들의 시각은 세상적이고 육신적이다. 그들은 예수님이 제기하신 두 가지 근본적인 문제에서 (즉 예수님이 어디에서 왔으며 어디로 가시는지에 대해) 무지하기 때문에, 예수님을 판단할 위치에 있지도 않다.[83]

내 친구 도널드 포트너 목사는 성경이 그리스도 중심이라는 사실을 증거하는 많은 책을 썼는데, 성경을 읽을 때 우리가 예수 그리스도에 대해 다음과 같은 6가지 중요한 질문에 집중해야 한다고 말한다.

1. 예수님은 누구신가?
2. 예수님은 왜 오셨는가?
3. 예수님이 무슨 일을 하셨는가?

4. 예수님은 왜 죽으셨는가?

5. 예수님은 지금 어디에 계신가?

6. 예수님은 지금 무엇을 하고 계신가?

예수님이 바리새인들을 상대하시면서 제기한 질문들도 여기에 포함되어 있다. 바리새인들은 예수님이 누군신지 모르기에 예수님이 어디에서 오셨는지도 모른다. 바리새인들은 예수님이 무슨 일을 성취하실지 모르기에 그분이 왜 오셨는지도 모른다. 그들은 나름대로 예수님을 죽일 궁리를 할 이유가 있었지만, 정작 그분이 죽는 진짜 이유는 모른다. 또 그들은 장래에 그분이 어디에 계실지 혹은 무슨 일을 하실지 모르는 것이 분명하다.

예수님은 스스로를 증명할 수 있음을 보여주시지만, 사실 그럴 필요가 없으시다. 왜냐하면 아버지가 그분을 보내셨고 그분에 대해 증언하시기 때문이다. 바리새인들이 "네 아버지가 어디 있느냐"고 묻자 예수님은 "너희는 나를 알지 못하고 내 아버지도 알지 못하는도다. 나를 알았더라면 내 아버지도 알았으리라"(요 8:19)고 대답하신다. 그들의 질문만 봐도 그들이 하나님을 알지 못한다는 것이 입증된다. 그럼에도 자기들이 하나님에 대해 특별한 지식을 소유하고 있다고 자부해 왔던 그들이기에 예수님의 이런 주장에 몹시 불쾌했을 것이 분명하다.[84] 하지만 "그의 때가 아직 이르지 않았기에" 그들은 예수님을 체포하지 못한다.

예수님은 자신이 유대인들이 올 수 없는 곳으로 갈 거라고 말씀하시고 그들이 그분을 믿지 않으면 죄악 속에서 죽게 될 거라고 경고하신다. 유대인들은 예수님이 자살하려는 의도가 아닌가 하고 수군거린다. 예수님의 말씀을 듣고 진리 (곧 예수님이 자살하시는 게 아니라 우리를 살리기 위해 자기 목숨을 내어놓으신다는 진리, 요 10:11, 18)의 일부분을 스치듯 접하기는 하지만 유대인들은 그 의미를 이해하지 못한다.

예수님은 위에서 오셨지만 그들은 아래에서 났고, 예수님은 이 세상에 속하지 않으셨지만 그들은 이 세상에 속해 있다. 그들이 속한 세상은 사탄이 지배하고 있다(요일 5:19).[85] 그들이 예수님을 믿지 않으면 그들은 자기들의 죄 가운데 죽게 될 것이다. 예수님의 이런 말씀이 그들에게 얼마나 모욕적이었을지 상상해 보라. 그들은 예수님께 묻는다. "네가 누구냐?" 구체적으로 풀어보면 "너는 스스로 누구라고 생각하느냐?"라고 묻는 것이다. 예수님이 대답하신다. "나는 처음부터 너희에게 말하여 온 자니라"(요 8:25). 어떤 주석가들은 예수님의 이 답변이 모호하다고 말한다.[86] 또 어떤 사람들은 예수님이 끝없는 논쟁에 휘말리지 않으려고 그들의 질문에 답변을 거부하신 거라고 말한다. 이미 예수님은 그들에게 자신이 누구인지 밝히셨다. 그들이 깨닫지 못했을 뿐이다(요 8:43).[87] 예수님은 자신이 생명의 떡이며(요 6:35) 하나님의 뜻을 행하기 위해 하늘에서 보냄을 받았고(요 6:38), 자신의 살과 피를 먹고 마시는 자는 영생을 얻으며(요 6:54), 자신에게 나아와 마시는 자는 그 배에서 생수가 넘쳐나게 되고(요 7:37-38), 자신이 세상의 빛(요 8:12)이라고 말씀하셨다.[88] 이 모든 증언들을 하나하나 개별적으로 살펴보든 전체적으로 보든, 놓칠 수 없는 메시지는 예수님이 하나님의 아들이시라는 것이다.

예수님은 이렇게 주장하신다. "나는 너희에 대해서 할 말도 많고 판단할 것도 많지만 나를 보내신 분은 참되시기에 나도 그분에게서 들은 것을 그대로 이 세상에서 말할 뿐이다"(요 8:26, 공동번역). 바리새인들은 예수님이 하나님 아버지에 대해 말씀하고 계심을 깨닫지 못한다. 이에 예수님이 다시 말씀하신다. "너희가 인자를 든 후에 내가 그인 줄을 알고 또 내가 스스로 아무 것도 하지 아니하고 오직 아버지께서 가르치신 대로 이런 것을 말하는 줄도 알리라. 나를 보내신 이가 나와 함께 하시도다. 나는 항상 그가 기뻐하시는 일을 행하므로 나를 혼자 두지 아니하셨느니라"(요 8:28-29). 예수님의 권위는 성부 하나님에게서 나온다(이것은 삼위일체적 관점에서 나온 말씀이라 유대인들에겐 낯선 개념이다). 그들은 예수님이 십자가에 못 박히고 부활하여 승천하실 때까지 그분이 누구신지 이해하지 못할 것이다. 예수님이 이렇게 가르치시자, 많은 사람이 예수님을 믿기 시작한다. 유대인들로선 이해하기 매우 어려운 일이지만, 예수님과 그분의 말씀 자체에 놀라운 능력이 있음을 보여주는 사례다.

진리가 너희를 자유롭게 하리라; 너희는 아비 마귀에게 속하였다(요 8:31-47)

예수님은 자신을 믿은 유대인들에게 "너희가 내 말에 거하면 참으로 내 제자가 되고 진리를 알지니 진리가 너희를 자유롭게 하리라"(요 8:31-32)고 말씀하신다. 그들은 자기들이 아브라함의 자손이며 남의 종이 된 적이 없는데 왜 자유롭게 된다 하느냐고 묻는다. 이집트 및 다른 열강의 침략으로 노예가 된 적이 있으므로 유대인이 한 번도 노예였던 적이 없다는 의미는 분명 아니다. 그보다는 신앙에 근거한 종교적인 진술로 보이며, 자기들은 하나님의 영적 자녀이고 아브라함의 자

손이라는 의미다.[89]

이에 대해 예수님이 대답하신다. "진실로 진실로 너희에게 이르노니 죄를 범하는 자마다 죄의 종이라. 종은 영원히 집에 거하지 못하되 아들은 영원히 거하나니 그러므로 아들이 너희를 자유롭게 하면 너희가 참으로 자유로우리라"(요 8:34-36). 이것은 참 흥미로운 역설이다. 왜냐하면 예수님의 부르심을 따라 더 높은 삶의 기준을 요구받을 때 우리가 더 자유로워진 것으로 보기 힘들기 때문이다. 하지만 죄를 지으려는 유혹에 저항할 수 없을 때, 우리는 삶을 통제할 수 없게 되고, 그것이 일종의 노예상태인 것이다. 그리스도는 우리를 그 속박에서 풀어주실 수 있다. 죄의 통제력에서 빠져나오는 것이 곧 자유롭게 된다는 의미다. 스펜스 목사는 이렇게 말한다. "진리만이 우리 마음을 무지와 편견과 악한 습관의 속박에서 자유롭게 할 수 있다. 세상에 빛으로 오신 분이 마음의 어두운 곳을 비추면, 예전에 알지 못했던 쇠사슬들이 드러날 뿐 아니라 끊어진다. 고데트는 이렇게 말한다. '사람의 마음을 사로잡은 죄의 왕국은 환상과 매혹을 기반으로 세워진다. 그곳에 진리의 빛을 비춰보라. 그러면 마법의 주문이 풀리고 우리의 의지는 그동안 매력을 느끼던 것에 혐오감을 품게 될 것이다. 마치 사냥꾼의 올무에서 벗어난 새 같이."[90]

예수님은 계속해서 말씀하신다. "나도 너희가 아브라함의 자손인 줄 아노라. 그러나 내 말이 너희 안에 있을 곳이 없으므로 나를 죽이려 하는도다"(요 8:37). 아브라함의 자손인 사람들이, 마찬가지로 아브라함의 자손이자 (하나님이 아브라함에게 주신) 언약의 약속들을 성취하시는 예수님을 죽이려 한다는 것은 매우 기이한 일이다. 그들은 육체적으로는 아브라함의 자손이지만 영적으로는 아니다. 바울은 이렇게 선포한다. "이스라엘에게서 난 그들이 다 이스라엘이 아니요 또한 아브라함의 씨가 다 그의 자녀가 아니라. 오직 이삭으로부터 난 자라야 네 씨라 불리리라 하셨으니 곧 육신의 자녀가 하나님의 자녀가 아니요 오직 약속의 자녀가 씨로 여기심을 받느니라"(롬 9:6-8; 비교. 2:28-29). 바울은 더 나아가 이렇게 단언한다. "너희가 그리스도의 것이면 곧 아브라함의 자손이요 약속대로 유업을 이을 자니라"(갈 3:29).

예수님은 말씀하신다. "나는 내 아버지에게서 본 것을 말하고 너희는 너희 아비에게서 들은 것을 행하느니라"(요 8:38). 예수님이 전하시는 말씀은 아버지와 나눈 사귐으로 인해 더욱 힘을 얻지만, 그들은 다른 아버지, 즉 마귀에게 귀를 기울인다. 이들의 '아버지'는 무한한 사랑을 품으신 아버지, 아브라함의 아버지와는 완전히 반대되는 존재다.[91] 다시 말하지만 현대 문화가 그려내는 온유한 예수님이시라면 마귀를 아버지로 둔 사람들에게 감히 직설적으로 말할 수 있겠는가?

그들은 아브라함이 자기들 아버지라고 주장하지만 예수님이 바로잡아주신다. "너희가 아브라함의 자손이면 아브라함이 행한 일들을 할 것이거늘 지금 하나님께 들은 진리를 너희에게 말한 사람인 나를 죽이려 하는도다. 아브라함은 이렇게 하지 아니하였느니라. 너희는 너희 아비가 행한 일들을 하는도다"(요 8:39-41). 그들은 자기들이 음란한 데서 나지 않았고 한분이신 하나님 아버지를 따른다고 계속 주장한다. 그러자 예수님이 선포하신다.

> 하나님이 너희 아버지였으면 너희가 나를 사랑하였으리니 이는 내가 하나님께로부터 나와서 왔음이라. 나는 스스로 온 것이 아니요 아버지께서 나를 보내신 것이니라. 어찌하여 내 말을 깨닫지 못하느냐? 이

는 내 말을 들을 줄 알지 못함이로다. 너희는 너희 아비 마귀에게서 났으니 너희 아비의 욕심대로 너희도 행하고자 하느니라. 그는 처음부터 살인한 자요 진리가 그 속에 없으므로 진리에 서지 못하고 거짓을 말할 때마다 제 것으로 말하나니 이는 그가 거짓말쟁이요 거짓의 아비가 되었음이라. 내가 진리를 말하므로 너희가 나를 믿지 아니하는도다. 너희 중에 누가 나를 죄로 책잡겠느냐? 내가 진리를 말하는데도 어찌하여 나를 믿지 아니하느냐? 하나님께 속한 자는 하나님의 말씀을 듣나니 너희가 듣지 아니함은 하나님께 속하지 아니하였음이로다(요 8:42-47).

그들은 예수님의 말씀을 이해하지 못하고 진리를 깨닫지도 못한다. 영적으로 눈이 멀었을 뿐 아니라 참되신 하나님이 아닌 마귀를 따르고 있기 때문이다. 윌리엄 헨드릭슨은 '진리'라는 단어가 여기서 매우 폭넓은 의미로 쓰이고 있다고 말한다. "여기서 진리란 하나님 아버지가 아들에게 계시하신 실체에 상응하는 개념 세계라는 의미로 사용되고 있다."[92] 거기에는 인간의 총제적인 부패함, 그 상태에서 발생하는 죽음에 이르는 결과들, 아들을 통해 구원을 이루시려는 하나님의 계획이 다 포함되어 있다.[93]

아브라함이 나기 전부터 내가 있느니라(요 8:48-59)

내가 좋아하는 성경 구절이 또 하나 있는데, 예수님이 자신의 신성을 강력하게 주장하시는 부분이다. 마음이 단단히 굳은 독자들이나 이

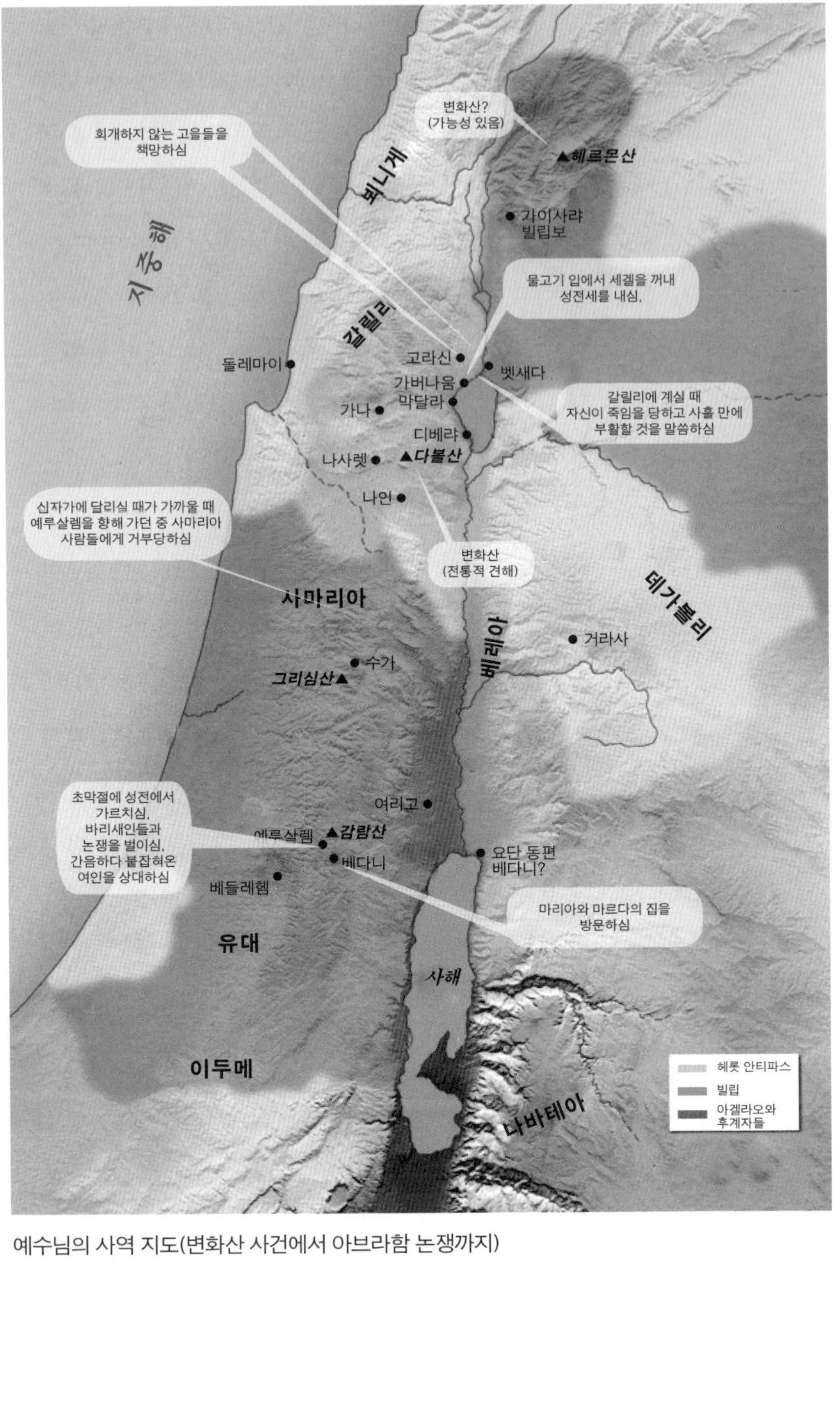

예수님의 사역 지도(변화산 사건에서 아브라함 논쟁까지)

주장을 거부할 수 있을 것이다. 유대인들이 예수님더러 사마리아인이고 귀신에 들린 게 아니냐며 묻는다. 예수님이 대답하신다. "나는 귀신 들린 것이 아니라. 오직 내 아버지를 공경함이거늘 너희가 나를 무시하는도다. 나는 내 영광을 구하지 아니하나 구하고 판단하시는 이가 계시니라. 진실로 진실로 너희에게 이르노니 사람이 내 말을 지키면 영원히 죽음을 보지 아니하리라"(요 8:49-51).

유대인들이 분개하여 예수님이 미친 말을 하는 것을 보니 귀신 들린 것이 분명하다고 말한다. 아브라함도 죽고 선지자들도 죽었는데, 어떻게 그보다 못한 유한한 인간이 죽음을 보지 않겠는가? 그들이 묻는다. "너는 이미 죽은 우리 조상 아브라함보다 크냐? 또 선지자들도 죽었거늘 너는 너를 누구라 하느냐?" 예수님이 대답하신다. "내가 내게 영광을 돌리면 내 영광이 아무 것도 아니거니와 내게 영광을 돌리시는 이는 내 아버지시니 곧 너희가 너희 하나님이라 칭하는 그이시라. 너희는 그를 알지 못하되 나는 아노니 만일 내가 알지 못한다 하면 나도 너희 같이 거짓말쟁이가 되리라. 나는 그를 알고 또 그의 말씀을 지키노라. 너희 조상 아브라함은 나의 때 볼 것을 즐거워하다가 보고 기뻐하였느니라"(요 8:54-56). 모욕감을 느낀 유대인들이 "네가 아직 오십 세도 못 되었는데 아브라함을 보았느냐"고 힐난하자 예수님이 대답하신다. "진실로 진실로 너희에게 이르노니 아브라함이 나기 전부터 내가 있느니라"(요 8:58). 그들이 돌을 들어 치려 하자 예수님은(아마도 초자연적으로[94]) 숨어 성전에서 나가신다.

예수님이 지금 하나님임을 주장하고 있다고 그들이 피할 수 없는 결론에 도달할 때까지 예수님은 조금씩 조금씩 더 많은 계시들을 그들에게 보여주신다. 그들이 예수님께 어떻게 2천 년 전에 살았던 아브라함을 보았느냐고 묻자, 예수님은 날씨에 대해 말씀하실 때 사용하신 "진실로 진실로"라는 표현을 다시 언급하며 자신이 지금 중대한 선언을 하고 있음을 알리신다. 그분의 선포는 아연실색할 만하다. 예수님은 "아브라함이 있기 전에 내가 있었다I was"가 아니라 "아브라함이 있기 전에 내가 있다I am"라고 말씀하신다. 예수님은 단지 아브라함보다 먼저 계신 것이 아니라 모든 피조물보다 앞서 존재하시는 분이다. 예수님이 "내가 있었다"라고 말했다면 예수님이 존재하지 않는 시간이 있었다는 의미가 되었을 것이다. 하지만 예수님은 "내가 있느니라"고 말씀하심으로 언제나 존재하고 계셨음을 알리고 계신다.

게다가 "내가 있느니라"는 표현은 하나님이 모세에게 자신의 정체를 밝히실 때 사용했던 하나님의 이름이기도 하다. "나는 스스로 있는 자니라"(출 3:14; 신 32:39; 비교. 사 43:10).

예수님은 명확하게 자신이 하나님이라고 밝히신다. 실제로 요한도 이와 같은 진리들을 선언하면서 복음서를 시작한다. "태초에 말씀이 계시니라. 이 말씀이 하나님과 함께 계셨으니 이 말씀은 곧 하나님이시니라. 그가 태초에 하나님과 함께 계셨고 만물이 그로 말미암아 지은 바 되었으니 지은 것이 하나도 그가 없이는 된 것이 없느니라. 그 안에 생명이 있었으니 이 생명은 사람들의 빛이라"(요 1:1-4). 이 문맥에서, '말씀' (즉 로고스)은 성자 하나님을 의미한다.

유대인들은 예수님이 자신에 대해 하신 말씀을 분명하게 이해하고 있다. 그래서 예수님을 돌로 치려 하는 것이다. 존 오웬은 이렇게 쓴다. "예수님이 '아브라함이 나기 전부터 내가 있느니라'고 말씀하시며 성육신 이전에도 존재하고 계셨다고 말씀하시자 유대인들이 격분하여 돌을 집어든다." 그들은 나중에 그 이유를 밝힌다. "선한 일로 말미암아 우리가 너를 돌로 치려는 것이 아니라 신성모독으로 인함이니 네가 사람이 되어 자칭 하나님이라 함이로라"(요 10:33).[95] 예수님이 정말로 하나님이시라면(나는 진심으로 믿는다) 그분의 말씀은 무엇보다 중요해진다. 바로 그 이유 때문에 내가 이 책을 쓰고 있다.

9
맹인을 고치신 일에서 마리아가 향유를 부은 일까지

예수님이 "나는 선한 목자라"고 말씀하셨을 때 유대인들은 필연적으로 "주는 나의 목자시니"(요 10:11; 시 23:1)라는 성경구절을 떠올렸을 거라는 사실을 종종 간과한다. 예수님이 하나님이라고 주장하신 것은 의심의 여지가 없다. 벤폴드[1]

날 때부터 맹인을 고치심(요 9:1-34)

예수님이 길을 가시다가 날 때부터 맹인 된 사람을 보신다. 제자들은 그 사람이 그렇게 태어난 것이 누구의 죄로 인한 것인지 (자기의 죄인지 부모의 죄인지) 묻는다. 예수님은 이렇게 대답하신다. "이 사람이나 그 부모의 죄로 인한 것이 아니라. 그에게서 하나님이 하시는 일을 나타

사복음서 비교: 맹인을 고치신 일에서 마리아가 향유를 부은 일까지

	마태복음	마가복음	누가복음	요한복음
날 때부터 맹인을 고치심	–	–	–	9:1-34
선한 목자	–	–	–	9:35-10:21
나와 아버지는 하나다	–	–	–	10:22-42
좁은문	–	–	13:22-30	–
예루살렘을 보며 슬퍼하심	–	–	13:31-35	–
안식일에 다시 병을 고치심, 결혼식과 잔치 비유	–	–	14:1-24	–
제자도의 대가	–	–	14:25-35	–
잃어버린 양, 잃어버린 동전, 탕자 비유	–	–	15:1-32	–
불의한 청지기, 부사와 나사로 비유, 믿음과 종에 대한 가르침	–	–	16:1-31; 17:5-10	–
나사로의 죽음	–	–	–	11:1-45
예수님을 죽이려는 음모	–	–	–	11:46-54
열 명의 나병환자를 고치심	–	–	17:11-19	–
하나님 나라의 도래	–	–	17:20-21	–
하나님 나라의 도래를 가르치심	–	–	17:22-37	–
기도에 관한 두 가지 비유	–	–	18:1-14	–
이혼에 대한 가르침	19:1-12	10:1-12	–	–
어린 아이들을 축복하심	19:13-15	10:13-16	18:15-17	–
부자를 가르치심	19:16-20:16	10:17-31	18:18-30	–
자신의 죽음을 예고하심	20:17-19	10:32-34	18:31-34	–
야고보와 요한(과 그 모친)의 요청	20:20-28	10:35-45	–	–
바디매오를 고치심	20:29-34	10:46-52	18:35-43	–
삭개오를 만나심	–	–	19:1-20	–
열 므나 비유	–	–	19:11-28	–
예수님을 붙잡으려 모의함	–	–	–	11:55-57
여인이 예수님께 기름을 부음	26:6-13	14:3-9	–	12:1-8

내고자 하심이라. 때가 아직 낮이매 나를 보내신 이의 일을 우리가 하여야 하리라. 밤이 오리니 그 때는 아무도 일할 수 없느니라. 내가 세상에 있는 동안에는 세상의 빛이로라"(요 9:3-5). 예수님은 땅에 침을 뱉고 진흙을 이겨 그의 눈에 바르신 후 그에게 명하신다. "실로암 못에 가서 씻으라"(요 9:7). 그가 가서 씻은 후 눈이 밝아져서 돌아온다.

요한은 실로암이 "보냄을 받았다"sent는 뜻이라고 설명하는데, 이는 요한복음에서 두드러지는 개념이다. 예수님은 하나님 아버지에 의해 "보냄을 받으신다"(요 7:16, 18-29, 33; 8:14, 16, 18, 26, 29, 42). 그리고 제자들은 예수님에 의해 "보냄을 받는다"(마 21:2; 막 11:1; 14:3; 눅 9:2, 52; 10:1).[2] 결론적으로 그 사람을 그렇게 만든 게 죄 때문인가 하는 것은 중요한 문제가 아니다. 조만간 예수님이 떠나실 텐데, 그러므로 예수님은 자신의 (치유하는) 권세를 입증하고 사역을 발전시키는 일에 그 사람의 (온전해진) 상태를 사용하실 수 있다는 데 더 큰 의미가 있다.

이전부터 그 맹인을 알던 사람들은 의아해 한다. 그래서 그를 바리새인들에게 데려가고, 바리새인들은 예수님이 안식일에 그 사람을 고쳤다는 말을 듣는다. 몇몇은 예수님이 안식일을 어겼으니 하나님께로부터 온 자가 아니라고 주장하고, 어떤 이들은 죄인이면 그런 표적을 행할 수 있겠느냐고 반문한다. 그들이 맹인이었다가 고침 받은 사람의 생각을 묻자 "예수님은 선지자"라고 대답한다. 바리새인들은 이 사건을 아마도 자세히 살펴보았을 것이다. 날 때부터 맹인인 사람을 고친 것은 언제든 자연적으로 나을 수 있는 일시적인 질병을 고친 것과는 차원이 다르기 때문이다.[3]

유대인 지도자들은 그 사람의 부모가 와서 확인해줄 때까지 그 사람이 줄곧 맹인이었음을 의심한다. 부모들은 그가 "장성하였으니" 그에게 물어보라고 말한다. 그러자 바리새인들은 그 사람에게 예수님이 죄인임을 인정한다고 말할 것을 종용하며 재차 묻는다. 그는 대답한다. "그가 죄인인지 내가 알지 못하나 한 가지 아는 것은 내가 맹인으로 있다가 지금 보는 그것이니이다"(요 9:25). 예수님이 그를 어떻게 고쳤는지 묻자, 그는 이미 말했지만 당신들이 듣지 않았다고 한다. 그러면서 "당신들도 그의 제자가 되려 하나이까"라고 묻는다. 이 말을 들은 그들이 욕을 하며 "너는 그의 제자이나 우리는 모세의 제자"라고 대답한다. 또한 모세는 하나님에게서 온 것을 알지만 예수님은 어디서 왔는지 모르겠다고 한다. 그러자 그 사람은 아무도 날 때부터 맹인인 사람을 고친 적이 없기에 예수님은 하나님에게서 온 것이 분명하다고 고백한다. 사람들은 분을 참지 못하고 "네가 온전히 죄 가운데서 나서 우리를 가르치느냐" 하며 그를 쫓아낸다.

바리새인들은 선천적인 장애는 개인이나 부모의 죄에서 기인한다고 믿었다. 하나님이 무죄한 사람에게 고통을 주실리 없기 때문이다.[4] 진리를 거부하는 그들을 보면 그 마음이 강퍅해져 있음을 알 수 있다. 그들은 자기에게 일어난 사건을 가감없이 증거하는 그 사람과 부모의 증언을 외면하고 빛보다 어둠을 더 좋아한다.[5]

이 이야기가 상징하는 바를 놓치기란 어렵다. 그가 그리스도에게로 회심했다는 사실을 "내가 맹인으로 있다가 지금 보는 그것이니이다"라는 고백보다 더 잘 전할 수 있는 것이 무엇이겠는가? 버논 맥기는 이렇게 말한다. "구원 받은 죄인은 누구든지 이렇게 고백한다. '내가 맹인으로 있다가 지금은 봅니다. 전에는 영적으로 어두웠으나 이제는 영적 빛 가운데 있습니다. 전에는 그리스도를 알지 못했지만 지금은 그분이 나의 구원자임을 압니다.'"[6] 화이트는 이렇게 선언한다. "이 단순한 증언이 수세기 동안 기독교 신앙을 가진 사람들의 논란의 여지가 없는 증거가 되었다."[7]

선한 목자(요 9:35-10:21)

맹인이었다가 밝히 보게 된 사람을 사람들이 내쫓았다는 말을 듣고 예수님이 그를 찾아가 "네가 인자를 믿느냐"(요 9:35) 하고 물으신다. 그 사람이 그가 누구냐고 묻자 예수님은 자신이 그라고 대답하신다. 그러자 그 사람은 "주여, 내가 믿나이다" 하고 예수님께 꿇어 엎드린다. 예수님이 대답하신다. "내가 심판하러 이 세상에 왔으니 보지 못하는 자들은 보게 하고 보는 자들은 맹인이 되게 하려 함이라"(요 9:39). 바리새인 중에 예수님과 함께 있던 자들이 이 말씀을 듣고 자기도 맹인이냐고 묻는다. 예수님이 말씀하신다. "너희가 맹인이 되었더라면 죄가 없으려니와 본다고 하니 너희 죄가 그대로 있느니라"(요 9:41). 바리새인들은 아무 것도 모른 채 행한 것보다 더 책임이 크다. 그들은 영적인 것들에 대해 자신들이 안다고 자만하며 예수님을 거역하고 있다.[8] 야고보는 이렇게 말한다. "내 형제들아, 너희는 선생된 우리가 더 큰 심판을 받을 줄 알고 선생이 많이 되지 말라"(약 3:1).

예수님은 바리새인들에게 계속해서 이렇게 말씀하신다.

> 내가 진실로 진실로 너희에게 이르노니 문을 통하여 양의 우리에 들어가지 아니하고 다른 데로 넘어가는 자는 절도며 강도요 문으로 들어가는 이는 양의 목자라. 문지기는 그를 위하여 문을 열고 양은 그의

음성을 듣나니 그가 자기 양의 이름을 각각 불러 인도하여 내느니라. 자기 양을 다 내놓은 후에 앞서 가면 양들이 그의 음성을 아는 고로 따라오되 타인의 음성은 알지 못하는 고로 타인을 따르지 아니하고 도리어 도망하느니라. 예수께서 이 비유로 그들에게 말씀하셨으나 그들은 그가 하신 말씀이 무엇인지 알지 못하니라. 그러므로 예수께서 다시 이르시되 내가 진실로 진실로 너희에게 말하노니 나는 양의 문이라. 나보다 먼저 온 자는 다 절도요 강도니 양들이 듣지 아니하였느니라. 내가 문이니 누구든지 나로 말미암아 들어가면 구원을 받고 또는 들어가며 나오며 꼴을 얻으리라. 도둑이 오는 것은 도둑질하고 죽이고 멸망시키려는 것뿐이요 내가 온 것은 양으로 생명을 얻게 하고 더 풍성히 얻게 하려는 것이라. 나는 선한 목자라. 선한 목자는 양들을 위하여 목숨을 버리거니와 삯꾼은 목자가 아니요 양도 제 양이 아니라. 이리가 오는 것을 보면 양을 버리고 달아나나니 이리가 양을 물어 가고 또 헤치느니라. 달아나는 것은 그가 삯꾼인 까닭에 양을 돌보지 아니함이나 나는 선한 목자라. 나는 내 양을 알고 양도 나를 아는 것이 아버지께서 나를 아시고 내가 아버지를 아는 것 같으니 나는 양을 위하여 목숨을 버리노라. 또 이 우리에 들지 아니한 다른 양들이 내게 있어 내가 인도하여야 할 터이니 그들도 내 음성을 듣고 한 무리가 되어 한 목자에게 있으리라. 내가 내 목숨을 버리는 것은 그것을 내가 다시 얻기 위함이니 이로 말미암아 아버지께서 나를 사랑하시느니라. 이를 내게서 빼앗는 자가 있는 것이 아니라 내가 스스로 버리노라. 나는 버릴 권세도 있고 다시 얻을 권세도 있으니 이 계명은 내 아버지에게서 받았노라(요 10:1-18).

이 말씀으로 인해 유대인들 사이에 의견이 나뉘고 분란이 일어난다. 어떤 이들은 예수님이 귀신에 들렸다 하고, 어떤 이들은 귀신이 맹인의 눈을 뜨게 할 수 없다고 말한다.

예수님은 목자 비유가 구약에 많이 나오는 것을 알고 계신다(시 23; 겔 34).[9] 이 성경 본문들은 예수님의 구속 사역을 미리 보여주는데, 이는 하나님이 이스라엘의 목자시기 때문이다(창 49:24; 시 23:1; 80:1; 사 40:11). 찰스 스펄전은 이렇게 말한다. "예수님은 이 말씀을 하심으로 우리에게 세 가지 사실을 알게 하신다. '나는 목자다.' '나는 선한 목자다.' '나는 (구약에서 말하던 바로) 그 선한 목자다'라고 말씀하시는 것이다."[10] 실제로 그리스도는 여기서 자신을 여호와와 동일시하고 계신다. 아더 핑크는 이렇게 말한다. "이것은 분명 그분의 절대적 신성을 확인해 주시는 선포였다."[11]

그리스도는 자신을 따르는 자들, 곧 양을 지키는 목자시다. 양들은 목자의 음성을 알아듣고, 목자에게 속해 있음을 알며, 목자를 따름으로 반응한다. 양들은 본능적으로 그들을 꾀어 멸망시키려는 낯선 사람을 거부하고 피한다. 이들은 거짓 선지자와 불신자들로 양을 지키는 데는 조금도 관심이 없고 다만 예수님을 거역하고 하나님의 사역을 훼방한다. 바리새인들은 영적 어둠에 갇혀 있어 예수님을 알아보지 못하고 그분의 말씀을 이해하지도 못한다. 하나님의 나라는 입구가 하나뿐이며 예수님이 바로 그 입구이다. 그분을 통해 (즉 그분을 믿는 믿음을 통해) 들어오는 자는 구원을 받고 영생을 얻을 것이다. 예수님은 따르는 자들을 위해 목숨까지 내어놓으신 선한 목자시다. 예수님은 그들을 알고 그들도 예수님을 안다. 마치 예수님과 아버지가 서로 아는 것처럼 말이다. 이는 매우 중대한 계시로, 아들과 아버지가 서로 완전하게 친밀한 관계 속에 계심을 보여주기 때문이다.

"이 우리에 들지 아니한 다른 양들"이라고 언급하심으로 예수님은 이방인들도 (믿음으로 말미암아) 하나님 나라에 들어오게 될 것임을 염두에 두고 계신다. 믿음 안에서 유대인이든 이방인이든 모두가 동일한 양무리에 속하며 한분이신 목자를 따른다. 예수님이 자기 양을 위해 십자가에서 대속의 죽음을 당하시는 것은 누구의 강요 때문이 아니다. 심지어 아버지 때문도 아니다. 아버지는 예수님이 대속의 죽음을 당하시고 부활하여 우리를 살리실 권세를 주셨을 뿐이다. 예수님이 선한 목자의 비유를 통해 우리에게 말씀하고자 하시는 바다.

요약하면, 그리스도는 우리를 위해 자기 생명을 내어주신다. 찰스 스펄전은 이렇게 말한다. "예수님은 우리를 위해 살아가신다. 그분이 살아 계시기에 우리도 살아 있는 것이다. 예수님은 우리를 위해 간구하시려고 살아가신다. 하늘에서 우리를 대표하시기 위해 살아 계신다. 우리를 위해 섭리를 베푸시려고 살아 계신다. 우리를 위해 거처를 마련하시려고 사신다. 그곳에 우리가 들어갈 것이다. 예수님은 다시 오셔서 우리를 영접하기 위해 살아 계신다. 그분이 계신 곳에 우리도 있게 될 것이다. 진실로 그 선한 목자는 자신이 주장하신 바 (곧 그가 양을 위해 목숨을 버린다는 주장)을 몸소 입증하셨다."[12]

나와 아버지는 하나다(요 10:22-42)

예수님이 (하누카, 빛의 축제라고도 알려져 있는) 수전절에 예루살렘 성전으로 걸어들어 가신다. 수전절은 안티오쿠스 에피파네스에 의해 더럽

혀졌던 성전을 되찾아 정결케 하고 다시 하나님께 바친 것을 기념하는 절기다.[13] 유대인들이 예수님께 자신이 그리스도라면 분명히 밝혀 달라고 요구한다. 예수님은 이미 그들에게 말해 주었으며, 자신이 아버지의 이름으로 행하는 일들이 자신을 증거한다고 말씀하신다. 그럼에도 그들이 믿지 않는 것은 자신의 양이 아니기 때문이라고 하신다. 만일 그들이 예수님을 따르는 양이라면 목자이신 그분의 음성을 듣고 따를 것이다. 예수님은 양들에게 영생을 주시므로 양들은 영원히 멸망하지 않으며, 아무도 양을 그분의 손에서 빼앗을 자가 없을 것이다. 그분의 아버지가 양들을 예수님에게 주셨고 아버지는 모든 것보다 크시다. 하지만 예수님이 "나와 아버지는 하나이니라"(요 10:30)고 말씀하시자 유대인들이 다시 돌을 들어 예수님을 치려 한다. 예수님은 자신과 아버지가 동일한 위격이라고 말씀하신 것이 아니다. 예수님과 아버지의 뜻이 하나이며 두 분이 한 본체라고 주장하신 것으로, 삼위일체의 두 위격을 나타내신 말씀이다.[14]

예수님은 자신이 그들에게 여러 가지 선한 일을 보여주었는데 그 중에 어떤 일로 자신을 돌로 치려 하느냐고 말씀하신다. 유대인들은 선한 일 때문이 아니라 예수님이 자칭 하나님이라 주장하여 신성모독을 저질렀기 때문이라고 대답한다. 예수님은 "너희 율법에 기록된 바 내가 너희를 신이라 하였노라 하지 아니하였느냐? 성경은 폐하지 못하나니 하나님의 말씀을 받은 사람들을 신이라 하셨거든 하물며 아버지께서 거룩하게 하사 세상에 보내신 자가 나는 하나님의 아들이라 하는 것으로 너희가 어찌 신성모독이라 하느냐? 만일 내가 내 아버지의 일을 행하지 아니하거든 나를 믿지 말려니와 내가 행하거든 나를 믿지 아니할지라도 그 일은 믿으라. 그러면 너희가 아버지께서 내 안에 계시고 내가 아버지 안에 있음을 깨달아 알리라"(요 10:34-38). 그들이 다시 예수님을 잡고자 하지만 예수님은 그들의 손에서 벗어나 요단강 건너편 요한이 세례를 주던 곳으로 가신다. 그곳에서 많은 사람이 예수님께 나아와 요한이 그분에 대해 말한 모든 것이 사실이라고 말하고 많은 사람이 그분을 믿는다.

예수님은 사람들이 신성모독을 이유로 자신을 비난한 것이 잘못되었다고 지적하신다. 예수님이 하나님 아버지에게서 모든 권세를 위임받은 아들이심을, 예수님이 행하신 일들이 몸소 증명하기 때문이다. 또한 유대인의 (일점일획도 폐할 수 없는) 성경도 하나님이 부르신 자들을 '신'이라 일컫고 있다는 점을 예수님은 근거로 언급하신다.[15] 많은 주석가들은 예수님이 "너희 율법에 기록된 바…하지 아니하였느냐?"라고 하실 때 (하나님이 세우신 이스라엘의 심판자들을 신이라 부르시는) 시편 82편을 인용하신 거라고 추측한다.[16]

좁은문(눅 13:22-30)

예수님은 여러 동네와 마을을 들러 거기서 가르치시면서 운명이 기다리고 있는 예루살렘으로 향하신다. 어떤 사람이 예수님에게 "구원을 받을 사람이 얼마 안 되겠지요?"라고 묻는다. 이에 예수님은 비유를 들어, 많은 사람이 구원의 문으로 들어가려 하겠지만 들어가지 못할 것이므로 좁은 문으로 들어가기를 힘쓰라고 대답하신다. 집 주인이 일단 문을 닫으면, 많은 사람이 와서 문을 두드리며 들어가려 해도 허사가 될 것이다. 집 주인은 이렇게 말할 것이다. "나는 너희가 어디에서 온 자인지 알지 못하노라"(눅 13:27). 들어가기를 거절당한 사람들은 자기들이 집주인과 함께 먹고 마셨다고 항변할 것이나 그는 도무지 그들을 알지 못한다고 재차 거절하며 "행악하는 모든 자들아 나를 떠나가라"고 말할 것이다. 아브라함과 이삭과 야곱과 모든 선지자들은 하나님 나라에 있는데 거절당한 사람들은 밖에 쫓겨난 것을 깨닫고 거기서 슬피 울며 이를 갈게 될 것이다. 그러나 사방에서 많은 사람들이 모여들어 하나님 나라의 잔치에 참여할 것이다. "나중 된 자로서 먼저 될 자도 있고 먼저 된 자로서 나중 될 자도 있느니라"(눅 13:30).

"좁은 문으로 들어가기를 힘쓰라"는 예수님의 말씀은 선한 일을 통해 좁은 문으로 들어갈 길을 마련하라는 의미가 아니다. 오히려 그들은 회개하고 믿음을 가져야 한다(눅 13:3, 5).[17] 우리는 이 땅에 사는 동안 예수님이 제공하시는 구원을 받아들여야 한다. 문이 영원히 닫히기 전에, 문이 아직 열려 있을 때 우리는 결단해야 한다.[18] 윌리엄 맨슨은 이렇게 말한다. "시간이 얼마 없다. 집주인이 예상하는 (가족이 집에 들어올 거라 예상하는) 시간이 한 시간 남짓 남았다. 하나님이 생명의 문을 닫으시는 시간이 분명 있다. 문이 닫힌 후에 뒤늦게 와서 두드리는 자는 그저 침입자로 간주될 뿐이다."[19] 구원은 혈연이나 친분으로 얻어지지 않는다. 오직 예수 그리스도에 대한 믿음으로 말미암아 얻어진다. 사방에서 많은 사람들이 모여들어 하나님 나라의 잔치에 참여하리라는 말씀은 이방인도 유대인과 동일하게 구원받을 수 있음을 의미하신 것이다.[20]

예루살렘을 보며 슬퍼하심(눅 13:31-35)

몇몇 바리새인들이 예수님께 와서 헤롯이 죽이려고 하니 여기를 떠나시라고 경고한다. 예수님은 그들에게 (헤롯을 가리키는) "그 여우"에게 가서 말하기를 "오늘과 내일은 내가 귀신을 내쫓고 병을 고칠 것이요, 사흘째 되는 날에는 내 일을 끝낸다 하여라"(눅 13:32, 새번역)고 하신다. 그러나 당분간은 그분의 길을 가실 텐데, 선지자가 예루살렘 밖에서 죽어서는 안 되기 때문이다. 그런 후에 예수님은 "선지자들을 죽[인]" 도시 예루살렘을 보며 슬퍼하신다. 예수님은 이렇게 말씀하신다. "암탉이 제 새끼를 날개 아래에 모음 같이 내가 너희의 자녀를 모으려 한 일이 몇 번이냐? 그러나 너희가 원하지 아니하였도다. 보라 너희 집이 황폐하여 버린 바 되리라. 내가 너희에게 이르노니 너희가 주의 이름으로 오시는 이를 찬송하리로다 할 때까지는 나를 보지 못하리라"(눅 13:34-35). 예수님은 자신이 예루살렘을 날개 아래 모을 수 있었다고 안타까워하시면서 자신의 신성을 은연 중에 드러내신다. 이는 구약에 나오는 익숙한 표현으로, 하나님이 그 백성을 날개 (그늘) 아래 감추어 보호하시기 때문이다(룻 2:12; 시 17:8; 36:7; 57:1; 61:4; 63:7; 91:4).[21]

이미 세례 요한의 처형을 명령했던 헤롯은 이제 그보다 더 유명한 예수님을 유심히 지켜본다. 예수님은 헤롯을 여우라고 부르시는데, 구약에서 이 말은 비열한 모사꾼을 가리킨다(느 4:3; 아 2:15).[22] 예수님은 죽기로 작정하신 예루살렘에 이를 때까지는 체포되거나 죽임을 당하시면 안 된다. 예수님은 예루살렘이 반복적으로 예수님을 거부했음에도 불구하고 그 도시와 백성들에 대한 사랑과 긍휼의 마음을 드러내고 계신다. 예수님이 십자가에서 죽으시고 부활하여 승천하신 후, 종말에 메시아로 재림하여 예루살렘에서 환영받으실 때까지 그들은 예수님을 더 이상 보지 못할 것이다(참고. 행 3:17-21).[23]

안식일에 다시 병을 고치심; 결혼식과 잔치 비유(눅 14:1-24)

예수님은 안식일에 한 바리새인 지도자의 집에 식사하러 들어가신다. 사람들이 의혹의 시선으로 예수님을 지켜보고 있다. 그곳에 (신장이나 간에 문제가 있어 복부에 물이 차는) 수종병[24] 환자가 있는 것을 보신 예수님이, 안식일에 병을 고치는 것이 합당한지 물으신다. 그들이 대답하지 못하자 예수님은 그 사람을 데려다가 고쳐서 보내신다. 안식일에도 할례를 행하는 관행을 언급하심으로 논란을 일으키신 때와 마찬가지로(요 7:1-24), 예수님은 누가 그 아들이나 소가 우물에 빠지면 안식일이어도 구하지 않겠느냐고 물으신다. 그들은 이번에도 대답하지 못한다. 만일 안 구하겠다고 대답하면 몰인정하게 율법에만 집착하는 사람이 되고, 반대로 구하겠다고 하면 자신들의 전통을 공개적으로 거부하는 것이 되기 때문이다.

늘 그렇듯 여기서도 예수님이 상황을 주도하신다. 안식일에 병을 고치는 문제든, 간음한 여인을 돌로 치는 문제든, 제자들이 먹기 전에 손을 씻지 않은 문제든, 사마리아 사람과 접촉한 문제든, 예수님은 오만한 바리새인들을 당황하게 만들고 예수님을 잡으려는 그들의 덫을 무용지물로 만드신다.

곧 이어 예수님은 결혼식 비유를 말씀하시는데 그 집에 초대받은 사람들이 높은 자리에 앉으려 하는 모습을 보셨기 때문이다. 예수님은 결혼식 잔치에 초대 받으면 늘 맨 마지막 자리에 앉아야 더 중요한 사람이 와서 자리를 뺏기는 수모를 당하지 않는다고 말씀하신다. 반면 주인이 그를 더 높은 자리로 데려가면 손님들 앞에서 수치 대신 영광을 얻게 될 것이다. "무릇 자기를 높이는 자는 낮아지고 자기를 낮추는 자는 높아지리라"(눅 14:11). 이 말씀은 예전에 하신 말씀, 곧 먼저 된 자가 나중 되고 나중 된 자가 먼저 될 것이며(마 13:30), 심령이 가난한 자와 온유한 자가 복이 있다고(마 5:3-11) 가르치신 내용과 맥을 같이한다.

하나님 나라에 들어가는 열쇠는 예수 그리스도에 대한 (구원하는) 믿음이다. 교만과 이기심은 겸손한 심령을 갖는 데 심각한 장애물이 된다. 겸손한 심령은 스스로의 힘으론 할 수 없는 것 (즉 하나님 나라에 들어가는 것)을 위해 자복하고 회개하며 그리스도를 의지하게 한다. 사도 바울도 이렇게 말한다. "너희는 그 은혜에 의하여 믿음으로 말미암아 구원을 받았으니 이것은 너희에게서 난 것이 아니요 하나님의 선물이라"(엡 2:8). 교만함으로 멸망한 느부갓네살을 생각해 보라. 바빌로니아 왕은 이렇게 말했다. "이 큰 바벨론은 내가 능력과 권세로 건설하여 나의 도성으로 삼고 이것으로 내 위엄의 영광을 나타낸 것이 아니냐"(단 4:30). 바로 그 때에 이런 일이 일어났다. "내가 사람에게 쫓겨나서 소처럼 풀을 먹으며 몸이 하늘 이슬에 젖고 머리털이 독수리 털과 같이 자랐고 손톱은 새 발톱과 같이 되었더라"(단 4:33).

예수님은 식사 자리를 베푼 집주인에게 친구나 형제나 친척이나 부자 이웃을 식사에 초대하지 말라고 말씀하신다. 그들이 도로 집주인을 자기 집으로 초대하여 되갚을 것이기 때문이다. 그러면 그가 베푼 은공이 사라질 것이다. 대신 가난한 자, 몸 불편한 자, 저는 자, 맹인들을 초대하면 그들이 갚을 것이 없으므로 복이 될 것이다. 그러면 "의인들이 부활할 때에 하나님이 대신 갚아주실 것"이기 때문이다. 하나님 나라에선 하나님이 주인이시고 아무도 그분의 은혜를 갚을 수 없다.[25] 우리는 사람들에게 선을 행하되, 무엇으로든 돌려받기 위해서가 아니라 그것이 거룩한 일이므로 그렇게 해야 한다. 이 말씀은 예전에 사람에게 보이려고 기도하지 말고, 우리의 선한 행위나 자선을 자랑하지 말라 하시면서 우리의 진정한 재판관은 하나님이시지 사람이 아니라고 하신 가르침과 맥을 같이한다.

예수님은 하나님 나라를 비유로 가르치시면서, 마치 큰 잔치를 베풀고 많은 사람을 초대한 어떤 사람과 같다고 하신다. 많은 사람이 초대받았으나 모두 변명을 하며 잔치에 참여하기를 거절한다. 주인은 화가 나서 가난한 자들과 몸이 불편한 자들과 맹인들과 저는 자들을 데려오라고 종에게 이른다. 종이 그대로 따르지만 여전히 빈 자리가 많다. 주인은 다시 종을 보내 더 많은 사람을 강권하여 데려다가 집을 채우라고 한다. 그러면서 전에 초대받았던 사람들은 잔치를 맛보지 못할 것임을 강조한다. 잔치에 참여하기를 거절한 사람 중 많은 경우 그들이 댄 이유가 타당해 보인다. 새로 산 밭에 가봐야 했고 가축을 돌봐야 했으며, 결혼한 배우자와 떨어질 수 없었다.[26] 하지만 (믿음으로 그분께 나아오라는) 하나님 나라의 초대를 받아들이는 일은 그 어떤 일보다 중요하며 그보다 우선하는 것은 없다. 그 일은 우리에게 영구적인 결과를 초래하기 때문이다. 우리의 육신이 죽음을 맞는 날, 하나님 나라로의 초대도 더 이상 유효하지 않게 될 것이다. 기억하라. 우리는 하나님과 함께 하도록 창조되었다. 예수님은 말씀하신다. "사람이 만일 온 천하를 얻고도 자기 목숨을 잃으면 무엇이 유익하리요"(막 8:36).

제자도의 대가(눅 14:25-35)

누가복음 9장 51-62에서 언급하듯, 예수님은 자신의 제자가 되기 위해 큰 대가를 지불해야 한다고 단호히 말씀하신다. 9장 본문에서 예수님은 자기 아버지를 장사 지내고 오겠다는 남자의 청을 허락하지 않으신 바 있다. 누가복음 14장에서 예수님은 무리에게 제자로 따르려 할 때 치러야 하는 큰 희생에 대해 말씀하신다. 예수님께 오는 자는 자기 부모와 처자와 형제와 자매와 심지어 자기 목숨까지 미워해야 한다. 누구든지 자기 십자가를 지고 그분을 따르지 않으면 감히 제자가 될 수 없다. 건축가가 망대를 세우기 전에 그 비용을 먼저 따져보듯, 예수님을 따르려는 자는 먼저 그 대가를 계산해 보아야 한다. 그렇지 않으면 기초만 쌓고 다 완성하지 못하여 비웃음을 사게 된다. "너희 중의 누구든지 자기의 모든 소유를 버리지 아니하면 능히 내 제자가 되지 못하리라"(눅 14:33).

사랑하는 사람을 미워하라는 가혹한 명령은 이웃을 사랑하고 부모를 공경하라는 예수님의 가르침과 모순되어 보인다. 그러나 예수님의 이 말씀을 문자 그대로 받아들여선 안 된다. 월터 카이저는 예수님이 이렇게 말씀하신 것은 물질적인 것이 우리가 하나님 나라를 추구하는 데 방해가 되듯 가족 관계도 그럴 수 있음을 강조하신 것이라고 설명한다. 가족으로 인해 너무 매여 있는 사람은 하나님 나라를 위해 시간을 내지 못한다. 카이저는 이렇게 말한다. "하나님 나라에 대한 관심이 예수님을 따르는 자들에게는 가장 우선이 되어야 한다. 다른 모든 것은 두 번째가 되어야 한다." 예수님은 이렇게 극단적인 예를 보여주심으로 우리의 우선순위가 급진적으로 재정립 되어야 함을 강조하

신 것이다.[27]

예수님은 말씀하신다. "소금이 좋은 것이나 소금도 만일 그 맛을 잃으면 무엇으로 짜게 하리요? 땅에도, 거름에도 쓸 데 없어 내버리느니라. 들을 귀가 있는 자는 들을지어다"(눅 14:34-35). 워렌 위어스비는 이렇게 말한다. "제자가 그리스도인으로서의 특성을 잃어버리면, 그는…결국 다른 사람들에게 밟히고 그리스도께 수치를 드리게 된다."[28] 존 캐롤은 이렇게 덧붙인다. "소금이 짠 맛을 잃으면 버려지듯, 마찬가지로 제자는 철저한 헌신을 끝까지 잃지 말아야 한다. 그래야 이미 시작되었고 장래에 완성될 하나님의 통치에 참여할 수 있다."[29]

잃어버린 양, 잃어버린 동전, 탕자 비유(눅 15:1-32)

예수님은 양 일백 마리 중에서 하나를 잃어버린 사람 이야기를 들려주신다. 앞서 마태는 잃어버린 양 비유를 통해, 자녀를 향한 하나님의 사랑을 강조하고 작은 자 중의 하나라도 잃고 싶어하지 않으시는 하나님 아버지의 뜻을 보여주었다(마 18:12-14).[30] 이에 비해 누가는 잃어버린 양 비유를 통해 (죄인이 회개하고 돌아와 하나님 나라를 찾을 때) 하나님이 얼마나 기뻐하시는지를 보여주고자 한다. 예수님은 열 드라크마 중 하나를 잃어버렸다가 찾아서 기뻐하는 여인의 비유를 들어 이 메시지를 더욱 강조하신다. 예수님은 이렇게 말씀하신다. "이와 같이 죄인 한 사람이 회개하면 하나님의 사자들 앞에 기쁨이 되느니라"(눅 15:10).

그런 다음 예수님은 두 아들에게 재산을 각각 나누어준 아버지의 비유를 들려주신다. 재산을 받은 둘째 아들은 자기 소유를 다 가지고 먼 나라로 떠나 거기서 허랑방탕하며 재산을 다 써버린다. 궁핍함에 시달리던 둘째 아들은 회개하고 자기 아버지에게 돌아온다. 더 이상 아들이라 불릴 자격이 없으니 종처럼 여겨달라 하겠다고 결심한다. 멀리서 아들을 본 아버지는 측은한 마음으로 달려가 아들을 안고 입을 맞춘다. 아버지는 돌아온 둘째 아들에게 제일 좋은 옷을 입히고 손에 가락지를 끼우며 발에 신을 신기고 살진 송아지를 잡아 큰 잔치를 베푼다. "이 내 아들은 죽었다가 다시 살아났으며 내가 잃었다가 다시 얻었노라"(눅 15:24) 하고 선포한다. 그 동안 율례를 잘 따르고 물려받은 재산을 잘 간식한 첫째 아들은 아버지가 자격 없는 동생에게 넘치도록 애정을 쏟는 것을 보고 망연자실한다. 그가 불평하자 아버지는 이렇게 대답한다. "얘, 너는 항상 나와 함께 있으니 내 것이 다 네 것이로되 이 네 동생은 죽었다가 살아났으며 내가 잃었다가 얻었기로 우리가 즐거워하고 기뻐하는 것이 마땅하다"(눅 15:31-32).

이 일은 정의롭지 못한 것처럼 보인다. 그리스도를 따르기 위해 부모를 버려야 한다는 개념만큼이나 직관에 반한다. 그러나 재산보다 더 중요한 문제가 걸려 있다. 아버지는 가족을 회복시키기 원했고 그러려면 형제 사이의 화목이 필요하다.[31] 그러나 더 큰 교훈이 있다. 하나님이 잃어버린 자를 (모두) 찾기 원하시며 모든 자에게 은혜 베풀기 원하신다는 것이다. 그리스도는 무한히 용서하시는 분이므로 가장 악한 죄인이라도 둘째 아들처럼 회개하면 기꺼이 받아주실 것이다. 윌리엄 헨드릭슨은 이렇게 말한다. "아버지의 아들에 대한 사랑이 얼마나 깊은가! 아버지는 아들을 안아주기 위해 노인의 몸으로 급히 달려나간다. 유대 세계에서는 연로한 사람이 달리는 것은 점잖치 못한 일로 여겨졌다. 그러나 아버지는 달린다. 사람들의 시선은 아랑곳하지 않는다. 아무 것도 그를 막을 수 없다. 아버지는 아들의 목을 껴안는다. 힘을 다해 아들을 안는다. 이것만 봐도 아버지가 이미 마음으로 그 아들을 용서하고 있음을 알 수 있지 않은가?"[32]

이 비유는 또한 암암리에 바리새인들을 비판하고 있다. 바리새인들은 예수님이 소외받고 외면당하는 죄인들과 함께 하시는 것에 분개하고 있다. 그들은 모든 규례는 엄격히 지키지만 겸손하거나 회개하지 않으며 그리스도가 내미시는 (심령이 가난한 자들이 유업으로 받을) 하나님 나라 초대도 거절한다.

더욱이 이 비유는 선한 일에 대한 우리의 생각에도 변화를 일으킨다. 큰 아들이 동생보다 더 의로운 삶을 산 건 맞지만 그도 여전히 죄인이라는 점을 잊어선 안 된다. 즉 요지는, 우리가 아무리 선한 일을 많이 해도 하나님 나라에 들어갈 수 없다는 것이다. 앞에서도 말했지만, 하나님 나라에 들어가는 것은 다른 사람과 비교하여 상대적으로 좋은 평가를 받아야 하는 것이 아니다. 우리 모두가 죄인이고, 세상에서 가장 악한 죄인과 마찬가지로 그 나라에 들어갈 자격이 없다. 아무도 그 나라에 들어갈 자격을 갖출 수 없기에 우리는 그저 하나님의 은혜를 바라고 감사해야 한다. 팀 켈러는 이렇게 말한다. "아버지의 사랑으로 용서하지 못하고 덮을 수 없는 악은 없다. 그분의 은혜에 맞설 만한 죄는 없다."[33] 이와 비슷하게 존 파이퍼는 이렇게 말한다. "맏아들은 종의 마음을 갖고 있었다. 그는 아버지를 위해 일하기는 해도 아버지의 은총 아래 기쁨을 누리진 못했다. 그가 아버지의 명을 그저 종으로서 감당해야 할 의무 정도로 여기는 한, 그리스도에게서 멀어져 은혜를 모르는 자로 남을 것이다. 그리스도는 한때 방탕함으로 상처 입었으나 죄사함을 받은 죄인들을 끌어안고 잔치를 베푸신다. 이들은 자신들의 섬김이 전적으로 부족하다는 것을 깨달은 죄인들이다. 이제 그리스도는 우리를 초대하신다. 종의 마음을 버리고 아들 됨의 선물을 받으라고 초대하신다."[34] 요한복음은 이렇게 선언한다. "영접하는 자 곧 그 이름을 믿는 자들에게는 하나님의 자녀가 되는 권세를 주셨으니"(1:12).

불의한 청지기, 부자와 나사로 비유, 믿음과 종에 대한 가르침(눅 16:1-31; 17:5-10)

예수님은 주인의 재산을 낭비한 청지기 이야기를 들려주신다. 부자 주인은 자기 재산을 맡은 청지기가 낭비한다는 말을 듣고 청지기를 불러 해고하겠다고 말한다. 청지기는 나중에 직분을 빼앗긴 후에 도움을 받을 요량으로 주인에게 빚진 자들을 일일이 불러 제 맘대로 줄여준다. 그런데 이상하게도, 주인은 불의한 청지기가 지혜롭게 행동했다며 칭찬한다. 예수님은 이렇게 말씀하신다. "이 세대의 아들들이 자기 시대에 있어서는 빛의 아들들보다 더 지혜로움이니라. 내가 너희에게 말하노니 불의의 재물로 친구를 사귀라. 그리하면 그 재물이 없어질 때에 그들이 너희를 영주할 처소로 영접하리라"(눅 16:8-9).

예수님은 이 이상한 이야기를 통해 교훈을 주려 하신다. 예수님은 부정직함을 칭찬하시는 게 아니다. 다만 제자들에게 그들의 물질을 가난한 자를 돌보고 영원한 것들에 투자하는 등 영적 유익을 위해 써야 한다는 점을 가르치고 계신다.[35] 우리는 이 땅에 보화를 쌓아서는 안

되며 도둑이 구멍을 뚫지 못하는 하늘에 쌓아야 한다(마 6:19-21). 우리가 거룩함으로 부름 받은 그리스도인이라 해서 그것이 고지식하고 무기력하며 안이하게 살아야 한다는 의미는 아니다. 우리는 뱀처럼 지혜롭고 비둘기처럼 순전해야 한다는 것을 기억하라(마 10:16).

예수님이 그 청지기의 모든 행실을 인정한 것이 아님을 이어지는 본문에서 알 수 있다(눅 16:10-34). 여기서 예수님은 정직과 신실함을 강조하신다. "지극히 작은 것에 충성된 자는 큰 것에도 충성되고 지극히 작은 것에 불의한 자는 큰 것에도 불의하니라…집 하인이 두 주인을 섬길 수 없나니 혹 이를 미워하고 저를 사랑하거나 혹 이를 중히 여기고 저를 경히 여길 것임이니라. 너희는 하나님과 재물을 겸하여 섬길 수 없느니라"(눅 16:10, 13).

바리새인들은 돈을 사랑했기에 예수님의 말씀을 듣고 비웃는다. 예수님은 그들이 다른 사람들 앞에서 스스로 옳다 하는 자들이며 그들 마음을 하나님이 다 아신다고 책망하신다. 사람들에게 높임을 받는 것이 사실은 하나님 앞에서 미움을 받는 것이다. 예수님은 그들이 자신들의 율법과 선지자 즉 구약성경을 알지 못하며, 만일 제대로 알았다면 이미 새 언약이 시작되었고 하나님 나라의 복음이 전파되고 있음을 알았을 거라고 주장하신다. 이것은 구약을 무효화하는 발언이 아니다. 구약은 그리스도를 가리키므로 여전히 유효하다. 그래서 예수님은 "율법의 한 획이 떨어짐보다 천지가 없어짐이 쉬우리라"(눅 16:17)고 선언하신다. 많은 사람들이 하나님 나라에 들어가고 있으나, 정작 바리새인들은 예수님을 대적하는 일에 팔려서 기회를 놓치고 있다.

예수님은 나사로 이야기를 들려주신다. 나사로는 부자의 상에서 떨어지는 찌꺼기를 먹을까 하여 부자의 대문 앞에 앉아 있는 거지다.

그러다 부자와 나사로가 둘 다 죽어, 나사로는 천국으로 가고 부자는 지옥으로 간다. 부자는 나사로를 보내 자신의 타는 혀를 식혀달라고 아브라함에게 간청한다. 아브라함은 부자가 세상에 있을 때 기회가 있었지만 탐욕에 갇혀 재물을 자기만을 위해 쓰고 다른 사람의 어려움을 외면했다면서 거절한다. 천국과 지옥 사이에는 큰 구렁텅이가 있어 그리로 갈 수도 없고 건너오지도 못한다. 부자는 나사로를 보내 자신의 (살아 있는) 다섯 형제가 지옥의 고통을 피할 수 있게 경고해 달라고 다시 한번 아브라함에게 간청한다. 그 다음 구절은 정신이 번쩍 나게 해준다. 아브라함은 그들에게 이미 모세와 선지자들, 즉 성경이 있으니 그럴 필요가 없다고 말한다. 그들이 성경을 믿지 않는다면 나사로가 부활하여 가서 경고해도 믿지 않을 것이다.

이것이 어떻게 연결되는지 주목하라. 예수님은 구약성경을 확증하신다. 성경은 하나님의 영감을 받은, 일점일획도 바꿀 수 없는 하나님의 말씀이라는 것이다. 그러므로 우리는 메시아가 오시리라는 구약의 약속들을 신뢰할 수 있다. 사람들이 예수님을 믿지 않는다면, 하나님이 성경에 충분한 계시를 베풀지 않으셔서 그런 게 아니다. 일반 계시는 말할 것도 없다. 오히려 (교만, 죄 혹은 강퍅한 마음 등) 다른 것들로 인해 그들이 예수님께 나아가지 않는 것이다.

사도들이 예수님께 믿음을 더하여 달라고 요청하자 예수님은 다시 한번 겨자씨 비유를 말씀하신다. 너희에게 겨자씨 한 알만한 믿음이 있다면 이 뽕나무더러 뿌리가 뽑혀 바다에 심기어라 명령할 수 있고 그것이 순종하였을 거라고 말씀하신다. 문자적으로 그렇다는 것이 아니라, 진실한 믿음이 약간이라도 있다면 놀라운 결과를 일으킬 수 있다는 말씀을 하시는 것이다.[36]

그 다음 예수님은 사도들에게 종에 관한 질문을 하신다. 만일 그들에게 종이 있는데 그 종이 밭에 나가 일하다 돌아오면 앉아서 먹으며 쉬라 할 건지 아니면 그에게 내가 먹을 것을 준비하라 할 건지 물으신다. 그러면서 종이 자기 일을 했다고 주인이 고마워하지 않는다고 지적하신다. 다시 한번 예수님은 이 이야기를 문자 그대로 받아들이도록 의도하신 것이 아니다. 예수님은 우리가 우리를 위해 일하는 사람들에게 자비 없이 행하라고 하시는 게 아니다. 예수님의 비유에는 영적 메시지가 담겨 있다. 즉 우리는 아무리 애써도 그 나라에 들어갈 자격이 없다는 것이다. 오직 주님께 우리의 신뢰를 둘 때 그곳에 들어갈 허락을 얻을 수 있을 뿐이다. 우리가 하나님 나라에 들어가는 것은 전적으로 그분의 (공로 없이 주시는) 은혜에 기반한다.

나사로의 죽음(요 11:1-45)

예루살렘에서 동쪽으로 3킬로미터 떨어진[37] 베다니라는 마을에 나사로라는 사람이 병들어 있다. 그는 마리아의 오빠이며, 마리아는 예수님의 발에 향유를 붓고 머리털로 닦던 여인이다. 마리아와 그의 언니 마르다가 예수님께 사람을 보내 "사랑하시는 자가 병들었나이다" 하고 소식을 전한다. 예수님이 말씀하신다. "이 병은 죽을 병이 아니라 하나님의 영광을 위함이요 하나님의 아들이 이로 말미암아 영광을 받게 하려 함이라"(요 11:4). 예수님은 계시던 곳에서 이틀을 더 머무르시다가 베다니로 가려 하신다. 나사로는 이제 숨이 끊어졌다. 제자들은 예수님을 돌로 치려 하는 유대인들을 우려하여 그리로 가지 마시길 청한다. 예수님은 정해진 때가 되기 전에는 자신이 잡히지 않을 것이며 그때까지는 복음의 메시지를 전해야 한다고 제자들에게 단호히 말씀하신다. 또한 예수님은 나사로가 죽었지만 그 일로 인해 제자들이 믿음을 가질 수 있게 되어 기쁘다고 하신다. 모든 순간마다 예수님이 제자들의 믿음에 관심을 갖고 계시다는 사실이 놀랍다.

예수님과 제자들이 베다니에 도착하니 나사로는 무덤에 묻힌 지 나흘째다. 마르다가 예수님을 맞으러 나가고 마리아는 집에 머문다. 마르다는 예수님이 베다니에 계셨다면 자기 오빠가 죽지 않았을 거라고 하면서도, 예수님이 하나님께 간구하면 오빠가 다시 살아날 것을 안다고 말한다. 예수님은 나사로가 다시 살아날 거라고 단언하신다. 마르다는 예수님의 말씀을 오해한다. "마지막 날 부활 때에는 다시 살아날 줄을 내가 아나이다." 이에 예수님은 "나는 부활이요 생명이니 나를 믿는 자는 죽어도 살겠고 무릇 살아서 나를 믿는 자는 영원히 죽지 아니하리니 이것을 네가 믿느냐"(요 11:25-26) 하고 물으신다. 마르다가 대답한다. "주여 그러하외다. 주는 그리스도시요 세상에 오시는 하나님의 아들이신 줄 내가 믿나이다"(요 11:27).

마르다가 마리아에게 가서 예수님이 부르신다고 하자 마리아가 급히 일어나 예수님께 달려간다. 마리아와 함께 있던 유대인들은 그녀가 곡하러 오빠의 무덤에 가는 줄 생각하고 따라간다. 예수님을 만난 마리아는 그 앞에 엎드려 주님이 이곳에 계셨더라면 오빠가 죽지 않았을 거라고 말한다. 예수님은 마리아뿐 아니라 함께 따라온 유대인들까지 우는 것을 보시고 "심령에 비통히 여기시고 불쌍히 여기[신다]"(요 11:33). 예수님이 나사로를 어디 두었는지 물으시자 그들이 오셔서 보시라고 대답한다.

요한은 "예수께서 눈물을 흘리시더라"(요 11:35)고 기록하는데, 이는 신약에서 가장 짧으면서 가장 심오한 본문 중 하나다. 예수님의 인성, 그분의 긍휼하심, 우리를 너무나 사랑하기에 겪으셔야 하는 고통과 아픔을 보여준다. 찰스 스펄전은 한 설교에서 이렇게 말한다. "예수님은 우셨습니다⋯그분은 마음 깊이 흐느끼셨으며, 그분의 강렬한 감정을 가장 적절히 표현하는 게 눈물이었습니다. 그분은 사랑하기에 우셨습니다. 사랑 아닌 다른 어떤 것으로는 그분을 울게 할 수 없습니다. 채찍에 맞으시고 잔인하게 나무에 달리실 때에도, 어떤 고통의 순간에도 예수님은 눈물을 흘리신 적이 없습니다. 하지만 사랑 때문에 예수님은 '우셨습니다.'"[38] 스펄전은 다른 설교에서 같은 주제를 다루며 이렇게 말한다. "어떻게 '예수님이 우셨는지' 결코 잊어선 안 됩니다. 우리는 그분이 어떻게 고난 받았는지, 그리고 어떻게 죽으셨는지 알고 있습니다. 그리스도가 정말로 인간이셨다는 사실을 소중히 끌어안으십시오. 그분의 인성에 가장 신비로운 방식으로 신격이 결합되어 있었지만, 그분은 영락없이 완전한 인간이셨습니다. 완전한 하나님이자 전능한 하나님이심에도, 주님은 인간으로서 고통 받고 연약해질 능력을 자신의 신격으로 없애버리지 않으셨습니다."[39]

어떤 유대인들은 왜 예수님이 맹인은 고치시면서 나사로는 죽게 내버려두셨는지 의아해한다. 이에 예수님은 다시금 비통히 여기시면서 무덤으로 가신다. 예수님은 사람들에게 무덤을 막고 있는 돌을 치우라고 하신다. 사람들이 돌을 치우자, 예수님은 눈을 들어 이렇게 기도하신다. "아버지여 내 말을 들으신 것을 감사하나이다. 항상 내 말을 들으시는 줄을 내가 알았나이다. 그러나 이 말씀 하옵는 것은 둘러선 무리를 위함이니 곧 아버지께서 나를 보내신 것을 그들로 믿게 하려

사복음서 비교: 예수님이 행하신 기적

	마태복음	마가복음	누가복음	요한복음
나병환자를 깨끗하게 하심	8:2	1:40	5:12	–
백부장의 종을 고치심(마비)	8:5	–	7:1	–
베드로의 장모를 고치심	8:14	1:30	4:38	–
저녁 시간에 병든 자를 고치심	8:16	1:32	4:40	–
풍랑을 잔잔케 하심	8:23	4:35	8:22	–
귀신들이 돼지 떼에 들어감	8:28	5:1	8:26	–
중풍병자를 고치심	9:2	2:3	5:18	–
관리의 병을 고치심	9:18, 23	5:22, 35	8:40, 49	–
혈루증 걸린 여자를 고치심	9:20	5:25	8:43	–
두 명의 맹인을 고치심	9:27	–	–	–
말 못하는 사람을 고치심	9:32	–	–	–
손 마른 사람을 고치심	12:9	3:1	6:6	–
귀신 들려 눈멀고 말 못하는 사람을 고치심	12:22	–	11:14	–
오천 명을 먹이심	14:13	6:30	9:10	6:1
물 위를 걸으심	14:25	6:48	–	–
이방 여인의 딸을 고치심	15:21	7:24	–	6:19
사천 명을 먹이심	15:32	8:1	–	–
간질 걸린 소년을 고치심	17:14	9:17	9:38	–
물고기 입에서 동전을 꺼내 성전세를 내심	17:24	–	–	–
두 명의 맹인을 고치심	20:30	10:46	18:35	–
무화과나무를 마르게 하심	21:18	11:12	–	–
더러운 귀신을 쫓아내심	–	1:23	4:33	–
귀 먹고 말 더듬는 사람을 고치심	–	7:31	–	–
벳새다에서 맹인을 고치심	–	8:22	–	–
적대적 무리들로부터 벗어나심	–	–	4:30	–
많은 고기를 잡으심	–	–	5:1	–

나인 성에서 과부의 아들을 살리심	-	-	7:11	-
몸이 꼬부라진 여자를 고치심	-	-	13:11	-
수종병 든 사람을 고치심	-	-	14:1	-
열 명의 나병환자를 고치심	-	-	18:11	-
종의 귀를 회복시키심	-	-	22:51	-
물로 포도주를 만드심	-		-	2:1
왕의 신하의 아들을 고치심	-	-	-	4:46
벳새다에서 불구자를 고치심	-	-	-	5:1
태어날 때부터 맹인 된 사람을 고치심	-	-	-	9:1
나사로를 살리심	-	-	-	11:43
많은 고기를 두 번째로 잡으심	-	-	-	21:1

함이니이다"(요 11:41-42). 예수님이 큰 소리로 "나사로야 나오라" 부르시자 나사로가 수족을 베로 동인 채로 나오는데 그 얼굴은 수건에 싸여 있다. 예수님이 그를 풀어 놓아 다니게 하라 하신다. 마리아를 따라왔던 많은 유대인들이 이 일로 예수님을 믿게 된다. 그러나 그 중 어떤 자가 바리새인들에게 가서 예수님이 하신 일을 일러바친다.

예수님이 눈물을 흘리시던 때, 유대인들은 "보라, 그를 얼마나 사랑하셨는가!"라고 말한다. 팀 켈러 목사는 이 구절이 핵심 메시지라고 강조한다. 단 유대인들이 과거 시제를 사용한 것이 잘못이라고 말한다. 켈러는 이렇게 말한다. "이 본문이 가르치는 바는 예수님의 사랑은 절대 과거 시제가 아니라는 것이다. 즉 그분이 우리를 사랑하셨다면 그 사랑은 언제나 현재형이라는 의미다. 결코 과거형이 아니다. 영원한 사랑이다⋯ 한 번 생각해 보라. 그 사랑은 절대 우리를 떠나지 않는다. 예수님의 사랑은 가장 풍성하고, 가장 강력하며, 가장 다채롭고, 가장 이야깃거리가 풍성하다."[40] 예수님의 슬픔은 이 부활 이야기의 맥락에서 이해되어야 한다. 예수님이 나사로를 다시 살리신 것은 이후에 예수님이 (모든 구원 역사의 정점이 되는 사건으로) 부활하실 것에 대한 표적이다. 그러나 또한 이 사건은 우리를 향한 예수님의 영원하신 사랑에 대한 상징이기도 하다. 이는 우리가 육신적으로 죽음을 맞더라도 결코 끝나지 않을 사랑이다.

예수님을 죽이려는 음모(요 11:46-54)

유대인들이 예수님이 나사로를 살린 일을 바리새인들에게 알리자, 대제사장들이 합류하여 공회로 모인다. 그들은 예수님이 많은 표적을 행하여 모든 사람이 그분을 믿게 되고, 그러면 로마인들이 와서 자신들의 땅과 민족을 빼앗을까 염려하며 어떻게 할지를 논의한다. 대제사장 가야바는 그들이 아무 것도 모른다고 주장한다. 그러면서 한 사람이 백성을 위해 죽음으로 온 민족이 망하지 않게 되는 것이 더 낫다고 말한다. 가야바는 자기도 모르게 신적 예언을 행하고 있다. 즉 예수님이 유대 민족을 대신해 죽으시리라는 것과 자기 민족뿐 아니라 흩어져 있는 하나님의 자녀들을 한데 모으기 위해 죽으신다는 것이다.[41] 그날부터 대제사장들과 바리새인들은 예수님을 죽이려고 음모를 꾸미기 시작한다. 그날 이후 예수님은 더 이상 유대인들 중에 공개적으로 다니지 않으시고 그곳을 떠나 광야 인근의 에브라임이라는 곳에 제자들과 함께 머무르신다. 찰스 라이리는 이렇게 기록한다. "대제사장 가야바는 자기가 하는 말의 의미를 전혀 모르고 있었다(요 18:14). 그는 단지 로마와 정치적으로 손을 잡겠다는 의도를 표현했을 뿐이다. 그러나 (하나님의 섭리에 의해) 그의 말은 기독교 신앙의 핵심 교리, 즉 그리스도의 대속적 죽음을 예언하고 있다."[42]

열 명의 나병환자를 고치심(눅 17:11-19)

예루살렘으로 올라가시던 예수님은 사마리아와 갈릴리 사이를 지나시다 한 마을로 들어가 열 명의 나병환자를 만나신다. 그들이 "예수 선생님이여, 우리를 불쌍히 여기소서" 하고 소리 높여 외친다. 예수님은 "가서 제사장들에게 너희 몸을 보이라"(눅 17:14)고 말씀하신다. 예수님은 나병환자 각자 자기 마을로 가서 검사를 받아야 한다는 의미로 말씀하신 것이다. 그들이 깨끗하다면 다시 공동체로 들어가게 될 것이다.[43] 그들은 가다가 깨끗함을 받는데, 그 중 하나인 사마리아 사람이 돌아와 예수님의 발 앞에 엎드려 감사하며 큰 소리로 하나님께 영광을 돌린다. 예수님은 고침 받은 열 사람 중에 왜 이 "이방인"만 하나님께 영광을 돌리러 왔느냐고 물으신다. 예수님이 그에게 말씀하신다. "일어나 가라. 네 믿음이 너를 구원하였느니라"(눅 17:19).

이 사건은 병을 치유하시는 예수님의 권세 그 이상의 것을 보여준다. 여기서 예수님은 치유 받은 자들의 반응에 관심을 보이신다. 하워드 마샬은 이렇게 말한다. "예수님의 자비는 모든 사람에게 베풀어지지만, 사람들은 예수님을 통해 하나님이 행하신 일을 인정해야 한다. 믿음에 감사가 더해져야 한다. 그러나 고침 받은 유대인들에겐 이런 태도가 결여되어 있다. 그들은 사마리아 사람보다 더 많은 감사를 경험했어야 한다. 이렇게 감사한 사람은 단순한 육체적 치유를 넘어서는 구원을 경험하게 된다."[44]

하나님 나라의 도래(눅 17:20-21)

바리새인들이 예수님께 하나님 나라가 언제 임할지 묻는다(이번만큼은 예수님을 걸려 넘어지게 하려는 의도는 분명 아니다). 예수님은 "하나님의 나라는 볼 수 있게 임하는 것이 아니요 또 여기 있다 저기 있다고도 못하리니 하나님의 나라는 너희 안에 있느니라"(눅 17:20-21)고 대답하신다. 바리새인들은 예수님이 이미 하나님 나라의 사역을 시작하신 사실을 깨닫지 못한다. 바로 조금 전에 열 명의 나병환자를 고치신 사실을 알면서도 말이다. 다시 한번 말하지만 하나님 나라는 현재적 국면과 미래적 국면을 동시에 갖고 있다. 이미 왔지만 아직 완성되지는 않았다. 하나님 나라는 예수님의 삶과 죽음, 부활과 함께 시작하여 그분이 다시 오셔서 악을 완전히 멸하시는 때 완성될 것이다. 더글러스 무는 예수님이 다음과 같이 말씀하신 거라고 설명한다. "놀라운 표적과 기적을 보려고 하늘을 올려다보지 말라. 지금 너희 앞에 서 있는 내 안에서 하나님 나라가 임하여 있다. 내가 너희 가운데 있음으로…하나님 나라는 (비록 아직 완성되지는 않았지만) 이미 시작되었고 현존하고 있다."[45]

하나님 나라의 도래를 제자들에게 가르치심(눅 17:22-37)

제자들이 인자가 돌아오는 날을 보기 원하겠지만 보지 못할 거라고 예수님은 말씀하신다. 그 날이 이미 왔다고 주장하는 사람들이 있을 텐데 제자들은 그들의 말에 귀를 기울여선 안 된다. 인자가 돌아오시면 그날엔 모든 사람이 알게 될 것이다. 번개가 하늘 아래 이쪽에서 번쩍하여 하늘 아래 저쪽까지 환하게 비추는 것같이 인자도 그렇게 오실 것이다. 그러나 인자는 먼저 많은 고난을 받고 이 세대 사람들에게 버림을 받으셔야 한다.

인자의 오심은 예상치 못한 시간에 일어날 것이다. 노아의 때에 홍수가 나고 소돔과 고모라에 하늘에서 불과 유황이 비처럼 내리던 때 같을 것이다.

그날이 오면 롯의 아내가 그랬던 것처럼 (그래서 소금 기둥이 된 것처럼) 뒤를 돌아보아서는 안 된다(창 19:26). 예수님은 말씀하신다. "무릇 자기 목숨을 보전하고자 하는 자는 잃을 것이요 잃는 자는 살리리라. 내가 너희에게 이르노니 그 밤에 둘이 한 자리에 누워 있으매 하나는 데려감을 얻고 하나는 버려둠을 당할 것이요, 두 여자가 함께 맷돌을 갈고 있으매 하나는 데려감을 얻고 하나는 버려둠을 당할 것이니라"(눅 17:33-35). 제자들이 예수님께 "주여, 어디서 그런 일이 일어나겠습니까"라고 묻자 예수님은 "주검 있는 곳에는 독수리가 모이느니라"(눅 17:37)고 대답하신다.

하나님 나라는 이미 임했지만 장래엔 전혀 다른 의미에서 (즉 심판을 위해) 그리스도의 재림과 더불어 완전하게 임할 것이다. 예수님은 승천하셨다가 다시 오시는 날까지 (교회 시대에) 잠시 동안 이땅에 계시지 않을 것이며 사람들은 그분의 오심을 간절히 기다리게 될 것이다. 이 시기에 어떤 이들이 예수님은 이미 오셨다고 말하겠지만 그 말에 귀기울여선 안 된다. 그분의 오심은 누구나 알 수 있게 일어날 것이기 때문이다.[46] 그분이 이미 오셨는데 사람들이 모르는 거라고 누군가 말한다면 그는 거짓 선지자가 분명하다.

우리는 예수님이 언제 오실지 시간을 특정하려 해선 안 된다. 오히려 예수님이 오시면 그땐 너무 늦었을 때이므로 그 전에 집을 정리해 놓고 있어야 한다. 예수님이 다시 오실 때 우리는 믿는 자일 수 있고 그렇지 않을 수도 있다. 믿는 자라면 우리는 그분을 알아볼 것이다. 요한은 이렇게 확신한다. "사랑하는 자들아, 우리가 지금은 하나님의 자녀라. 장래에 어떻게 될지는 아직 나타나지 아니하였으나 그가 나타나시면 우리가 그와 같을 줄을 아는 것은 그의 참모습 그대로 볼 것이기 때문이니"(요일 3:2; 비교. 고전 15:52-54; 빌 3:21). 예수님은 예상치 못하게 오실 뿐 아니라 심판자로 오신다. 하나님이 노아의 시대와 롯의 시대에 심판자로 임하셨던 것처럼 말이다.

기도에 관한 두 가지 비유(눅 18:1-14)

예수님은 불의한 재판관에게 계속 찾아가 원한을 풀어달라고 호소한 끝에 재판관의 마음을 바꾸게 만든 한 과부의 이야기를 비유로 들려주신다. 불의한 재판관조차 그럴 텐데 하물며 하나님은 그 밤낮 부르짖는 택하신 자들의 원한을 풀어주지 않으시겠는가! 예수님이 말씀하신다. "내가 너희에게 이르노니 속히 그 원한을 풀어 주시리라. 그러나 인자가 올 때에 세상에서 믿음을 보겠느냐"(눅 18:8). 예수님은 제자들에게 인자가 다시 오실 때까지 세상에서 믿음을 지키면서 쉬지 말고 기도하라고 권면하신다.

이어서 예수님은 기도하러 성전에 올라가는 바리새인과 세리를 비교하신다. 바리새인은 기도하면서 자신이 (세리를 비롯한) 다른 사람들보다 의로운 것에 대해 하나님께 감사한다. 세리는 멀리 서서 감히 눈을 들어 하늘을 쳐다보지 못한 채 가슴을 치며 "하나님이여 불쌍히 여기소서"라고 기도한다. 예수님은 말씀하신다. "내가 너희에게 이르노니 이에 저 바리새인이 아니고 이 사람이 의롭다 하심을 받고 그의 집으로 내려갔느니라. 무릇 자기를 높이는 자는 낮아지고 자기를 낮추는 자는 높아지리라"(눅 18:14).

성경의 주제가 얼마나 일관성 있는지 보면 참 놀랍다. 예수님이 온유한 자와 심령이 가난한 자가 복이 있다고 말씀하시듯, 우리는 하나님의 인정 대신 사람의 인정을 받기 위해 과시적으로 '선행'을 해서는 안 되고, 어린 아이 같은 순수함을 가져야 하며, 교만을 피해야 하고, 또한 우리의 죄악됨을 인정하고 회개하고 믿음으로 그분께 나아가야 한다. 의로움이란 규율을 따르느냐의 문제가 아니라 마음의 문제다. 의로움은 예수님을 믿는 믿음에서 나온다. 예수님은 우리와 하나님의 관계를 방해하고 우리의 기도를 막는 것은 우리의 죄악됨이 아니라 우리의 교만과 자만이라고 분명히 말씀하신다. 우리는 자기를 높여서는 안 된다. 특히 기도할 때 더욱 그렇다. 우리는 겸손한 자세로 하나님께 나아가야 한다.[47]

이혼에 대한 가르침(마 19:1-12; 막 10:1-12)

예수님을 죽이기로 결심하고(요 11:53) 예수님을 잡아오도록 지시한(요 11:57) 바리새인들이 이번에는 예수님을 덫에 걸리게 하려고 법적인 질문을 던진다. 사람이 어떤 이유가 있으면 자기 아내와 이혼하는 것이 옳으냐고 예수님께 묻는다. 그들의 질문에 예수님은 질문으로 답하신다. "모세가 어떻게 너희에게 명하였느냐"(막 10:3). 그들은 이혼증서를 써주고 이혼하는 것은 모세가 허락했다고 대답한다. 예수님은 모세가 이혼을 허락한 것은 유대인들의 마음이 완악해서라고 말씀하신다. 예수님은 창세기 2장 24절을 인용해 태초에 하나님이 사람을 남자와 여자로 지으셨기에 사람이 그 부모를 떠나서 그 둘이 한 몸이 된다고 설명하신다. 예수님은 이렇게 선포하신다. "그런즉 이제 둘이 아니요 한 몸이니 그러므로 하나님이 짝지어 주신 것을 사람이 나누지 못할지니라"(마 19:6). 요약하면 하나님이 결혼을 영원한 것으로 세우셨지만 사람의 마음이 완악하기 때문에 이혼을 허락하신 것이다.

후에 제자들이 다시 이에 대해 질문하고 예수님은 이렇게 말씀하신다. "누구든지 음행한 이유 외에 아내를 버리고 다른 데 장가 드는 자는 간음함이니라"(마 19:9). (마가복음에는 이 '음행한 이유'라는 예외조항이 언급되지 않는다). 제자들이 차라리 결혼하지 않는 것이 더 낫겠다고 하는 것을 보면, 예수님이 이혼을 얼마나 심각하게 생각하시는지 제자들이 잘 이해한 것 같다.[48] 어떤 사람은 예수님의 답변이 혼자 사는 것을 장려하신 것이라 해석하는데, 이것은 예수님이 앞에서 결혼을 하나님이 정하신 제도로 강력하게 인정하고 계신 것과 모순된다.[49] 하나님이 에덴에서 "사람이 혼자 사는 것이 좋지 아니하니 내가 그를 위하여 돕는 배필을 지으리라"(창 2:18) 선포하시며 인간을 위해 결혼을 제정하셨다는 것을 기억하라.

어린 아이들을 축복하심(마 19:13-15; 막 10:13-16; 눅 18:15-17)

사람들이 예수님이 안수하고 기도해 주시기를 바라며 어린 아이들을 데리고 오자 제자들이 꾸짖는다. 예수님은 이렇게 말씀하신다. "어린 아이들이 내게 오는 것을 용납하고 금하지 말라. 하나님의 나라가 이런 자의 것이니라. 내가 진실로 너희에게 이르노니 누구든지 하나님의 나라를 어린 아이와 같이 받들지 않는 자는 결단코 그 곳에 들어가지 못하리라"(막 10:14-15). 예수님은 그 아이들을 안고 머리 위에 손을 얹어 축복해 주신다. 예수님은 어린 아이들의 순수함을 칭찬하시고 다른 모든 사람도 그처럼 어린 아이 같이 순수하고 겸손할 뿐 아니라 하나님 나라를 유업으로 받을 것을 신뢰하라고 교훈하시면서, 어린 아이들을 향한 사랑을 표현하신다. 토마스 헤일은 무언가를 받고 싶어 하는 어린 아이의 모습을 다음과 같이 묘사한다. "아이는 손을 내민다. 아이는 요구한다. 어린 아이는 무기력하다. 자기의 힘으로 무언가를 얻을 수 없다. 원하는 것을 위해 돈을 지불할 수 없다. '전 열심히 일했으니 상을 받을 자격이 있어요'라고 말할 수 없다. 아이는 그저 자기에게 필요한 것이 주어질 거라고 믿을 뿐이다. 아이는 무엇을 구하든 믿음으로 구한다…우리가 하나님 나라에 들어가는 것도 이와 간다. 우리에게 그곳에 들어갈 자격이 있는 것이 아니다…우리는 어린 아이 같이 믿음으로 하나님 나라를 받아야 한다. 다른 길은 없다."[50]

부자를 가르치심(마 19:16-20:16; 막 10:17-31; 눅 18:18-30)

한 부자가* 예수님에게 와서 '선한 선생님'이라 부르며, 무슨 선한 일을 해야 영생을 얻을 수 있느냐고 묻는다. 예수님은 "어찌하여 나를 선하다 일컫느냐? 하나님 한 분 외에는 선한 이가 없느니라"(막 10:18) 하시고 영원한 생명을 얻으려면 계명들을 지켜야 한다고 말씀하신다. 그 사람은 자기가 이 모든 것을 지켜왔는데 아직 무엇이 더 부족하냐고 묻는다. 예수님은 그 사람에게 소유를 팔아 가난한 자들에게 주면 하늘에 보화를 쌓게 될 거라 하시며 "와서 나를 따르라"고 말씀하신다. 그 사람은 "재물이 많으므로 근심하며" 돌아간다. 이 이야기는 제자로 살아가는 데 큰 대가가 따른다는 점을 말하는 또다른 교훈이다.

그 사람에게 계명을 지켜야 한다고 말씀하실 때 예수님은 행위로 얻는 구원을 인정하신 것이 아니다. 예수님이 "하나님 한 분 외에는 선한 이가 없느니라"고 하신 것은, 인간은 어느 누구도 계명을 다 지킬 수 없지만 그럼에도 불구하고 영생을 얻어야 한다는 의미다. 우리가 그리스도에 대한 (구원하는) 믿음으로 그분이 성취하신 일을 우리의 것으로 삼으려 한다면, 하나님은 그리스도를 향한 우리의 신뢰를 근거로 우리를 의롭다 선언하실 것이다(롬 4:5). 앞에서 보았듯, 그리스도의 의가 우리에게 전가되고 그것이 우리가 모든 계명을 지킨 것과 같은 효력을 낼 것이다. 그리스도의 메시지는 언제나 일관된다. 이 말씀은 산상수훈에서 밝히신 기준과 정확히 일치한다(마 5:48).

---

* 이 본문의 등장 인물에 대해 마태는 재물이 많은 어떤 사람 혹은 청년이라 말하고, 마가는 재물이 많은 한 사람이라고 묘사하며, 누가는 큰 부자인 관리라고 기록한다.

예수님은 부자와의 대화가 끝난 후에도 계속 말씀을 이어가신다. "재물이 있는 자는 하나님의 나라에 들어가기가 심히 어렵도다…낙타가 바늘귀로 나가는 것이 부자가 하나님의 나라에 들어가는 것보다 쉬우니라"(막 10:23, 25). 이 말을 들은 제자들이 놀라 서로 말한다. "그런즉 누가 구원을 얻을 수 있는가?" 예수님은 "사람으로는 할 수 없으되 하나님으로는 그렇지 아니하니 하나님으로서는 다 하실 수 있느니라"(막 10:27)고 대답하신다.

부자든 다른 누구라도 자신의 힘으로 천국에 들어가는 것은 불가능하다. 하지만 하나님으로서는 모든 것이 가능하다. 그래서 우리는 예수 그리스도를 믿음으로 하나님께 의지하고, 하나님의 은혜로 말미암아 천국이 우리에게 열린다. 예수님이 부자들을 가리켜 하신 말씀을 무시하려는 것이 아니다. 예수님은 부자들을 예로 들어 특별히 (돈으로 대표되는) 우상을 섬기는 일에 쉽게 빠지는 우리의 성향을 지적하신 것이라고 생각한다. 돈을 지나치게 갈망하거나 세상 소유물에 집착하면 하나님께 마음을 둘 수 없을 것이다. "돈을 사랑함이 일만 악의 뿌리가 되나니"(딤전 6:10).

베드로가 자신들은 모든 것을 버리고 주를 따랐음을 강조하며 대신 무엇을 얻겠느냐고 예수님께 묻는다. 예수님은 "세상이 새롭게 되어"(마 19:28) 인자가 자기 영광의 보좌에 앉을 때에 제자들도 열두 보좌에 앉아 이스라엘 열두 지파를 심판할 것이라고 말씀하신다. 또한 예수님의 이름을 위해 집이나 형제나 자매나 부모나 자식이나 전토를 버린 자들은 영생을 상속받을 것이다. "그러나 먼저 된 자로서 나중 되고 나중 된 자로서 먼저 될 자가 많으니라"(마 19:30).

예수님은 하나님 나라를 포도원 품꾼을 구하러 나간 집 주인으로 비유하신다. 포도원 주인이 아침 일찍 나온 품꾼들을 고용하여 하루 한 데나리온씩 주기로 약속한다. 주인은 하루 종일 더 많은 품꾼을 고용하는데 일을 시작한 시간은 다 다르지만 저녁이 되어 같은 시간에 일이 끝난다. 그리고 모두 같은 액수를 받는다. 가장 오래 일한 품꾼들이 불평하자 주인은 한 데나리온씩 약속한 대로 주었으므로 잘못이 없다고 주장한다. 그러면서 이렇게 묻는다. "내 것을 가지고 내 뜻대로 할 것이 아니냐? 내가 선하므로 네가 악하게 보느냐? 이와 같이 나중 된 자로서 먼저 되고 먼저 된 자로서 나중 되리라"(마 20:15-16).

탕자 비유에서도 보듯, 우리는 다른 사람에 대한 생각은 버리고 우리 스스로를 돌아보아야 한다. 포도원 주인은 품꾼들과 맺은 계약을 어긴 것이 아니며 약속한 대로 정확히 주었다. 하나님이 우리에게 은혜를 더 베풀고 싶어 하신다면 그렇게 하는 것은 전적으로 그분 권한이고 우리는 불평할 수 없다. 우리는 시기하거나 질투해선 안 된다.[51] 하나님은 누구에게든 무엇이든 마음대로 보상하실 주권을 소유하셨다.[52] 마찬가지로, 어느 누구도 스스로 노력해서 영생을 얻을 수 없다. 어느 누구도 공로에 근거해선 자격이 없고 다만 예수 그리스도의 대속의 피를 통해서만 받을 수 있다. 그렇기에 끔찍한 죄인이든 그보다 죄를 덜 지은 사람이든 예외 없이 모두 천국에 들어갈 수 있다. 구원을 얻기 원한다면 오직 그리스도를 믿기만 하면 된다.

그러므로 우리가 다른 사람의 구원에 대해 하나님이 공평하지 않으시다고 불평한다면, 하나님의 은혜 없이도 우리가 구원을 받을 자격이 어느 정도 있다고 생각한다는 의미다. 인간의 시선에서 보면 우리가 일정 정도 가치 있는 존재로 보이겠지만, 그 순간에도 우리는 죄로 인해 타락한 피조물이라는 사실에 변함이 없으며 하나님의 구원을 얻기엔 턱없이 부족한 존재다.

자신의 죽음을 예고하심(마 20:17-19; 막 10:32-34; 눅 18:31-34)

예수님이 열두 제자와 함께 예루살렘으로 올라가시던 중에 말씀하신다. "인자가 대제사장들과 서기관들에게 넘겨지매 그들이 죽이기로 결의하고 이방인들에게 넘겨 주어 그를 조롱하고 채찍질하며 십자가에 못 박게 할 것이나 제삼일에 살아나리라"(마 20:18-19). 예수님은 자신이 겪으실 고난을 구체적으로 말씀하신다. 배신 당하고, 산헤드린에 의해 사형을 언도받을 것이며, 로마 당국자들에게 넘겨질 것이고, 모욕을 당하고, 침 뱉음을 당하며, 매를 맞고, 죽임을 당하신 후 부활하실 것이다.[53] 제자들은 이 말씀을 듣고도 전혀 깨닫지 못한다(눅 18:34).

야고보와 요한(과 그 모친)의 요청(마 20:20-28; 막 10:35-45)

마태복음은 야고보와 요한의 어머니가 예수님께 와서 주의 나라에서 두 아들들이 각각 예수님 오른편과 왼편에 앉게 해달라고 요청한 일을 기록한다. (반면 마가는 야고보와 요한이 직접 요청했다고 기록한다). 예수님이 대답하신다. "너희는 너희가 구하는 것을 알지 못하는도다. 내가 마시는 잔을 너희가 마실 수 있으며 내가 받는 세례를 너희가 받을 수 있느냐"(막 10:38). 그들이 할 수 있다고 대답하자 예수님은 그들이 예수님의 잔을 마시며 예수님의 세례를 받게 될 것이라고 하신다. 그러나 보좌 좌우편에 앉는 것은 자신의 권한이 아니며 누가 그 자리에 앉든 하나님이 미리 정해 놓으셨다고 밝히신다. 이 대화를 들은 열 제자들이 야고보와 요한에게 화를 낸다. 이에 예수님은 제자들을 가까이 불러놓고 말씀하신다. "너희 중에 누구든지 크고자 하는 자는 너희를 섬기는 자가 되고 너희 중에 누구든지 으뜸이 되고자 하는 자는 모든 사람의 종이 되어야 하리라. 인자가 온 것은 섬김을 받으려 함이 아니라 도리어 섬기려 하고 자기 목숨을 많은 사람의 대속물로 주려 함이니라"(막 10:43-45).

예수님이 자신의 고난과 죽음과 부활에 대해 예언하신 것을 제자들이 얼마나 이해했는지는 분명하지 않다. 제자들은 여전히 예수님이 지상에 왕국을 세우실 거라고 생각했을 수 있다.[54] 얼마 전에도 제자들은 그 나라에서 누가 가장 클지 논쟁을 벌인 바 있다. 야고보와 요한은 지금 식사자리에서 가장 좋은 자리를 차지하려 하지만 예수님은 거절하신다. 야고보와 요한(뿐 아니라 그들을 질투한 다른 열 제자들)은 겸손과 섬기는 것에 대한 예수님의 말씀을 전혀 이해하지 못한 듯 보인다. 예수님은 그들을 나무라는 대신, 그들이 예수님이 받으실 잔과 세례를 받을 수 있겠느냐고 물으신다. 과연 제자들은 예수님과 함께 고난을 받을 것인가?

자신들이 할 수 있다고 대답하는 것의 진짜 의미를 이해하지 못하고 있지만, 예수님은 제자들의 잘못된 생각을 교정하는 대신 그들이 고난 받을 것을 확실히 말씀하신다. 이 예언은 그대로 이루어지는데, 야고보는 순교하고(행 12:2) 요한은 노년에 고난과 박해를 받아 유배를 당한다.[55] 예수님은 지금 하나님의 나라는 권세나 지위가 아닌 섬김이 중요하다고 말씀하고 계신다. 실제로 하나님의 아들 예수 그리스도도 사람들을 섬기다가 십자가에서 인류를 위한 결정적인 희생을 치르실 것이다.

바디매오를 고치심(마 20:29-34; 막 10:46-52; 눅 18:35-43)

예수님과 제자들이 여리고 가까이 계실 때, 길 가에 앉아 구걸하던 (바디매오라 불리는) 맹인이* 사람들의 소동을 듣고 무슨 일이냐 묻고 사람들은 예수님이 지나가신다고 알려준다. 그가 소리친다. "다윗의 자손 예수여, 나를 불쌍히 여기소서"(눅 18:38). 사람들이 조용히 하라고 꾸짖지만 그는 더욱 크게 소리 질러 외친다. 예수님이 걸음을 멈추시고 그 사람을 가까이 나오게 하여 물으신다. "네게 무엇을 하여 주기를 원하느냐?" 맹인이 보기 원한다고 대답하자, 예수님이 말씀하신다. "보라, 네 믿음이 너를 구원하였느니라"(눅 18:42). 그가 즉시 볼 수 있게 되었고 하나님께 영광을 돌리며 예수님을 따른다.

그가 자신의 병고침을 간구할 때 예수님이 다윗의 자손 메시아이심을 인정하고 이후에 예수님을 "따르는" 것을 보면, 그의 믿음이 그의 병을 치유케 했을 뿐 아니라 구원으로 이끌었음을 알게 된다. 사람들의 꾸짖음에도 불구하고 맹인은 중단 없이 예수님께 소리 높여 간구함으로 자신의 믿음이 실체가 있는 진짜임을 보여준다. 병 고침을 받

* 마태는 두 맹인이라 기록하고 마가는 디매오의 아들인 맹인 거지 바디매오라고 구체적으로 기록하며 누가는 한 맹인이라고 기록한다.

았을 때도 그는 하나님께 영광을 돌린다. 마태복음에는 맹인 거지 두 명이라고 하지만, 마가복음과 누가복음은 한 명만 있다고 기록한다. 이것이 두 개의 다른 사건일 수 있지만, 전달해 주는 메시지는 동일하다. 워렌 위어스비는 이 맹인 거지와 부자 청년 관원을 비교하면서 요점을 다음과 같이 정리한다. "맹인 거지들은 가난하지만 부유하게 되었고, 반면 부자 청년은 부자였지만 영적으로 가난해졌다. 거지들은 특별한 공로를 주장하지 않았고 자신들의 간절한 필요를 공개적으로 인정했지만, 부자 청년은 자신에 대해 거짓말을 하고 자신의 인격을 자랑했다. 부자 청년은 믿음 대신 낙담을 품은 채 예수님을 떠나갔다. 하지만 두 거지는 예수님을 믿고 하나님께 영광을 돌리며 그분을 따랐다. "주리는 자를 좋은 것으로 배불리셨으며 부자는 빈 손으로 보내셨도다"(눅 1:53).[56]

삭개오를 만나심(눅 19:1-20)

예수님이 여리고에 들어가실 때 삭개오라는 부유한 세리장이 예수님을 보고 싶어 한다. 하지만 키가 작은데다 사람들이 너무 많아 예수님을 볼 수 없을 것 같자 앞질러 달려가서 돌무화과나무(개역한글, 뽕나무)에 올라간다. 예수님이 삭개오를 쳐다보시고 이렇게 말씀하신다. "속히 내려오라. 내가 오늘 네 집에 유하여야 하겠다"(눅 19:5). 사람들은 예수님이 죄인의 집에 들어가셨다고 수군거린다. 삭개오가 예수님께 말한다. "주여, 보시옵소서. 내 소유의 절반을 가난한 자들에게 주겠사오며 만일 누구의 것을 속여 빼앗은 일이 있으면 네 갑절이나 갚겠나이다." 예수님이 말씀하신다. "오늘 구원이 이 집에 이르렀으니 이 사람도 아브라함의 자손임이로다. 인자가 온 것은 잃어버린 자를 찾아 구원하려 함이니라"(눅 19:9-10).

세리들은 흔히 사람들의 미움을 받으며 부패한 자들로 알려져 있다. 예수님이 이 사람을 택하여 함께하시는 것은 제아무리 악한 죄인도 (삭개오처럼) 회개하면 구원의 은혜를 얻는다는 사실을 보여주시려는 의도가 있다. 예수님이 이미 삭개오의 이름을 알고 계시고 "오늘 네 집에 유하여야 하겠다"고 말씀하신 점에 주목하라. 삭개오가 아니라 예수님이 먼저 은혜를 베풀기로 작정하셨다. 이는 예수님의 주장을 확인시켜 준다. "인자가 온 것은 잃어버린 자를 찾아 구원하려 함이니라"(눅 19:10).[57]

이 말씀은 예수님의 사역을 한 마디로 요약해 줄 뿐 아니라 아마도 누가복음에서 가장 핵심이 되는 구절일 것이다.[58] 베드로도 이렇게 증언한다. "주의 약속은 어떤 이들이 더디다고 생각하는 것 같이 더딘 것이 아니라. 오직 주께서는 너희를 대하여 오래 참으사 아무도 멸망하지 아니하고 다 회개하기에 이르기를 원하시느니라"(벧후 3:9). 도널드 포트너는 이렇게 말한다. "그리스도가 구원하지 못할 정도로 너무 죄가 많고, 너무 밑바닥이고, 너무 비열하고, 너무 멀리 나간 사람은 없다. 그리스도의 팔이 짧아서 구원하지 못하는 사람은 없다. 절대로! 주님은 강한 팔로 무한한 은혜를 베푸신다. 그 은혜가 가닿지 못할 사람은 아무도 없다…여리고에서 사람들의 멸시를 받는 세리 중에서도 널리 알려진 그 악명 높은 사람마저 하나님의 자녀가 되었다…탐욕에 가득하던 사람이 한순간 자기를 기꺼이 희생하는 사람으로 변화되었다."[59] 예수님을 만나기 전 삭개오가 얼마나 악한 사람이었는지, 그리고 예수님이 삭개오의 인생에 역사하신 후에 그에게 어떤 변화가 일어났는지 그 엄청난 차이를 우리는 결코 놓쳐선 안 된다.

열 므나 비유(눅 19:11-28)

예수님은 왕위를 받아가지고 오려고 먼 나라로 떠난 어떤 귀인의 이야기를 비유로 들려주신다. 그는 열 명의 종을 불러 은화 열 므나*씩을 주며 말한다. "내가 돌아올 때까지 장사하라." 그러나 그의 백성들은 그를 미워하고 있었고 자기들의 대표자를 뒤따라 보내 그가 자기들의 왕이 되는 것을 원하지 않는다고 말하게 한다. 왕위를 받아가지고 돌아온 귀인은 앞서 은화를 준 종들을 불러 각각 얼마나 벌었는지 알아보고자 한다. 첫 번째 종이 열 므나를 남겼다고 말한다. 귀인이 말한다. "잘하였다, 착한 종이여. 네가 지극히 작은 것에 충성하였으니 열 고을 권세를 차지하라"(눅 19:17). 두 번째 종이 와서 다섯 므나를 남겼다고 말하자 귀인은 "너도 다섯 고을을 차지하라"고 말한다.

또 다른 종이 와서 므나를 돌려주며 주인이 엄한 사람인 것이 두려워 므나를 수건에 싸 두었다고 말한다. 귀인이 그에게 말한다. "악한 종아, 내가 네 말로 너를 심판하노니 너는 내가 두지 않은 것을 취하고 심지 않은 것을 거두는 엄한 사람인 줄로 알았느냐? 그러면 어찌하여 내 돈을 은행에 맡기지 아니하였느냐? 그리하였으면 내가 와서 그 이

* 므나는 100데나리온에 해당한다. 1데나리온은 당시 일반 노동자가 받는 하루 임금에 해당하므로, 므나는 하루 품삯의 약 100배 금액으로 이해하면 된다.[60]

자와 함께 그 돈을 찾았으리라"(눅 19:22-23). 주인은 옆에 서 있던 사람들에게 그 한 므나를 빼앗아 열 므나 있는 자에게 주라고 명령한다. 사람들이 "주여 그에게 이미 열 므나가 있나이다"고 말하자 주인이 대답한다. "내가 너희에게 말하노니 무릇 있는 자는 받겠고 없는 자는 그 있는 것도 빼앗기리라. 그리고 내가 왕 됨을 원하지 아니하던 저 원수들을 이리로 끌어다가 내 앞에서 죽이라"(눅 19:26-27).

예수님이 이 비유를 말씀하신 것은 예수님이 곧 자신의 나라를 탈환하실 거라 사람들이 생각하기 때문이었을 것이다. 하지만 이 비유를 자세히 보면, 하나님의 나라는 그분이 다시 오실 때까지 완성되지 않을 것임을 알 수 있다.[61] 이 이야기를 구성하는 다양한 소재들도 예수님을 가리키고 있다. 예수님은 그 백성들에게 배척을 당할 것이고, 그분의 왕권이 선포될 때 극심한 반대를 겪을 것이며, 한 동안 떠나 계시리라는 (곧 죽으시고 부활하신 후 승천하시리라는) 것이다. 그분은 나중에 권세와 영광을 가지고 돌아오실 것이며, 돌아오신 후에는 임무와 자원을 맡기고 간 사람들에게 책임을 물으실 것이다.[62]

이런 소재들이 예수님을 가리킨다면, 그 이야기의 나머지는 그리스도인들을 가리킨다. 모든 그리스도인은 예수님 앞에서 자기 삶에 대해 책임을 져야 한다. 어떤 이는 선한 청지기로 인정 받을 것이고, 어떤 이는 악한 종으로 평가받을 것이다. 불순종하고 귀인의 지시에 귀 기울이지 않은 악한 종은 그에 따른 결과를 책임져야 한다. 우리도 언제 부름을 받을지 혹은 언제 그리스도가 다시 오실지 모르지만, 믿음 가운데 그리스도인다운 삶을 살아야 한다.

마태복음도 비슷한 비유를 들려주는데 세부적인 내용은 조금 다르지만 전하는 메시지는 동일하다. 마태의 이야기에서는 열 명이 아니

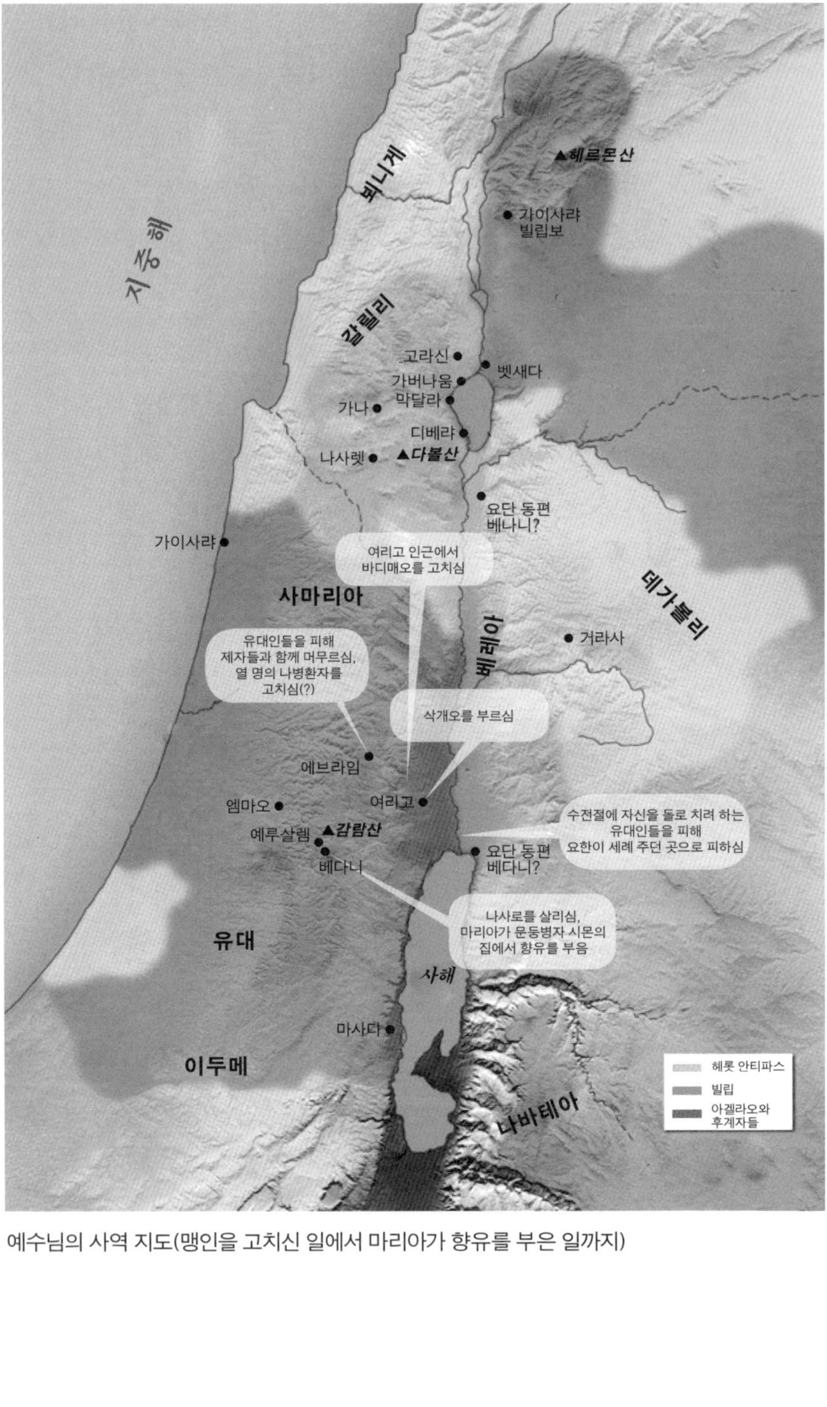

예수님의 사역 지도(맹인을 고치신 일에서 마리아가 향유를 부은 일까지)

라 세 명의 종이 등장한다. 그들은 므나가 아니라 달란트를 받는다. 마태복음에서는 무익한 종이 바깥 어두운 데 던져지고, 누가복음에서는 원수들이 왕 앞에서 죽음을 당한다.

유월절을 앞두고 예수님을 붙잡으려 모의함(요 11:55-57)

유월절이 가까워지자 많은 유대인이 명절 전에 자기를 성결하게 하려고 예루살렘으로 올라간다. 그들은 예수님을 찾아다니며 혹시 명절에 오지 않으실지 궁금해 한다. 대제사장들과 바리새인들이 예수님을 붙잡으려고 그 거처를 아는 자는 신고하도록 명을 내렸기 때문이다.

여인이 예수님께 기름을 부음(마 26:6-13; 막 14:3-9; 요 12:1-8)

예수님이 나병환자 시몬의 집에 계실 때에 마르다와 나사로의 누이 마리아[63]가 예수님께 나아와 매우 귀한 향유 한 옥합을 깨뜨려 예수님의 머리에 붓는다. (요한복음은 그녀가 예수님의 발에 기름을 붓고 머리털로 닦았다고 전한다). (가룟 유다를 포함한) 제자들은 그 여인이 비싼 값에 팔아 가난한 자들에게 줄 수 있었던 기름을 "허비하였다"고 분개한다. 제자들의 돈을 맡은 유다는 자신의 탐욕을 숨기기 위해 이타적인 척 한다. 예수님이 말씀하신다. "너희가 어찌하여 이 여자를 괴롭게 하느냐? 그가 내게 좋은 일을 하였느니라. 가난한 자들은 항상 너희와 함께 있거니와 나는 항상 함께 있지 아니하리라. 이 여자가 내 몸에 이

향유를 부은 것은 내 장례를 위하여 함이니라. 내가 진실로 너희에게 이르노니 온 천하에 어디서든지 이 복음이 전파되는 곳에서는 이 여자가 행한 일도 말하여 그를 기억하리라"(마 26:10-13).[64]

이 이야기를 보면 예수님이 가난한 자들에게 관심이 없으신 것처럼 보인다. 그러나 이 사건은 예수님의 사역이라는 관점에서 보아야 한다. 예수님은 오히려 이 일을 통해 긴급한 우선순위를 강조하고자 하신다. 가난한 자들은 늘 있을 것이고, 우리는 늘 그들에게 사랑과 긍휼을 베풀고 너그러워야 한다. 하지만 예수님이 이 땅에 머무실 시간은 끝나가고 있다. 그래서 지금은 제자들이 예수님의 임박한 죽음과 얼마 남지 않은 소중한 시간에 집중하게 하시려는 것이다. 제럴드 보체르트는 이렇게 말한다. "여인이 드린 선물은 예수님의 죽음이 임박한 시점에 아주 중대한 의미가 있다. 세상을 구하러 오신 왕에게 드리는 합당한 기름부음인 것이다."[65] 어떤 사람은 마리아의 행동을 낭비로 보았지만, 마리아는 그것을 통해 예수님을 향한 사랑과 헌신을 보여주고 있다. 예수님이 그녀의 희생적인 행위가 깊은 사랑에서 나온 것이라고 강조하신 것은 당연하다.

10
나사로를 죽이려는 음모에서 베드로의 맹세까지

복음서를 읽는다는 건 완전히 다른 차원의 일이다. 예수님이 바리새인들과 논쟁을 벌이실 때 그곳이 가버나움이었는지, 아니면 야이로의 딸을 살리실 때 그 옆에 계셨는지 하는 장소에 관한 문제는 별로 중요해지지 않는다. 복음서 이야기 속에서 우리는 '예수님'을 만난다. 독자인 우리를 내러티브 속으로 끌어들여 몰입하게 만들고 그러면서 예수님에 대해 그리고 우리 자신에 대해 어떤 결정을 내리게 만드는 그 복음서 기자들의 천재성은 전적으로 하나님이 역사하신 덕분이다…복음서에서 우리는 그리스도가 직접 연출하시는 드라마 속으로 이끌려 들어간다. 그 복음서 속에서 그리스도는 우리를 찾아와 이렇게 물으신다. "너희는 나를 누구라고 하느냐?" 폴 바넷[1]

나사로를 죽이려는 음모(요 12:9-11)

유월절 엿새 전에 예수님이 베다니에 들어가신다. 전에 나사로를 살리신 곳이다. 예수님이 가르치고 계실 때 큰 무리의 유대인들이 몰려온다. 예수님뿐 아니라 예수님이 죽은 자 가운데서 살리신 나사로도 보기 위해서다. 나사로의 부활로 많은 사람들이 예수님을 믿은 까닭에 대제사장들은 나사로를 죽이려고 모의한다. 대제사장들 대부분은 사두개인으로 이들은 사람의 부활을 믿지 않는다.[2] 나사로의 부활로 자신들의 신앙 체계가 위협 받을 것은 당연하다. 그들은 나사로가 부활했다는 사실을 인정하기는커녕 (자기들의 신앙을 보존하고 권력을 잃지 않기 위해) 부활의 증거를 감춰야 하고 그러려면 무고한 나사로를 죽여야 한다. 사람들을 예수님께 인도하는 순기능이 있을 뿐 아니라 자기들의 교리를 무효화시키는[3] 나사로의 부활 증거를 없애는 일은 강퍅한 마음의 그들이 최우선으로 감행해야 하는 일이었다.

승리의 입성(마 21:1-11; 막 11:1-10; 눅 19:29-40; 요 12:12-19)

예수님과 제자들이 예루살렘 인근 감람산에 이르렀을 때, 예수님이 두 제자를 마을로 보내시며 줄에 매인 나귀와 나귀 새끼가* 함께 있는 것을 발견할 테니 풀어 끌고 오라 하신다. "만일 누가 무슨 말을 하거든 주가 쓰시겠다 하라. 그리하면 즉시 보내리라"(마 21:3). 이는 구약 스

* 마태는 나귀와 나귀 새끼를 언급하고, 마가와 누가는 나귀 새끼만 언급한다.

가랴의 예언을 성취하시기 위함이다. "시온의 딸아, 크게 기뻐할지어다. 예루살렘의 딸아, 즐거이 부를지어다. 보라, 네 왕이 네게 임하시나니 그는 공의로우시며 구원을 베푸시며 겸손하여서 나귀를 타시나니 나귀의 작은 것 곧 나귀 새끼니라"(슥 9:9). 제자들은 이 일을 깨닫지 못하다가, 예수님이 영광을 얻으신 후에야 이것이 예수님에 대해 기록된 것임을 이해한다.

제자들은 예수님이 말씀하신 바대로 순종하고, 예수님은 나귀 (새끼)를 타고 예루살렘에 들어가신다. 제자들이 자기들의 겉옷을 벗어 안장 대신 나귀 위에 걸치고, 예루살렘으로 향하는 길목에서도 많은 사람이 겉옷과 들에서 벤 나뭇가지를 길에 편다. 앞에서 가고 뒤에서 따르는 사람들이 소리 높여 외친다. "호산나, 찬송하리로다. 주의 이름으로 오시는 이여, 찬송하리로다. 오는 우리 조상 다윗의 나라여, 가장 높은 곳에서 호산나"(막 11:9-10). 예수님이 예루살렘으로 들어가실 때, 도시 전체가 소란스러워지며 "저 사람이 누구냐?" 하고 묻는다. 무리들이 "갈릴리 나사렛 출신의 선지자 예수"라고 말한다. 이후에 분개한 바리새인들이 와서 제자들이 신성모독을 저질렀으니 꾸짖으라 촉구하고 예수님은 이렇게 말씀하신다. "내가 너희에게 말하노니 만일 이 사람들이 침묵하면 돌들이 소리 지르리라"(눅 19:40).

예수님은 자신을 메시아라고 환호하는 무리들을 내버려두실 뿐 아니라, 그들이 침묵하면 하나님의 다른 피조물들이 소리 지르리라고 말씀하심으로 바리새인들을 경악케 만드신다. 이제 더 이상 억누를 수 없는 진실을 밝힐 때가 왔다는 것이다. 작가 조엘 그린은 이렇게 말한다. "만일 이 사람들이 침묵했다면, 이 사건에서 드러나는 바 하나님의 구원 계획이 완성됨으로 말미암을 우주적 영향력을 알리기 위해, 저 돌들이 기쁨으로 찬송을 외쳤을 것이다."[4]

구속사 측면에서 볼 때 예수님의 진술은 흥미롭다. 타락 이후로 모든 피조물이 부패했다. 사도 바울은 로마서에 이렇게 기록한다. "피조물이 다 이제까지 함께 탄식하며 함께 고통을 겪고 있는 것을 우리가 아느니라"(롬 8:22). 그러나 결국 예수님이 새 하늘과 새 땅을 다스리시고, 모든 피조물은 그분을 통해 영화롭게 될 것이다. 필립 라이큰은 이렇게 말한다.

> 이 말씀을 하심으로 예수님은 자신이 모든 피조물의 경배를 받으실 분이라는 수상을 하고 계신다. 설령 인류가 예수님에 대한 찬양을 멈춘다 하더라도, 그분은 여전히 영광을 받으실 것이다. 예수님이 이 말씀을 하실 때 감람산 비탈을 내려가는 중이셨다. 그러니까 필요하다면 그 산비탈의 모든 돌들이 그분을 찬양하는 일에 나설 것이다. 땅에 있는 아주 작은 돌들 하나하나가 입을 열어 그들의 창조주를 찬송할 것이다. 피조물이 구원의 그날을 간절히 '고대'한다고 성경은 말한다. 그날에는 "썩어짐의 종 노릇 한 데서 해방되어 하나님의 자녀들의 영광의 자유에" 이르게 될 것이다(롬 8:21). 여기서 예수님은 고통 가운데 탄식하며 구원의 날을 고대하던 피조물이 마침내 해방의 노래를 부를 때가 되었음을 알리고 계신다. 돌들은 어떤 순간에도 오랜 침묵을 깨고 왕이신 예수님을 찬양할 준비가 되어 있다.[5]

다른 복음서들은 나귀 새끼만 언급하는 데 비해 마태복음은 나귀와 나귀 새끼를 둘 다 언급하는데, 아마도 마태는 곧 오실 메시아에 대한 스가랴서 예언에 초점을 맞추어 그분의 메시아 되심을 강조하고

자 했기 때문일 것이다. 예수님은 사역하시는 동안 대부분의 장소를 걸어 다니셨는데, 예루살렘에 들어가실 때 탈것을 선택하신 것은 예언을 성취하는 왕으로서 자신의 모습을 나타내기 위함이셨을 것이다.[6] 특별히, 우주의 창조자시면서도 화려한 모습 대신 나귀에 올라 예루살렘에 입성하기로 선택하신 예수 그리스도의 겸손을 우리는 깊이 묵상하고 본받아야 한다.

예수님이 예루살렘에 입성하시는 장면이 복음서마다 다르다는 점은, 우리에게 네 가지 별개의 복음서들이 존재하는 것의 가치를 보여준다. 작가 브루스 바튼은 이렇게 말한다. "전반적으로 사복음서의 기사들이 동일한 경우는 거의 없다. 그 차이는 대개는 관점과 우선순위에 의해 발생한다. 복음서 기자들은 저마다 성령의 감동하심 아래 예수님의 이야기를 기록한다. 각각의 복음서들은 유사성과 독립성 면에서 균형을 이룬다. 언어의 유사성은 나중에 쓰인 복음서 기자들이 앞서 쓰인 복음서들을 알고 있었고 그 복음서 자료들을 사용했음을 보여주고, 그들 모두 같은 인물의 삶에 대해 쓰고 있음을 보여준다. 복음서들 사이에 나타나는 차이들은 각각의 기자들이 독립적으로 복음서를 기록했으며, 저마다 조금씩 다른 목적에 따라 다른 독자들을 염두에 두고 기록했음을 보여준다."[7]

예루살렘을 보고 우심(눅 19:41-44)

예루살렘에 가까이 오신 예수님이 성을 보시고 우시며 말씀하신다. "너도 오늘 평화에 관한 일을 알았더라면 좋을 뻔하였거니와 지금 네

사복음서 비교: 나사로를 죽이려는 음모에서 베드로의 맹세까지

	마태복음	마가복음	누가복음	요한복음
나사로를 죽이려는 음모	-	-	-	12:9-11
승리의 입성	21:1-11	11:1-10	19:29-40	12:12-19
예루살렘을 보고 우심	-	-	19:41-44	-
성전을 방문하심, 무화과나무를 저주하심	21:18-22	11:11-14, 20-26	-	-
성전을 청결케 하심; 종교 지도자들이 예수님을 잡으려 모의함	21:12-13	11:15-19	19:45-48; 21:37-38	-
헬라인 몇이 예수님을 찾아옴	-	-	-	12:20-26
내가 땅에서 들리면	-	-	-	12:27-36
사람들의 불신앙	-	-	-	12:37-43
세상을 구원하러 오심	-	-	-	12:44-50
종교 지도자들이 예수님의 권위에 도전함	21:23-22:14	11:27-12:12	20:1-19	-
가이사에게 세금을 바치는 것	22:15-22	12:13-17	20:20-26	-
사두개인들이 부활에 대해 물음	22:23-33	12:18-27	20:27-40	-
가장 큰 계명	22:34-40	12:28-34	-	-
그리스도는 누구의 자손인가	22:41-46	12:35-37	20:41-44	-
서기관과 바리새인에게 미칠 일곱 가지 화	23:1-36	12:38-40	20:45-47	-
과부의 헌금	-	12:41-44	21:1-4	-
다시 성전 파괴를 예언하심	24:1-2	13:1-2	21:5-6	-
예수님의 재림과 마지막 때	24:3-25:46	13:3-37	21:7-36	-
십자가에 달릴 것을 예언하심; 종교 지도자들이 예수님 살해 계획을 세움; 유다가 배신함	마 26:1-5	14:1-2, 10-11	22:1-6	-
제자들이 마지막 만찬을 준비함; 예수님이 제자들의 발을 씻겨 주심	26:17-25	14:12-25	22:7-21, 31-34	13:1-35
제자들과 유월절을 기념하심; 자신이 배신당할 것을 말씀하심	26:17-29	14:18-25	22:14-23	13:21-35
베드로가 부인할 것을 예언하심	26:30-35	14:26-31	22:31-34	13:36-38

눈에 숨겨졌도다. 날이 이를지라. 네 원수들이 토둔을 쌓고 너를 둘러 사면으로 가두고 또 너와 및 그 가운데 있는 네 자식들을 땅에 메어치며 돌 하나도 돌 위에 남기지 아니하리니 이는 네가 보살핌 받는 날을 알지 못함을 인함이니라"(눅 19:42-44).

이곳에서 예수님은 다시금 자신의 인성을 드러내신다. '눈물의 선지자' 예레미야처럼(렘 9:1; 13:17; 48:32; 애 1:16), 예수님은 사람들이 회개함으로 (예수님이 사랑하시는) 거룩한 도성에 임박한 심판을 피하기를 간절히 바라신다.[8] 예수님은 이스라엘이 메시아로 임하신 자신을 거절할 뿐 아니라 예루살렘마저 그 불신앙으로 인해 파멸할 것을 내다보시고 깊이 번민하신다. 예수님의 예언은 약 40년 후 서기 70년에 로마가 예루살렘을 포위하고 성전을 포함한 모든 것을 파괴함으로 결국 성취된다. 예수님이 자기 백성에게로 오셔서 그들과 함께 지내신 후에도 결국 예수님은 거절을 당하신다. 그럼에도 예수님은 기꺼이 십자가를 향해 나아가시며 이를 통해 하나님의 변하지 않으시는 인내, 은혜, 자비 그리고 사랑을 분명하게 보여주신다.

성전을 방문하심; 무화과나무를 저주하심(마 21:18-22; 막 11:11-14, 20-26)

예루살렘에 들어가신 예수님은 성전에 들어가 둘러보신 후 다시 열두 제자와 함께 베다니로 가서 거기서 머무신다. 다음 날 아침 예루살렘으로 돌아가는 길에 배가 고파지자 예수님은 길에 있는 무화과나무를 보고 그리로 가신다. 무화과나무엔 열매가 없고 잎만 무성하다. "이는 무화과의 때가 아님이라"(막 11:13). 예수님이 나무에게 "이제부터 영원토록 네가 열매를 맺지 못하리라"(마 21:19)고 말씀하시자 무화과나무가 즉시 시들어버린다. 하나님은 영이시므로 배고프지 않으시지만, 예수님은 하나님의 아들이시면서도 온전한 인간이시기에 다른 사람과 마찬가지로 굶주림을 경험하신다. 이것은 그리스도가 자신의 백성을 위해 당하시는 굴욕과 고난의 일부다(고후 8:9; 갈 3:13; 빌 2:8).[9]

어떤 주석가들은 이 무화과나무가 이스라엘을 상징하며 그들의 형식적인 종교는 하나님이 원하시는 의의 열매가[10] 없는 잎만 무성한 나무와 같다고 주장한다.[11] 무화과나무와 마찬가지로 그들도 회개하지 않으면 멸망할 것이다. 다시 말해, 예수님이 무화과나무를 저주하신 것은 그분을 거부하는 백성들에게 임할 실질적인 저주를 비유적으로 보여주신 것이다. 그러나 이 교훈은 이스라엘에게만 적용되지 않는다. 그들뿐 아니라 회개하지 않고 믿지 않아서 멸망하게 될 모든 사람에게 적용돼야 한다.[12]

베드로와 제자들은 무화과나무가 어떻게 그렇게 즉시 말라죽었는지에 대해 예수님께 묻는다. 예수님은 그들에게 "의심하지 않는" 믿음이 있다면 산을 옮겨 바다로 던지는 일도 가능할 것이라고 말씀하신다. "그러므로 무엇이든지 기도하고 구하는 것은 받은 줄로 믿으라. 그리하면 너희에게 그대로 되리라"(막 11:24). 하지만 예수님은 기도에 대해 경고의 말씀도 하신다. "서서 기도할 때에 아무에게나 혐의가 있거든 용서하라. 그리하여야 하늘에 계신 너희 아버지께서도 너희 허물을 사하여 주시리라"(막 11:25).

이 말씀은 우리가 제멋대로 이기적으로 기도해도 하나님이 응답하실 거라는 의미가 아니라, 우리가 기도해야 하며 기도가 정말 중요함을 강조하는 의미가 있다. 우리는 '먼저' 하나님을 믿어야 하고, 그분의 '뜻을 따라' 기도해야 한다. 용서하지 않는 영은 기도의 능력을 끊어놓는다.[13] 원한을 품은 채로 기도한다면 그것은 하나님의 뜻을 따르는 일이 아니기 때문이다. 작가 더글러스 헤어는 말한다. "강청하는 기도로 우리가 원하는 것이면 무엇이든 받을 수 있다고 예수님이 가르치신 것이라고 오해해서는 안 된다…이 가르침이 함축하는 바는 모든 기도에는 '우리 뜻대로 마옵시고 아버지의 뜻대로 하옵소서'라는 전제가 있다는 것이다."[14]

헤어는 두 가지 중요한 내용을 지적한다. 예수님이 "만일 너희가 믿음이 있고 의심하지 않으면"(마 21:21)이라고 말씀하셨다고 해서, 하나님이 오직 그런 완벽한 믿음만 받으시는 것은 아니라는 점이다. 우리의 믿음에는 굴곡이 있다. 하나님은 우리의 믿음이 좋은 때에만 가까이 나아오는 것을 원하지 않으신다. 여기에 더하여 헤어는 이렇게 말한다. "오직 믿음의 위대한 영웅들만 산을 옮길 수 있다고 생각해서도 안 된다. 많은 평범한 그리스도인들이 불가능한 상황에서 무릎을 꿇고 기도함으로 그들이 결코 할 수 없다고 생각했던 일들을 해내는 경험을 했다."[15]

성전을 청결케 하심; 종교 지도자들이 예수님을 잡으려 모의함(마 21:12-13; 막 11:15-19; 눅 19:45-48; 21:37-38)

(아마도 그 다음날에) 예수님은 성전에 들어가,[16] 돈 바꾸는 자들의 상과 비둘기 파는 자들의 의자를 둘러엎으시고 모든 사고파는 자들을 내

쫓으신다. 그러면서 이사야 56장 7절 말씀을 인용하여 이렇게 말씀하신다. "기록된 바 내 집은 기도하는 집이라 일컬음을 받으리라 하였거늘 너희는 강도의 소굴을 만들었도다"(눅 19:46).[17] 예수님은 매매하는 자와 돈 바꾸는 자들에게 이방인의 뜰, 곧 성전 바깥 뜰에서 장사하도록 허가했던 대제사장들을 통렬히 비난하신다. 이곳은 이방인들이 예배드릴 수 있도록 유일하게 허용된 장소인데, 모든 곳에서 상행위가 일어나고 있어 예배를 드리는 것은 불가능했다. 또 돈 바꾸는 자들은 상용 통화를 특별한 성전 주화로 바꿔주었는데, 성전에선 오직 그 주화만 통용되었다. 예수님은 예배하는 성스러운 집이 재물 강요와 우상숭배의 집으로 변실된 것을 불쾌해하신다. 예수님이 날마다 성전에서 가르치시는 동안 분노한 대제사장들과 서기관들은 그분의 명성이 커지는 것을 두려워하며, 어떻게 죽일까 모의한다.

헬라인 몇이 예수님을 찾아옴(요 12:20-26)

명절에 예배드리러 예루살렘에 올라온 사람 중에 헬라인 몇이 있었는데, 아마도 유대교로 개종한 사람들이었을 것이다.[18] 그들은 빌립에게 와서 예수님을 뵙고 싶다고 말한다. 이에 빌립이 안드레에게 말하고, 함께 가서 예수님께 전한다. 예수님이 대답하신다. "인자가 영광을 얻을 때가 왔도다. 내가 진실로 진실로 너희에게 이르노니 한 알의 밀이 땅에 떨어져 죽지 아니하면 한 알 그대로 있고 죽으면 많은 열매를 맺느니라. 자기의 생명을 사랑하는 자는 잃어버릴 것이요 이 세상에서 자기의 생명을 미워하는 자는 영생하도록 보전하리라. 사람이 나를 섬기려면 나를 따르라. 나 있는 곳에 나를 섬기는 자도 거기 있으리니 사람이 나를 섬기면 내 아버지께서 그를 귀히 여기시리라"(요 12:23-26). 예수님이 십자가에서 죽으실 시간이 다가오고 있으며, 그분의 죽음은 많은 사람을 생명으로 이끌 것이다. 영생을 얻으려면 자신에 대해서는 죽고 그리스도를 위해 살아야 한다. 제자라면 반드시 예수님을 따르고 섬겨야 하며, 그렇게 하면 하나님 아버지께서 그들을 영화롭게 하실 것이다.

이 본문은 왜 예수님이 반드시 죽으셔야 하는지에 대한 분명한 이유를 보여준다. "한 알의 밀이 떨어져 죽지 않으면 한 알 그대로 있다." C. H. 다드는 이렇게 기록한다. "그리스도의 죽음 없이, 전 세계 인류의 연합은 불가능하다. 바로 이것이 모든 담론의 핵심이다."[19]

시리아의 신학자(안디옥 학파) 몹수에스티아의 테오도르는 예수님이 지금 제자들에게 자신이 죽어야 한다는 사실로 인해 당황해서는 안 된다고 말씀하시는 것이라고 주장한다. 본질적으로 예수님은 지금 다음과 같이 말씀하시는 것이다.

> 실제로 밀알 한 톨은 땅에 떨어지기 전에는 그저 한 알의 밀알에 지나지 않지만, 땅에 떨어져 썩은 후에는 크게 자라 풍성한 열매를 맺는다. 풍성히 열린 알곡의 아름다움은 보는 사람을 놀라게 한다. 너희는 나에 대해 이렇게 생각해야 한다. 지금은 내가 혼자이고, 평범한 사람 중 하나에 불과하다. 십자가에서 고난을 겪겠지만, 큰 영광 가운데 다시 살아날 것이다. 그리고 내가 많은 열매를 맺을 때, 그때 유대인뿐 아니라 온 세상 모든 사람이 나를 알게 되고, 그들은 나를 '주님'이라고 부르게 될 것이다. 그때에 영적 권세자들도 나를 예배할 것이다.[20]

하지만 사람들은 계속해서 예수님의 말씀을 거부한다. 레슬리 뉴비긴은 말한다. "한 사람이 십자가에서 죽은 것이 하나님의 영광을 드러내는 궁극적인 징표가 된다는 주장은 유대인의 메시아니즘과 그리스 철학의 잣대로 보면 말이 안 된다(고전 1:22-24). 그러나 그것은 사실이다. 예수님이 죽기까지 순종하신 일 속에서, 그리고 세상을 살리기 위해 독생자를 버리신 성부 하나님의 행위 속에서 가장 극명하게 드러나는 사랑의 분출이야말로 곧 하나님의 영광이기 때문이다."[21]

내가 땅에서 들리면(요 12:27-36)

예수님이 말씀하신다. "지금 내 마음이 괴로우니 무슨 말을 하리요. 아버지여 나를 구원하여 이때를 면하게 하여 주옵소서. 그러나 내가 이를 위하여 이때에 왔나이다. 아버지여, 아버지의 이름을 영광스럽게 하옵소서"(요 12:27-28). 그러자 하늘에서 소리가 들린다. "내가 이미 영광스럽게 하였고 또다시 영광스럽게 하리라." 곁에 서 있던 사람들이 수군거리며 천둥이 울렸다고도 하고 또 어떤 이들은 천사가 말했다고도 한다. 사람들의 반응에 예수님이 대답하신다. "이 소리가 난 것은 나를 위한 것이 아니요 너희를 위한 것이니라. 이제 이 세상에 대한 심판이 이르렀으니 이 세상의 임금이 쫓겨나리라. 내가 땅에서 들리면 모든 사람을 내게로 이끌겠노라"(요 12:30-32).

사람들이 어리둥절하여 예수님께 묻는다. "우리는 율법에서 그리스도가 영원히 계신다 함을 들었거늘 너는 어찌하여 인자가 들려야 하리라 하느냐? 이 인자는 누구냐?" 예수님이 대답하신다. "아직 잠시 동안 빛이 너희 중에 있으니 빛이 있을 동안에 다녀 어둠에 붙잡히지 않게 하라. 어둠에 다니는 자는 그 가는 곳을 알지 못하느니라. 너희에게 아직 빛이 있을 동안에 빛을 믿으라. 그리하면 빛의 아들이 되리라"(요 12:35-36). 이렇게 말씀하신 후 예수님은 사람들을 떠나 몸을 숨기신다.

우리는 이 본문에서 다시금 예수님의 인성을 확인하게 된다. 예수님은 모든 인류의 죄를 대신 감당하기 위해 견딜 수 없는 육체적 고통뿐 아니라 성부 하나님에게서 비롯되는 진노, 그리고 하나님과 단절되는 고통을 포함한 극심한 고난을 겪을 준비를 하시는 시점에서 자신이 어려움에 처한 사실을 밝히신다. 그럼에도 불구하고 예수님은 해를 입지 않게 해달라고 구하지 않으신다. 예수님은 죽기 위해 오셨기 때문이다. 이것은 우리에게 익숙한 겟세마네 동산에서의 장면을 떠올리게 한다. 겟세마네 동산에서 예수님은 '이 잔을 내게서 지나가게' 해달라고 구하시면서도 이내 '그러나…아버지의 원대로 하옵소서'라고 기도하신다. 이 두 장면에서 예수님의 인성은 자신이 겪어야 하는 고통을 피하고 싶어 간절히 외치시지만, 그분의 신성은 모든 간절한 외침을 억누른 채 이렇게 말씀하신다. "그러나 내가 이를 위하여 이때에 왔나이다. 아버지여, 아버지의 이름을 영광스럽게 하옵소서."

다시금 사람들은 (우리를 살리고자 죽으시기 위해 오신) 참 메시아의 역할에 대한 오해를 드러낸다. 하나님 나라에는 현재적 속성과 미래적 속성이 공존한다는 점, (현재적으로 그리고 미래적으로 하나님 나라를 실현할) 메시아에게도 현재적 역할과 미래적 역할이 있다는 점을 아직 이해하지 못하고 있다. 사람들은 예수님이 당장 왕국을 세워 영원히 통치하기 위해 오셨다고 믿는다(단 7:13-14). 예수님이 우리의 대속을 위해 죽으시려고 고난 받는 종으로 먼저 오셨다는 사실을 깨닫지 못한다. 그렇다. 예수님은 이미 하나님 나라를 출범시키셨지만 그 나라는 예수님이 재림하시는 때 비로소 온전히 실현될 것이다. 그리고 그때 주님은 영원히 통치하실 것이다. 하지만 지금은 그때가 아니다. 빛이신 예수님은 사람들 곁에 잠시만 더 머무실 것이다. 그동안 사람들은 빛의 자녀가 되어 빛의 자녀로 살아가기 위해 예수님을 믿어야 한다.

사람들이 "이 인자는 누구냐?"(요 12:34)라고 묻지만 예수님은 대답하지 않으신다. 인자라는 표현은 복음서에 자주 등장한다. 예수님이 자신을 가리켜 말씀하실 때 가장 자주 사용하신 호칭이지만, 그 정확한 의미에 대해서는 논란이 있다. 구약에서 에스겔 선지자가 이 표현을 93번 사용하는데, 주로 인간으로서의 자기 자신을 가리킬 때 사용한다.[22] 다니엘은 신적인 존재를 가리키는 호칭으로 이 표현을 역시 사용한다. 가령 (권세와 영광과 나라를 받고 모든 백성과 나라들을 다스릴) "구름을 타고 오는 인자 같은" 이에 대한 환상을 묘사하면서다(단 7:13-14). 어떤 이는 예수님이 오직 자신의 인간적 본성을 언급할 때만 이 표현을 사용하신다고 잘못된 주장을 하는데, 아마도 그분의 신성을 보여주는 '하나님의 아들'이란 표현을 이 '인자'와 대조하기 때문일 것이다. 실제로 '인자'라는 표현은 예수님이 인간의 형체를 입고 신비한 방법으로 현현하셨으며 본래 하늘에 계셨고 신성을 갖추고 계신다는 개념을 모두 포함한다.[23]

예수님은 복음서에서 자신을 가리켜 약 80번 넘게 "인자"라고 언급하신다.[24] 주석가들은 그분의 인성과 신성을 다 아우르는 이 용어를 크게 3가지 범주로 나눈다. 1) 이 땅의 삶에서 권세를 가지고 지상 사역을 행하는 자기 자신을 가리키실 때 2) 자신의 고난, 죽음 그리고 부활을 앞서 언급하실 때 그리고 3) 장차 영광 중에 다시 와서 높임 받을 것임을 예언하실 때다.[25] 필립 컴포트는 메시아라는 표현을 직접 사용하지 않으면서 자신이 메시아임을 드러내는 방법으로 예수님이 이 '수수께끼 같은 호칭'을 사용하신다고 주장한다.[26]

내가 보기에 예수님은 하나님이면서 동시에 인간인 자신의 고유성을 표현하기 위해, 또한 하나님이자 인간으로서 자신이 감당하는 역할의 고유성을 말하기 위해 이 "인자"라는 표현을 사용하시는 것 같다. 이 두 가지 고유성은 예수님이 메시아 역할을 감당하시고 구원 역사의 대행자로 사역하시는 데 없어서는 안 될 요소다. "인자"라는 표현에는 예수님의 메시아 되심에 담긴 모든 측면 (즉 그분의 성육신, 고난 받는 종으로 이 땅에 사신 것, 사역, 고난, 죽음, 부활, 인류를 심판하러 돌아와 영원한 지상 왕국을 세우실 장래의 영광)이 내포되어 있다. 더글러스 무 교수는 이렇게 말한다. "'인자'라는 표현을 사용하심으로, 예수님은 자신이 하나님의 창조 목적과 그 백성 이스라엘을 통한 사역의 목표를 성취하는 자임을 주장하고 계신다. 즉 고난 받고 의롭다 인정 받으며 영원한 왕국을 가져올 자라는 것이다."[27]

사람들의 불신앙(요 12:37-43)

예수님이 사람들을 위해 많은 표적을 행하셨음에도, 사람들은 여전히 예수님을 믿지 않고, 예수님도 그들에게서 떠나가신다. 이는 선지자 이사야의 말씀을 이루기 위함이다. "주여, 우리에게서 들은 바를 누가 믿었으며 주의 팔이 누구에게 나타났나이까 하였더라…그들의 눈을 멀게 하시고 그들의 마음을 완고하게 하셨으니 이는 그들로 하여금 눈으로 보고 마음으로 깨닫고 돌이켜 내게 고침을 받지 못하게 하려 함이라 하였음이더라"(요 12:38-40, 비교. 사 53:1, 6:10). 요한은 이사야가 이렇게 말한 것은 그리스도의 영광을 보고 그분을 가리켜 말한 것이라고 기록한다. E. A. 블룸은 이렇게 말한다. "예수님이 야훼시라는 암시는 매우 놀랍다. 예수님은 본질상 하나님이시다. (그러나 성자 하나님은 위격상으로는 성부 하나님 및 성령 하나님과 구별된다). 이사야의 많은 예언이 오실 메시아이신 나사렛 예수를 언급했다는 점에서 이사야는 지금 예수님에 대해 말하고 있다."[28]

사람들 사이에 만연한 불신앙에도 불구하고 적지 않은 이들이 예수님을 믿으며 그 중에 관리들도 많이 있다. 하지만 바리새인들에 의해 출교 당할까 두려워 드러내놓고 말하지는 못한다. 이것은 그들이 하나님의 영광보다 사람의 영광을 더 사랑한다는 증거다(요 12:41-43).

또한 이 본문을 보면 사람들의 불신앙이란 많은 경우 지식적인 근거가 있는 것이 아님을 알게 된다. 우리에게 시사하는 바가 크다. 예수님이 행하신 표적과 가르침을 목격하고서도 당시 많은 이들이 여전히 그분을 거부했다면, 오늘날에도 기독교가 참되며 예수님이 하나님이시라는 허다한 증거를 외면하는 이들이 있다는 사실은 놀라울 게 없다. 의심하는 것이 나쁘다고 말하는 게 아니다. 의심하지 않는 사람이 누가 있겠는가? 다만 기독교가 참되다는 주장을 합당하게 고려하거나 귀기울이지도 않은 채 마음을 닫고 무조건 거부한다는 점을 지적하고 싶다. 그들의 '빛'은 어두워졌다. 진리에 대한 수용성도 무뎌졌다. 그들에게 복음은 마치 이해할 수 없는 외국어와 같다. 메릴 테니는 이렇게 말한다. "불신앙이란 예수님에 관한 어떤 사실에 대해 정중하게 거절하는 것을 말하지 않는다. 예수님이 전하는 진리와 우리 삶에 관한 그분의 가르침에 귀기울이기를 매몰차게 거절하는 것이다."[29] 믿지 않는 사람에게 복음에 대한 수용성을 알아볼 수 있는 한 가지 질문이 있다. "기독교가 진실이라면, 그리스도인이 되겠습니까?" 만일 그가 '아니요'라고 대답한다면, 그의 저항은 지식이 아닌 마음에 있음을 가리킨다. 하지만 그렇게 대답했던 사람도 나중에 신자가 될 수 있다는 사실을 절대 잊지 말고, 희망을 품고 그들을 위해 계속 중보기도 하자.

세상을 구원하러 오심(요 12:44-50)

예수님이 말씀하신다. "나를 믿는 자는 나를 믿는 것이 아니요 나를 보내신 이를 믿는 것이며, 나를 보는 자는 나를 보내신 이를 보는 것이니라. 나는 빛으로 세상에 왔나니 무릇 나를 믿는 자로 어둠에 거하지 않게 하려 함이로다. 사람이 내 말을 듣고 지키지 아니할지라도 내가 그를 심판하지 아니하노라. 내가 온 것은 세상을 심판하려 함이 아니요 세상을 구원하려 함이로다. 나를 저버리고 내 말을 받지 아니하는 자를 심판할 이가 있으니, 곧 내가 한 그 말이 마지막 날에 그를 심판하리라. 내가 내 자의로 말한 것이 아니요 나를 보내신 아버지께서 내가 말할 것과 이를 것을 친히 명령하여 주셨으니 나는 그의 명령이 영생인 줄 아노라. 그러므로 내가 이르는 것은 내 아버지께서 내게 말씀하신 그대로니라"(요 12:44-50).

이 말씀은 예수님이 그동안 전해 오시던 메시지를 간략하게 요약하고 있다. 예수님을 믿는 것은 하나님을 믿는 것이고, 그분의 말씀에 귀를 기울이고 순종하는 것은 하나님께 순종하는 것이다. 독생자이신 예수님은 아버지이신 하나님께 순종하고 하나님을 영화롭게 하려는 목적으로 모든 일을 행하신다. 사람들은 예수님을 거절함으로 죽음을 선택하고 있다. 하지만 예수님은 사람들에게 죽음을 판결하러 오신 게 아니다. 예수님은 오히려 자기들의 죄 때문에 이미 사형을 선고 받은 이들을 구원하기 위해 오셨다.

이 본문에서 예수님이 다시 한번 스스로를 (자신을 믿는 자들을 어둠에서 이끌어낼) '빛'으로 밝히고 계신다는 점에 주목하라. 그리스도를 믿는다는 것은 지적 능력을 포기하는 것이 아니라 오히려 이해력을 확장하는 것이다. 그 믿음이 우리를 어둠에서 (그리고 악의 유혹에서) 건져 주고 진리를 깨닫게 하기 때문이다. 콜린 크루즈는 이렇게 말한다. "빛과 어둠의 이미지는 (신약성경에서) 여러 가지 의미로 비유적으로 사용되었다. 여기서 빛은 성부 하나님의 계시를 의미하는데 이 계시를 예수님이 세상에 가져오셨다. 그리고 어둠은 하나님에 대한 사람들의 무지를 의미하며 그로 인해 사람들은 곤경에 처하여 악한 자의 먹이가 되고 만다(요일 5:19)."[30]

종교 지도자들이 예수님의 권위에 도전함(마 21:23-22:14; 막 11:27-12:12; 눅 20:1-19)

예수님이 성전에 들어가 복음을 전하시자 대제사장들과 서기관들과 백성의 장로들이 나아와 묻는다. "네가 무슨 권위로 이런 일을 하느냐? 또 누가 이 권위를 주었느냐?" 예수님이 대답하신다. "나도 한 말을 너희에게 물으리니, 너희가 대답하면 나도 무슨 권위로 이런 일을 하는지 이르리라. 요한의 세례가 어디로부터 왔느냐? 하늘로부터냐 사람으로부터냐? 내게 대답하라"(마 21:24-25). 서로 의논하던 그들은 자기들이 궁지에 몰린 것을 깨닫는다. 만일 하늘로부터라고 하면 어찌하여 세례 요한을 믿지 아니하였느냐 할 것이고, 만일 사람으로부터라고 하면 세례 요한을 선지자로 여기던 사람들의 반응이 심상찮을 것이기 때문이다. 결국 그들은 우리가 알지 못하겠다고 대답한다. 그러자 예수님도 "나도 무슨 권위로 이런 일을 하는지 너희에게 이르지 아니하리라"(눅 20:8)고 응수하신다.

종교 지도자들은 사실상 예수님께 일종의 자격 증명서를 요구하고 있다. 만일 예수님이 아무것도 내놓지 못하면 신뢰도가 떨어질 것이고, 하나님이 주신 권한이라고 하면 예수님을 신성모독으로 고소할 참이었다. 예수님이 그들의 질문을 회피하시며 도리어 역으로 질문하시는 것처럼 보일 수 있지만, 사실 예수님의 질문에 제대로 (즉 예수님의 권위가 하나님으로부터 온 것이라고) 답한다면 그것이 그들의 질문에 대한 대답이 될 것이다. 오히려 그들이 진실을 회피하고 정직하지 못한 자들이다.[31]

예수님은 두 아들을 포도밭에 일하러 보낸 한 남자의 비유를 말씀하신다. 맏아들은 가겠다 대답했으나 가지 않았고 둘째는 가지 않겠다고 했다가 나중에 뉘우치고 갔다면, 둘 중에 누가 아버지의 뜻대로 한 것이냐고 물으신다. 그들은 "둘째 아들"이라고 대답한다. 예수님이 그들에게 말씀하신다. "내가 진실로 너희에게 이르노니 세리들과 창녀들이 너희보다 먼저 하나님의 나라에 들어가리라. 요한이 의의 도로 너희에게 왔거늘 너희는 그를 믿지 아니하였으되 너희는 이것을 보고도 끝내 뉘우쳐 믿지 아니하였도다"(마 21:31-32).

예수님은 둘째 아들을 세리들과 창녀들에 비유하신다. 처음에는 포도원에 가지 않겠다고 했다가 곧 뉘우친 둘째 아들처럼, 이들도 처음엔 죄를 지었으나 이후에 회개했기 때문이다. 죄인 중에 죄인이었음에도, 이들은 회개하여 죄사함을 받음으로 하나님의 한없는 자비하심이 어떠한지를 보여주고 있다. 반면 종교 지도자들은, 종교심 많고 율법에 신실한 것처럼 보이기 위해 처음에 '예'라고 대답한 첫째 아들과 같다. 그들은 율법을 주신 하나님뿐 아니라 하나님이 보내신 선지자들을 완강히 거부한다. 반면 둘째 아들은 아버지의 뜻에 순종한다. 세리들과 창녀들도 이같이 성부 하나님의 뜻을 행하여 천국에 들어갈 수 있게 된다.

연이어 예수님은 포도원 주인에 대한 비유를 말씀하신다. 한 집 주인이 포도원을 만들어 산울타리로 두르고 거기에 즙 짜는 틀을 만들고, 망대를 짓고, 농부들에게 세를 주고 타국에 간다. 열매 거둘 때가 가까워져서 그 열매를 받으려고 자기 종들을 농부들에게 보내지만, 농부들은 종들을 잡아 하나는 심히 때리고, 하나는 죽이고, 하나는 돌로 친다. 주인이 다른 종들을 처음보다 많이 보내지만, 농부들은 그들에게도 마찬가지로 행한다. 후에 주인은 자기 아들을 보내며 농부들이 아들은 존대할 거라 생각하지만, 농부들은 아들을 보고 오히려 그가 상속자니 죽이고 유산을 차지하려고 그를 잡아 포도원 밖에 내쫓아 죽인다. 예수님이 물으신다. "그러면 포도원 주인이 올 때에 그 농부들을 어떻게 하겠느냐"(마 21:40). 그들은 주인이 그 악한 자들을 진멸하고 포도원은 제 때에 열매를 바칠 만한 다른 농부들에게 세로 줄 것이라고 대답한다.

예수님이 말씀하신다. "너희가 성경에 건축자들이 버린 돌이 모퉁이의 머릿돌이 되었나니 이것은 주로 말미암아 된 것이요 우리 눈에 기이하도다 함을 읽어 본 일이 없느냐? 그러므로 내가 너희에게 이르노니 하나님의 나라를 너희는 빼앗기고 그 나라의 열매 맺는 백성이 받으리라. 이 돌 위에 떨어지는 자는 깨지겠고 이 돌이 사람 위에 떨어지면 그를 가루로 만들어 흩으리라"(마 21:42-44). 바리새인들은 이 말씀이 자기들을 가리키는 것임을 알고 흥분하여 예수님을 잡으려 하지만, 예수님을 선지자로 바라보는 무리들이 두려워 어쩌지 못한다. 하지만 예수님은 이 말씀을 하시면서 아마도 이스라엘 민족 전체를 염두에 두셨을 것이다. 하나님은 이스라엘을 그분의 풍성한 포도원으로 예비하셨지만, 종교 지도자들은 형편없는 청지기였고 하나님께 불순종함으로 그분이 보내신 선지자와 메신저들을 박해했다.

예수님이 그들에게 성경에서 '건축자들이 버린 돌'에 대해 읽어 본 적이 없느냐고 물으시는 장면에서 비유는 절정에 이른다. 예수님은 시편 118편 22-23절의 메시아 예언을 인용하고 계신다. 종교 지도자들은 자기들이 성경을 누구보다 잘 아노라 으스대면서도 정작 이사야의 예언, 즉 이스라엘이 하나님과 그 선지자들을 거부할 뿐 아니라 자기들의 이익을 위해 하나님의 독생자를 거절하고 죽이기까지 하리라는 내용에 대해 전혀 모르고 있다.[32] 요한은 이와 관련해 "그가…자기 땅에 오매 자기 백성이 영접하지 아니하였으나"(요 1:11)라고 기록한다.

종교 지도자들은 하나님의 아들을 제거함으로써 자신들의 세력을 유지할 수 있을 것이다. 그러나 그들이 버린 돌은 모퉁이의 머릿돌이 될 것이다. 그들은 그리스도를 십자가에 못 박을 것이나, 그분은 다시 살아나셔서 그분을 믿는 자들에게 구원을 주시고, 배척한 자들에게는 심판을 내리실 것이다. 이 비유에 담긴 메시지를 시편 기자의 고백으로 요약할 수 있다. "그의 아들에게 입 맞추라. 그렇지 아니하면 진노하심으로 너희가 길에서 망하리니 그의 진노가 급하심이라. 여호와께 피하는 모든 사람은 다 복이 있도다"(시 2:12).[33]

예수님은 곧이어 혼인 잔치 비유를 말씀하시는데, 누가복음 14장 16-24절에 나오는 큰 잔치 비유와 비슷하다. 임금이 그 아들을 위하여 잔치를 베풀고 종들을 보내 손님을 초대하지만 아무도 오지 않고, 심지어 몇몇은 종들을 죽이기까지 한다. 분노한 임금은 군대를 보내 살인자들을 진멸하고 그 동네를 불사른다. 그런 후에 임금은 종들에게 명하여 이르기를 혼인 잔치가 준비되었으나 전에 초대받은 사람들은 자격이 없으니 길에 나가서 악한 자나 선한 자나 만나는 대로 모두 데려오라고 한다.

임금이 손님들을 보러 들어왔다가 예복을 입지 않은 한 사람을 발견한다. 임금이 그의 손발을 묶어 바깥 어두운 데로 내쫓는다. 쫓겨난 사람은 거기서 슬피 울며 이를 갈게 될 것이다. 예수님이 말씀하신다. "청함을 받은 자는 많되 택함을 입은 자는 적으니라"(마 22:14). 이 말씀에는 하나님의 부르심을 거절한 자는 버려질 것이고, 그 부르심에 응답하고 믿는 자는 하나님 나라에 들어가게 될 것이라는 의미가 담겼다. 하나님은 많은 사람들을 초대하실 것이다. 거기에는 악한 자와 선한 자가 있을 것이며 또 겉으로만 응답하는 (예복을 입지 않은) 자도 있을 것이다. 하나님은 그들을 철저히 살피실 뿐 아니라 합당하지 않은 자를 내쫓으실 것이다.

믿음이란 무엇을 행하는 것으로는 부족하다. 진심으로 그리스도에게 우리의 신뢰를 두어야 한다. 늘 강조해 왔듯, 스스로의 노력으로 구원을 얻을 수 있다는 생각은 교만이다. 찰스 프라이스는 분명히 말한다. "청함을 받은 자는 많지만 택함을 입은 자가 적은 이유는, 청함을 받은 많은 사람이 자기를 부르신 분에게 주도권을 내드리지 않기 때문이다. 그들은 자기 능력, 자기 의, 자기 자원을 하나님과 그분의 일하심보다 더 의지한다. 왕이 오시면, 그들은 내쳐질 것이다. 그들은 연회장에 있고, 예복을 입은 자들과 친분도 있지만, 곧 그들의 정체가 드러나 바깥으로 내쫓길 것이다."[34]

가이사에게 세금을 바치는 것(마 22:15-22; 막 12:13-17; 눅 20:20-26) —

예수님을 어떻게 하면 올무에 걸리게 할까 모의하던 바리새인들이 자기 제자들을 헤롯 당원들과 함께 예수님에게 보내 가이사에게 세금을 바치는 것이 옳은지 묻게 한다. 예수님은 그들의 악한 생각을 아시고 "외식하는 자들아, 어찌하여 나를 시험하느냐"(마 22:18)고 꾸짖으신다. 예수님은 그들에게 데나리온 동전을 보여달라 하시고 거기 새겨진 형상과 글이 누구의 것이냐고 물으신다. 그들이 "가이사의 것"이라고 대답하자 예수님이 말씀하신다. "가이사의 것은 가이사에게, 하나님의 것은 하나님께 바치라"(마 22:21). 이 말씀을 들은 그들은 놀라고 말문이 막혀 예수님을 떠나간다. 라비 재커라이어스는 그들이 더 이상 질문하지 못한 이유는 자기들의 부정직함이 드러났기 때문이라고 주장한다. 그들은 "무엇이 하나님의 것입니까?"라고 물었어야 했다. 그러면 예수님은 이렇게 대답하셨을 것이다. "너희는 누구의 형상을 닮았느냐?" 라비는 이렇게 결론맺는다. "가이사에게 속한 것은 가이사에게, 하나님께 속한 것은 하나님께 드려라. 그러나 너희는 하나님의 형상을 닮았다."[35]

바리새인과 헤롯 당원들은 서로 배척 관계임에도, 예수님을 해치고 싶은 절박한 욕망 탓에 그분을 올무에 걸려들게 하기 위해 함께 음모를 꾸민다. 세금 문제는 예수님을 공략하기 위해 그들이 쉽게 손잡을 수 있는 사안이다. (로마 당국에 우호적인 헤롯에 충성하는) 헤롯 당원들은 만일 예수님이 사람들에게 세금을 내지 말라고 주장하면 로마의 법을 어겼다고 고소할 것이다. 하지만 만일 예수님이 세금을 내는 것에 찬성하면, 바리새인들은 예수님이 하나님께 불충을 저질렀다고 비난할 수 있을 것이다. 예수님은 서로 충돌하는 두 갈래길에서조차, 하나님을 향한 신실함과 의무를 내버리지 않은 채 로마 당국에 세금을 내라는 말씀으로 지혜롭게 대처하신다.

예수님의 대적자들은 스스로 생각하는 것만큼 지혜롭지 못한 자들이다. 예수님은 그들이 기대하던 식의 메시아가 아니라고 줄곧 말씀해 오셨기 때문이다. 예수님은 로마에 맞서 정치적 세력을 모으거나 이끌 의도가 전혀 없으시다. 세금에 관한 예수님의 발언이 이를 잘 보여준다. 크레이그 키너는 이렇게 말한다. "하나님께 헌신하려거든 다는 어떤 일보다 그분께 충성하는 것이 중요하다. 그렇다고 하나님께 충성하는 일에 별 장애가 되지 않는 다른 의무들을 소홀히 해도 된다는 의미는 아니다."[36] 단순히 세금을 내는 일은 우리의 종교적, 영적 의무와 서로 충돌하지 않는다.

사두개인들이 부활에 대해 물음(마 22:23-33; 막 12:18-27; 눅 20:27-40)

사두개인들은 부활을 믿지 않음에도 불구하고, 예수님을 걸려 넘어지게 하려고 그 주제로 질문한다. 그들은 한 사람이 자녀 없이 죽으면 모세의 율법에 따라 그 동생이 미망인과 결혼하여 형을 위해 상속자를 세워야 한다는 조항을 언급한다. 그러면서 일곱 형제가 잇달아 죽어 차례차례 미망인과 결혼한 상황을 가정한다. 그리고 이렇게 묻는다. "그들이 다 그 여자를 취하였으니 부활 때에 일곱 중의 누구의 아내가 되리이까?"

예수님은 그들이 성경도, 하나님의 능력도 알지 못하는 탓에 잘못 생각하고 있다고 대답하신다. 그리고 이렇게 말씀하신다. "이 세상의 자녀들은 장가도 가고 시집도 가되 저 세상과 및 죽은 자 가운데서 부활함을 얻기에 합당히 여김을 받은 자들은 장가가고 시집가는 일이 없으며, 그들은 다시 죽을 수도 없나니 이는 천사와 동등이요 부활의 자녀로서 하나님의 자녀임이라. 죽은 자가 살아난다는 것은 모세도 가시나무 떨기에 관한 글에서 주를 아브라함의 하나님이요, 이삭의 하나님이요, 야곱의 하나님이시라 칭하였나니, 하나님은 죽은 자의 하나님이 아니요 살아 있는 자의 하나님이시라. 하나님에게는 모든 사람이 살았느니라"(눅 20:34-38). 무리가 다들 예수님의 가르치심에 놀라고 그 중 어떤 서기관들은 "선생님 말씀이 옳습니다" 하고 말한다. 그들은 감히 예수님께 더 이상 질문하지 못한다.

사두개인들의 믿음과 달리, 예수님은 죽은 자의 부활은 실제이며 부활 이후의 삶에서 결혼은 없을 것이라고 확언하신다. 사람들은 죽지 않는 천사와 같을 것이고 인류의 미래를 염려하여 자녀를 낳을 필요도 없을 것이라고 하신다.[37] 그들이 성경을 알았더라면, 모세가 아브라함과 이삭과 야곱의 하나님이라고 (그들이 다 오래 전에 죽었지만 여전히 살아 있으므로) 현재형으로 서술하며 부활에 대해 말하고 있음을 알았을 것이다(출 3:1-6, 15). 하나님은 지금 살아 있는 자들과만 교통하신다.[38] 그러므로 하나님이 이스라엘 조상들에게 주신 약속 (즉 지금도 앞으로도 그들의 하나님이 될 거라는 약속)은 그들의 생명을 보존하실 거라는 의미가 된다.[39] 사두개인들은 부활을 부인함으로써 하나님의 권능을 부인한 것이다

가장 큰 계명(마 22:34-40; 막 12:28-34)

한 서기관이 예수님께 가장 큰 계명이 무엇이냐고 묻는다. 예수님이 대답하신다. "첫째는 이것이니 '이스라엘아 들으라. 주 곧 우리 하나님은 유일한 주시니라. 네 마음을 다하고 목숨을 다하고 뜻을 다하고 힘을 다하여 주 너의 하나님을 사랑하라' 하신 것이요. 둘째는 이것이니 '네 이웃을 네 자신과 같이 사랑하라 하신 것이라.' 이보다 더 큰 계명이 없느니라"(막 12:29-31). 예수님이 십계명의 첫째 둘째 계명을 인용해 율법 전체를 요약하셨다는 것을 알아챈 서기관은 그 계명들이 명하는 대로 하나님과 이웃을 '사랑'하는 일이야말로 모든 구약의 번제와 희생제보다 낫다고 말한다. 예수님은 그의 대답이 지혜롭다 하시며 이렇게 말씀하신다. "네가 하나님의 나라에서 멀지 않도다"(막 12:34).

가장 큰 하나의 계명이 무엇이냐는 물음에 예수님은 두 계명을 인용하시긴 했지만, 사실 이 두 계명은 서로 분리될 수 없다. 하나님의

사랑은 (하나님이 자기 형상을 따라 창조하신) 인간을 향한 그분의 사랑 안에서 드러나고, 인간의 사랑은 하나님의 사랑을 기반으로 하지 않고는 존재할 수 없기 때문이다. M. 유진 보링은 이렇게 말한다. "사랑에 대한 이중 계명은 그 본질뿐 아니라 의미에 있어서 다른 모든 계명을 초월한다."[40]

그리스도는 누구의 자손인가(마 22:41-46; 막 12:35-37; 눅 20:41-44) —

예수님이 성전에서 가르치시다가 "어찌하여 서기관들이 그리스도를 다윗의 자손이라 하느냐"(막 12:35)고 물으신다. 그러면서 다윗의 시편 110편을 인용하여 "주께서 내 주께 이르시되 내가 네 원수를 네 발등상으로 삼을 때까지 내 우편에 앉았으라 하셨도다 하였느니라"고 말씀하신다. 시편에서는 다윗이 그리스도를 '주'라고 칭하는데, 어떻게 그리스도가 단순히 다윗의 (인간적 혈통을 이어받은) 자손이 되겠느냐는 것이다. 이에 아무도 대답하지 못하고 그날부터 아무도 예수님께 더 이상 질문하지 않는다.

예수님은 그리스도가 다윗의 자손이면서 또 어떻게 그의 주가 되는지 묻고 계신다. 구약성경 전반에 걸쳐 장차 오실 메시아는 다윗의 자손이라고 묘사되어 있다. 즉 다윗 왕의 혈통을 따르는 직계 자손이라는 의미다. 그러나 예수님은 다윗이 성령에 감동되어 기록한 이 시편을 언급하시며, 메시아는 (인간이라는 의미에서) 다윗의 자손일 뿐 아니라 (신적 존재라는 의미에서) 그의 주님이시라고 말씀하신다.

시편 110편의 메시아 예언에는 삼위일체의 두 위격, 즉 성부와 성자("주께서 내 주께 이르시되")가 등장한다. 예수님은 자신이 사람의 형체를 입으신 사람이지만, 동시에 창세 이전부터 존재하고 만물 창조의 대행자로 계셨던 영원한 하나님이기도 한 메시아이심을 설명하고 계신다(요 1:3; 고전 8:6; 골 1:16; 히 1:2). 더불어 예수님은 다윗의 주(하나님)이시다.

이 짧은 대화 속에 메시아의 속성과 정체성과 목적에 대한 바리새인들의 근본적인 오해가 응축되어 있다. 이 본문으로 다시 돌아가면, 예수님은 자신이 메시아임을 의도적으로 선언하고 계신다.[41] 윌리엄 헨드릭슨은 이렇게 주장한다. "예수님은 '그리스도'라는 표현으로 자기 자신을 가리키고 계시지만, (자기 자신을 삼인칭으로 언급하는) 모호한 방식을 사용하신다. 예수님이 그리스도라는 개념은 바리새인들에게 거부감을 줄 수 있다. 그래서 예수님은 바리새인들이 (예수님이 그리스도시라는) 그런 인식 없이도 그저 질문에 답할 수 있게 하신 것이다."[42]

서기관과 바리새인에게 미칠 일곱 가지 화(마 23:1-36; 막 12:38-40; 눅 20:45-47)

예수님은 무리와 제자들을 가르치시면서, 서기관들과 바리새인의 외식하는 행동에 대해 오랫동안 기억에 남을 비판의 말씀을 하신다.

> 이에 예수께서 무리와 제자들에게 말씀하여 이르시되, 서기관들과 바리새인들이 모세의 자리에 앉았으니, 그러므로 무엇이든지 그들이 말하는 바는 행하고 지키되 그들이 하는 행위는 본받지 말라.

그들은 말만 하고 행하지 아니하며, 또 무거운 짐을 묶어 사람의 어깨에 지우되 자기는 이것을 한 손가락으로도 움직이려 하지 아니하며 그들의 모든 행위를 사람에게 보이고자 하나니 곧 그 경문 띠를 넓게 하며 옷술을 길게 하고 잔치의 윗자리와 회당의 높은 자리와 시장에서 문안 받는 것과 사람에게 랍비라 칭함을 받는 것을 좋아하느니라.

그러나 너희는 랍비라 칭함을 받지 말라. 너희 선생은 하나요 너희는 다 형제니라. 땅에 있는 자를 아버지라 하지 말라. 너희의 아버지는 한 분이시니, 곧 하늘에 계신 이시니라. 또한 지도자라 칭함을 받지 말라. 너희의 지도자는 한 분이시니, 곧 그리스도시니라. 너희 중에 큰 자는 너희를 섬기는 자가 되어야 하리라. 누구든지 자기를 높이는 자는 낮아지고 누구든지 자기를 낮추는 자는 높아지리라.

화 있을진저, 외식하는 서기관들과 바리새인들이여! 너희는 천국 문을 사람들 앞에서 닫고 너희도 들어가지 않고 들어가려 하는 자도 들어가지 못하게 하는도다.

화 있을진저, 외식하는 서기관들과 바리새인들이여! 너희는 교인 한 사람을 얻기 위하여 바다와 육지를 두루 다니다가 생기면, 너희보다 배나 더 지옥 자식이 되게 하는도다.

화 있을진저, 눈 먼 인도자여! 너희가 말하되 "누구든지 성전으로 맹세하면 아무 일 없거니와 성전의 금으로 맹세하면 지킬지라 하는도다." 어리석은 맹인들이여! 어느 것이 크냐, 그 금이냐? 그 금을 거룩하게 하는 성전이냐? 너희가 또 이르되 "누구든지 제단으로 맹세하면 아무 일 없거니와 그 위에 있는 예물로 맹세하면 지킬지라" 하는도다. 맹인들이여! 어느 것이 크냐, 그 예물이냐? 그 예물을 거룩하게 하는 제단이냐? 그러므로 제단으로 맹세하는 자는 제단과 그 위에 있는 모든 것으로 맹세함이요, 또 성전으로 맹세하는 자는 성전과 그 안에 계신 이로 맹세함이요, 또 하늘로 맹세하는 자는 하나님의 보좌와 그 위에 앉으신 이로 맹세함이니라.

화 있을진저, 외식하는 서기관들과 바리새인들이여! 너희가 박하와 회향과 근채의 십일조는 드리되 율법의 더 중한 바 정의와 긍휼과 믿음은 버렸도다. 그러나 이것도 행하고 저것도 버리지 말아야 할지니라. 맹인 된 인도자여, 하루살이는 걸러 내고 낙타는 삼키는도다!

화 있을진저, 외식하는 서기관들과 바리새인들이여! 잔과 대접의 겉은 깨끗이 하되, 그 안에는 탐욕과 방탕으로 가득하게 하는도다. 눈 먼 바리새인이여! 너는 먼저 안을 깨끗이 하라. 그리하면 겉도 깨끗하리라.

화 있을진저, 외식하는 서기관들과 바리새인들이여! 회칠한 무덤 같으니, 겉으로는 아름답게 보이나 그 안에는 죽은 사람의 뼈와 모든 더러운 것이 가득하도다. 이와 같이 너희도 겉으로는 사람에게 옳게 보이되 안으로는 외식과 불법이 가득하도다.

화 있을진저, 외식하는 서기관들과 바리새인들이여! 너희는 선지자들의 무덤을 만들고 의인들의 비석을 꾸미며 이르되, "만일 우리가 조상 때에 있었더라면 우리는 그들이 선지자의 피를 흘리는 데 참여하지 아니하였으리라" 하니, 그러면 너희가 선지자를 죽인 자의 자손임을 스스로 증명함이로다. 너희가 너희 조상의 분량을 채우라.

뱀들아, 독사의 새끼들아, 너희가 어떻게 지옥의 판결을 피하겠느냐? 그러므로 내가 너희에게 선지자들과 지혜 있는 자들과 서기관들을 보내매, 너희가 그 중에서 더러는 죽이거나 십자가에 못 박고 그 중에서 더러는 너희 회당에서 채찍질하고 이 동네에서 저 동네로 따라다니며 박해하리라.

그러므로 의인 아벨의 피로부터 성전과 제단 사이에서 너희가 죽인 바라갸의 아들 사가랴의 피까지 땅 위에서 흘린 의로운 피가 다 너희에게 돌아가리라. 내가 진실로 너희에게 이르노니 이것이 다 이 세대에 돌아가리라(마 23:1-36).

예수님은 높은 자리에 앉은 종교 지도자들이 말만 번지르르하게 하면서 실제 행동은 보여주지 않는다고 말씀하신다. 그들은 옳은 말을 하며 의롭게 보이려 하지만, 마음은 질투, 증오, 악의로 가득차 있다.[43] 온갖 규례로 사람들 어깨에 무거운 짐을 지우지만 자기들은 손끝 하나 까딱하려 하지 않는다. 종교의 율법주의와 그에 따른 부담에서 우리를 자유케 하러 오신 예수님은 이렇게 말씀하신다. "내 멍에는 쉽고 내 짐은 가벼움이라"(마 11:30).

서기관들과 바리새인들은 높은 자리와 명예를 구하고, 큰 존경의 의미가 담긴 표현인 랍비로 불린다. 그러나 예수님은 그들을 향해 "너희는 랍비라 칭함을 받지 말라. 너희 선생은 하나요 다 형제니라"(마 23:8)고 말씀하신다. 그들에게 랍비는 오직 한 분, 예수 그리스도뿐이다. 그들은 교만하기보다 겸손한 자세로 섬기는 종의 마음을 가져야 하며 그렇게 낮아질 때 비로소 높아질 것이다. 예수님은 자기의 종교적 지식을 뽐내면서 권력에 푹 빠져 있는 자들을 정죄하시고 대신 자기의 잘못을 인정하고 회개하여 겸손함과 믿음으로 예수님께 나아오는 자들을 칭찬하신다.

이 본문에서 예수님은 종교 지도자들에게 주목하며 그들에게 임할 7가지 화를 선포하신다. "화 있을진저"는 고통이나 슬픔을 표현하는 한탄의 진술이다.[44] 몇몇 주석가들은 예수님이 서기관들과 바리새인들에게 선포하신 7가지 화는 산상수훈에서 말씀하신 처음 7가지 복과 대비시켜 읽어야 한다고 말한다.[45] 이 화들이 가혹하게 보일지 모르나, 산상수훈에도 가혹한 내용이 있는 것이 사실이다. 더욱이 예수님이 이 화를 선포하시는 대상은, 매순간 예수님의 사역을 방해하고 잘못된 가르침으로 사람들을 예수님과 영원한 삶에서 멀어지게 만드는 자들이다. 그러나 역설적이게도 그들은 예수님을 죽이려 모의하는 것으로 오히려 예수님의 목적에 이바지하고 있다. 예수님은 우리 구원을 위해 죽으시러 오신 분이기 때문이다.

처음에 나오는 두 가지 "화 있을진저" 대목에서, 예수님은 종교 지도자들이 백성들에게 미치는 해악을 지적하시고, 이후의 다섯 가지 "화 있을진저" 대목에선 그들의 잘못된 성품과 행위를 정죄하신다.[46] 첫 번째 "화 있을진저" 단락에서, 예수님은 바리새인들이 사람들을 천국(하나님 나라)로 이끌어야 함에도 불구하고 자기들도 들어가지 않고 거짓된 가르침으로 다른 사람들도 들어가지 못하게 했다고 말씀하신다. 두 번째 단락에서, 예수님은 종교지도자들이 온갖 노력을 기울이며 자기들이 신봉하는 종교를 가르쳐 사람들에게 무거운 짐을 지게 하고 그것도 모자라 (그들이 마땅히 인도해야 하는 곳과 정반대인) 지옥으로 들어가게 했다고 비판하신다.

세 번째 단락에서 예수님은, 백성들이 성전이나 제단을 두고 맹세한 것은 지키지 않아도 되지만 성전의 금이나 제단의 예물을 두고 맹세한 것은 반드시 지켜야 한다고 가르친 종교 지도자들을 비판하신다. 종교 지도자들이 성전과 제단보다 금과 예물에 더 관심을 두는 것은 그들이 물질적인 것에 사로잡혀 있음을 보여준다. 그들은 하나님을 배제한 채 인간에게 몰두해 있다. 성전은 그 자체로 하나님이 머무시는 곳이고 하나님을 배제한 채 금은 아무 의미가 없을 것이다. 이와 유사하게 제단은 하나님의 관심사들을 반영하지만, 거기 놓인 예물은 그저 사람의 응답을 보여줄 뿐이다.[47]

네 번째 단락에서 예수님은 종교 지도자들이 율법이 요구하는 십일조는 바치면서 정작 율법에서 더 중요한 정의와 긍휼과 믿음은 버렸다고 비판하신다. 진부한 표현이지만, 그들은 나무(자신들의 규례와 전통)는 보고 숲(영적인 진실)은 보지 못한다. "화 있을진저"라고 선언하시는 다섯 번째와 여섯 번째 단락에서 예수님은 종교 지도자들이 자기들의 죄악된 마음은 외면한 채 겉으로만 깨끗한 척하는 외식을 맹렬히 비난하신다. 그들의 겉은 아름다워 보이지만 그 안은 오염되어 있고 하얗게 칠한 무덤과 같다. 일곱 번째 단락에서 예수님은 그들이 선지자들을 죽인 조상들보다 더 의로운 척하는 것을 비난하신다. 그들도 예수님이 전하시는 (구약의 예언을 성취하는) 복음의 메시지를 훼방함으로 동일한 일을 자행하고 있기에 더 나을 것이 없다. 진리를 거부하는 그들은 지옥의 판결을 피하지 못할 운명에 처한 뱀과 독사의 자식들이다. 그러므로 첫 번째 순교자인 아벨에서부터(창 4:8) 성전과 제단 사이에서 죽은 바라갸의 아들 스가랴(사가랴)에 이르기까지(왕하 24:20-22) 구약의 선지자, 지혜자 및 선생들이 흘린 무고한 피에 그들도 동일한 책임이 있다.[48]

과부의 헌금(막 12:41-44; 눅 21:1-4)

예수님이 성전 헌금함 맞은편에 앉아 사람들이 어떻게 헌금함에 돈을 넣는지 보고 계신다. 많이 넣는 부자들이 있는 반면 한 가난한 과부는 렙돈 동전 2개를 넣는다. 이 모습을 보고 예수님이 제자들에게 말씀하신다. "내가 진실로 너희에게 이르노니 이 가난한 과부는 헌금함에 넣는 모든 사람보다 많이 넣었도다. 그들은 다 그 풍족한 중에서 넣었거니와 이 과부는 그 가난한 중에서 자기의 모든 소유 곧 생활비 전부를 넣었느니라"(막 12:43-44). 제임스 에드워즈는 이 가르침을 이렇게 표현한다. "순전히 돈의 많고 적음으로만 보면, 과부가 드린 헌금은 부자들이 드린 헌금에 비교하면 하찮고 보잘 것 없다. 그러나 하나님의 셈법은 우리가 보는 것과 다르다. 성전의 책이 기록하지 않는 것을 생명의 책은 영구적으로 기록한다. 그녀에 관한 모든 내용은 변변일 없는 수준이었을 것이다. 특히 서기관들과 부유한 사람들에 비하면 말이다. 그러나 그녀의 경건과 믿음은 부자들의 외식에 비교하면 비교불가할 정도로 대단한 것이다. 예수님도 예물의 가치는 단순히 금액의 많고 적음이 아니라 드리는 자가 치른 대가에 있음을 말씀하고 계신다.[49]

다시 성전 파괴를 예언하심(마 24:1-2; 막 13:1-2; 눅 21:5-6)

예수님이 성전에서 나가실 때, 제자들 가운데 하나가 성전 건물과 그 커다란 돌들을 가리키며 참 아름답지 않느냐고 말한다. 예수님이 말씀하신다. "네가 이 큰 건물들을 보느냐? 돌 하나도 돌 위에 남지 않고 다 무너뜨려지리라"(막 13:2). 유대인 역사가 요세푸스는 성전이 하얀 대리석으로 지어졌고, 눈에 띄는 지붕에, 거대한 들보, 화려한 장식물들, 과할 정도로 많은 방들, 은금으로 만든 그릇들이 가득 차 있었다고 전한다.[50] 예수님은 자신의 예언을 설명하지 않으시지만, 주후 70년에 로마군에 의해 성전이 멸망할 것을 분명히 예언하고 계신다.[51] 요세푸스는 성전이 얼마나 철저히 파괴되었는지 다음과 같이 묘사한다. "얼마나 철저히 파괴되었는지, 완전히 땅만 남아 있어서 그곳에 사람이 살았었다고 믿을 만한 것은 하나도 남아 있지 않았다."[52] 윌리엄 레인도 이와 유사하게 말한다. "고고학 조사로 발굴한 그 옛 도시와 하부구조 파편들은 예수님의 예언이 얼마나 철저히 성취되었는지를 확인해 준다."[53]

몇몇 주석가들은 성전과 그곳에서 지키던 희생 제사 제도는 지나가 버릴 옛 질서에 속한 것이므로 하나님이 성전 파괴를 허용하셨다고 믿는다.[54] 그럼에도 성전 파괴는 거역하는 백성에 대한 하나님의 심판으로 봐야지, 유대인의 반란에 대한 로마제국의 대응으로만 봐서는 안 된다. 실제로 주류 유대 문학은 예루살렘의 멸망이 그 백성들의 죄로 인한 것이라고 가르친다.[55]

예수님의 재림과 마지막 때(마 24:3-25:46; 막 13:3-37; 눅 21:7-36)

예수님과 제자들이 감람산에 올라 앉아 있을 때, 제자들이 예루살렘과 성전이 멸망할 때가 언제인지, 예수님의 재림과 마지막 때의 징조가 무엇일지 질문한다. 이에 대한 예수님의 대답은 감람산 강화로 불리기도 한다.

예수님은 제자들에게 그리스도라고 거짓으로 주장하는 자들에게 미혹되지 말라고 경고하신다. 예수님이 다시 오시기 전에 전쟁과 전쟁에 대한 소문이 있을 것이고, 민족이 민족을, 나라가 나라를 대적하여 일어나겠고, 곳곳에 기근과 지진이 있을 것이다. 이 일들은 해산의 고통과 같다. 임신한 여인이 출산이 임박하여 해산의 고통을 겪는 것처럼, 이 사건들은 이미 가까이 왔으나 아직 도래하지 않은 마지막 때에 대한 징조가 될 것이다.[56] 타락한 세상에선 늘 이런 재앙을 경험하지만, 예수님은 이 모든 것이 비록 해산하는 고통 같을지라도 "재난의 시작"(마 24:8)이라고 언급하심으로 종말이 가까울수록 상황이 더 악화될 것을 암시하고 계신다고 존 맥아더는 말한다.[57]

사람들은 그리스도를 따르는 자들을 박해하고 죽일 것이다. 많은 사람이 넘어질 것이며 서로 미워할 것이다. 거짓 선지자들이 일어나 사람들을 미혹할 것이다. 불법이 늘어나 사람들의 사랑이 식을 것이다. 그러나 끝까지 견디는 사람은 구원을 받을 것이다. 이것은 사람들이 인내하고 견디면 스스로의 힘으로 구원을 이룰 수 있다는 의미가 아니다. 하나님이 우리의 구원을 친히 관장하시고 우리를 보호하실 것이다. 그렇다고 사람들이 그 과정 가운데 수동적으로 머물러선 안 된다. 그래서 하나님은 우리가 직면하게 될 많은 도전들과 관련해 (우리를 보호하는 한 가지 방법으로) 경고음이 울리도록 하셨다. 다만 도중에 떨어져나가는 사람들은 아마 진실한 신자가 아닐 것이다.[58]

곧 부활하실 예수님은 모든 민족을 제자로 삼으라는 명령을 내리실 것이고(마 28:16-20), 이 대위임명령Great Commission은 복음이 온 세상에 선포되는 그 마지막 때까지 계속될 것이다. 예수님은 모든 사람이 복음을 듣게 될 거라 말씀하지 않으시고, 복음이 모든 민족에게 선포될 거라고 말씀하신다.[59]

다니엘이 예언한 바 멸망의 가증한 것이 거룩한 곳에 선 것을 보게 될 그 때에, 유대에 있는 자들은 산으로 도망쳐야 한다. 그 누구도 지체하거나 돌아가서는 안 된다. 창세 이후로 한 번도 겪어보지 못한 큰 환난이 닥칠 것이다. 하나님이 그 기간을 줄여주시지 않으면, 아무도 구원받지 못할 것이나, 하나님이 택하신 이들을 위해 그 기간을 줄여주실 것이다.

많은 사람들이 이 대목에서 예수님이 대환난을 언급하고 계신다고 믿는다. 이 환난은 예수님이 재림하시기 전에 임할 고통과 어려움을 가리키는 것으로 여겨지며 어떤 이들은 그 기간이 7년일 것이라 추측하기도 한다. 어떤 이들의 주장에 따르면, 멸망의 가증한 것이란 성전을 모독하는 것을 말한다. 이 표현은 시리아 총독 안티오쿠스 에피파네스가 성전을 모욕하던 당시에 처음 사용되었다. 그는 주전 167년에 예루살렘에 쳐들어와 그리스의 신 제우스에게 성전을 헌납했다. 하지만 어떤 이들은 예수님이 아마도 대환난기에 적그리스도가 성전에 우상을 세우게 될 장래의 일을 언급하신 것일 수 있다고 본다. 이 때문에 존 맥아더는 이렇게 설명한다. "이 말씀으로 미루어보면, 성전이 장차 다시 재건될 것이며 매일의 희생 제사가 다시 회복될 것임을 의미한다."[60] 그러나 어떤 이들은 이 예언이 주후 70년에 로마가 예루살렘과 성전을 파괴하면서 결국 성취되었으므로, 장래에 다시 성취될 일은 없을 거라 믿는다.[61] 또 어떤 이들은 멸망의 가증한 것을 주후 70년의 성전 파괴와 연결시켜선 안 되며 장래의 대환난을 언급할 뿐이라고 주장한다.

마지막 때에 일어날 일들에 대한 논란이 분분함에도 분명한 사실은, 예수님이 경고하신 것처럼 이 대환난기에 거짓 그리스도들과 거짓 선지자들이 도처에서 일어나 큰 표적과 기사를 일으키면서, 사람들을 속일 것이라는 점이다. 우리는 이런 자들을 분별할 수 있어야 한다. 왜냐하면 인자가 오시는 것은 번개가 동쪽에서 서쪽으로 번쩍이는 것처럼 갑작스럽게 그러나 모두가 알 수 있게 일어날 것이기 때문이다. 대환난 직후 태양과 달이 어두워지고, 별들이 하늘에서 떨어지는 등 우주적 혼란이 이어질 것이다. 그때 인자가 다시 오신다는 징조가 하늘에 나타날 것이다.(이 내용 역시 학자에 따라 문자적 해석과 비유적 해석 두 가지로 갈린다). 세상의 모든 민족들이 울며, 그들은 인자가 큰 권능과 영광으로 하늘 구름을 타고 오시는 것을 볼 것이다. 그분은 큰 나팔소리와 함께 천사들을 보내실 것이며, 사방에서 택함 받은 백성들을 모으실 것이다. 이것은 하늘 구름을 타고 오시는 인자 같은 이에 대한 다니엘서의 예언과 일치한다(단 7:13-14).

예수님은 제자들에게 무화과나무의 가지가 연해지고 잎사귀가 나면 여름이 가까운 줄 알듯, 이 모든 일이 일어나는 것을 보면 마지막이 가까운 줄 알라고 말씀하신다.

그러나 인자가 언제 다시 올지 정확한 날과 시간은 아무도 모르며, 천사와 아들도 모르고 오직 아버지만 아신다고 말씀하신다. 그리고 그 날은 노아의 홍수 때처럼, 예상치 못하게 올 것이라고 말씀하신다. 그러므로 사람들은 언제나 준비되어 있어야 한다.

주인이 떠나 있을 동안 주인의 집을 신실하고 슬기롭게 지킨 종은 복이 있을 것이다. 그러나 종이 동료들을 때리며 집을 제대로 돌보지 않는다면, 생각하지 않은 날 주인이 돌아와 그 종을 엄하게 벌하고 위선자들에게 하듯 심판할 것이다. 거기서 그 종은 슬피 울며 이를 갈게 될 것이다.

예수님은 천국은 마치 등을 들고 신랑을 맞으러 나간 열 명의 처녀와 같다고 하신다. 그 중의 다섯 처녀는 어리석어 등을 가졌으나 기름이 없고 나머지 슬기로운 다섯 처녀는 그릇에 기름을 담아 등과 함께 가져간다. 마침 신랑이 늦도록 오지 않아 처녀들이 모두 졸다가 잠이 든다. 한밤중에 신랑이 오고 있으니 맞이하라고 외치는 소리가 들린다. 어리석은 처녀들이 슬기로운 처녀들에게 기름을 나눠달라 하지만, 슬기로운 처녀들은 기름이 넉넉하지 않다며 차라리 가서 너희가 쓸 기름을 사오라고 말한다. 그러나 어리석은 처녀들이 기름을 사러 간 사이에 신랑이 오고, 슬기로운 다섯 처녀만이 신랑과 함께 혼인 잔치에 들어가고 문이 닫힌다. 어리석은 처녀들이 뒤늦게 돌아와 주님께 문을 열어달라고 부르짖지만, 그분은 이렇게 말씀하신다. "진실로 너희에게 이르노니 내가 너희를 알지 못하였느니라"(마 25:12). 예수님은 다음과 같은 경고의 말씀으로 비유를 마치신다. "그런즉 깨어 있으라. 너희는 그 날과 그 때를 알지 못하느니라"(마 25:13). 요점은 이것이다. 사람들은 다시 오실 그리스도를 맞이하기 위해 늘 깨어 있어 준비하고 있어야 한다. 오직 준비된 자만이 (즉 그분을 진실로 믿는 사람들만이) 주님의 나라에 들어갈 것이기 때문이다.[62]

이어 예수님이 달란트 비유를 말씀하시는데, 앞서 9장에서 다루었던 므나 비유와 매우 유사하다. 천국은 다른 나라에 가면서 종들에게 자기 소유를 맡긴 어떤 사람과 같다. 주인은 종들을 불러 각각 그 재능대로 자기의 소유를 맡기되 한 사람에게는 금 다섯 달란트를, 한 사람에게는 두 달란트를, 한 사람에게는 한 달란트를 주고 떠난다. 다섯 달란트 받은 자와 두 달란트 받은 자는 그 길로 바로 가서 장사하여 받은 달란트만큼 이윤을 남기지만, 한 달란트 받은 자는 가서 땅을 파고 그 주인의 돈을 감추어 둔다. 오랜 후에 주인이 돌아와 그 종들과 결산을 한다. 받은 달란트를 사용해 받은 만큼 달란트를 남긴 종들은 주인에게 "착하고 충성된 종"이란 칭찬과 더불어 더 많은 재산을 맡게 되고, 한 달란트 받은 종은 자기 주인이 아무 수고도 하지 않고 남이 심고 뿌려놓은 것을 거둬들이는 지독한 분이라 그저 두려움에 달란트를 땅에 묻어두었다가 고스란히 가져왔다고 말한다. 이 종은 주인에게 "악하고 게으른 종"이라 책망을 받고, 가지고 있던 한 달란트마저 열 달란트 가진 자에게 빼앗기고 만다. 그후에 주인이 이렇게 말한다. "무릇 있는 자는 받아 풍족하게 되고 없는 자는 그 있는 것까지 빼앗기리라. 이 무익한 종을 바깥 어두운 데로 내쫓으라. 거기서 슬피 울며 이를 갈리라"(마 25:29-30).

청지기 정신은 기독교에서 매우 중요한 개념이다. 우리가 신실한 청지기로 살면 장차 다가올 삶에서 더 큰 책임과 직분을 맡을 것이다.[63] 우리는 주어진 신령한 은사를 지혜롭게 사용해야 하며, 하나님이 우리에게 주신 섬김의 기회를 활용하여 하나님 나라를 앞당기는 데 필요한 몫을 감당해야 한다. 하나님이 우리에게 주신 은사를 따라 그에 맞는 기회가 우리에게 주어질 것이다. 태만한 자는 벌을 받고 부지런한 자는 상을 받을 것이다.[64]

예수님은 인자가 모든 천사와 함께 영광 중에 다시 올 때, 자신의 영광스러운 보좌에 앉을 거라고 말씀하신다. 모든 민족이 그 앞에 모일 것이며 목자가 양과 염소를 구분하는 것 같이 그가 사람들을 갈라놓을 것이다. 그리고 왕이신 그가 양들에게 (정확히는 오른편에 있는 자들에게) 말하기를 "내 아버지께 복 받을 자들이여 나아와 창세로부터 너희를 위하여 예비된 나라를 상속받으라. 내가 주릴 때에 너희가 먹을 것을 주었고 목마를 때에 마시게 하였고 나그네 되었을 때에 영접하였고 헐벗었을 때에 옷을 입혔고 병들었을 때에 돌보았고 옥에 갇혔을 때에 와서 보았느니라"(마 25:34-36)고 할 것이다. 의인으로 인정받는 이들이 자기들이 언제 그런 일을 했는지 물으면 왕은 이렇게 대답할 것이다. "내가 진실로 너희에게 이르노니, 너희가 여기 내 형제 중에 지극히 작은 자 하나에게 한 것이 곧 내게 한 것이니라"(마 25:40).

우리가 다른 믿음의 지체들, 특히 가난하고 곤핍한 이들에게 친절을 베풀면 그것은 그리스도께 친절을 베푸는 것이기도 하다. 어떤 학자들은 이 본문을 다른 믿음의 지체들에게 행하는 친절한 행위뿐 아니라 배고프고 고통 가운데 있고 도움이 필요한 모든 사람에게 베푸는 친절한 행위에 적용해야 한다고 믿는다.[65] 그러나 설령 이 본문이 믿는 자에게만 국한된다 해도, 하나님이 모든 가난한 자들을 깊이 염려하신다는 사실만큼은 성경 전반에 분명히 드러나고 있다(신 15:11; 마 22:37-40; 갈 2:10).[66]

반면 염소들 (정확히는 왼편에 있는 자들)은 아주 다른 말씀을 듣게 된다. "저주를 받은 자들아, 나를 떠나 마귀와 그 사자들을 위하여 예비된 영원한 불에 들어가라." 그들은 왕에게 먹을 것과 마실 것을 주지 않고 영접하지 않고, 옷 입히지 않고 돌보지 않았다. 왕이 주리신 것이나 목마르신 것이나, 나그네 되신 것이나 헐벗으신 것이나, 병드신 것이나 옥에 갇히신 것을 보지 못했다고 그들이 항변하지만 왕은 이렇게 대답한다. "내가 진실로 너희에게 이르노니, 이 지극히 작은 자 하나에게 하지 아니한 것이 곧 내게 하지 아니한 것이니라. 그들은 영벌에, 의인들은 영생에 들어가리라"(마 25:45-46). 이 본문은 최후의 심판이 영구적이고 영원하다는 사실을 명백하고도 단호하게 보여준다.[67]

십자가에 달릴 것을 예언하심; 종교 지도자들이 예수님 살해 계획을 세움; 유다가 배신함(마 26:1-5; 막 14:1-2, 10-11; 눅 22:1-6)

가르치기를 다 마치신 예수님이 말씀하신다. "너희가 아는 바와 같이 이틀이 지나면 유월절이라. 인자가 십자가에 못 박히기 위하여 팔리리라"(마 26:2). 예수님은 이전에도 자신이 고난 받을 것을 여러 번 예언하셨지만, 이번에는 "이틀이 지나면"이라고 구체적인 날짜를 덧붙이신다. 이스라엘이 애굽의 예속에서 벗어난 것을 기념하는 명절인 유월절이 시작되는 날이다(출 12-13장).[68] 예수님은 유월절 어린 양이시다(고전 5:7). 어린 양이 희생제물로 바쳐지는 그 날에 예수님이 죽으실 거라는 사실은 하나님의 섭리로 받아들여진다.[69] 세례 요한의 말을 기억해 보라. "보라, 세상 죄를 지고 가는 하나님의 어린 양이로다"(요 1:29).

예수님이 제자들에게 자신의 죽음을 미리 알리시는 동안, 종교 지도자들은 대제사장 가야바의 집 뜰에 모여 예수님을 교묘하게 잡아 죽일 방법을 의논한다. 그러나 민란이 일어날 것을 우려하여 명절에는 실행하지 말자고 의견을 모은다. 음모를 꾸미는 자들은 그저 비주류 분파가 아니라 최고위층 종교 지도자들로 영적 정화라는 명분을 내세워 예수님의 죽음을 모의하고 있다. 혹여 선한 세력이 자기들의 악한 의도를 망칠지 모른다는 우려 탓에 한낮의 빛으로부터 숨어 가야바의 집 어두운 뜰에서 은밀히 계략을 꾸미는 그들의 모습에서 우리는 당시 지도자들의 악함과 위선을 보게 된다.

예수님의 제자 중 하나인 가룟 유다가 대제사장들에게 가서 예수님을 넘겨주면 얼마를 대가로 주겠느냐고 거래를 시도한다. 그들에게서 은 삼십을 받은 유다는 그때부터 예수님을 넘겨 줄 기회를 엿본다.

이 배신이 얼마나 중한 일인지 생각해 보라. 유다는 구속사의 전환기에 하나님의 아들이신 분에게 선택 받고 친밀하게 동고동락하며 사역하도록 부르심 받은 특별한 열두 명 중 하나다. 그런 그가 은 삼십에 예수님을 배신한다. 탐욕이 그의 눈을 가려 진리를 보지 못하게 만들었다. 한때는 그리스도를 따랐으나, 그는 더 이상 영생을 위해 그분을 신뢰하던 참된 신자가 아니다.[70]

제자들이 마지막 만찬을 준비함; 예수님이 제자들의 발을 씻겨 주심

(마 26:17-25; 막 14:12-25; 눅 22:7-21, 31-34; 요 13:1-35)

무교절 첫 날,[71] 제자들이 예수님께 유월절 음식을 어디에서 준비해야 하는지 묻는다. 예수님은 제자들에게 성 안에 들어가 어떤 사람에게 이렇게 말하라고 지시하신다. "선생님 말씀이 내 때가 가까이 왔으니 내 제자들과 함께 유월절을 네 집에서 지키겠다 하시더라"(마 26:18). 제자들은 예수님이 시키신 대로 유월절을 준비한다.

예수님은 아버지께 돌아가셔야 할 때가 다가왔음을 아신다. 그날까지 예수님은 자기 백성을 향한 사랑을 변함없이 보여주셨다. 유다가 배신할 것을 아신 예수님은 저녁 잡수시던 자리에서 일어나 겉옷을 벗고, 수건을 가져다가 허리에 두르신다. 대야에 물을 떠서 제자들의 발을 씻기고 두르신 수건으로 닦기 시작하신다. 왜 자기의 발을 씻어주시는지 베드로가 묻자 예수님이 대답하신다. "내가 하는 것을 네가 지금은 알지 못하나 이후에는 알리라"(요 13:7). 베드로가 "내 발을 절대로 씻지 못하시리이다"라고 말하자 예수님은 "내가 너를 씻어주지 아니하면 네가 나와 상관이 없느니라"(요 13:8)고 말씀하신다. 다시 베드로가 "주여 내 발뿐 아니라 손과 머리도 씻어 주옵소서"라고 말하자 예수님이 대답하신다. "이미 목욕한 자는 발밖에 씻을 필요가 없느니라. 온몸이 깨끗하니라. 너희가 깨끗하나 다는 아니니라"(요 13:10). 이는 자기를 팔 자가 누구인지 알고 하신 말씀이다.

제자들의 발을 씻으신 후에 옷을 입으시고 다시 앉으신 예수님은 내가 왜 너희들의 발을 씻어 주었는지 아느냐고 물으신다. 그러면서 이렇게 설명하신다. "너희가 나를 선생이라 또는 주라 하니 너희 말이 옳도다. 내가 그러하다. 내가 주와 또는 선생이 되어 너희 발을 씻었으니 너희도 서로 발을 씻어 주는 것이 옳으니라. 내가 너희에게 행한 것 같이 너희도 행하게 하려 하여 본을 보였노라"(요 13:13-15). 그러면서 "내가 진실로 진실로 너희에게 이르노니 종이 주인보다 크지 못하고 보냄을 받은 자가 보낸 자보다 크지 못하나니 너희가 이것을 알고 행하면 복이 있으리라"(요 13:16-17)고 강조하여 말씀하신다.

여기 세상 어디에도 없는 아이러니가 존재한다. 하나님의 아들이신 예수님은 곧 채찍질 당하고 십자가에 못 박히실 참이다. 자기 목숨을 내어주시는 분에게 악한 세상이 내어주는 답례인 것이다. 그럼에도 예수님은 신적 능력을 발휘해 자신의 비참한 운명을 막는 대신 잠잠히 제자들에게 떡을 떼어 나누시고 그들의 발을 씻어주심으로 겸손한 종의 모습을 가장 심오하고도 상징적인 행위로 보여주신다.

당시로서는 상상할 수 없는 일이다! 막역한 친구끼리도 지극한 사랑이 아니고서는 서로의 발을 씻어주는 법이 없었다. 그 시대엔 대부분이 샌들을 신고 다니는 탓에 사람들의 발이 흙먼지와 오물로 더러워졌을 것이기 때문이다. 짐 딕슨과 리 스트로벨은 발을 씻어주는 일은 당시 문화에서 가장 더럽고 혐오스러워 아무도 하려 들지 않는 일이었다고 말한다.[72] 어떤 유대인들은 자기 집에 있는 유대인 노예에게 그 일만큼은 시키지 않았다. 발을 씻어주는 일은 이방인 노예나 여성, 아이들 혹은 스승을 따르는 제자들이나 할 수 있는 일이었다.[73] 제자들은 역할이 뒤바뀐 것을 굉장히 불편해했지만, 그 충격적인 방식으로 말미암아 오히려 상황의 중대성, 즉 메시아의 임박한 죽음을 인식할 수 있었을 것이다. 게다가 보통 사람들이었다면 다른 이의 발을 씻어주는 일로 수치심을 경험하겠지만, 예수님은 그렇지 않으셨다. 예수님은 운명에 어쩔 수 없이 굴복하여 제자들의 발을 씻어주신 것이 아니라, 제한받지 않는 사랑과 이타적인 그리스도(인)의 섬김을 보여주려는 의도로 그렇게 하셨기 때문이다.

베드로의 만류에도 예수님이 어떻게 대응하시는지 보라. 예수님은 베드로에게 나중에 (즉 예수님의 죽음과 부활 이후에)[74] 지금 이 일을 이해하게 될 것이라 확신시키시면서도, 발 씻는 것을 허락하지 않으면 자신과 아무 상관이 없는 자가 된다고 경고하신다. 예수님은 자신의 삶을 희생하고 섬기기 위해 오셨다. 예수님이 희생과 섬김의 의미로 제자들의 발 씻는 것도 받아들이지 못한다면, 예수님이 십자가에 달리시는 것을 어떻게 받아들일 수 있겠는가? 이런 이해가 없이는 베드로는 예수님의 사람이 될 수 없다. 그것은 복음을 거부하는 것이나 마찬가지이기 때문이다.[75] 베드로를 포함한 제자들이 자기들의 발을 씻어주시겠다는 그리스도의 제안을 거절한다면, 그것은 예수님뿐 아니라 아들을 보내신 아버지도 거절하는 것이 된다(요 13:20).

처음에 자기를 낮추며 만류하던 베드로는 더 이상 예수님의 손길을 뿌리치지 않고 받아들인다. (예수님이 십자가에 달리시기 전 베드로는 또

사복음서 비교: 예수님의 마지막 일주일

	사건	마태복음	마가복음	누가복음	요한복음
토	마리아가 예수님께 기름을 부음	-	-	-	12:2-8
일	예루살렘 승리의 입성	21:1-11	11:1-10	19:28-44	12:12-18
월	무화가나무를 저주하심	21:18-19	11:12-14	-	-
화	제자들이 마른 무화과나무를 봄	21:20-22	11:20-21	-	-
	성전을 청결케 하심	21:12-13	11:15-17	19:45-46	-
	성전에서 논쟁을 벌이심	21:23-23:39	11:27-12:44	20:1-21:4	-
수	성전에서 가르치심	-	-	21:37-38	-
	유다가 예수님을 팔기로 함	26:14-16	14:10-11	22:3-6	13:2-30
목	제자들과 마지막 만찬을 드심	26:20-35	14:17-26	22:14-30	-
	겟세마네에서 기도하심	26:36-46	14:32-42	22:39-46	-
금	겟세마네에서 체포 당하심	26:47-56	14:43-52	22:47-53	19:2-12
	안나스에게 심문 받으심	-	-	-	18:13-24
	가야바와 산헤드린 앞에서 재판 받으심	26:57-75	14:53-72	22:54-65	18:19-24
	베드로가 예수님을 부인함	27:69-75	14:66-72	22:56-62	18:15-27
	유다가 자살함	27:3-10	-	-	-
	빌라도 앞에서 재판 받으심	27:2-28	15:2-15	23:1-25	18:28-19:16
	헤롯 앞에서 재판 받으심	-	-	23:6-12	-
	십자가에 달리심	27:27-55	15:16-32	23:26-49	19:16-37
	성전 휘장이 찢어짐	27:50-51	15:37-38	23:44-45	-
	아리마대 요셉의 무덤에 장사되심	27:57-61	15:42-47	23:50-56	19:38-42
일	부활하심	28:1-10	16:1-20	24:1-49	20:1-21:25

한 번 그렇게 행동한다).[76] 하나님이 우리를 너무나 사랑하셔서 유일한 독생자를 우리를 위해 내어주셨다는 생각을 받아들이기가 힘들어 복음을 거부하는 사람들에게 주는 교훈이 있다. 자기 자신이 무가치하다고 느끼는 그 생각이 역설적이게도 그들을 구원하실 수 있는 분을 받아들이지 못하게 막는다. 심지어 신자들도 자기가 용서받을 만하다고

믿는 게 어려워 자기와 그리스도 사이에 장벽을 쌓는다. 사실, 우리는 용서받을 자격이 없다. 그렇기에 하나님의 은혜가 은혜다워지는 것이다. 그리스도의 단호한 말씀에 베드로는 모든 것을 받아들이고 예수님께 자기의 발뿐 아니라 손과 머리도 씻어 주시기를 요청한다.

예수님은 제자들의 발을 씻어주신 후, 그들에게 본을 보이신 거라고 말씀하신다. 예수님이 주와 선생이 되어 제자들의 발을 씻어주셨다면, 제자들은 다른 사람을 얼마나 더 섬겨야 하겠는가. 종이 되어 섬기는 겸손은 기독교의 핵심이다. 그것은 우리를 향한 그리스도의 삶과 죽음을 고스란히 반영할 뿐 아니라 많은 사람을 그리스도에게로 이끌기 때문이다.

제자들과 유월절을 기념하심; 자신이 배신당할 것을 말씀하심(마 26:17-29; 막 14:18-25; 눅 22:14-23; 요 13:21-35)

열두 제자와 함께 음식을 먹을 때 예수님이 떡을 들어 감사 기도를 드리고 그것을 떼어 제자들에게 주시며 말씀하신다. "받아서 먹으라. 이것은 내 몸이니라"(마 26:26). 또 잔을 들어 감사 기도를 드리신 후 제자들에게 주며 말씀하신다. "너희가 다 이것을 마시라. 이것은 죄 사함을 얻게 하려고 많은 사람을 위하여 흘리는 바 나의 피 곧 언약의 피니라. 그러나 너희에게 이르노니 내가 포도나무에서 난 것을 이제부터 내 아버지의 나라에서 새것으로 너희와 함께 마시는 날까지 마시지 아니하리라"(마 26:27-29).

여기서 예수님은 자신이 제자들에게 나눠주시는 떡과 포도주에 특별한 의미를 부여하심으로 (우리가 교회에서 자주 행하는) 성찬Lord's Supper을 제정하신다. 떡은 예수님의 몸이며 포도주는 새언약을 위해 흘리는 예수님의 피다. 떡은 머지않아 닥칠 십자가형으로 (비유적으로나 실제로도) 찢기고 죽임 당할 예수님의 몸을 예표prefigure한다. 이에 대한 의미를 해석하는 신학자들의 견해는 다양하다. (화체설 혹은 실체변화설로도 불리는) 성변화transubstantiation 교리는 성찬식 때 나누는 떡과 포도주의 외형 속성은 변하지 않지만 그 실체가 그리스도의 살과 피로 변한다는 주장이다.[77] 가톨릭 신자들은 부활하신 그리스도가 성변화를 통해 성찬 가운데 실제로 임재하신다고 믿는다.

개신교도들은 보다 다양한 견해들을 수용하고 있으며, 대표적으로 공재설consubstantiation, 기념설memorial view 및 영적 임재설dynamic view 등이 있다. 화체설을 거부하는 마르틴 루터[78]에 의해 발전한 (공체설 혹은 성체공존설로도 불리는) 공재설은 성찬식 때 나누는 떡과 포도주 '안에', '함께', '가운데' 그리스도의 살과 피가 우리가 이해할 수 없는 신비스럽고 기적적인 방법으로 임재한다는 주장이다.[79] 떡과 포도주에는 아무 변화가 없고 그리스도의 몸과 피가 되는 것도 아니지만, 떡과 포도주와 더불어 그리스도의 몸과 피가 실제로 임재한다는 것이다.[80] 쯔빙글리에 의해 주창된 기념설 (혹은 상징설)은 주로 침례교와 독립교단[81]이 수용하는 견해로, 성찬 때 그리스도가 육체적으로 혹은 영적으로 임재하시는 것은 아니며, 성찬을 통해 그리스도의 십자가 죽음을 기념한다는 주장이다. 떡과 잔이 그리스도의 죽음을 상징적으로 기념한다는 것이다.[82] 장 칼뱅에 의해 주창된 영적 임재설은 개혁 교회와 장로교단이 수용하는 견해로[83], 성찬 때 그리스도가 육체적으로든 장소적으로 임재하시지 않지만 영적으로 임재하신다는 주장이다.[84]

제자들과 함께 식사하는 자리에서 예수님이 말씀하신다. "내가 진실로 너희에게 이르노니 너희 중의 한 사람이 나를 팔리라"(마 26:21). 제자들이 매우 근심하며 저마다 "주여, 나는 아니지요?"라고 묻고 예수님이 이렇게 대답하신다. "나와 함께 그릇에 손을 넣는 그가 나를 팔리라. 인자는 자기에 대하여 기록된 대로 가거니와 인자를 파는 그 사람에게는 화가 있으리로다. 그 사람은 차라리 태어나지 아니하였더라면 제게 좋을 뻔하였느니라"(마 26:23-24). 이를 들은 유다가 "랍비여, 나는 아니지요?" 하고 묻자 예수님이 이렇게 대답하신다. "네가 말하였도다"(마 26:25).

유다가 떠난 후에 예수님이 말씀하신다. "지금 인자가 영광을 받았고 하나님도 인자로 말미암아 영광을 받으셨도다. 만일 하나님이 그로 말미암아 영광을 받으셨으면 하나님도 자기로 말미암아 그에게 영광을 주시리니 곧 주시리라. 작은 자들아 내가 아직 잠시 너희와 함께 있겠노라. 너희가 나를 찾을 것이나 일찍이 내가 유대인들에게 '너희는 내가 가는 곳에 올 수 없다'고 말한 것과 같이 지금 너희에게도 이르노라. 새 계명을 너희에게 주노니 서로 사랑하라. 내가 너희를 사랑한 것같이 서로 사랑하라. 너희가 서로 사랑하면 이로써 모든 사람이 너희가 내 제자인 줄 알리라"(요 13:31-35).

유다가 그리스도를 배신하러 떠나는 것으로 예수님의 지상 사역의 마지막이 시작되고, 그 끝은 인류 구원을 위한 예수님의 십자가 죽음으로 절정에 다다를 것이다. 그리스도가 영광을 받으시는 일은 진즉에 시작되었으며 이제 완성 단계에 이르렀다.

"지금 인자가 영광을 받았다"는 말씀은 대단히 역설적이다. 그리스도가 영광을 받으시는 그 사건이란 (즉 예수님의 십자가 죽음은) 사람

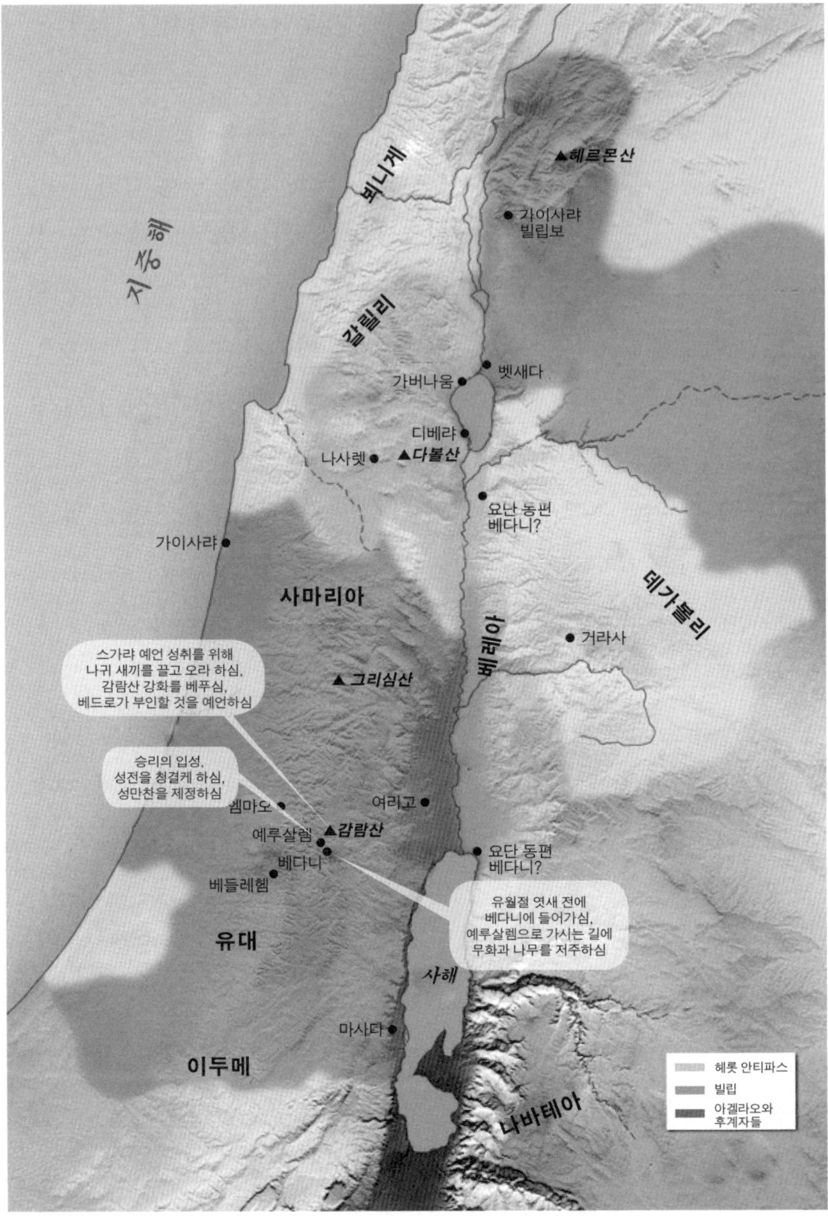

예수님의 사역 지도(나사로를 죽이려는 음모에서 베드로의 맹세까지)

들이 흔히 영광이라고 생각하는 것과 전혀 다르기 때문이다. 예수님은 자신이 영광을 받는 일과 하나님이 영광을 받으시는 일이 동일한 것이라고 분명히 밝히신다. 즉 하나님과 예수님은 인류를 위한 구원 계획 실행이라는 하나의 의도를 동일하게 품고 계신다.[85] 또한 하나님이 예수님을 영화롭게 하실 텐데, 곧 창세 전에 예수님이 아버지 하나님과 함께 누리던 그 영광으로 그렇게 하실 것이다(요 17:5).

"서로 사랑하라"는 예수님의 요구는 전혀 새로운 것이 아니다. 이는 십계명의 요약이기도 하며 예수님이 지상에서 행하신 모든 가르침의 핵심이기도 하다. 예수님은 앞에서 살펴본 '대계명'(마 22:34-40)에도 이 내용을 포함시키셨다. 그럼에도 그분이 보여주신 삶과 희생은 제자들에게 전혀 새로운 차원의 사랑을 요구하는데, 이는 그들이 어디에도 비할 데 없는 그리스도의 사랑을 경험했기 때문이다.[86] 그리스도는 자신이 그들을 사랑한 것같이 그들도 서로 사랑하라고 명령하신다. 그들이 서로 사랑하면 모든 사람에게 복음이 전파될 뿐 아니라 많은 사람이 그리스도에게 나아올 것이기 때문이다. 사랑은 본질적으로 사람을 끌어당기는 힘이 있다.

베드로가 부인할 것을 예언하심(마 26:30-35; 막 14:26-31; 눅 22:31-34; 요 13:36-38)

예수님과 제자들은 함께 찬양을 부른 후, 예루살렘 동쪽 끝에 있는 감람산으로 간다. 이때 베드로가 "주여 어디로 가시나이까"라고 묻자 예수님이 대답하신다. "내가 가는 곳에 네가 지금은 따라올 수 없으나 후에는 따라오리라"(요 13:36). 예수님은 죽으셨다가 다시 부활하여 하늘에 계신 아버지께로 가시겠지만, 베드로와 다른 믿는 자들은 (영생을 얻어 예수님과 다시 연합할 때까지는) 그분과 함께 할 수 없다(참조. 요 7:33-34; 8:21). 이어 예수님이 제자들에게 말씀하신다. "오늘 밤에 너희가 나를 다 버리리라. 기록된 바 '내가 목자를 치리니 양의 떼가 흩어지리라' 하였느니라. 그러나 내가 살아난 후에 너희보다 먼저 갈릴리로 가리라"(마 26:31-32).

예수님은 구약 스가랴서의 예언을 인용하고 계신다. "만군의 여호와가 말하노라. 칼아 깨어서 내 목자, 내 짝 된 자를 치라. 목자를 치면 양이 흩어지려니와 작은 자들 위에는 내가 내 손을 드리우리라"(슥 13:7). 베드로는 모두 주를 버릴지라도 자신은 결코 버리지 않겠다고 다짐한다. 이에 예수님이 대답하신다. "네가 나를 위하여 목숨을 버리겠느냐. 내가 진실로 네게 이르노니, 닭 울기 전에 네가 세 번 나를 부인하리라"(요 13:38). 베드로가 강하게 반발한다. "내가 주와 함께 죽을지언정 주를 부인하지 않겠나이다." 다른 제자들도 하나같이 그렇게 말한다.

11
제자들을 안심시키신 일에서 빌라도의 재판까지

인간의 모든 경험 가운데 본질적으로 이성을 자극하고 마음을 매료시키며 삶 전부를 투자할 가치가 충분한 어떤 실체가 존재한다면, 그것은 그리스도가 중심이 되시는 현실일 것이다. 그러므로 기독교가 선포하는 그분의 성품과 행하심에 관한 메시지야말로 가장 흥미롭고 관심이 갈 수밖에 없다. A. W. 토저[1]

나는 길이요, 진리요, 생명이니(요 14:1-17:26)

제자들과 마지막 만찬을 나누는 자리에서 예수님은 자신이 비록 곧 떠날테지만 다시 돌아올 것을 말씀하신다. "너희는 마음에 근심하지

사복음서 비교: 제자들을 안심시키신 일에서 빌라도의 재판까지

	마태복음	마가복음	누가복음	요한복음
나는 길이요, 진리요, 생명이니	–	–	–	14:1–17:26
성령을 약속하심	–	–	–	14:15–31
나는 참포도나무요	–	–	–	15:1–17
세상이 너희를 미워하면	–	–	–	15:18–16:4
성령이 행하실 일	–	–	–	16:4–15
슬픔이 변하여 기쁨이 될 것임	–	–	–	16:16–24
내가 세상을 이기었노라	–	–	–	16:25–33
대제사장의 기도	–	–	–	17:1–26
겟세마네 기도	26:36–46	14:32–42	22:39–46	18:1
배신당하고 잡히심	26:47–56	14:43–52	22:47–53	18:2–14, 19–24
베드로가 예수님을 부인함	26:58, 69–70, 71–75	14:54, 66–72	22:54–62	18:15–18, 25–26
가야바와 산헤드린 공회 앞에 서심	26:57, 59–68	14:53, 55–65; 15:1	22:54, 63–71	18:24
유다가 목매어 죽음	27:3–10	–	–	–
빌라도와 헤롯이 예수님을 심문함	27:2, 11–14	15:1–5	23:1–12	18:28–38
빌라도가 예수님을 십자가에 못 박히게 넘겨줌	27:15–26	15:6–15	23:13–25	18:38–19:16

말라. 하나님을 믿으니 또 나를 믿으라. 내 아버지 집에 거할 곳이 많도다. 그렇지 않으면 너희에게 일렀으리라. 내가 너희를 위하여 거처를 예비하러 가노니 가서 너희를 위하여 거처를 예비하면 내가 다시 와서 너희를 내게로 영접하여 나 있는 곳에 너희도 있게 하리라. 내가 어디로 가는지 그 길을 너희가 아느니라"(요 14:1-4).

도마가 예수님께 묻는다. "주여, 주께서 어디로 가시는지 우리가 알지 못하거늘 그 길을 어찌 알겠사옵나이까?" 예수님이 도마에게 말씀하신다. "내가 곧 길이요, 진리요, 생명이니 나로 말미암지 않고는 아버지께로 올 자가 없느니라"(요 14:6).

빌립이 예수님께 묻는다. "주여, 아버지를 우리에게 보여 주옵소서. 그리하면 족하겠나이다." 예수님이 빌립에게 대답하신다. "빌립아, 내가 이렇게 오래 너희와 함께 있으되 네가 나를 알지 못하느냐? 나를 본 자는 아버지를 보았거늘 어찌하여 아버지를 보이라 하느냐? 내가 아버지 안에 거하고 아버지는 내 안에 계신 것을 네가 믿지 아니하느냐? 내가 너희에게 이르는 말은 스스로 하는 것이 아니라. 아버지께서 내 안에 계셔서 그의 일을 하시는 것이라. 내가 아버지 안에 거하고 아버지께서 내 안에 계심을 믿으라. 그렇지 못하겠거든 행하는 그 일로 말미암아 나를 믿으라. 내가 진실로 진실 너희에게 이르노니 나를 믿는 자는 내가 하는 일을 그도 할 것이요 또한 그보다 큰 일도 하리니 이는 내가 아버지께로 감이라. 너희가 내 이름으로 무엇을 구하든지 내가 행하리니 이는 아버지로 하여금 아들로 말미암아 영광을 받으시게 하려 함이라. 내 이름으로 무엇이든지 내게 구하면 내가 행하리라"(요 14:9-14).

예수님의 놀라우신 말씀과 행적은 결코 중단되지 않는다. 비록 무법한 자들에 의해 십자가에 못박힘으로 인류 역사상 가장 불의한 희생양이 되실 형편임에도, 예수님은 제자들을 위로하려 하신다. 이런 상황에서도 예수님이 제자들을 위로하실 수 있는 이유는 고통과 고난에 무감하시기 때문이 아니다. 예수님은 세상 어느 누구보다도 고통을 크게 느끼시는 분이다. 자신의 고통을 다음과 같이 직접 호소하신

적도 있지 않은가? "지금 내 마음이 괴로우니 무슨 말을 하리요. 아버지여 나를 구원하여 이 때를 면하게 하여 주옵소서. 그러나 내가 이를 위하여 이 때에 왔나이다"(요 12:27). 또 자신이 배신당할 것을 예언하시면서 "심령이 괴로워"(요 13:21)하신 적도 있지 않은가? 그런 상황에서 예수님이 제자들을 안심시키려 하시는 모습은, 어느 시대 어느 곳에서든 고난에 처한 모든 이를 향한 위로가 되신다. 그러므로 우리는 예수님이 줄곧 말씀하시는 것처럼, 그분 안에 거하여야 한다.

예수님이 곧 떠나셔야 한다는 말씀을 들은 제자들이 근심에 빠진다. 예수님이 자기들과 모든 믿는 자들을 위해 죽으셔야 한다는 것을 이해하지 못하기 때문이다. 예수님은 우리를 위해 다시 오시기에 앞서 우리를 위한 거처를 예비하러 떠나셔야 한다. 우리에게 구원의 길을 내시기 위해 먼저 십자가에서 죽으셔야 한다.

도마가 혼란스러워하며 그리스도가 어디로 가시는지 그리고 신자들이 어떻게 그곳에 갈 수 있는지 묻자 예수님이 이렇게 대답하신다. "내가 곧 길이요 진리요 생명이니 나로 말미암지 않고는 아버지께로 올 자가 없느니라"(요 14:6). 그분이 가시는 곳이란 물리적 장소라기 보다 어떤 영적인 상태를 말한다. 예수님이 어느 곳에 계시든 우리는 그분과 함께 있을 것이다. 그러나 아버지께로 가는 유일한 길, 곧 영원한 생명으로 향하는 유일한 길은 아들을 믿음으로써만 가능하다. 모든 종교가 길은 달라도 결국 신에게로 인도하기에 서로 비슷하다고 말하는 것은 성경과 그리스도의 분명한 말씀에 직접적으로 배치된다. D. A. 카슨은 말한다. "예수님이 하나님께로 가는 유일한 길이 되는 이유는, 그분이 하나님의 진리요 생명이시기 때문이다. 예수님이 진리이신 이유는 그분이 하나님에게서 나오는 최고의 계시의 구현이시기 때문이다⋯ 예수님은 육신이 되신 하나님의 말씀이시다⋯ 예수님은 생명이시다. '자기 속에 생명'(5:26)이 있고, '부활이요 생명'(11:25)이시며, '참 하나님이시며 영원한 생명'(요일 5:20)이시다. 예수님만이 진리요 생명이시므로, 다른 사람들을 하나님께로 이끄는 유일한 길이 되실 수 있다."[2] 예수님이 영생에 이르는 유일한 길이 되시는 것은, 그분만이 우리 죄 값을 지불할 수 있는 유일한 죄 없는 분이시고 완벽하게 공의로우신 하나님은 죄를 벌하지 않으실 수 없기 때문이다. 하나님은 우리 대신 죄 없는 대속물, 즉 그분의 독생자를 벌하신다.

예수님이 아버지께로 가는 유일한 길이라고 하시자, 빌립은 아버지를 보여주시라고 요청한다. 앞에서 "아버지와 나는 하나"(요 10:30)라고 말씀하셨듯, 예수님은 자신을 본 자는 아버지를 보았노라고 선언하신다. 히브리서 기자는 이렇게 설명한다. "이는 하나님의 영광의 광채시요 그 본체의 형상이시라"(히 1:3). 제자들은 예수님을 보았고, 예수님과 함께 지냈으며, 예수님과 함께 사역했기에 이미 아버지를 보았다.

초신자였을 때, 나는 특히 이 구절이 인상적이었다. 예수님의 말씀에 따르면, 우리가 복음서를 읽고 연구하면 이를 통해 예수님을 만나게 되고 그러면 곧 하늘에 계신 아버지가 어떤 분이신지도 알 수 있다는 의미가 되기 때문이다. 물론 우리의 능력으로는 하나님의 신비를 다 헤아리는 데 한계가 있다. 그럼에도 우리는 하나님을 인격적으로 알 수 있고 그분과 영원한 관계를 맺을 수 있다. 우리는 하나님 아버지의 성품에 대해 궁금해할 필요가 없다. 그리스도를 안다면, 하나님 아버지를 늘어진 수염을 가진 성질 괴팍한 노인으로 상상할 수 없다. 하나님은 그리스도와 꼭 같으시다. 자신의 형상을 따라 우리를 창조하신, 무한히 사랑이 많으시고 긍휼이 풍성하신 그런 분이시다.

성령을 약속하심(요 14:15-31)

예수님은 제자들에게 인상적인 말씀과 함께 성령을 약속하신다. "너희가 나를 사랑하면 나의 계명을 지키리라. 내가 아버지께 구하겠으니 그가 또 다른 보혜사를 너희에게 주사 영원토록 너희와 함께 있게 하리니 그는 진리의 영이라. 세상은 능히 그를 받지 못하나니 이는 그를 보지도 못하고 알지도 못함이라. 그러나 너희는 그를 아나니 그는 너희와 함께 거하심이요 또 너희 속에 계시겠음이라. 내가 너희를 고아와 같이 버려두지 아니하고 너희에게로 오리라. 조금 있으면 세상은 다시 나를 보지 못할 것이로되 너희는 나를 보리니 이는 내가 살아 있고 너희도 살아 있겠음이라. 그 날에는 내가 아버지 안에, 너희가 내 안에, 내가 너희 안에 있는 것을 너희가 알리라"(요 14:15-20).

가룟인 아닌 유다가 예수님께 묻는다. "주여, 어찌하여 자기를 우리에게는 나타내시고 세상에는 아니하려 하시나이까?"

예수님이 대답하신다. "사람이 나를 사랑하면 내 말을 지키리니 내 아버지께서 그를 사랑하실 것이요 우리가 그에게 가서 거처를 그와 함께 하리라. 나를 사랑하지 아니하는 자는 내 말을 지키지 아니하니 너희가 듣는 말은 내 말이 아니요 나를 보내신 아버지의 말씀이니라. 내가 아직 너희와 함께 있어서 이 말을 너희에게 하였거니와 보혜사 곧 아버지께서 내 이름으로 보내실 성령 그가 너희에게 모든 것을 가르치고 내가 너희에게 말한 모든 것을 생각나게 하리라. 평안을 너희에게 끼치노니 곧 나의 평안을 너희에게 주노라. 내가 너희에게 주는 것은 세상이 주는 것과 같지 아니하리라. 너희는 마음에 근심하지도 말고 두려워하지도 말라. 내가 갔다가 너희에게로 온다 하는 말을 너희가 들었나니 나를 사랑하였더라면 내가 아버지께로 감을 기뻐하였으리라. 아버지는 나보다 크심이라. 이제 일이 일어나기 전에 너희에게 말한 것은 일이 일어날 때에 너희로 믿게 하려 함이라. 이 후에는 내가 너희와 말을 많이 하지 아니하리니 이 세상의 임금이 오겠음이라. 그러나 그는 내게 관계할 것이 없으니 오직 내가 아버지를 사랑하는 것과 아버지께서 명하신 대로 행하는 것을 세상이 알게 하려 함이로라"(요 14:23-31).

예수님은 떠나실 때, 제자들에게 또 다른 보혜사helper 혹은 대언자advocate를 보내주시라고 아버지께 구하실 것이다. 예수님은 삼위일체의 세 번째 위격이신 성령을 말씀하고 계신다. 제자들은 나중에 알게 되지만, 예수님은 하늘에 오르신 후 오순절에 그들에게 성령을 보내주실 것이다. 성령은 제자들과 모든 믿는 자들 안에 거하시면서 죄를 이길 힘을 주실 것이다(롬 8:9; 고전 12:13). 성령은 믿는 자들이 복음을 전할 때 그들을 통해 조용히 일하시고 그들을 그리스도 안에 있는 새 피조물로 변화시키실 것이다.[3] 그분을 사랑하는 자들은 그 사랑의 자연스러운 결과로서 그분의 말씀을 지킬 것이다. 성령은 사도들을 또한 가르치실 것이고 예수님이 그들에게 가르치신 모든 것을 생각나게 하실 것이다. 성령의 감동하심이 없었다면, 사도들은 신약성경을 기록할 수 없었을 것이다.[4]

그리스도가 성령에 대해 약속하신 내용은 아무리 강조해도 지나치지 않다. 존 파이퍼 목사는 이렇게 말한다. "멀리 계신 하나님으로부터 오는 비인격적인 힘으로가 아닌, 그 본질이 사랑이신 인격적인 하나님이 한 위격으로 우리 안에 거하시고 이끄시며 정결케 하신다는 사실을 믿는다면 우리 삶은 완전히 달라질 것이다"(롬 5:5; 요일 4:12-13).

존 파이퍼 목사는 이렇게 덧붙인다. "가장 영광스러운 진리는, 성령이 우리 삶에 들어오실 때 아들의 영으로만, 아버지의 영으로만 들어오시는 것이 아니라 아버지와 아들 사이의 무한한 사랑의 영으로 들어오시기에 우리는 아들의 참된 사랑으로 아버지를 사랑할 수 있고, 아버지의 참된 사랑으로 아들을 사랑할 수 있다는 것이다."[5]

성령은 정말로 사랑으로 우리에게 다가오신다. 하지만 제임스 패커는 이렇게 한탄한다. "보통의 그리스도인들은 성령이 무슨 일을 하시는지 전혀 분별하지 못한다."[6]

제임스 몽고메리 보이스는 성령의 일하심에 관해 보다 구체적인 해설을 제공한다. 즉 그리스도인들이 죄를 이김으로 위대한 승리를 경험하도록 이끌고, 그들을 위해 중보하며, 기도를 가르치고, 각자의 삶을 향한 하나님의 뜻을 드러내 보여주며, 그런 삶을 살 수 있도록 힘을 주심을 통해 성령은 모든 신자들 안에 그리스도가 사시게 한다는 것이다.[7]

예수님은 자신이 다시 돌아올 것이므로 자신이 떠난다는 이유로 근심하지 말라고 다시 한번 제자들을 안심시키신다. 그러나 당장은 그분보다 크신 아버지께로 가셔야 한다. 앞에서 살펴보았듯, 예수님은 아버지보다 열등한 존재가 아니시다. 예수님은 본질상 성부 하나님과 동등하시다(요 1:1; 8:58; 10:30; 20:28). 노먼 가이슬러와 론 로즈는 이렇게 말한다. "아버지는 (본성이 아니라) 직분상by office 아들보다 크시다. 왜냐하면 두 분 다 하나님이시기 때문이다. 이 땅의 아버지도 동일하게 사람이지만 아들보다 직분상 높은 것처럼, 삼위일체 안에서 아버지와 아들도 본질은 동등하나 기능 혹은 역할이 다르다."[8]

나는 참포도나무요(요 15:1-17)

예수님은 제자들에게 자신을 가리켜 참포도나무라고 말씀하신다.

> 나는 참포도나무요 내 아버지는 농부라. 무릇 내게 붙어 있어 열매를 맺지 아니하는 가지는 아버지께서 그것을 제거해 버리시고 무릇 열매를 맺는 가지는 더 열매를 맺게 하려 하여 그것을 깨끗하게 하시느니라. 너희는 내가 일러준 말로 이미 깨끗하여졌으니 내 안에 거하라. 나도 너희 안에 거하리라. 가지가 포도나무에 붙어 있지 아니하면 스스로 열매를 맺을 수 없음 같이 너희도 내 안에 있지 아니하면 그러하리라. 나는 포도나무요 너희는 가지라. 그가 내 안에, 내가 그 안에 거하면 사람이 열매를 많이 맺나니 나를 떠나서는 너희가 아무 것도 할 수 없음이라. 사람이 내 안에 거하지 아니하면 가지처럼 밖에 버려져 마르나니 사람들이 그것을 모아다가 불에 던져 사르느니라. 너희가 내 안에 거하고 내 말이 너희 안에 거하면 무엇이든지 원하는 대로 구하라. 그리하면 이루리라. 너희가 열매를 많이 맺으면 내 아버지께서 영광을 받으실 것이요 너희는 내 제자가 되리라. 아버지께서 나를 사랑하신 것 같이 나도 너희를 사랑하였으니 나의 사랑 안에 거하라. 내가 아버지의 계명을 지켜 그의 사랑 안에 거하는 것 같이 너희도 내 계명을 지키면 내 사랑 안에 거하리라. 내가 이것을 너희에게 이름은 내 기쁨이 너희 안에 있어 너희 기쁨을 충만하게 하려 함이라. 내 계명은 곧 내가 너희를 사랑한 것 같이 너희도 서로 사랑하라 하는 이것이니라. 사람이 친구를 위하여 자기 목숨을 버리면 이보다 더 큰 사랑이 없나니 너희는 내가 명하는 대로 행하면 곧 나의 친구라. 이제부터는 너희

를 종이라 하지 아니하리니 종은 주인이 하는 것을 알지 못함이라. 너희를 친구라 하였노니 내가 내 아버지께 들은 것을 다 너희에게 알게 하였음이라. 너희가 나를 택한 것이 아니요 내가 너희를 택하여 세웠나니 이는 너희로 가서 열매를 맺게 하고 또 너희 열매가 항상 있게 하여 내 이름으로 아버지께 무엇을 구하든지 다 받게 하려 함이라. 내가 이것을 너희에게 명함은 너희로 서로 사랑하게 하려 함이라(요 15:1-17).

포도원지기이자 농부이신 아버지는 열매 맺지 않는 가지는 제거하고 열매 맺는 가지는 더 열매를 맺게 하려고 깨끗이 손질하신다. 우리는 그리스도 안에 거해야 한다. 그것은 그리스도와 친밀한 관계를 누리는 것으로 가능하며, 이는 성경을 공부하고 기도하고 순종하며 신뢰하고 기뻐하는 것으로 말미암는다.[9] 예수님은 자신이 일러준 말로 제자들이 깨끗해졌다고 하시는데, 그 말씀은 우리를 위해 성경 안에 기록되어 있다. 더 많은 열매를 맺게 하려고 하나님이 우리를 깨끗케 하시는 주된 방법은 말씀을 통해 우리 안에서 역사하시는 것이므로,[10] 우리가 날마다 끊임없이 성경을 읽고 연구해야 하는 이유가 된다. 우리 스스로의 힘으로 열매 맺는 것은 불가능하다. 다만 그리스도 안에 거할 때 우리는 열매를 가득히 맺고 아버지께서 영광을 받으실 수 있다(빌 1:11). 또한 우리는 예수님의 사랑 안에 거해야 한다. 이는 예수님이 아버지의 사랑 안에 계시기 때문이다. 그렇게 할 때 그분의 기쁨이 우리 안에도 충만해질 것이다. 그리스도는 사랑이시다. 그러므로 그분의 사랑 안에 거할 때 우리는 그분을 더욱 닮아가며 사랑과 기쁨이 충만해질 것이다.

그리스도가 우리를 사랑하신 것같이 우리도 서로 사랑해야 한다. 예수님은 우리를 위해 자신의 생명을 버리는, 가장 큰 사랑을 행하심으로 그 사랑을 입증하셨다. 비록 제자들은 예수님의 이런 메시지를 온전히 이해하지 못했지만, 성령이 오시면 그들에게 예수님이 말씀하신 모든 것을 생각나게 하실 것이다(요 14:26).[11] 우리 자신보다 다른 사람의 유익을 먼저 구하는 것은 그리스도의 희생적인 사랑의 대표적인 예가 된다. 영국 신학자이자 존 브라운은 이렇게 말한다. "예수님의 명령은 나와 '함께', 내 '곁에', 내 '아래'뿐 아니라, 내 '안에'도 거하라는 것이다. 풍성히 열매 맺는 가지는 포도나무에 '함께' 붙어, 그늘 '아래' '곁에' 있을 뿐 아니라 그 '안에' 거한다. 그 의미를 다 표현하기란 참 어렵다. 표현이 어려워서가 아니라 너무 거대한 차원이기 때문이다. 진술은 너무 명확하지만, 그 깊이는 헤아릴 수 없이 깊다. 결코 마르지 않을 샘에서 열심히 퍼 올려보자."[12]

세상이 너희를 미워하면(요 15:18-16:4)

예수님은 제자들이 복음을 전할 때 마주하게 될 고난과 박해에 대해 경고하신다.

> 세상이 너희를 미워하면, 너희보다 먼저 나를 미워한 줄을 알라. 너희가 세상에 속하였으면 세상이 자기의 것을 사랑할 것이나 너희는 세상에 속한 자가 아니요 도리어 내가 너희를 세상에서 택하였기 때문에 세상이 너희를 미워하느니라. 내가 너희에게 "종이 주인보다 더 크지

못하다" 한 말을 기억하라. 사람들이 나를 박해하였은즉 너희도 박해할 것이요, 내 말을 지켰은즉 너희 말도 지킬 것이라. 그러나 사람들이 내 이름으로 말미암아 이 모든 일을 너희에게 하리니 이는 나를 보내신 이를 알지 못함이라. 내가 와서 그들에게 말하지 아니하였더라면 죄가 없었으려니와 지금은 그 죄를 핑계할 수 없느니라. 나를 미워하는 자는 또 내 아버지를 미워하느니라. 내가 아무도 못한 일을 그들 중에서 하지 아니하였더라면 그들에게 죄가 없었으려니와 지금은 그들이 나와 내 아버지를 보았고 또 미워하였도다. 그러나 이는 그들의 율법에 기록된 바 "그들이 이유 없이 나를 미워하였다" 한 말을 응하게 하려 함이라. 내가 아버지께로부터 너희에게 보낼 보혜사 곧 아버지께로부터 나오시는 진리의 성령이 오실 때에 그가 나를 증언하실 것이요 너희도 처음부터 나와 함께 있었으므로 증언하느니라.

내가 이것을 너희에게 이름은 너희로 실족하지 않게 하려 함이니 사람들이 너희를 출교할 뿐 아니라 때가 이르면 무릇 너희를 죽이는 자가 생각하기를 이것이 하나님을 섬기는 일이라 하리라. 그들이 이런 일을 할 것은 아버지와 나를 알지 못함이라. 오직 너희에게 이 말을 한 것은 너희로 그 때를 당하면 내가 너희에게 말한 이것을 기억나게 하려 함이요(요 15:18-16:4).

세상은 사탄의 권세 아래 있으므로 그리스도인에게 적대적인 것은 놀랄 일이 아니다. 베드로는 그리스도인들을 연단하려고 오는 불시험을 이상하게 여기지 말라고 권면한 바 있다(벧전 4:12-13). 예수님이 오셨던 세상은 그분의 탄생을 미워하고, 그분을 따르는 자들의 순종으로 복음이 전파되는 것도 미워할 것이다.

예수님이 초막절에 예루살렘에 가지 않겠다고 형제들에게 말씀하신 것을 떠올려 보라. 유대인 지도자들이 예수님을 미워하고 죽이려 하기 때문이었다. 예수님이 세상의 빛이실 뿐 아니라 사람들에게 밝은 빛을 비추심으로 세상의 일들이 악하다고 증거하시기에(요 7:7) 세상은 당연히 예수님을 미워한다. 그러므로 사탄이 다스리는 악한 세상과 벗이 된 사람들은 하나님의 원수가 된다(약 4:4). 하나님을 대적하는 자들은 빛보다 어둠을 사랑하는데 이는 자기들의 행위가 악하다는 사실이 빛으로 인해 드러날까 우려하기 때문이다(요 3:20).[13] 진리를 붙들고 하나님의 기준을 지키려 애쓰는 이들로 인해 어떤 이들은 두려움을 느낀다. 그들은 (자기들의 어둠이 드러날까 하여) 그 기준들에 대적하며 나선다. 사탄의 다스림을 받는 세상은 아버지와 아들뿐 아니라 아들의 제자들에게도 적대감을 드러낼 것이다.

종이 주인보다 더 크지 않다. 그러므로 예수님을 미워하는 세상은 당연히 그 제자들을 미워할 것이다. 또 예수님을 따르는 자들과 그분을 본받는 자들도 미워할 것이다. 제럴드 보체르트는 이렇게 기록한다. "예수님은 하나님의 기준을 그대로 따르셨다(요 15:10). 즉 예수님이 이 세상에 계시는 것만으로도 세상은 자기 행위의 악함이 드러나게 되고 하나님의 심판을 맞이하게 되었다는 의미다."[14] 켄트 휴즈는 이렇게 설명한다. "예수님이 보여주신 내적 의로움이 사람들 속에 있던 적개심을 끌어내게 만들었다. 그들을 둘러싸고 있던 외적 선량함이 얼마나 추한지 (그 의로움으로 인해) 드러나고 말았기 때문이다."[15]

예수님은 자신이 아무도 못한 일을 사람들 가운데서 행하지 않으셨다면, 이 땅에 오지 않으셨다면, 그리고 그들에게 말씀하지 않으셨다면 사람들에게 죄가 없었을 것이라고 말씀하신다. 이 말은 예수님이 오시기 전에는 사람들이 죄를 짓지 않았다는 의미가 아니다. 성경은 우리 모두 죄인이라고 명확하게 가르친다(롬 3:23). 오히려 예수님의 말씀을 듣고 예수님이 행하신 일을 보고도 예수님을 거부하는 이들은 예수님을 거부하는 죄뿐 아니라 예수님 안에서 드러난 하나님의 계시를 거부한 죄까지 더하여 짓게 되는 것이다.[16] 예수님을 미워하는 사람들은 또한 아버지도 미워한다.

예수님의 메시지는 분명하다. 예수님을 거부하면 아버지를 거부하는 것이다. 예수님을 향한 태도는 필연적으로 아버지를 향한 태도가 된다. 이것을 다른 말로 하면 다음과 같다. "내가 곧 길이요 진리요 생명이니 나로 말미암지 않고는 아버지께로 올 자가 없느니라"(요 14:6). 예수 그리스도를 믿는 것이 하나님께로 가는 유일한 길이다. 예수님은 사람들이 "까닭 없이" 자신을 미워하는 것이 구약의 예언이 성취된 것이라고 말씀하신다(시편 35:19; 69:4).

성령은 아버지께로부터 제자들에게 오실 것이며, 세상에 그리스도를 증거하게 하실 것이다. 아버지께로부터 성령이 오실 것이란 사실을 알 때, 제자들은 위로를 얻게 되고 예수님과 아버지를 모르는 자들에 의해 미움과 박해를 받을 때에도 달아나지 않게 될 것이다.

성령이 행하실 일(요 16:4-15)

그런 다음 예수님은 성령이 끼치실 유익들에 대해 상세히 말씀하신다.

오직 너희에게 이 말을 한 것은 너희로 그 때를 당하면 내가 너희에게 말한 이것을 기억나게 하려 함이요 처음부터 이 말을 하지 아니한 것은 내가 너희와 함께 있었음이라. 지금 내가 나를 보내신 이에게로 가는데 너희 중에서 나더러 어디로 가는지 묻는 자가 없고 도리어 내가 이 말을 하므로 너희 마음에 근심이 가득하였도다. 그러나 내가 너희에게 실상을 말하노니 내가 떠나가는 것이 너희에게 유익이라. 내가 떠나가지 아니하면 보혜사가 너희에게로 오시지 아니할 것이요, 가면 내가 그를 너희에게로 보내리니 그가 와서 죄에 대하여, 의에 대하여, 심판에 대하여 세상을 책망하시리라. 죄에 대하여라 함은 그들이 나를 믿지 아니함이요, 의에 대하여라 함은 내가 아버지께로 가니 너희가 다시 나를 보지 못함이요, 심판에 대하여라 함은 이 세상 임금이 심판을 받았음이라.

내가 아직도 너희에게 이를 것이 많으나 지금은 너희가 감당하지 못하리라. 그러나 진리의 성령이 오시면 그가 너희를 모든 진리 가운데로 인도하시리니 그가 스스로 말하지 않고 오직 들은 것을 말하며 장래 일을 너희에게 알리시리라. 그가 내 영광을 나타내리니 내 것을 가지고 너희에게 알리시겠음이라. 무릇 아버지께 있는 것은 다 내 것이라. 그러므로 내가 말하기를 그가 내 것을 가지고 너희에게 알리시리라 하였도다(요 16:4-15).

성령이 이처럼 제자들을 도우실 것이기에, 성령의 오심은 예수님의 떠나심을 정당화할 것이다. 예수님이 이 땅에 계시는 동안에는 한 번에 한 곳에만 계실 수 있지만, 성령은 세상 모든 곳에 동시에 모든 믿는 자들 안에 역사하실 수 있다.[17] 성령은 복음을 전파하는 자들의 최고의 자산이 되실 것이다. 성령은 믿는 자들 안에 거하실 뿐 아니라 그들을 강하게 하여 매일의 삶에서 죄를 물리치게 하시고, 죄와 의와 심판과 관련하여 세상의 잘못을 깨닫게 하실 것이다. 즉 성령이 세상에 진리를 알게 하실 것이며 이로 말미암아 더욱 많은 사람이 자기의 타락한 상태를 깨닫게 될 것이고, 이를 통해 회개하고 그리스도를 믿게 될 것이다. 예수님은 성령이 그들을 모든 진리 가운데로 인도하실 것을 말씀하시는데, 이 말씀은, E. A. 블룸의 표현을 빌리면, "성령이 오셔서 곧 있을 십자가와 부활 사건 및 예수님의 재림에 관해 제자들의 단편적인 이해를 채워주시면, 그와 더불어 예수님이 메시아이심을 온전히 깨닫게 하실 것이란 약속이었다(참조 고전 2:10). 신약성경은 성령의 이러한 가르치시는 사역으로 온통 채워져 있다."[18]

슬픔이 변하여 기쁨이 될 것임(요 16:16-24)

예수님의 말씀에 제자들의 궁금증이 커지자, 예수님은 자신이 떠난 후에 무슨 일이 있을지 잠시 알려주시며 그들을 위로하신다.

> "조금 있으면 너희가 나를 보지 못하겠고 또 조금 있으면 나를 보리라" 하시니 제자 중에서 서로 말하되 우리에게 말씀하신 바 "조금 있으면 나를 보지 못하겠고 또 조금 있으면 나를 보리라" 하시며 또 "내가 아버지께로 감이라" 하신 것이 무슨 말씀이냐 하고 또 말하되 "조금 있으면"이라 하신 말씀이 무슨 말씀이냐? 무엇을 말씀하시는지 알지 못하노라 하거늘 예수께서 그 묻고자 함을 아시고 이르시되 "내 말이 조금 있으면 나를 보지 못하겠고 또 조금 있으면 나를 보리라 하므

로 서로 문의하느냐? 내가 진실로 진실로 너희에게 이르노니 너희는 곡하고 애통하겠으나 세상은 기뻐하리라. 너희는 근심하겠으나 너희 근심이 도리어 기쁨이 되리라. 여자가 해산하게 되면 그 때가 이르렀으므로 근심하나 아기를 낳으면 세상에 사람 난 기쁨으로 말미암아 그 고통을 다시 기억하지 아니하느니라. 지금은 너희가 근심하나 내가 다시 너희를 보리니 너희 마음이 기쁠 것이요 너희 기쁨을 빼앗을 자가 없으리라. 그 날에는 너희가 아무 것도 내게 묻지 아니하리라. 내가 진실로 진실로 너희에게 이르노니 너희가 무엇이든지 아버지께 구하는 것을 내 이름으로 주시리라. 지금까지는 너희가 내 이름으로 아무 것도 구하지 아니하였으나 구하라. 그리하면 받으리니 너희 기쁨이 충만하리라"(요 16:16-24).

예수님은 머지않아 십자가에서 죽으셨다가 곧 부활하실 것이고, 그러면 제자들은 예수님을 다시 보게 될 것이다. 제자들은 예수님의 죽음에 말할 수 없는 슬픔을 겪겠지만, (그 위협적인 존재를 마침내 끝내버렸다고 믿을 당국자들 및 다른 대적자들을 위시한) 세상은 즐거워할 것이다.

근심하게 될 제자들에게 예수님이 말씀하신 해산하는 여인 비유는 매우 적절하다. 여인은 출산 과정에서 엄청난 고통을 겪지만 아이를 낳고 나면 그 기쁨으로 인해 모든 고통을 잊어버리기 때문이다. 이와 같이 언젠가 그리스도께서 돌아오시면 제자들의 슬픔도 기쁨에 압도될 것이다. 예수님의 죽으심과 부활은 하나님의 구원 계획이 마침내 완성에 다다랐음을 의미하는 것이고, 제자들도 그때까지 일어난 모든 상황을 이해하고 그 영원한 의미를 깨닫게 될 것이기 때문이다. "너희 기쁨을 빼앗을 자가 없으리라"는 말씀처럼 그들의 기쁨은 영원할 것

이다.[19]

예수님은 그들이 더 이상 아무 것도 묻지 않게 될 것이라고 말씀하신다. 칼뱅은 이렇게 설명한다. "제자들이 흔들림 없이 굳고 용기를 내면 그로부터 '기쁨'을 얻을 것이라 약속하시는데, 이는 그들에게 주어질 성령의 또다른 은혜를 말씀하시는 것이다. 제자들은 하늘의 비밀을 밝히 깨닫게 될 것이다. 그들이 배움의 속도가 느릴 때만 해도 조금의 어려움만 닥쳐도 머뭇거렸다. 마치 글자를 막 배운 아이가 문장 하나를 읽는 데도 더듬거리듯, 그들은 그리스도가 전하시는 거의 모든 말씀에 걸려넘어졌다. 하지만 곧 성령의 조명하심을 받은 후엔, 하나님의 지혜를 배우고 익숙해지는 데 아무 걸림돌이 없게 될 것이다. 걸려 넘어짐 없이 날마다 하나님의 신비를 아는 일에 자라갈 것이다."[20]

레온 모리스는 그리스도인이란 우리를 위한 그리스도의 대속 사역에 의지해 날마다 기도로 하나님 아버지께 나아가는 자들이라고 말한다. "물론 예수님의 말씀은 우리가 성자께 기도하면 안 된다는 의미가 아니다. 그러나 일반적으로 그리스도인의 기도란 아들의 이름으로 아버지께 드리는 것임을 분명히 하고 있다."[21] 경계해야 할 것은, 우리가 "예수님의 이름으로 기도합니다"라고 말할 때마다 그것이 기계적으로 내뱉는 방식이 되어선 안 된다는 것이다. ESV 성경은 이 주제에 대해 지혜롭게 조언한다. "예수님의 이름으로 기도한다는 것은 예수님의 성품과 뜻에 일치하게 기도한다는 의미다. (고대 세계에서 한 사람의 이름은 그가 어떤 사람인지를 나타냈다) 이는 또한 예수님의 권위로 하나님께 나아감을 의미한다. 기도마다 끝에 '예수님의 이름으로'를 덧붙이는 것은 필수도 아니고 잘못된 것도 아니다. 효과적인 기도는 예수님이 기뻐하시는 것을 구하고 바라는 것이어야 한다."[22]

내가 세상을 이기었노라(요 16:25-33)

예수님은 자신의 운명과 그분 자신에 대해 보다 직접적으로 말씀하신다.

> 이것을 비유로 너희에게 일렀거니와 때가 이르면 다시는 비유로 너희에게 이르지 않고 아버지에 대한 것을 밝히 이르리라. 그 날에 너희가 내 이름으로 구할 것이요 내가 너희를 위하여 아버지께 구하겠다 하는 말이 아니니 이는 너희가 나를 사랑하고 또 내가 하나님께로부터 온 줄 믿었으므로 아버지께서 친히 너희를 사랑하심이라. 내가 아버지에게서 나와 세상에 왔고 다시 세상을 떠나 아버지께로 가노라 하시니 제자들이 말하되 지금은 밝히 말씀하시고 아무 비유로도 하지 아니하시니 우리가 지금에야 주께서 모든 것을 아시고 또 사람의 물음을 기다리시지 않는 줄 아나이다. 이로써 하나님께로부터 나오심을 우리가 믿사옵나이다. 예수께서 대답하시되 이제는 너희가 믿느냐? 보라, 너희가 다 각각 제 곳으로 흩어지고 나를 혼자 둘 때가 오나니 벌써 왔도다. 그러나 내가 혼자 있는 것이 아니라. 아버지께서 나와 함께 계시느니라. 이것을 너희에게 이르는 것은 너희로 내 안에서 평안을 누리게 하려 함이라. 세상에서는 너희가 환난을 당하나 담대하라. 내가 세상을 이기었노라(요 16:25-33).

예수님의 사역 내내, 제자들은 하나님의 구원 계획을 제대로 이해하지 못하고 계속해서 믿음이 흔들렸다. 예수님은 줄곧 제자들이 이해할 수 있는 방식으로 말씀하셨지만, 결국 예수님의 죽음과 부활을 목격한 후에야 온전히 이해할 것이란 사실도 알고 계셨다. 앞서 언급한 바와 같이, 예수님은 부활하신 후에 제자들에게 나타나 성경을 풀어주시면서, 구속사 및 자신의 중심 역할에 대해 이해시켜 주셨다. 하지만 이 본문에 기록된 제자들의 대답은, 예수님이 재판을 받고 십자가에 달리시는 동안 그들이 다시 한번 흔들리고 예수님을 버릴 테지만 그럼에도 불구하고 그들이 예수님이 의도하신 큰 그림을 이해하게 될 것임을 보여준다(마 26:56; 요 18:17, 25-26).

제자들이 제대로 이해하지 못함에도 예수님이 자신의 정체성과 운명에 대해 반복하여 강조하시는 이유는, 예고된 사건들이 일어난 후에, 특히 성령이 오셔서 모든 것을 다 기억나게 하시면 그들이 깨달을 것이기 때문이다. 예수님은 제자들이 자신을 버리고 제각각 흩어질 때가 있을 것이지만, 그동안에도 자신에겐 아버지가 함께 계시므로 (물론 구원 계획의 완성을 위해 예수님이 고난을 당하시는 동안에는 아버지도 예수님을 버려두실 테지만) 혼자가 아닐 것이라고 말씀하신다(요 8:29). 예수님이 이 말씀을 하시는 것은 (비록 환난을 당할지라도) 제자들의 믿음을 굳게 하고 승리가 머지 않았음을 알게 하심으로 평안과 위로를 주시려는 의도가 있다. 예수님이 선언하신다. "내가 세상을 이기었노라"(요 16:33). 예수님이 세상을 이기고 사탄과 그의 세력을 물리치셨으므로 제자들은 담대해야 한다.

대제사장의 기도(요 17:1-26)

예수님이 제자들 앞에서 하늘을 우러러 하신 말씀을 가리켜 워렌 위어스비는 '가장 위대한 기도'라고 부른다.[23]

예수께서 이 말씀을 하시고 눈을 들어 하늘을 우러러 이르시되 아버지여 때가 이르렀사오니 아들을 영화롭게 하사 아들로 아버지를 영화롭게 하게 하옵소서. 아버지께서 아들에게 주신 모든 사람에게 영생을 주게 하시려고 만민을 다스리는 권세를 아들에게 주셨음이로소이다. 영생은 곧 유일하신 참 하나님과 그가 보내신 자 예수 그리스도를 아는 것이니이다. 아버지께서 내게 하라고 주신 일을 내가 이루어 아버지를 이 세상에서 영화롭게 하였사오니 아버지여 창세 전에 내가 아버지와 함께 가졌던 영화로써 지금도 아버지와 함께 나를 영화롭게 하옵소서. 세상에서 내게 주신 사람들에게 내가 아버지의 이름을 나타내었나이다. 그들은 아버지의 것이었는데 내게 주셨으며 그들은 아버지의 말씀을 지키었나이다. 지금 그들은 아버지께서 내게 주신 것이 다 아버지로부터 온 것인 줄 알았나이다. 나는 아버지께서 내게 주신 말씀들을 그들에게 주었사오며 그들은 이것을 받고 내가 아버지께로부터 나온 줄을 참으로 아오며 아버지께서 나를 보내신 줄도 믿었사옵나이다. 내가 그들을 위하여 비옵나니 내가 비옵는 것은 세상을 위함이 아니요 내게 주신 자들을 위함이니이다. 그들은 아버지의 것이로소이다. 내 것은 다 아버지의 것이요 아버지의 것은 내 것이온데 내가 그들로 말미암아 영광을 받았나이다. 나는 세상에 더 있지 아니하오나 그들은 세상에 있사옵고 나는 아버지께로 가옵나니 거룩하신 아버지여 내게 주신 아버지의 이름으로 그들을 보전하사 우리와 같이 그들도 하나가 되게 하옵소서. 내가 그들과 함께 있을 때에 내게 주신 아버지의 이름으로 그들을 보전하고 지키었나이다. 그 중의 하나도 멸망하지 않고 다만 멸망의 자식뿐이오니 이는 성경을 응하게 함이니이다. 지금 내가 아버지께로 가오니 내가 세상에서 이 말을 하옵는 것은 그들로 내 기쁨을 그들 안에 충만히 가지게 하려 함이니이다. 내가 아버지의 말씀을 그들에게 주었사오매 세상이 그들을 미워하였사오니 이는 내가 세상에 속하지 아니함 같이 그들도 세상에 속하지 아니함으로 인함이니이다. 내가 비옵는 것은 그들을 세상에서 데려가시기를 위함이 아니요 다만 악에 빠지지 않게 보전하시기를 위함이니이다. 내가 세상에 속하지 아니함 같이 그들도 세상에 속하지 아니하였사옵나이다. 그들을 진리로 거룩하게 하옵소서. 아버지의 말씀은 진리니이다. 아버지께서 나를 세상에 보내신 것 같이 나도 그들을 세상에 보내었고, 또 그들을 위하여 내가 나를 거룩하게 하오니 이는 그들도 진리로 거룩함을 얻게 하려 함이니이다.

내가 비옵는 것은 이 사람들만 위함이 아니요 또 그들의 말로 말미암아 나를 믿는 사람들도 위함이니 아버지여, 아버지께서 내 안에, 내가 아버지 안에 있는 것 같이 그들도 다 하나가 되어 우리 안에 있게 하사 세상으로 아버지께서 나를 보내신 것을 믿게 하옵소서. 내게 주신 영광을 내가 그들에게 주었사오니 이는 우리가 하나가 된 것 같이 그들도 하나가 되게 하려 함이니이다. 곧 내가 그들 안에 있고 아버지께서 내 안에 계시어 그들로 온전함을 이루어 하나가 되게 하려 함은 아버지께서 나를 보내신 것과 또 나를 사랑하심 같이 그들도 사랑하신 것을 세상으로 알게 하려 함이로소이다. 아버지여 내게 주신 자도 나 있는 곳에 나와 함께 있어 아버지께서 창세 전부터 나를 사랑하시므로 내게 주신 나의 영광을 그들로 보게 하시기를 원하옵나이다. 의로우신 아버지여, 세상이 아버지를 알지 못하여도 나는 아버지를 알았사옵고 그들도 아버지께서 나를 보내신 줄 알았사옵나이다. 내가 아버지의 이름을 그들에게 알게 하였고 또 알게 하리니 이는 나를 사랑하신 사랑이 그들 안에 있고 나도 그들 안에 있게 하려 함이니이다(요 17:1-26).

예수님은 제자들을 다 가르치신 후 그들을 위해 기도하신다. 기도와 말씀은 늘 함께 간다. 성경은 읽으면서 기도하지 않으면, 진리는 가졌으나 기도가 줄 수 있는 능력을 포기하는 것이다. 성경의 가르침 없이 기도만 한다면 주관적 경험에만 지나치게 의존하게 된다. 말씀에 닻을 내려야 한다.[24] 사도 바울이 말한 대로다. "우리는 오로지 기도하는 일과 말씀 사역에 힘쓰리라"(행 6:4). 워렌 위어스비는 이렇게 말한다. "하나님의 말씀이 우리 삶에 실제가 되는 유일한 방법은 기도와 순종이다." 예수님에게 기도가 필요하셨다면, 우리에게는 얼마나 더 많은 기도가 필요하겠는가![25]

본문의 첫 다섯 구절에서, 예수님은 자신을 위해 기도하신다. 예수님은 인간으로서 행할 수 있는 가장 위대한 사역을 마무리하기 위해 힘이 필요하신 상황이다. 하지만 그분의 사역은 우리를 위한 일이다. 예수님이 아버지에 의해 영화롭게 되어 하늘로 돌아가지 않으시면, 우리의 구원은 불가능해진다. 그래서 우리를 위해 기도하시는 것이다. 예수님은 극심한 고뇌 가운데서도, 우리 안에 (예수님의) 기쁨이 충만해지기를 위해 아버지께 간구하신다. 우리를 향한 그분의 희생적 사랑이 드러나는 대목이다. 어느 때보다 간절히 도움이 필요한 순간임에도, 예수님은 자신이 아닌 제자들에게 집중하고 계신다.

이 놀라운 기도에서 개인적으로 가장 인상적인 부분은, 예수님이 자신을 따르는 제자들이 (아버지가 아들 안에 있고 아들이 아버지 안에 있는 것같이) 하나가 되어 아버지와 아들 안에 있게 해달라고 간구하시는 장면이다. 팀 켈러는 하나님이 그분의 영광을 우리와 나누기를 소망하신다는 점에 대해 설명한다.

그 믿기 어려운 진술 속에서 우리는 무언가를 배운다. 너무 고상한 표현이라 아무도 이해하지 못할 것 같지만, 하나님의 형상으로 지음 받은 우리이기에 그분이 무슨 말씀을 하시는지 알고 있다. 누군가와 사랑에 빠지는 일만큼 놀랍고 믿기 힘든 일도 없다. 그것은 서로의 은사와 장점과 아름다움을 확인하고, 서로 즐거워하며, 서로를 세워주고, 서로에게 깊이 빠지는 것이다. 우리가 아는 것은 일부지만, 아버지와 아들과 성령은 서로를 무한히 알고 계신다. 그분들은 영원 전부터 서로를 영화롭게 하고 계신다. 이는 우리가 사랑에 빠지면 행하는 일로, 서로를 높이고, 맹목적으로 좋아하며, 서로를 즐거워하고 감사하며, 서로 아끼고 기뻐하는 것 등이 포함된다. 그분들은 영원 전부터 이런 일을 해오고 계시며, 더 이상 좋을 수 없다. 이는 우리가 익히 알고 있는 일이기도 하다. 우리는 일부만 알고 그분들은 서로를 무한히 알고 계신다는 사실만 제외하면 말이다.

이는 거대한 철학적 질문에 대한 답이다. 하나님이 삼위일체 하나님이 맞으시다면, 그런데도 우리를 창조하신 것은, 단지 우리에게 영광을 받을 필요가 있어서는 아닐 것이다. 그렇지 않은가? 하나님이 우리에게 영광을 받으셔야 할 필요가 있으셨을까? 무언가가 부족하셨을까? 하나님은 이미 영광을 받고 계셨다. 그런데도 왜 우리를 창조하셨는가? 예수님이 이에 대해 답해 주신다. "아버지여, 내게 주신 자도 나 있는 곳에 나와 함께 있어 아버지께서 창세 전부터 나를 사랑하시므로 내게 주신 나의 영광을 그들로 보게 하시기를 원하옵나이다"(요 17:24).

> 하나님이 나와 여러분을 창조하신 유일한 이유는 영광이 필요하셨기 때문이 아니라 그 영광을 나누기 위해서였다. 하나님은 서로 기뻐하고 사랑하고 영광을 드리는 그런 모임이 필요하신 것이 아니었다. 그분은 이미 소유하고 계셨다. 그렇다면 왜 우리를 창조하셨을까? 우리를 그분의 영광을 반영할 수 있는 존재로 만들기 원하셨기 때문이다. 그분의 영광을 찬양하고, 사랑과 기쁨과 영광을 드리고 반영할 수 있는 존재 말이다. 하나님은 우리를 삼위일체이신 그분의 우주적 기쁨에 참예할 수 있는 존재로 만드셨다.[26]

이 놀라운 해석에 조금 더 덧붙이고 싶다. 기도문 전체를 다시 읽어보면, 우리가 그분과 하나님의 영광에 동참하기를 예수님이 얼마나 원하시는지 계속해서 다른 표현으로 반복하고 있음을 알 수 있다. 그분은 우리 모두가 하나 되기를 원하신다. "아버지께서 내 안에, 내가 아버지 안에 있는 것 같이 그들도 다 하나가 되어 우리 안에 있게 하사." 예수님은 우리가 서로 사랑하는 기쁨을 누리기 원하신다. 비록 예수님과 아버지와 성령은 우리보다 무한히 탁월하시지만, 그럼에도 우리 안에서 기쁨을 누리기 원하실 뿐 아니라 우리가 삼위일체 하나님 안에서 기쁨을 누리기 원하신다. 삼위일체 하나님의 무한한 사랑을 우리가 반영하며 살기 원하신다. 우리는 단지 그 진리를 믿고 받아들이며, 그렇게 살면 된다.

예수님의 백성은 비록 이 세상에 살지만 이 세상에 속하지는 않기에, 예수님은 아버지께 그들을 세상에서 꺼내달라 하지 않으시고 사탄에게서 보호해 주시기를 구하신다. 예수님은 우리를 이 땅의 삶에서 빼내어 즉시 천국으로 데려가시지 않는다. 우리는 생을 마치는 날까지 이곳에 머물 것이다. 그래서 예수님은 아버지께 우리를 사탄에게서 지켜주시고 (하나님의 말씀인) 진리로 거룩하게 하시기를 간구하신다. 우리는 성경과 기도에 전념해야 하지만, 성경 지식이 자랑이 되어선 안 된다. 하나님은 우리의 충성스런 성경 연구가 아니라, 우리가 그분의 뜻 준행하는 것에 복을 주실 뿐이다. 그럼에도 기도와 성경을 읽는 것은 그분의 뜻을 깨닫고 행하는 데 필수적이다. "자유롭게 하는 온전한 율법을 들여다보고 있는 자는 듣고 잊어버리는 자가 아니요 실천하는 자니 이 사람은 그 행하는 일에 복을 받으리라"(약 1:25).

겟세마네 기도(마 26:36-46; 막 14:32-42; 눅 22:39-46; 요 18:1)

예수님은 제자들과 겟세마네라 하는 곳에 이르러 거기서 베드로와 야고보와 요한만 따로 데리고 가신다. 몹시 고민하고 슬퍼하시며 제자들에게 "여기 머물며 나와 함께 깨어 있으라" 하시고 조금 더 나아가 땅에 엎드려 기도하기 시작하신다. "내 아버지여, 만일 할 만하시거든 이 잔을 내게서 지나가게 하옵소서. 그러나 나의 원대로 마시옵고 아버지의 원대로 하옵소서"(마 26:39). 그때 천사가 하늘에서 나타나 예수님께 힘을 더한다.

이 대목은 성경에서 시선을 끄는 본문 중 하나다. 그리스도의 극심한 고뇌와 인성을 고스란히 드러냄과 동시에 그분의 주저함 없는 순종과 헌신을 연이어 보여주기 때문이다. 예수님은 이 감당할 수 없는 상황에서 자신을 구해 주시길 아버지께 간구한다. 그러나 다음 순간 "나의 원대로 마시옵고 아버지의 원대로 하옵소서"라고 말씀하신다.

예수님의 인성이 신성과 씨름하고 있다. 곧 있으면 아버지와 다시금 하나가 될 것을 알고 계시고, 창세 전부터 이 모든 일을 아버지와 함께 계획하셨음에도 불구하고, 예수님은 정말로 땀이 핏방울같이 되어 땅에 떨어질 만큼 괴로워하시면서, 육신으로는 이 상황을 모면하고 싶어하신다. 그렇게 할 수 없다는 것을 아시기에, 말로 다 할 수 없는 육체적 정신적 고통을 겪으신다. 제자들에게 돌아와 그들이 깨어 있지 않고 도리어 잠든 것을 보실 때 고통은 더욱 극심해진다.

이제 곧 배신을 당하고, 인류의 모든 죄에 대한 아버지의 진노가 그분에게 쏟아질 것이며, 아버지께 버림을 받아 처음으로 아버지와 분리될 순간을 목전에 둔 지금 이 순간, 예수님은 혼자다. 그런데도 그분은 자신을 돌아보기보다 제자들을 염려하여 시험(예수님이 체포되고 재판받으실 때 그분을 부인하게 될 시험, 예수님 승천 후 복음을 전하다 박해를 당할 때 받을 시험)에 들지 않게 깨어 기도하라고 가르치신다.

성경은 예수님의 인성을 보여주는 많은 사례들을 소개한다. 그분은 인간으로 태어나셨고(눅 2:5, 12), 신체적으로나 지적으로 자라셨고(눅2:40, 52; 마 26:39), 화를 내셨고(막 3:5), 슬퍼하셨고(요 11:35), 친밀하게 사랑하셨고(요 13:23), 고통스러워하셨고(눅 22:44), 배고파하셨고(마 4:2), 목말라하셨고(요 4:7; 19:28), 피곤하셨고(요 4:6), 주무시는(마 8:24) 등 인간의 감정과 신체적 증상을 경험하셨다. 또 예수님은 고통을 받고 죽으셨다.[27]

역사상 특정 교파가 그분의 인성을 부정하긴 했지만, 예수님이 온전히 인간이시고 온전히 하나님이신 것은 분명하다. 요한은 그의 첫 번째 편지에서 예수님이 살아서 다시 오심을 믿는 것의 중요성을 강조하면서 그분의 인성을 부정하는 것은 마귀와 협력하는 것이라고 주장한다. "사랑하는 자들아, 영을 다 믿지 말고 오직 영들이 하나님께 속하였나 분별하라. 많은 거짓 선지자가 세상에 나왔음이라. 이로써 너희가 하나님의 영을 알지니 곧 예수 그리스도께서 육체로 오신 것을 시인하는 영마다 하나님께 속한 것이요, 예수를 시인하지 아니하는 영마다 하나님께 속한 것이 아니니 이것이 곧 적그리스도의 영이니라. 오리라 한 말을 너희가 들었거니와 지금 벌써 세상에 있느니라"(요일 4:1-3). 요한이 자신의 복음서에서 그리스도의 신성을 유난히 강조하고 있다는 점에서 특히 이 부분이 흥미롭다. 요한일서는 인성을 강조하고 요한복음은 신성을 강조하고 있기에 이 둘을 늘 함께 보아야 한다.

그리스도인인 우리는 예수님의 신성과 인성 모두를 제대로 고려하고 있는지 자문할 필요가 있다. 물론 그분의 신성을 믿지 않으면, 믿음을 가질 수 없다는 것은 누구나 알고 있다. 그러나 그분의 인성을 고백하는 것도 중요하다. 예수님이 우리처럼 되지 않으셨다면 우리는 구원받을 수 없기 때문이다. "하나님은 한 분이시요, 또 하나님과 사람 사이에 중보자도 한 분이시니 곧 사람이신 그리스도 예수라"(딤전 2:5).

배신당하고 잡히심(마 26:47-56; 막 14:43-52; 눅 22:47-53; 요 18:2-14, 19-24)

예수님이 말씀하실 때, 열두 제자 중 하나인 유다가 다가온다. 대제사장들 및 백성의 장로들이 보낸 (칼과 몽둥이를 든) 무리들과 함께다. 유다가 예수님께 나아와 "랍비여 안녕하시옵니까" 하고 입을 맞춘다. 그것은 예수님을 잡으려는 자들에게 보내는 신호다. 예수님이 대답하신다. "친구여, 네가 무엇을 하려고 왔는지 행하라"(마 26:50). 무리들이 달려들어 예수님을 붙잡자, 베드로가 칼을 빼들고 대제사장의 종을 쳐 그의 귀를 떨어뜨린다. 이에 예수님이 베드로에게 말씀하신다. "네 칼을 도로 칼집에 꽂으라. 칼을 가지는 자는 다 칼로 망하느니라"(마 26:52). "아버지께서 주신 잔을 내가 마시지 아니하겠느냐"(요 18:11). "너는 내가 내 아버지께 구하여 지금 열두 군단 더 되는 천사를 보내시게 할 수 없는 줄로 아느냐? 내가 만일 그렇게 하면 이런 일이 있으리라 한 성경이 어떻게 이루어지겠느냐"(마 26:53-54). 무리들에게도 말씀하신다. "너희가 강도를 잡는 것같이 칼과 몽치를 가지고 나를 잡으러 나왔느냐? 내가 날마다 성전에 앉아 가르쳤으되 너희가 나를 잡지 아니하였도다. 그러나 이렇게 된 것은 다 선지자들의 글을 이루려 함이니라"(마 26:55-56). 그러는 동안 제자들이 일제히 예수님을 버리고 달아난다. 이는 너무나 창피한 일이어서 어떤 기자도 이 사실을 지어내어 기록했을 리가 없다.

이 모든 상황에서 하나님은 주권자로 역사하고 계시지만, 베드로는 전혀 깨닫지 못하고 있다. 예수님도 열두 군단이 넘는 천사들을 불러 자신을 구하게 하실 수 있지만, 아버지가 주시는 "잔을 마시기"로 한 결정은 영원 전에 이루어진 것이다. 그 무엇도 인류 구원을 위한 주권자의 계획을 방해하지 못한다. 예수님은 (삼위 하나님이 마련하신) 인류 구원 계획에 언제나 자발적으로 참여하시며(요 10:18), 자신을 희생하시는 가장 큰 사랑의 행위로 목숨을 내려놓으신다(요 15:13; 10:11).

무리들이 예수님을 대제사장 가야바의 장인인 안나스에게 끌고 가는데, 그가 예수님의 제자들과 가르침에 대해 질문한다. 예수님은 이렇게 말씀하신다. "내가 드러내 놓고 세상에 말하였노라. 모든 유대인들이 모이는 회당과 성전에서 항상 가르쳤고 은밀하게는 아무 것도 말하지 아니하였거늘 어찌하여 내게 묻느냐? 내가 무슨 말을 하였는지 들은 자들에게 물어보라. 그들이 내가 하던 말을 아느니라"(요 18:20-21). 옆에 서 있던 아랫사람 중 하나가 손으로 예수님을 치며 감히 대제사장에게 무례히 말한다고 꾸짖는다. 이에 예수님이 대답하신다. "내가 말을 잘못하였으면 그 잘못한 것을 증언하라. 바른 말을 하였으면 네가 어찌하여 나를 치느냐"(요 18:23). 안나스는 예수님을 결박한 채로 대제사장 가야바에게 보낸다.

예수님은 오만한 적대자들을 향해 자신이 (몰래 숨지 않고) 늘 공개적인 자리에서 드러내 가르치고 행했음을 말씀하신다. 반면 대제사장들을 위시한 이스라엘의 지도자들은 자기들의 악한 행위를 정당화하기 위해 거짓 이야기들을 꾸며내고, 이는 그들이 예수님께 가하는 역사에 길이 남을 불의에 대한 증거가 된다. 그러나 예수님은 일체 대응하지 않으신다. 자신은 감출 것이 하나도 없기 때문이다. 고소하는 자들이 더 이상 혐의를 제기하지 못하고, 예수님은 그들에게 자신의 혐의를 특정하라고 요구하심으로 그들이 잘못하고 있음을 지적하신다.

베드로가 예수님을 부인함(마 26:58, 69-70, 71-75; 막 14:54, 66-72; 눅 22:54-62; 요 18:15-18, 25-26)

베드로와 (대제사장과 안면이 있는) 또 다른 제자 하나가 안나스에게 끌려가는 예수님을 따라간다(요 18:15). 이름이 밝혀지지 않은 제자가 예수님과 함께 대제사장의 집 뜰에 들어가고, 베드로는 문밖에서 기다린다. 이 제자가 밖으로 나와 베드로를 데리고 들어와 문 옆에 섰을 때, 한 여종이 베드로에 묻는다. "너도 이 사람의 제자 중 하나가 아니냐?" 베드로가 "나는 아니라"고 대답하며 앞뜰로 나간다(눅 14:68). 여종이 곁에 서 있는 사람들에게 "이 사람은 그 도당이라"고 하자 베드로가 다시 한번 부인한다. 잠시 후에 곁에 서 있던 사람들이 다시 베드로에게 "너도 갈릴리 사람이니 참으로 그 도당이라"고 말하자 베드로가 저주하며 맹세하기를 "나는 너희가 말하는 이 사람을 알지 못하노라"고 한다. (유다를 제외한 예수님의 제자들은 갈릴리 사람들이며, 예루살렘에 살고 있는 유대인들은 그들의 말투를 듣고 알 수 있었다).[28] 베드로는 예수님을 저주하고 맹세하며 말한다. "나는 너희가 말하는 이 사람을 알지 못하노라." 그러고나서 수탉이 두 번째로 운다. 베드로는 "닭이 두 번 울기 전에 네가 세 번 나를 부인하리라"(막 14:72) 하신 예수님의 말씀이 떠올라 밖에 나가서 통곡하며 운다.

베드로는 자신의 의도와 다르게 행동한다. 그는 정말로 예수님을 위해 기꺼이 감옥에 가거나 죽을 수 있다고 믿었다(눅 22:33-34; 막 14:29-31). 그러나 막상 상황이 벌어지자 그는 용기를 잃고 철저히 자기의 벗이자 주인이신 예수님을 배신한다. 그는 자기에 대한 혐오감, 수치심, 비통함에 빠지고 만다. 베드로의 배신을 보면서 우리는 그에게 가차없는 비난을 던질 만한지, 우리도 곤란한 상황에 처하면 과연 베드로와 다르게 행동할지 자문할 필요가 있다. 우리를 위해 기꺼이 죽으신 예수님 앞에서, 우리는 어떻게 행동해야 하는가? 나의 선택은 무엇인가?

가야바와 산헤드린 공회 앞에 서심(마 26:57, 59-68; 막 14:53, 55-65; 15:1; 눅 22:54, 63-71; 요 18:24)

예수님을 잡은 자들이 예수님을 대제사장 가야바에게로 끌고 가는데, 그는 서기관들 및 장로들과 함께 모여 있다. 그 밤에 그 자리에 있던 모두가 예수님을 죽이려고 거짓 증거들을 찾는 데 혈안이 돼 있다. 거짓 증인들이 많이 나왔으나 이렇다 할 증거를 얻지 못하다가 마침내 두 사람이 나와 이렇게 고소한다. "이 사람의 말이 내가 하나님의 성전을 헐고 사흘 동안에 지을 수 있다 하더라." 이 말을 듣고 대제사장이 일어나 예수님께 "아무 대답도 없느냐? 이 사람들이 너를 치는 증거가 어떠하냐"고 묻지만 예수님은 침묵하신다. 대제사장이 다시금 묻는다. "내가 너로 살아 계신 하나님께 맹세하게 하노니 네가 하나님의 아들 그리스도인지 우리에게 말하라." 이에 예수님이 대답하신다. "네가 말하였느니라. 그러나 내가 너희에게 이르노니 이 후에 인자가 권능의 우편에 앉아 있는 것과 하늘 구름을 타고 오는 것을 너희가 보리라"(마 26:64).

이에 대제사장이 자기 옷을 찢으며 말한다. "그가 신성 모독 하는 말을 하였으니 어찌 더 증인을 요구하리요. 보라 너희가 지금 이 신성 모독 하는 말을 들었도다. 너희 생각은 어떠하냐?" 사람들이 일제히 대답한다. "그는 사형에 해당하니라." 그러고 나서 예수님의 얼굴에 침을 뱉고 주먹으로 치며 또 어떤 사람은 손바닥으로 때리며 말한다. "그리스도야! 우리에게 선지자 노릇을 하라. 너를 친 자가 누구냐?"

새벽에 대제사장들이 장로들과 서기관들, 곧 온 공회와 더불어 의논한 후 예수님을 죽이기로 결정하고, 그분을 결박하여 끌고 가서 빌라도에게 넘겨준다.

예수님을 고소하는 많은 거짓 증인들이 공회 앞에 나왔다. 율법에 따르면 누군가의 죽음을 결정하기에 앞서 두 명의 증인이 필요하다(민 35:30; 신 19:15). 그런데 증인들이 제각각 따로 나온 탓에, 서로 엇갈려 율법의 요구를 충족시키지 못했다.[29] 그러다 마침내 두 증인이 나와 예수님에 대해 같은 죄목으로 증언하며 고소한다. '예수님이' 성전을 허물고 사흘 만에 다시 지을 수 있다고 말했다는 것이다. 그러나 예수님은 그런 식으로 말씀하신 적이 없다. "'너희가' 이 성전을 헐라. 내가 사흘 동안에 일으키리라"(요 2:19). 더욱이 예수님은 예루살렘 성전이 아니라 자신의 몸을 가리키신 것으로, 자신의 죽음과 사흘 후 부활을 말씀하신 것이다. 거짓 고발자들 앞에서 예수님이 침묵하시자 가야바는 불쾌해 하나, 이는 이사야서 예언의 성취인 것이다. "그가 곤욕을 당하여 괴로울 때에도 그의 입을 열지 아니하였음이여 마치 도수장으로 끌려가는 어린 양과 털 깎는 자 앞에서 잠잠한 양 같이 그의 입을 열지 아니하였도다"(사 53:7). 앞에서 말한 것처럼, 예수님을 어린양으로 묘사한 또 다른 말씀이다.

예수님이 마침내 입을 열어 자신의 신성을 명백하게 주장하시자, 종교지도자들은 이것을 신성모독으로 간주한다. 예수님이 자신의 진술로 시인하셨기 때문에, 그들은 이를 확인해 줄 증인도 필요없다고 여긴다. 그러나 예수님은 신성 모독을 범하신 게 아니다. 이미 하나님이신 예수님이 신성을 모독하는 것은 불가능하기 때문이다.

산헤드린 공회는 예수님께 사형을 언도할 수 없었다. 유대인들끼리 극형에 처하는 것을 로마가 금지했기 때문이다. 사형은 오직 로마 당국자의 판결로만 내릴 수 있었다. 그러나 신성모독은 세속적인 로마

법정에서는 사형에 처할 만한 중죄가 아니기 때문에 다른 각도에서의 접근이 필요했다. 예수님을 (자칭 유대인의 왕이라 주장했다는 것으로) 반역죄로 고발하는 것이다.[30] 자신이 십자가에 못박혀 죽을 것이라는 예수님의 예언은(마 10:19; 26:2; 요 12:32-33) 당시로는 매우 놀라운 말씀이었다. 유대의 방식으로 처형하는 것이 금지되던 시기임에도, 유대인들이 직접 처형한 사례가 있긴 하지만 그것은 십자가형이 아닌 돌팔매형이었기 때문이다(참조. 행 6:8-7:60). 그런데 로마인들은 외국인과 반역자를 처형하기 위해 십자가형을 사용했다.[31]

유다가 목매어 죽음(마 27:3-10)

예수님이 사형 선고를 받으신 후, 유다는 자기가 저지른 일을 뉘우치고 종교 지도자들에게 은 삼십을 돌려주며 "내가 무고한 피를 팔고 죄를 범하였다"고 말한다. 대제사장들과 장로들이 이렇게 대답한다. "그것이 우리에게 무슨 상관이냐? 네가 당하라." 그러자 유다는 은을 성전에 던져 넣고 물러가서 스스로 목을 매어 죽고 만다.

대제사장들은 그 은을 주워 들고 "이것은 핏 값이니 성전 헌금궤에 넣는 것이 옳지 않다" 말하며, 의논 끝에 그것으로 토기장이의 밭을 사서 나그네의 묘지로 사용하기로 한다. 마태는 이를 가리켜 "그들이 그 가격 매겨진 자, 곧 이스라엘 자손 중에서 가격 매긴 자의 가격 곧 은 삼십을 가지고 토기장이의 밭 값으로 주었으니 이는 주께서 내게 명하신 바와 같[다]"(마 27:9-10)고 하며 선지자 예레미야를 통하여 하신 말씀이 이루어졌다고 말한다. 마태는 예레미야의 예언이라 말하는데, 자구 표현만 보면 스가랴서의 예언(슥 11:12-13)과 더 비슷하다. 이 때문에 이 문제는 수년간 논란이 돼왔다. D. A. 카슨은 이렇게 설명한다. "마태복음의 이 인용문은 예레미야 19장 1-13절의 내용을 언급하는 것으로 보이는데, 그 대부분의 문구는 스가랴 11장 12-13절에서 가져왔다…단순히 자구 자체만 보면 예레미야 19장과의 연결성이 불분명함에도 불구하고 마태가 예레미야 선지자만 특정해 언급하는 이유는 예레미야와 스가랴 중 예레미야가 보다 중요한 인물로 간주되고 그의 예언이 성취되었다는 사실이 보다 중요하기 때문일 것이다."[32]

빌라도와 헤롯이 예수님을 심문함(마 27:2, 11-14; 막 15:1-5; 눅 23:1-12; 요 18:28-38)

예수님은 가야바의 집에서 빌라도 총독의 관저로 끌려가신다. (유월절을 앞두고 부정하게 되지 않으려고 유대인들은 관저 안으로 들어가지 않는다). 빌라도가 밖으로 나와서 그들이 무슨 일로 예수님을 고발하는지 묻는다. 그들은 이렇게 대답한다. "이 사람이 행악자가 아니었더라면 우리가 당신에게 넘기지 아니하였겠나이다." 그러자 빌라도가 "너희가 그를 데려다가 너희 법대로 재판하라"고 말한다. 유대인들은 "우리에게는 사람을 죽일 권한이 없나이다" 하며 빌라도를 재촉한다. 빌라도가 관저에 들어가 예수님께 "네가 유대인의 왕이냐"라고 묻자 예수님이 반문하신다. "이는 네가 스스로 하는 말이냐, 다른 사람들이 나에 대해서 하는 말이냐?"(요 18:34). 빌라도가 다시 묻는다. "내가 유대인이냐? 네 나라 사람과 대제사장들이 너를 내게 넘겼으니 네가 무엇을 하였는가?" 예수님이 대답하신다. "내 나라는 이 세상에 속한 것이 아니니라. 만일 내 나라가 이 세상에 속한 것이었더라면 내 종들이 싸워 나로 유대인들에게 넘겨지지 않게 하였으리라. 이제 내 나라는 여기에 속한 것이 아니니라"(요 18:36). 다시 빌라도가 묻는다. "그러면 네가 왕이 아니냐?" 예수님이 대답하신다. "네 말과 같이 내가 왕이니라. 내가 이를 위하여 태어났으며 이를 위하여 세상에 왔나니 곧 진리에 대하여 증언하려 함이로라. 무릇 진리에 속한 자는 내 음성을 듣느니라"(요 18:37). "진리가 무엇이냐?" 빌라도가 조소하듯 묻고는, 밖으로 나가 다시 유대인들에게 말한다. "나는 그에게서 아무 죄도 찾지 못하였노라."

대제사장들과 장로들이 고발할 때, 예수님은 아무 대답도 하지 않으신다. 그러자 빌라도가 묻는다. "그들이 너를 쳐서 얼마나 많은 것으로 증언하는지 듣지 못하느냐?" 그러나 예수님은 한 마디도 대답하지 않으시고, 그런 예수님의 반응에 빌라도는 매우 이상하게 여긴다. 종교 지도자들은 더욱 강하게 밀어부친다. "그가 온 유대에서 가르치고, 갈릴리에서부터 시작하여 여기까지 와서 백성을 소동하게 하나이다." 빌라도가 이 말을 듣고 예수님이 갈릴리 사람인지 묻는다. 예수님이 헤롯의 관할 구역에 속한 것을 알게 되자, 마침 그때 예루살렘에 와 있던 헤롯에게 예수님을 넘겨 준다.

헤롯은 자기에게 넘어온 예수님을 보고 매우 기뻐한다. 오래 전부터 예수님에 대한 소문을 듣고 한번 만나고 싶었을 뿐 아니라 예수님이 혹시 어떤 이적을 행하지는 않을지 보고 싶었던 것이다. 헤롯이 예수님께 많은 질문을 해보지만 예수님은 아무 대답도 하지 않으신다. 거기 있던 대제사장들과 서기관들은 예수님을 고발하는 데 모든 힘을 쏟는다. 헤롯은 그의 군인들과 함께 예수님을 조롱하고 모욕을 준

다음 화려한 옷을 입혀 빌라도에게 다시 돌려보낸다. 헤롯과 빌라도는 이전까지는 원수처럼 지냈으나 바로 그날 서로 손을 잡는다. 로버트 스타인은 이렇게 기록한다. "여기서 드러나는 아이러니를 놓치지 말아야 한다. 예수님의 수난은 헤롯과 빌라도 같은 사람들까지 서로 화해하게 만든다는 것이다."[33]

"진리가 무엇이냐?" 빌라도가 예수님께 던진 이 아리송한 질문에는 풍성한 영적 의미가 담겨 있다. 빌라도는 조소하듯 묻고 있다. "절대 진리 따위가 있겠느냐? 예수, 네가 누구길래 진리를 말하느냐?" 오늘날 사람들은 도덕적 상대주의가 새로운 개념이라고 생각할지 모르나, 빌라도는 이때부터 그런 생각을 갖고 있었다. 그러나 절대 진리는 존재한다. 예수님이 진리시다. 예수님은 이렇게 말씀하신다. "내가 곧 길이요 진리요 생명이니"(요 14:6). 예수님은 모든 진리의 근원이 되신다. 예수님은 육신으로 나타난 진리시며, 마음과 행위와 생각의 기준이 되는 절대적인 도덕 기준을 우리에게 제시하고 그 기준을 따르라고 명령하신다.

어떤 것이 진리가 되길 바란다고 그것이 진리가 되진 않는다. 진리란 우리의 기준에 맞게 가감할 수 있는 게 아니다. 라비 재커라이어스는 이렇게 말한다. "그리스도인에게 있어 출발점은 하나님이다. 그분은 영원히 존재하시고 절대자시며, 우리 삶의 목적과 운명에 대한 모든 개념 정의가 그분에게서 비롯된다…진리는 본질상 배타적이다. 진리가 모든 것을 포용한다면 아무 것도 거짓일 수 없다. 그리고 아무것도 거짓이 아니라면, 진리가 무슨 의미가 있겠는가?…그러므로 예수님은 '내가 곧 길이요 진리요 생명이니 나로 말미암지 않고는 아버지께로 올 자가 없느니라'고 하시며 진리의 배타성을 선언하신다."[34]

또한 진리가 중요하지 않다면 왜 사탄을 거짓의 아비로 말하겠는가? 속임수는 사람들을 영생으로부터 멀어지게 하고, 죽음으로 이끈다. 그것은 진리의 본질을 비틀고, 사람의 눈을 흐리게 한다. 사탄은 사람들이 진리이신 그분과 구원의 약속으로부터 멀어지도록 유혹한다. 사탄은 하나님의 말씀과 진리 그 자체를 근본적으로 공격하여 아담과 하와가 죄를 짓도록 유혹했다. 그러므로 우리는 진리가 가지는 신적 중요성을 과소평가하거나 우리의 구원자이자 길이요 진리요 생명이신 예수님을 발견하는 일에 실패해서는 안 된다.

빌라도가 예수님을 십자가에 못 박히게 넘겨줌(마 27:15-26; 막 15:6-15; 눅 23:13-25; 요 18:38-19:16)

빌라도가 대제사장들과 관리들과 백성을 불러 모으고 이렇게 말한다. "너희가 이 사람이 백성을 미혹하는 자라 하여 내게 끌고 왔도다. 보라, 내가 너희 앞에서 심문하였으되 너희가 고발하는 일에 대하여 이 사람에게서 죄를 찾지 못하였고, 헤롯이 또한 그렇게 하여 그를 우리에게 도로 보내었도다. 보라, 그가 행한 일에는 죽일 일이 없느니라. 그러므로 때려서 놓겠노라"(눅 23:14-16).

무리가 일제히 소리를 지른다. "이 사람을 없이하고 바라바를 우리에게 놓아주소서." 바라바는 예루살렘에서 폭동을 일으키고 살인을 저질러 감옥에 갇힌 자다. 유월절이 되면 총독이 무리의 청원대로 죄수 한 사람을 놓아주는 관례가 있는데, 종교 지도자들과 무리들은 예수님 대신 바라바를 놓아주기를 요구한다. 그들이 예수님을 시기하여 이 모든 일을 벌인 것을 안 빌라도는 예수님을 풀어주려는 의도로 다시 그들에게 "유대인의 왕"과 바라바 중에 누구를 놓아주기 원하는지 묻는데, 무리들은 요란하게 소리를 지르며 대답한다. "이 사람이 아니라, 바라바라!"

예수님에게서 아무 죄도 발견하지 못한 빌라도는 처벌하기를 꺼려 어떻게든 풀어주고자 한다. 거기에 더해 그의 아내가 사람을 보내 "저 옳은 사람에게 아무 상관도 하지 마옵소서. 오늘 꿈에 내가 그 사람으로 인하여 애를 많이 태웠나이다" 하고 전갈을 보낸다. 당시 사람들은 꿈을 매우 중요하게 생각했고 때로는 신탁을 받는 것이라 여겼다.[35] 빌라도가 다시 묻지만, 그들은 반응은 요지부동이다. "그를 십자가에 못 박게 하소서. 십자가에 못 박게 하소서." 빌라도가 "이 사람이 무슨 악한 일을 하였느냐? 나는 그에게서 죽일 죄를 찾지 못하였나니 때려서 놓으리라"고 말하자 무리들이 더욱 큰 소리로 압박하며 십자가에 못 박기를 구한다. 이에 빌라도가 그들이 요구하는 대로 하기를 언도한다.

빌라도의 군인들이 예수님을 끌고 관정 안으로 들어가서 온 군대 앞에 세운다. 그들은 예수님의 옷을 벗겨 대신 자색 옷을 입히고 그분의 머리 위에 가시관을 엮어 씌우고 갈대를 그 오른손에 들리고 그 앞에서 무릎을 꿇고 "유대인의 왕이여, 평안할지어다" 하며 희롱한다. 그런 후에 갈대를 빼앗아 예수님의 머리를 치고 침을 뱉기도 한다.

예수님이 가시관을 쓰고 자색 옷을 입고 나오시자 빌라도가 무리에게 말한다. "보라, 이 사람이로다"(요 19:5). 대제사장들과 아랫사람들이 예수님을 보고 다시 소리 지른다. "십자가에 못 박으소서. 십자가에 못 박으소서!" 빌라도는 다시 한번 그분에게서 죄를 찾지 못하였으니

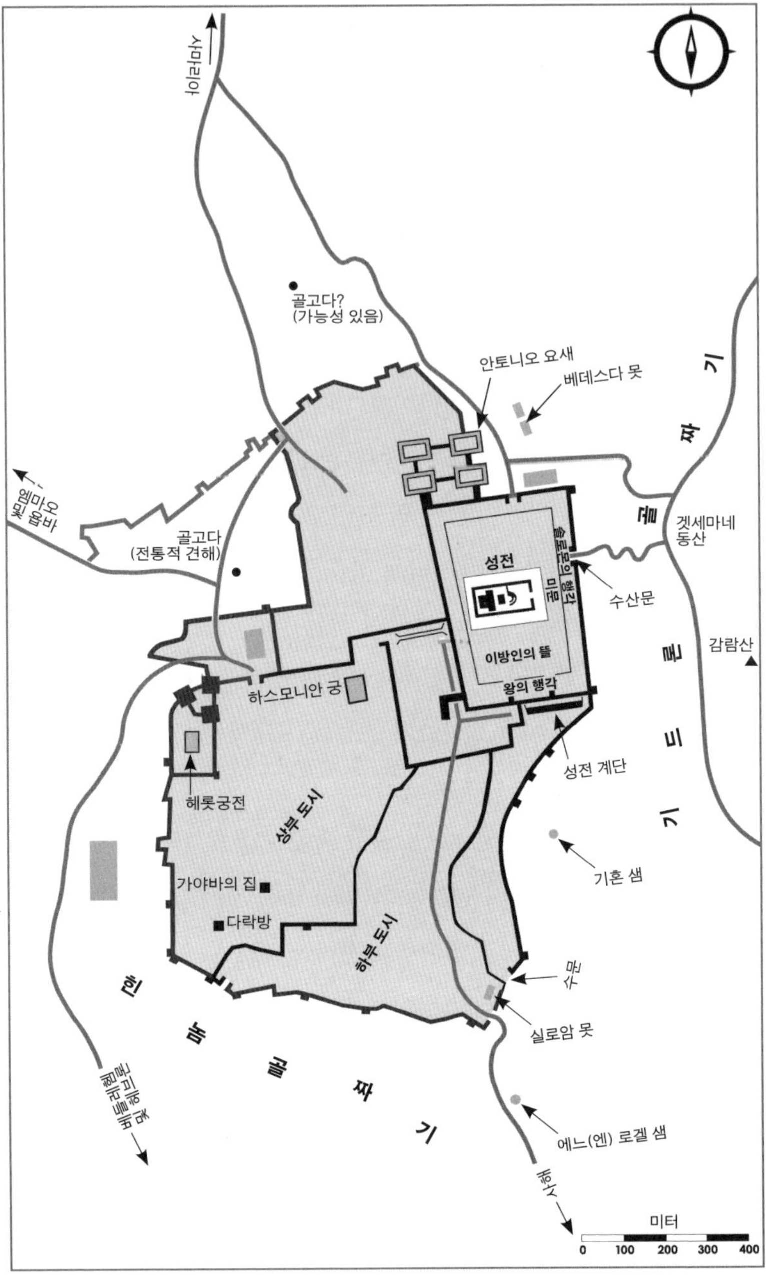

예루살렘 지도(출처: Shutterstock)

그들에게 직접 데려다가 십자가에 못 박으라 말한다. 유대인들은 그가 자기를 하나님의 아들이라고 주장했으니 자신들의 법대로 하면 그는 당연히 사형이라고 주장한다.

빌라도는 이 말을 듣고 더욱 두려워하여 다시 관정으로 들어간다. 아내의 불길한 꿈에 더해 자신이 진짜 하나님을 재판하고 있다고 생각하니 두려워졌는지 모른다. 아니면 유대인들 사이에서 폭동이 일어나는 것이 두려웠을 수도 있다.[36] 그는 예수님께 "너는 어디에서 왔느냐"고 묻지만 예수님은 대답하지 않으신다. 빌라도가 "내가 너를 놓을 권한도 있고 십자가에 못 박을 권한도 있는 줄 알지 못하느냐?"고 말하자 예수님이 대답하신다. "위에서 주지 아니하셨더라면 나를 해할 권한이 없었으리니 그러므로 나를 네게 넘겨준 자의 죄는 더 크다"(요 19:11). 빌라도는 예수님을 놓아주려고 애쓰나 유대인들이 소리 지르며 겁박한다. "이 사람을 놓아주면 가이사의 충신이 아니니이다. 무릇 자기를 왕이라 하는 자는 가이사를 반역하는 것이니이다." 빌라도가 이 말을 듣고 예수님을 그들 앞에 끌고 나가서 유대인들에게 말한다. "보라. 너희의 왕이로다"(요 19:14). 그들이 소리를 지른다. "없이 하소서. 없이 하소서. 그를 십자가에 못 박게 하소서!" 빌라도가 "내가 너희 왕을 십자가에 못 박으랴?" 하고 되묻자 대제사장들이 대답한다. "가이사 외에는 우리에게 왕이 없나이다."

더 이상 말해 봐야 아무 소용 없다는 것을 알 뿐 아니라 오히려 폭동이 일어나려는 기세가 보인 탓에 빌라도는 물을 가져다가 무리 앞에서 손을 씻으며 말한다. "이 사람의 피에 대하여 나는 무죄하니 너희가 당하라." 백성 모두가 대답한다. "그 피를 우리와 우리 자손에게 돌릴지어다!" 빌라도는 바라바를 놓아주고 예수님을 두 명의 죄인과 나란히 십자가 못 박히게 넘겨준다.

빌라도는 유대인도 아니고 예수님을 고발한 자도 아니다. 그는 예수님이 (단지 신적 왕권을 주장할 뿐) 정치적 왕권을 주장하는 게 아니며 로마 당국에 대항할 의도가 전혀 보이지 않기에 죄가 없다고 판단한다. 이에 자기에게 어떤 책임도 돌아오지 않기를 바라 유대인들에게 예수님을 풀어주기 원하는지 묻기까지 한다. 예수님이 무고하다면, 빌라도는 분명 자신의 권한으로 예수님을 풀어줄 수 있었다. 그럼에도 죄가 있는 바라바를 풀어주는 것을 허용한다. 비겁자의 길을 택한다. 악을 제지할 기회가 있었지만, 우유부단함과 무정함으로 반응하여, 우유부단함과 무정함이야말로 악한 행위임을 입증하고 만다.

유대교 지도자들이 로마 당국을 앞세워 예수님을 십자가에 못 박은 큰 죄에도 불구하고, 예수님이 당하신 죽음에 대한 책임은 우리 모두에게 있다. 그럼에도 예수님의 죽음은 모든 사람의 죄를 대신하기 위함이었고, 그것은 예수님이 하나님의 주권적인 뜻에 순종하신 결과다. 예수님은 아버지의 천사들로 하여금 자신을 구하게 하실 수 있었지만 그렇게 하지 않으셨다. 예수님은 우리를 살리기 위해 죽으시러 이 땅에 오셨기 때문이다.

12
예수님의 채찍질 당하심에서 승천까지

천사가 무덤 입구를 막은 돌을 굴려버렸다. 살아 계신 주님을 내보내기 위해서가 아니라, 무덤 바깥의 불신에 찬 사람들을 들여보내기 위해서다. D. G. 반하우스[1]

예수님은 첫 사람의 죽음 이후 굳게 잠겨 있던 문을 강제로 여셨다. 예수님은 죽음의 왕과 직접 대면해 싸우고 이기셨다. 그분이 그렇게 하심으로 우리의 모든 것이 달라졌다. C. S. 루이스[2]

조롱당하고 맞으심(마 27:27-32; 막 15:16-21; 눅 23:27-31; 요 19:16-17)

빌라도의 군인들이 자색 옷을 벗기고 도로 예수님의 옷을 입힌다. 그런 다음 예수님에게 십자가를 지워 아람어로 골고다, 즉 해골의 곳the

사복음서 비교: 예수님의 채찍질 당하심에서 승천까지				
	마태복음	마가복음	누가복음	요한복음
조롱당하고 맞으심	27:27-32	15:16-21	23:27-31	19:16-17
십자가 처형	27:33-44	15:22-32	23:32-38	19:18-27
예수님이 십자가에서 죽으심	27:45-56	15:33-41	23:44-49	19:28-37
예수님을 장사지냄	27:57-66	15:42-47	23:50-56	19:38-42
부활하심	28:1-15	16:1-11	24:1-12	20:1-23
엠마오로 가는 길	-	16:12-13	24:13-32	-
제자들에게 나타나심	-	16:14	24:36-43	20:19-23
나의 주, 나의 하나님	-	-	-	20:24-30
베드로에게 나타나심, 물고기를 잡음	-	-	-	21:1-25
대위임명령	28:16-20	16:15-18	-	-
마지막으로 나타나시고 승천하심	-	16:19-20	24:44-53	-

Place of a Skull이라 불리는 곳으로 끌고 간다. 앞서 심한 매를 맞으신 예수님은 곧 십자가를 질 수 없을 만큼 지치신다.[3] 군인들은 지나가던 구레네 사람 시몬을 붙잡아 억지로 십자가를 지고 가게 한다. 이는 "아무든지 나를 따라오려거든 자기를 부인하고 날마다 제 십자가를 지고 나를 따를 것이니라"(눅 9:23)[4]고 하신 예수님의 경고의 말씀을 떠올리게 한다.

많은 사람들이 예수님을 따르는데 그 중에는 가슴을 치며 슬피 우는 여자들도 있다. 예수님이 그 여자들을 돌아보시며 말씀하신다. "예루살렘의 딸들아, 나를 위하여 울지 말고 너희와 너희 자녀를 위하여 울라. 보라. 날이 이르면 사람이 말하기를 잉태하지 못하는 이와 해산하지 못한 배와 먹이지 못한 젖이 복이 있다 하리라. 그 때에 사람이 산들을 대하여 우리 위에 무너지라 하며 작은 산들을 대하여 우리를 덮으라 할 것이다. 푸른 나무에도 이같이 하거든 마른 나무에는 어떻게 되리요"(눅 23:28-31).

예수님은 예루살렘에 다가올 심판을 예언하고 계신다. 재판을 받으시는 중인데도, 자신을 심판하는 자들을 친히 심판하겠다 선포하시며 여전히 통치권을 행사하고 계신다.[5] 로버트 스타인은 예수님의 말씀을 다음과 같이 알기 쉽게 옮긴다. "자신의 무고한 아들에게 (십자가에 못박히게 하심으로) 그처럼 끔찍한 환난을 당하게 하신 하나님이라면, 죄악된 나라에 그분의 의로운 진노를 쏟으실 땐 얼마나 끔찍하겠는가?"[6] 로마가 주후 70년에 예루살렘과 그 성전을 파괴하면서 이 예언이 성취될 것이다.

십자가 처형(마 27:33-44; 막 15:22-32; 눅 23:32-38; 요 19:18-27)

골고다 언덕에 이르렀을 때, 누군가 예수님께 쓸개 탄 포도주를 마시게 하나 예수님은 그것을 맛보시고 거절하신다. 로마 전통에서는 고통을 극대화하는 것이 일반적이기에, 고통을 덜어주는 효과가 있는 포도주를 예수님께 제공한 사람은 정확하진 않아도 아마 유대인이었을 것이다. 예수님은 고난당하고 죽으러 오셨기에 그것을 마시려 하지 않으셨을 것이다. 예수님은 고통 중에도 자신의 역할을 온전히 감당하기 원하신 것이다.[7]

제 삼시(오전 9시)에 그들은 예수님을 십자가에 못박고 양 옆에는 강도 둘을 하나씩 십자가에 못박는다. 갈릴리에서부터 예수님을 따르던 막달라 마리아, 작은 야고보와 요셉의 어머니 마리아, 그리고 세베대의 아들 야고보와 요한의 어머니 살로메[8]를 포함한 많은 여인들이 멀리서 이 광경을 지켜본다. 예수님이 소리치신다. "아버지여, 저들을 사하여 주옵소서. 자기들이 하는 것을 알지 못함이니이다"(눅 23:34). 이 순간에도 예수님은 자신의 처지를 비관하기보다 용서의 영을 보여 주신다. 이는 예수님이 성육신하여 이땅에 내려오시게 된 그 동일한 마음이기도 하다. "자기들이 하는 것을 알지 못함이니이다"라는 예수님의 말씀은 그들이 그 끔찍한 행동에 책임이 없다는 의미가 아니라, 자기들이 얼마나 끔찍한 악을 저지르는지 모르고 있다는 의미다.[9] 바울은 이렇게 기록한다. "이 지혜는 이 세대의 통치자들이 한 사람도 알지 못하였나니 만일 알았더라면 영광의 주를 십자가에 못 박지 아니하였으리라"(고전 2:8).

강도 중 한 사람은 "네가 그리스도가 아니냐? 너와 우리를 구원하라"며 모욕한다. 다른 한 강도는 그 사람을 꾸짖으며 말한다. "네가 동일한 정죄를 받고서도 하나님을 두려워하지 아니하느냐? 우리는 우리가 행한 일에 상당한 보응을 받는 것이니 이에 당연하거니와 이 사람이 행한 것은 옳지 않은 것이 없느니라"(눅 23:40-41). 그런 다음 예수님을 향해 말한다. "예수여, 당신의 나라에 임하실 때에 나를 기억하소서." 이에 예수님이 대답하신다. "내가 진실로 네게 이르노니 오늘 네가 나와 함께 낙원에 있으리라"(눅 23:43).

이것은 하나님의 끝없는 용서하심과 회개케 하시는 능력을 보여주지 않는가? 우리의 구원을 위해 믿음 그 이상의 뭔가가 필요하다는 신화를 무너뜨리지 않는가? 찰스 스펄전은 이렇게 말한다. "그리스도께 나아가기에 합당한 자신이 되기 위해 무언가 많은 것을 해야 한다고 스스로 속이지 말라. 그 어떤 것으로도 부족하다. 그리스도가 구원을 베푸시기 위해 우리가 할 수 있는 것이라곤 그저 더욱 준비되지 못하는 것뿐이다…예수 그리스도가 죄인을 구원하러 이 땅에 오셨다는 것이야말로 가장 신뢰할 만하고 받아들일 만한 선언이다. 여기에 '그를 믿는 자는 정죄함이 없다'는 우리 주님의 말씀을 더할 수 있다. 아, 하나님이 은혜를 베푸시고 우리 모두가 이 은혜의 복음을 받아들이게 되길! 우리가 요구하던 것들은 그분의 부드럽고도 자비로운 은혜 앞에 모두 내려놓기를!"[10]

유죄 판결을 받아 십자가에 못박힌 이 강도는 죽음을 맞는 순간에 이르도록 자신의 삶을 돌이키지 않았고 회개의 마음도 품지 않았다. 그처럼 절박한 상황에서 죄 사함을 얻고 생명을 구하기 위해 그가 대신 내놓을 수 있는 것은 아무 것도 없었다. 오직 예수 그리스도를 믿는 것말고는. 바로 그가 십자가에서 행한 일이다. 그리고 그에게 구원이 임했다. J. C. 라일은 그 사람의 운명에 대해 이렇게 논한다.

> 아마 이 강도는 지옥 외진 곳을 떠도는 영혼이 되었을 것이다. 그는 회복의 여지가 전혀 없어보였다. 사탄이 자신의 것이라고 확신하는 아담의 자손이었다…그때 그가 어떤 대답을 들었는지 주목해 보라. 어떤 사람들은 그가 너무 악해서 구원 받을 수 없다고 말한다. 그러나 그렇지 않다. 어떤 사람들은 너무 늦었다고 생각한다. 문은 닫혔고, 자비의 여지가 없다고 단정한다. 그러나 너무 늦지 않았다는 것이 판명되었다. 주 예수님은 그를 돌아보며 즉각적으로 친밀하게 대답하신다. 그날 낙원에서 예수님과 함께 있을 거라고 확신시켜 주신다. 그를 완전히 용서하셨다. 죄에서 완전히 깨끗하게 해주셨다. 은혜로 그를 받아주셨다. 값없이 그를 의롭다 해주셨다. 지옥의 문에서 건져주셨다. 그에게 영광

의 직분을 주셨다. 구원받은 모든 영혼 중에서 이 회개한 강도처럼 자신의 구원을 영광스럽게 확증 받은 사람은 없다. 창세기에서 요한계시록까지 훑어보아도, 이런 말씀을 들은 사람은 없다. '오늘 네가 나와 함께 낙원에 있으리라.' 그러니 우리가 누구에게든 '행위가 아닌 믿음으로 구원 받을 수 있으니 두려워 말고 믿기만 하라'고 말할 근거가 있지 않은가? 이것이 바로 그 증거다. 이 강도는 세례를 받지도 않았다. 그는 눈에 보이는 교회에 속한 사람도 아니다. 그는 주님의 만찬을 받은 적도 없다. 그리스도를 위해 일한 적도 없다. 그리스도를 위해 돈을 낸 적도 없다. 단지 그에게는 믿음이 있었고 그래서 그는 구원받았다.[11]

예수님은 극심한 고통 중에도 약해지거나 요동하지 않으시고 구원의 은혜로운 능력을 행사하신다. 죄인인 우리에게 이 이야기보다 더 용기를 주는 것은 없을 것이다. 그래서 하나님은 우리 자신의 영원한 안전을 위해 이 이야기를 읽고 음미하고 소중히 여기도록 성경에 기록해 놓으셨다.

군인들이 예수님의 옷을 제비 뽑아 나누는데, 이는 구약 시편의 "내 겉옷을 나누며 속옷을 제비 뽑나이다"(시 22:18)는 예언의 성취다. 십자가 곁에는 예수님의 어머니, 이모와 글로바의 아내 마리아와 막달라 마리아가 서 있다. 예수님이 자신의 어머니와 "사랑하는 제자" 요한이 함께 서 있는 것을 보고 어머니께 말씀하신다. "여자여 보소서, 아들이니이다"(요 19:26). 또 요한에게 말씀하신다. "보라, 네 어머니라"(요 19:27). 그때부터 요한이 예수님의 어머니를 자기 집에 모신다. 유대 전통에서는 남편이나 아버지가 어머니를 돌볼 수 없을 때 장남이 어머니를 모시는데, 예수님은 이렇게 하심으로 그 책임을 이행하고 계신다.[12]

빌라도는 십자가에 히브리어와 로마어, 그리스어로 "나사렛 예수, 유대인의 왕"이라고 쓰인 죄패를 붙인다. 대제사장들이 빌라도에게 "유대인의 왕이라 쓰지 말고 자칭 유대인의 왕이라 쓰라"고 항의하자, 빌라도가 이렇게 대답한다. "내가 쓸 것을 썼다." 예수님이 못 박히신 곳이 예루살렘에서 가까워 많은 유대인이 와서 이 죄패를 읽는데, 자기들이 예수님을 고소하던 죄목과 상반되는 내용이라 당황한다. 예수님이 자신이 메시아라 주장한다는 식의 죄목은 괜찮지만 그분이 메시아라고 적시하는 식이라면 그냥 두고볼 수 없는 일이다. 이런 사실들을 미루어보면, 지금 이 상황을 누가 주관하고 계신지 잘 드러난다고 말할 수 있다. 예수님의 십자가 죽음을 제기한 유대인도 아니고 이 일을 실행에 옮긴 로마인도 아니며, 하나님 자신이 결정권을 쥐고 계신 것이다. 빌라도가 죄패의 내용을 자신이 쓴 대로 두겠다고 한 것 역시 하나님의 전능하신 역사하심에 따른 일이다.[13] 예수님은 실제로 유대인의 왕이시고, 창세기부터 기록된 대로 구원 역사의 출발 시점에 하나님이 약속하신 다윗의 계보에서 난 메시아이시기 때문이다.

사람들이 곁에 서서 쳐다보고 있는 동안 종교 지도자들은 예수님을 조롱하며 말한다. "저가 남을 구원하였으니 만일 하나님이 택하신 자 그리스도이면 자신도 구원할지어다"(눅 23:35). "지금 십자가에서 내려올지어다. 그리하면 우리가 믿겠노라"(마 27:42). 군인들도 예수님을 희롱하면서 가까이 가서 신 포도주를 주며 빈정거린다. "네가 만일 유대인의 왕이면 네가 너를 구원하라"(눅 23:37). 너무나 아이러니하다. 이 증오심 가득한 연약한 무리들은 예수님이 자기 자신을 구원할 수 없다고 생각하여 스스로를 구원해 보라고 조롱하고 있다. 예수님이 자신의 신적 권세를 사용하여 그들을 구원하고 계시는 순간에 말이다.

예수님이 그들의 요구대로 행하셨다면, 우리의 구원과 영생은 가능하지 않았을 것이다. 윌리엄 핸드릭슨은 이렇게 덧붙인다. "그들은 십자가에 못 박힌 자가 하나님의 아들이라는 주장을 증명하는 방법은 그 못 박힌 십자가에서 내려오는 것이라고 조롱한다. 그들은 예수님이 약하기에 그곳에 매달려 있다고 생각한다. 하지만 사실, 그것은 죄인들을 향한 그분의 사랑의 힘 때문이다. 그러나 그들은 이 땅에서 하나님의 아들이 보여주신 삶과 놀라운 가르침과 모든 이적을 통한 증거들을 무시하기로 작정한 상태다. 그들은 모든 것을 거부했다. 대신 그들은 조롱하고 모욕을 일삼는다!"[14]

원수를 향한 그 사랑이 얼마나 아름다운가! 예수님은 자신의 말씀대로 행하고 계심을 다시 한번 입증하신다. "원수를 사랑하며 너희를 박해하는 자를 위하여 기도하라"(마 5:44).

예수님이 십자가에서 죽으심(마 27:45-56; 막 15:33-41; 눅 23:44-49; 요 19:28-37)

제6시(정오)부터 온 땅에 어둠이 임하여 제9시(오후3시)까지 계속되다가 제9시쯤에 예수님이 "엘리 엘리 라마 사박다니" 하고 크게 소리를 지르신다. 이는 "나의 하나님, 나의 하나님, 어찌하여 나를 버리셨나이까?"라는 의미다.

회의주의자로 살던 시절, 예수님이 하나님께 "어찌하여 나를 버리셨나이까"라고 물으신 장면 때문에 당황한 적이 있다고 나의 전작 『법정에서 만난 예수』에서 언급했었다. 예수님이 하나님이시라면, 아버지가 알고 계신 것을 모두 알고 있을 텐데, 왜 그런 질문을 하실까? 하지만 몇 년 후에는 오히려 이 구절을 통해 나의 믿음이 견고해졌다. 성경을 잘 모르던 때라, 나는 그리스도의 (온전한 신성과 온전한 인성이라는) 이중 속성에 대해 알지 못했고 그분이 성육신하신 동안에는 특정한 영역에서 신적 속성을 사용하지 않기로 결정하신 것도 알지 못했다. 왜냐하면 "그는 근본 하나님의 본체시나 하나님과 동등 됨을 취할 것으로 여기지 아니하시고 오히려 자기를 비워 종의 형체를 가지사 사람들과 같이 되셨고, 사람의 모양으로 나타나사 자기를 낮추시고 죽기까지 복종하셨으니 곧 십자가에 죽으심이라"(빌 2:6-8). 대부분의 보수 신학자들은 "자기를 비워"의 의미가 예수님이 성육신 이전 누리시던 자리를 떠나, 종으로서 인간의 형체를 취하시고, 하나님으로서 누리던 속성의 일부를 자발적으로 포기하신 의미라고 믿는다.[15] 하나님의 구원 계획을 이루시기 위해, 완전한 하나님이신 그리스도는 (여전히 하나님이신 채) 사람이 되셨다.

물론 그리스도는 아버지가 자신을 버리셔야 한다는 것을 이해하셨다. 이 역시 구원 계획의 일부였다. 예수님은 우리를 대신해 죄가 되셨고(고후 5:21), 우리를 위해 율법의 저주를 받으시며(갈 3:13), 온 인류의 죄를 위해 하나님의 진노를 받으시고, 그 일로 인해 그분의 인성과 신성이 모두 측량할 수 없는 고난을 당하셨다. J. D. 그래스믹은 이렇게 기록한다. 그리스도는 "자기 백성이 하나님께 결코 버림받지 않고 그들의 하나님 되심을 주장할 수 있도록 하기 위해 하나님께 버림받아 죽으셨다."[16] 히브리서 기자도 예수님의 희생으로 우리가 버림받지 않게 되었다고 증언한다. "돈을 사랑하지 말고 있는 바를 족한 줄로 알라. 그가 친히 말씀하시기를 '내가 결코 너를 버리지 아니하고 너희를 떠나지 아니하리라' 하셨느니라. 그러므로 우리가 담대히 말하되 '주는 나를 돕는 이시니 내가 무서워하지 아니하겠노라. 사람이 내게 어찌하리요' 하노라"(히 13:5-6; 참조, 수 1:5; 시 37:25; 고후 4:9).

전에는 나의 믿음을 흔들던 장애물이 이제는 믿음을 견고히 하는 기초석이 되었다. 그리스도는 성육신하여 온전한 인간이 되심으로, 우리가 상상할 수 없는 수준의 큰 고통을 겪으신다. 여전히 하나님과 본체시지만, 아버지로부터 불가해한 분리를 당하신다. 예수님은 육체적으로는 우리가 짐작조차 할 수 없는 고통을 겪으시고, 영적으로도 "아버지여, 어찌하여 나를 버리시나이까" 외치실 만큼 큰 고통을 겪으신다.[17] 물론 예수님은 이미 답을 알고 계시며, 또 잠시 후면 낙원에 계신 아버지께 돌아갈 것도 알고 계신다. 예수님의 신성은 어떤 식으로든 자신에게서 극심한 고통을 경감시키지 않는다. 이 모든 것이 하나님의 구속 계획에 담긴 영광이다.

예수님은 마지막이 가까움을 아시고 "내가 목마르다"(요 19:28)라고 말씀하시는데, 이 또한 구약 예언의 성취다(시 69:21). 무리 중 한 사람이 신 포도주를 적신 해면을 우슬초에 매어 예수님의 입에 대고, 예수님은 신 포도주를 받으신 후에 "다 이루었다"(요 19:30) 말씀하시고 큰 소리로 "아버지, 내 영혼을 아버지 손에 부탁하나이다"(눅 23:46) 하신 후 숨을 거두신다. 이 모든 것을 지켜보던 백부장이 하나님께 영광을 돌리며 다음과 같이 선언한다. "이 사람은 정녕 의인이었도다"(눅 23:47). "진실로 하나님의 아들이었도다"(막 15:39). 구경하러 나왔던 무리도 이 모든 광경을 보고는 가슴을 치며 돌아간다.

그리스도가 "내가 이루었다"I am finished고 하지 않으시고 "다 이루었다"It is finished고 하신 것에 주목해 보라. 이는 그분의 삶이 끝났다는 것이 아니라 그분의 구속 사역이 끝나고 사람들이 (예수님을 믿음으로) 영생을 얻게 되었음을 의미한다. 앞서 말한 대로, 예수님은 죽기 위해 태어나신 분이기에, 지금 이 순간이야말로 가장 결정적인 장면이다. 예수님은 우리 죄로 인한 대가를 치르심으로 창세 전에 계획된 구원 사역을 완수하셨다. 이것이 우리가 말하는 '그리스도의 완성된 사역'이다. 예수님의 죽음은 단 한 번의, 완전한 희생이다. 바울은 말한다. "그가 죽으심은 죄에 대하여 단번에 죽으심이요 그가 살아 계심은 하나님께 대하여 살아 계심이니, 이와 같이 너희도 너희 자신을 죄에 대하여는 죽은 자요 그리스도 예수 안에서 하나님께 대하여는 살아 있는 자로 여길지어다"(롬 6:10-11). 히브리서 기자도 동일한 진리를 말한다. "그는 저 대제사장들이 먼저 자기 죄를 위하고, 다음에 백성의 죄를 위하여 날마다 제사 드리는 것과 같이 할 필요가 없으니 이는 그가 단번에 자기를 드려 이루셨음이라"(히 7:27; 참조 9:12; 10:10). 그리스도는 자신의 영혼을 아버지 손에 부탁하심으로, 자신의 희생이 자발적인 것임을 강조하신다. 마찬가지로 예수님의 부활도 이와 같을 것이다(요 2:19; 10:17).[18]

예수님이 숨을 거두시던 때 성전 휘장이 위에서 아래까지 찢어져 둘이 되고, 땅이 진동하며 바위가 갈라지고 무덤들이 열리면서 잠들었던 많은 성도들이 다시 살아난다. 특별히 성전 휘장이 둘로 갈라지는 사건은 특별한 영적 의미가 있다. 성전의 휘장은 성소와 지성소를 구분한다(히 9:2-3). 제사장들은 자기들이 맡은 임무를 행하러 통상적으로 성소에 들어가지만, 지성소에는 대제사장만이 홀로 일 년에 한 번 들어갈 수 있다. 거기서 대제사장은 자기와 백성들이 모르고 지은 죄를 용서 받기 위해 하나님께 피를 바친다(히 9:6-8). 그 휘장이 위로부터 아래로 찢어졌다는 것은, 하나님과 백성 사이를 가로막았던 이 분리막이 제거되었음을 상징한다.[19] 예수님이 숨을 거두시던 바로 그 순간, 하나님은 휘장을 찢으심으로 더 이상 하나님께 나아오기 위해 제사장이 필요치 않으며 누구든지 나아올 수 있음을 보여주신다. 예수님의 십자가 구속 사역으로, 이제는 우리 모두가 담대히 나아갈 수 있다. 히브리서 기자는 아래와 같이 설명한다.

> 그러므로 우리에게 큰 대제사장이 계시니 승천하신 이 곧 하나님의 아들 예수시라. 우리가 믿는 도리를 굳게 잡을지어다. 우리에게 있는 대제사장은 우리의 연약함을 동정하지 못하실 이가 아니요 모든 일에 우리와 똑같이 시험을 받으신 이로되 죄는 없으시니라. 그러므로 우리는 긍휼하심을 받고 때를 따라 돕는 은혜를 얻기 위하여 은혜의 보좌 앞에 담대히 나아갈 것이니라(히 4:14-16)…그러므로 형제들아 우리가 예수의 피를 힘입어 성소에 들어갈 담력을 얻었나니, 그 길은 우리를 위하여 휘장 가운데로 열어놓으신 새로운 살 길이요, 휘장은 곧 그의 육체니라. 또 하나님의 집 다스리는 큰 제사장이 계시매 우리가 마음에 뿌림을 받아 악한 양심으로부터 벗어나고 몸은 맑은 물로 씻음을 받았으니 참 마음과 온전한 믿음으로 하나님께 나아가자(히 10:19-22).

율법에 따르면, 나무에 달린 자는 그 죽은 날에 장사하고(신 21:22-23), 안식일에는 그 시신을 십자가에 남겨두지 말아야 한다. 유대인들은 안식일 전에 모든 절차를 마칠 수 있도록, 십자가에 못박힌 자들의 다리를 꺾어 달라고 빌라도에게 요청한다. 다리를 꺾어 놓으면, 십자가에 못박힌 사람이 숨을 쉬기 위해 몸을 펼 수 없기 때문에 곧 질식사하게 된다. 유대인들의 요청대로, 군인들이 가서 먼저 예수님과 함께 못박힌 두 사람의 다리를 꺾는데, 예수님에게 와서는 이미 죽으신 것을 보고 다리를 꺾지 않는다. 요한은 그의 복음서에서 이 사건이 구약의 두 예언, 즉 "그의 뼈가 하나도 꺾이지 아니하리라"(출 12:46; 민 9:12; 시 34:20)는 말씀과 "그들이 그 찌른 바 그를 바라보고"(슥 12:10)라는 말씀이 성취된 것이라고 기록한다.

군인 중 하나가 예수님의 죽음을 확인하기 위해 옆구리를 찌르자 거기서 곧 피와 물이 쏟아져 나온다. 예수님이 인간으로서 실제로 죽음을 맞이하셨음을 입증하는 장면이다. 이는 나중에 예수님은 인간이 아니라 영적인 존재였다고 주장하는 영지주의자, 가현설주의자 및 다른 이단들의 주장을 반박하는 데 도움이 될 것이다.[20] 그럴듯해 보이는 이런 주장들은 예수님의 부활하신 몸, 곧 그 손의 못자국과 옆구리의 창자국을 직접 목격한 이들의 증언에 의해 신뢰성을 잃게 될 것이다(요 20:20).[21]

예수님을 장사지냄(마 27:57-66; 막 15:42-47; 눅 23:50-56; 요 19:38-42)

산헤드린의 존경받는 공회원인 아리마대 사람 요셉은 예수님을 따르는 자이며 그분의 사형에 반대했던 자다.[22] 저녁에 요셉이 빌라도에게 가서 예수님의 시체를 달라고 하자, 빌라도는 예수님이 벌써 죽으신 것에 놀란다. 빌라도는 백부장을 불러 예수님의 죽음을 확인하고 요셉에게 시체를 내준다. 친척이 아닌 다른 사람에게 시체를 건네는 경우는 드문 일이지만, 요셉은 아마도 예수님을 장사지낼 의사가 있고

사복음서 비교: 자세히 보는 예수님의 십자가 장면

사건	마태복음	마가복음	누가복음	요한복음
쓸개(몰약) 탄 포도주를 받으심	27:34	15:23	-	-
십자가에 못 박히심	27:35	15:25	23:33	19:18
"아버지 저들을 사하여 주옵소서"라고 말씀하심	-	-	23:34	-
(군인들이) 예수님의 옷을 제비뽑기 함	27:35	15:24	23:34	19:23-24
백성들이 예수님을 모욕하고 희롱함	27:39-44	15:29-32	23:35	-
함께 못박힌 (두) 강도가 예수님을 욕하고 비방함	27:44	-	23:39	-
한 강도가 믿게 됨	-	-	23:39-43	-
한 강도에게 "오늘 네가 나와 함께 낙원에 있으리라" 약속하심	-	-	23:43	-
어머니 마리아에게 "보소서, 아들이니이다" 라고 말씀하심	-	-	-	19:26-27
온 땅에 어둠이 임함	27:45	15:33	23:44	-
"나의 하나님, 나의 하나님" 하고 외치심	27:46	15:34-36	-	-
"내가 목마르다" 하고 말씀하심	-	-	-	19:28
해면에 적신 신 포도주를 받으심	27:48	15:36	23:36	19:29
"다 이루었다"라고 외치심	-	-	-	19:30
"내 영혼을 아버지 손에 부탁하나이다" 라고 말씀하심	-	-	23:46	-
예수님의 영혼이 떠나가심	27:50	15:37	23:46	19:30

또 그럴 능력이 있는 유일한 사람으로 보인다.[23] 니고데모도 요셉과 동행하여, 몰약과 침향 섞은 것을 33킬로그램 정도 가져온다. 요셉은 십자가에서 내려진 예수님의 시체를 세마포로 싸고, (예수님이 십자가에 못

박히신 동산에 있는) 아직 사람을 장사한 일이 없는 (바위 속에 판) 새 무덤에 시체를 옮긴다. 그리고 큰 돌을 굴려 무덤 입구를 막고 떠난다. 막달라 마리아와 요셉의 어머니 마리아는 무덤 맞은편에 앉아 있다. 요셉과 니고데모를 따라와서 예수님의 시체를 어디에 두는지 확인했다가 나중에 시체에 바를 향품과 향유를 준비하기 위해서다.[24]

다음날에 대제사장들과 바리새인들이 함께 빌라도에게 몰려가 이렇게 말한다. "주여, 저 속이던 자가 살아 있을 때에 말하되 '내가 사흘 후에 다시 살아나리라' 한 것을 우리가 기억하노니 그러므로 명령하여 그 무덤을 사흘까지 굳게 지키게 하소서. 그의 제자들이 와서 시체를 도둑질하여 가고 백성에게 말하되 '그가 죽은 자 가운데서 살아났다' 하면 후의 속임이 전보다 더 클까 하나이다." 그 말을 들은 빌라도는 자기 휘하의 경비병을 내어줄 테니 함께 가서 돌을 봉인하고 무덤을 굳게 지키게 하라고 명한다.

종교 지도자들은 예수님의 제자들이 시체를 훔칠 수 있고, 만일 그렇게 되면 예수님이 부활하셨다는 이야기를 제자들이 지어내어 자기들의 주장을 정당화할까 우려한다. 예수님의 제자들이 그분의 시체를 훔쳤다는 의심은 실제로 초기 기독교 신앙에 도전이 되었지만 그렇다 해도 그 의심은 이치에 맞지 않는다. 이 의심을 반박하는 증거들이 많이 있기도 하고, 무엇보다 (유대인, 그리스인 혹은 로마인이었을) 당시의 저술가 중 어느 누구도 예수님의 시체가 어디에 있는지 밝히지 않는다는 사실은 주목할 만하다. 로마인과 특히 유대인들은 시체가 어디에 있는지 제시해야 할 동기가 충분히 있었다. 그들은 기독교가 전파되는 것을 필사적으로 막으려 했다. 그래서 경비까지 세워 무덤을 지켰던 것이다. 그러므로 예수님이 죽은 자 가운데서 살아나신 것이 아니라면, 유대인들은 (요셉이 소유하고 있던) 무덤에 가서 예수님의 시체를 그냥 보여주기만 하면 되지 않았겠는가? 그렇게 하면 기독교는 바로 끝났을 것이다. 예수님이 죽으셨던 것이 아니라 "기절하셨던" 것이며 의식을 회복한 후 무덤에서 나와 떠나셨다는 이론도 있지만, 현대의 많은 연구에도 불구하고 이 이론은 오늘날 설 자리를 잃었다.

그리스도를 장사 지내는 장면은 복음서에서 매우 중요한 부분이다(고전 15:4). 하지만 그리스도가 장사되고 부활하신 것에 대한 논란과 관련해선 이 책에서 다루지 않으려 한다. 노먼 가이슬러와 프랭크 튜렉이 지은 『진리의 기독교』에서 이에 대해 상세히 다루고 있으니 참조하라.[25] 가이슬러와 튜렉은 분명히 말한다. "그리스도의 부활을 부정하며 대안 이론을 만들어내는 것과 그 이론의 진정성을 입증하는 1세기의 증거를 실제로 찾아내는 것은 전혀 별개의 문제다. 이론은 증거가 아니다. 합리적인 사람이라면 증거를 함께 요구하지 이론만을 요구하지 않는다."[26] 부활을 부정하는 모든 대안 이론에는 치명적인 결함이 있고, 강력한 증인들과 정황 증거는 예수님의 실제적인 육체의 부활을 뒷받침한다.[27]

부활하심(마 28:1-15; 막 16:1-11; 눅 24:1-12; 요 20:1-23)

막달라 마리아와 야고보의 어머니 마리아, 그리고 살로메가 예수님의 몸에 바를 향품을 들고 무덤에 갔다가 입구를 막아놓았던 큰 돌이 옮겨진 것을 발견한다. (마태는 큰 지진이 났고 주의 천사가 하늘에서 내려와 돌을 굴려냈다고 기록한다). 무덤에 들어가 보았으나 예수님의 시체는 보이지 않는다. 이로 인해 근심하던 여자들에게 "찬란한 옷"을 입은 두 천사가 (다른 복음서는 한 명의 천사였다고 말한다)[28] 나타난다. 여자들이 두려워 얼굴을 땅에 대고 엎드리자 천사들이 말한다. "어찌하여 살아 있는 자를 죽은 자 가운데서 찾느냐? 여기 계시지 않고 살아나셨느니라. 갈릴리에 계실 때에 너희에게 어떻게 말씀하셨는지를 기억하라. 이르시기를 인자가 죄인의 손에 넘겨져 십자가에 못 박히고 제삼일에 다시 살아나야 하리라 하셨느니라"(눅 24:5-7). 그제야 여자들이 예수님의 말씀을 기억한다.

천사들이 여자들에게 "제자들과 베드로에게 가서 예수님이 전에 말씀하신 대로 먼저 갈릴리로 가실 것이니 거기서 뵙게 될 거라고 전하라"고 말한다. 무서우면서도 기쁨에 넘친 여자들이 제자들에게 급히 달려가 이 모든 사실들을 알리지만 제자들은 그 말을 믿지 않는다. 베드로와 요한이 무덤으로 달려가고 도중에 요한이 베드로를 앞질러 무덤에 먼저 다다른다.[29]

반면 요한복음은 막달라 마리아만 무덤에 간 것으로 기록한다. 마리아는 예수님의 시체가 없는 것을 보자마자 베드로와 요한에게 달려가서 예수님의 시체가 사라졌으며 "사람들이 주님을 무덤에서 가져다가 어디 두었는지 알지 못하겠다"고 말한다. 이 모든 일이 천사가 마리아에게 나타나기 전에 일어난 것으로 기록한다.[30] 이 경우라면 마리아는 예수님이 살아나셨다는 천사들의 설명을 듣지 못했기에, 다른 사람에게 가서 예수님의 시체가 옮겨졌다고 설명한 것이 이해가 된다.

무덤에 먼저 도착한 요한은 몸을 굽혀 세마포가 흩어져 있는 것을 보았으나 들어가지는 않는다. 뒤늦게 도착한 베드로는 무덤 안으로 들어가 역시 세마포가 흩어져 있는 것을 보는데, 예수님의 머리를 쌌던 수건은 세마포와 함께 놓여 있지 않고 따로 한 곳에 잘 개켜져 있다. 그제야 무덤에 먼저 다다른 요한도 안으로 들어가 보고 믿는다. 그러나 "그들은 성경에 그가(예수님이) 죽은 자 가운데서 다시 살아나야 하리라 하신 말씀을 아직 알지 못하더라"(요 20:9).

이 시점에서 요한은, (머리를 쌌던 수건이 따로 한 곳에 잘 개켜져 있는 장면을 보고) 누군가 예수님의 시체를 훔쳐간 것이 아니며 예수님이 부활하신 것이라 믿은 반면, 자신이 목격한 것이 신학적으로 어떤 의미를 갖는지는 온전히 이해하지 못한다. 요한이 자기의 이런 몰이해를 복음서에 기록한 것은, 제자들이 예수님의 예언을 유효하게 만들기 위해 이 이야기를 지어낸 것이 아님을 보여주기 위함일 것이다.[31] 이를 통해 우리가 지금까지 말해온 것, 즉 제자들은 그때까지도 예수님의 사명에 대해 제대로 알지 못하고 있다는 사실이 더욱 확실해진다.

베드로와 요한을 따라 다시 무덤으로 간 막달라 마리아는 베드로와 요한이 떠난 후에도 무덤 밖에 서서 운다. 그러다 몸을 숙여 무덤 안을 들여다본다. 그곳에 흰 옷 입은 두 천사가 예수님의 시체를 모셨던 자리에 있는데, 하나는 머리 편에 하나는 발편에 앉아 있다. 천사들이 마리아에게 말한다. "여자여, 어찌하여 우느냐?"(요 20:13). 마리아는 "사람들이 내 주님을 옮겨다가 어디 두었는지 내가 알지 못함이니이다"라고 말한다. 이 말을 하고 뒤를 돌아다보는데 예수님이 거기에서 계신다. 하지만 마리아는 그분이 예수님이신 줄 알지 못한다. 예수님이 물으신다. "여자여, 어찌하여 울며 누구를 찾느냐?"(요 20:15). 마리아는 그분이 동산지기인 줄 알고, 예수님을 어디로 옮겼는지 묻는다. 예수님이 "마리아야"(요 20:16) 하고 부르시자, 마리아가 그제서야 예수님이신 줄 알고 돌아서서 히브리말로 "랍오니(선생님)" 하고 부른다. 예수님이 말씀하신다. "나를 붙들지 말라. 내가 아직 아버지께로 올라가지 아니하였노라. 너는 내 형제들에게 가서 이르되 내가 내 아버지 곧 너희 아버지, 내 하나님 곧 너희 하나님께로 올라간다 하라"(요 20:17). 마리아는 제자들에게 가서 "내가 주를 보았다" 하며 예수님이 하신 말씀을 전한다.

마리아에게 많은 천사가 아니라 오직 두 천사가 나타난 것을 주목해 보면, 아마도 증언의 유효성을 담보하기 위해 두 증인이 필요했기 때문일 것이다. 천사들은 마리아에게 (기뻐해야 할 때에) 왜 우느냐고 묻는다(예수님도 같은 질문을 하신다). 마리아가 곧 알게 될 일들을 좀 더 쉽게 받아들일 수 있게 해주는 방법이었을 것이다. 예수님을 너무 사랑했던 마리아는 예수님의 시체를 찾아 적합한 곳에 (혼자 힘으로는 불가능했을 텐데도) 자신이 직접 옮기려 했던 것 같다. 그런 마리아가 자기 앞에서 말씀하시는 분이 예수님임을 알게 되자 몹시 기뻐하고, 예수님은 자신을 만지지 말라고 주의를 주신다. 승천하기 전 40일 동안만 이 땅에 머무실 것이기에, 예수님은 자신이 오래 머물 것이란 인상을 마리아에게 주지 않으시려는 의도가 있으셨던 것 같다. 매튜 헨리는 이렇게 말한다. "예수님은 자신이 육체를 입은 채 땅에 계속 머물 것을 마리아가 기대하지 못하게 하시고, 오히려 (아버지에게 돌아가시는) 승천 후 함께 나누어야 하는 영적 대화와 사귐으로 이끌고 계신다. 예수님의 부활은 무엇보다 승천을 향한 첫 걸음이란 의미에서 가장 큰 기쁨이 되기 때문이다…마리아는 주님 곁에 머무르는 데 만족하기보다, 주님의 메시지를 전하는 데 힘써야 한다. 그날은 복음으로 이야기되는 좋은 날들의 하루이기 때문이며, 그러므로 위로를 얻으려 하기보다 다른 이들에게 전해야 하는 시간이다."[32]

마태복음은 주의 천사를 통해 예수님의 부활 소식을 들은 여자들이 제자들에게 달려가던 중 예수님을 만났다고 기록한다. 예수님이 여자들에게 걸어 오셔서 "평안하냐"(마 28:9)[33]고 하시자 여자들이 다가가 예수님의 발을 붙잡고 엎드려 경배한다. 그러자 예수님이 여자들에게 이렇게 말씀하신다. "무서워하지 말라. 가서 내 형제들에게 갈릴리로 가라 하라. 거기서 나를 보리라"(마 28:10).

여자들이 무덤을 떠난 후, 경비병 몇이 성에 들어가 그 동안에 일어난 모든 일을 대제사장들에게 알린다. 대제사장들은 장로들과 의논한 끝에, 군인들에게 많은 돈을 주며 그들이 자는 동안 예수의 제자들이 와서 시체를 도둑질해 갔다 말하라고 시킨다. 마태는 자신이 복음서를 쓰는 시점에도 유대인들 사이에 이 이야기가 널리 퍼져 있다고 기록한다(마 28:15). 거짓말보다 진실이 믿기 어렵기에, 많은 사람이 거짓말을 받아들인다.[34] 그러나 이 이야기는 어설프게 조작된 허점이 드러난다. 어떻게 군인들은 자기들이 잠들었을 때의 일을 알 수 있단 말인가? 게다가 경계 중에 잠드는 행위는 극형에 처해져야 할 일이므로, 어떤 음모가 없이는 군인들이 이것을 인정했을 리 없다. 결국 이 주장은 무덤이 실제로 비어 있었음을 암시적으로 인정하는 증언이 된다. 예수님의 부활을 부인하는 측에서 제시한 강력한 부활 증거인 셈이다.[35]

복음서마다 부활의 첫 장면들을 조금씩 다르게 기록하고 있는 점은 독자에게 혼란스러울 수 있다. 테드 카발은 『기독교 변증 스터디 바이블』에서 다음과 같이 설명한다. "복음서들이 보여주는 몇몇 부활 장면은 얼핏 비슷해 보이지만 서로 조화시키기 어려운 부분들이 있는 것이 사실이다. 마태는 대략적으로 간단하게 기술한 반면, (일부 장면에선 하나의 공통 자료를 사용한 것으로 보이는) 누가와 요한은 매우 상세하게 기술하고 있다. 이런 차이점들은 복음서 기자들이 서로 다른 관점을 가지고 있었고 또 모두가 자기 방식으로 당시의 사건을 요약하려는 의도가 있었다는 것으로 설명할 수 있다."[36]

엠마오로 가는 길(막 16:12-13; 눅 24:13-32)

예수님은 베드로에게 나타나시고(눅 24:33-34; 고전 15:4-5), 이후에 예루살렘에서 (약 11킬로미터 떨어진) 엠마오로 가던 두 제자 앞에 나타나신다. 두 제자는 예루살렘에서 막 일어난 극적인 사건에 대해 이야기를 나누던 중이다. 예수님이 나타나 동행하시지만 제자들은 예수님이신 줄 알아보지 못한다. 예수님이 그들에게 "너희가 길 가면서 서로 주고받고 하는 이야기가 무엇이냐"(눅 24:17) 하고 물으시자 두 사람은 슬픈 표정을 지으며 걸음을 멈춘다. 그 중 한 사람인 글로바가 "당신이 예루살렘에 체류하면서도 요즘 거기서 된 일을 혼자만 알지 못하느냐?"라고 되묻는다. 예수님이 무슨 일인지 되물으시고, 그들은 나사렛 예수라는 분이 십자가에 못 박혀 장사지냈는데 무덤에서 시체가 없어졌다고 설명한다. 이에 예수님은 "미련하고 선지자들이 말한 모든 것을 마음에 더디 믿는 자들이여! 그리스도가 이런 고난을 받고 자기의 영광에 들어가야 할 것이 아니냐?"(눅 24:25-26) 하시고, 모세와 모든 선지자의 글로 시작하여 모든 성경에 기록된 자신에 관한 내용을 자세히 설명해 주신다.

이후에, 예수님이 제자들과 음식을 드실 때에, 떡을 가지사 축사하시고 떼어 그들에게 주신다. 그제서야 두 사람은 눈이 밝아져 예수님인 줄 알아보지만 예수님의 모습은 이미 사라져 보이지 않는다. 그들이 서로에게 말한다. "길에서 우리에게 말씀하시고 우리에게 성경을 풀어주실 때에 우리 속에서 마음이 뜨겁지 아니하더냐?"

이 내용은 성경에서 주목해야 할 이야기 중 하나다. 부활하신 그리스도가 역사상 가장 위대한 성경 교사로서, (모든 구약성경을 다루시면서 그것들이 어떻게 예수님 자신을 가리키는지 설명하시는) 역사상 가장 심오한 가르침을 제자들에게 베푸시는 장면이기 때문이다. 예수님이 이 가르침을 행하신 지 2천 년이 지난 오늘날에도 성경의 통일성을 이해하기나, 예수님이 어떻게 신구약성경의 주인공이 되시는지 이해하지 못하는 사람들이 너무 많다. 예수님이 구약성경에서 온갖 방식으로 예표되고 예시되며 모형으로 나타나신다는 것에 대해 지나치다거나 허무맹랑한 개념이라고 여기는 사람들이 있는데, 이것은 21세기 기독교 광신자들이 만들어낸 개념이 아니다. 이 본문에서(눅 24:13-32) 예수님이 친히 그 사실을 분명히 밝히실 뿐 아니라 다른 본문에서도(눅 24:44-49) 동일하게 말씀하신다. 그것을 거부하는 사람은 예수님 자신의 증언을 거부하는 것이 된다. 예수님이 구약성경 전체에서 하나님의 약속-계획을 세세히 풀어주실 때 그분의 발치에 앉아 귀기울일 수 있는 기회가 있다면 이는 무엇으로도 바꿀 수 없는 최고의 풍성한 경험이 될 것이다.

조금 전 자기들이 겪은 일을 되돌아본 제자들은 기쁨과 경외심으로 충만해진다. 예수님이 그들의 눈을 열어주시고, 그들은 예수님이 이제까지 가르치셨던 모든 것을 마침내 깨닫게 되었다. 당시 거의 모든 유대인이 그렇듯, 그들도 완전히 다른 모습의 메시아를 기대했다.

그러나 예수님은 정치적으로든 군사적으로든 승리를 얻기는커녕 굴욕적인 죽음을 당하셨다. 기대하던 제자들은 당연히 망연자실할 수밖에 없었다. 그러나 이제 그들은 예수님이 (정치적, 군사적 승리가 아닌) 구원을 주러 오셨음을 알게 되었다. 이는 훨씬 더 숭고한 일이며, 그들의 마음도 환희 빛나고 있다. 구약성경도, 예수님의 가르침도, 그분의 삶과 죽음, 부활도 모두 깨닫게 되었다. 그들은 이제 돌이킬 수 없는 신자가 되어 예수님과 복음을 위해 남은 삶을 바치게 될 것이다. 이 이야기는 내게도 개인적으로 큰 의미가 있다. 앞서 출간한 『슬기로운 구약읽기』에서 구약성경이 다양한 방식으로 그리스도를 가리키고 있음을 소개한 바 있다. 이를 통해 예수님이 엠마오로 향하던 제자들에게 드러내 보여주셨을 내용들을 부족하나마 재현하고 싶었다.

찰스 스펄전은 이 사건의 핵심을 다음과 같이 포착한다. "예수님과 함께 걸을 수만 있다면, 우리 마음은 뜨거워지고 영적인 기틀이 잡혀 밝은 빛을 내게 될 것이다. 그러므로 우리의 영적 나태함을 치유하기 위한 최고의 처방 중 하나로 하나님과 지속적인 교제를 나눌 것을 추천하는 바다."[37] 비록 우리는 예수님이 이 땅에 계시는 동안 그분과 동행하지 못했지만, 우리에게는 활용 가능한 구약성경과 신약성경이 있다. 신약성경은 하나님의 구원 계획의 전반을 드러내고 있고, 우리는 이 신구약성경을 통해 구원의 역사를 통시적으로 볼 수 있다. 우리는 성경을 통해 그리스도를 본다. 복음서를 통해 그분의 삶과 가르침을 배우고, 신약의 다른 책을 통해선 그것의 의미를 발견해 간다.

우리만의 엠마오 경험을 얻고 싶다면, 말씀 앞으로 나아가 맛보고 빨아들여야 한다. 스펄전은 이렇게 말한다. "아, 말씀 한 구절 혹은 그 안에 있는 몇 단어를 입에 넣고 달콤한 사탕을 녹여 먹듯 혀로 굴리며 음미하라. 처음에는 꿀을 바른 와플 같은 맛이 나는데, 묵상의 입술로 지그시 누르고 지적 분별력이라는 입천장으로 계속 굴리다보면 마침내 이렇게 소리치게 될 것이다. '주의 말씀이 어찌 그리 달콤한지요!'…그렇게 말씀은 우리 마음에 불을 지피기 시작한다…맥을 놓은 듯하던 우리의 믿음이 되살아나 생기를 얻게 될 것이다. 오 형제여, 부디 성경을 부지런히 읽으라. 이 추운 계절을 지나는 동안에 소중한 약속과 거룩한 메시지의 불길을 곁에 두기 바란다. 그러면 추위로부터 해를 입지 않을 것이다. 이것이 한 개의 불이다."[38] 스펄전이 말하는 (동일한 효과가 있는) 또 다른 불은 기도로 영혼의 불을 지피는 것이다. 이것은 100년 전 스펄전이 설교할 때나 오늘날이나 변함없는 진실이다. 우리 안에 하나님을 향한 마음이 불타오르기 원한다면, 부지런히 하나님의 말씀을 읽고 연구하며 기도로 나아가야 한다.

제자들에게 나타나심(막 16:14; 눅 24:36-43; 요 20:19-23)

엠마오로 향하다 예수님을 만난 제자들이 예루살렘으로 돌아간다. 그곳엔 열한 제자 및 그들과 함께하는 이들이 모여 있는데, 유대인들이 두려워 문을 닫아걸고 있다. 예루살렘에 모여 있던 이들은 예수님이 다시 살아나시고 시몬에게 나타나셨다는 말을 전한다.[39] 두 사람도 엠마오로 가던 길에 그리스도를 만난 일과 떡을 떼어주실 때 비로소 그분이 예수님이심을 알게 되었다는 이야기를 들려준다. 그들이 그런 이야기를 하고 있을 때 예수님이 나타나시고 그들 가운데 서서 말씀하신다. "너희에게 평강이 있을지어다. 아버지께서 나를 보내신 것

같이 나도 너희를 보내노라"(요 20:21). 그런 후에 하나님이 아담에게 생기를 불어넣으시는 장면이 떠오르게 하시듯(창 2:7) 그들을 향해 숨을 내쉬며 말씀하신다. "성령을 받으라. 너희가 누구의 죄든지 사하면 사하여질 것이요, 누구의 죄든지 그대로 두면 그대로 있으리라"(요 20:22-23).

함께 모여 있던 이들이 놀라고 무서워하며 자기들이 영을 본다고 생각한다. 예수님이 그들에게 말씀하신다. "어찌하여 두려워하며 어찌하여 마음에 의심이 일어나느냐? 내 손과 발을 보고 나인 줄 알라. 또 나를 만져보라. 영은 살과 뼈가 없으되, 너희 보는 바와 같이 나는 있느니라"(눅 24:38-39). 이 말씀을 하시고 그들에게 손과 발을 보이신다. 그들이 기뻐하면서도 믿어지지 않아 여전히 어리둥절해 하고 있으니, 예수님이 "여기 무슨 먹을 것이 있느냐?"(눅 24:41) 하고 말씀하신다. 그들이 구운 생선 한 토막을 드리자 예수님이 그것을 받아 그들이 보는 앞에서 잡수신다.

이 모든 일은 제자들이 받아들이기엔 버거웠다. 그들의 의심을 비난하기 앞서, 우리도 이전의 경험 범위를 완전히 벗어나는 일을 마주할 때 어떤 반응을 보이는지 돌이켜봐야 한다. 예수님은 자신이 유령이 아니라, 손으로 만질 수 있고 음식도 먹을 수 있는 사람임을 증명하고자 하신다. 우리는 때로 의심하는 사람들에게 그리스도의 신성을 강조하며 설득하려 한다. 그러면서 은연중 동일하게 중요한 실체인 예수님의 인성은 무시하려는 경향이 있다. 그러나 여기서 예수님은 자신이 우리와 똑같은 인간임을 보여주신다. 그분의 부활은 성경의 많은 약속대로 육체의 부활이었으며, 우리의 부활 또한 그러할 것이다(고전 15:35-49).

하나님 아버지가 예수님에게 권한을 부여하여 우리에게 보내신 것처럼, 예수님도 세상 구원과 복음 증거를 위해 사도들에게 권한을 위임하여 파송하신다.[40] 그들은 대속의 제물이 되신 그리스도의 복된 소식을 전해야 하며, 만일 누구든지 이 복음을 듣고 그리스도를 믿는 자는 구원을 받고 그렇지 않은 자는 심판을 받게 될 것이다.

나의 주, 나의 하나님(요 20:24-30)

열두 제자 중 하나인 도마는 예수님이 나타나셨을 때 함께 있지 않았다. 다른 제자들이 도마에게 우리가 예수님을 보았다고 하자, 예수님의 못자국 난 손에 내 손가락을 넣어보고 그 옆구리에 내 손을 넣어보지 않고는 믿지 못하겠다고 말한다. 팔일 후에 제자들이 다시 집안에 모였는데, 그때는 도마도 함께 있고 문들이 닫혀 있다. 그런데도 예수님이 들어오셔서 그들 가운데 서서 말씀하신다. "너희에게 평강이 있을지어다"(요 20:21). 그리고 도마에게 말씀하신다. "네 손가락을 이리 내밀어 내 손을 보고 네 손을 내밀어 내 옆구리에 넣어보라. 그리하여 믿음 없는 자가 되지 말고 믿는 자가 되라"(요 20:27). 도마가 대답한다. "나의 주님이시요 나의 하나님이시니이다!" 예수님이 그에게 말씀하신다. "너는 나를 본 고로 믿느냐? 보지 못하고 믿는 자들은 복되도다"(요 20:29).

의심하던 제자들은 부분적인 믿음을 가졌다가 다시 의심을 품게 되었고, 이윽고 강한 믿음을 얻고는 마침내 예수 그리스도를 진심으로 믿는 신자로 변화했다. 도마가 이 믿음의 발전 과정의 정점에 있다.

강력한 회의주의자이던 도마는 결국 온전한 믿음을 드러내며 "나의 주님이시요 나의 하나님이시니이다"라고 고백한다. 뷰포드 브라이언트와 마크 크라우제는 이렇게 말한다. "이 본문은 예수님을 (직접적으로) '하나님'으로 언급하는 신약의 몇 안 되는 사례 중 하나다. 불신으로 비판 받아 마땅하던 도마는 급진적인 변화를 겪으면서 예수님에 대한 최고의 신앙을 고백하는 대명사가 된다. 여러 가지 면에서 이 장면은 요한복음의 정점이다."[41]

제럴드 보체르트는 이것이 "복음서 최고의 고백"이라고 말한다. 요한복음 서두에서 시작된 '이 말씀은 곧 하나님이시라'(요 1:1)는 고백이 요한복음 마지막에 이르러 '나의 주님이시요 나의 하나님이시니이다'라는 고백으로 끝난다."[42] 도마는 극적인 전환점을 돌았다. 예수님이 죽은 자 가운데서 살아나셨음을 깨달았을 뿐 아니라, 이 고백에 담긴 중대한 의미를 분명 알고 있기 때문이다. 레온 모리스는 이렇게 기록한다. "이런 식으로 죽은 자 가운데서 살아날 수 있는 보통 사람은 없다. 이전에 죽었으나 지금 분명히 살아 있는 자만이 이런 경배와 고백을 받을 수 있을 것이다."[43]

도마가 예수님을 만난 직후 요한은 이렇게 기록한다. "예수께서 제자들 앞에서 이 책에 기록되지 아니한 다른 표적도 많이 행하셨으나 오직 이것을 기록함은 너희로 예수께서 하나님의 아들 그리스도이심을 믿게 하려 함이요, 또 너희로 믿고 그 이름을 힘입어 생명을 얻게 하려 함이니라"(요 20:30-31).

이 짧은 본문은 우리에게 두 가지 중요한 사실을 전한다. 첫째, 요한이 이 복음서를 기록한 목적은 사람들로 예수 그리스도를 믿게 하고, 그 믿음으로 말미암아 영원한 생명을 얻게 하기 위해서이다. 둘째,

요한은 우리에게 예수님이 행하신 더 많은 표적들에 대해 기록할 수 있음에도, 우리로 믿음을 갖게 하는 데 충분한 정도로만 전하고 있다는 점이다.

예수님이 들려주신 부자와 거지 나사로 이야기를 떠올려 보라. 죽은 후 지옥에서 고통을 당하던 부자는 자기 다섯 형제에게 경고하여 이곳에 오지 않게 해달라고 아브라함에게 간청한다. 그러나 아브라함은 그들이 모세와 선지자들의 말을 듣지 않는다면, 비록 죽은 자 가운데서 살아나는 자가 있을지라도 충고를 듣지 않을 거라고 말한다. 성경은 우리가 믿음을 가질 만큼 충분한 증거를 제공한다. 우리는 이 정보를 가지고 어떤 선택을 내려야 할지 선택해야 한다. 믿을 만한 증거가 충분한데도 여전히 의심하고 있지는 않은지 돌아보아야 한다. 사람들은 종종 성경에서 약간 불일치하거나 문제가 되는 부분을 찾아서 자신들의 의심을 강화하려는 경향이 있다. 그러나 더 많은 경우 의심은 지식에 관한 문제에서 비롯되는 게 아니다. 정보가 부족하다든지, 받아들이기 곤란하다든지, 아니면 세상에 악이 만연하다는 사실 등 다른 이유 때문이 아니다. 단순히 마음의 문제일 때가 있다. 자존심 때문이든지, 자신이 죄인이라는 것을 인정하고 싶지 않은 동기가 오히려 큰 경우가 많다. 말씀을 거부하는 친구가 있다면 그런 사실들을 잘 알아 지혜롭게 복음을 전해야 한다. 성경은 어떤 측면에서든 부족함이 없으며 우리에게 그리스도를 매우 분명하게 드러내고 있다. 그러므로 (지적인 변명이 아닌) 마음을 열고 생각을 열면 그리스도가 분명히 보일 것이다.

베드로에게 나타나심, 물고기를 잡음(요 21:1-25)

그 후에 예수님은 디베랴 호수에서 베드로와 도마와 갈릴리 가나 사람 나다나엘과 세배대의 아들들과 또 다른 제자 둘을 포함한 일곱 제자 앞에 나타나신다. 베드로가 물고기를 잡으러 가겠다고 하고 다른 제자들도 함께 나가서 배에 오르지만, 그날 밤엔 아무것도 잡지 못한다. 날이 밝을 무렵 예수님이 바닷가에 서 계시지만, 제자들은 예수님이신 줄 알지 못한다. 예수님이 그들에게 말씀하신다. "얘들아, 너희에게 고기가 있느냐?"(요 21:5). ("얘들아"children라는 표현은 부모와 자녀 관계에서 생각할 수 있는 친밀함을 전달한다).[44] 그들이 없다고 대답하자 예수님이 이렇게 말씀하신다. "그물을 배 오른편에 던지라. 그리하면 잡으리라"(요 21:6). 그들이 그물을 던지자 그물을 들 수 없을 정도로 많은 물고기가 잡힌다.

요한이 베드로에게 "주님이시라"고 하자 (옷을 벗고 있던) 베드로가 그 말을 듣고 자기의 겉옷을 두른 채 바다로 뛰어내린다. 다른 제자들은 고기가 가득 걸려든 그물을 끌며 배를 저어 육지로 나온다. 육지에 올라와 보니 숯불이 있는데 그 위에 생선이 놓였고 떡도 있다. 예수님이 말씀하신다. "지금 잡은 생선을 좀 가져오라"(요 21:10). 시몬 베드로가 배에 올라 그물을 육지에 끌어 올리니 그물 속에 153마리나 되는 큰 물고기가 가득히 있고, 그런데도 그물은 찢어지지 않았다. 예수님이 제자들에게 "와서 조반을 먹으라"(요 21:12) 하시는데, 제자들은 그분이 주님이신 줄 알기에 아무도 당신이 누구냐 감히 묻지 못한다. 예수님은 떡을 가져다가 제자들에게 주시고 생선도 그와 같이 나누어주신다.

예수님은 제자들이 밤새도록 물고기를 잡지 못한 상황에서 그물 가득 잡게 하심으로 자신의 초자연적인 능력을 보여주신다. 잡힌 물고기가 153마리라는 구체적인 언급은 이 이야기의 신뢰성을 더한다. 보통 어부들은 시장에 물고기를 팔기 전에 몇 마리인지 그 수를 세기 때문이다.[45] 예수님은 제자들이 담대한 증인이 되어 복음을 전할 수 있게 하기 위해 그들 앞에 부활하신 몸으로 나타나실 뿐 아니라 초자연적 능력까지 보여주고 계신다. 이에 대해 베드로는 사도행전에서 다음과 같이 고백한다. "우리는 유대인의 땅과 예루살렘에서 그가 행하신 모든 일에 증인이라. 그를 그들이 나무에 매달아 죽였으나 하나님이 사흘 만에 다시 살리사 나타내시되 모든 백성에게 하신 것이 아니요, 오직 미리 택하신 증인 곧 죽은 자 가운데서 부활하신 후 그를 모시고 음식을 먹은 우리에게 하신 것이라. 우리에게 명하사 백성에게 전도하되 하나님이 살아 있는 자와 죽은 자의 재판장으로 정하신 자가 곧 이 사람인 것을 증언하게 하셨고"(행 10:39-42).

아침 식사를 마치고 예수님이 베드로에게 물으신다. "요한의 아들 시몬아, 네가 이 사람들보다 나를 더 사랑하느냐?"(요 21:15). 베드로가 대답한다. "주님, 그러하나이다. 내가 주님을 사랑하는 줄 주님께서 아시나이니다." 그러자 예수님이 말씀하신다. "내 양을 먹이라"(요 21:15). 예수님이 두 번째로 물으신다. "요한의 아들 시몬아, 네가 나를 사랑하느냐?"(요 21:16). 베드로가 대답한다. "주님, 그러하나이다. 내가 주님을 사랑하는 줄 주님께서 아시나이다." 예수님은 "내 양을 치라"(요 21:16) 하시고 세 번째로 물으신다. "요한의 아들 시몬아, 네가 나를 사랑 하느냐?"(요 21:17). 반복되는 질문에 근심에 빠진 베드로가 예수님에게 대답한다. "주님, 모든 것을 아시오매 내가 주님을 사랑하는 줄을 주님께서 아시나이다." 그리고 예수님이 대답하신다. "내 양을 먹이라. 내가 진실로 진실로 네게 이르노니 네가 젊어서는 스스로 띠 띠고 원하는 곳으로 다녔거니와 늙어서는 네 팔을 벌리리니 남이 네게 띠 띠우고 원하지 않는 곳으로 데려가리라"(요 21:17-18). 그리고 연이어 베드로에게 말씀하신다. "나를 따르라"(요 21:19).

많은 주석가가 예수님이 베드로에게 다른 제자들보다 예수님을 더 사랑하는지 물어보신 것은 베드로가 예수님을 절대로 버리지 않겠다고 했던 맹세 때문이라고 믿는다. 예수님이 베드로에게 세 번이나 물어보신 것은, 그가 저지른 세 번의 배신에 대해 회복할 기회를 주시면서 예수님이 용서하셨음을 보이기 위함이다. 예수님은 베드로의 사랑이 진심임을 의심하지 않으신다. 베드로가 늙어서는 팔을 벌리고 남이 그에게 띠 띠우고 원하지 않는 곳으로 데려갈 것이라는 그리스도의 언급은 베드로가 박해를 받고 십자가에 달리게 될 것을 알고 계심을 보여준다. 예수님은 베드로에게 "나를 따르라"고 말씀하심으로 이땅에서 베드로의 운명이 험난할 것이며 그럼에도 예수님을 따름으로 영원한 상급을 얻게 될 것임을 암시하신다.

베드로가 뒤를 따르던 요한을 가리키며 그가 어떻게 될지 예수님에게 묻자 예수님이 말씀하신다. "내가 올 때까지 그를 머물게 하고자 할지라도 네게 무슨 상관이냐? 너는 나를 따르라"(요 21:22). 베드로는 요한이나 다른 사람을 염려하지 말고 그저 순종하고 예수님을 따라야 한다. 요한이 베드로보다 더 오래 살든 그와 동일하게 박해를 받든 베드로가 관여할 일이 아니며, 그 모든 것은 오직 예수님이 결정하실 일이다.

요한은 자신의 복음서에서, 예수님이 실제로 그렇게 말씀하지 않으셨는데도 요한은 죽지 않는다고 하셨다는 소문이 믿는 자들 가운데 돌았다고 전한다. 요한은 복음서에서 자기 자신에 대해 다음과 같이 소개한다. "이 일들을 증언하고 이 일들을 기록한 제자가 이 사람이라. 우리는 그의 증언이 참된 줄 아노라"(요 21:24). 요한은 자기가 이 복음서의 기자이며, 자기가 쓴 모든 내용의 목격자이므로 역사적으로도 틀림이 없음을 독자인 우리가 신뢰해도 좋다고 밝히는 것으로 끝을 맺는다. 또한 요한은 그리스도가 행하신 많은 일 가운데 자신이 기록하지 않은 것들이 있다고 말한다. "예수께서 행하신 일이 이 외에도 많으니 만일 낱낱이 기록된다면 이 세상이라도 이 기록된 책을 두기에 부족할 줄 아노라"(요 21:25). 다소 과장된 표현일 수 있지만, 그리스도의 생에에 관해 기록된 많은 내용들과 그 비교할 수 없는 중요성을 생각한다면 결코 과장으로만 치부할 수 없을 것이다.

대위임명령(마 28:16-20; 막 16:15-18)[46]

열한 제자가 갈릴리에 이르러 전에 예수님이 가라고 지시하신 산으로 간다. 거기서 예수님을 뵙고 엎드려 경배한다. 예수님은 그들에게 가까이 오셔서 말씀하신다. "하늘과 땅의 모든 권세를 내게 주셨으니 그러므로 너희는 가서 모든 민족을 제자로 삼아 아버지와 아들과 성령의 이름으로 세례를 베풀고, 내가 너희에게 분부한 모든 것을 가르쳐 지키게 하라. 볼지어다, 내가 세상 끝날까지 너희와 항상 함께 있으리라"(마 28:18-20).

마태는 몇몇 제자가 여전히 예수님을 의심했다고 기록한다. 그러나 예수님이 메시아이고 하나님의 아들이시라는 사실에 대해 실제로 불신을 품었다고 말하기는 어렵다. 그때까지 그들 모두가 부활하신 그리스도를 보고 믿게 되었기 때문이다(요 20:19-28).[47] 일부 주석가들은 마태가 말하는 사람들은 열한 명의 제자들 외에 다른 사람들이었을 것이라고 주장한다. 또 다른 주석가들은 제자들 중 일부가 처음에 예수님을 보고 미처 알아보지 못한 것을 기록한 것이라고 주장하기도 한다. 어떤 경우든, 의심이 조금은 남아 있다 해도 그 의심은 곧 사라질 것이다.[48]

R. T. 프란스는 이 마지막 다섯 구절이 마태복음의 가장 중요한 주제들을 최종 결론짓고 있다고 말한다. 앞서 예수님을 버리고 달아났던 제자들이(마 26:56) 지금은 온전한 신뢰와 권위를 회복하신 예수님과 함께하며, 부르심 받은 사명에 착수할 채비를 하고 있다(마 10:1-15). 예수님은 영광 중에 돌아올 것을 예언하셨는데, 바로 그렇게 되셨다. 자기 백성("이스라엘 집의 잃어버린 양," 마 10:6; 15:24)을 찾으시려는 그분의 사명은 이제 열방으로 확장되었다. 이는 전에 예언하셨던 내용이기도 하다(마 24:14). 프란스는 이렇게 말한다. "그리고 아마도 가장 놀라운 사실은, 갈릴리 언덕에 계시던 그 인간 예수가 이제는 믿음에 대해 설교하고 주창하는 자로서가 아니라 믿음의 대상 그 자체로 이해되고 있다는 것이다."[49]

"볼지어다. 내가 세상 끝날까지 너희와 항상 함께 있으리라"(마 28:20)는 마지막 말씀은 요셉의 꿈에 나타난 주의 천사가 했던 말의 의미를 온전히 드러내준다. "이 일을 생각할 때에 주의 사자가 현몽하여 이르되 '다윗의 자손 요셉아, 네 아내 마리아 데려오기를 무서워하지 말라. 그에게 잉태된 자는 성령으로 된 것이라. 아들을 낳으리니 이름을 예수라 하라. 이는 그가 자기 백성을 그들의 죄에서 구원할 자이심이니라.' 이 모든 일이 된 것은 주께서 선지자로 하신 말씀을 이루려 하심이니 이르되 '보라, 처녀가 잉태하여 아들을 낳을 것이요 그의 이름은 임마누엘이라 하리라' 하셨으니 이를 번역한즉 하나님이 우리와 함께 계시다 함이라"(마 1:20-23). 얼 래드마처는 이렇게 말한다. "'내가 너희와 항상 함께 있으리라'는 말씀은 예수님이 진정한 임마누엘이시라는 선언이다."[50]

마찬가지로 크레이그 블롬버그도 이 마지막 몇 구절이 마태복음의 정점이라고 주장한다. 예수님은 하나님께 받은 권세를 기반으로 영적으로 제자들과 계속 함께 하겠다 약속하시면서도, 제자들에게 사명을 위임하고 계신다. 블롬버그는 이렇게 말한다. "그분이 완전한 하나님이실 때만 이런 주장이 가능하다. 온 우주가 그분에게 위임된 권세 아래 있기 때문이다."[51]

예수님은 제자들에게 "제자 삼으라"고 명령하시는데, 이것은 복음을 전하여 사람들이 믿음을 갖도록 만드는 것 이상을 의미한다. 이것은 새로운 그리스도인들에게 그분을 주인으로 섬기며 따르는 법을 가르칠 뿐 아니라 그분의 명령에 순종하도록 가르치라는 의미다.[52] 이렇게 (예수님에게 온전히 헌신한) 제자를 삼음으로, 더 많은 사람이 회심하게 될 것이고, 더 많은 복음전도자들이 나타나 말씀을 전파하고 가르치며 더 많은 제자를 훈련하게 될 것이다.

마지막으로 나타나시고 승천하심(고전 15:6-7; 막 16:19-20; 눅 24:44-53; 행 1:4-11)

바울은 고린도 교인들에게 보내는 첫 번째 편지에서 예수님이 오백여 형제에게 일시에 보이셨고 (그들 대다수는 바울이 편지를 쓰던 당시 살아 있었다) 그 후에 야고보에게 보이셨다고 기록한다(고전 15:7). 바울의 말이 사실이 아니라면 많은 사람들이 찾아와 반박할 여지가 충분한 발언이다. 그러므로 이는 예수님의 부활이 역사적 사건임을 입증하는 강력한 증거다. 뿐만 아니라 예수님은 다메섹으로 가던 (후에 바울로 이름이 바뀐) 사울에게 극적으로 나타나신다(행 9:1-19; 고전 15:8).

예수님이 사도들에게 마지막 가르침을 주시는데, 엠마오로 가던 제자들에게 하셨던 것과 동일한 내용이다. "내가 너희와 함께 있을 때에 너희에게 말한 바 곧 모세의 율법과 선지자의 글과 시편에 나를 가리켜 기록된 모든 것이 이루어져야 하리라 한 말이 이것이라"(눅 24:44). 그런 다음 예수님은 그들의 마음을 열어 성경을 깨닫게 하시고 이렇게 선포하신다. "이같이 그리스도가 고난을 받고 제삼일에 죽은 자 가운데서 살아날 것과 또 그의 이름으로 죄 사함을 받게 하는 회개가 예루살렘에서 시작하여 모든 족속에게 전파될 것이 기록되었으니 너희는 이 모든 일의 증인이라. 볼지어다, 내가 내 아버지께서 약속하신 것을 너희에게 보내리니 너희는 위로부터 능력으로 입혀질 때까지 이 성에 머물라"(눅 24:46-49).

예수님은 제자들을 데리고 베다니 앞까지 가셔서, 손을 들어 그들을 축복하신다. 축복하시는 동안 예수님의 몸이 들리워지더니 하늘 위로 올라가 하나님 우편에 앉으신다.[53] 제자들이 하늘을 쳐다보고 있

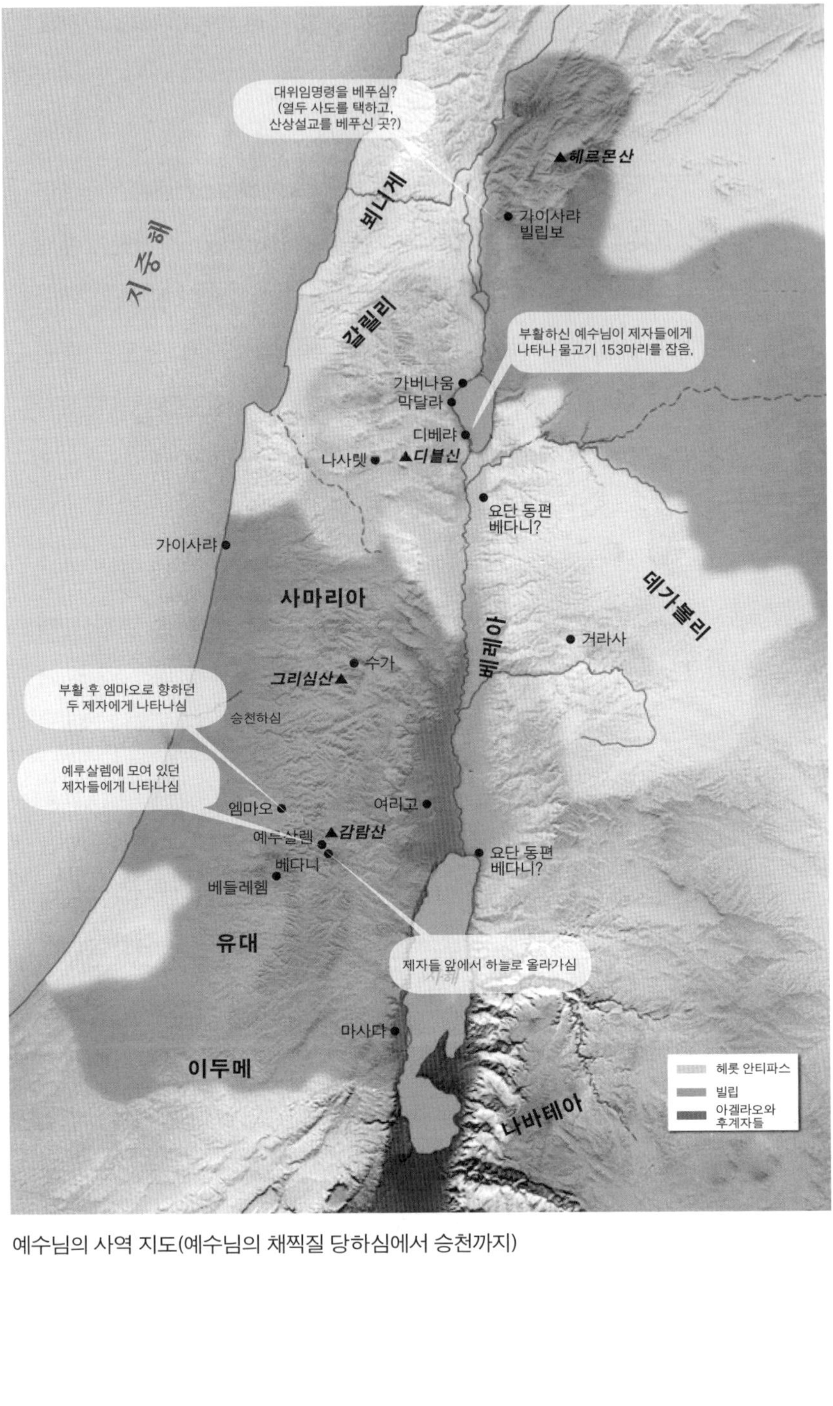

예수님의 사역 지도(예수님의 채찍질 당하심에서 승천까지)

을 때, 흰 옷 입은 두 사람이 그들 곁에 서서 말한다. "갈릴리 사람들아, 어찌하여 서서 하늘을 쳐다보느냐? 너희 가운데서 하늘로 올려지신 이 예수는 하늘로 가심을 본 그대로 오시리라"(행 1:11). 제자들은 예수님을 경배하고 크게 기뻐하며 예루살렘으로 돌아가 날마다 성전에서 하나님을 찬양한다.

예수님이 이땅에서 마지막으로 승천하시는 것은 그분의 신적 사명을 일단락 짓고, 이제 제자들이 그분의 위임명령대로 모든 민족을 제자 삼는 일에 뛰어들도록 불을 지피는 역할을 한다. 노발 겔덴하위스는 이렇게 기록한다. "장엄한 승천을 통해 예수님이 하나님의 아들이심이 너무나 능력 있게 드러나서 제자들은 자기도 모르게 즉각적으로 그분을 주님이시요 왕으로 경배했다. 예수님이 신적 영광 가운데 승천하신 것은 제자들에게 있어 그분이 진짜 그리스도시고 하나님의 아들이심을 드러내는 결정적 증거이며, 그분이 전능자로서 모든 약속을 성취하실 수 있는 분임을 입증하는 증거이기도 했다. 거기에 더해 천사가 다시 한번 기쁜 소식으로 확신을 준다(행 1:11)… 예수님이 다시 사람의 모습으로 오실 것인데, 이는 또다시 고난을 받기 위함이 아니라 하나님의 주권적 통치를 온전히 실현하시고 하나님 나라를 완성하기 위해서다."[54]

비록 예수님은 하나님 우편에 앉으시기 위해 제자들을 떠나시지만, 그분의 사역은 막 시작되고 있다. 사도들과 제자들은 성령의 권능을 받아 교회를 세우고 땅끝까지 복음을 전파할 것이다. 예루살렘에서 로마까지 아우르는 초대 교회의 시작과 성장에 관한 흥미진진한 역사 이야기는 사도행전에 기록되어 있으며, 내가 다음에 쓸 책에서 다룰 예정이다.

나가는 글

앞에서 나는 이 책이 특정 주제를 놓고 논쟁을 벌이는 내용이 아니라고 설명했다. 신약성경의 정확성과 신뢰성에 도전하는 주장들을 다루고 있긴 하지만 변증서는 아니다. 열린 마음으로 성경을 읽으면 결국엔 성경이 하나님의 감동으로 된 것임을 (즉 진짜 하나님의 말씀이고 예수님이 하나님의 아들이심을) 알게 될 것이기에 성경은 그 자체로 변증적이라고 확신한다는 말도 했다. 같은 맥락에서 존 파이퍼 목사는 성경이 얼마나 "자기 증명적인지" 다음과 같이 묘사한다.

> 하나님께서 그 아들 예수 그리스도 안에 스스로를 드러내셨고 성경에 있는 계시의 기록들을 영감으로 쓰게 하셨으면서 보통 사람들이 그것을 알 수 있는 방법을 주지 않으셨다면 참 이상할 것이다. 간단히 말해, 진짜 예수님에 대해 확실히 알 수 있는 방법은 이것이다. 예수님은 성경에 계시된 대로 자명하게 드러나는 (탁월하게 영적으로 아름다운)

영광을 갖고 계신다. 마치 태양을 보면서 어둡지 않고 밝다는 것을 아는 것과 같고 꿀을 먹으면서 시지 않고 달다는 것을 아는 것과 같다. 전제에서 결론까지 장황하게 논리적으로 설명할 필요가 없다. 이분은 진짜이고 이분의 영광은 하나님의 영광임을 그냥 단박에 알 수 있다.[1]

지금까지 복음서에 드러난 진짜 예수님을 소개하고자 노력했다. 성경의 다른 책들과 달리, 복음서는 우리를 예수님의 삶 속으로 이끌어 마치 직접 목격하듯 예수님의 가르침과 행적을 접하게 한다. 서신서는 이 복음서에 담긴 메시지들과 그것의 신학적 의미를 해석하는 반면, 복음서는 직접 말씀하실 뿐 아니라 제자들과 함께하며 종교 지도자들 및 다양한 사람들과 상대하시는 예수님을 보여준다. 실제로 2천 년 전 예수님의 메시지가 오늘 우리에게도 동일한 능력으로 적용되는 실체가 되기에, 복음서를 읽을 때 우리는 단순히 독자를 넘어 목격자 그 이상이 된다. 어떤 면에서 우리는 예수님 앞에 나와 그 이야기의 일부가 된다. 우리는 단순히 예수님에 관한 이야기를 읽는 것이 아니다. 우리는 사실상 예수님과 함께 걷고 그분의 발치에 앉아 있는 것이다. 린코힉은 이렇게 설명한다. "복음서를 읽을 때 우리는 이야기가 펼쳐지는 곳으로 이끌려 들어간다. 현장에서 함께 걸으며 우리 발은 먼지투성이가 되어간다…복음서는 우리를 함께하도록 초대하여 예수님의 가르침과 삶속으로 안내한다."[2]

오직 복음서만이 우리를 예수님이 이땅에 계시던 세상으로 데려가 그분이 얼마나 특별한 분이신지 보여준다. 역사상 어떤 인간도 예수님과 비교될 수 없다. 그분은 육신을 입으신 하나님이시다. 이는 복음서를 읽고 나면 내릴 수밖에 없는 결론이다. 예수님의 참 모습을 보게 되기 때문이다. 기독교는 그저 예수님의 가르침과 놀라운 이적들을 전할 뿐 아니라 예수 그리스도에 관한 모든 것이다. 기독교는 예수님에게서 시작된다. 예수님은 도덕적 교훈을 가르치는 것 그 이상을 행하신다. 그분 자신이 메시지다. 케네스 스코트 라토렛은 이렇게 말한다. "복음서를 진지하게 읽은 사람이라면 예수님이 자기 자신과 자신의 메시지를 별개로 떼어놓지 않으셨음을 알게 된다…예수님이 자기 자신에 대해 말씀하신 것을 (자신의 메시지와) 직접적으로든 간접적으로든 떼어놓는다면, 그분의 가르침은 사실상 모든 영향력을 잃고 만다."[3]

그래서 복음서를 읽을 때 우리는 예수님이 하나님의 아들이심을 알게 되는데, 하나님이신 그분의 실체가 형언하기 힘든 방식으로 복음서 면면에서 불쑥 드러나기 때문이다. 그렇다고 기독교의 진리 주장을 면밀히 살필 필요가 없다고 말하는 것은 아니다. 그것은 전적으로 다른 관점이다. 그럼에도 한낱 인간이 이런 일을 꾸며서 기록한다는 것도 불가능하다. 냉소적인 생각을 잠시 내려놓고 복음서를 깊이 읽다보면, 자기가 하나님의 독생자의 아들에 관한 내용을 읽고 있음을 인정하게 될 것이다. 거기에 대해 마음까지 연다면 그분을 만나게 될 것이다. 시간을 들여 복음서를 찬찬히 읽으며 그분의 유일하심, 신성과 인성, 그리고 영화로우심을 큰 감사로 느껴보기 바란다.

다시 한번 존 파이퍼 목사가 핵심을 짚는다. "예수님이 진짜인지 하나님께 특별한 음성을 들려달라고 기도하라는 말이 아니다. 오히려 성경이 말하는 예수님을 만나볼 것을 권하는 바다. 그분을 바라보라. 눈을 감지 말고 말씀에서 확신을 얻기를 소망하라. 눈을 크게 열어 성경이 전하는 완전하신 예수님으로 채우라."[4]

역사 속 위대한 인물이든 소설 속 인물이든 예수님과 비교될 사람이 있을까? 예수님에겐 (높아지심과 낮아지심 같은) 역설적인 양극단의 속성들이 신비하게 혼재되어 있다. 이를 조나단 에드워즈는 "다양한 탁월하심들의 경탄할 만한 결합"이라고 부른다.[5] 최고의 권세를 소유하셨으면서도 더할 수 없이 겸손하신 분과 비교될 만한 이상적인 인물이 역사 속에서든 소설 속에서든 존재한 적이 있던가? 도덕적으로는 그토록 엄격하면서도 그처럼 자비로운 사람이 또 있을까? 근본 하나님의 본체시며 하나님과 동등하시되 아버지이신 하나님께 철저히 복종한 이가 세상 어디에 또 있을까? 하나님이면서 철저히 인간인 사람은? 헤아릴 수 없을 정도로 복합적이면서 동시에 단순하고 친밀하게 인간적인 이가 또 있을까?[6] 실제로 예수님은 성경에서 사자와 양[7]으로 묘사되어 있고, 각각의 속성을 다 보여주신다.

앞서 보았듯, 예수님의 다양한 속성은 그분의 다양한 사명과 묶여 있으며, 이는 하나님 나라의 양면적 속성과도 연결된다. 예수님은 성육신을 통해 하나님 나라를 출범하시지만, 그 나라는 전혀 새로운 것이었다. 예수님은 이 땅에 계시면서 가시적으로 왕국을 소유하지 않으신다. 군대도 없으셨다. 영토를 정복하지도 않으신다. 성을 소유하지도 않으신다. 집이랄 만한 곳도 없으셨다. 수치와 모욕을 겪으며 죽으시지만, 그렇게 하심으로 사탄과 죄와 죽음을 정복하신다. 그리고 다시 오실 때 영구적으로 왕국을 세우실 것인데, 거기서 (단지 우리의 마음에서만 아니라) 모든 영역에서 완전한 통치를 실현하실 것이다.

신구약 중간기의 유대인들이 자신들의 메시아가 먼저 고난 받는 종이 될 것을 예견하지 못한 것은 사실이다. 인간의 지성으로는 이렇듯 "다양한 탁월하심들"을 지닌 한 인물을 생각할 수 있을 것 같진 않다. 더불어 온 우주의 하나님이 인간이 되어 우리 죄를 대신해 죽으신다는 구원 계획을 인간 지성이 생각하기란 불가능해 보인다. 얼핏 보면 말도 안 되는 생각 같지만, 오랜 세월 묵상과 성찰을 거치면서 나는 이 방법이야말로 하나님의 온전하신 공의뿐 아니라 그분의 무한한 사랑과 은혜와 자비를 함께 만족시킬 유일하게 가능한 구원 방법임을 믿게 되었다. 하나님은 무한히 지혜로우시므로 아마도 또 다른 구원 계획을 마련하실 수 있었겠지만, 두 가지는 분명하다. 다른 계획이 하나님 아들의 고통을 피하게 할 수 있었다면 분명 그것을 선택하셨을 것이란 점이다. 그럼에도 하나님은 독생자 아들을 보내기로 선택하셨고, 그분을 믿는 것이 구원을 얻는 유일한 길이라는 것이다.

복음서를 읽으며, 육신을 입은 하나님으로 오신 그리스도를 향해 당신도 마음을 열 수 있기를 바란다. 또한 창세기에서 시작된 성경의 이야기를 예수님이 어떻게 마무리하시는지 그리고 구원의 역사는 어떻게 완성해 가시는지 집중해 보았으면 한다. 신약성경은 구약의 율법 및 선지자들이 전하는 소망과 약속들의 성취자로서 예수 그리스도를 보여준다.[8] "하나님의 약속은 얼마든지 그리스도 안에서 예가 되니 그런즉 그로 말미암아 우리가 아멘 하여 하나님께 영광을 돌리게 되느니라"(고후 1:20).

어떤 의미에서 예수님은 아무것도 바꾸지 않으셨지만 또 다른 의미에서 보면 모든 것을 바꾸셨다. 그분의 성육신과 삶과 죽음은 처음부터 계획되었고 약속되어 있었다. 역사상 일어난 어떤 일도 그분의 신적 사명을 바꾸지 못했다. 그러나 그 사명의 일환으로 예수님은 구약의 약속과 예언들을 성취하시고 하나님이 아브라함에게 하신 (그로 한 민족을 이루게 하고, 그 민족을 통해 열방에 복을 주겠다는) 약속을 이루셨다. 그렇게 예수님은 그분을 믿는 자들을 위해 모든 것을 바꾸신다. 하나님이 자기 형상을 따라 창조하신 인류를 구원하기 위한 완벽한 구원 계획을 계시해 놓으신 것이기에 성경은 놀라울 정도로 통일성이 있다. 예수님은 구약성경에서 제기되는 모든 질문들의 완벽한 응답이 되신다. 예수님은 구약성경에 기록된 모든 예언의 완벽한 성취이시다. 예수님은 완전한 종이자 완전한 왕이시다. 그리고 우리가 예수님을 믿기만 하면, 그분은 우리의 완전한 구원이 되어 주신다.

마지막으로, 그리스도가 제공하시는 구원은 배타적이지 않지만 그분이 제인하시는 구원의 방편은 배타석이다. 오직 예수님만이 유일한 길이다. 중간은 없다. 그러므로 종국엔 모든 사람이 어떤 식으로든 선택을 내릴 수밖에 없다. 그분을 신뢰하지 않기로 한다 해도, 그것 역시 이미 선택을 내린 것이다. 삶의 방식을 바꾸는 일은 어렵고, 주류 문화가 거부하고 조롱하는 진리를 받아들이는 일은 더더욱 어려울 것이다. 그렇지만 우리 모두는 (아담이 그랬듯) 하나같이 죄인이고 예외없이 죽을 운명이다. 피할 길은 없다. 그러므로 우리에겐 죄사함이 필요하다. 스스로에 대해 아무리 자부심이 높아도 어쩌지 못하는 사실이다.

예수 그리스도의 부활은 소망 없는 우리를 위한 치료제다. 그분의 부활로 우리의 부활 역시 가능해졌기 때문이다. "우리 주 예수 그리스도의 아버지 하나님을 찬송하리로다. 그의 많으신 긍휼대로, 예수 그리스도를 죽은 자 가운데서 부활하게 하심으로 말미암아 우리를 거듭나게 하사 산 소망이 있게 하시며, 썩지 않고 더럽지 않고 쇠하지 아니하는 유업을 잇게 하시나니 곧 너희를 위하여 하늘에 간직하신 것이라"(벧전 1:3-4). 또 사도 바울은 이렇게 말한다. "형제들아, 자는 자들에 관하여는 너희가 알지 못함을 우리가 원하지 아니하노니 이는 소망 없는 다른 이와 같이 슬퍼하지 않게 하려 함이라"(살전 4:13).

예수님의 부활은 역사 속에서 실제로 일어난 사건이며, 이것이 우리에겐 모든 것을 의미함을 잊지 말아야 한다. 예수님이 살아 계시므로, 예수님을 믿는 모든 이들도 부활하여 영생을 누리게 될 것이다. 그리스도의 부활이 있기에 우리의 부활도 있고 주님과의 영원한 교제가 가능해진다.[9] "그러나 이제 그리스도께서 죽은 자 가운데서 다시 살아나사 잠자는 자들의 첫 열매가 되셨도다. 사망이 한 사람으로 말미암았으니 죽은 자의 부활도 한 사람으로 말미암는도다. 아담 안에서 모든 사람이 죽은 것같이 그리스도 안에서 모든 사람이 삶을 얻으리라"(고전 15:20-22). "이는 죄가 사망 안에서 왕 노릇 한 것같이 은혜도 또한 의로 말미암아 왕 노릇하여 우리 주 예수 그리스도로 말미암아 영생에 이르게 하려 함이라"(롬 5:21).

예수님의 중요한 질문으로 다시 돌아가보자. "너희는 나를 누구라 하느냐"(눅 9:20). 예수님은 무리가 아닌 한사람 한사람에게 이 질문을 하신다. 그래서 '당신은' 그분이 누구라고 말하겠는가? 나는 예수님이 나의 죄를 위해 죽으신 하나님의 아들이시며 지금도 살아 계셔서 그분을 믿는 모든 이에게 영생을 주시는 분이라고 대답하겠다. 당신은 어떠한가? 아직 확실히 답변하지 못하겠다면, 다시 한번 복음서를 읽으며 눈앞에 펼쳐지는 예수님의 영광을 목격하기 바란다. R. A. 토레이는 독자들에게 이 메시지를 직설적으로 전한다.

> 여러분, 그리스도는 구주십니다. 하나님이 그분을 여러분에게 내어주십니다. 여러분은 그분을 받아들이기만 하면 됩니다. 느껴지든 그렇지 않든, 오늘 밤 그분을 받아들이시겠습니까?

그 어떤 이유도 그리스도께 나오지 못할 이유가 되지 못합니다. 오히려 그리스도께 나와야 할 이유가 수천 가지입니다. 여러분이 살아온 세월만큼 영원에 더 가까이 온 것이기에 오늘밤 그리스도께 나와야 합니다. 남아 있는 세월은 섬김의 시간이 되어야 하기에 오늘밤 그리스도께 나와야 합니다. 주변에 이미 구원 받은 친구들이 있기에 오늘밤 그리스도께 나와야 합니다. 그래야 여러분도 천국에서 그분과 영원을 함께 보낼 수 있습니다. 주변에 있는 구원 받지 못한 친구들 때문에라도 오늘밤 그리스도께 나와야 합니다. 그래야 그 친구들을 그리스도께 인도할 수 있으니 말입니다. 구주의 머리를 찌르딘 가시관, 구주의 손과 발에 박힌 못, 구주의 등에 파인 채찍 자국, 여러분의 허물로 인해 그분이 상처를 입으셨고 여러분의 평강을 위해 그분이 징계를 받으셨기에 오늘밤 그리스도께 나와야 합니다. 그렇게 하시겠습니까? 아, 한 시라도 늦추면 위험합니다.[10]

다음의 짧은 일화도 같은 주제를 담고 있다.

예전에 영국 왕 에드워드 7세에 대해 들은 이야기다. 어느 늦은 오후 왕과 왕비가 산책을 나갔다가 그만 왕비가 넘어지면서 발목을 삐었다. 왕비는 몹시 고통스러워하며 남편의 어깨를 잡고 간신히 느릿느릿 걸었다. 땅거미가 질 무렵, 그들은 한 평민의 집에 도착했다. 왕이 문을 두드리며 물었다. “아무도 없느냐? 나는 에드워드 왕이다. 나로 들어가게 하라.”
집 안에 있던 남자가 소리치며 말했다. “농담 그만하고 꺼지시오!”
그런 말에 익숙하지 않았던 왕은 충격을 받았다. 왕은 그렇게 말하는 사람이 누구인지 궁금해서 또 문을 두드렸다. 집안에 있던 남자가 외쳤다. "뭘 원하시오?"

"내가 왕이라고 하지 않았느냐! 나는 너의 왕 에드워드다. 당장 들어가게 하라."

집안에 있던 남자가 성난 목소리로 외쳤다. "정직한 자가 자려고 하는데 괴롭히면 어떻게 되는지 가르쳐주겠소." 남자가 화난 얼굴로 문을 벌컥 열었다. 그런데 정말 왕이 있었다! 그는 정중히 사과하며 왕과 왕비를 안으로 맞아들였고 왕비를 위해 도움을 요청할 사람을 보냈다.

세월이 흘러 더 이상 일할 수 없게 된 남자는 주로 현관 흔들의자에 앉아 있거나 이웃을 방문하곤 했다. 그러면서 예전의 경험을 회상하곤 했는데, 늘 같은 결론으로 끝을 맺었다. "하마터면 왕을 집으로 모셔 들이지 못할 뻔했어! 정말 하마터면 못할 뻔했다니까!"

"볼지어다, 내가 문 밖에 서서 두드리노니 누구든지 내 음성을 듣고 문을 열면 내가 그에게로 들어가 그와 더불어 먹고 그는 나와 더불어 먹으리라"(계 3:20).

당신도 아직 마음을 열지 못했다면, 이제 그 문을 열고 예수님을 받아들이라. 그러면 하나님이 어떤 분이신지 알게 될 것이다.[11]

정말로 그분은 당신 마음의 문을 두드리고 계신다. 그분을 맞아들이길 기도한다. 하나님은 모든 사람이 구원 받고 진리를 알게 되기를 원하신다(딤전 2:4). 하나님은 아무도 멸망하지 않고 다 회개하기에 이르기를 원하신다(벧후 3:9). 예수 그리스도를 믿는 자는 영생을 얻게 될 것이다(요 3:16; 롬 10:9-10).

아직 망설이고 있는가? 더 이상 지체하지 말라.

미주

들어가는 글

1. Graeme Goldsworthy, Preaching the Whole Bible as Christian Scripture(Grand Rapids, MI: William B. Eerdman's Publishing Company, 2000), 5, 19. 그레엄 골즈워디, 『성경신학적 설교, 어떻게 할 것인가?』, 성서유니온선교회, 2002.
2. Mark Dever & John F. MacArthur Jr., *The Message of the New Testamet: Promise Kept* (Wheaton, IL: Crossway Books, 2005).
3. John Piper, *Seeing and Savoring Jesus Christ* (Wheaton, IL: Crossway Books, 2004), 9.
4. John MacArthur Jr., "Jesus Plus Nothing Equals Everything," *John MacArthur Sermon Archive* (Panorama City, CA: Grace to You, 2004).
5. Faithlife Staff, *Rediscover the Original Jesus*, Faithlife Today, 2016년 8월 8일, http://today.faithlife.com/2016/08/11/rediscover-the-original-jesus/?utm_medium=feed&utm_source=feedpress.me&utm_campaign=Feed%3A=faithlife-today-6.

1장

1. I. L. Jensen, *Jensen's Survey of the Old Testament: Search and Discover* (Chicago: Moody Press, 1978), 471-72.
2. Thomas D. Lea and David Alan Black, *The New Testament: Its Background and Message*, 2nd ed. (Nashville, TN: Broadman & Holman Publishers 2003), 8.
3. Craig A. Evans, *NT311 The World of Jesus and the Gospels* (Bellingham, WA: Lexham Press, 2014), segment 1.
4. Mark L. Strauss, *Four Portraits, One Jesus: A Survey of Jesus and the Gospels* (Grand Rapids, MI: Zondervan, 2007), 94; Joel Willitts, NT202 *A Survey of Jewish History and Literature from the Second Temple Period* (Bellingham, WA: Lexham Press, 2015), segment 1.
5. Richard L. Pratt Jr., *1 And 2 Chronicles: A Mentor Commentary* (Fearn, Tain,

Ross-shire, Great Britain: Mentor, 2006), 11.

6. R. K. Harrison, "Canon of the OT," in G. W. Bromiley, ed., *The International Standard Bible Encyclopedia, Revised* (Wm. B. Eerdmans), vol. 1, 598.
7. 요세푸스는 아다사스다 왕 시대 이후로 예언자 계승이 끊어졌다고 기록했다. Harrison, "Canon of the OT," in G. W. Bromiley, ed., *The International Standard Bible Encyclopedia*, vol. 1, 598.
8. Paul N. Benware, *Survey of the New Testament (Revised)* (Chicago: Moody Press, 1990), 22.
9. Paul J. Achtemeier, Harper & Row and Society of Biblical Literature, in *Harper's Bible Dictionary*, 1st ed.(San Francisco: Harper & Row, 1985), 219. ("숨겨져 있다"는 의미의 그리스어에서 파생된 단어) '외경'은 개신교도들에 의해 비정경으로 거부된 것들인데, 로마 가톨릭은 이 책들 대부분을 구약 정경의 일부로 받아들인다(제2경전으로 불린다). Craig L. Blomberg. *Jesus and the Gospels: An Introduction and Survey* (Nashville, TN: Broadman & Holman Publishers, 1997), 8.
10. Robert A. Morey, *The Trinity: Evidence and Issues* (Iowa Falls, IA: World Pub, 1996), 230.
11. J. Sidlow Baxter, *Explore the Book* (Grand Rapids, MI: Academie Books, Zondervan Publishing House, 1960), vol. 5, 12.
12. Pratt Jr., *1 And 2 Chronicles*, 11.
13. Baxter, *Explore the Book*, vol. 5, 11.
14. Blomberg, *Jesus and the Gospels*, 8.
15. John F. MacArthur Jr., ed., *The MacArthur Study Bible*, electronic ed. (Nashiville, TN: Word Pub, 1997), 1,369.
16. Ronald F. Youngblood, F. F. Bruce, and R. K. Harrison, Thomas Nelson Publishers, eds., in *Nelson's New Illustrated Bible Dictionary* (Nashiville, TN: Thomas Nelson, Inc., 1995).
17. L. K. Crocker, "Temple, Solomon's," in J. D. BArry et al., eds., *The Lexham Bible Dictionary* (Bellingham, WA: Lexham Press, 2016); Strauss, *Four Portraits*, 94.
18. Elmer Towns, and Ben Gutierrez, *The Essence of the New Testament* (Nashiville: B&H, 2012).
19. John A. Martin, "Ezra," in J. F. Walvoord and R. B. Zuck, eds., *The Bible Knowledge Commentary: An Exposition of the Scriptures* (Wheaton, IL: Victor Books, 1985), vol. 1, 660.
20. H. W. Hoehner, "Between the Testaments," in F. E. Gaebelein, ed., *The Expositor's Bible Commentary: Introductory Articles* (Grand Rapids, MI: Zondervan Publishing House, 1979), vol. 1, 179; Baxter, *Explore the Book*, vol. 5, 13.
21. Earl D. Radmacher et al., *Nelson's New Illustrated Bible Commentary* (Nashville: T. Nelson Publishers, 2009).
22. MacArthur Jr., ed., *The MacArthur Study Bible*, 1,369.
23. 위의 책, 1,369.
24. David S. Dockery et al. and Holman Bible publishers, *Holman Bible Handbook* (Nashville, TN: Holman Bible Publishers, 1992), 505.
25. Blomberg, *Jesus and the Gospels*, 13.
26. Benware, *Survey of the New Testament*, 24.
27. Henry Hampton Halley, *Halley's Bible Handbook with the New International Version*, 완전 확장판(Grand Rapids, MI: Zondervan Publishing House, 2000), 508.
28. Benware, 위의 책, 24.

29. Crossway Bibles, *The ESV Study Bible* (Wheaton, IL: Crossway Bibles, 2008), 1,783. 『ESV 스터디 바이블』, 부흥과개혁사.

30. Strauss, Four Portraits, 98, 100; Benware, *Survey of the New Testament*, 24.

31. D. F. Payne, "Jerusalem" in D. R. W. Wood et al., eds., *New Bible Dictionary*, 3rd ed. (Leicester, England; Downers Grove, IL: Intervarsity Press, 1996), 560.

32. R. A. Batey, "Jerusalem" in Graig A. Evans and Stanley E. Porter, eds., *Dictionary of New Testament Background: A Compendium of Contemporary Biblical Scholarship*, electronic ed. (Downers Grove, IL: InterVarsity Press, 2000), 560.

33. Hoehner, "Between the Testaments," in Gaebelein, ed., *The Expositor's Bible Commentary*, vol. 1,184.

34. Batey, "Jerusalem," in Evans and Porter, eds., *Dictionary of New Testament Background*, 560.

35. Towns and Gutierrez, *The Essence of the New Testament*.

36. Hoehner, "Between the Testaments," in Gaebelein, ed., *The Expositor's Bible Commentary*, vol. 1,184; R. C. Kashow, "Judas Maccabeus," in Barry et al., eds., *The Lexham Bible Dictionary*.

37. Batey, "Jerusalem," in Evans and Porter, eds., *Dictionary of New Testament Background*, 560.

38. J. Kampen, "Judas Maccabeus," in D. N. Freedman, A. C. Myers, and A. B. Beck, eds., *Eerdmans Dictionary of the Bible* (Grand Rapids, MI: W. B. Eerdmans, 2000).

39. D. P. Fuller, "Satan," in G. W. Bromiley, ed., *The International Standard Bible Encyclopedia, Revised* (Wm. B. Eerdmans, 1979-1988), vol. 4,341; Bartholomew and Goheen, The Drama of Scripture, 122. 바르톨로뮤/고힌, 『성경은 드라마다』, 한국기독학생회출판부, 2009, 121.

40. Bartholomew and Goheen, *The Drama of Scripture*, 122. 바르톨로뮤/고힌, 『성경은 드라마다』, 한국기독학생회출판부, 2009, 121.

41. Kampen, "Judas Maccabeus," in Freedman, Myers, and Beck, des., *Eerdmans, Dictionary of the Bible*.

42. Batey, "Jerusalem," in Evans and Porter, eds., *Dictionary of New Testament Background*, 560.

43. Gary M. Burge, *The New Testament in Antiquity* (Grand Rapids, MI:Zondervan, 2009), 19.

44. Crossway Bibles, *The ESV Study Bible*, 1,784. 『ESV 스터디 바이블』, 부흥과개혁사.

45. Strauss, *Four Portraits*, 105.

46. Dockery et al. and Holman Bible Publishers, *Holman Bible Handbook*, 513.

47. Walter A. Elwell and B. J. Beitzel, in *Baker Encyclopedia of the Bible* (Grand Rapids, MI: Baker Book House, 1988), 1,065.

48. Paul J. Achtemeier, Harper & Row, and Society of Biblical Literature, in *Harper's Bible Dictionary*, 1st ed. (San Francisco: Harper & Row, 1985), 1,028.

49. M. H. Gracey, "Herodian Army," in D. N. Freedman, ed., *The Anchor Yale Bible Dictionary* (New York: Doubleday, 1992), vol. 3,172 and Dockery et al. and Holman Bible Publishers, *Holman Bible Handbook*, 513.

50. Charles Caldwell Ryrie, *Ryrie Study Bible: New International Version, expanded ed.* (Chicago: Moody Publishers, 1994), 1,430-31.

51. Crossway Bibles, *The ESV Study Bible*, 1,784. 『ESV 스터디 바이블』, 부흥과개혁사.
52. Alfred A. Plummer, *A Critical and Exegetical Commentary on the Gospel According to St. Luke* (London: T&T Clark International, 1896), 440.
53. Crossway Bibles, *The ESV Study Bible*, 1,784. 『ESV 스터디 바이블』, 부흥과개혁사.
54. S. W. Lemke, "Hellenism," in C. Brand et al., eds., *Holman Illustrated Bible Dictionary* (Nashville, TN: Holman Bible Publishers, 2003), 746. 당시 또 다른 철학으로 피티고리학파가 있는데, 아폴로를 숭배하던 피타고라에 의해 주전 6세기 후반부에 이탈리아 남쪽에서 창시된 학파이다. 그의 글은 하나도 남아 있지 않지만, 시인들, 철학자들, 역사가들은 그가 윤회(영혼이 환생하는 것)를 믿었다고 말한다. 영혼은 타락한 신이 육체에 포로로 갇혀 계속해서 윤회하도록 저주 받은 것이라고 그는 생각했다. 아폴로 추종자들만 피할 기회를 얻었다. 그는 또 숫자를 가지고 세계를 해석한다고 믿었다. N. C. Croy, "Neo-Pythagoreanism," in C. A. Evans and S. E. Porter, eds., *Dictionary of New Testament Background: A Compendium of Contemporary Biblical Scholarship*, electronic ed. (Downers Grove, IL: InterVarsity Press, 2000), 739.
55. 위의 책.
56. Lea and Black, *The New Testament*, 54.
57. N. C. Croy, "Epicureanism," in Evans and Porter, eds., *Dictionary of New Testament Background*, 324.
58. 위의 책, 326.
59. Lea and Black, *The New Testament*, 54.
60. Archibald T. Robertson, *Word Pictures in the New Testament* (Nashville, TN: Broadman Press, 1933), and Croy, "Epicureanism," in Evans and Porter, eds., *Dictionary of New Testament Background*, 326.
61. Walter E. Elwell, in Evangelical Dictionary of Theology: Second Edition (Grand Rapids, MI: Baker Academic, 2001), 887.
62. J. C. Thom, "Stoicism," in Evans and Porter, eds., *Dictionary of New Testament Background*, 1,139-40; Lea and Black, *The New Testament*, 54.
63. H. B. Alexander et al., "Ethics and Morality," in J. Hastings, J. A. Selbie, and L. H. Gray, eds., *Encyclopedia of Religion and Ethics* (Edinburgh; New York: T. & T. Clark; Charles Scribner's Sons, 1908-1926), vol. 5,490.
64. Andreas Graseser, "Greek Philosophy," in *The Encyclopedia of Christianity* (Grand Rapids, MI; Leiden, Netherlands: Wm. B. Eerdmans; Brill, 1999-2003), vol. 2,467.
65. "Mercurius," in Brand et al., eds., *Holman Illustrated Bible Dictionary*, 1,105.
66. Harold L. Willmington, *Willmington's Book of Bible Lists* (Wheaton, IL: Tyndale, 1987), 154.
67. Benware, *Survey of the New Testament*, 29.
68. 위의 책.
69. 위의 책, 30.
70. Graig S. Keener, *The IVP Bible Background Commentary: New Testament* (Downers Grove, IL: InterVarsity Press, 1993).
71. Christopher Catherwood, *Church History: A Crash Course for the Curious* (Wheaton, IL: Crossway, 2007).
72. Youngblood, Bruce, and Harrison, Thomas Nelson Publishers, eds., in

Nelson's New Illustrated Bible Dictionary.

73. Josh McDowell and Sean McDowell, *The Unshakable Truth, How You Can Experience the 12 Essentials of a Relevant Faith* (Eugene, OR: Harvest House, 2010).
74. Walter A. Elwell and Philip W. Comfort, in *Tyndale Bible Dictionary* (Wheaton, IL: Tyndale House Publishers, 2001), 430.
75. Benware, *Survey of the New Testament*, 32-33.
76. Elwell and Beitzel, in *Baker Encyclopedia of the Bible*, 719.
77. Evans, *NT311 The World of Jesus*; Benware, *Survey of the New Testament*, 32-41.
78. N. T. Wright, *The New Testament and the People of God* (London: Society for Promoting Christian Knowledge, 1992), 209.
79. 위의 책, 210.
80. Evans, *NT311 The World of Jesus*.
81. Wright, *The New Testament and the People of God*, 210-11.
82. Robert Gromacki, *New Testament Survey* (Grand Rapids, MI: Baker Academic, 1974), 31.
83. Benware, *Survey of the New Testament*, 40-41.
84. Gromacki, *New Testament Survey*, 30-31.
85. M. G. Easton, in *Easton's Bible Dictionary* (New York: Harper & Brothers, 1893).
86. Gary M. Burge, *The New Testament in Antiquity* (Grand Rapids, MI: Zondervan, 2009), 70.
87. Benware, *Survey of the New Testament*, 38.
88. Burge, *The New Testament in Antiquity*, 70.
89. J. Julius Scott Jr., *Jewish Backgrounds of the New Testament* (Grand Rapids, MI; Baker Academic, 2000), 202.
90. MacArthur Jr., ed., *The MacArthur Study Bible*, 1,371.
91. Everett Ferguson, *Backgrounds of Early Christianity*, 3rd ed. (Grand Rapids, MI; Cambridge, UK: William B. Eerdmans Publishing Company, 2003), 514; Elwell and Beitzel, in *Baker Encyclopedia of the Bible*, 719.
92. Wright, *The New Testament and the People of God*, 182.
93. Burge, *The New Testament in Antiquity*, 63.
94. Blomberg, *Jesus and the Gospels*, 47.
95. Flavius Josephus, *The Works of Josephus: Complete and Unabridged*, William Whiston, trans. (Peabody: Hendrickson, 1987), Wars of the Jews, 1.2.
96. Scott Jr., *Jewish Backgrounds of the New Testament*, 203.
97. Lea and Black, *The New Testament*, 57-58.
98. Ryrie, *Ryrie Study Bible*, 1,431.
99. Josephus, *The Works of Josephus*, Whiston, trans., Antiquities, 18.1.4.
100. Benware, *Survey of the New Testament*, 36.
101. Ferguson, *Backgrounds of Early Christianity*, 520.
102. Benware, *Survey of the New Testament*, 36.
103. Easton, in *Easton's Bible Dictionary*. 마태복음 19장 11절과 12절, 골로새서 2장 8절, 18절, 23절에 언급되어 있다고 추측하는 사람들이 있다.
104. F. C. Conybeare, "Essenes," in J. Hastings et al., eds., A *Dictionary of the Bi-*

ble:Dealing with Its Language, Literature, and Contents Including the Biblical Theology (New York; Edinburgh: Charles Scribner's Sons; T. & T. Clark, 1911-1912), vol. 1,768.

105. F. L. Cross and E. A. Livingstone, eds., in *The Oxford Dictionary of the Christian Church*, 3rd ed. rev. (Oxford; New York: Oxford University Press, 2005), 565.

106. E. M. Cook, "Dead Sea Scrolls, Nonbiblical," in Barry et al., eds., *The Lexham Bible Dictionary.*

107. A. Schofield, "Dead Sea Scroll, Biblical," in Barry et al., eds., *The Lexham Bible Dictionary.*

108. Lea and Black, *The New Testament*, 58; Benware, *Survey of the New Testament*, 36-37.

109. Graig S. Keener et al., *NT146 The Arrival of Christ and His Kingdom* (Bellingham, WA: Lexham Press, 2016)

110. Ryrie, *Ryrie Study Bible*, 1,431.

111. W. H. Franzmann, *Bible History Commentary: New Testament*, electronic ed. (Milwaukee, WI: WELS Board for Parish Education, 1998)

112. Mark Allan Powell, *Introducing the New Testament: A Historical, Literary, and Theological Survey* (Grand Rapids, MI:Baker Academic, 2009), 21-22.

113. Benware, *Survey of the New Testament*, 35.

114. Scott Jr., *Jewish Backgrounds of the New Testament*, 234.

115. Wright, *The New Testament and the People of God*, 213-214.

116. Scott Jr., *Jewish Backgrounds of the New Testament*, 235.

117. 위의 책, 139.

118. Bartholomew and Goheen, *The Drama of Scripture*, 114. 바르톨로뮤/고힌, 『성경은 드라마다』, IVP.

119. Wright, *The New Testament and the People of God*, 157.

120. Scott Jr., *Jewish Backgrounds of the New Testament*, 267.

121. Blomberg, *Jesus and the Gospels*, 9.

122. Scott Jr., *Jewish Backgrounds of the New Testament*, 267.

123. Bartholomew and Goheen, *The Drama of Scripture*, 2009, 119. 바르톨로뮤/고힌, 『성경은 드라마다』, IVP.

124. Scott Jr., *Jewish Backgrounds of the New Testament*, 267.

125. Bartholomew and Goheen, *The Drama of Scripture*, 114-115. 바르톨로뮤/고힌, 『성경은 드라마다』, 한국기독학생회출판부, 2009, 114-115.

126. 위의 책, 115-116.

127. George Eldon Ladd, *I Believe in the Ressurrection of Jesus* (Grand Rapids: William B. Eerdmans Publishing Company, 1975), 62.

128. Bartholomew and Goheen, *The Drama of Scripture*, 123. 바르톨로뮤/고힌, 『성경은 드라마다』, 한국기독학생회출판부, 2009, 123.

129. 위의 책, 124.

130. Towns and Gutierrez, *The Essence of the New Testament.*

131. Bartholomew and Goheen, *The Drama of Scripture*, 124. 바르톨로뮤/고힌, 『성경은 드라마다』, IVP.

132. F. F. Bruce, *New Testament History* (New York: Doubleday, 1969), 133.

133. Michael Heiser, "Why Didn't the Israelites Know Jesus Was the Messiah?" Faithlife Videos, 2016년 8월 24일, https://today.faithlife.com/2016/08/24/why-didnt-the-israelites-know-jesus-was-the-messiah/?utm_medium=-

feed&utm_source=feedpress.me&utm_campaign=Feed%3A+faithlife-today-6.

134. George Eldon Ladd, *I Believe in the Ressurrection of Jesus* (Grand Rapids: William B. Eerdmans Publishing Company, 1975), 61-62.

135. 위의 책, 64, 66.

136. 위의 책, 66.

137. 위의 책, 61.

138. 위의 책, 66.

139. 위의 책, 71.

140. 위의 책, 71-72.

141. 위의 책, 72.

142. Wright, *The New Testament and the People of God*, 153.

143. "Pax Romana," in *Encyclopedia Britannica*, Noet ed. (Chicago, IL: Encyclopedia Britannica, 2016).

144. Philip W. Comfort and Walter A. Elwellm, in *Tyndale Bible Dictionary* (Wheaton, IL: Tyndale House Publishers, 2001), 876.

145. Wright, *The New Testament and the People of God*, 154.

146. Craig R. Koester, vol. 38A, *Revelation: A New Translation with Introduction and Commentary*, J. J. Collins, ed. (New Haven; London: Yale University Press, 2014), 471.

147. Mark A Noll, "The Fullness of Time," R. F. Ingram, ed., *Tabletalk Magazine*, December 1990, 13.

148. 위의 책, 11.

149. Larry R. Helyer, *Exploring Jewish Literature of the Second Temple Period: A Guide for New Testament Students* (Downers Grove, IL:InterVarsity Press, 2002), 497.

150. Gary H. Everett, *The Epistle of Galatians*, 2011, 80.

151. Origen, "Origen Against Celsus," in A. Roberts, J. Donaldson, and A. C. Coxe, eds., F. Crombie, trans., vol. 4, *Fathers of the Third Century: Tertullian, part Fourth; Minucius Felix; Commodian; Origen, Parts First and Second* (Buffalo, NY: Christian Literature Company, 1885), 443-444.

152. Everett Ferguson, *Backgrounds of Early Christianity*, 3rd ed(Grand Rapids, MI: Cambridge, UK: William B. Eerdmans Publishing Company, 2003), 1.

153. 위의 책, 49.

154. 위의 책, 67.

155. Craig S. Keener, *The IVP Bible Background Commentary: New Testament* (Downers Grove: IL: InterVarsity Press, 1993)

156. David A. Fiensy, *New Testament Introduction* (Joplin, MO: College Press Pub. Co., 1997), 182.

157. Moyer V. Hubbard, *Christianity in the Greco-Roman World: A Narrative Introduction* (Grand Rapids, MI: Baker Academic, 2010), 197.

158. 위의 책, 200.

159. Fiensy, *New Testament Introduction*, 182.

160. Craig S. Keener, *The IVP Bible Background Commentary: New Testament* (Downers Grove: IL: InterVarsity Press, 1993).

161. Fiensy, *New Testament Introduction*, 183.

162. 앞과 동일, 84.

163. Lea and Black, *The New Testament*, 32.

164. 위의 책, 34-35.

165. 위의 책, 35.

2장

1. F. F. Bruce, *The New Testament: Are They Reliable?*, 5th rev. ed. (Downers Grove, IL: InterVarsity Press, 1997), 15. 『신약성경은 신뢰할 만한가?』, F. F. 브루스 지음, 좋은씨앗
2. 로마 가톨릭 성경에는 더 많은 구약 책들이 포함되어 있는데, 가톨릭 신자들은 이것을 "제2정전"이라 부르고 개신교도들은 "외경"이라 부른다.
3. John D. Barry, "New Testament, Title of," in J. D. Barry et al., eds., *The Lexham Bible Dictionary* (Bellingham, WA: Lexham Press, 2016).
4. Geoge Thomas Kurian, in *Nelson's New Christian Dictionary: The Authoritiative Resource on the Christian World* (Nashville, TN: Thomas Nelson Publishers, 2001); J. E. Miller, "Codex Sinaiticus," in J. D. Barry et al., eds., *The Lexham Bible Dictionary.*
5. J. E. Miller, "Codex Vaticanus," in J. D. Barry et al., eds., *The Lexham Bible Dictionary.*
6. F. F. Bruce, *The Canon of Scripture* (Downers Grove, IL: InterVarsity Press, 1988), 16.
7. S. T. Raquel, "Canon, New Testament," in J. D. Barry et al., eds., *The Lexham Bible Dictionary.*
8. Bruce, *The Canon of Scripture*, 16.
9. 위의 책, 116.
10. Arthur G. Patzia, *The Making of the New Testament: Origin, Collection, Text & Canon* (Downers Grove, IL: InterVarsity Press, 2011), 168.
11. 위의 책.
12. Josh McDowell, *Evidence for Christianity* (Nashville, TN: Thomas Nelson Publishers, 2006), 44.
13. Lee Martin McDonald, *The Biblical Canon: Its Origin, Transmission, and Authority* (Grand Rapids, MI: Hendrickson Publishers, 2011), 245.
14. R. M. Raymer, 1Peter. In J. F. Walvoord & R. B. Zuck (Eds.), *The Bible Knowledge Commentary: An Exposition of the Scriptures* (Wheaton, IL: Victor Books, 1985), Vol. 2, 844.
15. McDonald, *The Biblical Canon*, 246.
16. McDowell, *Evidence for Christianity*, 42.
17. Bruce, *The Canon of Scripture*, 123.
18. Patzia, *The Making of the New Testament*, 170.
19. Raquel, "Canon, New Testament," in J. D. Barry et al., eds., *The Lexham Bible Dictionary.*
20. Norman L. Geisler and William E. Nix, *A General Introduction to the Bible*, rev. and expanded (Chicago: Moody Press, 1986), 276-278.
21. 위의 책, 282.
22. Norman L. Geisler, in *Baker Encyclopedia of Christian Apologetics* (Grand Rapids, MI: Baker Books, 1999), 147.
23. Thomas D. Lea and David Alan Black, *The New Testament: Its Background and Message*, 2nd ed. (Nashville, TN: Broadman & Holman Publishers 2003), 51-52.
24. Joe Blair, *Introducing the New Testament* (Nashville, TN: Broadman & Holman, 1994), 5.
25. Gary Habermas, *The Historical Jesus* (Joplin, Mo.: College Press, 1996), 152-157.
26. Geisler and Nix, *A General Introduction to the Bible*, 284.
27. William Lane Craig, *On Guard* (Colorado Springs, CO: David C. Cook, 2010).
28. Mark Roberts, *Can We Trust the Gos-*

pels? Investigating the Reliability of Matthew, Mark, Luke, and John (Wheaton, IL: Crossway, 2007).

29. W. H. Kelber, "Oral Tradition: New Testament," in D. N. Freedman, ed., *The Anchor Yale Bible Dictionary* (New York: Doubleday, 1992), 31.
30. Darrell L. Bock and Daniel B. Wallace, *Dethroning Jesus: Exposing Popular Culture's Quest to Unseat the Biblical Christ* (Nashville: Thomas Nelson, 2010). 『예수 폐위』, 대럴 벅 대니얼 월리스 지음, 국제제자훈련원, 2012.
31. Roberts, *Can We Trust the Gospels?*
32. Valesius. Life of Eusebius Pamphilus, in Parker S. E., trans., *An Ecclesiastical History to the 20th Year of the Reign of Constantine* (London: Samuel Bagster and Sons, 1847), Eus. Hist. eccl. 339.
33. Bruce, *The Canon of Scripture*, 118.
34. Alex McFarland and Lee Strobel, *The 10 Most Common Objections to Christianity* (Ventura, CA: Regal Books, 2007).
35. List compiled by Gary Habermas, *The Historical Jesus: Ancient Evidence for the Life of Christ*, pp. 146–152, in ibid. 개리 하버마스의 책 The Historical Jesus: Ancient Evidence for the Life of Christ에서 발췌. pp. 146-152.
36. Bruce, *The Canon of Scripture*, 118.
37. 위의 책, 118-119.
38. D. A. deSilva, *An introduction to the New Testament: contexts, methods and ministry formation* (p. 32). (Downers Grove, IL: InterVarsity Press, 2004). 『신약개론』 데이비드 드실바, CLC.
39. Geisler and Nix, *A General Introduction to the Bible*, 284-287.
40. 위의 책, 288.
41. C. D. Hamilton, "The Development of the Canon," E. Harrell, ed., *Christianity Magazine*, 2(9), 1985, 14.
42. Geisler and Nix, *A General Introduction to the Bible*, 295.
43. Norman L. Geisler and Frank Turek, *I Don't Have Enough Faith to Be An Atheist* (Wheaton, IL: Crossway Books, 2004), 236. 『진리의 기독교』, 노먼 가이슬러 & 프랭크 튜렉, 좋은씨앗, 2009.
44. Darrell L. Bock, *NT211 Introducing the Gospels and Acts: Their Background, Nature, and Purpose* (Bellingham, WA: Lexham Press, 2014).
45. F. L. Cross and E. A. Livingstone, eds., in *The Oxford Dictionary of the Christian Church*, 3rd ed. rev. (Oxfor; New York: Oxford University Press, 2005), 281.
46. John D. Barry and R. V. Noord, "Canon, Timeline of Formation of," J. D. Barry et al., eds., *The Lexham Bible Dictionary*.
47. Frank A. James Ⅲ, *CH101 Introducing Church History 1: Obscurity to Christendom* (Bellingham, WA: Lexham Press, 2016).
48. H. Gamble, "Canonical Formation of the New Testament," in C. A. Evans and S. E. Porter, eds., *Dictionary of New Testament Background: A Compendium of Contempory Biblical Scholarship*, electronic ed. (Downers Grove, IL: InterVarsity Press, 2000), 190; Hamiltion, "The Development of the Canon," 14.
49. Geisler and Nix, *A General Introduction to the Bible*, 231.
50. Patzia, *The Making of the New Testament*, 166.
51. Lee Strobel, *Finding the Real Jesus*, Kindle ed. (Grand Rapids, MI: Zondervan, 1008), location 212.
52. 위의 책, location 215.

53. Steve Walton and David Wenham, *Exploring the New Testament: The Gospels and Acts*, 2nd ed., vol. 1 (London: Society for Promoting Christian Knowledge, 2011), 58. 『복음서와 사도행전』, 데이빗 웬함 스티브 월튼, 성서유니온선교회, 2007.

54. John P. Meier, *A Marginal Jew: Rethinking the Historical Jesus: The Roots of the Problem and the Person, Vol. 1* (New York, New York: Dobleday, 1991), 115.

55. Habermas, *The Historical Jesus*, 16.

56. Albert Schweitzer, *The Quest of the Historical Jesus: A Critical Study of its Progress from Reimarus to Wrede*, trans. by J. W. Montgomery from the first German edition of 1906 (New York: Macmillan, 1968), 38-39.

57. Habermas, *The Historical Jesus*, 18.

58. 위의 책.

59. C. S. Lewis, *Mere Christianity* (C.S. Lewis Pte. Ltd., 1952). 『순전한 기독교』, C. S. 루이스, 홍성사, 2005.

60. R. J. Morgan, *Nelson's Complete Book of Stories, Illustrations, and Quotes*, electronic ed. (Nashville: Thomas Nelson Publishers, 2000), 484.

61. Habermas, *The Historical Jesus*, 25-26.

62. R. G. Howe, "The New Testament, Jesus Christ, and the Da Vinci Code," in N. L. Geisler and C. V. Meister, eds., *Reasons for Faith: Making a Case for the Christian Faith* (Wheaton, IL: Crossway Books, 2007), 271.

63. 위의 책, 271-272.

64. Robert Payne, "Heresy in the Early Church," *Christian History Magazine*, issue 51, 1996.

65. Bruce Barton, *John*, in Life Application Commentary (Weaton, IL: Tyndale House, 1993), 4. 『적용을 도와주는 요한복음』, 성서유니온선교회, 2005.

66. Howe, "The New Testament, Jesus Christ, and the Da Vinci Code," 273.

67. John Henry Newman, *The Arians of the Fourth Century* (London: J. G & F. Rivington, 1983), 218-219.

68. Howe, "The New Testament, Jesus Christ, and the Da Vinci Code,", 275.

69. 위의 책, 280.

70. Thomas W. H. Griffith, *How We God Our Bible* (Chicago, IL: Moody Publishers, 2013).

71. Norman L. Geisler, *Christian Apologetics*(Grand Rapids: Baker Book House, 1976), 305.

72. Craig L. Blomberg, *Making Sense of the New Testament: Three Crucial Questions* (Grand Rapids, MI: Baker Academic, 2004), 26; Geisler, Christian Apologetics, 313. 크레이그 L. 블롬버그, 『신약성경의 이해』, 기독교문서선교회 (CLC).

73. Blomberg, *Making Sense of the New Testament*, 33-36. 크레이그 L. 블롬버그, 『신약성경의 이해』, 기독교문서선교회 (CLC).

74. 위의 책, 27.

75. 위의 책, 145.

76. Philip Schaff, *Companion to the Greek Testament and the English Verson* (New York: Harper and Brothers, 1883), 86.

77. Elmer L. Towns and Ben Gutierrez, The Essence of the New Testament (Nashville: B&H, 2012).

78. Bruce Metzer in an interview with Lee Strobel, in *Lee Strobel, The Case for Christ: A Journalist's Personal Investigation of the Evidence for Jesus* (Grand Rapids, MI: Zondervan, 1998), chapter 3. 리 스트로벨, 『예수는 역사다』, 두란노,

3장에 실린 브루스 메처(Bruce Metzer)와의 인터뷰.

79. Blomberg, *Making Sense of the New Testament*, 145. 크레이그 L. 블롬버그, 『신약성경의 이해』, 기독교문서선교회(CLC).
80. Crossway Bibles, *The ESV Study Bible* (Wheaton, IL: Crossway Bibles, 2008), 2, 587. 『ESV 스터디 바이블』, 부흥과개혁사.
81. 위의 책.
82. 위의 책.
83. Geisler, *Christian Apologetics*, 307.
84. Carl F. H. Henry, *God, Revelation, and Authority* (Wheaton, IL: Crossway Books, 1999), vol. 2, 14.
85. Norman Geisler, "Updating the Manuscript Evidence for the New Testament," 2013년 9월.
86. Philip Schaff, *Companion to the Greek Testament and the English Verson* (New York: Harper and Brothers, 1883), 178.
87. Ed Komoszewski, M. James Sawyer, Daniel B. Wallace, *Reinventing Jesus : how contemporary skeptics miss the real Jesus and mislead popular culture*, Kindle ed. (Grand Rapids, MI: Kregel Publications, 2006), location 1103.
88. Henry, *God, Revelation, and Authority*, vol. 2, 14.
89. John A. T. Robinson, *Can We Trust the New Testament?* (Grand Rapids, MI: William B. Eerdmans Publishing Company, 1977), 36.
90. Norman Geisler, "The New Testament Historically Reliable," PowerPoint presentation, 2014.
91. Frederic Kenyon, *The Bible and Archaeology* (New York: Harper, 1940), 288. 데이빗 림보(2014-09-08).
92. Geisler, "The New Testament Historically Reliable."
93. Irving L. Jensen, *Jensen's Survey of the New Testament: Search and Discover* (Chicago: Moody Press, 1981), 137.
94. Paul N. Benware, Survey of the New Testament, rev. ed. (Chicago, IL: Moody Press, 1990), 285, and Geisler, "The New Testament Historically Reliable."
95. Mark L. Strauss, *Four Portraits, One Jesus: An Introduction to Jesus and the Gospels*, (Grand Rapids, MI: Zondervan, 2007), 387.
96 F. F. Bruce, *The New Testament Documents, Are They Reliable?*, Kindle ed. (Grand Rapids, MI:Cambridge, U. K.: William B. Eerdman Publishing Company, 1943), location 517.
97. J. P. Moreland, *Scaling the Secular City: A Defense of Christianity* (Grand Rapids: Baker Academic, 1987), 138.
98. Habermas, *The Historical Jesus*, 172.
99. Moreland, *Scaling the Secular City*, 138; Dan Story, *Defending Your Faith* (Grand Rapids, MI: Kregel Publications, 1997), 43.
100. Habermas, *The Historical Jesus*, 172.
101. Story, *Defending Your Faith*, 44.
102. Robert G. Gromacki, *New Testament Survey* (Grand Rapids, MI: Baker Academic, 1974), 50.
103. 위의 책.
104. Norman Geisler, *Baker Encyclopedia of Christian Apologetics* (Grand Rapids, MI: Baker Books, 1999), 100.
105. I discuss these sources in more depth in *Jesus on Trial*, Chapter 10. 『Jesus on Trial』 10장에서 이 자료들에 대해 더 깊이 다루었다.

3장

1. J. L. Resseguie, "Literature, New Testament as," in D. N. Freedman, A. C. My-

ers, and A. B. Beck, eds., *Eerdman Dictionary of the Bible* (Grand Rapids, MI: W. B. Eerdmans, 2000), 815.

2. William W. Klein, BI260 *Interpreting New Testament Genres* (Bellingham, WA: Lexham Press, 2015).
3. Leland L. Ryken, *Words of Delight : A Literary Introduction to the Bible*, 2nd ed. (Grand Rapids, MI: Baker Academic, 1992), 12.
4. 위의 책, 16.
5. 위의 책, 14.
6. J. Sidlow Baxter, *Explore the Book* (Grand Rapids: MI: Zondervan Publishing House, 1960), Vol. 5, 101.
7. S. W. Crawford, "Apocalyptic" in Freedman, Myers, and Beck, eds., *Eerdmans Dictionary of the Bible*, 72.
8. 위의 책.
9. Norman Geisler and William E. Nix, *A General Introduction to the Bible*, rev. and expanded (Chicago: Moody Press, 1986), 29.
10. Jason DeRouchie, "Jesus' Bible: An Overview," in J. S. Derouchie, ed., *What the Old Testament Authors Really Cared About: A Survey of Jesus' Bible* (Grand Rapids, MI: Kregel Academic, 2013), 48.
11. Norman L. Geisler, *To Understand the Bible Look for Jesus: The Bible Student's Guide to the Bible's Central Theme* (Eugene, OR: Wipf and Stock Publishers, 1979), 72.
12. James D. Dunn, "The History of the Tradition: New Testament," in J. D. G. Dunn and J. W. Rogerson, eds., *Eerdmans Commentary on the Bible* (Grand Rapids, MI: Cambridge, UK: William B. Eerdmans Publishing Company 2003), 950.
13. Louis Berkhof, *New Testament Introduction* (Grand Rapids, MI: Eerdmans-Sevensma Co., 1915), 133.
14. James D. Dunn, "The History of the Tradition: New Testament," in Dunn and Rogerson, eds., *Eerdmans Commentary on the Bible*, 950.
15. David Wenham and Steve Walton, *Exploring the New Testament: The Gospels and Acts*, 2nd ed., Vol. 1 (London: Society for Promoting Christian Knowledge, 2011), 50. 데이빗 웬함, 스티브 월튼, 『복음서와 사도행전』, 성서유니온선교회.
16. 위의 책.
17. 위의 책.
18. Klein, *BI260 Interpreting New Testament Genres*.
19. 위의 책.
20. 위의 책.
21. Plutarch. *The Lives of the Noble Grecians and Romans: The Dryden Translation*, M. J. Adler and P. W. Goetz, eds. (Chicago; Auckland; Geneva; London; Madrid; Manila; Paris; Rome; Seoul; Sydney; Tokyo; Toronto: Robert P. Gwinn; Encyclopedia Britanica, Inc., 1990), 2nd ed., vol. 13, 540-541.
22. Wenham and Walton, *Exploring the New Testament*, 2nd ed., vol. 1, 52. 데이빗 웬함, 스티브 월튼, 『복음서와 사도행전』 성서유니온선교회.
23. 위의 책.
24. 위의 책, 54.
25. 위의 책.
26. Earl D. Rsadacher, Ronald Barclay Allen, and H. Wayne House, *The Nelson Study Bible: New King James Version* (Nashville: T. Nelson Publishers, 1997).
27. Norman L. Geisler & Frank Turek, *I Don't Have Enough Faith To Be An Atheist* (Wheaton, IL: Crossway Books, 2004), 290. 『진리의 기독교』, 좋은씨앗.

28. Klein, *BI260 Interpreting New Testament Genres*.

29. William W. Klein, Craig L. Blomberg, and Robert L. Hubbard Jr., *Introduction to Biblical Interpretation* (Nashville, TN: Thomas Nelson, 2004), 400-401.

30. Klein, BI260 Interpreting New Testament Genres.

31. Elmer Towns and Ben Guitierrez, *The Essence of the New Testament* (Nashiville: B&H, 2012).

32. Ben Witherington Ⅲ, *The Acts of the Apostle: A Socio-rhetorical Commentary* (Grand Rapids, MI: Wm. B. Eerdmans Publishing Co, 1998), 31.

33. John W. Drane, *Introducing the New Testament*, completely rev. and updated (Oxford: Lion Publishing plc, 2000), 254.

34. Spiros Zodhiates and Warren Baker, *The Complete Word Study Bible: King James Version*, electronic ed. (Chattanooga: AMG Publishers, 2000).

35. Walter A. Elwell and B. J. Beitzel, in *Baker Encyclopedia of the Bible* (Grand Rapids, MI: Baker Book House, 1988), 1,633.

36. Ray C. Stedman, *Adventuring through the New Testament* (Grand Rapids, MI: Discovery House Publishers, 2011), Kindle ed., location 1984.

37. Bruce Barton says the book is not about the life of Paul but about the spread of the gospel. Bruce B. Barton and G. R. Osborne, Acts (Wheaton, IL: Tyndale House, 1999), 457. 브루스 바튼은 그 책이 바울의 일생에 대한 책이 아니라 복음 전파에 대한 책이라고 말한다.

38. David G. Peterson, *The Acts of the Apostles* (Grand Rapids, MI: Nottingham, England: William B. Eerdmans Publishing Company, 2009), 12.

39. Klein, *BI260 Interpreting New Testament Genres*.

40. Harold L. Willmington, *Willmington's Bible Handbook* (Wheaton, IL:Tyndale House Publishers, 1997), 632.

41. 위의 책.

42. D. A. Carson and Douglas J. Moo, *Introducing the New Testament: A Short Guide to Its History and Message* (Grand Rapids, MI: Zondervan, 2010), 65-66.

43. Norman L. Geisler, *A Popular Survey of the New Testament* (Grand Rapids, MI: Baker Books, 2014), 123.

44. Berkhof, *New Testament Introduction*, 135.

45. Klein, *BI260 Interpreting New Testament Genres*.

46. Walter A. Elwell and Robert W. Yarbrough, *Encountering the New Testament: A Historical and Theological Survey*, 2nd ed. (Grand Rapids, MI: Baker Academic, 2005), 348.

47. Berkhof, *New Testament Introduction*, 138.

48. Gisler, *A Popular Survey of the New Testament, 123; Jeannine K. Brown, BI131 Introducing Literary Interpretation* (Bellingham, WA: Lexham Press, 2015).

49. Klein, *BI260 Interpreting New Testament Genres*.

50. 위의 책.

51. 위의 책.

52. Paul N. *Benware, Survey of the New Testament* (Revised) (Chicago: Moody Press, 1990), 18-19.

53. John F. Walvoord, "Revelation," in J. F. Walvoord and R. B. Zuck, eds., *The Bible Knowledge Commentary: An Ex-*

position of the Scriptures (Wheaton, IL: Victor Books, 1985), vol. 2, 925.

54. G. K. Beale, *The Book of Revelation: A Commentary on the Greek Text* (Grand Rapids, MI: Carlisle, Cumbria: W. B. Eerdmans; Paternoster Press, 1999), 37.
55. Ryken, *Words of Delight*, 480.
56. 위의 책.
57. Bruce B. Barton, *Revelation*, G. R. Osborne, ed. (Wheaton, IL: Tyndale House Publishers, 2000), 1.
58. Beale, *The Book of Revelation*, 37.
59. 위의 책, 39.
60. J. Ramsey Michaels, *Interpreting the Book of Revelation*, vol. 7 (Grand Rapids, MI: Baker Book House, 1992), 31-32.
61. William W. MacDonald, *Believer's Bible Commentary: Old and New Testament*, A Farstad, ed. (Nashiville: Thomas Nelson, 1995).
62. Baxter, *Explore the Book*, vol. 5, 102.
63. 위의 책, 104.
64. 위의 책, 104-105.
65. 위의 책, 105.
66. 위의 책, 106.
67. Klein, Blomberg, and Hubbard Jr., *Introduction to Biblical Interpretation*, 114.
68. Edgar J. Goodspeed, *The Formation of the New Testament*, 2nd ed. (Chicago: University of Chicago Press, 1927), 35, 다음의 책에서 인용됨. Arthur G. Patzia, The Making of the New Testament: Origin, Collection, Text & Canon(Downers Grove, IL: InterVarsity Press, 2011), 177.
69. Baxter, *Explore the Books*, vol. 5, 1,202.
70. 위의 책.
71. 위의 책, 107-109.
72. Dale Leschert, *The Flow of the New Testament* (Fearn, Great Britain: Christian Focus Publications, 2002), 21.
73. Baxter, *Explore the Books*, vol. 5, 110.
74. Kenneth O. Gangel, *John*, vol. 4 (Nashville, TN: Broadman & Holman Publishers, 2000), 23.
75. Benware, *Survey of the New Testament (Revised)*, 18.
76. Roy B. Zuck, *A Biblical Theology of the Old Testament*, electronic ed. (Chicago: Moody Press, 1991), 32.
77. John F. MacArthur Jr., "The Sabbath of Moses," in *John MacArthur Sermon Archive* (Panorama City, CA: Grace to You, 2014).
78. Larry Richards, *The 365 Day Devotional Commentary* (Wheaton, IL:Victor Books, 1990), 54; Paul P. Enns, *The Moody Handbook of Theology* (Chicago, IL: Moody Press, 1989), 57; Charles Fred Lincoln, The Biblical Covenants, Part 2, Bibliotheca Sacra, 1943, 100:448.
79. John F. MacArthur Jr., "The Sabbath Question: The Nature of the Old Covenant," in *John MacArthur Sermon Archive.*
80. Arnold G. Fruchtenbaum, *The Messianic Bible Study Collection* (Tustin, CA: Ariel Ministries, 1983), vol. 21, 18.
81. Vern S. Poythress, *The Shadow of Christ in the Law of Moses* (Phillipsburg, NJ....Publishing, 1991), 43.
82. David M. Howard, "The Historical Books," in John A. Barry et al., Faithlife Study Bible (Bellingham, WA: Logos Bible Software, 2012).
83. Craig A. Blaising and Darrell L. *Progressive Dispensationalism* (Grand Rapids, MI: Baker Books, 1993), 194.
84. M. S. Mills, *Genesis: A Study Guide to the Book of Genesis* (Dallas: 3E Minis-

tries, 1998).

85. Michael P. V. Barrett, *Beginning at Moses: A Guide to Finding Christ in the Old Testament* (Greenville, SC; Belfast, Northern Ireland: Ambassador-Emerald International, 2001), 125.

86. Mark Dever and Graeme Goldsworthy, *The Message of the Old Testament: Promises Made* (Wheaton, IL: Crossway, 2006).

87. Paul R. Williamson, *Sealed with an Oath* (Downers Grove, IL: InterVarsity Press, 2007), 94.

88. Craig A. Blaising and Darrell L. Bock, *Progressive Dispensationalism* (Grand Rapids, MI: Baker Books, 1993), 151.

89. Walter C. Kaiser, *The Promise-Plan of God: A Biblical Theology of the Old and New Testaments* (Grand Rapids, MI: Zondervan, 2008), 393.

90. Benware, *Survey of the New Testament* (Revised), 19.

91. Kaiser, *The Promise-Plan of God*, 19.

92. Roy B. Zuck, *A Biblical Theology of the Old Testament*, electronic ed. (Chicago: Moody Press, 1991), 12-13.

93. Willis Judson Beecher, *The Prophets and the Promise*, (Ancaster, ON: Aelv Books, 2011), 99-102.

94. 위의 책, 100-101.

95. 위의 책.

96. 위의 책.

97. 위의 책, 101.

98. 위의 책.

99. 위의 책, 102.

100. 위의 책, 103.

4장

1. Jonn Blanchard, in *The Complete Gathered Gold: A Treasury of Quotations for Christians* (Webster, New York; Darlington, England: Evangelical Press, 2006), 263.

2. J. Sidlow Baxter, Baxter's *Explore the Book*, Kindle ed. (Zondervan, 2010), 1,210.

3. 위의 책.

4. Benjamin Franklin, The Autobiography of Benjamin Franklin, in C. W. Eliot, ed., *The Havard Classics 1: The Autobiography of Benjamin Franklin, The Journal of John Woolman, and the Fruits of Solitude by William Penn* (New York: P. F. Collier & Son, 1909), 106.

5. George Whitefield, *The Works of the Reverend George Whitefield* (London: Edward and Charles Dilly. 1772), vol. 6, 79-81.

6. 위의 책, 81-83.

7. Carl F. Henry, *God, Revelation and Authority* (Wheaton, IL: Crossway Books, 1999), vol. 2, 17.

8. Baxter's *Explore the Book*, 1,213.

9. Norman L. Geisler & Frank Turek, *I Don't Have Enough Faith To Be An Atheist* (Wheaton, IL: Crossway Books, 2004), 285. 『진리의 기독교』, 좋은씨앗.

10. 위의 책.

11. J. Warner Wallace, *Cold-Case Christianity: A Homicide Detective Investigates the Claims of the Gospels* (David C. Cook, 2013), 82-83.

12. Michael Licona, *AP113 Objections to the Gospels* (Bellingham, WA: Lexham Press, 2016), Segment 43.

13. Darrell L. Bock, *NT211 Introducing the Gospels and Acts: Their Background, Nature, and Purpose* (Bellingham, WA: Lexham Press, 2014), Segment 29.

14. Charles H. Scobie, *Ways of Our God: An Approach to Biblical Theology*

(Grand Rapids, MI: Wm. B. Eerdmans Publishing Co., 2002), 10.
15. Irenaeus of Lyons, "Ireneus against Heresis," in A Roberts, J. Donaldson, and A. C. Coxe, eds., *The Apostolic Fathers with Justin Martyr and Irenaeus* (Buffalo, NY: Christian Literature Company, 1885), vol. 1, 3.11.8, page 428.
16. Ray Stedman, *Adventuring through the New Testament*, Kindle ed. (Discovery House Publishers, 2011), Kindle Location 167-182.
17. Robert Hawker, in *The Poor Man's Concordance and Dictionary to the Sacred Scriptures* (London: Ebenezer Palmer, 1828), 92.
18. Henry, God, Revelation and Authority, vol. 2, 17.
19. Stedman, *Adventuring through the New Testament*, Kindle, Kindle Location 182.
20. Paul J. Achtemeier, Harper & Row and Society of Biblical Literature, in *Harper's Bible Dictionary*, 1st ed. (San Francisco: Harper & Row, 1985), 286.
21. Simon J. Kistemaker and William Hendriksen, *Exposition of the Book of Revelation* (Grnad Rapids: Baker Book House, 1953-2001), vol. 20, 190.
22. Dale Leschert, *The Flow of the New Testament* (Fearn, Great Britain: Christian Focus Publishers, 2002), 29.
23. Baxter's *Explore the Book*, 1,215.
24. Arthur W. Pink, *Why Four Gospels?* (Swengel, PA: Bible Truth Depot, 1921).
25. Stedman, *Adventuring through the New Testament*, Kindle Location 216.
26. 위의 책, Kindle Location 231.
27. Leschert, *The Flow of the New Testament*, 29.
28. Richard B. Garnder, *Matthew* (Scottdale, PA: Herald Press, 1991), 428.
29. Ronald F. Youngblood, F. F. Bruce, and R. K. Harrison, Thomas Nelson Publishers, eds., in *Nelson's New Illustrated Bible Dictionary* (Nashville, TN: Thomas Nelson, Inc., 1995); Joe Blair, *Introducing the New Testament* (Nashville, TN: Broadman & Holman, 1994), 49.
30. Bock, *NT211 Introducing the Gospels and Acts*, Segment 29.
31. Douglas Mangum, *The Lexham Glossary of Theology* (Bellingham, WA: Lexham Press, 2014).
32. James D. G. Dunn and John W. Rogerson, eds., *Eerdmans Commentary on the Bible* (Grand Rapids, MI: Cambridge, U. K.: William B. Eerdmans Publishing Company 2003), 995.
33. K. R. Hughes, Markan Hypothesis, in J. D. Barry et al., eds., *The Lexham Bible Dictionary* (Bellingham, WA: Lexham Press, 2016).
34. Cliff McManis, *Christian Living Beyond Belief: Biblical Principles for the Life of Faith* (the Woodlands, TX: Kress Christian Publications, 2006), 132-37.
35. R. Kent Hughes, *Luke: That You May Know the Truth* (Wheaton, IL: Crossway Books, 1998), 336-337.
36. Walter A. Elwell and Philip W. Comfort, "Atonement," in *Tyndale Bible Dictionary* (Wheaton, IL: Tyndale House Publishers, 2001), 129.
37. Eugene E. Carpenter and Philip W. Comfort, in *Holman Treasury of Key Bible Words: 200 Greek and 200 Hebrew Words Defined and Explained* (Nashville, TN: Broadman & Holman Publishers, 2000), 370. Alan Cairns, in *Dictionary of Theological Terms* (Belfast: Greenville, SC: Ambassador Emer-

ald International, 2002), 348.

38. M. G. Easton, in *Easton's Bible Dictionary* (New York: Harper & Brothers, 2016).

39. Cliff McManis, *Christian Living Beyond Belief: Biblical Principles for the Life of Faith* (The Woodlands, TX: Kress Christian Publications, 2006), 134.

40. Charles H. Spurgeon, *Christ in the Old Testament: Sermons on the Foreshadowing of Our Lord in Old Testament History, Ceremony, and Prophecy*, electronic ed. (Chattanooga, TN: AMG Publishing, 1997), 370.

41. John Blanchard, in *The Complete Gathered Gold: A Treasury of Quotations for Christians* (Webster, New York; Darlington, England: Evangelical Press, 2006), 343.

42. 위의 책.

43. 위의 책, 201.

44. 위의 책.

45. B. Kennedy Repentance, in J. D. Barry et al., eds., *The Lexham Bible Dictionary.*

46. Walter A. Elwell and B. J. Beitzel, in *Baker Encyclopedia of the Bible* (Grand Rapids, MI: Baker Book House, 1988)

47. Elmer L. Towns, "Salvation by Grace through Faith," *Conservative Theological Journal* 7, no.20, (2003), 38.

48. John F. MacArthur Jr., *The MacArthur Bible Handbook* (Nashville, TN: Thomas Nelson Publishers, 2003), 38.

49. Craig L. Blomberg, *Matthew* (Nashville: Broadman & Holman Publishers, 1992), vol. 22, 34.

50. John Nolland, "Preface," in *The Gospel of Matthew: A Commentary on the Greek text* (Grand Rapids, MI; Carlisle: W. B. Eerdmans: Paternoster Press, 2005), 18.

51. Craig A. Evans, *NT314 Book Study: The Gospel of Matthew in Its Jewish Context* (Bellingham, WA: Lexham Press, 2014), Segment 5.

52. Donald A. Hagner, *Matthew 1-13* (Dallas: Word, Incorporated, 1998), vol. 33A, ixiv.

53. H. N. Ridderbos, Kingdom of God, "Kingdom of Heaven," in D. R. W. Wood et al., eds., *New Bible Dictionary*, 3rd ed. (Leicester, England; Downers Grove, IL: InterVarsity Press, 1996), 647.

54. L. A. Barbieri Jr., "Matthew," in J. F. Walvoord and R. B. Zuck, eds., *The Bible Knowledge Commentary: An Exposition of the Scripture* (Wheaton, IL: Victor Books, 1985).

55. O. Brooks, "Matthew, Gospel of," in C. Brand et al., eds., *Holman Illustrated Bible Dictionary* (Nashville, TN: Holman Bible Publishers, 2003), 1,091.

56. Roger Hahn, *Matthew: A Commentary for Bible Students* (Indianapolis, IN: Wesleyan Publishing House, 2007), 34.

57. J. Cate, "Matthew, Gospel of," in J. D. Barry et al., eds., *The Lexham Bible Dictionary.*

58. J. D. Grassmick, "Mark," in Walvoord and Zuck, eds., *The Bible Knowledge Commentary*, vol. 2, 95.

59. MacArthur Jr., *The MacArthur Study Bible* (Nashville, TN: Word Pub., 1997), 1,452.

60. Norman L. Geisler & Frank Turek, *I Don't Have Enough Faith To Be An Atheist* (Wheaton, IL: Crossway Books, 2004), 241. 『진리의 기독교』, 좋은씨앗.

61. David Smith, *Mark: A Commentary for Bible Students* (Indianapolis, IN: Wesleyan Publishing House, 2007), 33; J. D.

Grassmick, "Mark," in Walvoord and Zuck, eds., *The Bible Knowledge Commentary*, vol. 2, 99, and Crossway Bibles *The ESV Study Bible* (Wheaton, IL: Crossway Bibles, 2008), 1,890. 『ESV 스터디 바이블』, 부흥과개혁사.

62. *Word in Life Study Bible*, electronic ed. (Nashville, TN: Thomas Nelson, 1996).
63. MacArthur Jr., *The MacArthur Study Bible*, 288.
64. Edmond D. Hiebert, *The Gospel of Mark: An Expositional Commentary* (Greenville, SC: Bob Jones University Press, 1994), 12.
65. Crossway Bibles *The ESV Study Bible*, 1,890. 『ESV 스터디 바이블』, 부흥과개혁사.
66. 위의 책.
67. K. R. MacGrogor, "Mark, Gospel of," in J. D. Barry et al., eds., *The Lexham Bible Dictionary*.
68. John D. Barry et al., *Faithlife Study Bible* (Bellingham, WA: Lexham Press, 2012-1016).
69. MacGrogor, "Mark, Gospel of," in J. D. Barry et al., eds., *The Lexham Bible Dictionary*.
70. Crossway Bibles *The ESV Study Bible*, 1,935. 『ESV 스터디 바이블』, 부흥과개혁사.
71. Norman L. Geisler & Frank Turek, *I Don't Have Enough Faith To Be An Atheist* (Wheaton, IL: Crossway Books, 2004), 240. 『진리의 기독교』, 좋은씨앗.
72. Craig A. Evans, *NT319 Book Study: The Gospel of Luke in Its Gentile Context* (Bellingham, WA: Lexham Press, 2016), Segment 2.
73. MacArthur Jr., *The MacArthur Study Bible*, 290.
74. Stedman, *Adventuring through the New Testament*, Kindle Location 1055-1056.
75. Evans, *NT319 Book Study: The Gospel of Luke*, Segment 3.
76. 위의 책.
77. D. S. Huffman, "Luke, Gospel of," in J. D. Barry et al., eds., *The Lexham Bible Dictionary*.
78. Evans, *NT319 Book Study: The Gospel of Luke*, Segment 3.
79. MacArthur Jr., *The MacArthur Study Bible*, 1,505.
80. E. A. Blum, "John," in Walvoord and Zuck, eds., *The Bible Knowledge Commentary*, vol. 2, 266.
81. MacArthur Jr., *The MacArthur Study Bible*, 341; E. A. Blum, "John," in Walvoord and Zuck, eds., *The Bible Knowledge Commentary*, vol. 2, 266.
82. Leon Morris, *The Gospel According to John* (Grand Rapids, MI: Wm. B. Eerdmans Publishing Co., 1995), 29.
83. Bruce B. Barton, *John* (Wheaton, IL: Tyndale House, 1993), xiii.
84. John D. Barry et al., *Faithlife Study Bible* (Bellingham, WA: Lexham Press, 2012-1016).
85. MacArthur Jr., *The MacArthur Study Bible*, 290; E. A. Blum, "John," in Walvoord and Zuck, eds., *The Bible Knowledge Commentary*, vol. 2, 266.
86. Barry et al., *Faithlife Study Bible* (Bellingham, WA: Lexham Press, 2012-1016).
87. Bruce B. Barton, *John* (Wheaton, IL: Tyndale House, 1993), viii-ix.
88. Fulton J. Sheen, *Life of Christ* (Doubleday Religious Publishing Group, Kindle Edition, 2008), 6.
89. Bock, *NT211 Introducing the Gospels and Acts*, Segment 11-16.
90. 이 요약의 많은 부분이 성경 이외 다른 자

료들을 참고한 것이다. D. S. Dockery et al., and Holman Bible Publishers, *Holman Bible Handbook* (Nashville, TN: Holman Bible Publishers, 1992), 572; T. D. Lea and D. A. Black, *The New Testament: Its Background and Message*, 2nd ed. (Nashville, TN: Broadman & Holman Publishers, 2003).

91. L. O. Richards, The Bible Reader's Companion, electronics ed. (Wheaton: Victor Books, 1991), 600.
92. Henry Hampton Halley, Halley's Bible Handbook with the New International Version, completely rev. and expanded (Grand Rapids, MI: Zondervan Publishing House, 2000), 513.
93. 위의 책, 514.
94. Halley, *Halley's Bible Handbook*, 513-514.
95. 위의 책.
96. Bruce B. Barton and G. R. Osborne, *Life Application Bible Commentary…Corinthians* (Wheaton, IL: Tyndale House, 1999), 37. 『적용을 도와주는 요한복음』, 성서유니온선교회.
97. Mark Dever and John F. MacArthur Jr., *The Message of the New Testament: Promises Kept* (Wheaton, IL: Crossway Books, 2005).
98. Bruce Edward Gordon, *The Life of Jesus Christ, Promised Messiah, Servant of God, Son of Man, Son of God* (Self Published through Lulu Publishing, 2011), 11.
99. Powell, *Introducing the New Testament*, 77.

5장

1. John Blanchard, in *The Complete Gathered Gold: A Treasury of Quotations for Christians* (Webster, New York: Darlington, England: Evangelical Press, 2006), 262.
2. S. Hahn, "Covenant," in John D. Barry et al., *Faithlife Study Bible* (Bellingham, WA: Lexham Press, 2012, 2013, 2014); Charles C. Ryrie, *Ryrie Study Bible: New International Version*, expanded ed. (Chicago, IL: Moody Publishers, 1994), 462.
3. J. A. Martin, "Luke," in J. F. Walvoord and R. B. Zuck, eds., *The Bible Knowledge Commentary: An Exposition of the Scriptures* (Wheaton, IL: Victor Books, 1985), vol. 2, 212-213.
4. 위의 책, 213.
5. Donald S. Fortner, *Discovering Christ in all the Scriptures* (Danville, KY: Don Fortner, 2007), 440.
6. Mark E. Moore, *The Chronological Life of Christ* (Joplin, MO: College Press Publishing Company, 2011), 49.
7. 위의 책, 51.
8. Thomas A. Golding, "The Imagery of Shepherding in the Bible," Part 1, *Bibliotheca Sacra, 163* (Dallas Theological Seminary, 2011).
9. Robert H. Stein, *Luke*, vol. 24 (Nashville: Broadman & Holman Publishers, 1992), 117.
10. Roy E. Gingrish, *The Earthly Life of Christ* (Volume 2) (Memphis, TN: Riverside Printing, 2002), 7.
11. E. A. Blum, "John," in Walvoord and Zuck, eds., *The Bible Knowledge Commentary*, vol. 2, 300.
12. Moore, *The Chronological Life of Christ*, 66.
13. Frederic Louis Godet, *A Commentary on the Gospel of St. Luke*, E. W. Shalders and M. D. Cusin, trans. (New York: I. K.

Funk & co, 1881), vol. 1, 147.

14. Moore, *The Chronological Life of Christ*, 70.

15. John F. Walvoord, *Jesus Christ Our Lord* (Galaxie Software, 2008), 98.

16. Gerhard A Krodel, *Acts* (Minneapolis, MN: Augsburge Publishing House, 1986), 32.

17. Wayne A. Grudem, *The Gift of Prophecy*, (Wheaton: IL: Crossway, 2000).

18. Gingrish, *The Earthly Life of Christ*, 5.

19. David M Levy, *Malachi: Messenger of Rebuke and Renewal* (Bellmawr, NJ: Friends of Israel Gospel Ministy, 1992); Robert J. Utley, *Hope in Hard Times-The Final Curtain: Revelation* (Marshall, TX: Bible Lessons International, 2001), vol. 12, 6; Gingrich, *The Earthly Life of Christ(Volume 2)*, 3.

20. F. F. Bruce, *New Testament History* (New York, New York: Doubleday, 1969), 155.

21. 위의 책, 156.

22. John Nolland, "Preface," in *The Gospel of Matthew: A Commentary on the Greek Text* (Grand Rapids, MI: Carlisle: W. B. Eerdmans; Paternoster Press, 2005), 175.

23. Paul J. Achtemeier, Harper & Row and Society of Biblical Literature, in *Harper's Bible Dictionary*, 1st ed. (San Francisco: Harper & Row Crossway Bibles, 1985), 528; *The ESV Study Bible* (Wheaton, IL: Crossway Bibles, 2008). 『ESV 스터디 바이블』, 부흥과개혁사; J. D. Barry et al., *Faithlife Study bible* (Bellingham, WA: Lexham Press, 2012, 2016).

24. S. M. Sheeley, Kingdom of God, Kingdom of Heaven, in D. N. Freedman, A. C. Myers, and A. B. Beck, eds., *Eerdmans Dictionary of the Bible* (Grand Rapids, MI: W. B. Eerdmans 2000), 768.

250. D. A. Carson, "Matthew," in T. Longman 3 and D. E. Garland, eds., *The Expositor's Bible Commentary: Matthew-Mark (Revised Edition)* (Grand Rapids, MI: Zondervan, 2010), vol. 9, 128.

26. K. A. Kitchen and T. C. Mitchell, "Chronology of the Old Testament," in D. R. W. Wood et al., eds., *New Bible Dictionary*, 3rd ed. (Leicester, England; Downers Grove, IL: InterVarsity Press, 1996).

27. 위의 책.

28. F. F. Bruce, *New Testament History* (New York, New York: Doubleday, 1969), 158.

29. Donald S. Fortner, *Discovering Christ in all the Scriptures* (Danville, KY: Don Fortner, 2007), 443.

30. 신약성경이 삼위일체에 대해 보여주는 다른 예들: 마 28:19; 요 15:26; 고전 12:4-13; 고후 13:13; 엡 2:18; 살전 1:2-5; 벧전 1:2. Bruce B. Barton, D. Veerman, L. C. Taylor, and G. R. Osborne, *Luke* (Wheaton, IL: Tyndale House Publishers, 1997), 76.

31. Robert H. Stein, *Luke* (Nashville: Broadman & Holman Publishers, 1992), vol. 24, 139.

32. Norval Geldenhuys, *Commentary on the Gospel of Luke: The English Text with Introduction, Exposition and Notes* (Grand Rapids, MI: Wm. B. Eerdmans Publishing Co., 1952), 146.

33. William Hendrickson, and S. J. Kistemaker, *Exposition of the Gospel According to Luke* (Grand Rapids: Baker Book House, 1953-2001), vol. 11, 217.

34. Bruce B. Barton et al., *Life Application Bible Commentary* (Wheaton, IL: Tyndale House, 2001), 255.

35. John J. MacArthur, ed., *The MacArthur Study Bible*, electronic ed. (Nashville, TN: Word Pub, 1997), 19; Patricia A. Ennis, Clyde P. Greer, Jr., Grant Horner, John A. Hughes, Taylor B. Jones, John F. MacArthur, Jr., et al *Think Biblically! Recovering a Christian Worldview* (Wheaton, IL: Crossway, 2003); Bruce Barton, Philip W. Comfort, Grant R. Osborne, Linda K. Taylor and Dave Veerman, *Life Application New Teatament Commentary* (Wheaton, IL: Tyndale, 2001), 19.

36. Bruce Barton, Philip W. Comfort, Grant R. Osborne, Linda K. Taylor and Dave Veerman, *Life Application New Teatament Commentary* (Wheaton, IL: Tyndale, 2001), 1085-1086. 『적용을 도와주는 요한복음』, 성서유니온선교회.

37. Daniel L. Akin, *The New American Commentary, 1, 2, 3 John* (Nashiville: Broadman & Holman Publishers, 2001), vol. 38, 213.

38. J. F. Walvoord and R. B. Zuck, *The Bible Knowledge Commentary*, vol. 2, 891.

39. Charles C. Ryrie, Ryrie Study Bible: New International Version, expanded ed. (Chicago, IL: Moody Publishers, 1994), 1927; MacArthur Jr., *The MacArthur Study Bible*, electronic ed., 1974.

40. Werner H. Franzmann, *Bible History Commentary: New Testament*, electronic ed. (Milwaukee, WI: WELS Board for Parish Education, 1998), 67.

41. Thomas Hale, *The Applied New Testament Commentary* (Colorado Springs, CO; Ontario, Canada; East Sussex, England; David C. Cook, 1996), 143.

42. 에더스하임은 여기서 사탄이 하나님과 동등하다고 말하는 것이 아니라 하나님과 대적하는 세력이라고 말하는 것이다. 사탄은 끊임없이 하나님과 그분의 나라를 반대한다.

43. Alfred Edersheim, *The Life and Times of Jesus the Messiah* (NewYork: Longmans, Green, and Co, 1896), Volume 1, 291. 알프레드 에더스하임, 『메시아-예수 그리스도의 생애와 시대』, 생명의 말씀사, 1권 291쪽.

44. 위의 책, 292.

45. 위의 책, 292.

46. Charles Foster Kent, *The Life and Teachings of Jesus: According to the Earliest Records* (New York; Chicago; Boston: Charles Scribner's Sons, 1913), 69.

47. 위의 책.

48. Bruce L. Shelley, *Church History in Plain Language, updated 2nd ed.* (Dallas, TX: Word Pub., 1995), 3. 브루스 셸리, 『현대인을 위한 교회사』, 크리스찬다이제스트.

49. E. A. Blum, "John," in Walvoord and Zuck, eds., *The Bible Knowledge Commentary*, vol. 2, 275.

50. 위의 책, 275-276.

51. Gerald L. Borchert, *John 1-11* (Nashville: Broadman & Holman Publishers, 1996), vol. 25A, 157.

52. 위의 책, 155-156.

53. Kenneth O. Gangel, *John* (Nashville: Broadman & Holman Publishers, 2000), vol. 4, 29-30.

54. Moore, *The Chronological Life of Christ*, 90.

55. M. B. Winstead, "Capernaum," in J. D. Barry et al., *The Lexham Bible Dictionary* (Bellingham, WA: Lexham Press, 2016).

56. Moore, *The Chronological Life of Christ*, 91.

57. Borchert, *John* 1-11, vol. 25A, 161.
58. MacArthur Jr., *The MacArthur Study Bible*, electronic ed., 1,579.
59. Leon Morris, *The Gospel According to John* (Grand Rapids, MI: Wm. B. Eerdmans Publishing Co., 1995), 167-168.
60. E. A. Blum, "John," in Walvoord and Zuck, eds., *The Bible Knowledge Commentary*, vol. 2, 280.
61. Bruce B. Barton, *John* (Wheaton, IL: Tyndale House, 1993), 47.
62. Walter A. Elwell, and B. J. Beitzel, in *Baker Encyclopedia of the Bible* (Grand Rapids, MI: Baker Book House, 1988).
63. Robert G. Tuttle, *Sanctity without Starch* (Bristol Books, 1992), 127.
64. E. A. Blum, "John," in Walvoord and Zuck, eds., *The Bible Knowledge Commentary*, vol. 2, 282.
65. Kenneth O. Gangel, *John* (Nashville: Broadman & Holman Publishers, 2000), vol. 4, 54.
66. Bruce B. Barton, *John* (Wheaton, IL: Tyndale House, 1993), 63.
67. Gangel, *John*, vol. 4, 55.
68. Paul J. Achtemeier, Harper & Row and Society of Biblical Literature, (1985). In *Harper's Bible Dictionary*, 1st ed. (San Francisco: Harper & Row, 1985), 207.
69. E. A. Blum, "John," in Walvoord and Zuck, eds., *The Bible Knowledge Commentary*, vol. 2, 272.
70. MacArthur, ed., *The MacArthur Study Bible*, electronic ed., 1,582; E. A. Blum, "John," in Walvoord and Zuck, eds., *The Bible Knowledge Commentary*, vol. 2, 282.
71. E. A. Blum, "John," in Walvoord and Zuck, eds., *The Bible Knowledge Commentary*, vol. 2, 283.
72. 참조. MacArthur, ed., *The MacArthur Study Bible*, electronic ed., 1,582.
73. Moore, *The Chronological Life of Christ*, 104.
74. Borchert, *John 1-11*, vol. 25A, 206-207.
75. A. H. J. Gunneweg, M. Awerbuch, and C. A. Kimball, "Israel," in *The Encyclopedia of Christianity* (Grand Rapids, MI: Leiden, Netherlands: Wm. B. Eerdmans: Brill, 1999-2003), vol. 2, 772; Moore, *The Chronological Life of Christ*, 107.
76. E. A. Blum, "John," in Walvoord and Zuck, eds., *The Bible Knowledge Commentary*, vol. 2, 286.
77. Morris, The Gospel *According to John*, 241.
78. Lee Martin McDonald, *The Story of Jesus in History and Faith* (Grand Rapids, MI: Baker Academic, 2013), 205.
79. Warren W. Wiersbe, *Wiersbe's Expository Outlines on the New Testament* (Wheaton, IL: Victor Books, 1992), 156.
80. Robert H. Stein, *Luke* (Nashville: Broadman & Holman Publishers, 1992), vol. 24, 156.
81. John A. Martin, "Luke," in Walvoord and Zuck, eds., *The Bible Knowledge Commentary*, vol. 2, 214.
82. Darrell L. Bock, *Luke: 1:1-9:50* (Grand Rapids, MI: Baker Academic, 1994), vol. 1, 419.
83. Moore, *The Chronological Life of Christ*, 117-118.
84. Alfred Edersheim, *The Life and Times of Jesus the Messiah* (New York: Longmans, Green, and Co, 1896), Volume 1, 451. 알프레드 에더스하임, 『예수 그리스도의 생애와 시대』, 생명의 말씀사.
85. James R. Edwards, *The Gospel according to Mark* (Grand Rapids, MI; Leicester, England; Eerdmans; Apollos, 2002), 64.

86. M. A. Powell, ed., in *The HarperCollins Bible Dictionary (Revised and Updated, Third Edition)* (New York: HarperCollins, 2011), 628, 629.

87. James R. Edwards, *The Gospel according to Mark* (Grand Rapids, MI; Leicester, England; Eerdmans; Apollos, 2002), 64.

88. Sigurd Grindheim, *God's Equal: What Can We Know about Jesus' Self-Understanding?*, M. Goodacre, ed. (London; New York; T&T Clark, 2011), vol. 446, 1.

89. 위의 책, 2-3.

90. Paul W. Barnett, *Jesus and the Rise of Early Christianity: A History of New Testament Times* (Downers Grove, IL: IVP Academic, 1999), 202.

91. 위의 책.

92. Moore, *The Chronological Life of Christ*, 119.

93. Nolland, "Preface," in *The Gospel of Matthew*, 175.

94. K. A. Kitchen, and T. C. Mitchell, "Chronology of the Old Testament," in D. R. W. Wood et al., eds., *New Bible Dictionary*, 3rd ed. (Leicester, England; Downers Grove, IL: InterVarsity Press, 1996).

95. Paul J. Achtemeier, Harper & Row and Society of Biblical Literature, in *Harper's Bible Dictionary*, 1st ed. (San Francisco: Harper & Row, Crossway Bibles, 1985), 528.

96. Walter A. Elwell, and B. J. Beitzel, in *Baker Encyclopedia of the Bible* (Grand Rapids, MI: Baker Book House, 1988). Volume 2, 1269.

97. 위의 책, 1,275.

98. 위의 책.

99. Douglas J. Moo, *NT305 New Testament Theology* (Bellingham, WA: Lexham Press), Segment 23.

100. Douglas J. Moo, *NT305 New Testament Theology* (Bellingham, WA: Lexham Press), Segment 23.

101. C. C. Caragounis, "Kingdom of God/Kingdom of Heaven," in J. B. Green and S. Mcknight, eds., *Dictionary of Jesus and the Gospels* (Downers Grove, IL: InterVarsity Press, 1992), 417.

102. J. Daniel Hays, et al., In *Dictionary of Biblecal Prophecy and End Times* (Grand Rapids, MI: Zondervan Publishing House, 2007), 22.

103. 이 개념은 다음의 책에도 일부 표현되어 있다. Stan Norman with Peter Gentry, "Kingdom of God," in C. Brand et al., eds., *Holman Illustrated Bible Dictionary* (Nashville, TN: Holman Bible Publishers, 2003), 989.

104. Craig S. Keener et al., *NT146 The Arrival of Christ and His Kingdom* (Grand Rapids, MI: Zondervan Publishing House, 2007), 22.

105. J. Daniel Hays, et al., In *Dictionary of Biblecal Prophecy and End Times* (Grand Rapids, MI: Zondervan Publishing House, 2007), 22.

106. 위의 책, 23.

107. 참조. Charles Price, *Matthew: Can Anything Good come out of Nazareth?* (Fearn, Great Britain: Christian Focus Publishers. 1998), 54; Arthur K. Robertson, Matthew (Chicago, IL: Moody press, 1983), 34; L. A. Barbieri Jr., "Matthew," in Walvoord and Zuck, eds., *The Bible Knowledge Commentary*, vol. 2, 27; D. A. Carosn, "Matthew," in T. Longman 3 and D. E. Garland, eds., *The Expositor's Bible Commentary: Matthew-Mark (Revised Edition)* (Grand Rapids, MI: Zondervan, 2010), vol. 9, 147.

108. H. I. Hester, *The Heart of the New Testament* (Nashville, TN: Broadman & Holman Publishers, 1963), 139.
109. Crossway Bibles, *The ESV Study Bible*. 『ESV 스터디 바이블』, 부흥과개혁사.
110. Hester, *The Heart of the New Testament*, 139.
111. Leon Morris, *The Gospel According to Matthew* (Grand Rapids, MI: Leicester, England; W. B. Eerdmans; Inter-Varsity Press, 1992), 84.
112. Ajith Fernando, The supremacy of Christ (Wheaton, IL: Crossway Books, 1995), 39.
113. W.W.Wessel and M. L. Strauss, "Mark," in T. Longman 3 and D. E. Garland, eds., *The Expositor's Bible Commentary: Matthew-Mark (Revised Edition)* (Grnad Rapids, MI: Zondervan, 2010), vol. 9, 716.
114. William Hendriksen and S. J. Kistemaker, *Exposition of the Gospel According to Mark* (Grand Rapids: Baker Book House, 1953-2001), vol. 10, 71-72.

6장

1. David Martin Lloyd-Jones, *From Fear to Faith* (London: Intervarsity Press, 1953), 23-24.
2. R. A. Cole, "Mark," in D. A. Carson, R. T. France, J. A. Motyer, and G. J. Wenham, eds., *New Bible Commentary: 21st Century Edition*, 4th ed. (Leicester, England; Downers Grove, IL: InterVarsity Press, 1994), 953.
3. J. A. Martin, "Luke," in J. F. Walvoord and R. B. Zuck, eds., *The Bible Knowledge Commentary: An Exposition of the Scriptures* (Wheaton, IL: Victor Books, 1985), vol. 2, 215-216.
4. "Leprosy," in *Compton's Encyclopedia* (Chicago, IL: Compton's Encyclopedia, 2015).
5. William Hendriksen and S. J. Kistemaker, *Exposition of the Gospel According to Matthew*(Grand Rapids: Baker Book House, 1953-2001), vol. 9, 388.
6. L. A. Barbieri Jr., "Matthew," in Walvoord and Zuck, eds., *The Bible Knowledge Commentary*, vol. 2, 37.
7. Craig S. Keener, *The IVP Bible Background Commentary: New Testament* (Downers Gorve, IL: InterVarsity Press, 1993).
8. Paul, for example, heals a cripple at Lystra (Acts 14:10). Robert H. Stein, *Luke* (Nashville: Broadman & Holman Publishers, 1992), vol. 24, 177. 예를 들어 바울은 루스드라에서 다리 저는 자를 고친다(행 14:10).
9. John F. MacArthur Jr., ed., *The MacArthur Study Bible*, electronic ed., (Nashville, TN: word Pub., 1997), 1,522.
10. Stein, *Luke*, vol. 24, 177.
11. Kurt A. Richardson, *James* (Nsshville: Broadman & Holman Publishers, 1997), vol. 36, 233-234; J. Reiling and J. L. Swellengrebel, *A Handbook on the Gospel of Luke* (New York: United Bible Societies, 1993), 241.
12. Richardson, *James*, vol. 36, 233-234.
13. G. H. Twelftree, Signs and Wonders. In T. D. Alexander and B. S. Rosner (Eds.), *New Dictionary of Biblical Theology* (electronic ed.) (Downers Grove, IL: InterVarsity Press, 2000), 778.
14. Larry Richards, *Every Miracle in the Bible* (Nashville: T. Nelson, 1998), 261.
15. Gerhard A Krodel, *Acts* (Minneapolis, MN: Augsburg Publishing House, 1986), 28.

16. Crossway Bibles, *The ESV Study Bible* (Wheaton, IL: Crossway Bibles, 2008), 1831, 1837. 『ESV 스터디 바이블』, 부흥과개혁사.

17. Bruce Barton, et al., *Life Application New Teatament Commentary* (Wheaton, IL: Tyndale, 2001), 44. 『적용을 도와주는 요한복음』, 성서유니온선교회.

18. R. T. France, *The Gospel of Matthew* (Grand Rapids, MI: Wm. B. Eerdmans Publication co, 2007), 351-352.

19. Bruce Barton, et al., *Life Application New Teatament Commentary* (Wheaton, IL: Tyndale, 2001), 44. 『적용을 도와주는 요한복음』, 성서유니온선교회.

20. David L. Turner, *Matthew* (Grand Rapids, MI: Baker Academic, 2008), 252.

21. Douglas Sean O'Donnell, *Matthew: All Authority in Heaven and on Earth* (R. K. Hughes, Ed.,), (Wheaton, IL: Crossway, 2013), 241.

22. James Luther Mays, (Ed.), *Harper's Bible Commentary* (San Francisco: Harper and Row, 1988), 1022.

23. John D. Barry, et al, *Faithlife Study Bible* (Bellingham, WA: Lexham Press, 2012, 2016).

24. H. Ronald Vandermey and Gary Cohen, (1981). *Hosea and Amos* (chicago, IL: Moody Press, 1981), 47; R. Carroll, M. D., "Hosea," in T. Longman 3 and D. E. Garland, eds., *The Expositor's Bible Commentary: Daniel-Malachi (Reivised Edition)* (Grand Rapids, MI: Zondervan 2008), vol. 8, 257.

25. Douglas R. A. Hare, *Matthew* (Louisville, KY: John Knox Press, 1993), 102.

26. Crossway Bibles, *The ESV Study Bible* (Wheaton, IL: Crossway Bibles, 2008), 1837. 『ESV 스터디 바이블』, 부흥과개혁사.

27. L. A. Barbieri, Matthew, in Walvoord and Zuck, eds., *The Bible Knowledge Commentary*, vol. 2, 39.

28. D. A. Carson, "Matthew," in T. Longman 3 and D. E. Garland, eds., *The Expositor's Bible Commentary: Matthew-Mark (Revised Edition)* (Grand Rapids, MI: Zondervan, 2010), vol. 9, 266.

29. 위의 책.

30. 위의 책.

31. 위의 책.

32. William Hendriksen and S. J. Kistemaker, *Exposition of the Gospel According to Matthew*(Grand Rapids: Baker Book House, 1953-2001), vol. 9, 428.

33. Crossway Bibles, *The ESV Study Bible* (Wheaton, IL: Crossway Bibles, 2008), 1837. 『ESV 스터디 바이블』, 부흥과개혁사.

34. Craig S. Keener, *The Gospel of John: A Commentary 2* (Grand Rapids, MI: Baker Academic, 2012), vol. 1, 646.

35. Charles H. Spurgeon, *Spurgeon's Sermons*, electronic ed. (Albany, OR: Ages Software, 1998), vol. 44, no. 2568.

36. Crossway Bibles, *The ESV Study Bible* (Wheaton, IL: Crossway Bibles, 2008), 2031. 『ESV 스터디 바이블』, 부흥과개혁사.

37. William Hendriksen and S. J. Kistemaker, *Exposition of the Gospel According to John* (Grand Rapids: Baker Book House, 1953-2001), vol. 1-2, 195.

38. E. A. Blum, "John," in Walvoord and Zuck, eds., *The Bible Knowledge Commentary*, vol. 2, 290.

39. 위의 책, 291-292.

40. Crossway Bibles, *The ESV Study Bible* (Wheaton, IL: Crossway Bibles, 2008), 2032. 『ESV 스터디 바이블』, 부흥과개혁사.

41. 위의 책.

42. R. C. H. Lenski, *The Interpretation of St. Luke's Gospel* (Minneapolis, MN:

Augsburg Publishing House, 1961), 326.

43. A. K. Robertson, *Matthew* (Chicago, IL: Moody Press, 1983), 64.

44. Crossway Bibles, *The ESV Study Bible* (Wheaton, IL: Crossway Bibles, 2008), 1844. 『ESV 스터디 바이블』, 부흥과개혁사.

45. L. A. Barbieri, Matthew, in Walvoord and Zuck, eds., *The Bible Knowledge Commentary*, vol. 2, 45.

46. John G. Butler, *Analytical Bible Exposition: Matthew* (Clinton, IA: LBC Publications, 2008), 201.

47. Bruce B. Barton, *Matthew* (Wheaton, IL: Tyndale House Publishers, 1996), 234.

48. Lynn H. Cohick, *NT101 Introducing New Testament: Its Structure and Story* (Bellingham, WA: Lexham Press, 2013), Segment 8.

49. Spurgeon, *Spurgeon's Sermons*, electronic ed. vol. 44, no. 2568.

50. Mark E. Moore, *The Chronological Life of Christ* (Joplin, MO: College Press Publishing Company, 2011), 155.

51. Hendriksen and Kistemaker, *Exposition of the Gospel According to Matthew*, vol. 9, 522.

52. Walter A. Elwell, and Douglas Buckwalter, *Topical Analysis of the Bible: with the New International Version* (Grand Rapids, MI: Baker Book House, 1996), vol. 5.

53. 참조. 마 3:16-17; 마 12:18; 마 12:28; 마 22:43-44; 마 28:19; 눅 1:35; 눅 3:21; 눅 24:49; 요1:33-34; 요 3:34-35; 요 14:11-26; 요 15:26; 요 16:7-15; 요 20:21-22; 행 2:32-33, 38-39; 롬 8:9-11, 26-27; 롬 15:16; 고전 6:15, 19; 고전 12:4-6; 고후 1:20-22; 고후 13:14; 갈 4:4, 6; 엡 2:13, 18, 22; 엡 3:14-19; 엡 4:4-6; 살후 2:13-14; 딛 3:4-6; 히 9:14; 벧전 1:2; 벧전 3:18; 요일 4:2, 13-14; 유 20-21. Elwell and Buckwalter, *Topical Analysis of the Bible*, vol. 5에 인용됨.

54. Crossway Bibles, *The ESV Study Bible* (Wheaton, IL: Crossway Bibles, 2008), 1,827. 『ESV 스터디 바이블』, 부흥과개혁사.

55. Craig S. Keener, *Matthew*, vol. 1, in IVP New Testament Commentary (Downers Gorve, IL: InterVarsity Press, 1997).

56. 위의 책.

57. Timothy J. Keller, "The Love of Christ," August 25, 1991, in *The Timothy Keller Sermon Archive* (New York City: Redeemer Presbyterian Church, 2013).

58. Samuel L. Hoyt, Michigan *Theological Journal*, (Michigan Theological Seminary, Electronic Copyright, 2009), vol. 3, no 2, 177.

59. T. P. Jenney, Sanctify, Sanctification, in D. N. Freedman, A. C. Myers, and A. B. Beck (Eds.), *Eerdmans Dictionary of the Bible* (Grand Rapids, MI: W. B. Eerdmans, 2000), 1165.

60. J. C. Kuo, Sermon on the Mount/Plain, in J. D. Barry, D. Bomar, D. R. Brown, R. Klippenstein, D. Mangum, C. Sinclair wolcott, ...W. Widder (Eds), *The Lexham Bible Dictionary* (Bellingham, WA: Lexham Press, 2016).

61. D. A. Carson, D. *Jesus' Sermon on the Mount and His Confrontation with the World: An Exposition of Matthew 5-10* (Grand Rapids, MI: Baker Academic, 1999), 12.

62. 위의 책.

63. 위의 책, 14.

64. Leon Morris, *The Gospel According to Matthew* (Grand Rapids, MI: Leicester, England; W. B. Eerdmans; Inter-Varsity Press, 1992), 179.

65. Crossway Bibles, *The ESV Study Bible* (Wheaton, IL: Crossway Bibles, 2008), 1,827. 『ESV 스터디 바이블』, 부흥과개혁사.

66. Leland Ryken, et al Ryken, in *Dictionary of biblical imagery* (electronic ed.) (Downers Grove, IL: InterVarsity Press, 2000), 82.

67. Crossway Bibles, *The ESV Study Bible* (Wheaton, IL: Crossway Bibles, 2008), 1,827. 『ESV 스터디 바이블』, 부흥과개혁사.

68. John D. Barry, et al., *Faithlife Study Bible* (Bellingham, WA: Lexham Press, 2012, 2016).

69. John F. MacArthur Jr., ed., *The MacArthur Study Bible*, electronic ed., (Nashville, TN: word Pub., 1997), 1,399.

70. L. A. Barbieri, Matthew, in Walvoord and Zuck, eds., *The Bible Knowledge Commentary*, vol. 2, 29.

71. Crossway Bibles, The *ESV Study Bible* (Wheaton, IL: Crossway Bibles, 2008), 1,827. 『ESV 스터디 바이블』, 부흥과개혁사; D. A. Carson, D. *Jesus' Sermon on the Mount and His Confrontation with the World: An Exposition of Matthew 5-10* (Grand Rapids, MI: Baker Academic, 1999), 17-18.

72. D. A. Carson, D. *Jesus' Sermon on the Mount and His Confrontation with the World: An Exposition of Matthew 5-10* (Grand Rapids, MI: Baker Academic, 1999), 18.

73. 위의 책, 19.

74. John D. Barry, et al., *Faithlife Study Bible* (Bellingham, WA: Lexham Press, 2012, 2016).

75. D. A. Carson, D. *Jesus' Sermon on the Mount and His Confrontation with the World: An Exposition of Matthew 5-10* (Grand Rapids, MI: Baker Academic, 1999), 20.

76. 위의 책, 23.

77. 위의 책, 24.

78. Crossway Bibles, *The ESV Study Bible* (Wheaton, IL: Crossway Bibles, 2008), 1,828. 『ESV 스터디 바이블』, 부흥과개혁사.

79. Bruce Barton, et al., *Life Application New Teatament Commentary* (Wheaton, IL: Tyndale, 2001), 24. 『적용을 도와주는 요한복음』, 성서유니온선교회.

80. D. A. Carson, "The Gospels and Acts," in D. A. Carson, ed., *NIV Zondervan Study Bible: Built on the Truth of Scripture and Centered on the Gospel Message* (Grand Rapids, MI: Zondervan, 2015), 1,937.

81. Bruce Barton, et al., *Life Application New Teatament Commentary* (Wheaton, IL: Tyndale, 2001), 24. 『적용을 도와주는 요한복음』, 성서유니온선교회.

82. D. A. Carson, D. *Jesus' Sermon on the Mount and His Confrontation with the World: An Exposition of Matthew 5-10* (Grand Rapids, MI: Baker Academic, 1999), 27.

83. L. A. Barbieri, Matthew, in Walvoord and Zuck, eds., *The Bible Knowledge Commentary*, vol. 2, 29.

84. D. A. Carson, D. *Jesus' Sermon on the Mount and His Confrontation with the World: An Exposition of Matthew 5-10* (Grand Rapids, MI: Baker Academic, 1999), 29.

85. Craig Blomberg, *Matthew* (Nashville: Broadman & Holman Publishers, 1992), vol. 22, 101.

86. Craig A. Evans, *NT314 Book Study: The Gospel of Matthew in Its Jewish Context* (Bellingham, WA: Lexham

Press, 2014), Segment 23.

87. Crossway Bibles, *The ESV Study Bible* (Wheaton, IL: Crossway Bibles, 2008), 1829. 『ESV 스터디 바이블』, 부흥과개혁사.

88. Moore, *The Chronological Life of Christ*, 177.

89. 위의 책, 185.

90. Bryan Chapell, *Praying Backwards: Transform Your Prayer Life By Beginning in Jesus' Name* (Grand Rapids, MI: Baker, 2005), 187.

91. Derek W. H. Thomas, *Acts.* (R. D. Phillips, P. G. Ryken, and D. M. Dorian, Eds.) (Phillipsburg, NJ: P&R Publishing, 2011), 108.

92. Bob Utley, *The Gospel According to Luke* (Marshall, TX: Bible Lessons International, 2004), vol. 3A.

93. D. A. Carson, D. *Jesus' Sermon on the Mount and His Confrontation with the World: An Exposition of Matthew 5-10* (Grand Rapids, MI: Baker Academic, 1999), 91.

94. 위의 책, 92.

95. John R. W. Stott, *The Message of the Sermon On the Mount (Matthew 5-7): Christian Counter-culture* (Leicester; Downers Grove, IL: InterVarsity Press, 1985), 175.

96. Frank Turek, *Stealing from God: Why Atheists Need God to Make Their Case* (NavPress, Kindle Edition, 2014), Kindle Location 3181.

97. 위의 책, Kindle Location 3176.

98. John R. W. Stott, *The Message of the Sermon On the Mount (Matthew 5-7): Christian Counter-culture* (Leicester; Downers Grove, IL: InterVarsity Press, 1985), 175-176.

99. 위의 책, 176.

100. 위의 책.

101. 위의 책, 177.

102. 위의 책, 188-189.

103. John R. W. Stott, *The Message of the Sermon On the Mount (Matthew 5-7): Christian Counter-culture* (Leicester; Downers Grove, IL: InterVarsity Press, 1985), 189.

104. *The Sermon on the Mount* by Joachim Jeremias (the Ethel M. Wood Lecture delivered before the University of London on 7 March 1961: University of London, Athlone Press, 1961), 96, 97, as quoted in John R. W. Stott, *The Message of the Sermon On the Mount (Matthew 5-7): Christian Counter-culture* (Leicester; Downers Grove, IL: InterVarsity Press, 1985), 185.

105. John R. W. Stott, *The Message of the Sermon On the Mount (Matthew 5-7): Christian Counter-culture* (Leicester; Downers Grove, IL: InterVarsity Press, 1985), 185.

106. 위의 책.

107. Brennan Manning, and John Foreman, *Abba's Child: the Cry of the Heart for Intimate Belonging* (Colorado Springs, CO: NavPress, 2015).

108. Joachim Jeremias, *The Parables of Jesus* (New York: Scribner, 1970), 128.

109. Manning, and Foreman, *Abba's Child.*

110. 위의 책.

111. Henri J. M. Nouwen, *Life of the Beloved: Spiritual Living in a Secular World* (New York: Crossroad, 1992), 21.

112. Manning, and Foreman, *Abba's Child.*

113. Georges Bernanos, *Diary of a Country Priest* (New York: Sheed and Ward, 1936), 178; Manning, and Foreman, *Abba's Child: the Cry of the Heart for Intimate Belonging* (Colorado Spring, CO: NavPress, 2015).

114. Brennan Manning, *Ruthless Trust, the Ragamuffin's Path to God*, (San Francisco, CA: HarperSanFrancisco, 2000), 15.
115. Manning, and Foreman, *Abba's Child*.
116. Moore, *The Chronological Life of Christ*, 195.
117. L. A. Barbieri, Matthew, in Walvoord and Zuck, eds., *The Bible Knowledge Commentary*, vol. 2, 34.

7장

1. Will Durant, *The Story fo Civilization, Vol. 3, Caesar and Christ* (New York: Simon and Schuster, 1972), 557.
2. Bruce B. Barton, *Matthew* (Wheaton, IL: Tyndale House Publishers, 1996), 155.
3. *NIV Cultural Backgrounds Study Bible*, (Grand Rapids, MI: Zondervan, 2016), 1759.
4. Bruce B. Barton, D. Veerman, L. C. Taylor, and G. R. Osborne, *Luke* (Wheaton, IL: Tyndale House Publishers, 1997), 177.
5. Valesius, Life of Eusebius Pamphilus. In Parker S. E. (Trans.), *An Ecclesiastical History to the 20th Year of the Reign of Constantine* (London: Samuel Bagster and Sons, 1847), 146.
6. Mark E. Moore, *The Chronological Life of Christ* (Joplin, MO: College Press Publishing Company, 2011), 204.
7. R. Kent Hughes, *Luke: That You May Know the Truth* (Wheaton, IL: Crossway Books, 1998), 262.
8. L. A. Barbieri, Matthew, in Walvoord and Zuck, eds., *The Bible Knowledge Commentary: An Exposition of the Scripture* (Wheaton, IL: Victor Books, 1985), vol. 2, 43.
9. Craig L. Blomberg, *Matthew* (Nashville: Broadman & Holman Publishers, 1992), vol. 22, 185.
10. John Peter Lange and J. J. van Oosterzee, *A Commentary on the Holy Scriptures: Luke* (P. Schaff and C. C. Starbuck, Trnas.) (Bellingham, WA: Logos Bible Software, 2008), 59.
11. Bruce B. Barton, Matthew (Wheaton, IL: Tyndale House Publishers, 1996), 222; Crossway Bibles, *The ESV Study Bible* (Wheaton, IL: Crossway Bibles, 2008), 1,843. 『ESV 스터디 바이블』, 부흥과개혁사.
12. John D. Barry, *Faithlife Study Bible* (Bellingham, WA: Lexham Press, 2012, 2016).
13. Thomas Hale, *The Applied New Testament Commentary* (Colorado Springs, CO; Ontario, Canada; East Sussex, England; David C. Cook. Crossway Bibles, 1996), 227; Crossway Bibles, *The ESV Study Bible*, 1,843. 『ESV 스터디 바이블』, 부흥과개혁사.
14. David L. Turner, *Matthew* (Grand Rapids, MI: Baker Academic, 2008), 330.
15. John F. MacArthur Jr., ed., *The MacArthur Study Bible*, electronic ed., (Nashville, TN: word Pub., 1997), 1,416.
16. C. H. Dodd, *The Parables of the Kingdom* (London: Nisbet, 1935; New York: Scribner's 1936), 16.
17. J. E. Miller, "Jesus, Parables of," in J. D. Barry et al., eds., *The Lexham Bible Dictionary* (Bellingham, WA: Lexham Press, 2016).
18. Craig L. Blomberg, *Interpreting the Parables* (Downers Grove, IL: InterVarsity Press, 1990), 30.
19. D. A. Carson, D. A. The Gospels and Acts. In D. A. Carson (Ed.), *NIV Zondervan Study Bible: Built on the Truth of*

Scripture and Centered on the Gospel Message (Grand Rapids, MI: Zondervan, 2015), 1956.

20. D. A. Carson, in F. E. Gaebelein, ed., *The Expositor's Bible Commentary: Matthew, Mark, Luke* (Grand Rapids, MI: Zondervan Publishing House), vol. 8, 310.
21. Mark E. Moore, *The Chronological Life of Christ* (Joplin, MO: College Press Publishing Company, 2011), 226
22. D. R. Sunukjian, "Amos," in Walvoord and Zuck, eds., *The Bible Knowledge Commentary*, vol. 1, 1,448.
23. Michael P. Green, *The Message of Matthew: the Kingdom of Heaven* (Leicester, England; Downers Grove, IL: Inter-Varsity Press, 2001), 153.
24. Crossway Bibles, *The ESV Study Bible*, 1,848-1,849. 『ESV 스터디 바이블』, 부흥과개혁사.
25. G. Campbell Morgan, *The Parables of the Kingdom* (New York; Chicago; Toronto; London; Edinburgh: Flemming H. Revell Company, 1907), 73-79.
26. 위의 책, 82.
27. 위의 책.
28. 위의 책, 77.
29. D. A. Carson, Matthew, In F. E. Gaebelein (Ed.), *The Expositor's Bible Commentary: Matthew, Mark, Luke* (Grand Rapids, MI: Zondervan Publishing House, 1984), vol. 8, 317-318.
30. Arthur K. Robertson, *Matthew* (Chicago, IL: Moody Press, 1983), 73.
31. Daniel M. Doriani, *NT252 Parables of Jesus* (Bellingham, WA: Lexham Press, 2014), Segment 9.
32. Arthur K. Robertson, *Matthew* (Chicago, IL: Moody Press, 1983), 73.
33. L. A. Barbieri, Matthew, in Walvoord and Zuck, eds., *The Bible Knowledge Commentary: An Exposition of the Scripture* (Wheaton, IL: Victor Books, 1985), vol. 2, 51
34. Daniel M. Doriani, *NT252 Parables of Jesus* (Bellingham, WA: Lexham Press, 2014), Segment 11.
35. L. A. Barbieri, Matthew, in Walvoord and Zuck, eds., *The Bible Knowledge Commentary*: An Exposition of the Scripture (Wheaton, IL: Victor Books, 1985), vol. 2, 51.
36. Daniel M. Doriani, *NT252 Parables of Jesus* (Bellingham, WA: Lexham Press, 2014), Segment 11.
37. L. A. Barbieri, Matthew, in Walvoord and Zuck, eds., *The Bible Knowledge Commentary: An Exposition of the Scripture* (Wheaton, IL: Victor Books, 1985), vol. 2, 52.
38. Craig L. Blomberg, *Matthew* (Nashville: Broadman & Holman Publishers, 1992), vol. 22, 224.
39. Crossway Bibles, *The ESV Study Bible*, 1,849. 『ESV 스터디 바이블』, 부흥과개혁사.
40. 위의 책, 1850.
41. Charles H. Spurgeon, *The Gospel of the Kingdom: A Commentary on the Book of Matthew* (London: Passmore and Alabaster, 1893), 52.
42. Michael P. Green, *The Message of Matthew: The Kingdom of Heaven* (Leicester, England: Downers Grove, IL: Inter-Varsity Press, 2001), 119.
43. Crossway Bibles, *The ESV Study Bible*, 1,836. 『ESV 스터디 바이블』, 부흥과개혁사.
44. John F. MacArthur Jr., ed., *The MacArthur Study Bible*, electronic ed., (Nashville, TN: word Pub., 1997), 1,407.

45. D. M. May, Decapolis. In J. D. Barry, D. Bomar, D. R. Brown, R. Klippenstein, D. Mangum, C. Sinclair Wolcott, …W. Widder (Eds.), *The Lexham Bible Dictionary* (Bellingham, WA: Lexham Press, 2016).

46. Crossway Bibles, *The ESV Study Bible*, 1,902. 『ESV 스터디 바이블』, 부흥과개혁사.

47. John D. Barry, *Faithlife Study Bible* (Bellingham, WA: Lexham Press, 2012, 2016).

48. J. D. Grassmick, "Mark," in Walvoord and Zuck, eds., *The Bible Knowledge Commentary*, vol. 2, 126.

49. John F. MacArthur Jr., ed., *The MacArthur Study Bible*, electronic ed., (Nashville, TN: word Pub., 1997), 1,470.

50. Bruce B. Barton, *Matthew* (Wheaton, IL: Tyndale House Publishers, 1996), 194.

51. L. A. Barbieri, Matthew, in Walvoord and Zuck, eds., *The Bible Knowledge Commentary: An Exposition of the Scripture*, vol. 2, 41.

52. Bruce B. Barton, *Matthew* (Wheaton, IL: Tyndale House Publishers, 1996), 196.

53. Crossway Bibles, *The ESV Study Bible*, 1,848, 1,975. 『ESV 스터디 바이블』, 부흥과개혁사.

54. Earl D. Radmacher, Ronald Barclay Allen, and H. Wayne House, *The Nelson Study Bible: New King James Version* (Nashville: T. Nelson Publishers, 1997).

55. 위의 책.

56. L. A. Barbieri, Matthew, in Walvoord and Zuck, eds., *The Bible Knowledge Commentary: An Exposition of the Scripture* (Wheaton, IL: Victor Books, 1985), vol. 2, 41.

57. G. F. Hasel, Dove. In G. W. Bromiley (Ed.), *The International Standard Bible Encyclopedia, Revised* (Wm. B. Eerdmans, 1979-1988), vol. 1, 988.

58. Marshall Shelley, *Well-intentioned Dragons: Ministering to Problem People in the Church* (Carol Stream, IL; Waco, TX: Christianity Today; Word Books, 1985), vol. 1, 62.

59. Crossway Bibles, *The ESV Study Bible*, 1,848, 1,840. 『ESV 스터디 바이블』, 부흥과개혁사.

60. Craig L. Blomberg, *Matthew* (Nashville: Broadman & Holman Publishers, 1992), vol. 22, 176.

61. A. Gamble, December 14th: Christ the Divider of Households (Micah 7:6). In I. Steeds (Ed*.), Day by Day: Christ Foreshadowed: Glimpses in the Old Testament* (West Glamorgan, UK: Precious Seed, 2002), 363.

62. F. F. Bruce, *New Testament History* (New York, New York: Doubleday, 1969), 152.

63. Flavius Josephus, *The Works of Josephus: Complete and Unabridged*, William Whiston, trans., Antiquities, (Peabody: Hendrickson, 1987), 18. 116-118.

64. H. W. Hoehner, Chronology, In J. B. Green and S. McKnight (Eds.), *Dictionary of Jesus and the Gospels* (Downers Grove, IL: InterVarsity Press, 1992), 119; Walte A. Elwell, and B. J. Beitzel, In *Baker Encyclopedia of the Bible* (Grand Rapids, MI: Baker Book House, 1988), 1183.

65. P. Borgen, *Bread from Heaven* (Leiden: Brill, 1965).

66. L. A. Barbieri, Matthew, in Walvoord and Zuck, eds., *The Bible Knowledge Commentary: An Exposition of the*

Scripture (Wheaton, IL: Victor Books, 1985), vol. 2, 54.

67. Larry Chouinard, *Matthew* (Joplin, MO: College Press, 1997).

68. Warren W. Wiersbe, *Wiersbe's Expository Outlines on the New Testament* (Wheaton, IL: Victor Books, 1992), 57-58.

69. Ray C. Stedman, *Adventuring Through the New Testament*, (Grand Rapids, MI: Discovery House Publishers, 2011), Kindle Location 1528 of 7729.

70. Grassmick, "Mark," in Walvoord and Zuck, eds., *The Bible Knowledge Commentary*, vol. 2, 132.

71. J. C. Ryle, *Matthew* (Wheaton, IL: Crossway Books, 1993), 121.

72. William Hendrikson and S. Kistemaker, *Exposition of the Gospel According to Mark* (Grand Rapids: Baker Book House, 1953-2001), vol. 10, 264.

73. William L. Lane, *The Gospel of Mark* (Grand Rapids, MI: Wm. B. Eerdmans Publishing Co, 1974), 240-241.

74. William Hendrikson and S. Kistemaker, *Exposition of the Gospel According to Mark* (Grand Rapids: Baker Book House, 1953-2001), vol. 1, 232.

75. Bruce B. Barton, *John* (Wheaton, IL: Tyndale House Publishers, 1993), 139.

76. Gerald L. Borchert, *John 1-11* (Nashville: Broadman & Holman Publishers, 1996), vol. 25A, 272.

77. Mark E. Moore, *The Chronological Life of Christ* (Joplin, MO: College Press Publishing Company, 2011), 280.

78. Matthew Henry and Thomas Scott, *Matthew Henry's Concise Commentary* (Oak Harbor, WA: Logos Research Systems, 1997).

79. Grasmick, "Mark," in Walvoord and Zuck, eds., *The Bible Knowledge Commentary*, vol. 2, 133.

80. Ronald F. Youngblood, F. F. Bruce, and R. K. Harrison, Thomas Nelson Publishers (Eds.), In *Nelson's New Illustrated Bible Dictionary* (Nashville, TN: Thomas Nelson, Inc. Crossway Bibles, 1995); *The ESV Study Bible*, 1,907.

81. John D. Barry et al., *Faithlife Study Bible* (Bellingham, WA: Lexham Press, 2012-2016).

82. Bruce B. Barton, *Mark* (Wheaton, IL: Tyndale House Publishers, 1994), 209.

83. Alfred Edersheim, *The Life and Times of Jesus the Messiah* (New York: Longmans, Green, and Co., 1986), vol. 2, 41-42.

84. Donald English, *The Message of Mark: the Mystery of Faith* (Leicester, England; Downers Grove, IL: InterVarsity Press, 1992), 150-152.

85. Earl D. Radmacher, Ronald Barclay Allen, and H. Wayne House, *The Nelson Study Bible: New King James Version* (Nashville: T. Nelson Publishers, 1997).

86. Bruce B. Barton, *Matthew* (Wheaton, IL: Tyndale House Publishers, 1996), 311-312.

87. Walter W. Wessel, Mark. In F. E. Gaebelein (Ed.), *The Expositor's Bible Commentary: Matthew, Mark, Luke* (Grand Rapids, MI: Zondervan Publishing House, 1984), vol. 8, 686.

88. John F. MacArthur Jr., ed., *The MacArthur Study Bible*, electronic ed., (Nashville, TN: word Pub., 1997), 1,475.

89. Ted Cabal et al., *The Apologetics Study Bible: Real Questions, Straight Answers, Stronger Faith* (Nashville, TN: Holman Bible Publishers, 2007), 1482.

90. Crossway Bibles, *The ESV Study Bible*,

1,908. 『ESV 스터디 바이블』, 부흥과개혁사.

91. P. F. Wilbanks, Magadan. In D. N. Freedman, A. C. Myers, and A. B. Beck (Eds.), *Eerdmans Dictionary of the Bible* (Grand Rapids, MI: W. B. Eerdmans, 2000), 843.

92. Crossway Bibles, *The ESV Study Bible*, 1,854. 『ESV 스터디 바이블』, 부흥과개혁사.

93. Leardership Ministries Worldwide. *The Gospel according to Matthew: Chapters 1:1-16:12* (Chattanooga, TN: Leadership Ministries worldwide, 2004), vol. 1, 364.

94. Blaise Pascal, *The Provincial Letters; PensEes; Scientific Treatise*, M. J. Adler and R. McHenry, eds., W. F. Trotter, trasn., second ed. (Chicago; Auckland; London; Madrid; Manila; Paris; Rome; Seoul; Sydney; Tokyo; Toronto: Encyclopedia Britannica, Inc., 1990), vol. 30, 336.

95. Bruce Barton, et al., *Life Application New Teatament Commentary* (Wheaton, IL: Tyndale, 2001), 74-75. 『적용을 도와주는 요한복음』, 성서유니온선교회.

96. K. J. Udd, and M. B. Winstead, Bethsaida. In J. D. Barry, D. Bomar, D. R. Brown, R. Klippenstein, D. Mangum, C. Sinclair Wolcott, …W. Widder (Eds.), *The Lexham Bible Dictionary* (Bellingham, WA: Lexham Press, 2016).

97. Crossway Bibles, *The ESV Study Bible*, 1,909. 『ESV 스터디 바이블』, 부흥과개혁사.

98. Lamar Williamson Jr., *Mark* (Atlanta, GA: J. Knox Press, 1983), 148.

99. Geoffrey W. Grogan, *Mark: Good News from Jerusalem* (Rossshire, Scotland: Christian Focus Publications, 2003), 154.

100. M. G. Easton, In *Easton's Bible dictionary* (New York: Harper & Brothers, 1893).

101. William Hendrikson and S. Kistemaker, *Exposition of the Gospel According to Mark* (Grand Rapids: Baker Book House, 1953-2001), vol. 9, 646.

102. Crossway Bibles, *The ESV Study Bible*, 1,855. 『ESV 스터디 바이블』, 부흥과개혁사.

103. Earl D. Radmacher, R. B. Allen, and H. W. House, *The Nelson Study Bible: New King James Version* (Nashville: T. Nelson Publishers, 1997); Hendrikson and S. Kistemaker, *Exposition of the Gospel According to Matthew* (Grand Rapids: Baker Book House, 1953-2001), vol. 9, 649.

104. John D. Barry et al., *Faithlife Study Bible* (Bellingham, WA: Lexham Press, 2012-2016).

105. Fulton J. Sheen, *Life of Christ* (New York:McGraw-Hill Book Company, Inc., 1958), 20.

106. Charles H. Spurgeon, *Spurgeon's Sermons*, electronic ed. (Albany, OR: Ages Softwae, 1998), vol. 9.

8장

1. Philip Schaff, in Robert J. Morgan, *Nelson's Complete Book of Stories, Illustrations, and Quotes*, electronic ed. (Nashville: Thomas Nelson Publishers, 2000), 479.

2. Mark E. Moore, *The Chronological Life of Christ* (Joplin, MO: College Press Publishing Company, 2011), 310.

3. John G. Butler, *Jesus Christ: His Praying* (Clinton, IA: LBC Publication, 2004), vol. 6, 86; Crossway Bibles, *The ESV Study*

Bible (Wheaton, IL: Crossway Bibles, 2008), 1,973. 『ESV 스터디 바이블』, 부흥과개혁사.

4. Butler, *Jesus Christ: His Praying* (Clinton, IA: LBC Publication, 2004), vol. 6, 86.
5. Crossway Bibles, *The ESV Study Bible* (Wheaton, IL: Crossway Bibles, 2008), 1,973. 『ESV 스터디 바이블』, 부흥과개혁사.
6. James R. Edwards, *The Gospel According to Mark* (Grand Rapids, MI; Leicester, England: Eerdmans; Apollos, 2002), 269.
7. Walter A. Elwell and B. J. Beitzel, in *Baker Encyclopedia of the Bible* (Grand Rapids, MI: Baker Book House, 1988), 2,098.
8. H. J. R. Marston, "Christ All in All," in *The Church Pulpit Commentary: St. Mark-St. Luke 7* (London: J. Nisbet & Co, 1908), 148.
9. Butler, *Jesus Christ: His Praying*, vol. 6, 81.
10. John D. Barry et al., *Faithlife Study Bible* (Bellingham, WA: Lexham Press, 2012, 2016).
11. Crossway Bibles, *The ESV Study Bible*, 1,857. 『ESV 스터디 바이블』, 부흥과개혁사.
12. 위의 책, 1,858.
13. Michael P. Green, *The Message of Matthew: The Kingdom of Heaven* (Leicester, England; Downers Grove, IL: InterVarsity Press, 2001), 196; Frank E. Gaebelain et al., *The Expositor's Bible Commentary: Matthew, Mark, Luke* (Grand Rapids, MI: Zondervan Publishing House, 1984), vol. 8, 403; Bruce Barton, et al., *Life Application New Teatament Commentary* (Wheaton, IL: Tyndale, 2001), 83; William Hendrikson and S. Kistemaker, *Exposition of the Gospel According to Mark* (Grand Rapids: Baker Book House, 1953-2001), vol. 9, 703; John F. MacArthur Jr., ed., *The MacArthur Study Bible: New American Standard Bible* (Nashville, TN:Thomas Nelson Publishers, 2006).
14. J. D. Grasmick, "Mark," in Walvoord and Zuck, eds., *The Bible Knowledge Commentary: An Exposition of the Scriptures* (Wheaton, IL: Victor Books, 1985), vol. 2, 146.
15. Larry Richards, *The Teacher's Commentary* (Wheaton, IL: Victor Books, 1987), 572.
16. William Barclay, *The Gospel of Matthew*, 3rd ed. (Edinburgh: Saint Andrew Press, 2001), 225.
17. In Mark Water, *The New Encyclopedia of Christian Quotations* (Alresford, Hampshire: John Hunt Publishers Ltd., 2000), 470-471.
18. Barry et al., *Faithlife Study Bible*.
19. L. A. Barbieri, Matthew, in Walvoord and Zuck, eds., *The Bible Knowledge Commentary*, vol. 2, 45.
20. R. T. France, *Matthew: an Introduction and Commentary* (Downers Grove, IL: InterVarsity Press, 1985), vol. 1, 203.
21. Crossway Bibles, *The ESV Study Bible*, 1,843. 『ESV 스터디 바이블』, 부흥과개혁사.
22. Kenneth Daughters, *"The Trinity and the Christian", in Emmaus Journal* vol. 14(2005), 69.
23. R. C. Sproul, *Essential Truths of the Christian Faith* (Wheaton, IL: Tyndale House, 1992), chapter 26. 스프로울, 『기독교의 핵심진리 102가지 - 기독교에 대한 올바른 이해와 그 성경적 근거』, 생명의 말

씀사.
24. Robert H. Stein, *Luke* (Nashville: Broadman & Holman Publishers, 1992), vol. 24, 313.
25. Michael Green, *The Message of Matthew: the Kingdom of Heaven* (Leicester, England; Downers Grove, IL: Inter-Varsity Press, 2001), 143.
26. Charles F. Stanley, *Finding Peace: God's Promise of a Life Free from Regret, Anxiety, and Fear* (Nashville, TN: Thomas Nelson Publishers, 2003), 25.
27. Stein, *Luke*, vol. 24, 316.
28. MacArthur Jr., *The MacArthur Study Bible*.
29. John G. Butler, *Jesus Christ: His Parables* (Clinton, IA: LBC Publications. 2002), vol. 3, 388-92.
30. Crossway Bibles, *The ESV Study Bible*, 1,977. 『ESV 스터디 바이블』, 부흥과개혁사.
31. Michael Wilcock, *The Savior of the World: the Message of Luke's Gospel* (Downers Grove, IL: InterVarsity Press, 1979), 124.
32. D. Michael Martin, 1, *2 Thessalonians*, vol. 33 (Nashville: Broadman & Holman Publishers, 1995), 61.
33. L. A. Barbieri, Matthew, in Walvoord and Zuck, eds., *The Bible Knowledge Commentary*, vol. 2, 47.
34. Crossway Bibles, *The ESV Study Bible*, 1,899. 『ESV 스터디 바이블』, 부흥과개혁사.
35. 위의 책, 1,982.
36. Wilcock, *The Savior of the World*, 132.
37. Crossway Bibles, *The ESV Study Bible*, 1,846. 『ESV 스터디 바이블』, 부흥과개혁사.
38. Earl D. Radmacher, Ronald Barclay Allen, and H. Wayne House, *The Nelson Study Bible: New King James Version* (Nashville: T. Nelson Pulishers, 1997).
39. Bruce Barton, et al., *Life Application New Teatament Commentary*, 61. 『적용을 도와주는 요한복음』, 성서유니온선교회.
40. John G. Butler, *Analytical Bible Expositor: Matthew* (Clinton, IA: LBC Publications, 2008), 211.
41. Radmacher, Barclay, and H. Wayne House, *The Nelson Study Bible: New King James Version*.
42. M. G. Easton, in *Easton's Bible Dictionary* (New York: Harper & Brothers, 1893); John T. Carroll, *Luke: A Commentary*, C. C. Black and M. E. Boring, eds., 1st ed. (Louisville, KY: Westminster John Knox Press, 2012), 261.
43. William Hendrikson and S. Kistemaker, *Exposition of the Gospel According to Mark* (Grand Rapids: Baker Book House, 1953-2001), vol. 11, 650.
44. Leon Morris, *Luke: An Introduction and Commentary* (Downers Grove, IL:InterVarsity Press, 1988), vol. 3, 228.
45. Warren W. Wiersbe, *The Bible Exposition Commentary* (Wheaton, IL: Victor Books, 1996), vol. 1, 219.
46. M. G. Easton, M. G. In *Easton's Bible Dictionary* (New York: Harper & Brothers, 1893).
47. Walter A. Elwell and B. J. Beitzel, in *Baker Encyclopedia of the Bible* (Grand Rapids, MI: Baker Book House, 1988), vol. 1, 221.
48. Wiersbe, *The Bible Exposition Commentary* (Wheaton, IL: Victor Books, 1996), vol. 1, 221.
49. Crossway Bibles, *The ESV Study Bible*, 1,982. 『ESV 스터디 바이블』, 부흥과개혁사.

50. Joel B. Green, *The Gospel of Luke* (Grand Rapids, MI: Wm. B. Eerdmans Publishing Co., 1997), 494.
51. William Hendrikson and S. Kistemaker, *Exposition of the Gospel According to Luke* (Grand Rapids: Baker Book House, 1953-2001), vol. 11, 669.
52. Frank E. Gaebelein et al., *The Expositor's Bible Commentary: Matthew, Mark, Luke* (Grand Rapids, MI: Zondervan Publishing House, 1984), vol. 8, 963.
53. Andrew W. Pitts, *NT316 Book Study: The Gospel of Luke* (Bellingham, WA: Lexham Press, 2015), Segment 94.
54. Bruce B. Barton, *Luke* (Wheaton, IL: Tyndale House Publishers, 1997), 331.
55. Arthur W. Pink, *The Arthur Pink Anthology* (Bellingham, WA: Logos Bible Software, 2005).
56. J. C. Ryle, *Expository Thoughts on Luke* (New York: Robert Carter & Brothers, 1879), vol. 2, 103-104.
57. Matthew Henry, *Matthew Henry's Commentary on the Whole Bible: Complete and Unabridged in One Volume* (Peabody: Hendrikson, 1994), 1871.
58. Crossway Bibles, *The ESV Study Bible*, 1,985. 『ESV 스터디 바이블』, 부흥과개혁사.
59. Wiersbe, *The Bible Exposition Commentary*, vol. 1, 225.
60. B. M. Austin, "Booths, Feast of," in J. D. Barry, D. Bomar, D. R. Brown, R. Klippenstein, D. Mangum, C. Sinclair Wolcott, …W. Widder (Eds.), *The Lexham Bible Dictionary* (Bellingham, WA: Lexham Press, 2016).
61. Colin G. Kruse, *John: an Introduction and Commentary* (Downers Grove, IL: InterVarsity Press, 2003), vol. 4, 182.
62. Barry et al., *Faithlife Study Bible*.
63. J. A. Martin, "Luke," Walvoord and Zuck, eds., *The Bible Knowledge Commentary*, vol. 2, 232.
64. Morris, *Luke*, vol. 3, 199.
65. John T. Carroll, *Luke: A Commentary*. (C. C. Black and M. E. Boring, Eds.)(First Edition)(Louisville, KY:Westminster John Knox Press, 2012), 230.
66. Jack Hayford et al., *New Spirit-Filled Life Bible: Notes* (Nashville, TN: Thomas Nelson Bibles, 2002), 1,406.
67. 위의 책.
68. Barry et al., *Faithlife Study Bible*.
69. Mark E. Moore, *The Chronological Life of Christ* (Joplin, MO: College Press Publishing Company, 2011), 336.
70. 위의 책, 338.
71. MacArthur, *The MacArthur Study Bible*.
72. Bruce B. Barton, *John* (Wheaton, IL: Tyndale House, 1993), 158.
73. Crossway Bibles, *The ESV Study Bible*, 2,037. 『ESV 스터디 바이블』, 부흥과개혁사.
74. J. Ramsey Michaels, *The Gospel of John* (Grand Rapids, MI: Cambridge, UK: William B. Eerdmans Publishing Company, 2010), 456.
75. E. A. Blum, "John" Walvoord and Zuck, eds., *The Bible Knowledge Commentary*, vol. 2, 301.
76. 위의 책, 302.
77. John Blanchard, In *The Complete Gathered Gold: A Treasury of Quotations for Christians* (Webster, New York; Darlington, England: Evangelical Press, 2006), 351.
78. Crossway Bibles, *The ESV Study Bible*, 2,039. 『ESV 스터디 바이블』, 부흥과개혁사.
79. MacArthur, *The MacArthur Study Bible*.

80. Joel willitts, *NT323 Book Study: The Gospel of John* (Bellingham, WA: Lexham Press, 2014), Segment 60.
81. Blum, "John," Walvoord and Zuck, eds., *The Bible Knowledge Commentary*, vol. 2, 303.
82. Merrill Chapin Tenney, *John: The Gospel of Belief* (Grand Rapids, MI; Cambridge, U. K.: Wm. B. Erdmans Publishing Co., 1976), 144-145.
83. Gerald L. Borchert, *John 1-11* (Nashville: Broadman & Holman Publishers, 1996), vol. 25A, 297.
84. Andreas J. Kostenberger, *John* (Grand Rapids, MI: Baker Academic, 2004), 257.
85. Leon Morris, *The Gospel According to John* (Grand Rapids, MI: Wm. B. Eerdmans Publishing Co.. 1995), 397.
86. Leon Morris, *The Gospel According to John* (Grand Rapids, MI: Wm. B. Eerdmans Publishing Co.. 1995), 398.
87. Bruce B. Barton, *John* (Wheaton, IL: Tyndale House, 1993), 158.
88. R. H. Mounce, John. In T. Longman Ⅲ and D. E. Garland (Eds.), *The Expositor's Bible Commentary: Luke-Acts (Revised Edition)* (Grand Rapids, MI: Zondervan, 2007), vol. 10, 477.
89. Borchert, *John 1-11*, vol. 25A, 303-304.
90. H. D. M. Spence-Jones, Ed., *St. John* (London; New York; Funk & Wagnalls Company, 1909), vol. 1, 360.
91. 위의 책, 363-364.
92. William Hendriksen and S. J. Kistemaker, *Exposition of the Gospel According to John* (Vol. 1-2) (Grand Rapids: Baker Book House, 1953-2001), vol. 2, 61.
93. 위의 책.
94. 존 맥아더는 이 구절이 예수님이 기적적인 방법으로 탈출하셨음을 말한 것이라고 말한다. John F. MacArthur Jr., *The MacArthur Study Bible*.
95. John Owen, *The Works of John Owen*, W. H. Goold, ed(Edinburgh: T&T Clark), vol. 17, 566.

9장

1. Gary Benfold, *Why Lord? The Book of Job for Today* (Epsom, Surrey: Day one, 1998), 90.
2. Leon Morris, *The Gospel According to John* (Grand Rapids, MI: Wm. B. Eerdmans Publishing Co.. 1995), 428.
3. Warren W. Wiersbe, *The Bible Exposition Commentary* (Wheaton, IL: Victor Books, 1996), vol. 1, 325.
4. John D. Barry et al, *Faithlife Study Bible* (Bellingham, WA: Lexham Press, 2012, 2016).
5. Colin G. Kruse, C. G. (2003). *John: an Introduction and Commentary* (Vol. 4) (Downers Grove, IL: InterVarsity Press, 2003), 226.
6. J. Vernon McGee, *Thru the Bible Commentary* (electronic ed.) (Nashville: Thomas Nelson, 1997), Vol. 4, 426-427.
7. J. E. White, John. In D. S. Dockery (Ed.), *Holman Concise Bible Commentary* (Nashville, TN: Broadman & Holman Pulishers, 1998), 477.
8. Leon Morris, *The Gospel According to John* (Grand Rapids, MI: Wm. B. Eerdmans Publishing Co.. 1995), 442.
9. Walter A. Elwell and B. J. Beitzel, in *Baker Encyclopedia of the Bible* (Grand Rapids, MI: Baker Book House, 1988), Vol. 2, 2091.
10. Charles H. Spurgeon, "Whose Goodness Faileth Never?", No.2919, *Spurgeon's Sermons* (electronic ed., vol. 51)

(Albany, OR: Ages Software, 1998).

11. Arthur W. Pink, A. W. (1923-1945). *Exposition of the Gospel of John* (Swengel, PA: Bible Truth Depot), 529.

12. Charles H. Spurgeon, "Whose Goodness Faileth Never?", No. 2919, *Spurgeon's Sermons* (electronic ed., vol. 51) (Albany, OR: Ages Software, 1998).

13. Ronald F. Youngblood, F. F. Bruce, R. K. Harrison, Thomas Nelson Publishers (Eds). In *Nelson's New Illustrated Bible Dictionary* (Nashville, TN: Thomas Nelson, Inc., 1995).

14. Grant R. Osborne and Philip W. Comfort, *Cornerstone Biblical Commentary, Vol. 13: John and 1, 2, and 3 John* (Carol Stream, IL: Tyndale House Publishers, 2007), 157.

15. Bruce B. Barton, *John*(Wheaton, IL: Tyndale House, 1993), 218.

16. 모든 학자가 동의하지는 않는다. 마이클 하이저의 책 『보이지 않는 세계(The Unseen Realm)』에서 이런 유형의 질문들을 다루면서, 시편 82편에서 하나님이 하급 신들에게 말씀하셨다는 학술 논문을 제시한다. Michael S. Heiser, Jesus' Quotation of Psalm 82:6 in John 10:34: A Different View of John's Theological Strategy; Michael S. Heiser, *The Unseen Realm: Recovering the Supernatural Worldview of the Bible* (First Edition) (Bellingham, WA: Lexham Press, 2015). 대다수 학자들의 의견을 보려면 다음의 책을 참조하라. Leon Morris, *The Gospel According to John* (Grand Rapids, MI: Wm. B. Eerdmans Publishing Co.. 1995), 467; E. A. Blum, "John," Walvoord and Zuck, eds., *The Bible Knowledge Commentary: An Exposition of the Scriptures* (Wheaton, IL: Victor Books, 1985), vol. 2, 312; Gerald L. Borchert, *John 1-11* (Nashville: Broadman & Holman Publishers, 1996), vol. 25A, 343; William Hendriksen and S. J. Kistemaker, *Exposition of the Gospel According to John* (Vol. 1-2) (Grand Rapids: Baker Book House, 1953-2001), vol. 2, 128; Bruce Milne, *The Message of John: Here is Your King!: with study guide* (Leicester, England; Downers Grove, IL: InterVarsity Press, 1993), 155.

17. Robert H. Stein, *Luke* (Vol. 24) (Nashville: Broadman and Holman Publishers, 1992), 379.

18. Norval Geldenbuys, *Commentary on the Gospel of Luke: The English Text with Introduction, Exposition and Notes* (Grand Rapids, MI: Wm. B. Erdmans Publishing Co., 1952), 380.

19. William Manson, *The Gospel of Luke* (J. Moffat, Ed.) (New York; London: Harper and Brothers Publishers, 1930), 167.

20. Leon Morris, Luke: *an Introduction and Commentary* (Vol. 3) (Downers Grove, IL: InterVarsity Press, 1988), 244.

21. Bruce Barton et al, *Life Application New Testament Commentary* (Wheaton, IL: Tyndale House, 2001), 315. 『적용을 도와주는 요한복음』, 성서유니온선교회.

22. Mark E. Moore, *The Chronological Life of Christ* (Joplin, MO: College Press Publishing Company, 2011), 415-416.

23. John Nolland, *Luke 9:21-18:34* (Vol. 35B) (Dallas: Word, Incorporated, 1998), 743-744.

24. Moore, *The Chronological Life of Christ*, 418.

25. Fred B. Craddock, *Luke* (Louisville, KY: John Knox Press, 1990), 177.

26. 위의 책, 178-179.

27. Walter C. Kaiser, Jr. et al, *Hard Sayings*

of the Bible (Downers Grove, IL: InterVarsity, 1996), 475.

28. Wiersbe, *The Bible Exposition Commentary*, vol. 1, 232.
29. John T. Carroll, *Luke: A Commentary*, (C. C. Black and M. E. Boring, Eds.) (First Edition) (Louisville, KY: Westminster John Knox Press, 2012), 308.
30. L. A. Barbieri Jr., "Matthew," in J. F. Walvoord and R. B. Zuck, eds., *The Bible Knowledge Commentary: An Exposition of the Scripture*, Vol. 2, 62.
31. John T. Carroll, *Luke: A Commentary*, (C. C. Black and M. E. Boring, Eds.) (First Edition) (Louisville, KY: Westminster John Knox Press, 2012), 318.
32. William Hendrikson and S. Kistemaker, *Exposition of the Gospel According to Luke* (Grand Rapids: Baker Book House, 1953-2001), vol. 11, 755.
33. Timothy J, Keller, *The Prodigal God: Recovering the Heart of the Christian Faith* (1st ed.) (New York: Dutton, 2008), 24. 팀 켈러, 『팀 켈러의 탕부 하나님: 예수 복음의 심장부를 찾아서』, 두란노서원.
34. John Piper, "Our Hope: Righteousness," June 1, 1986, *Sermons from Jhon Piper (1980-1989)* (Minneapolis, MN: Desiring God, 2007).
35. Moore, *The Chronological Life of Christ*, 418.
36. Crossway Bibles, *The ESV Study Bible* (Wheaton, IL: Crossway Bibles, 2008), 1,992. 『ESV 스터디 바이블』, 부흥과개혁사.
37. Paul J. Achtemeier, "Bethany," in *Harper's Bible Dictionary* (1st ed.) (San Francisco: Harper & Row, 1985).
38. Charles H. Spurgeon, "Might Have Been, or May Be," *Spurgeon's Sermons* (electronic ed., Vol. 33) (Albany, OR: Ages Software, 1998).
39. Charles H. Spurgeon, "Jesus Sitting on the Well," *Spurgeon's Sermons* (electronic ed., Vol. 44) (Albany, OR: Ages Software, 1998).
40. Timothy J. Keller, "The Love of Christ," August 25, 1991, In *The Timothy Keller Sermon Archive* (New York City: Redeemer Presbyterian Church, 2013).
41. Wiersbe, *The Bible Exposition Commentary*, vol. 1, 338.
42. Charles C. Ryrie, *Ryrie Study Bible: New International Version* (Expanded ed.) (Chicago: Moody Publishers, 1994), 1643.
43. Craig A. Evans, *NT319 Book Study: The Gospel of Luke in Its Gentile Context* (Bellingham, WA: Lexham Press, 2016), segment 59.
44. I. Howard Marshall, *The Gospel of Luke: a Commentary on the Greek Text* (Exeter: Paternoster Press, 1978), 649.
45. Douglas J. Moo, *NT305 New Testament Theology* (Bellingham, WA: Lexham Press, 2015), Segment 23.
46. Francois Bovon, Luke 2: *A Commentary on the Gospel of Luke 9:51-19:27*. (H. Koester, Ed., D. S. Deer, Trans.) (Minneapolis, MN: Fortress Press, 2013), 527.
47. Norval Geldenhuys, *Commentary on the Gospel of Luke: The English Text with Introduction, Exposition and Notes* (Grand Rapids, MI: Wm. B. Eerdmans Publishing Co., 1952), 451.
48. J. Knox Chamblin, J. K. (2010). *Matthew: A Mentor Commentary*. Ross-shire, Great Britain: Mentor, 2010), 930.
49. R. T. France, *Matthew: an introduction and commentary* (Vol. 1) (Downers

Grove, IL: InterVarsity Press 1985), 286.

50. Thomas Hale, *The Applied New Testament Commentary* (Colorado Springs, CO; Ontario, Canada; East Sussex, England; David C. Cook, 1996), 252.
51. Larry Chouinard, *Matthew* (Joplin, MO: College Press, 1997).
52. L. A. Barbieri Jr., "Matthew," in J. F. Walvoord and R. B. Zuck, eds., *The Bible Knowledge Commentary: An Exposition of the Scripture*, vol. 2, 66.
53. Ralph Earle, *Mark: the Gospel of Action* (Chicago: Moody Press, 1970), 89.
54. D. Edmond Hiebert, *The Gospel of Mark: An Expositional Commentary* (Greenville, SC: Bob Jones University Press, 1994), 297.
55. 위의 책, 299-300.
56. Warren W. Wiersbe, *The Bible Exposition Commentary* (Wheaton, IL: Victor Books, 1996), vol. 1, 251.
57. Robert H. Stein, *Luke*, vol. 24 (Nashville: Broadman & Holman Publishers, 1992), 467.
58. W. L. Leifeld, Luke. In F. E. Gaebelein, ed., *The Expositor's Bible Commentary: Matthew, Mark, Luke* (Grand Rapids, MI: Zondervan Publishing House), vol. 8, 1007.
59. Donald S. Fortner, *Discovering Christ in the Gospel of Luke* (Vol. 2) (Durham, England: Go Publications, 2012), 218-219.
60. M. M. Schaub, Pottery. In M. A. Powell (Ed.), *The HarperCollins Bible Dictionary (Revised and Updated)* (Third Edition) (New York: HarperCollins, 2011), 824.
61. Crossway Bibles, *The ESV Study Bible*, 1,997. 『ESV 스터디 바이블』, 부흥과개혁사.
62. Allison A. Trites and William J. Larkin, *Cornerstone Biblical Commentary, Vol. 12: The Gospel of Luke and Acts* (Carol Stream, IL: Tyndale House Publishers, 2006), 255.
63. Borchert, John 1-11, vol. 25A, 32.
64. 7장에서 누가복음(7:36-50)에 기록된 비슷한 사건을 다루었다. 대부분의 학자가 이 둘이 서로 다른 사건이라고 믿는데, 그 이유는 이 사건들이 예수님의 사역에서 다른 시간과 다른 장소에서 일어났고 교훈하는 바도 다르기 때문이다. 또한 누가는 예수님께 기름을 부은 여인을 죄인이라고 묘사한다. 참고. Crossway Bibles, *The ESV Study Bible*, 2,047, and Gerald L. Borchert, *John 1-11* (Vol. 25A) (Nashville: Broadman & Holman Publishers, 1996), 32-33.
65. Borchert, *John 1-11*, vol. 25A, 37.

10장

1. Paul Barnett, *Finding the Historical Christ*(Grand Rapids, MI; Cambridge, U. K.: William B. Eerdmans Publishing Company, 2009), Vol. 3, 270.
2. Tokunboh Adeyemo, *Africa Bible commentary* (Nairobi, Kenya; Grand Rapids, MI; WordAlive Publishers; Zondervan,2006), 1303.
3. Leon Morris, *The Gospel According to John* (Grand Rapids, MI: Wm. B. Eerdmans Publishing Co, 1995), 517.
4. Joel B. Green, *The Gospel of Luke* (Grand Rapids, MI: Wm. B. Eerdmans Publishing Co., 1997) 688.
5. Philip Graham Ryken, *Luke*. (R.D Phillips, P.G.Ryken, & D.M. Doriani, Eds.) (Vol. 1 & 2) (Phillipsburg, NJ: P&R Publishing. 2009), Volume 2, 335-336.
6. Bruce B. Barton, *Matthew* (Wheaton, IL:

Tyndale House Publishers, 1996), 404-405. (LAB 주석 시리즈 『적용을 도와주는 마태복음』, 성서유니온선교회.
7. 위의 책, 407.
8. Allison Trites, & J. William Larkin. *Cornerstone Biblical Commentary, Vol 12: The Gospel of Luke and Acts* (Carol Stream, IL: Tyndale House Publishers, 2006), 260.
9. William Hendriksen, & S. J. Kistemaker, *Exposition of the Gospel According to Mark* (Vol. 10) (Grand Rapids: Baker Book House, 1953-2001), 441.
10. J. D. Grassmick, Mark. In J. F. Walvoord & R. B. Zuck (Eds.), *The Bible Knowledge Commentary: An Exposition of the Scriptures* (Wheaton, IL: Victor Books, 1985), Volume 2, 157.
11. Craig L. Blomberg, *Matthew* (Vol. 22) (Nashville: Broadman & Holman Publishers, 1992), 318.
12. Ralph Earle, The Gospel according to St. Luke, In *Matthew-Acts* (Vol. 4) (Grand Rapids, MI: William B. Eerdmans Publishing Company, 1966), 284.
13. J. Vernon McGee, *Thru the Bible commentary: The Gospels (Mark)* (electronic ed., Vol. 36) (Nashville: Thomas Nelson, 1991), 137.
14. Douglas R. A. Hare, *Matthew* (Louisville, KY: John Knox Press, 1993), 244.
15. 위의 책.
16. L. A. Barbieri, Jr. Matthew, In J. F. Walvoord & R. B. Zuck (Eds.), *The Bible Knowledge Commentary: An Exposition of the Scriptures* (Wheaton, IL: Victor Books, 1985), Volume 2, 68.
17. Bruce Barton, et al, *Life Application New Testament Commentary* (Wheaton, IL: Tyndale, 2001), 92. 『LAB 주석 시리즈 신약전집』, 성서유니온선교회.
18. William Hendriksen, & S. J. Kistemaker, *Exposition of the Gospel According to John* (Vol. 1-2) (Grand Rapids: Baker Book House, 1953-2001), Volume 2, 193.
19. C. H. Dodd, *The Interpretation of the Fourth Gospel*, 372, In Frederick Dale Bruner, Bruner, *The Gospel of John: A Commentary* (Grand Rapids, MI; Cambridge, U. K.: Eerdmans, 2012), 712.
20. Theodore of Mopsuestia, *John*, 5:12:24, in ACCS NT 4/b: 60, In Frederick Dale Bruner, Bruner, *The Gospel of John: A Commentary* (Grand Rapids, MI;Cambridge, U. K.: Eerdmans, 2012), 711.
21. Lesslie Newbigin, *The Light Has Come*, 156, In Frederick Dale Bruner, Bruner, *The Gospel of John: A Commentary* (Grand Rapids, MI; Cambridge, U. K.: Eerdmans, 2012), 712.
22. P. Garcia, Son of God Text, Aramaic. In J. D. Barry, D. Bomar, D. R. Brown, R. Klippenstein, D. Mangum, C. Sinclair Wolcott,...W. Widder (Eds.), *The Lexham Bible Dictionary* (Bellingham, WA: Lexham Press, 2016).
23. Walter A. Elwell, & B. J. Beitzel, In *Baker encyclopedia of the Bible* (Grand Rapids, MI: Baker Book House, 1988), Volume 2, 1983.
24. 위의 책.
25. D. Senior, Son of Man. In D. N. Freedman, A. C. Myers, & A. B. Beck (Eds.), *Eerdmans Dictionary of the Bible* (Grand Rapids, MI: W.B. Eerdmans, 2000), 1242.
26. Philip W. Comfort, *Encountering the Manuscripts: An Introduction to New Testament Paleography & Textual Criticism* (Nashville, TN: Broadman & Holman, 2005), 245.

27. Douglas J. Moo, *NT305 New Testament Theology* (Bellingham, WA: Lexham Press, 2015), Segment 30.
28. E. A. Blum, John. In J. F. Walvoord & R. B. Zuck (Eds.), *The Bible Knowledge Commentary: An Exposition of the Scriptures* (Wheaton, IL: Victor Books, 1985), Volume 2, 319.
29. Merrill Chapin Tenney, *John: The Gospel of Belief* (Grand Rapids, MI; Cambridge, U. K.: Wm. B. Eerdmans Publishing Co, 1976), 196.
30. Colin G. Kruse, *John: An Introduction and Commentary* (Downers Grove, IL: InterVarsity Press, 2003), Vol. 4, 272-273.
31. William Hendriksen, & S. J. Kistemaker, *Exposition of the Gospel According to Matthew* (Vol. 9) (Grand Rapids: Baker Book House, 1953-2001), 776.
32. 위의 책, 786.
33. 위의 책, 786.
34. Charles Price, *Matthew: Can Anything Good Come Out of Nazareth?*. (Fearn, Great Britain: Christian Focus Publications, 1998), 267.
35. "We Are Made in the Image of God," Ravi Zacharias remarks at No Compromise: 2013 National Conference, http://www.ligonier.org/blog/we-are-made-image-god/
36. Craig S. Keener, *Matthew* (Vol. 1) (Downers Grove, IL: InterVarsity Press, 1997).
37. Thomas Hale, *The Applied New Testament Commentary* (Colorado Springs, CO; Ontario, Canada; East Sussex, England: David C. Cook. 1996), 263.
38. Earl D. Radmacher, Ronald Barclay Allen, & H. Wayne House, *The Nelson Study Bible: New King James Version* (Nashville: T. Nelson Publishers, 1997).
39. D. W. Pao & E. J. Schnabel, Luke. In *Commentary on the New Testament Use of the Old Testament* (Grand Rapids, MI; Nottingham, UK: Baker Academic; Apollos, 2007), 370.
40. M. Eugene Boring, *Mark: A Commentary*. (C. C. Black, J. T. Carroll, & M. E. Boring, Eds.) (Louisville, KY: Westminster John Knox Press, 2012), 345.
41. J. D. Grassmick, Mark. In J. F. Walvoord & R. B. Zuck (Eds.), *The Bible Knowledge Commentary: An Exposition of the Scriptures* (Wheaton, IL: Victor Books, 1985), Volume 2, 164-165.
42. William Hendriksen & S. J. Kistemaker, *Exposition of the Gospel According to Mark* (Vol. 10) (Grand Rapids: Baker Book House, 1953-2001), 499.
43. Earl D. Radmacher, Ronald Barclay Allen, & H. Wayne House, *The Nelson Study Bible: New King James Version* (Nashville: T. Nelson Publishers, 1997).
44. Walter A. Elwell & Philip W. Comfort, In *Tyndale Bible Dictionary* (Wheaton, IL: Tyndale House Publishers, 2001), 1307.
45. Crossway Bibles, *The ESV Study Bible* (Wheaton, IL: Crossway Bibles, 2008), 1871. 『ESV 스터디 바이블』, 부흥과개혁사.
46. L. A. Barbieri, Jr. Matthew, In J. F. Walvoord & R. B. Zuck (Eds.), *The Bible Knowledge Commentary: An Exposition of the Scriptures* (Wheaton, IL: Victor Books, 1985), Volume 2, 74.
47. Charles Price, *Matthew: Can Anything Good Come Out of Nazareth?* (Fearn, Great Britain: Christian Focus Publications, 1998), 286-287.
48. L. A. Barbieri, Jr. Matthew, In J. F. Wal-

voord & R. B. Zuck (Eds.), *The Bible Knowledge Commentary: An Exposition of the Scriptures* (Wheaton, IL: Victor Books, 1985), Volume 2, 75.

49. James R. Edwards, *The Gospel According to Mark* (Grand Rapids, MI; Leicester, England: Eerdmans; Apollos, 2002), 381.

50. Flavius Josephus & William Whiston, *The Works of Josephus: Complete and Unabridged* (Peabody: Hendrickson, 1987), Wars of the Jews 5.177.

51. Robert Picirilli, *The Gospel of Mark*. (R. E. Picirilli, Ed.) (First Edition) (Nashville, TN: Randall House Publications, 2003), 348.

52. Flavius Josephus & William Whiston, *The Works of Josephus: Complete and Unabridged* (Peabody: Hendrickson, 1987), Wars of the Jews 7.1.

53. William L. Lane, *The Gospel of Mark* (Grand Rapids, MI: Wm. B. Eerdmans Publishing Co, 1974), 453.

54. Robert Picirilli, *The Gospel of Mark*. (R. E. Picirilli, Ed.) (First Edition) (Nashville, TN: Randall House Publications, 2003), 349.

55. William L. Lane, *The Gospel of Mark* (Grand Rapids, MI: Wm. B. Eerdmans Publishing Co, 1974), 453.

56. L. A. Barbieri, Jr. Matthew, In J. F. Walvoord & R. B. Zuck (Eds.), *The Bible Knowledge Commentary: An Exposition of the Scriptures* (Wheaton, IL: Victor Books, 1985), Volume 2, 76.

57. John F. MacArthur, Jr., *The MacArthur Study Bible: New American Standard Bible* (Nashville, TN: Thomas Nelson Publishers, 2006).

58. 위의 책.

59. Craig Blomberg, *Matthew* (Vol. 22) (Nashville: Broadman & Holman Publishers, 1992), 356.

60. John F. MacArthur, Jr., *The MacArthur Study Bible: New American Standard Bible* (Nashville, TN: Thomas Nelson Publishers, 2006).

61. Walter W. Wessel, Mark. In F. E. Gaebelein (Ed.), *The Expositor's Bible Commentary: Matthew, Mark, Luke* (Vol. 8) (Grand Rapids, MI: Zondervan Publishing House, 1984), 748.

62. Charles Caldwell Ryrie, *Ryrie Study Bible: New International Version* (Expanded ed.) (Chicago: Moody Publishers, 1994), 1506.

63. Crossway Bibles, *The ESV Study Bible* (Wheaton, IL: Crossway Bibles, 2008), 1876. 『ESV 스터디 바이블』, 부흥과개혁사.

64. William Hendriksen & S. J. Kristemaker, *Exposition of the Gospel According to Matthew* (Vol. 9) (Grand Rapids: Baker Book House, 1953-2001).

65. D. A. Carson, Matthew. In F. E. Gaebelein (Ed.), *The Expositor's Bible Commentary: Matthew, Mark, Luke* (Vol. 8) (Grand Rapids, MI: Zondervan Publishing House, 1984), 519.

66. 위의 책, 522.

67. John F. MacArthur, Jr., *The MacArthur Study Bible: New American Standard Bible* (Nashville, TN: Thomas Nelson Publishers, 2006).

68. Craig Blomberg, *Matthew* (Vol. 22) (Nashville: Broadman & Holman Publishers, 1992), 382-383.

69. 위의 책.

70. Leadership Ministries Worldwide, *Matthew: Chapters 16:13- 28:20* (Vol. II) (Chattanooga, TN: Leadership Ministries Worldwide, 1996), Volume 2, 235.

71. 7일 동안 진행되는 무교절의 첫날이었다. 첫 날에 유월절 어린양이 희생되었다(막 14:12). 이 명절은 유월절 바로 직후에 이어지는데, 유월절은 8일 동안 지켜졌다. L. A. Barbieri, Jr. Matthew, In J. F. Walvoord & R. B. Zuck (Eds.), *The Bible Knowledge Commentary: An Exposition of the Scriptures* (Wheaton, IL: Victor Books, 1985), Volume 2, 82.
72. Jim Dixon & Lee Strobel, *What Would Jesus Ask? 10 Questions That Will Transform Your Life* (Ventura, CA: Gospel Light, 2013).
73. D. A. Carson, *The Gospel According to John* (Leicester, England; Grand Rapids, MI: Inter-Varsity Press; W.B. Eerdmans, 1991), 462.
74. E. A. Blum, John. In J. F. Walvoord & R. B. Zuck (Eds.), *The Bible Knowledge Commentary: An Exposition of the Scriptures* (Wheaton, IL: Victor Books, 1985), Volume 2, 320.
75. Frederick Dale Bruner, *The Gospel of John: A Commentary* (Grand Rapids, MI;Cambridge, U.K.: Eerdmans, 2012), 765.
76. 베드로가 칼을 꺼내 예수님을 체포하러 온 대제사장의 종의 오른쪽 귀를 베었을 때이다(요 18:10).
77. Norman L. Geisler, *Systematic Theology, Volume Four: Church, Last Things* (Minneapolis, MN: Bethany House Publishers, 2005), Volume Four, 151.
78. Ronald F. Youngblood, F. F. Bruce, & R. K. Harrison, Thomas Nelson Publishers (Eds.), In *Nelson's New illustrated Bible Dictionary* (Nashville, TN: Thomas Nelson, Inc., 1995).
79. Craig Blomberg, *Matthew* (Vol. 22) (Nashville: Broadman & Holman Publishers, 1992), 390.
80. Norman L. Geisler, *Systematic Theology, Volume Four: Church, Last Things* (Minneapolis, MN: Bethany House Publishers, 2005), Volume Four, 157.
81. Ronald F. Youngblood, F. F. Bruce, & R. K. Harrison, Thomas Nelson Publishers (Eds.), In *Nelson's New illustrated Bible Dictionary* (Nashville, TN: Thomas Nelson, Inc., 1995).
82. Norman L. Geisler, *Systematic Theology, Volume Four: Church, Last Things* (Minneapolis, MN: Bethany House Publishers, 2005), Volume Four, 173; Paul P. Enns, *The Moody Handbook of Theology* (Chicago, IL: Moody Press, 1989), 361-362.
83. Ronald F. Youngblood, F. F. Bruce, & R. K. Harrison, Thomas Nelson Publishers (Eds.), In *Nelson's New illustrated Bible Dictionary* (Nashville, TN: Thomas Nelson, Inc., 1995).
84. Paul P. Enns, *The Moody Handbook of Theology* (Chicago, IL: Moody Press, 1989), 362.
85. Leon Morris, *The Gospel According to John* (Grand Rapids, MI: Wm. B. Eerdmans Publishing Co., 1995), 560.
86. Bruce B. Barton, *John* (Wheaton, IL: Tyndale House, 1993), 281. LAB 주석 시리즈『적용을 도와주는 요한복음』, 성서유니온선교회.

11장

1. A. W. Tozer, *Of God and Men* (Camp Hill, PA: WingSpread, 1995), 5.
2. D. A. Carson, *The Gospel According to John* (Leicester, England; Grand Rapids, MI: InterVarsity Press; W.B. Eerdmans, 1991), 491.
3. Crossway Bibles, *The ESV Study Bible*

(Wheaton, IL: Crossway Bibles, 2008), 2056. 『ESV 스터디 바이블』, 부흥과개혁사.

4. David K. Clark & John S. Feinberg, *To Know and Love God: Method for Theology* (Wheaton, IL: Crossway, 2003).

5. John Piper, "The Holy Spirit: He is God!" *Sermons from John Piper* (Minneapolis, MN: Desiring God, 1980-1989).

6. J. I. Packer, *Knowing God* (Downers Grove, Ill.: InterVarsity Press, 1973), 60.

7. James Montgomery Boice, *The Gospel of John: An Expositional Commentary* (Grand Rapids, MI: Baker Books, 2005), 1120.

8. Norman L. Geisler & Ron Rhodes, *When Cultists Ask: A Popular Handbook on Cultic Misinterpretations* (Grand Rapids, MI: Baker Books, 1997), 184.

9. Crossway Bibles, *The ESV Study Bible* (Wheaton, IL: Crossway Bibles, 2008), 2054. 『ESV 스터디 바이블』, 부흥과개혁사.

10. Bruce Milne, *The Message of John: Here is Your King!: with study guide* (Leicester, England; Downers Grove, IL: InterVarsity Press, 1993), 221. 『요한복음 강해』, IVP.

11. D. A. Carson, *The Gospel According to John* (Leicester, England; Grand Rapids, MI: Inter-Varsity Press; W.B. Eerdmans, 1991), 521.

12. John Brown, *Discourses and Sayings of Our Lord Jesus Christ, Illustrated in a Series of Expositions* (Vol. I & II) (New York: Robert Carter & Brothers, 1854), Volume 2, 393.

13. William Hendriksen, & S. J. Kistemaker, *Exposition of the Gospel According to John* (Vol. 1-2) (Grand Rapids: Baker Book House, 1953-2001), Volume 2, 310.

14. Gerald L. Borchert, *John 12-21* (Vol. 25B) (Nashville: Broadman & Holman Publishers, 2002), 154.

15. R. Kent Hughes, *John: That You May Believe* (Wheaton, IL: Crossway Books, 1999), 369.

16. Crossway Bibles, *The ESV Study Bible* (Wheaton, IL: Crossway Bibles, 2008), 2056. 『ESV 스터디 바이블』, 부흥과개혁사.

17. 위의 책.

18. E. A. Blum, E. A. John. In J. F. Walvoord & R. B. Zuck (Eds.), *The Bible Knowledge Commentary: An Exposition of the Scriptures* (Wheaton, IL: Victor Books 1985), Volume 2, 329.

19. Merrill Chapin Tenney, *John: The Gospel of Belief* (Grand Rapids, MI; Cambridge, U.K.: Wm. B. Eerdmans Publishing Co., 1976), 240.

20. John Calvin, *John* (Wheaton, IL: Crossway Books, 1994), John 16:23.

21. Leon Morris, *The Gospel According to John* (Grand Rapids, MI: Wm. B. Eerdmans Publishing Co., 1995), 628.

22. Crossway Bibles, *The ESV Study Bible* (Wheaton, IL: Crossway Bibles, 2008), 2053. 『ESV 스터디 바이블』, 부흥과개혁사.

23. Warren W. Wiersbe, *Prayer: Basic Training* (Wheaton, IL: Tyndale, 1988), 9.

24. 위의 책, 12.

25. 위의 책, 13.

26. Timothy J. Keller, "Glory in Your Life," November 3, 2002, *The Timothy Keller Sermon Archive* New York City: Redeemer Presbyterian Church, 2013).

27. Rolland McCune, *A Systematic Theology of Biblical Christianity: The Doc-*

trines of Man, Sin, Christ, and the Holy Spirit (Vol. 2) (Allen Park, MI: Detroit Baptist Theological Seminary, 2009), 137.

28. Crossway Bibles, *The ESV Study Bible* (Wheaton, IL: Crossway Bibles, 2008), 2008. 『ESV 스터디 바이블』, 부흥과개혁사.
29. Bruce B. Barton, *Matthew* (Wheaton, IL: Tyndale House Publishers, 1996), 532-533. LAB 주석 시리즈 『적용을 도와주는 마태복음』, 성서유니온선교회.
30. Bruce B. Barton, *Mark* (Wheaton, IL: Tyndale House Publishers, 1994), 447-448. LAB 수석 시리즈 『적용을 도와주는 마가복음』, 성서유니온선교회.
31. Mark E. Moore, *The Chronological Life of Christ* (Joplin, MO: College Press Publishing Company, 2011), 625, and E. A. Blum, in J. F. Walvoord and R. B. Zuck (eds.), *The Bible Knowledge Commentary: An Exposition of the Scriptures* (Wheaton, Il: Victor Books, 1985), Vol 2, 237.
32. D. A. Carson, Matthew. In F. E. Gaebelein (Ed.), *The Expositor's Bible Commentary: Matthew, Mark, Luke* (Vol. 8) (Grand Rapids, MI: Zondervan Publishing House, 1984), 563.
33. Robert H. Stein, *Luke* (Vol. 24) (Nashville: Broadman & Holman Publishers, 1992), 578-579.
34. Ravi Zacharias, *Deliver Us From Evil* (Nashville: Thomas Nelson Company, 2000).
35. Bruce B. Barton, *Matthew* (Wheaton, IL: Tyndale House Publishers, 1996), 549. (LAB 주석 시리즈 『적용을 도와주는 마태복음』, 성서유니온선교회)
36. Gerald L. Borchert, *John 12-21* (Vol. 25B) (Nashville: Broadman & Holman Publishers, 2002), 252; Bruce B. Barton, *John* (Wheaton, IL: Tyndale House, 1993), 370. LAB 주석 시리즈 『적용을 도와주는 요한복음』, 성서유니온선교회.

12장

1. John Blanchard, In *The Complete Gathered Gold: A Treasury of Quotations for Christians* (Webster, New York; Darlington, England: Evangelical Press, 2006), 537.
2. 위의 책, 538.
3. Bruce B. Barton, *John* (Wheaton, IL: Tyndale House, 1993), 375. LAB 주석 시리즈 『적용을 도와주는 요한복음』, 성서유니온선교회.
4. Craig A. Evans, *The Bible Knowledge Background Commentary: Matthew-Luke*. (C. A. Evans & C. A. Bubeck, Eds.) (First Edition) (Colorado Springs, CO: David C Cook, 2003), 510.
5. Robert H. Stein, *Luke* (Vol. 24) (Nashville: Broadman & Holman Publishers, 1992), 586.
6. 위의 책.
7. James A. Brooks, *Mark* (Vol. 23) (Nashville: Broadman & Holman Publishers, 1991), 258.
8. J. D. Grassmick, Mark. In J. F. Walvoord & R. B. Zuck (Eds.), *The Bible Knowledge Commentary: An Exposition of the Scriptures* (Wheaton, IL: Victor Books, 1985), Volume 2, 190; L. A. Barbieri, Jr. Matthew. In J. F. Walvoord & R. B. Zuck (Eds.), *The Bible Knowledge Commentary: An Exposition of the Scriptures* (Wheaton, IL: Victor Books, 1985), Volume 2, 90.
9. Crossway Bibles, *The ESV Study Bible* (Wheaton, IL: Crossway Bibles, 2008),

2010. 『ESV 스터디 바이블』, 부흥과개혁사.

10. Charles H. Spurgeon, God's Tender Mercy. In *The Metropolitan Tabernacle Pulpit Sermons* (Vol. 53, pp. 109-120) (London: Passmore & Alabaster, 1907).

11. J. C. Ryle, *Holiness: Its Nature, Hindrances, Difficulties and Roots* (London: William Hunt and Company, 1889), 260-261. 『거룩』, 복있는 사람.

12. Gerald L. Borchert, *John 12-21* (Vol. 25B) (Nashville: Broadman & Holman Publishers, 2002), 269.

13. William Hendriksen & S. J. Kistemaker, *Exposition of the Gospel According to John* (Vol. 1-2) (Grand Rapids: Baker Book House, 1953-2001), Volume 2, 428.

14. William Hendriksen & S. J. Kistemaker, *Exposition of the Gospel According to Matthew* (Vol. 9) (Grand Rapids: Baker Book House, 1953-2001), 966.

15. Charles Caldwell Ryrie, *Basic Theology: A Popular Systematic Guide to Understanding Biblical Truth* (Chicago, IL: Moody Press, 1999), 301. 『평신도 신학입문』, 두란노.

16. J. D. Grassmick, "Mark," in J. F. Walvoord and R. B. Zuck, eds., *The Bible Knowledge Commentary: An Exposition of the Scriptures*, vol. 2 (Wheaton, IL: Victor Books, 1985), 189.

17. 예수님의 열정에 대한 감동적인 표현들은 다음 책을 참조. Norman L. Geisler & Frank Turek, *I Don't Have Enough Faith To Be An Atheist* (Wheaton, IL: Crossway Books, 2004), 381-383. 『진리의 기독교』, 좋은씨앗.

18. Crossway Bibles. *The ESV Study Bible* (Wheaton, IL: Crossway Bibles, 2008), 2068. 『ESV 스터디 바이블』, 부흥과개혁사.

19. 위의 책, 1887.

20. E. A. Blum, John. In J. F. Walvoord & R. B. Zuck (Eds.), *The Bible Knowledge Commentary: An Exposition of the Scriptures* (Wheaton, IL: Victor Books, 1985), Volume 2, 340.

21. Harvey J. S. Blaney, The Gospel According to St. John, In *Matthew-Acts* (Vol. 4) (Grand Rapids, MI: William B. Eerdmans Publishing Company, 1966), 467.

22. James A. Brooks, *Mark* (Vol. 23) (Nashville: Broadman & Holman Publishers, 1991), 266.

23. 위의 책.

24. Bruce B. Barton, *Matthew* (Wheaton, IL: Tyndale House Publishers, 1996) 566. LAB 주석 시리즈 『적용을 도와주는 마태복음』, 성서유니온선교회.

25. Norman L. Geisler & Frank Turek, *I Don't Have Enough Faith To Be An Atheist* (Wheaton, IL: Crossway Books, 2004), 301-314. 『진리의 기독교』, 좋은씨앗.

26. 위의 책, 313.

27. 위의 책, 314.

28. Norman L. Geisler and Thomas A. Howe, *When Critics Ask: A Popular Handbook on Biblical Difficulties* (Wheaton, IL: Victor Books, 1992), 365. 『성경의 난해한 문제들』, 생명의말씀사.

29. Luke only mentions Peter as going to the tomb and finding it is empty.

30. Mark E. Moore, *The Chronological Life of Christ* (Joplin, MO: College Press Publishing Company, 2011), 663.

31. Bruce B. Barton, *John* (Wheaton IL: Tyndale House, 1993), 389; Crossway Bibles. *The ESV Study Bible* (Wheaton, IL: Crossway Bibles, 2008), 2070. 『ESV

스터디 바이블』, 부흥과개혁사.

32. Matthew Henry, *Matthew Henry's Commentary on the Whole Bible: Complete and Unabridged in One volume* (Peabody: Hendrickson, 1994), 2052.

33. 막달라 마리아가 이 그룹에 속해 있었는지, 누가 더 있었는지에 대해 복음서에 자세히 나와 있지 않다. 여기 언급된 제자들 중에 베드로와 요한이 있었는지도 명시되어 있지 않다. 아마 그들은 없었을 것으로 추측된다.

34. L. A. Barbieri, Jr. Matthew. In J. F. Walvoord & R. B. Zuck (Eds.), *The Bible Knowledge Commentary: An Exposition of the Scriptures* (Wheaton, IL: Victor Books, 1985), Volume 2, 93.

35. 이에 대해 더 많은 정보를 원한다면 다음 책을 참조. Norman L. Geisler & Frank Turek, *I Don't Have Enough Faith To Be An Atheist* (Wheaton, IL: Crossway Books, 2004). 『진리의 기독교』, 좋은씨앗.

36. Ted Cabal et al *The Apologetics Study Bible: Real Questions, Straight Answers, Stronger Faith* (Nashville, TN: Holman Bible Publishers, 2007), 1564.

37. Charles H. Spurgeon, The Alarum No. 996, *Spurgeon's Sermons* (electronic ed., Vol. 17). (Albany, OR: Ages Software, 1998).

38. Charles H. Spurgeon, Lessons from the Malta Fire, No. 3136, *Spurgeon's Sermons* (electronic ed., Vol. 55). (Albany, OR: Ages Software, 1998).

39. 누가는 이 만남에 "11명의 제자들"이 있었다고 말하지만 요한은 도마는 그곳에 없었고 예수님이 나중에 그에게 나타나셨다고 말한다. 이 시기에는 이미 유다가 제자들 중에서 빠져있었기 때문에 "11명"이라고 하면 도마를 포함한 모든 제자가 있었다는 의미가 된다. 브룩 웨스트코트(Brooke Westcott)는 도마가 빠졌어도 제자들은 통칭하여 "11명"이라고 부르기도 했기에 문제가 되지 않는다고 주장한다. Brooke Foss Westcott, *The Gospel According to St. John, Introduction and Notes on the Authorized Version* (London: J. Murray, 1908), 294. 다른 주석가들도 이 의견에 대부분 동의한다. 존 맥에빌리(John MacEvilly)도 예수님이 돌아가신 후에는 제자 중 몇 명이 없어도 제자들을 통칭해 "11사도"라고 불렀다고 말한다. John MacEvilly, *An Exposition of the Gospel of St. John* (Dublin; New York: M H. Gill & Son; Benziger Brothers, 1902) 363.

40. Beauford H. Bryant & Mark H. Krause, *John* (Joplin, MO: College Press Pub. Co., 1998).

41. 위의 책.

42. Gerald L. Borchert, *John* 12-21 (Vol. 25B) (Nashville: Broadman & Holman Publishers, 2002), 314.

43. Leon Morris, *The Gospel According to John* (Grand Rapids, MI: Wm. B. Eerdmans Publishing Co, 1995), 753.

44. Gerald L. Borchert, *John 12-21* (Vol. 25B) (Nashville: Broadman & Holman Publishers, 2002), 326.

45. Crossway Bibles. *The ESV Study Bible* (Wheaton, IL: Crossway Bibles, 2008), 2072. 『ESV 스터디 바이블』, 부흥과개혁사.

46. 마가복음에는 이 외에도 더 자세한 설명이 있지만 여기에 포함시키지 않았다. 왜냐하면 학자들 사이에서 마가복음 16장 9절부터 20절까지 내용이 원래 마가복음에 있던 것이 아니라는 주장이 있기 때문이다. 어떤 성경에는 이 부분이 완전히 빠져 있기도 하고, 어떤 성경에는 부연설명과 함께 일부만 수록되어 있기도 하다. 이에 대해서는 이 책에서 다룰 수 없기에 배제하였다.

47. Earl D. Radmacher, Ronald Barclay Allen, & H. Wayne House, *The Nelson Study Bible: New King James Version* (Nashville: T. Nelson Publishers, 1997).
48. L. A. Barbieri, Jr. Matthew. In J. F. Walvoord & R. B. Zuck (Eds.), *The Bible Knowledge Commentary: An Exposition of the Scriptures* (Wheaton, IL: Victor Books, 1985), Volume 2, 93.
49. R. T. France, *The Gospel of Matthew* (Grand Rapids, MI: Wm. B. Eerdmans Publication Co., 2007), 1107-1108.
50. John F. MacArthur, Jr. *The MacArthur Study Bible: New American Standard Bible* (Nashville, TN: Thomas Nelson Publishers, 2006); Earl D. Radmacher, Ronald Barclay Allen, & H. Wayne House, *The Nelson Study Bible: New King James Version* (Nashville: T. Nelson Publishers, 1997).
51. Craig L. Blomberg, *Matthew* (Vol. 22) (Nashville: Broadman & Holman Publishers, 1992), 431.
52. Crossway Bibles. *The ESV Study Bible* (Wheaton, IL: Crossway Bibles, 2008), 1888. 『ESV 스터디 바이블』, 부흥과개혁사.
53. 마가복음 16장 19절에 나오는 예수님이 하나님 오른편에 앉아 계시다는 언급은 앞에서도 보았듯 논쟁의 여지가 있는 구절이다. 그러나 사도행전은 이에 대해 확실히 말한다(행 7:56).
54. Norval Geldenhuys, *Commentary on the Gospel of Luke: The English Text with Introduction, Exposition and Notes* (Grand Rapids, MI: Wm. B. Eerdmans Publishing Co., 1952), 646.

나가는 글

1. John Piper, *Seeing and Savoring Jesus Christ* (Wheaton, IL: Crossway Books, 2004), 119-120.
2. Lynn H. Cohick, *NT101 Introducing New Testament: Its Structure and Story* (Bellingham, WA: Lexham Press, 2013), segment 12.
3. John Blanchard, *Meet the Real Jesus* (Darlington, England; Carlisle, USA: Evangelical Press, 2001), 187-188.
4. Piper, *Seeing and Savoring Jesus Christ*, 121.
5. Jonathan Edwards, *The Works of Jonathan Edwards* (Banner of Truth Trust, 1974), vol. 1, 680.
6. Piper, *Seeing and Savoring Jesus Christ*, 29-30.
7. 위의 책, 30.
8. Paul Barnett, *Jesus and the Rise of Early Christianity: A History of New Testament Times* (Downers Grove, IL: IVP Academic, 1999), 14.
9. G. K. Beale, *1-2 Thessalonians* (Downers Grove, IL: InterVarsity Press, 2003), 141.
10. R. A. Torrey, *Revival Addresses* (Chicago; New York: Fleming H. Revell Company, 1903), 215.
11. G. C. Jones, *1000 Illustrations for Preaching and Teaching* (Nash-ville, TN: Broadman & Holman Publishers, 1986), 199-200.

슬기로운 신약읽기: 복음서

초판 1쇄 인쇄 | 2020년 1월 10일
초판 1쇄 발행 | 2020년 1월 20일

지은이 | 데이비드 림보
옮긴이 | 이선숙
펴낸이 | 신은철
펴낸곳 | 좋은씨앗
출판등록 제4-385호(1999. 12. 21)
주소 | (06753) 서울시 서초구 바우뫼로 156(양재동, 엠제이빌딩) 402호
주문전화 | (02) 2057-3041 주문팩스 | (02) 2057-3042
페이스북 | www.facebook/goodseedbook
이메일 | good-seed21@hanmail.net

ISBN 978-89-5874-328-6 04230

The True Jesus: uncovering the Divinity of Christ in the Gospels
by David Limbaugh

옮긴이 이선숙
세종대학교에서 국문학, 서강대학교에서 종교학(학사/석사)을 공부했다. 목사의 아내이자 두 아이의 엄마이며 기독교 분야 전문번역가로 활동 중이다. 역서로 『존 파이퍼 로마서 강해 3』, 『존 파이퍼 로마서 강해 6』(이상 좋은씨앗), 『성령세례란 무엇인가』(부흥과개혁사), 『청년들은 왜 교회를 떠나는가』(국제제자훈련원) 등이 있다.